中国当代青年法学家文库

王建文商法学研究系列

# 证券法研究

王建文 著

Studies on
Securities Law

中国人民大学出版社

·北京·

# 总　序

　　近代中国命运多舛，历经战火和民主思想洗礼的法律学科百废待兴。中华人民共和国成立后法治建设也走过了一段曲折、艰难的道路。改革开放的春风吹拂大地，万象更新。伴随着经济的飞速发展，我国在立法、司法、执法、守法等法治建设的方方面面取得了长足发展，法治在社会治理的方方面面发挥着重要的作用。我国的法律体系趋于完备，各个法律部门具有"四梁八柱"功能的规则体系已经建成，无法可依的时代已经成为历史，中国特色社会主义法律体系已基本形成。可以说，在立法方面，我们用短短几十年的时间走过了西方几百年走过的道路。与此同时，司法体系已基本完备，司法作为解决纠纷、维护社会正义最后一道防线的功能日益凸显，依法行政和法治政府建设也有长足进步。法学教育欣欣向荣，蓬勃发展，法学院从最初的寥寥几所发展到今天的六百多所，在校法学学生已逾三十万人。

　　中国市场经济腾飞的四十年也是我国法学研究蓬勃发展的四十年。风雨百年过，智慧树常青。得益于法学前辈融汇东西的学术积累，经过学界同仁的不懈探索和创新，各个法学学科都涌现出了一大批杰出的法学家。他们不仅躬耕学问、立身治学，而且积极为国家法治建设贡献智慧。他们严谨治学，具有深厚的法学功底，深谙各部门法的骨骼和精髓，并归纳总结出自成一派的法学观点；他们借鉴域外，精通比较法学的逻辑和方法，在博采众长之后，致力于完善我国的相关法学理论。多年的刻苦钻研早已使他们成为中国当代法治和法学教育的大梁，并在著作等身之际桃李天下，培育出更多优秀的青年学者。

当下法学发展的社会环境更是得天独厚。中国以昂扬的姿态迈入新时代，在党的领导下，我国的经济与社会发展更加繁荣昌盛，经济总量已跃居世界第二位。在习近平总书记的领导下，社会治理模式愈见清晰，"一带一路"宏伟倡议彰显大国担当，"中国梦"植根于每一个百姓的心里。全面依法治国被确立为国家治理的基本方略，建设法治中国、全面建设法治国家开始成为社会发展大方向和主旋律。党的十八大强调法治是治国理政的基本方式，并围绕全面推进依法治国、加快建设社会主义法治国家的战略目标，规定了法治建设的阶段性任务，强调要更加注重发挥法治在国家治理和社会管理中的重要作用。党的十九大报告更是以宪法为纲，凸显了法治在社会发展中不可替代的基本性作用，全面依法治国使中国站在了新的历史起点。

对于我们法律人而言，这不仅是最好的时代，也是新的起点。历经半个多世纪，中国的法学发展从中华人民共和国成立初期的百废待举，学习西方的法律内容和格局，到如今逐渐形成自己的理论体系和话语体系，经历了从"照着讲"到"接着讲"的过程，法学已全面服务于国家治理，并深切关注人类命运共同体的前途和命运。随着科学技术的飞速发展和社会矛盾的日益变化，法学研究也面临着前所未有的挑战。随着我国经济转轨、社会转型，社会结构和执法环境发生了深刻变化，如何以问题为导向，如何利用法律思维解决现实社会问题，成为当代法学与实践相结合的新思路和新机遇。

法学学科以法的发展为研究对象，以公平正义为主要价值追求，不同于其他学科之处在于其实践性。"问渠哪得清如许？为有源头活水来"。法学学者要注重理论研究，但不可囿于象牙塔中，而应当走进生活、走向社会，密切关注我国的法治建设实践。法学学者需要守经，既坚守法治理念，守护法治精神，维护社会正义，也要与时俱进、不断创新，切不可因循守旧、故步自封。法学学者需要注重对域外有益经验的借鉴，但不可定于一尊，奉某一外国法律制度为圭臬，忽视本国法治实践，照搬照抄外国的法律制度。面对任何社会问题，法学学者都有义务和责任展开相应的法治思维，以法治的方法解决我国的现实问题。在互联网和各项新的科学技术飞速发展、日新月异的今天，法学学者不仅要思考当下所遇到的法律问题，也要思考未来的法治走向和可能面临的问题。这些都对青年学者们提出了更高更新的要求。所幸我们的法学学者一直在孜孜不倦地努力，不断贡献着智慧与力量。

中国人民大学出版社邀请我组织这套"中国当代青年法学家文库"，我欣然同意。这套书收录了我国当代青年法学研究者中的佼佼者们的代表作。入选著作具有以下特征：既秉持我国法学研究的脉络和精神传统，又反映我国当代法学研究的创新发展水平；既注重对基础理论的深入研究，又注重解决重大社会现实问题；既注重立足于中国学术研究，又有广博的域外研究视野；既博采众长，又落足于中国法学学科体系、话语体系的创新发展。这些作品综合运用了多种研究方法，探索了中国法学研究可能的学术转向，既有效吸收其他学科的研究方法和研究成果，也使法学研究的方法和成果能够为其他学科的学者所借鉴。我希望这套文库的问世，能够为国家法治建设建言献策，为中国法学理论的构建添砖加瓦，为世界法律文化的发展注入中国元素，为中国法治文化的传承贡献一份应有的力量。

是为序。

2018 年 4 月

# 目　录

# 第一章　证券与证券市场

## 第一节　证券的内涵与外延

### 一、证券的定义

证券是一个外延很广的概念，在不同学科与不同语境下有不同含义。一般来说，证券是指以特定的专用纸单或电子记录，借助于文字、图形或电子技术，记载并代表特定权利的书面凭证。它是权利与权利载体的结合物。该权利载体作为一种特殊的物，一般来说没有实际价值。不过，在特定情形下证券作为权利载体也具有超出其所记载或代表的权利的价值，如珍稀邮票就因其稀缺性而具有收藏价值。但这属于证券价值的例外情形，不影响对证券价值的定性。

证券法意义上的证券有特定含义，因各国立法及实践对证券的界定有较大差异，故理论界对此缺乏统一认识。我国 2015 年 4 月提交全国人大常委会初次审议的"《证券法》修订草案"曾在对证券范围进行列举的同时，将证券定义为："证券是指代表特定的财产权益，可均分且可转让或者交易的凭证或者投资性合同。"① 但令人遗憾的是，最终通过的 2019 年《证券法》未保留该条款。

### 二、广义证券的分类

从广义上讲，可将证券划分为以下三种类型：

---

① 李东方. 证券发行注册制改革的法律问题研究——兼评"《证券法》修订草案"中的股票注册制. 国家行政学院学报，2015（3）.

### (一) 金券

金券又称金额券，是指券面标明一定金额并为特殊目的而使用的证券，其典型形式为邮票与印花。

金券具有以下基本特征：

（1）金券是为特殊目的而使用的证券。例如，邮票用于邮寄信件，印花用于缴纳印花税。除基于收藏价值而在特定市场上具有一定价值甚至巨大价值外，它们本身没有其他价值。

（2）金券在形式上具有特定性。它由国家行政主管部门或其授权的机构依法制作，其形式与所记载的内容都具有标准化和统一化的特点。任何其他机关、组织与个人非经授权均无权制作与更改金券所记载的内容。

（3）金券的证券形式与证券权利密不可分，行使证券上的权利必须持有证券，丧失证券则失去证券上的权利。例如，遗失的邮票，无法用来寄信；遗失了印花，无法证明已缴纳了印花税。

### (二) 资格证券

资格证券，又称凭证证券、免责证券，是指表明证券持有人具有行使一定权利的资格的证券。资格证券持有人可凭所持证券向义务人行使一定权利，义务人向证券持有人履行义务后即免除法律责任，但义务人因恶意或重大过失向非权利人履行义务者除外。其典型形式为车船票、电影票、行李票、存车票、银行存折、存单①等。一般来说，资格证券

---

① 1961 年之前，所有的存单（certificate of deposit，CD）都是不可转让的。在存款到期之前，不能将它再转卖给任何人。除非付出一笔可观的罚金，存款人还不能提前支取存款。1961 年，为了使存单更具流动性并使之对投资者更具吸引力，从而阻止存款额的下降，美国花旗银行（Citibank）开创性地发行了大额（10 万美元以上）可在二级市场上转卖的可转让存单。这种存单具备活跃的交易市场，因而成为一种高度流动的资产，发行大额可转让存单逐渐成为商业银行从公司、货币市场互助资金、慈善机构和政府机构取得资金的极重要的来源。于是全美银行普遍发行该存单。现在，各国商业银行大都发行这种存单并且非常成功。中国人民银行也于 1989 年 5 月 22 日颁布了《大额可转让定期存单管理办法》（现已失效）明确规定商业银行可发行大额可转让定期存单，并规定大额可转让定期存单是一种固定面额、固定期限、可以转让的大额存款凭证。依此，这种存单已不同于一般存单，它实际上属于金融债券的一种，因而应归入有价证券范畴。

持有人即可被推定为权利人；证券义务人无须审查持券人是否为权利人，拒绝向持券人履行义务必须提供确切证据。但由于资格证券不能流通，因而权利人丧失对证券的占有，并不绝对导致其丧失该证券表明的权利，若能通过其他合法方式证明其权利的存在，则仍应满足其权利行使要求，义务人仍应向其履行义务。例如，如果存折、存单遗失，可办理挂失手续，办理正式挂失手续 7 天后，若该存款在挂失前未被冒领，则由金融机构办理补领新存折、存单或支取手续。

### （三）有价证券

有价证券，是指记载和表明一定财产权利的证券。由于证券上所表明的财产权具有一定的价值与价格，并且该证券可以自由转让，故其被称为有价证券。[①] 有价证券是一种信用凭证或金融工具，它是商品经济和信用经济发展的产物。有价证券的正常交易能起到自发地分配货币资金的作用。通过有价证券，可以吸收闲置的社会资金，作为长期投资分配到国民经济各部门，从而优化资源配置。[②]

有价证券具有以下特征：

（1）有价证券代表财产权利。

（2）原则上有价证券权利的行使与证券不可分离，持券人即被推定为权利人，义务人向持券人履行义务即可免责。与资格证券不同，有价证券的权利人若不持有证券，即使通过其他方式证明其为真正的权利人，也不能行使证券所记载的权利。在此情形下，只有严格依照法定方式和程序确认权利人的身份之后才能行使权利。如票据遗失，权利人应及时通知银行挂失止付，并在法定期间内向支付地人民法院申请公示催告或提起诉讼。公示催告或诉讼期间届满，如无人申报权利，人民法院就可根据申请人的申请作出判决，宣告票据无效；自判决公告之日起，申请人即可向支付人请求支付票款。这与存折挂失手续相比，显然程序

---

① 赵旭东主编．商法学教程．北京：中国政法大学出版社，2004：330．［日］中村孝俊编著．证券市场入门．詹天兴，等译．北京：中国经济出版社，1988：3.

② 吴晓求主编．证券市场概论．北京：中国人民大学出版社，2001：3.

更为复杂与严格。

（3）有价证券的债务人是特定的，即证券的权利人只能请求证券上记载的债务人履行债务，有价证券的持有人转让证券，不影响债务人对债务的履行。

（4）有价证券的债务人的支付是单方义务，即债务人在履行债券义务时，除收回证券外，不得要求权利人支付相应对价，必须"无条件给付"。

除以上典型分类外，另有学者将证券分为证据证券、凭证证券与有价证券[1]，还有学者将证券分为证书、资格证券与有价证券。[2] 这两种分类基本上相同，凭证证券即资格证券，证据证券与证书均指记载一定法律事实的一种文书，如毕业证、结婚证、借用证、证据（书面证明）等。由于证据证券超出了通常意义上广义证券的范畴，并且该分类使金券无从归属，因而该分类方法不可取。

## 三、有价证券的基本类型

### （一）商品证券与价值证券

按照所代表权利的性质不同，可将有价证券分为商品证券与价值证券。

商品证券，又称实物证券、货物证券、财物证券，是指在商品流通中发行的、代表一定量商品请求权的实物凭证。它表明证券持有人可凭证券提取该证券上所列明的货物。商品证券主要有海运提单、陆运提单和水运提单等，此外还包括仓单、提货单等。

价值证券，是指直接代表一定财产价值或权利的证券。价值证券又可分为货币证券与资本证券。（1）货币证券是替代货币进行支付和结算的有价证券，是商业信用工具。货币证券在范围和功能上与商业票据基本相同：其范围主要包括汇票、本票和支票等；其功能主要用于单位之

---

① 吴晓求主编．证券市场概论．北京：中国人民大学出版社，2001：2.
② 杜力夫，王晨编著．证券法学．大连：大连海事大学出版社，2002：1-2.

间的商品交易、劳务报酬的支付以及债权债务的清算等经济往来。现在各银行发行的信用卡，在其透支功能被行使时实质上也构成了一种货币证券。（2）资本证券是有价证券的主要形式，它是指资金需求者通过直接融资方式从资金供应者那里直接获得资金后，向资金供应者签发的证券。资本证券主要包括股权证券和债权证券：股权证券主要表现为股票，债权证券表现为各种债券。资本证券与作为货币替代物的货币证券不同，它具有筹集资金和获取利益的双重功能，具有资本的性质与功能，故名之。但资本证券并非实际资本，而是虚拟资本。它虽然也有价格，自身却无价值，形成的价格实为资本化了的收入。资本证券是独立于实际资本的一种资本存在形式，仅间接反映实际资本的运作状况。此外，资本证券与实际资本在量上也不相同。一般情况下，资本证券的价格总额总是大于实际资本额，因而它的变化并不能真实地反映实际资本额的变化。① 狭义上的证券特指资本证券，证券法意义上的证券也特指资本证券。除非特别说明，本书所称"证券"，均指资本证券。

证券法意义上的证券具有下述特征：（1）证券的收益性。证券的投资者进行证券投资，其目的是获得一定的收益。当然，证券的收益性并不意味着投资者必然能够获得预期收益。（2）证券的风险性。任何证券均可能因证券投资者投资不善或者证券市场的跌落而难以达到预期收益的目的。（3）证券的变现性。证券的持有人可以依法将其持有的证券通过转让的方式收回其投资。（4）证券的参与性。它是指证券持有人可以根据持有的证券参与发行人的股东大会等证券持有人大会进行投票表决。（5）证券的价悖性。证券的票面价格和证券市场上的价格往往并不一致。

## （二）设权证券与证权证券

按照证券形式与证券权利设定之间的关系，可将有价证券分为设权证券与证权证券。

设权证券，是指具有创设证券权利功能的证券。设权证券所代表的

---

① 吴晓求主编. 证券市场概论. 北京：中国人民大学出版社，2001：6-7.

权利本来不存在，而是随着证券的制作而产生的，即权利的发生是以证券的制作和存续为条件的。货币证券一般属于设权证券。

证权证券，是指旨在证明证券权利的证券。证权证券是权利的一种物化的外在形式，仅具有证券权利的证明作用，即使证券遗失或毁损，若有其他证据能够证明权利人享有证券权利，权利人依然可以行使证券权利。资本证券一般属于证权证券。

### （三）记名证券与不记名证券

按照证券是否记载持券人的姓名或名称及证券转移的方式不同，可将有价证券分为记名证券与不记名证券。

记名证券，是指证券券面上记载权利人姓名或名称的证券。证券记载的权利人是在证券发行时确定的，并且只有该权利人行使证券权利的行为方为有效，其他人仅能以代理人身份，在授权范围内行使证券权利。但依照证券交易规则的要求，记名证券可采取背书或法律规定的其他方式转让，此种场合下，证券上所记载的姓名或名称应作相应变更。

不记名证券，又称无记名证券，是指证券券面上不记载权利人姓名或名称的证券。在不记名证券场合下，证券持有人被推定为证券权利人，得依法律或相关规则的规定行使证券权利。

记名证券与不记名证券在证券流通性方面具有以下差异：

（1）证券权利人认定方式不同。记名证券权利人以证券券面的记载为准，可谓"认人不认券"，故其流通性相对较弱。不记名证券之持券人即可被推定为权利人，可谓"认券不认人"，故其流通性较强。

（2）证券权利人身份认定标准不同。记名证券的行使需要遵从证券持有人与证券权利登记人的一致性，从而降低了权利主体认定的困难，提高了身份识别的安全性。对于不记名证券依行为人持有证券券面的事实加以认定，故不能排除非法持有人以持券人身份行使证券权利的情形。

（3）证券遗失、毁损后果不同。若记名证券遗失或毁损，可依民事诉讼法规定的公示催告程序，申请证券发行人注销原证券并补发新证券。不记名证券则不挂失，即便权利人有充分证据证明证券确已遗失或毁损，也不补发新证券，从而使其丧失证券权利。[①]

### （四）完全证券与不完全证券

按照证券权利与证券形式的结合程度不同，可将有价证券分为完全证券与不完全证券。

完全证券，又称绝对证券，是指证券权利的设定、行使和转移必须与证券形式相互结合并以证券形式的存在为前提的证券。票据与一定的财产权利或价值结合在一起，并以一定的货币金额表示其价值。票据的权利与票据不可分离。票据的权利随票据的制作而发生，随票据的出让而转移，票据权利的行使以提示票据为必要。占有票据，即占有票据的价值；不占有票据，就不能主张票据权利。因此，票据是完全证券。

不完全证券，又称非完全证券，是指证券权利的设定、行使和转移无须与证券形式相结合的证券。在最典型的意义上，不完全证券持有人的权利取得或产生，无须与证券形式相结合，但证券权利的行使和转让以持有证券为必要。不完全证券是证权证券，而非设权证券，其常见形态为资本证券，如股票、债券。仓单、提单等商品证券也属于不完全证券。

### （五）实物券式证券与簿记券式证券

按照证券的表现形式不同，可将有价证券分为实物券式证券与簿记券式证券。

实物券式证券，是指由国家证券管理部门指定的印刷机构按照一定的格式印制的、具有实物形态、表现为特定纸张载体的证券。

簿记券式证券，是指由证券发行人按照法定统一格式制作的、记载证券权利人的书面名册。簿记券式证券不具有实物形态，它通过计账方式，将证券持有人的证券品种、数额记载于账册内，表明证券权利人享有的证券权利。簿记券式证券有利于降低证券的印刷、清点、保管等成本，具有证券无纸化的特征。股份有限公司向社会公开发行的股票一般采用簿记券式，即以在证券登记结算机构记载股东账户的方式发行股票。

---

① 叶林. 证券法.3 版. 北京：中国人民大学出版社，2008：8.

早期的证券均表现为实物券，在发行时需要制作成实物券，并实际交付给投资者由投资者占有。在证券交易中，对于无记名证券需要将证券实际交付给受让人，对于记名证券还需在发行人或其代理人维护的登记簿册中进行过户登记。因此，早期的证券交易存在手续烦琐的证券移转与变更登记的问题，导致交易效率极为低下。随着证券交易数量的急剧扩大，这种原始的证券交易方式已无法适应时代发展的需要。于是，在美国华尔街爆发了历史上著名的 1967～1970 年的"文件危机"（paperwork crunch）。为了应对"文件危机"，美国证券市场上发展出了使证券"非移动化"（immobilization）的证券集中存管制度。该项制度逐渐成为各国（地区）证券市场普遍采行的制度。为此，各国（地区）普遍建立了中央证券存管机构（central securities depository，CSD），并依托该机构，使证券"非移动化"程度得到提升。

通过证券"非移动化"，纸质证券所带来的交易过程中烦琐的移转占有与过户登记等程序已被基本消除，从而大大提高了证券交易的效率。不过，凭借间接持有体系所实现的证券"非移动化"仍无法消除证券发行过程中的实际交付程序，并且投资者在将其持有的证券托管给证券商后即丧失了名义所有人的身份，导致其证券资产安全存在相当大的隐患。因此，证券投资者存在直接持有证券的内在需求。而随着计算机信息技术的发展，无须将证券托管于证券商，同样可通过证券账户的即时记录、变更与维护，实现证券"非移动化"。这就是许多国家在以间接持有系统为基本方式的背景下所发展出来的直接持有系统（direct registration system，DRS）。在此系统下，除在证券发行阶段仍存在实物券外，彻底的证券"非移动化"已接近于证券无纸化（securities dematerialization）。

在证券"非移动化"的基础上，实物券已逐渐失去了其原有价值，完全可以由电子化的证券账户记录来表彰证券权利。因此，为进一步提高证券发行与交易的效率，许多国家和地区都在传统有纸化证券市场体系之外建立了无纸化证券市场体系，有的国家（地区）还彻底实现了证券无纸化。在我国，纸质证券发行时间很短，很快就被无纸化证券替代，无纸化证券早已成为我国上市证券的唯一表现形式。自 1993 年年底我国开始发行无纸化证券；1996 年年底，我国建立了证券交易所与证券公司之间的网络连接，取消了证券交易所交易大厅，仅将其作为证券交易的备用设施。在此基础上，证券公司开发了电话委托、电脑委托等多种交易手段，实现了证券交易的无纸化。

与传统的证券有纸化相比，证券无纸化已带来了许多法律层面的挑战，迫切需要立法进行相应回应。例如，在证券无纸化条件下，投资者对其所持证券已彻底无法实际控制，其证券权益演变成为对其证券账户的支配权，因而投资者对证券的权利已超出了民法的一般范畴。再如，在证券无纸化条件下，从妥善保护投资者合法权益的角度来说，是否有必要继续维持在有纸化时代形成的投资者与证券登记结算机构之间的法律关系？诸如此类的问题确实构成了对传统证券法的挑战。[①] 为此，建立在传统有纸化证券条件下的各国（地区）证券法已作出了相应调整，一些国家和地区还制定了专门的证券无纸化法。但这种调整并不彻底，相关法律制度仍无法有效保护投资者的证券资产安全与资金安全。[②]

## （六）政府证券、金融证券与公司证券

按照证券发行主体不同，可将有价证券分为政府证券、金融证券与公司证券。

政府证券，又称政府债券，是指政府为筹集财政资金或建设资金，以其信誉为担保，按照一定程序向社会公众投资者募集资金并发行的债权债务凭证。政府证券不受法定发行条件的限制，经中央政府或立法机关批准后即可发行；其他证券的发行审查规则比较严格，国家往往设立专门监管机构实施审查。因此，政府证券被称为"豁免证券"。政府证券以国家或政府信誉作为到期偿还本息的担保，通常仅限于政府债券，因而有时以政府债券代称之。政府债券分为中央政府债券（国家债券）和地方政府债券两种。中央政府债券包括国库券、国家重点建设债券、财政债券以及特种债券等类型，其中主要是国库券。地方政府债券，即

---

① 范健 . 关于我国证券无纸化立法的几点思考 . 社会科学，2009（3）.
② 王建文 . 论证券无纸化条件下证券资产安全的法律维护机制 . 社会科学，2009（3）.

由有财政收入的地方政府或其他地方公共机构发行的债券。发行地方政府债券的目的是为当地市政建设，如为交通、通信、住宅、教育、医疗和环保等公共设施筹措资金。许多国家都允许发行地方政府债券。在我国，新中国成立初期曾发行过地方政府债券。1981 年恢复国债后，地方政府债券事实上被取缔。20 世纪 80 年代末至 90 年代初，不少地方政府为了筹集资金用于市政公共设施建设，都曾经发行过地方政府债券。因地方政府存在兑付能力不足风险，国务院于 1993 年下令禁止地方政府发行债券。1995 年施行的《预算法》第 28 条明确规定"除法律和国务院另有规定外，地方政府不得发行地方政府债券"。不过，为应对金融危机，实施好积极的财政政策，增强地方政府安排配套资金和提高政府投资的能力，我国于 2007 年开始推进地方政府债券的发行。2007 年 8 月，时任财政部部长金人庆在 APEC 财长会议上提交的报告中表示，中国政府正考虑授权地方政府发行债券。2009 年 2 月 17 日，在北京举行的第十一届全国人大常委会第十八次委员长会议听取了对《国务院关于安排发行 2009 年地方政府债券的报告》有关情况的汇报。国务院于 2009 年同意地方政府发行 2 000 亿元债券，由财政部代理发行，列入省级预算管理。为此，财政部还于 2009 年 2 月 18 日发布了《2009 年地方政府债券预算管理办法》（现已失效）。2009 年 3 月 23 日，财政部发布通知称，决定代理发行 2009 年新疆维吾尔自治区政府债券（一期）。这意味着我国地方政府债券正式问世，新疆成为首个发行地方政府债券的省级政府。2014 年 5 月 21 日经国务院批准，上海、浙江、广东、深圳等 10 省市试点地方政府债券自发自还。这意味着地方债券发行朝着市场化路径迈出了实质性步伐。

金融证券，是指银行或非银行金融机构为筹措信贷资金，向投资者发行的、承诺到期还本付息的有价证券。金融证券以银行或非银行金融机构的信誉作为一般担保，一般不设特殊担保。金融证券主要包括金融债券和大额可转让定期存单等，以金融债券为主。在欧美等西方国家，金融机构发行的债券归类于公司债券。在我国大陆、日本等国家和地区，金融机构发行的债券则被称为金融债券。中国人民银行于 2005 年

4月27日发布的《全国银行间债券市场金融债券发行管理办法》第2条第1款规定："本办法所称金融债券，是指依法在中华人民共和国境内设立的金融机构法人在全国银行间债券市场发行的、按约定还本付息的有价证券。"同条第2款规定："本办法所称金融机构法人，包括政策性银行、商业银行、企业集团财务公司及其他金融机构。"

公司证券，是指公司为筹集生产所需资金而发行的有价证券，包括股票和公司债券。在各类证券中，公司证券的发行条件最为严格，须经国家证券监管机构审查批准方可发行。公司证券的投资风险主要取决于公司经营状况、资产状况和财务状况，并受国家政治、经济状况影响，故公司证券具有较高的投资风险与投资收益。境外公司证券的发行人限于股份有限公司（在英美法系国家和地区为开放式公司），其他企业不得发行证券。我国《证券法》则规定，股份有限公司、有限责任公司，均可依照一定条件和程序发行证券。1993年《公司法》第159条规定，股份有限公司、国有独资公司和两个以上的国有企业或者其他两个以上的国有投资主体投资设立的有限责任公司，亦可发行公司债券。现行《证券法》则将该特权普遍赋予所有有限责任公司。中国证监会于2015年1月15日发布的《公司债券发行与交易管理办法》对公司债券发行作了具体规定。

### （七）要式证券与不要式证券

按照证券的作成方式不同，可将有价证券分为要式证券与不要式证券。

要式证券，是指法律对证券形式及记载事项均有明确规定的证券。要式证券必须严格遵循法律要求，否则证券将无效。多数有价证券，如票据、股票、债券、提单等皆为要式证券。

不要式证券，又称非要式证券，是指法律对证券形式及记载事项均无严格规定的证券。

### （八）上市证券与非上市证券

按照是否在证券交易所挂牌交易，可将有价证券分为上市证券与非上市证券。由于并非所有有价证券均能上市交易，因而这种分类仅对股票与债券有意义。

上市证券，又称挂牌证券，是指经证券监管机构批准，并向证券交易所注册登记，获准在证券交易所内进行公开买卖的证券。证券上市必须符合较为严格的条件，并须通过严格的审查程序，因此发行上市证券的公司必须具备较高的资质。但证券上市可以扩大公司的社会影响，提高公司的商业信誉，使其能以较为有利的条件筹集资金，扩大经济实力。

非上市证券，又称非挂牌证券、场外证券，是指未在证券交易所登记挂牌，由公司自行发行或推销的证券。非上市证券不能在证券交易所内交易，但可以在交易所以外的"场外交易市场"进行交易，有的也可以在取得特惠权的交易所内进行交易。非上市证券须由发行人自行推销，因无法在证券交易所公开交易而流动性较差，因而其筹集资金成本较高。若发行人为公司，发行非上市证券不利于扩大公司的社会影响、提高其声誉。一般来说，发行非上市证券多的公司多因不符合证券上市条件而未能获准在证券交易所上市交易，但也有一些特殊类型的公司或对控制权与商业秘密有特殊要求的公司，尽管完全符合上市条件也不申请证券上市。例如，有些资质良好且规模庞大的商业银行和保险公司，为免去向证券交易所缴纳的费用并降低披露标准，自愿选择不将证券上市。在场外交易市场日益发达的时代背景下，非上市证券的劣势进一步被弱化。事实上，非上市证券远比上市证券数量多，上市证券在整个证券市场中仅占较小的比重。

# 第二节　证券市场发展概况

## 一、证券市场的内涵界定

### （一）证券市场的概念

证券市场是股票、债券、投资基金份额以及各种证券衍生品种等各种有价证券发行和交易的场所，它是金融市场的重要组成部分。在发达国家，证券市场的交易覆盖了整个金融市场，证券市场是金融市场中极为重要的组成部分。金融市场包括所有资金需求和供给的交易场所。一般根据金融市场上交易工具的期限，将金融市场分为货币市场和资本市场两大类。货币市场是指融通短期资金的市场。资本市场，即长期金融市场，是融通长期资金的市场，包括中长期银行信贷市场和证券市场。中长期银行信贷市场，即间接融资市场，是金融机构与工商企业之间的贷款市场。证券市场即直接融资市场，它通过发行证券的方式融通资金，通过证券的交易活动引导资金流动，能有效合理地配置社会资源，支持和推动经济发展，因而证券市场是资本市场的核心和基础，是金融市场的重要组成部分。

在最广泛意义上，凡是进行证券发行和交易的空间，都属于证券市场。在现代社会，为实现公开、公平、公正原则，加强对证券发行与交易的监管，避免各种违法和违规行为，各国（地区）都要求筹资者和投资者通过中介机构参与证券发行和交易活动，还专门设立了证券交易所进行证券的发行与交易。因此，现代社会虽存在着各种形式的场外交易市场，但证券市场仍以证券交易所为主要形式。

### （二）证券市场的基本功能

作为市场经济中的一种高级组织形态，证券市场是市场经济条件下合理配置资源的重要机制。世界经济发展的历史证明，它不仅可以推动本国（地区）经济的迅速发展，而且对国际经济的发展和一体化具有深远影响。因此，世界上不少证券市场已发展成为国际著名的金融中心。

具体来说，证券市场的功能表现为以下四个方面：

（1）筹资功能。证券市场的筹资功能是指证券市场为资金需求者筹集资金的功能。从反面看，该功能可被解释为为资金供给者提供投资对象。在证券市场上交易的任何证券，既是筹资的工具，也是投资的工具。在经济运行过程中，既有资金盈余者，又有资金短缺者。资金盈余者为了使自己的资金价值增值，就必须寻找投资对象。在证券市场上，资金盈余者可以通过买入证券而实现投资；而资金短缺者为了发展自己的业务，就要向社会寻找资金。企业筹集资金的通常方式为向银行贷款，但通过这种方式筹集资金的能力有限并且成本较高，只有通过证券市场才能以较低的成本迅速筹集到巨额资金。在中国这一高储蓄的国家，证券市场还在引导资金转变为企业资本方面发挥了积极作用，从而有利于加快中国资本积累速度。

（2）资本定价功能。证券市场的第二个基本功能就是为资本决定价格。证券是资本的存在形式，因此，证券价格的确定，实际上是证券所代表的资本的价格的确定。证券的价格是证券市场上证券供求双方共同作用的结果。证券市场的有效运行，使价格确定可以通过证券需求者和证券供给者的竞争形成，从而能较为充分地反映证券市场的供求状况。因此，证券市场是资本的合理定价机制。

（3）资本配置功能。资本配置功能，是指通过证券价格的影响，引导资金的流动，实现资源合理配置的功能。在证券市场上，证券价格由该证券所能提供的预期报酬率的高低来决定，因此，证券价格实际上是该证券筹资能力的反映。而能提供高报酬率的证券一般来自那些经营状况良好、发展潜力巨大的企业，或者是来自新兴行业的企业。这些证券的预期报酬率高，其市场价格也就相应高，从而其筹资能力也强。这样，证券市场就能引导资本流向能产生高报酬率的企业或行业，从而使资本产生尽可能高的效率，进而实现资本的合理配置。

（4）宏观调控功能。证券市场是一国中央银行进行宏观调控的重要场所。证券市场除有筹集资金功能外，还有资金"蓄水池"的功能。各国中央银行正是通过证券市场这种"蓄水池"的功能来实现其对货币流通量的宏观调节，以实现货币政策目标。

### （三）证券市场的产生和发展

证券市场是社会化大生产和商品经济发展的产物。伴随着西方银行业的发展进程，证券交易在16世纪的西欧就已萌芽。当时，在里昂、安特卫普已经出现了以国债为交易标的的证券交易所。到16世纪中叶，股票、公司债券及不动产抵押债券相继成为证券市场的交易标的。早在1611年，就有一些商人在荷兰的阿姆斯特丹买卖海外贸易公司的股票，形成了股票交易所的雏形，此即世界上第一个股票交易所。1773年，英国的第一家证券交易所（伦敦证券交易所的前身）在位于伦敦柴思胡同的"新乔纳森咖啡馆"成立，后于1802年获得英国政府的正式批准。1792年，美国著名的"梧桐树协定"签订，纽约证券交易所的前身由此诞生。1817年参与华尔街证券交易的经纪人通过一项正式章程并定名为"纽约证券交易会"，后于1863年正式成立"纽约证券交易所"。

20世纪初，资本主义由自由竞争阶段过渡到垄断阶段。在此过程中，证券市场获得了极大发展。1890～1913年间，世界证券市场证券发行额增加了近五倍。同时，证券结构也发生了变化，占证券主导地位的已非政府债券，而是股票和公司债券。1929～1933年发生的严重经济危机导致证券市场受到严重挫折。第二次世界大战结束后，随着欧美和日本经济的恢复和发展，尤其是全球经济得到极大发展，证券市场迅速获得了恢复和发展。20世纪70年代开始，证券市场呈现出高度繁荣的局面，不仅证券市场的规模进一步扩大，证券交易日趋活跃，而且逐渐形成了融资方式证券化、投资主体法人化、证券交易多样化、证券市场自由化、证券市场国际化和证券市场网络化的全新特征。其中，最具代表性且影响最大的是证券市场国际化与网络化。

证券市场国际化，是指一国国内证券市场在国际范围内的延伸，也就是消除证券市场交易双方（投资者和筹资者）的国籍界限，使其在本国或国际证券市场上自由参与各种上市证券的交易活动。证券市场的国际化既包括一国（地区）证券在国际市场上市交易，又包括境外证券在一国（地区）证券市场上市交易。在此潮流下，世界各国（地区）主要的证券交易所相继成为国际性证券交易所，越来越多的股份有限公司到境外证券市场发行股票、债券，越来越多的投资者也参与境外证券市场的买卖之中，国际性的证券交易所也在全球范围内加紧对优质公司的争夺。如今，证券市场国际化已成为各国（地区）证券市场发展的一个主要趋势。其原因包括以下四个方面：（1）证券交易网络化促使全球证券市场国际化；（2）跨国公司和机构投资者是推动证券市场国际化的主力军；（3）金融创新活动是证券市场国际化的重要推动力量；（4）各国政府放松对证券市场的严格管制，并采取优惠政策促进资本的国际化流动，进一步推动了证券市场的国际化。[①] 证券市场国际化程度的高低，不仅反映一国（地区）资本市场的总体发展水平，而且也在一定程度上反映了一国（地区）参与国际分工的深度，反映了一国（地区）经济的总体发展水平，特别是一国（地区）经济的国际化程度和开放程度。随着改革开放的不断深入，中国经济的国际化和开放程度日益提高，证券市场国际化的加强也成为中国经济发展的必然选择。

证券市场网络化，是指证券市场采用电脑、卫星通信和互联网等现代化设施与交易手段将各个交易终端相互联结，形成一个现代化的网络。目前世界上主要的金融中心都已实现网络化。例如，1970 年英国的伦敦证券交易所建成价格显示装置，1971 年美国在康涅狄格州的特鲁姆尔建成全国证券商协会自动报价系统，1978 年美国纽约证券交易所创设了市场间交易系统等。这些现代化手段的运用，为证券公司和投资者及时掌握信息、提高效率，改变区域分割的状况提供了十分便利的条件。随着互联网技术的发展与应用的日益普及，证券市场已逐渐地从"有形"的市场过渡到"无形"的市场，远程终端交易、网上交易已成为证券交易的主要方式。

## 二、证券市场的分类

### （一）证券发行市场与证券流通市场

按照市场的职能，可将证券市场分为证券发行市场和证券流通市场。

证券发行市场，又称"一级市场"或"初级市场"，是指发行人以筹集资金为目的，按照法定条件与发行程序，将某种证券首次出售给投资者的市场。证券发行市场一方面为资本的需求者提供筹集资金的渠

---

① 吴晓求主编．海外证券市场．北京：中国人民大学出版社，2002：306－309．

道，另一方面为资本的供应者提供投资场所。证券发行市场是实现资本职能转化的场所，通过发行股票等证券，将社会闲散资金转化为生产资本。证券发行市场是整个证券市场的起点，没有证券发行也就没有证券交易和证券投资，所以证券发行市场是基础环节。

证券发行市场相对于证券流通市场而言，具有以下主要特征：

（1）没有固定场所。新发行证券的认购和销售一般不在有组织的交易所内进行，可以由发行人直接向投资者销售，也可以由证券承销商承购后再向投资者分销，证券承销商可以将部分承销证券投入证券交易所推销。就我国目前的证券发行而言，政府证券及金融证券主要借助商业银行的营业网点发行；公司证券的发行则较为特殊，多借助证券交易所的交易网络，证券的交付主要通过证券交易所进行。

（2）没有统一的发行时间。证券发行人根据自己的需要和市场行情走势来决定何时发行，没有例行的发行时间。但每次具体的发行都有发行期限的限制，时间比较集中。

（3）证券发行价格与证券票面价格较为接近。尤其是债券，常以票面价格发行。股票发行虽大多采取溢价发行方式，使发行价格与票面价格不一致，但在国际证券市场上，高溢价现象并不多见，因而发行价格与票面价格总体上仍较为接近。在此问题上，我国证券市场也较为特殊，长期以来采取高溢价的发行方式，从而使发行价格与票面价格差异较大。不过，随着证券发行市场化的加强，我国证券发行中的高溢价现象已逐渐回归到较为合理的状况。

证券流通市场，又称证券交易市场、"二级市场"或"次级市场"，是指已发行的证券通过买卖交易实现流通转让的场所。证券流通市场一方面为证券持有者提供随时变现的机会，另一方面又为新的投资者提供投资机会。与证券发行是一次性行为不同，在流通市场上证券可以不断地进行交易。证券流通市场主要表现为证券交易所，此外还包括场外交易市场。

## （二）场内交易市场与场外交易市场

按照交易组织形式，可将证券市场分为场内交易市场与场外交易市场。这是对证券流通市场的进一步划分。

场内交易市场，又称证券交易所市场，是指由证券交易所组织的集中交易市场，有固定的交易场所和交易时间。证券交易所接受和办理符合有关法规与上市规则规定的证券上市买卖，投资者则通过证券商在证券交易所进行证券买卖。有些证券交易所最初是自发产生的，有些则是根据国家的有关法规注册登记设立或经批准设立的。现代证券交易所都有严密的组织、严格的管理，并有进行集中交易的固定场所。场内交易市场是证券交易市场中最重要、最集中的交易市场，在有些国家还是唯一合法的证券交易场所。它不仅为投资者提供公开交易的场所，也为证券交易双方提供多种服务。

场外交易市场，是指在证券交易所以外的场所进行证券交易的市场。狭义的场外交易市场仅指柜台交易市场，柜台交易市场也是广义的场外交易市场的主要形式。柜台交易市场，又称店头交易市场、第二市场，是指证券交易所以外的各证券交易机构柜台上进行证券交易的市场。在境外，许多证券经营机构都设有专门的证券柜台，通过柜台进行证券买卖。在柜台交易市场中，证券经营机构既是交易的组织者，又是交易的参与者。广义的场外交易市场除包括柜台交易市场外还包括第三市场（在证券交易所与证券经营机构之外直接进行交易）和第四市场（投资者不通过证券商而利用电子计算机网络直接进行大宗证券交易）。目前，世界上多数国家和地区的证券市场中，都有比较完整成熟的柜台交易市场，如美国的场外柜台交易市场（Over-The-Counter，OTC）、日本的柜台交易市场。我国股票市场曾经存在柜台交易市场等场外交易市场，但因种种原因先后被取缔了。经过多年建设，全国中小企业股份转让系统（"新三板"）已具备场外交易市场功能。债券市场除了两大证券交易所，还存在银行间债券市场等其他交易场所。

除以上分类外，还可基于证券的种类，将证券市场分为股票市场、债券市场、基金市场、证券衍生品种市场。这些证券市场又均可进一步划分为发行市场与交易市场。

## 三、证券市场参与者

证券市场参与者由证券市场主体、证券市场中介机构、证券市场监管机构与证券市场自律组织四个部分组成。

### (一) 证券市场主体

1. 证券发行人

证券发行人，是指为筹措资金而发行债券和股票的政府及其部门、金融机构、公司和其他企业。证券发行人是证券市场资金的需求者，没有发行人发行证券的行为，证券交易就无从开展，证券市场也不可能存在。发行人的多少和发行证券数量的多少决定了发行市场的规模和发达程度。

证券发行人是证券权利义务关系的主要当事人，是证券发行后果与责任的主要承担者。为保障社会投资者的利益，维护证券发行市场的秩序，防止各种欺诈舞弊行为，各国（地区）证券法都对证券发行人（政府债券除外）的主体资格、净资产额、经营业绩设有条件限制并对发起人责任作了严格规定。

证券发行人可分为债券发行人和股票发行人。债券发行人有发行政府债券的中央政府和地方政府，发行金融债券的金融机构以及发行企业债券的公司、企业等。股票发行人则仅为股份有限公司。

政府是证券市场主要的资金需求者，它在证券市场上发行政府债券。公司、企业作为证券的发行人，发行的证券包括股票和债券。金融机构则在证券市场上发行金融债券，以增加开展各项金融业务的资金来源。

2. 证券投资者

证券投资者是证券市场的资金供给者，他们也是证券市场的交易主体。正是因为有众多的证券投资者的存在，证券发行才能完成，证券市场的交易才能进行。

证券投资者类型很多，投资的目的也各不相同。按照投资者的身份，可将证券投资者分为机构投资者与个人投资者。按照投资者的国籍或注册地，可将证券投资者分为境内投资者与境外投资者。其中较有意义，也是最通常的划分为机构投资者与个人投资者。

（1）机构投资者。

从广义上讲，机构投资者，是指用自有资金或者从分散的公众手中筹集的资金专门进行有价证券投资活动的机构。在西方国家，以证券收益为其主要收入来源的证券公司、投资公司、保险公司，以及各种福利基金、养老基金、金融财团等，被统称为机构投资者。其中最典型的机构投资者是专门从事证券投资的证券投资基金。在中国，机构投资者目前主要是具有证券自营业务资格的证券自营机构，符合国家有关政策、法规的各类投资基金以及合格境外机构投资者（QFII）等。机构投资者通常具有投资管理专业化、投资结构组合化、投资行为规范化的特点，比较注重理性投资和长期投资，因而是稳定证券市场的重要力量。

在证券市场发展初期，证券投资者主要是个人投资者。20世纪70年代以来，西方各国证券市场出现了证券投资主体法人化的趋势。有关统计数据表明，机构投资者的市场份额在20世纪70年代为30％，到20世纪90年代初已发展为70％，机构投资者已成为证券市场的主要力量。近年来，我国机构投资者获得了较快发展，并逐步成为资本市场的重要投资力量。但与发达国家和地区的机构投资者相比，我国机构投资者不仅存在持股市值所占比重偏低的问题，而且运营还不够规范，未能起到机构投资者本应具有的稳定证券市场的作用。

（2）个人投资者。

个人投资者，是指从事证券投资的社会公众个人。他们是证券市场最广泛的投资者。个人投资的主要目的是追求盈利，谋求资本的保值和增值，所以个人投资者十分重视本金的安全性和资产的流动性。单个的投资者受资本和投资能力所限，其投资额一般不是很大，但社会公众资金集合总额非常可观，因而不能轻视个人投资者对证券市场稳定和发展的群体影响力。个人投资者的资金主要来源于储蓄。此外，个人投资者还可以从证券公司、商业银行贷款用于证券投资。

### （二）证券市场中介机构

证券市场中介机构是连接证券筹资者与投资者的媒介，是证券市场运行的核心。在证券市场起中介作用的实体是证券经营机构和证券服务机构，通常将两者合称为证券市场中介机构。证券市场功能的发挥，在很大程度上取决于证券市场中介机构的活动。它们的经营服务活动，不仅沟通了证券需求者与供应者之间的联系，保证了多种证券的发行和交易，而且还起到了维持证券市场秩序的作用。

证券经营机构，又称证券商，是指依法设立的可经营证券业务的具有法人资格的金融机构。我国目前的证券经营机构仅包括证券公司。证券经营机构的主要业务有代理证券发行销售、代理证券买卖或自营证券买卖、提供研究及咨询服务等。对证券经营机构根据业务内容可划分为证券承销商、证券经纪商和证券自营商三类。这三类证券商的业务并不完全分离，尤其是随着金融自由化趋势的发展，许多证券经营机构往往经营多种业务。大的证券公司一般有若干业务部门，分别从事证券发行、经纪、自营以及基金管理等业务。但没有承销资格和自营资格的经纪商，只能代理客户买卖证券。

证券服务机构，是指依法设立的从事证券服务业务的机构。证券服务机构的业务包括如下内容：证券发行、财务顾问及其他配套服务，证券投资咨询，证券资信评估服务，证券集中保管，证券清算、交割和交收服务，证券登记过户服务以及经证券监管机构认定的其他业务。我国目前的证券服务机构主要有：证券登记结算公司、证券投资咨询公司和其他证券服务机构（如律师事务所、会计师事务所、资产评估机构、信用评级机构、证券信息公司等）。此外，证券公司也可获准从事证券服务业务，从而成为证券服务机构。在我国，证券服务机构从事证券服务业务，除律师事务所外，都"必须经国务院证券监督管理机构和有关主管部门批准"。

### （三）证券市场监管机构与证券市场自律组织

证券市场监管机构与证券市场自律组织是证券市场的重要参与者，

没有二者的参与，证券市场的秩序将无法得到保障。但它们不得从事证券投资活动，也不得直接承担证券市场的经营及投资风险，其任务主要是通过制定和执行相关规章、规则，来保证证券交易的安全和快捷。

证券监管机构的设置取决于证券法律体系和证券监管模式。各个国家和地区的证券监管机构差异较大，总体上可分为政府监管机构和自律监管机构两类。证券市场自律组织则包括证券行业协会和证券交易所。

# 第三节　西方主要发达国家证券市场概况

## 一、德国证券市场概况

德国证券市场的历史比较早，可以追溯到 16 世纪：德国皇室在 16 世纪发行了一批规模不大的政府公债。16 世纪末至 17 世纪初股份有限公司产生后，股票也开始流通，从而出现了证券交易活动。起初是分散的、不规则的，后来慢慢形成了集中交易场所并形成了一定的规则。此即德国证券交易所的雏形。在 16 世纪末期，德国已有了一些不太规范的证券交易所，1585 年成立的法兰克福证券交易所为当时全国最大的证券交易所。但在相当长时期内，德国证券市场发展相当缓慢，在国际上影响较小。

进入 19 世纪中期以后，德国经济获得了极大发展，柏林逐渐成为欧洲的经济中心之一。德国证券市场也随之起步，证券市场的中心也从法兰克福转移到柏林，到 1870 年，柏林证券交易所成为欧洲大陆最大的证券交易中心之一。到 19 世纪后期，德国经济得到了进一步发展。已经形成网络化的各大银行统一了其证券买卖业务和金融信贷业务，使证券市场随着银行体系的扩张和银行业务的发展而同步发展。这使以柏林为中心的证券市场完全从属于垄断金融资本。但在经历了两次世界大战的打击后，德国垄断金融资本受到了沉重打击，证券市场也一蹶不振。

从第二次世界大战结束到 1957 年为联邦德国重建时期，此时德国政府将资本筹集重点放在改造国债和基础设施金融债上。1957～1960年，随着经济的飞速发展，德国的股票投资开始活跃，证券市场规模进一步扩大。在此期间，汉堡证券市场取代柏林证券市场的地位并迅速崛起，法兰克福重新成为联邦德国国际金融中心和证券交易中心。20 世纪 70 年代以后，联邦德国的机构投资者持股增加，银行的证券业务集中，逐渐形成了有组织的银行垄断证券市场的新格局。

在德国，目前有法兰克福（Frankfurt）、汉堡（Hamburg）、柏林-不莱梅（Berlin-Bremen）①、慕尼黑（Munich）、杜塞尔多夫（Dusseldorf）、汉诺威（Hanover）、斯图加特（Stuttgart）等七大证券交易所。其中，法兰克福证券交易所（Frankfurt Stock Exchange，亦称德意志证券交易所）乃德国证券交易中心，其营业额约占德国证券市场营业额的 90％以上，而且在欧洲仅次于伦敦证券交易所，在世界证券交易所中排名靠前（长期排第四位）。德国证券交易使用 Xetra 系统，其国际性和可靠性已经得到全世界广泛认可。法兰克福证券交易所的证券交易业务全部由德国政府商会管理。政府商会由商业管理委员会、仲裁董事会、监事管理会和官方经纪人四个部分、20 人左右组成，具体负责对1896 年德国《证券交易所法》执行情况的监督，根据政策法令协调有关证券交易事宜。汉堡证券交易所等其他证券交易所主要由州政府负责管理，州政府有权批准或废除当地证券市场的交易业务。

但与德国的经济发展水平相比，由于德国特殊的全能银行体制以及专业投资者的缺乏，德国证券市场仍欠发达。德国的银行既可以经营存放款业务，又可以经营证券业务。该体制带来如下影响：一方面，企业感到在证券市场直接筹资不如从银行贷款简单易行；另一方面，银行也

---

① 2003 年 3 月，柏林（Berlin）证券交易所与不莱梅（Bremen）证券交易所合并，组建了柏林－不莱梅证券交易所（Berlin-Bremen Stock Exchange）。

希望通过贷款来直接控制企业，因而银行本身也愿意选择贷款方式，而不鼓励企业通过证券市场融资。实践中，参与证券市场活动的主要是大型企业，中小企业很少参与证券市场活动。这使德国企业对银行贷款的依赖性日益增强。这不仅给企业自主经营带来威胁，而且使银行承受的风险过高，从而使德国经济处于一种非常不稳定的状态。因此，20 世纪 90 年代以来，德国政府逐渐解除了对证券市场的种种限制，规定了一系列措施，鼓励欧洲债券市场发展，积极促使法兰克福证券交易所进一步发展。在此影响下，德国证券市场得到了进一步发展。①

## 二、英国证券市场概况

16 世纪中叶，英国成为当时世界上最重要的贸易中心。以创立于 1600 年的东印度公司为代表的股份有限公司纷纷设立。英国分散的、原始状态的证券交易市场也于 17 世纪末期形成。从 18 世纪初开始，向公众发行可转让股份成为一种无本取利的特权，于是，各个股份有限公司都纷纷发行股票。由于申请特许状和国会许可令的费用昂贵、程序复杂，一些商人就假冒特许公司参与股票投机。因此，当时英国还成立了许多非经依法设立、未取得法人资格而专事股票投机的"泡沫公司"，这些公司的投机炒作行为，与 1720 年"南海泡沫"（south sea bubble）事件一起，共同推动了股票风潮的形成与破灭。在泡沫尚未完全破灭的调查期间，英国国会为了"清理、整顿"冒牌特许公司，于 1720 年 6 月匆忙颁布了著名的《反金融诈骗和投机法》，此法案被民间俗称为"泡沫法"（Bubble Act）。"南海泡沫"的破灭，使英国人不敢问津股票。此后直到 1825 年该法被废止的 100 余年间，英国没有新发行过一张股票。② 这极大地弱化了英国证券市场的发展。

不过，虽然没有新发股票，但原有股票仍能流通。完全基于政府信用的政府债券也于 17 世纪末期开始发行，并受到了社会各界的普遍欢

---

① 吴晓求主编. 海外证券市场. 北京：中国人民大学出版社，2002：97-99，123.
② 范健，王建文. 公司法. 5 版. 北京：法律出版社，2018：45-46.

迎。此后政府债券发行数额不断增加，英国政府也积极促进政府债券的流通，并由此产生了大量的证券经纪人。因此，在英国，证券交易市场仍然存在。起初，证券经纪人集中在伦敦交易街的露天市场。后来，则与当时欧洲各国的证券交易方式一样，证券经纪人在咖啡馆进行交易。18 世纪 60 年代，伦敦 150 名经纪人发起，在"乔纳森咖啡馆"开办了英国第一所股票营业厅。但时隔不久，该咖啡馆被大火焚毁。这些经纪人就在距英格兰银行不远的、位于伦敦市中心的穿针街和百老汇大街交叉处的柴思胡同开办了名为"新乔纳森咖啡馆"的证券营业厅。1773 年，"新乔纳森咖啡馆"正式改名为证券交易所，并于 1802 年获得了英国政府的正式批准。此即伦敦证券交易所。1812 年英国颁布了第一个《证券交易所条例》。到 19 世纪中叶，一些非正式的地方性证券市场也在英国兴起，高峰时达到 30 多个。但由于直到 1825 年严重制约了英国股份有限公司发展的"泡沫法"才被废止，英国股份有限公司股票非常稀缺，因而英国证券市场在此期间发展缓慢。随着股份有限公司恢复发展，尤其是进入 19 世纪中期以后，英国经济实力极大增强，英国证券市场获得了空前发展。伦敦证券市场因政府债券交易及大量铁路、矿山、金融股票的上市而兴盛至极。迅速积聚的证券资本促使英国迎来了铁路时代，推动英国成为 19 世纪世界上第一个完成工业革命的国家。据统计，1853 年英国约四分之一的资本是通过伦敦证券交易所筹集的，到 1913 年则增至三分之一。英国的政府、铁路、工商业等部门从证券市场筹集了成百上千亿英镑的资金，英国证券市场在其中扮演着非常重要的角色。这样，伦敦就取代阿姆斯特丹成为国际证券市场的中心。这种局面一直延续到 20 世纪初。

第一次世界大战之后，由于世界经济危机的影响，海外投资停滞，以前一直占英国证券市场交易主导地位的外国证券急剧下降。同时，美国经济实力迅速增长，很快超越了英国。第二次世界大战不仅使英国遭受重创，而且使在此期间以及此后英国的殖民统治体系走向崩溃，英联邦不断瓦解，使英国丧失了大量殖民收入。这给英国经济以几乎毁灭性的打击，英国的经济地位从此江河日下，相继让位于德国、日本。受此影响，英国证券市场也处于萎缩状态。经过第二次世界大战后的建设，英国经济逐渐恢复，英国证券市场也逐步恢复发展。

在长期的发展过程中，英国的证券交易所进行了多次重组合并。1967 年，英国各地交易所组成了 7 个区域性的证券交易所。1973 年，设在英国格拉斯哥、利物浦、曼彻斯特、伯明翰和都柏林等地的 11 个交易所与伦敦证券交易所合并。由此，伦敦证券交易所成为全国唯一的证券交易所。

为了促进证券市场的进一步发展，以增强其国际竞争力，英国政府采取了一系列改革措施，努力使证券市场更适应时代潮流。其中影响最大的是，以《1986 年金融服务法》（*Financial Services Act*，1986）为标志的被称为"金融大爆炸"的重大改革。此次改革的影响主要体现在伦敦证券交易所的变化。作为世界第三大证券交易中心，伦敦证券交易所是世界上历史最悠久的证券交易所，迄今已有 240 多年的历史。伦敦证券交易所曾为当时英国经济的兴旺立下汗马功劳，但随着英国国内和世界经济形势的变化，其浓重的保守色彩，特别是沿袭的陈规陋习，严重阻碍了英国证券市场的发展，削弱了其竞争力。因此，根据《1986 年金融服务法》伦敦证券交易所于 1986 年 10 月进行了重大改革。其改革措施包括：（1）改革固定佣金制；（2）允许大公司直接进入交易所进行交易；（3）放宽对会员的资格审查；（4）允许批发商与经纪人兼营；（5）证券交易全部实现网络化；（6）与纽约、东京交易所连机，实现 24 小时全球交易。这些改革措施使英国证券市场发生了根本性的变化，巩固了其在国际证券市场中的地位。2000 年，伦敦证券交易所经股东投票决定转变为一个公众公司，并于 2001 年 7 月在自己的主板上市交易。伦敦证券交易所也以其国际化著称，外国公司股票的交易量和市值都超过了本国公司的，占比超过 50%。因此，对于公司而言，在伦敦上市就意味着自身开始同国际金融界建立起重要联系。

现在，伦敦证券交易所仍是世界三大证券交易所之一。虽然在交易量上，伦敦证券交易所已处于纽约和东京之后居于第三位，但其周转额居世界第一。伦敦证券交易所还一直保持着世界最大的"金边市场"的称号，政府债券交易在整个交易中占绝大多数是该所的一大特色。

## 三、美国证券市场概况

美国在独立战争时期，发行了多种中期政府债券和临时政府债券。在美国证券发行之初，尚无集中交易的证券交易所，证券交易大都在咖啡馆和拍卖行里进行。19世纪中期南北战争期间，美国国债发行量进一步扩大，南北联盟都发行了大量政府债券，各州政府及州银行也发行了债券。这些债券的发行和交易，形成了美国最初的证券市场。随着19世纪末期美国经济的飞速发展，美国股份公司在经济中占据统治地位，公司股票与债券规模得到极大扩大。

1792年5月17日，24名经纪人在位于纽约华尔街和威廉街西北角的华尔街68号一家咖啡馆门前的梧桐树下，签订了史称"梧桐树协定"（Buttonwood Agreement）的一个协定。他们商定，以后每周用几个上午在这棵树下聚会。协定的规则有三条：只在会员间进行交易；不准外人参加；交易按规定收取佣金。一般都将"梧桐树协定"签订的日期作为纽约证券交易所诞生之日，而这三条规则也成为后来纽约证券交易所的基本规则。当天按照这个规则进行交易的是美利坚银行的股票，这家银行也因此被视为纽约证券交易所的第一家上市公司。直到1817年，在这里交易的证券经纪人成立了第一个正式的交易组织——纽约证券交易委员会，也租了一座房子，在屋子里交易。由此，纽约证券交易委员会开始登堂入室。1863年，纽约证券交易委员会更名为纽约证券交易所（NYSE），此名一直沿用至今。1865年，纽约证券交易所建起了自己的大楼。1867年，美国电报公司将第一部股票行情自动收报机与纽约证券交易所连接，其便捷与连续性激发了大众对股票的兴趣。1869年，纽约证券交易所实现与伦敦证券交易所的电缆连接，使交易所行情迅速传到欧洲大陆。此举大大提高了欧洲和世界其他地区投资者对美国证券市场的兴趣。在1900年以前，纽约证券交易所的交易方法已基本成熟。随着美国工业化进程中股份制被普遍采用及证券市场大众化程度提高，纽约证券交易所的交易量急剧增加，到20世纪20年代，纽约证券交易所开始取代伦敦证券交易所成为世界上最大的证券交易所。

在 200 多年的发展过程中，纽约证券交易所为美国经济的发展、社会化大生产的顺利进行，以及现代市场经济体制的构建起到了举足轻重的作用。迄今为止，它仍然是美国全国性的证券交易所中规模最大、最具代表性的证券交易所，也是世界上规模最大、组织最健全、设备最完善、管理最严密、上市要求最高、对世界经济有着重大影响的证券交易所。

美国作为国际金融的大本营，除纽约证券交易所外，还发展出了数量众多的多层次证券交易市场体系。其中另一具有代表性的全国性证券交易所为美国证券交易所（AMEX）。该所具有上百年的历史，运行成熟、规范，股票和衍生证券交易突出，上市条件比纽约证券交易所的低，主要面向传统行业和国外公司。一般来说，美国证券交易所是纽约证券交易所的预备阶梯，即那些不能直接到纽约证券交易所上市的企业，可以先在美国证券交易所上市，然后在时机成熟时转到纽约证券交易所上市。

美国证券市场体系中还包括数量众多的地方性证券市场，包括区域性证券交易所和"未经注册的证券交易所"。前者主要交易区域性企业的证券，同时也交易在全国性市场上市的本地企业的证券。后者是指美国证券管理委员会依法豁免办理注册的小型地方性证券交易市场，主要服务于地方中小企业，为地方经济发展提供直接融资。区域性的证券交易所主要包括：费城证券交易所（PHSE）、太平洋证券交易所（PASE）、辛辛那提证券交易所（CISE）、中西部证券交易所（MWSE）以及芝加哥期权交易所（CBOE）等。

此外，美国证券市场体系中还包括场外交易市场。全国证券交易商协会自动报价系统（纳斯达克市场，NASDAQ）是美国场外交易市场的特殊类型。为了解决场外交易市场信息闭塞、分散割裂风险大的问题，1961 年，美国国会责成美国证券交易委员会对证券市场进行调查，以改进对证券业的监管。该委员会于 1963 年发表调查报告，认为场外交易市场支离破碎，建议从业者向自动化方向发展，并责成全国证券交易商协会予以实施。1968 年，场外交易系统自动化工程开始启动，形成了 NASDAQ 的雏形。1971 年 2 月 8 日，NASDAQ 正式运行。1975 年 NASDAQ 颁布了正式的上市标准，由此使其与其他的场外交易场所彻底分开了。NASDAQ 以更为宽松的上市条件（不需要以前年度盈利）和快捷的电子报价系统迅速受到了新兴企业，尤其是高新技术企业的欢迎。NASDAQ 在传统的交易方式上应用当今先进的技术和信息——计算机和电讯技术，使它与其他股票市场相比独树一帜。1982 年，全国证券交易商协会建立了 NASDAQ 全国市场（NASDAQ national market），将市场上的一部分最活跃和最优质的股票拿出来在新的全国市场进行报价。全国市场的上市标准比传统市场的要高很多，同时全国市场也提供了更透明的交易机制。其他股票继续在 NASDAQ 常规市场（NASDAQ regular market）交易。随着越来越多的股票从 NASDAQ 常规市场转向 NASDAQ 全国市场，1993 年，NASDAQ 常规市场被更名为 NASDAQ 小额资本市场（NASDAQ small capital market）。NASDAQ 全国市场是 NASDAQ 最大且交易最活跃的股票市场，在此上市的公司必须满足严格的财务、资本额和共同管理等指标。在 NASDAQ 全国市场中有一些世界上最大和最知名的公司，如著名的微软、英特尔、苹果电脑等，这些公司远远超出了在纽约证券交易所上市的标准，但仍选择在 NASDAQ 全国市场上市。NASDAQ 小额资本市场上市标准的财务指标要求没有 NASDAQ 全国市场的要求严格，但均按共同标准管理。在 NASDAQ 小额资本市场上市的公司发展稳定后，通常会提升至 NASDAQ 全国市场。

为了与纽约证券交易所的蓝筹股市场竞争，并实现其成为全球顶尖证券市场的目标，2006 年 2 月，NASDAQ 正式公布将原市场层次变更为全新的三个上市层面："纳斯达克全球精选市场"（NASDAQ global select market）、"纳斯达克全球市场"（NASDAQ global market）及"纳斯达克资本市场"（NASDAQ capital market）。就财务与流动性要求而言，纳斯达克全球精选市场融入了 NASDAQ 世界级的公司管理标准，在全球证券交易所当中拥有最高的首次发行标准。

一般意义上的美国柜台交易市场及柜台交易电子报价系统（over the counter bulletin board，OTCBB）也在美国证券市场体系中具有重要地位。1990 年 6 月，为了便于交易并加强柜台交易市场的透明度，美国证券交易委员会责令全国证券交易商协会为柜台交易市场设立电子报价系统（OTCBB），并将一部分粉红单市场（pink sheets）的优质股票转到 OTCBB 上来。1993 年 12 月起，所有美国国内的柜台交易证券在交易后 90 秒内必须通过自动确认交易服务系统公布。这项改革为投资者提供了更透明的价格信息。1997 年 4 月，美国证券交易委员会批准了 OTCBB 的永久运营地位。但 OTCBB 不是证券交易所，也不是发行人挂牌交易系统，它只是柜台交易证券的一种实时报价服务系统，不提供自动交易撮合，也不具有自动交易执行系统。OTCBB 的功能就是为那些选择不在交易所或 NASDAQ 挂牌上市，或者不满足在以上市场挂牌上市的条件的证券提供交易流通的报价服务。在 OTCBB 交易的证券包括权益证券、认购权证、基金单位、美国存托凭证（ADRs）以及直接参与项目（direct participation programs，DPPs），等等。OTCBB 的主要监管对象是做市商而不是证券发行人，监管内容主要是做市商的报价信息和交易活动。OTCBB 没有上市标准，任何股份公司的股票都可以在此报价，但是，股票发行人必须向美国证券交易委员会或相应的监管当局提交所要求的信息披露文件，并且承担定期提供财务季报和年报等信息披露义务。当然，这些信息比交易所和 NASDAQ 要求的简单得多。

粉红单市场创建于 1904 年，由国家报价机构（national quotation bureau）设立。在创立 OTCBB 之前，绝大多数柜台交易的证券都在粉红单市场进行报价。该市场针对订阅用户定期制作刊物，发布场外交易的各种证券的报价信息（这种刊物因其粉红的颜色而被称作粉红单），在每天交易结束后向所有客户提供证券报价，使证券经纪商能够方便地获取市场报价信息，并由此将分散在全国的做市商联系起来。粉红单市场的创立有效地促进了早期小额股票市场的规范化，提高了市场效率，解决了长期困扰小额股票市场的信息分散问题。1990 年 OTCBB 设立之后，粉红单市场的一部分优质股票转移到了OTCBB。1999年美国证券交易委员会要求在 OTCBB 挂牌的公司定期提供财务报告以后，OTCBB的一部分股票重新回到了粉红单市场上进行交易。为提高竞争力，粉红单市场于1999年推出了实时报价服务，提高了其透明度。实时报价服务分为两种：第一种为第一级服务（level one）。在第一级服务中，用户可以得到粉红单市场挂牌证券的最好报价。第二种为第二级服务（level two）。在第二级服务中，用户不仅可以获得第一级服务的全部功能，还可以获得市场上所有做市商的报价（包括做市商代号、价格、数量和更新日期）。粉红单市场无论在股票上市条件、对做市商要求方面还是在市场监管方面，其水准都是最低的。可以说，粉红单市场是美国资本市场结构的最低层部分。

## 四、日本证券市场概况

日本证券市场最早可追溯到明治维新时期。日本是个后起的资本主义国家，明治维新前的日本尚处于小农经济占统治地位的发展阶段，资本主义的发展极为微弱。直到明治维新，日本资本主义的发展才正式起步。明治政府为发展经济，推行了一系列"殖产兴业"政策，使日本资本主义近代工业、银行制度、私人资本主义都得到建立。银行业的发展必然要求与之相适应的证券市场，尤其是二级市场的建立。1878年日本颁布了《证券交易所管理条例》。1878年6月东京证券交易所开业，此即日本最早的证券交易所。随后，大阪证券交易所也建立。到1891年日本已共建立了137个证券交易所。较为特殊的是，日本的证券交易所都是私有的营利性股份公司。此外，在日本证券市场发展的初期，银行业就已在证券市场上确立了优势地位。这一直成为日本金融市场结构的重要特点。

第二次世界大战后，作为战败国的日本在政治、经济、社会、文化等各个方面都发生了空前的大变革，金融制度方面也不例外。1945年8月9日，日本所有证券交易所停业，并根据盟军对日管制委员会的命令无限期推迟恢复营业。由此，证券交易只能在证券公司的办公室以及非正式市场进行。1947 年，日本实施了瓦解财阀的"证券民主化运动"，个人投资者迅猛增加了股票持有量，彻底改变了日本证券市场结构。1948 年 4 月 13 日，日本《证券交易法》正式颁布。以会员资格为基础的新的东京证券交易所（Tokyo Stock Exchange，TSE）依此建立，并于 1949 年 4 月正式开业。1954 年，日本实行了金融和证券自由化政策，以进一步增强金融机构和证券经营机构的竞争力，并逐渐完善了各项制度，使证券市场获得了极大发展。此后，日本经济开始高速增长，证券市场也于 1955～1966 年间经历了两次繁荣。

在 1961 年信贷紧缩发生时，上市公司急切抛售股票的行为导致股价急剧下跌，直到 1965 年经济开始复苏，日本证券市场才开始恢复发展。1973 年后，日本的经济和货币金融形势都受到了高通胀的压力，加之同年发生了石油危机，使股票市场进入萧条期。不过，日本债券市场却在此时期获得了较快发展。1981 年后，日本证券市场与国际证券市场之间的关联性加强。20 世纪 80 年代后期开始，日本证券市场进入了自由化和国际化时期。此时，日本处于泡沫经济时期，股票市场连续走高，到 1987 年 3 月，日本股票市场的市值已达 16 880 亿美元，占当时世界股票市场总市值的 36.3%，一举超过美国股票市场，达到世界第一水平。到 1989 年 12 月 29 日，股价开始大跌。日本泡沫经济也由此逐渐破灭，使日本经济受到重创，从而进入第二次世界大战后最长的萧条期。这使日本证券业与银行业都受到灾难性打击。山一证券等金融机构倒闭及金融界的丑闻不断被曝光，更是进一步打击了日本金融业。由于股票交易大大萎缩及维持上市地位的费用相对较高，几年时间内，就有数十个外国公司从东京证券交易所摘牌离市。东京证券交易所的年交易额在全球证券交易所的排名也在前五名外。

进入 20 世纪 90 年代后，世界各地都在加速解除金融管制，日本认为本国的政府保护金融体系已经过时，需要像伦敦和纽约那样更加透明的、自由的金融市场。1996 年 11 月 11 日，日本政府（桥本内阁）提出一项名为"东京版金融大爆炸"（Tokyo Big Bang）的金融自由化改革方案，期望通过金融体制的全面改革，争取在 2001 年前实现金融自由化，给经济注入新的活力，并将东京金融市场建成与纽约、伦敦并驾齐驱的国际金融市场。1998 年 4 月 1 日，随着日本新银行法和新外汇法正式实施，此项"金融大爆炸"的改革计划全面启动。该项金融体制改革遵循"自由""公正""全球化"的三大原则进行，其内容主要包括四个方面：（1）扩大投资者和筹资者的选择范围；（2）促进竞争，提高金融中介的服务质量；（3）完善金融市场，方便服务客户；（4）建立可信赖的、公正的、透明的金融市场。在证券市场方面，改革主要包括：股票交易手续费自由化（1999 年年底完成）；解除金融控股公司禁令（1998 年）；银行、保险及证券业务相互渗透；建立证券综合账户（1997 年）；废除有价证券交易税（1999 年）；扩大上市品种及其他交易制度改革等。这些改革虽未取得预期的效果，但在一定程度上促进了日本证券市场的发展。

日本现有东京、大阪、名古屋、京都、广岛、福冈、新潟和札幌等八大证券交易所，日本上市公司及市值的大部分在东京和大阪证券交易所。其中，东京证券交易所是最大和最具代表性的证券交易所，它的股票交易量最大，占日本全国交易量的 80％以上。

尽管东京证券交易所的规模位居世界第四、亚洲第一，但是，东京证券交易所的海外影响力与其规模并不相称。如今，随着其国际化的加强，其国际地位已大大提高。

# 第四节　中国证券市场的历史沿革

## 一、清朝末期的证券市场概况

在鸦片战争，尤其是"五口通商"之后，外国资本大量涌入中国，外国商人纷纷在中国建立各种各样的洋行，并仿效欧美，以发行股票的方式筹集资本，使早已风靡欧美的公司组织形式在中国也盛行起来。有价证券及其交易，也随之在中国出现。据史料记载，1861 年以前，上海等地就已有证券交易活动，但仅局限于外商之间，交易量不大。19世纪 60 年代以后，随着上海经济的初步"繁荣"，外商证券交易在上海非常活跃。1869 年上海诞生了中国第一家专营有价证券的英商长利公司，后来又有几家类似公司相继设立。到 19 世纪 80 年代前后，外资开始进入租界公共事业和其他实业，于是市面上出现了上海自来水公司、上海电灯公司的股票等十几种新股票。1891 年，外国证券经纪人组建了上海股份公所，以买卖外商在华所设公司的股票。至此，外商在华组织的证券市场初步形成。

中国仿效西方，采用股份制发行证券的近代公司的活动始于 19 世纪 70 年代。1872 年，由李鸿章创办的轮船招商局成立，它是近代中国第一家通过向民间发行股票"招商集股"而兴办的新型股份制企业。此后十几年间陆续成立的一批股份制企业，均大体仿效轮船招商局而兴办，其中，具有代表性的有上海机器织布局（1872 年）、上海机器造纸总局（1882 年）、中国电报局（1882 年）。① 到 1887 年，在《申报》上先后公开登载过股票价格的企业数目已增至 36 家，再加上上海平准股票公司和山东莒州矿务总局，总数至少已达 38 家。由于这些企业获利丰厚，有些企业还发放了优厚股息，因此社会上形成了一股投资这些企业的股票、债券的热潮。华商证券交易，起初既没有固定的场所，又没有相应的交易规则。随着交易规模的扩大，上海平准股票公司于 1882年 9 月成立。该公司内部组织分明，还订有章程，为股票交易提供了便利。它的设立开中国有组织的证券市场的先河。但 1883 年 10 月，某些矿局投机引发了金融风潮，矿业股票几乎形同废纸，各种华商股票均暴跌，一度空前兴盛的股票市场低落至极点。直到 10 年后，一般商人仍然"谈股色变"，"公司"二字"为人所厌闻"②。

---

① 匡家在. 旧中国证券市场初探. 中国经济史研究, 1994（4）.
② 王志华. 中国近代证券法. 北京：北京大学出版社, 2005：25.

1895 年前的中国证券发行与交易时期可被视为中国证券市场的萌芽阶段，1895 年以后至清末，中国证券市场则可谓进入了初步形成阶段。在此阶段，外商在华发行的证券规模迅速扩大。同时，甲午战争的惨败使"振兴工商、实业救国"的呼声高涨，再一次引发了中国设厂办公司的高潮，华商股票的发行量也随之大幅度地增加。在证券交易市场方面，外商在华组织的证券市场也有了迅速的发展，最显著的表现是上海众业公所的设立与发展。1903 年，上海股份公所酝酿改组为上海证券交易所，1904 年按香港《股份有限公司条例》在香港注册，定名为上海众业公所。该所采取会员制，只有会员才能参与证券交易。该公所成立不久，会员即扩充到 100 人，其中西商会员 87 名、华商会员 13 名。在该公所交易买卖的证券有中国和远东各地的外商公司股票和公司债券、南洋各地的橡皮股票以及中国政府的金币公债，后来又增加市政公债。1903～1907 年，中国发行了大量的铁路股票。这类股票一经发行，便成为市场亮点。在银行股票和铁路股票以及其他工矿企业股票发行与交易的带动下，中国近代证券市场初步形成。但 1910 年爆发的橡皮股票投机风潮，使中国新兴的证券市场遭受沉重打击，中国股票市场自此进入低谷。不过，中国证券市场毕竟已初步形成，为此后证券市场的发展奠定了基础。[①]

## 二、中华民国时期的证券市场概况

中华民国时期，是中国近代证券市场发展史上内容最丰富、变化最复杂的重要时期。在这一时期，中国近代证券市场走完了其形成、发展和衰亡的全过程。

中华民国成立后，中国近代工商业得到了前所未有的大发展，为中国证券市场的发展提供了产业经济基础，而近代新式银行及其他金融机构的兴起与发展，又给中国证券市场扩大规模和功能辐射提供了极为便利的条件。第一次世界大战前后，证券数量和品种迅速增加，进一步推

---

① 张春廷. 中国证券市场发展简史（清朝晚期）. 证券市场导报，2001（4）.

动了证券交易市场的形成和发展。证券交易的兴盛，终于使证券交易所的创设具备了现实基础。1914年年底，北京政府颁布了中国第一部《证券交易所法》。依此，北京证券交易所、上海证券物品交易所、上海华商证券交易所等三个证券交易所相继成立，标志着中国证券市场进入了有组织的证券交易所时代。设立交易所之风很快蔓延到全国各地，在全国各地设立了数十家交易所。1921年，银行业银根紧缩导致股票价格大跌，交易所、信托公司大量倒闭。风潮过后，盛极一时的股票市场遭受重挫，从此再次跌入低谷、转入低潮。

南京国民政府成立后，先后实行了一系列的经济、金融变革，其中整顿财政、发行公债、改革币制和着手建立国家垄断金融体系以及开展国民经济建设运动等举措，对中国证券市场发展的影响最为深远。在这一时期，公债市场迅速扩大是证券市场继续发展最显著的标志，并出现了繁荣的局面。公债大规模地发行，使公债交易市场兴旺起来。当时在上海华商证券交易所以及全国各地的证券交易所，证券交易几乎全部集中在政府公债。股票、公司债券等产业证券也进一步增加。不过，在这一时期产业证券仅有发行市场而无交易市场，公司债券因总体规模较小而表现得尤其明显。1929年10月3日，南京国民政府重新颁布了较完整的《交易所法》（共计58条），并于同年颁布了中国第一部《公司法》，客观上推动了中国证券市场的发展。以上海为龙头的全国证券市场也开始形成。1933年4月合并成立的上海华商证券交易所统一经营上海的证券交易，业务快速增长。该交易所成为当时中国乃至远东设备最完备、规模最大的证券交易所。抗日战争爆发后，上海华商证券交易所奉命停业，公债市场陷入停顿。

1937年11月上海租界"孤岛"形成，民族资本从四面八方流入上海租界。1939年第二次世界大战爆发后，中国香港、新加坡等地的资金纷纷流向上海租界。此时，长期被冷落的华商股票也重新被市场青睐，成为重要交易对象。外资企业倚仗在租界的优越地位，获得了空前发展，其股票受到市场广泛青睐。上海众业公所也因此出现从未有过的繁荣局面。但随着1941年12月太平洋战争爆发，日军占领租界，上海众业公所关闭，并从此在中国消失。日伪当局为对证券市场加以控制、利用，改变初期查禁的政策，强令上海华商证券交易所于 1943 年 9 月 29 日复业，并着手在北平、天津等地筹建证券交易所。

南京国民政府也大量发行公债，在抗战期间更是发行了内国公债达 19 次。但这时的内国公债，仅"救国公债""军需公债""同盟胜利公债"等直接向社会发行，其余的均未在证券市场公开发行。[①]

1945 年 8 月 18 日上海华商证券交易所被查封停业，此后证券交易转入黑市。为使中国股份公司的发展走上正轨，南京国民政府于 1946 年颁布了新的《公司法》。该法共 10 章，与证券市场管理有关的内容主要是关于股份有限公司股票、债券发行的管理。同年 5 月，南京国民政府行政院发布"训令"，指定由杜月笙牵头筹建上海证券交易所。1946 年 9 月 16 日，上海证券交易所正式开业。该交易所订有较详细的章程，对交易所的组织与资本，经纪人的资格、责任、权利，经营证券的对象与证券上市的条件，交易方式方法，甚至交易员进出入市场等方面都一一作了规定。1948 年以后，国民党军队不断战败，给证券市场造成巨大震动。国民党政府也加强了对交易所的管制，命令交易所经纪人增加资本，取缔期货业务，禁止经纪人进行场外交易，致使股票价格全面下跌。从此，证券交易一蹶不振。

1949 年 5 月上海解放，上海证券交易所停业，旧中国证券市场也从此结束。

此外，在抗日根据地和解放区内，也发行了公债、股票等证券。但由于这些证券规模小、品种少、发行面窄，发行时靠群众自觉购买，发行后又不能流通，因此，还远未形成证券市场。[②]

## 三、中华人民共和国成立后的证券市场概况

1949 年至今的 70 余年间，中国当代证券市场经历了利用尝试——

---

① 王志华．中国近代证券法．北京：北京大学出版社，2005：20.
② 张春廷．中国证券市场发展简史（民国时期）．证券市场导报，2001（5）.

否定摒弃——恢复发展的曲折过程。1949 年 6 月，天津证券交易所的重新设立，标志着中华人民共和国（为方便行文，以下简称为新中国）证券市场的正式启动。随着 1956 年社会主义改造的完成，证券市场开始被否定、排斥，到 1958 年更是被彻底摒弃。直到 1978 年改革开放开始后，中国当代证券市场才逐步恢复。1981 年财政部首次发行国库券，揭开了新中国证券市场发展的序幕。从此，中国证券市场逐渐发展壮大。1990 年和 1991 年上海、深圳证券交易所设立以后，中国证券市场发展更为迅速，实现了历史性大跨越。这一时期中国证券市场的发展大致可分为三个历史阶段，即 1949～1978 年利用和摒弃阶段，1979～1990 年复兴和起步阶段，1990 年至今的规范和发展阶段。

新中国面对的是旧政权留下的烂摊子：生产萎缩、通货膨胀、物价飞涨、投机倒把、囤积居奇之风盛行。为了扭转这一被动局面，1949 年 6 月，中央政府在原天津有价证券交易所旧址设立了天津证券交易所。此为新中国设立的第一个证券交易所。当时，建立证券交易市场的基本目的是通过证券交易所这一形式引导社会游资的流向，将其纳入生产轨道，根治黑市投机倒把活动的滋生。开业之初，该交易所吸引了不少社会游资，市场较为活跃，但证券交易规模已大不如前，且呈日益缩小趋势。1952 年 7 月，鉴于证券交易所吸纳社会游资的任务完成，中央政府关闭了天津证券交易所。1950 年 2 月设立的北京证券交易所，也在"三反五反"后，因业务几乎停顿，最终于同年 10 月被政府关闭。

1953 年，中国进入大规模经济建设时期。由于资金需求量巨大，利用公债市场筹集部分建设资金显得十分必要，因而中央政府在 1954～1958 年，连续 5 年发行了国家经济建设公债。1958 年，随着前期公债还本付息数额的增加，中央政府认为依靠公债筹集资金意义不大。因此，1958 年 4 月，中央政府决定从 1959 年起，不再发行全国性的公债，但允许地方在确有必要时发行地方公债。1959 年后，只有安徽、黑龙江等少数几个省份自行发行了少量的地方经济建设公债。所有已发行公债，都在 1968 年前全部偿清。

在 1956～1978 年的 22 年里，市场经济杠杆的作用被彻底否定，完全依靠指令性计划这一行政手段调节国民经济运行。证券市场当然也与此格格不入，而被作为资本主义特有的事物被摒弃。[1]

随着改革开放后观念的变革，中国证券市场逐渐得到了恢复和发展。1981 年 7 月，国务院决定恢复发行国债，财政部首次发行 49 亿元国库券（发行对象为单位），揭开了中国当代证券市场发展的序幕。1982 年 7 月，财政部首次向个人发行国库券，进一步完善了国债发行市场。但国库券不能转让流通，其流通只能在黑市进行，并且转让价格大大低于面值。为提高国库券信誉，1988 年 4 月 1 日，中国人民银行总行会同财政部请示国务院经批准后，在上海、沈阳等七个试点城市的场外柜台交易市场开始办理国库券转让业务，开启了规范意义上的国债交易市场。此举迅速提高了国库券的信誉，并使其交易价格大为提高。国债年发行规模从 1981 年的 49 亿元增加到 2020 年的 7 万亿元。目前的国债流通市场已先后建立了全国银行间债券市场、沪深证券交易所的场内交易市场、商业银行柜台交易市场等三个相互补充的市场；交易品种不仅有现券买卖，还有质押式回购、买断式回购、三方回购和远期交易。不过，从 2020 年全年国债交易量来看，在国债交易市场中，场内市场占绝对主导地位，交易量占据国债总交易量的 75％以上。与此不同，发达国家的国债市场主要是场外交易市场，而且是一个日益国际化的市场，场外市场交易量占总交易量的 90％以上。可见，我国应大力发展国债场外交易市场。

我国企业债券市场发展的历史可以追溯到 1986 年以前，但长期以来一直发展较慢。到 2000 年以后，我国企业债券的发行量开始逐年稳步增加，发行人数量也逐步增加，在销售和兑付方面未出现过大量滞销或无法兑付的情况。在此时期，我国企业融资途径经历了主要依赖行政指令融资到商业化融资的转变。客观上，发行债券的直接融资成本低于通过银行借款的间接融资成本，并且债券融资还具有融资规模较大、期限较长，以及因公开发行和挂牌上市而有利于提高企业知名度等优势。

---

[1] 张春廷．中国证券市场发展简史（改革开放前）．证券市场导报，2001（6）.

近年来，机构投资者的发展壮大为我国企业债券市场的扩大提供了空间，而整体资金面的宽松又为企业债券市场发展提供了良好的环境。目前，我国企业债券市场发展态势良好，长期维持较高发行规模。

## 四、改革开放后证券市场的发展历程

我国股票市场发端于 1984 年，起步于 1992 年，是在渐进式改革模式下推行股份制改造的产物。其产生、发展的历程可以大致被划分为四个阶段：场外交易阶段；取消场外交易市场阶段；单一交易所市场阶段；多层次证券市场初步建立阶段。

### （一）场外交易阶段

当代中国股市的第一阶段是场外交易阶段，其时间大致为 1984～1990 年。在此阶段，以融资为发行股票的最主要目的，并初步形成了场外交易市场。1984 年 9 月北京天桥百货股份有限公司成立，并首次发行股票。1984 年 11 月，中国人民银行上海市分行批准上海飞乐音响股份有限公司发行股票。起初，股票发行由股份有限公司直接推销，1988 年以后，股票转由证券公司和信托投资公司等中介机构承销。由于当时股票发行相当困难，因而发行价格几乎全部被限定为面值价格。随着股票发行的展开，转让股票的要求自然产生。1984 年年底，在没有任何可依循的制度规定和交易场所的条件下，中国人民银行上海市分行对交易手续和交易价格作出了规定：持股者需自找转让对象，并到代理发行机构办理转让手续；转让价格为票面金额加活期存款利息。但是，实际的成交价格主要按照买卖双方的意愿形成，或高于股票面值，或低于股票面值。以下三方面的因素，限制了人们的购股行为，导致购买者甚少：（1）观念因素。当时相当多人依然认为，股票是资本主义的产物，持有股票即意味着存在"私有化"和"资本主义"倾向。（2）政策因素。当时的制度、政策对持股、股票交易等不支持，甚至有明显的歧视和限制，使一些人感到"持股""股票交易"不是正当行为。（3）成本因素。由于缺乏固定场所、信息不对称、缺乏股票知识和其他因素，股票转让成交的成本相当高。交易成本较高导致了股票捎客的产生。这些股票捎客利用信息、资金和社会资源等优势，或者自己倒买倒卖，或者代理客户买卖，从中赚取价差或佣金。

1986 年 8 月，经中国人民银行批准，沈阳市信托投资公司率先办理有价证券的柜台转让业务。1986 年 9 月 26 日，经中国人民银行上海市分行批准，中国工商银行上海市分行静安寺营业部设立的证券营业部挂牌代理买卖飞乐音响公司和延中实业公司的股票。[①] 1987 年 1 月，中国人民银行上海市分行出台了《证券柜台交易暂行规定》，其中规定，股票必须在中国人民银行批准的证券柜台上进行转让，股票交易的价格按照价格优先和时间优先原则确定。由此，柜台交易市场形成和发展起来。[②] 1987 年，经中国人民银行批准，第一家证券公司在深圳成立了。与前一时期相比，该时期的股票市场有了两个重要变化：一是股票交易的价格放开了，随行就市，不再由利息界定；二是相关的金融机构开始在一定程度上充当经纪人的角色，但自然人经纪人被作为取缔对象。到1990 年年底，上海已有 16 个证券交易柜台和 40 多个证券交易代办点。深圳柜台交易起步于 1988 年，到 1990 年已有 10 个股票交易柜台。1990 年，沪深两地共有 12 只股票在柜台公开交易，1986～1990 年的累计交易量达到 18.52 亿元。在柜台交易市场设立以后，尽管政府部门一再以"非法交易"为名予以打击，但场外私下交易始终没有停止。面对柜台交易市场与场外私下交易市场并存的格局，建立全国性统一集中交易的股票市场终于被提上了议事日程。[③]

## （二）取消场外交易市场阶段

当代中国股市的第二阶段是取消场外交易市场阶段，其时间大致为

---

① 1984 年 11 月 14 日，经中国人民银行上海市分行批准，上海市第一家公开发行股票的企业——飞乐音响公司发行股票 50 万元。1985 年 1 月 2 日，经中国人民银行上海市分行批准，上海延中实业公司于 1985 年 1 月 14 日公开发行股票 500 万元。后者由于公开发行金额较大，所以社会影响面广。

② 此所谓柜台交易与西方国家柜台交易市场不同，它是指经有关政府行政部门批准，股票在指定的金融机构柜台上进行公开交易的情形。

③ 王国刚. 经纪人机能消失 中国 A 股市场发展中的缺憾. 中国证券报，2006 - 05 - 15.

1990～1998 年。上海证券交易所成立于 1990 年 11 月 26 日，于同年 12 月 19 日开业。深圳证券交易所于 1989 年 11 月 15 日筹建，于 1990 年 12 月 1 日开始集中交易（试营业），于 1991 年 4 月 11 日由中国人民银行总行批准成立，并于同年 7 月 3 日正式营业。这两家证券交易所的成立标志着当代中国股市进入了一个新的阶段。

证券市场能够真正被纳入社会主义市场经济体系，1990 年的上海浦东开发政策功不可没。在浦东开发的十条政策里，最后一条是在上海设立证券交易所。开发浦东的政策是中央所定，不存在政治风险，因而迅速地推动了中国证券市场的发展。同年 11 月，上海证券交易所经国务院授权、中国人民银行批准，正式宣告成立。1991 年 4 月，深圳证券交易所也获准正式成立。但是，在 1992 年 3 月之前的 1 年多时间内，两个证券交易所的股票交易并无热点，直到 1992 年邓小平同志发表了视察南方重要讲话（俗称"南方讲话"），证券市场的观念、政策、制度都向前大大推进了之后，股票市场才真正起步。1992 年年初，针对当时社会上一度出现对开设证券市场争论十分激烈的情况，在这事关中国证券市场前途命运的历史关头，邓小平同志在"南方讲话"中充分肯定了于 1990 年新中国第一次创建的沪、深两家证券交易所。

1992 年 5 月 15 日，国家体改委等五部委办发布《股份制企业试点办法》。次年国务院颁布了《股票发行与交易管理暂行条例》。1994 年 11 月 3 日，国资局和国家体改委发布了《股份有限公司国有股权管理暂行办法》。其中一些并不十分明晰的政策规定，通过以后的实际操作形成了以下惯例：（1）股份有限公司的股权结构被限定为国家股、法人股、社会公众股和外资股四类，其构成比例由政府有关部门决定，大体上前两者的比例占 2/3；（2）国家股不得与社会公众股一样在证券交易所自由流动，法人股只能在法人之间进行转让；（3）国家股、国有法人股的控制权本应由投资者掌握，但是因没有出资人代表机构，国家股的不流通和法人股在法人之间的转让活动事实上由中国证监会控制；（4）发行前国有净资产的折股价最高不得超过 1.54 元，社会流通股的溢价不能低于国有股的发行价。

1992年10月，国务院证券委员会及其执行机构中国证券监督管理委员会成立，由此全国统一的证券监管机构成立。在相当长一段时期内，中国证券监管都以运用计划机制控制股份发行为重心。在资金严重紧缺且经济发展压力巨大的条件下，几乎每个地方政府和企业都对于通过发行股票从社会公众手中融入资金有着近乎无限的渴望。从1993年起，中央政府实行了股票发行的"额度控制"措施。在计划指标的"额度控制"下，地方政府面对众多企业要求发股募资的要求，为了平衡各方关系，只能选择划小发行规模的策略。由此，小盘股大批涌现。当时的股票发行工作完全处于行政化运行状态：从计划总额度确定到分配给各地方政府，是在行政体制中运行的；地方政府拿到计划额度后，从拟发股公司的遴选到申报材料制作，再到加盖地方政府盖章向中国证监会推荐，也是在行政体制中运行的；中国证监会批准股票发行申请后，从发股工作组织到发行过程的各项工作安排，还是在行政体制中运行的。

1992年以后，随着股票市场的展开，各种形式的场外交易市场纷纷出现。这些场外交易市场大致有两种：一种是自然形成的民间场外股票交易市场，如成都的红苗子市场、海口的街边市场，等等；另一种是由中央部门或地方政府批准设立的场外交易市场，如STAQ系统、NET系统和各地的证券交易中心等。[①] 1992～1993年间，中央政府采取了一系列措施着力取缔前一类场外交易市场，从而使股票交易市场完全被置于政府直接控制之下。

1998年3月25日，在防范金融风险的背景下，国务院办公厅转发了中国证监会《关于清理整顿场外非法股票交易方案》。该方案强调：一些地区未经国务院批准，擅自设立产权交易所（中心）、证券交易中心和证券交易自动报价系统等机构，从事非上市公司股票、股权证等股权类证券的场外非法交易活动。这种行为扰乱了证券市场的正常秩序，隐藏着很大的金融风险，极易诱发影响社会稳定的事端。因此，国务院

---

① STAQ系统（全国证券自动报价系统）、NET系统（中国证券交易系统）是分别于1992年7月和1993年4月开始运行的法人股交易系统。

决定，彻底清理和纠正各类证券交易中心和报价系统非法进行的股票、基金等上市交易活动，严禁各地产权交易机构变相进行股票上市交易。到1998年年底，全国26家从事股权类证券交易的证券交易中心和产权交易所（中心）全部被关闭。1999年9月9日，STAQ、NET系统也正式停止运行。由此，全国统一的单一层次（即证券交易所层次）股票交易市场的构建完成了。[①]

### （三）单一交易所市场阶段

当代中国股市发展的第三阶段是单一交易所市场阶段，时间大致为1999年至2005年。1997年5月以后，经国务院批准，沪深两个证券交易所由原先分别由上海市政府和深圳市政府监管转为由中国证监会直接监管。此后，中国证监会直接管理这两个证券交易所的多方面事务，同时，拥有直接任免这两个证券交易所高管的权力。在1998年年底证券交易中心等各种场外交易市场关闭了以后，形成了由中国证监会直接管理下全国统一的单一股票交易市场架构。

2001年4月，A股发行市场进行了重大调整：取消了额度制，开始实行通道制。2003年又取消了通道制，转而实行保荐人制度。相对于额度制而言，这些改革弱化了地方政府对股票发行的影响，强化了券商在选择发股公司和展开股票承销方面的选择能力与责任，因而具有重要的意义。[②]

从1999年起，设立创业板的呼声就日渐高涨，但创业板一直未能推出。2004年2月颁布的《国务院关于推进资本市场改革开放和稳定发展的若干意见》明确提出了分步推进创业板市场建设的要求。依此，经国务院批准，2004年5月17日，中国证监会正式发布批复，同意深圳证券交易所在主板市场内设立中小企业板块，并核准了深圳证券交易所制定的设立中小企业板块实施方案。此即我国"中小企业板"市场。它基本上延续了A股市场的规则，所不同的是将IPO规模在4 000万股

---

①② 王国刚. 经纪人机能消失 中国A股市场发展中的缺憾. 中国证券报，2006 - 05 - 15.

以下的上市公司划入这一板块，在交易和监管制度方面作出了一些有别于主板市场的特别安排，并针对中小企业板块上市公司股本较小的共性特征，实行比主板市场更为严格的信息披露制度。但这些都不足以使其成为一个独立于主板市场的证券市场，从而未能改变单一交易所市场阶段的性质。

### （四）多层次证券市场初步建立阶段

#### 1. 多层次证券市场建设的法律条件

随着股权分置改革基本完成，长期困扰中国股票市场的根本性制度缺陷得到了矫止，中国股市开始进入全流通时代。[①] 2005 年《证券法》与 2005 年《公司法》的正式实施是中国股票市场进入新时代的一个重要标志。同时，中国股市在证券公司综合治理、提高上市公司质量、发展机构投资者等方面也取得了较大进展，并仍在进一步完善之中。各种制度建设为中国股票市场走向成熟提供了必要的制度基础。但就目前而言，我国证券市场还是一个不成熟、不完善的新兴加转轨市场，并且我国证券市场一直是在一个相对封闭的环境下逐步发展起来的，在许多方面都还不能适应国际化的竞争，因此迫切需要尽快完善。其中，尽快建立与完善包括创业板市场、场外交易市场在内的多层次证券市场，应为完善我国证券市场体制建设的重要内容。

2005 年《证券法》规定，证券交易所可以规定高于《证券法》规定的上市条件。这就为上海、深圳证券交易所各自确定市场定位和发展方向提供了法律依据。同时，证券交易所市场内部还可以有不同板块的划分，如主板市场和二板市场的划分等。以深圳证券交易所在主板市场内建立的中小企业板块为基础，即可逐步推进创业板市场建设。这样，就可在交易所市场内形成为大盘蓝筹企业、中小企业、创业企业服务的

---

① 出于缓冲非流通股上市压力的考虑，改革之初确定了"锁一爬二"的原则，即非流通股在股改后第一年不上市，随后 2 年按比例上市。随着两市第一家完成股改的上市公司——"三一重工"控股股东三一集团所持近 5.2 亿股上市公司股份于 2008 年 6 月 17 日全部解禁，我国资本市场上作为股权分置改革成果的全流通时代正式到来。

不同的市场板块。2005 年《证券法》还明确规定了公开发行的概念、公开发行的条件和上市条件。公开发行条件和上市条件的分离使公开发行非上市股份有限公司的存在成为可能，为满足这些公司的股份转让需求，必须探索建立场外交易市场。

2019 年《证券法》将证券交易场所划分为证券交易所、国务院批准的其他全国性证券交易场所、按照国务院规定设立的区域性股权市场等三个层次，规定证券交易所、国务院批准的其他全国性证券交易场所可以依法设立不同的市场层次，明确非公开发行的证券可以在上述证券交易场所转让，并授权国务院制定有关全国性证券交易场所、区域性股权市场的管理办法，从而为多层次资本市场体系建设提供了法律依据。

2. 三板市场及新三板市场的探索与发展

在 STAQ、NET 系统停止运行后，除部分挂牌公司顺利实现升入 A 股市场外，其他挂牌公司的法人股流通问题一直未能解决。因此，2001 年 6 月 12 日，中国证券业协会发布了《证券公司代办股份转让服务业务试点办法》（已被废止），使 STAQ、NET 系统挂牌公司得以在代办股份转让系统挂牌转让，从而使为解决历史遗留问题而成立的代办股份转让系统开始运行。2001 年 7 月 16 日，杭州大自然成为首只在这一市场上挂牌交易的历史遗留股票。2002 年 8 月 29 日起，代办股份转让系统正式成为在主板市场沪深股市停牌的上市公司进行股份转让与流通的市场。2001 年 12 月 10 日，我国证券市场第一家退市的上市公司水仙电器正式在代办股份转让系统挂牌转让。由于代办股份转让系统实质上由属于中国证监会系统的证券业协会主办，故业界和媒体称之为中国的"三板市场"。该市场成为我国主板市场外唯一合法的场外交易市场。但该市场不具备融资能力，不能为非退市的非上市股份有限公司股票提供交易平台，因而不属于严格意义上的三板市场。

2006 年 1 月 16 日，中国证券业协会正式发布了经中国证监会批复的《证券公司代办股份转让系统中关村科技园区非上市股份有限公司股份报价转让试点办法（暂行）》（2009 年已被修订）和配套规则、相关协议文本，使中关村科技园区非上市股份有限公司可以进入代办股份转让系统进行股票转让试点。该代办股份转让系统由深圳证券交易所负责具体运作，实际上类似于深圳证券交易所的一个特殊交易板块。首批进入试点的2家公司是北京世纪瑞尔技术股份有限公司和中科软科技股份有限公司，代办股份转让系统于2006年1月23日为其提供挂牌转让报价服务。试点在挂牌审核制度、信息披露制度、交易结算制度等方面均作了不同于主板市场的设计。此后，其他非上市股份有限公司也陆续申请加入试点，从而使试点规模逐渐扩大。这样，代办股份转让系统在建立多层次资本市场体系方面成了先行者，获得了新的生命力。这使其朝着发展成为真正的非上市股份有限公司股票交易的三板市场的方向迈出了坚实的一步。以此为基础，全国中小企业股份转让系统（National Equities Exchange and Quotations，NEEQ）升格为经国务院批准设立的全国性证券交易场所，2012年9月20日在国家工商行政管理总局注册成立的全国中小企业股份转让系统有限责任公司（以下简称全国股转公司）为其运营管理机构。2013年12月13日发布的《国务院关于全国中小企业股份转让系统有关问题的决定》指出，全国中小企业股份转让系统主要为创新型、创业型、成长型中小微企业发展服务，境内符合条件的股份有限公司均可通过主办券商申请在此挂牌，公开转让股票，进行股权融资、债权融资、资产重组等。申请挂牌的公司应当业务明确、产权清晰、依法规范经营、公司治理健全，可以尚未盈利，但须履行信息披露义务，所披露的信息应当真实、准确、完整。在全国中小企业股份转让系统挂牌的公司达到股票上市条件的，可以直接向证券交易所申请股票上市交易。在符合《国务院关于清理整顿各类交易场所切实防范金融风险的决定》（国发〔2011〕38号）要求的区域性股权转让市场进行股权非公开转让的公司，符合挂牌条件的，可以申请在全国中小企业股份转让系统挂牌，公开转让股票。至此，全国中小企业股份转让系统成为全国性的非上市股份有限公司股权交易平台，故被形象地称为"新三板"。

根据中央经济工作会议部署，为稳步推进新三板改革，完善市场基础制度，优化融资功能，中国证监会于2019年12月20日发布《关于修改〈非上市公众公司监督管理办法〉的决定》《非上市公众公司信息披露管理办法》，自发布之日起施行。此次修改《非上市公众公司监督管理办法》立足于服务新三板改革，重点围绕向不特定合格投资者公开发行、优化定向发行机制等改革内容进行针对性调整，主要修改内容包括：一是引入向不特定合格投资者公开发行制度，允许挂牌公司向新三板不特定合格投资者公开发行，实行保荐、承销制度；二是优化定向发行制度，放开挂牌公司定向发行 35 人限制，推出自办发行方式；三是优化公开转让和发行的审核机制，公司公开转让和发行需要履行行政许可程序的由全国中小企业股转公司先出具自律监管意见，中国证监会以此为基础进行核准；四是创新监管方式，确定差异化信息披露原则，明确公司治理违规的法律责任，压实中介机构责任，督促公司规范运作。

《非上市公众公司信息披露管理办法》在总结挂牌公司监管经验的基础上，充分借鉴科创板改革成果，对挂牌公司的信息披露义务进行了明确，夯实了基础制度；同时针对新三板改革后各层次公司的特点，确立了差异化的信息披露体系。其主要内容包括：一是从新三板市场和挂牌公司实际情况出发，明确挂牌公司信息披露基本要求，保障挂牌公司信息披露质量；二是结合分层建立差异化信息披露体系，在披露形式、披露内容和信息披露事务管理方面进行差异化安排，与各发展阶段中小企业实际情况和投资者信息需求相匹配；三是中国证监会行政监管与全国股转公司自律监管相衔接，强化分工协作，形成高效监管机制。

### 3. 区域性股权交易市场的探索和规范

2006 年 5 月 26 日，国务院下发《关于推进天津滨海新区开发开放有关问题的意见》，鼓励天津滨海新区进行金融改革和创新，明确在金融企业、金融业务、金融市场和金融开放等方面的重大改革原则上可以安排在天津滨海新区先行先试。2008 年 3 月，国务院在《关于天津滨海新区综合配套改革试验总体方案的批复》中又明确天津要以金融体制改革为重点，办好全国金融改革创新基地，加快健全资本市场体系和金融服务功能，为在天津滨海新区设立全国性非上市公众公司股权交易市场创造条件。2008 年 12 月 26 日，天津股权交易所开业。天津股权交易所是"两高两非"（高科技高成长、非上市非公众）公司股权交易、私募基金份额交易和债券交易的实施机构，其定位为中国全国区域的场外交易市场（OTC 市场）。2009 年 7 月，天津市政府向国务院提交了《天津滨海新区综合配套改革试验金融创新专项方案》，支持天津股权交易所创新发展，不断完善运作机制，健全市场网络，拓展业务范围，扩大市场规模，充分发挥市场功能，为中小企业和成长型企业提供高效便捷的股权投融资服务。经过国务院 16 个部门 6 轮征求意见，该方案于 2009 年 9 月 4 日获得国务院正式批复。由此，天津股权交易所正式获得国务院批准，成为中国多层次资本市场的一个重要部分。2009 年 9 月 29 日，天津股权交易所正式入驻天津滨海新区金融街，同时 3 家企业挂牌交易。截至 2016 年 12 月，在天津股权交易所挂牌的公司已达 901 家，融资额累计近 301 亿元，挂牌企业覆盖全国 31 个省（自治区、直辖市）。

中国证监会于 2017 年 5 月 3 日发布的《区域性股权市场监督管理试行办法》第 3 条规定："区域性股权市场是为其所在省级行政区域内中小微企业证券非公开发行、转让及相关活动提供设施与服务的场所。除区域性股权市场外，地方其他各类交易场所不得组织证券发行和转让活动。"依此，区域性股权市场被明确定位为其所在省级行政区域内中小微企业证券非公开发行、转让及相关活动提供设施与服务。基于此，天津股权交易所开始推动异地挂牌企业摘牌或回归本地市场等清退工作。2018 年 11 月底，天津股权交易所发布公告，全面停止为异地挂牌企业提供证券发行、转让及登记托管等各项服务。这标志着其异地挂牌企业清退工作全部完成。

### 4. 创业板市场的建立和发展

创业板（Growth Enterprise Board）市场，又称二板市场，是指在主板市场之外的、专为中小规模的新兴公司提供融资途径和成长空间的证券交易市场，是对主板市场的有效补充。在创业板市场上市的公司大多从事高科技业务，具有较高的成长性，但往往成立时间较短、规模较小，经营业绩也难以达到在主板市场上市的要求。如今全球已设立了四十多个创业板市场，其中有代表性的有美国纳斯达克市场（NAS-DAQ）、英国另类投资市场（AIM）、欧洲易斯达克市场（EASDAQ）、法国新市场（LNA）、意大利新市场、德国新市场（NM）、日本加斯达克市场（JASDAQ）、东京证券交易所高成长市场、韩国科斯达克市场（KASDAQ）、新加坡凯利板市场（SESDAQ），以及中国香港创业板市场（GEM）、中国台湾地区柜台买卖市场（OTC）。

早在 1999 年 8 月 20 日发布的《中共中央、国务院关于加强技术创新、发展高科技、实现产业化的决定》中就提出，要培育有利于高新技术产业发展的资本市场，适当时候在现有的上海、深圳证券交易所专门设立高新技术企业板块。2000 年 9 月 19 日，深圳证券交易所正式启动创业板券商系统技术准备工作，根据该所排出的时间表，在 11 月 1 日前各券商必须做好创业板行情另板显示的所有准备工作；同年 10 月，停发新股，筹建创业板。但 2001 年纳斯达克市场神话破灭后，国内股市丑闻频传，创业板筹建工作被推迟。2006 年年底，深圳证券交易所综合研究所根据科技部数据，对 15 000 家科技型企业进行分析，认为我国已具备开设创业板的条件。2007 年 3 月，深圳证券交易所称创业板的开设技术已到位，但中国证监会迟迟未予启动。2009 年 3 月 31日，中国证监会发布《首次公开发行股票并在创业板上市管理暂行办法》，为创业板的推出提供了必要法律规范。2009 年 6 月 5 日，深圳证券交易所发布《深圳证券交易所创业板股票上市规则》，为创业板的推出提供了具体的操作性规范。2009 年 6 月 30 日，中国证监会正式发布《创业板市场投资者适当性管理暂行规定》。2009 年 7 月 26 日，中国证监会开始受理创业板上市申报。2009 年 9 月 25 日，首批 10 只创业板股票开始申购。2009 年 10 月 23 日，中国证监会举行创业板开板仪式，宣布创业板市场正式启动。此后，深圳证券交易所上市委员会对创业板首批 28 家公司的上市申请进行审议，经深圳证券交易所批准同意后，于 2009 年 10 月 26 日刊登上市公告书。2009 年 10 月 30 日，深圳证券交易所举行创业板开市仪式，首批创业板公司集中在深圳证券交易所挂牌上市。截至 2021 年 9 月 9 日，创业板共有 1 019 家上市公司，占上市公司总数（沪市 1 981 家，深市 2 535 家，合计 4 516 家）的 22.56％，总市值 129 664.05 亿元，占 A 股总市值（898 070.16 亿元）的 14.44％。十余年来，创业板上市公司营利能力不断提升，高科技、高成长、高研发依然是其最为突出的标签。分行业来看，创业板上市公司中新兴行业表现尤为突出，净利润复合增长率排名前 100 的创业板公司中，从事医药生物、电子、通信行业的数量最多。

中国证监会于 2014 年 5 月 14 日发布《创业板上市公司证券发行管理暂行办法》，并于 2020 年 2 月 14 日作了重要修订。本次修订取消了创业板公开发行证券最近一期末资产负债率高于 45％的条件，取消了创业板非公开发行股票连续 2 年盈利的条件，将创业板前次募集资金基本使用完毕且使用进度和效果与披露情况基本一致由发行条件调整为信息披露要求，将创业板非公开发行股票发行对象数量由不超过 5 名调整为不超过 35 名，从而与同步修订后的主板（中小板）市场的规则一致。此外，本次修订实质性调整了非公开发行股票定价和锁定机制，且其减持不适用《上市公司股东、董监高减持股份的若干规定》的有关规定。具体来说，将发行价格由不得低于定价基准日前 20 个交易日公司股票均价的 9 折改为 8 折；锁定期方面，股份自发行结束之日起，6 个月（原为 12 个月）内不得转让，控股股东、实际控制人及其控制的企业认购的股份，18 个月（原为 36 个月）内不得转让。因此，本次修订大幅精简了创业板再融资的发行条件，拓宽了覆盖面，将对创业板公司的发展提供重要支撑。随着注册制的推进，创业板已成为我国资本市场改革的重点，并将进一步放宽限制、降低门槛，强化以信息披露为中心的监管制度。

### 5. 科创板的建立与运行

2018 年 11 月 5 日，国家主席习近平在首届中国国际进口博览会开幕式上宣布设立科创板。2019 年 1 月 23 日，中央全面深化改革委员会第六次会议审议通过了《在上海证券交易所设立科创板并试点注册制总体实施方案》《关于在上海证券交易所设立科创板并试点注册制的实施意见》。2019 年 1 月 31 日，中国证监会就《科创板首次公开发行股票注册管理办法（试行）》公开征求意见。2019年3月1日，中国证监会正式发布《科创板首次公开发行股票注册管理办法（试行）》和《科创板上市公司持续监管办法（试行）》，明确了科创板试点注册制的总体原则，规定科创板股票发行适用注册制。

2019年3月4日，《上海证券交易所科创板股票发行上市审核问答》正式发布，科创板配套规则进一步明晰。2019年3月15日，上海证券交易所正式发布《保荐人通过上海证券交易所科创板股票发行上市审核系统办理业务指南》与《科创板创新试点红筹企业财务报告信息披露指引》；18日，科创板发审系统上线。

2019年4月，第一届科创板股票上市委员会成立大会在上海证券交易所交易大厅举行。按照设立科创板并试点注册制的总体工作部署以及《科创板首次公开发行股票注册管理办法（试行）》《上海证券交易所科创板股票上市委员会管理办法》，经相关程序，上海证券交易所设立了科创板股票上市委员会。

2019年6月13日，科创板正式开板。

2019年7月22日，科创板正式开市，首批上市公司25家。

2019年8月，为落实科创板上市公司并购重组注册制试点改革要求，建立高效的并购重组制度，规范科创板上市公司并购重组行为，中国证监会发布《科创板上市公司重大资产重组特别规定》。

截至2021年9月9日，科创板上市公司已达336家，总市值为50 745.49亿元。

# 第二章 证券法的内涵与中国证券法的沿革

## 第一节 证券法的内涵界定

### 一、证券法的概念

证券法是调整证券发行、交易及证券监管过程中所发生的各种社会关系的法律规范的总称。

广义上的证券法，即实质意义上的证券法，是指与证券有关的一切法律规范的总称，既包括专门的证券法，也包括公司法、票据法、民法、刑法等其他法律中涉及证券内容的部分。狭义上的证券法，即形式意义上的证券法，是指专门对证券发行、证券交易、证券管理及相关行为进行法律调整，并由此形成的法律规范体系。

在证券法的立法模式方面，现代社会已有越来越多的国家（地区）制定了形式意义上的证券法。但在该立法例中，又存在立法名称及立法模式上的差异。多数国家（地区）将证券法与证券交易法合并制定，但有的命名为证券交易法，如原《日本证券交易法》《韩国证券交易法》，以及中国台湾地区"证券交易法"；有的命名为证券法，如1936年《菲律宾证券法》、1966年《加拿大证券法》；有的命名为证券业法，如1986年《新加坡证券业法》、澳大利亚（4个州）《统一证券业法》。[①]也有少数国家分别针对证券发行与证券交易制定证券法与证券交易法，

---

① 叶林主编．证券法教程．北京：法律出版社，2005：8.

如美国《1933 年证券法》《1934 年证券交易法》。随着金融商品及交易方式的不断创新，一些国家（地区）还采取了涵括有价证券与其他金融商品交易的立法模式。例如，英国于 1986 年制定了《金融服务法》（Financial Services Act，FSA），并于 2000 年制定了《金融服务与市场法》（Financial Services and Markets Act，FSMA）。日本于 2006 年 6 月 14 日通过了《金融商品交易法》，该法将《证券交易法》《金融期货交易法》《投资顾问业法》等法律融合于其中，从而对大部分的金融商品进行一揽子、整合性的规范，以便对相关投资者进行一体保护。该法于 2007 年 9 月 30 日开始实施。韩国也于 2007 年制定了《资本市场统合法》，经过 1 年 6 个月的保留期后，该法已于 2009 年 2 月 4 日正式生效。该法将证券、资产运营、期货、信托等多板块的资本市场整合为一（大型投资银行例外），旨在消除各行业间的障碍，放宽金融规定限制和加强保护投资者利益。中国台湾地区借鉴日本的经验，于 2011 年 6 月颁布了"金融消费者保护法"。

尽管越来越多的国家（地区）都制定了形式意义上的证券法，但还有不少国家和地区没有颁布形式意义上的证券法，仅存在实质意义上的证券法。在相当长一段时期内，该类国家（地区）数量极大，多数大陆法系国家（地区）及英联邦国家（地区）均属此类。传统上，大陆法系国家和地区不制定专门的证券法，其内容由公司法、证券交易所法、银行法中的相关规范构成。法国等欧洲大陆国家与拉丁美洲国家以及部分亚洲国家（地区）采取该立法模式。例如，法国证券法主要由《法国商事公司法》《法国证券交易所法》《法国期货交易法》等法律中的相关规范构成。[1] 德国在传统上属于未制定形式证券法的典型大陆法国家，我国学者也将其视为该立法例的典型国家[2]，但在 1994 年 7 月 26 日《德国有价证券交易法》通过之后，德国已制定了形式意义上的证券法。不过，与其他国家不同，德国仅就证券交易法作了专门规定，而证券发行

---

[1] 法国证券、期货交易法律. 李萍，金邦贵，译. 北京：法律出版社，1999：目录.
[2] 赵旭东主编. 商法学教程. 北京：中国政法大学出版社，2004：341.

规范、证券交易所规范、证券保管规范等其他证券规范仍分散于《德国股份公司法》《德国证券交易所法》《德国有价证券保管法》等相关法律文件之中。① 以英国为代表的英联邦国家，传统上也不制定专门的证券法，其内容主要规定于公司法中，同时制定若干单行法予以补充和完善。② 不过，随着英国 1986 年《金融服务法》及 1995 年《证券公开发行规章》的颁布③，英国实际上也制定了专门的证券发行与交易的法律，从而成为制定有形式意义上的证券法的国家。其他英联邦国家也相继制定了类似形式意义上的证券法。立法上追随英国的中国香港地区也走了一条类似的道路，在颁布了 1974 年《证券条例》与 1987 年《金融服务法》后，也成为拥有形式意义上的证券法的地区。由此可见，在当今世界，不制定形式意义上的证券法的国家和地区已逐渐减少，采取制定形式意义上的证券法立法例成为一种主导方向与发展趋势。

由于证券法律关系极为复杂，仅由某一部或两部形式意义上的证券法显然无法调整纷繁复杂且处于迅速变动之中的证券法律关系，因而现代各国（地区）无一例外地都以由各种规范性文件构成的实质意义上的证券法作为调整证券法律关系的规范体系。例如，在美国，证券法主要包括两大证券法以及以 1939 年《信托契约法》、1940 年《投资公司法》、1940 年《投资顾问法》、1970 年《证券投资者保护法》、1999 年《金融服务法》等法律为核心的联邦证券法，还包括各州制定的内容迥异的"蓝天法"，以及美国证券交易委员会（SEC）制定和发布的条例（regulations）、规则（rules）、意见（releases）和不采取行动函（no-action letter），以及由各级法院作出的数以千计的判例。

我国除制定了形式意义上的《证券法》外，还在《公司法》中规定了相关证券规范，尤其是制定了数量庞大的证券行政法规与部门规章，这些规范共同构成了我国实质意义上的证券法。不过，就证券法学而言，一般不涉及票据法、民法、刑法等其他法律中涉及证券内容的规

---

① 德国证券交易法律. 郑冲，贾红梅，译. 北京：法律出版社，1999：目录.
② 赵旭东主编. 商法学教程. 北京：中国政法大学出版社，2004：341.
③ 英国证券发行与交易法律. 付建荣，译. 北京：法律出版社，1999：目录.

范，仅对形式意义上的证券法及公司法、证券行政法规与部门规章等范畴予以研究，因而其研究对象既非最广义的证券法，也非最狭义的证券法。本书亦然。

## 二、证券法的特性

### （一）证券法之性质与特征的基本含义以及其相互关系

依照不同的标准，可以将法律体系划分为不同的法律部门。某个具体法律部门的法律属性，就是从该法律部门所隶属的上位法律部门角度，对其不同角度的法律部门类别的归属加以考察而得出的结论。我国法学界一般将法律部门划分为外延宽广不一的若干个层次：公法与私法；国内法与国际法；实体法与程序法；组织法（主体法）与行为法；任意法与强行法；民商法、经济法、刑法、诉讼法等。学者关于公司法之性质的界定也正是从这些角度或详或略地加以考察。

在证券法的性质研究方面，我国大陆部分学者称之为证券法的性质①，另有部分学者称之为证券法的特征。② 尽管这些学者使用的概念不同，但关于证券法的性质或特征概括的内容大抵相同。还有个别学者从证券法的性质与证券法的特征分别考察，但就其实质而言并无本质性区别。③ 在我国台湾地区证券法著作中，多数根本不对包括证券法之性质与特征在内的证券法基本内涵加以考察，少数对此加以考察，但不对特性、特征、性质加以区分，而是将其作为含义相同的概念来使用。

所谓法的特征，是指法本身所固有、所确定的东西，在一定意义上讲是法的本质的外化，是法区别于其他社会现象的重要标志。④ 法的特

---

① 叶林主编. 证券法教程. 北京：法律出版社，2005：19 - 20. 叶林. 证券法. 3 版. 北京：中国人民大学出版社，2008：44 - 46.

② 李东方主编. 证券法学. 北京：中国政法大学出版社，2007：20 - 22. 赵旭东主编. 商法学教程. 北京：中国政法大学出版社，2004：336 - 337. 雷兴虎主编. 商法学. 北京：人民法院出版社，中国人民公安大学出版社，2003：195 - 196.

③ 赵万一主编. 证券法学. 北京：中国法制出版社，1999：13 - 18.

④ 李龙主编. 法理学. 武汉：武汉大学出版社，1996：24.

征经常被称为法的特性，也说明了法的特征中包含了关于其性质的考察。依此，作为部门法的证券法，其特征构成了证券法区别于其他法律部门的主要标志，成为证券法本质的外在表现形式。也就是说，证券法的特征应当是指将证券法作为一个独立的法律部门，并置于整个法律体系之中，与其他法律部门相比较而显现出来的本质外化的个性化特征。因此，证券法的性质与特征实质上难以绝对分离，而往往是交织在一起的，故不必对其分别考察。

总之，证券法的性质与特征的含义基本上是重合的，只是证券法的某些特征并非就公司法立于法律体系中所表现出的属性而言，因而称之为证券法的性质似略有不妥。因此，笔者认为，鉴于证券法的性质与特征之间天然的难以割裂的联系，最好还是将二者作笼统的考察，至于其名称，不妨采用"证券法的特性"。

### (二) 证券法的特性

基于上述分析，可对证券法的特性作如下归纳：

#### 1. 证券法是包含大量公法规范的私法

关于证券法的性质，理论界主要有以下四种观点：

第一种观点认为证券法是商事特别法。证券法以证券发行与交易行为为调整对象，而证券发行与交易属于典型的由商主体实施的商行为，因而应将证券法纳入商法的范畴，作为商法之特别法。该说为我国法学界关于证券法之性质的通说。传统上，商法作为商人自治法，属于典型的私法。近现代商法作为调整商事交易关系的法律，一般被视为私法的特别法，从根本上说属于私法范畴。证券法作为商法，当然应被纳入私法的范畴。但随着现代经济的发展、社会整体观念的加强，对于私法关系，法律逐渐改变以往放任主义的态度，而采取积极干预主义的方式，从而使私法中具有公法属性的规范日益增加。在此方面，证券法表现得最为明显，例如，在证券发行、证券交易中普遍存在证券监督管理关系，涉及公共权力、公共关系、公共利益和上下服从关系、管理关系、强制关系。当然，这些公法性规范始终处于为私法服务的地位，它还不能改变证券法的私法属性。

　　第二种观点认为证券法是公司法的关系法或特别法。[①] 对此，理论界有"关系法说"与"特别法说"两种观点。"关系法说"认为：证券法是公司法的关系法。证券法在调整股票和公司债券的同时，还要调整政府债券、证券投资基金份额及证券衍生品种，因而两者在调整范围上虽有重合之处，但属于交叉状态。此外，两者在立法宗旨上也存在实质性差异。公司法强调对公司、股东、债权人平等保护，但偏向于对公司利益的保护；证券法则以保护投资者利益为核心宗旨，并强调对社会公众投资者给予特别保护，偏向于对投资者利益的保护。"特别法说"认为：证券法是公司法的特别法，证券法主要调整公司股票和公司债券之募集、发行与交易等，而这些规范本应由公司法规定，只不过基于立法技术上的考虑将其单独立法而已。"关系法说"更具合理性，也为我国法学界的通说。[②] 对此，法学界有一种形象的说法：公司法是静态的证券法，证券法是动态的公司法。理由在于：第一，公司法中投资者权益的自由转让构成其向证券法延伸的法理基础。公司股票制度构成投资者权益自由转让的基础框架，证券市场的出现实现了公司股份无障碍转让的理想，使公司得以筹集到更多的资金，涉及更多人的经济利益，并进而成为占支配地位的企业组织形式。公司股票和公司债券是证券市场中最为活跃、交易量也最大的证券品种，公司法与证券法各自从不同的角度对公司股票与公司债券的发行制度加以规定。一般来说，证券法在公司法的原则性和一般性规定的基础上，以更具技术性与操作性的方法对公司股票与公司债券的发行制度加以规定。第二，由公司法构造而成的公司是证券法所调整的证券市场的主角，证券市场中交易的主要产品——公司股票和公司债券都是公司发行的，证券市场中的中介组织也采取公司形式。第三，独立发展的证券法促进了公司法的延展，证券法将公司法的效力范围从少数资本所有者扩展至一般社会公众，公司法的

　　① 陈春山.证券交易法论.台北：五南图书出版公司，2000：3.符启林主编.中国证券交易法律制度研究.北京：法律出版社，2000：18-20.

　　② 叶林主编.证券法教程.北京：法律出版社，2005：21-22.

影响力也由此提升。证券法为公司法中永恒的利益争执与平衡提供了新的工具，上市公司收购与兼并、委托投票制度以及公司治理结构的创新与变革都与证券法密切相关，证券市场中的证券欺诈行为也为公司法中董事义务的规范提供了更多的素材。因此，无论是在理论研究，还是在立法、司法及实务中，人们均将公司法与证券法紧密联系起来。

第三种观点认为证券法是经济法。该观点认为：证券法的核心是既要保证市场效率又要保护投资者利益，这就需要用公法和私法的手段来共同调整，综合运用民事规范、行政规范、刑事规范，体现了公私法融合的特征，从而使证券法具有相对独立于民商法或行政法的地位，因而应被纳入经济法的范畴。如今已仅有少数传统经济法学者仍持该说。我国法学界曾经对经济法的法律属性及调整对象进行了长期的争论，到现在还有不少经济法学者将其作为核心研究对象。不过，尽管关于经济法的法律界定仍存在较大的认识分歧，但对于经济法实质上是国家管理经济之法这一结论已基本上达成共识。经济法是国家干预经济活动的体现，其主要功能在于防范并弥补市场机制的缺陷与商法之不足，纠正完全自由竞争所产生的垄断与不正当竞争行为以及资源的非理性耗用。而证券发行与交易活动作为最基本的市场交易活动，必然要由经济法来调整。因此，在这个意义上讲，证券也是经济法的重要调整对象。然而，这并不意味着证券法就属于经济法或者与经济法之间存在着较大范围的交叉。证券法作为私法，虽然较为明显地体现了国家对私法主体的干预，但其私法属性不容抹杀，不能将其混同于以国家管理经济为基本功能与价值取向的经济法。

第四种观点认为证券法属于行政法，与银行法、保险法等同属于公法范畴。该观点认为：证券法与行政法采取相同的形式，其规范作用大多依靠行政权的行使才能实现，因而应被纳入行政法的范畴。[①] 该说仅为少数公法学者，尤其是行政法学者所主张。一般认为，行政法是调整行政主体在行使行政职权和接受行政法制监督过程中，与行政相对人、

---

① 顾肖荣主编. 证券交易法教程. 北京：法律出版社，1995：9.

行政法制监督主体之间发生的各种关系，以及行政主体内部发生的各种法律关系的法律规范的总称。它主要规定国家行政权力的组织、行政权力的活动以及对行政活动后果的救济等法律问题。行政法调整的行政法律关系与证券法调整的证券法律关系具有不同特性。不过，两者之间也具有一定联系。在现代市场经济条件下，为了平衡社会经济运作中各方的利益和协调性地维护各方权利，保障社会经济的正常秩序，促进商事交易的发展，国家逐渐加强了其经济管理职能，对社会经济的干预不断加强。这样，国家必然会从行政的角度对证券发行与交易实施行政管理并进行行政干预。这就是所谓私法公法化的趋势。其结果是证券法与行政法的关系更加密切，甚至大量的证券法规范被纳入执行商事管理职能的行政法之中，或者说证券法中的公法性规范本身就具有行政法律规范的性质。例如，证券发行审核制度、信息披露制度、证券交易监管制度，等等，均属此类。此外，对证券违法行为的行政处罚以及其行政复议与行政诉讼等法律规范，都是既涉及证券法领域又涉及行政法领域。这些制度的目的在于保证商事秩序的建立与商事权利的实现。在这个意义上说，证券发行与交易活动中的行政法调整，是行政法对证券法的补充。总之，证券法与行政法处于相互补充的关系，并不存在隶属关系。

### 2. 证券法主要为强制性规范

所谓强制性，是指必须严格遵循法律、法规的规定，而不能将其替代或变更的法律属性。强制性规范在现代私法中日益增多，其中，证券法中的强制性规范占有最高比重。如证券发行的条件和程序，信息披露制度，禁止从事内幕交易、操纵市场、欺诈客户、虚假陈述等欺诈行为的规范，都属于强制性规范。这表现在立法技术上，则是大量运用了"必须""应当""不得""禁止"等语词来体现其强制性。不过，证券法毕竟本质上属于调整平等主体之间法律关系的私法，因而在证券法关于证券发行与交易的规定中也有少量任意性规范，例如，证券发行人有权自主选择证券承销商，有权自主决定承销的方式和期限；投资者则有权自主选择券商，等等。

### 3. 证券法具有较强的技术性

从社会学角度观察，法律规范由伦理性规范与技术性规范组成。所谓伦理性规范，"其制定也，本诸恒情，基乎常理，如杀人者死，欠债者还，虽庸夫愚妇莫不知其然也"。所谓技术性规范，"其制定也，完全出乎立法专家之一种设计，故其内容并非仅凭一般常识所能了解"[①]。任何法律部门都是法技术的构造，因此所有法律部门都具有技术性。但商法由于以经济效用为主要目的，为维护交易的便捷、公平与安全，因而其规定更加明显地具有技术性，与作为一般私法的民法偏重于伦理规范有明显区别。商法的技术性主要体现在商行为法部分，法律对商行为的行为方式、行为环节、行为规则都作了具体、翔实的规定，具有很强的可操作性和技术性。证券法作为典型的商行为法，包含了大量的关于证券发行与交易的技术性操作规则，如证券交易集合竞价规则、持股信息披露规则、上市公司要约收购规则等，这些实用的法律技术规范都具有较强的技术性。随着现代信息技术（如因特网）在证券发行与交易中的成功运用，证券法的技术性得到进一步增强，该行业的专业技术色彩也进一步增强。正因为具有浓郁的技术性，证券法才在各国存在技术上的共通性，可以相互借鉴，从而更多地表现出国际趋同性。

### 4. 证券法是具有浓厚程序法色彩的实体法

按照法律规定内容的不同，可以将法律分为实体法与程序法。实体法是指以规定和确认权利、义务或职权和职责为主的法律，民法、刑法、行政法、宪法为典型的实体法。程序法是指以保证权利和义务得到实施或职权和职责得到履行的有关程序为主的法律，民事诉讼法、刑事诉讼法、行政诉讼法、立法程序法为典型的程序法。实体法和程序法的分类是就其主要内容而言，它们之间也有一些交叉，实体法中也可能涉及一些程序规定，程序法中也可能有一些涉及权利、义务、职权、职责

---

① 郑玉波. 票据法. 台北：三民书局，1986：3.

等内容。除以上典型的实体法与程序法外，许多法律都是兼具实体法与程序法的内容，只不过从总体上或本质上被纳入某一范畴。商法作为私法，应被纳入实体法范畴，但商法中仍然包含了大量程序规范。对此，证券法体现得最为明显。证券法中关于证券发行人、证券商、投资者、证券中介与结算机构等法律主体的权利、义务及证券交易价格的确定标准等规定均属于实体法规范。证券的发行和上市程序、证券交易程序、证券公司及证券交易所的设立程序及运行规则等则属于程序法规范。

## 三、证券法的宗旨与作用

各国证券法均以促进本国经济健康发展与保护证券投资者利益为主要立法宗旨。对此，虽然两大法系国家和地区大多不在立法中作明确规定，但其立法精神及规范体系都表现出这一立法宗旨。《日本证券交易法》在第 1 条作出明确规定。我国《证券法》第 1 条也明确规定："为了规范证券发行和交易行为，保护投资者的合法权益，维护社会经济秩序和社会公共利益，促进社会主义市场经济的发展，制定本法。"该规定即为我国《证券法》的立法宗旨（或称立法目的）。这一立法宗旨的形成与确立，是我国证券市场的地位、作用及实践经验在证券立法方面的综合体现。因此，所谓证券法的宗旨与作用实际上是从不同角度所作表述。据此，我国《证券法》的宗旨与作用表现为以下三个方面。

### （一）规范证券发行和交易行为

证券发行和交易是证券法调整的核心内容，尤其是在我国采证券发行与交易统一调整的立法模式下，证券发行与交易行为均为《证券法》的调整对象。证券发行主体包括政府、公司、金融机构及其他企业，证券投资者则为具有投资能力的所有的自然人和法人，因而证券发行与交易涉及的法律主体非常广泛。在证券发行、交易过程中，在发行主体、投资者、服务机构和监管机构之间产生的不同法律关系，不仅涉及各法律主体的权利义务的设定、转移及市场秩序，而且还关系到我国投融资体制改革能否顺利进行并取得积极成果，因而必须对证券发行与交易行为予以规范。[①] 为此，我国《证券法》对证券发行与交易行为规定了一系列原则性与具体性规范，使证券发行与交易行为具备了较为严密的规范体系。

### （二）保护投资者的合法权益

投资者作为证券市场的资金提供者，乃证券市场的基石。但在证券市场中投资者是最缺乏证券市场信息的参与者，且多为力量分散的社会公众投资者，他们难以与证券发行人、多数股东、机构投资者及证券公司等处于优势地位的其他证券市场参与者对抗，处于明显的弱势地位。如果无法对投资者提供有效的法律保护，将使其选择退出证券市场，从而使证券市场难以健康发展，甚至会名存实亡。因此，要使证券市场获得稳定发展，就必须加强对投资者的权益保护。保护投资者权益，从表面上看，"是保护个别投资人的权益，但从宏观角度观察，则更是证券市场健全发展的基础"[②]。投资者保护方面的法律制度是否健全，是一个国家资本市场能否稳定和保持繁荣的重要基础。保护投资者合法权益是世界各国证券法的核心任务与主要目的，也是各国证券监管机构共同遵循的一个基本理念。

在国有企业股份制改造这一特殊的历史背景下，长期以来，我国证券市场主要服务于国有企业的股份制改造和筹集资金，因而更多地发挥着融资市场而非投资市场的功能，整个法律环境也倾向于保护证券发行人利益而非投资者利益。直到旧《证券法》将"保护投资者的合法权益"明确规定为该法的立法宗旨之一，并在相关规范中作了相应的制度安排，才为我国投资者权益保护提供了坚实的制度基础。我国现行《证券法》又在具体制度方面作了进一步完善，如：（1）确立了"公开、公

---

① 《证券法释义》编写组编．中华人民共和国证券法释义．北京：中国法制出版社，2005：3.

② 赖英照．股市游戏规则：最新证券交易法解析．北京：中国政法大学出版社，2006：5.

平、公正"原则和当事人平等、诚实信用原则等证券法基本原则；（2）对投资者的知情权、参与权等作了明确规定，建立了强制信息披露制度；（3）专章规定了投资者保护基金制度；（4）除进一步完善证券违法行为的行政责任与刑事责任外，还建立了证券民事赔偿机制和相关的法律救助机制，等等。尽管在实践中对投资者合法权益的保护存在种种问题，但我国证监会一直注重并不断强化对投资者权益的保护。

### （三）促进市场经济的发展

我国《证券法》规定的"维护社会经济秩序和社会公共利益，促进社会主义市场经济的发展"这一立法宗旨，可概括为"促进市场经济的发展"。规范证券发行与交易行为、保护投资者合法权益，都能起到"维护社会经济秩序和社会公共利益"的作用。证券法正是通过规范证券发行和交易行为，加强对证券市场的监管，惩处各种证券违法犯罪行为，保护投资者合法权益，维护证券市场秩序，来达到维护社会经济秩序和社会公共利益的目的。[1] 因此，"维护社会经济秩序和社会公共利益"这一立法宗旨，实际上已包含于"规范证券发行和交易行为，保护投资者的合法权益"这一立法宗旨之中。这三者又都使证券市场功能正常发挥，并通过证券市场的功能促进市场经济的发展。由此可见，促进市场经济的发展是我国《证券法》的最终目的。[2] 各国证券法也都如此。例如，对证券法立法目的作了明确规定的《日本证券交易法》规定该法以"促进国民经济的正常运营"为目的。证券市场的建立和发展作为我国市场经济体制改革的重要成果之一，已成为我国市场经济体系的一个重要组成部分，为我国的经济体制和国有企业改革以及国民经济发展发挥了重要作用。证券法则对于规范证券市场各方当事人的行为，促进我国证券市场的健康发展，发挥了重要的作用。因此，证券法有利于促进我国市场经济的发展，其作用则直接表现为证券市场的功能。

---

[1] 赵万一主编. 证券法学. 北京：中国法制出版社，1999：25.

[2] 刘淑强. 《证券法》释解. 北京：人民法院出版社，1999：12.

# 第二节　证券法的调整对象

## 一、证券法调整对象的界定

证券法作为独立的法律部门，当然也以特定社会关系作为其调整对象。由于各国证券法立法模式不同，因而形式意义上的证券法的调整对象也不一致。例如，有的国家分别通过《证券法》与《证券交易法》调整证券发行关系与证券交易关系。不过，证券法学是就实质意义上的证券法而言，在此意义上的证券法的调整对象同样为证券法律关系。一般认为，它包括证券发行关系、证券交易关系、证券监管关系。证券发行关系与证券交易关系，是证券发行人、证券投资者以及证券经纪商等平等主体之间因证券发行与交易而发生的法律关系。证券监管关系是证券监管机关因监督管理证券市场参与者的行为而发生的法律关系。除此之外，还有学者将为配合证券发行、交易的各种证券服务行为所形成的法律关系称为证券服务关系。这些证券服务行为主要包括证券评估服务、会计审计服务、证券法律服务、证券登记结算服务、证券投资咨询服务、证券经纪服务和投资委托理财服务等。① 另有学者将这些证券服务关系称为证券相关关系。②

笔者认为，证券发行关系、证券交易关系与证券监管关系无疑应构成证券法律关系的基本内容。③ 至于在证券发行、交易过程中所伴随发

---

① 叶林主编．证券法教程．北京：法律出版社，2005：13－14.

② 雷兴虎主编．商法学．北京：人民法院出版社，2003：193.

③ 关于证券监管关系，现代各国（地区）普遍对证券发行与证券交易实施政府监管，而这种证券监管行为乃证券法实施的基本方式，因而不必将其规定为证券法的适用范围。但证券监管仍须依照证券法规定实施，证券法也必然会对其作具体规定，因而从本质上讲，它仍构成证券法的调整对象。

生的各种相关证券服务关系，则既可视为各证券法律关系的组成部分，从而不必将其确立为一种独立的证券法律关系；也可基于其明显区别于证券发行与证券交易行为而独立运行的客观事实，而将其确立为一种与证券发行关系、证券交易关系、证券监管关系并列的证券法律关系。各国证券立法多对各种证券服务行为作了明确规定，从而使证券发行与交易得以顺利进行并据此保护投资者利益与维护社会公共利益。但仅有少数国家将各种证券服务行为抽象出来，使之成为与证券发行、证券交易并列的证券法律行为。如《德国有价证券交易法》题为"适用范围"的第 1 条规定："本法适用于提供有价证券服务和有价证券附加服务、交易所内外的有价证券、金融市场工具和衍生金融工具的交易以及适用于交易所挂牌公司股东的表决权份额的变更。"[①] 该法不规定证券发行行为[②]，主要调整证券交易行为与证券监管行为，但将有价证券服务和有价证券附加服务明确规定为与证券交易并列的调整对象。然而，绝大多数国家证券立法均未将证券服务抽象为一种独立的证券法律行为。如原《日本证券交易法》第 1 条规定："本法乃以促进国民经济的正常运营及保护投资者，使有价证券的发行和买卖以及其它的交易公正进行，并使有价证券顺利流通为目的。"这一规定在隐含规定了证券监管的情况下，并未将证券服务关系规定为独立的证券法律关系。

我国《证券法》第 2 条明确规定证券法的调整对象为：证券发行关系、证券交易关系与证券监管关系。鉴于我国《证券法》采纳了不将证券监管行为独立化的主流立法模式，在学理上也不必将证券服务关系明确规定为证券法的调整对象。当然，这并不影响证券服务法律规范及相关学理的存在，只不过不将其纳入证券法的调整对象而已。

证券法的调整范围涉及两个层次的问题：一是调整哪些种类的证券，二是调整这些证券的哪些活动。[③] 证券法律关系的内涵与外延由证券法所调整的证券的范围及证券行为的范围所共同决定。因此，形式意

---

① 德国证券交易法律．郑冲，贾红梅，译．北京：法律出版社，1999：2.

② 其证券发行由《德国股份公司法》调整。

③ 李飞．关于如何确定证券法的调整范围问题．中国法学，1999（2）.

义上的证券法适用范围的法律界定，应同时限定证券行为与证券的范围。例如，前引《德国有价证券交易法》第 1 条明确规定了该法调整有价证券服务、有价证券附加服务及证券交易行为，并明确规定该证券交易包括有价证券、金融市场工具和衍生金融工具的交易以及适用于交易所挂牌公司股东的表决权份额的变更。不同类型的证券都存在发行、交易与监管的问题，从而都会形成相应的证券发行、交易与监管关系，但证券外延的不同使这些证券法律关系的内涵具有实质性差异。至于证券发行、交易与监管关系的具体内涵，本身即为证券法的主要内容，在相关章节中作了详细规定。因此，在证券法学中，对证券法的调整对象的研究应立足于证券法所调整的证券范围的界定。总而言之，从形式上看，证券法的调整对象解决的是证券法律关系外延的问题，但从实质上看，真正决定证券法调整对象的则为其所调整的证券的范围。在此意义上，既可将各种证券行为所指向的证券的范围直接称为证券法的调整对象，也可将其直接称为证券法的适用范围。但这两种称谓都只能存在于该特定语境之中，本身并非严格的法律界定。基于此，笔者认为还是将该具有特定含义的"证券法的调整对象"界定为"证券法调整的证券范围"为宜。

## 二、域外证券法调整的证券范围

各国（地区）证券法所调整的证券的范围不尽相同，因各国（地区）证券市场成熟程度、金融创新程度、立法者认知程度、金融监管体制以及运用法律手段的灵活程度等因素的不同，有的规定得比较宽泛，有的则规定得比较狭窄。总体而言，发达国家（地区）的证券法所调整的证券范围比较宽泛，发展中国家（地区），尤其是证券市场尚不发达的国家（地区）的证券法所调整的证券范围则比较狭窄。关于其具体范围的界定，美国早在《1933 年证券法》中就给"证券"下了详细的定义，这种做法为许多国家（地区）证券立法所仿效。随着证券种类的逐步增长，法律已难以穷尽证券的外延，因而现代各国（地区）除了由法律作出较为详细的规定，还授权政府或证券监管机关对证券范围予以适时调整。①

各国（地区）形式意义上的证券法关于其所调整的证券范围的规定差异较大，但大多对证券的范围作了明确界定且规定得较为宽泛，大多将证券市场上所有交易品种及其衍生金融工具都涵括在内。例如，日本2006年《金融商品交易法》虽沿用了"有价证券"的概念，但明确将其含义扩展为"金融商品"，并将有价证券分为两类：发行了证券、证书的权利（有价证券）和未发行证券、证书的权利（准有价证券）。《金融商品交易法》中的有价证券（包括准有价证券）中增加了抵押证券（原由抵押证券法规制）、信托受益权（原由信托法规制）、集合投资计划份额等证券类型。② 德国较为特殊地以金融市场工具和衍生金融工具指称非传统意义上的证券，但实际上是将其"视为有价证券"而纳入证券法的调整对象。我国台湾地区明确列举的证券范围较窄，但"经'财政部'核定之其他有价证券"这一兜底性规定使其得以根据需要予以扩张。在实践中，我国台湾地区证券监管机构已将下列证券纳入"经'财政部'核定之其他有价证券"范畴之中：（1）在我国台湾地区募集、发行、买卖或从事相关证券投资服务的外国公司证券；（2）我国台湾地区存托凭证，即存托机构代外国发行人在我国台湾地区境内所发行，表彰存放于保管机构的外国有价证券之凭证；（3）认购权证；（4）依"金融资产证券化条例"发行的受益证券及资产基础证券（短期票券除外）；（5）依"不动产证券化条例"募集或私募的受益证券；（6）依"证券投资信托及顾问法"所发行的受益凭证。③

## 三、中国证券法调整对象的界定

关于中国证券法调整对象的范围，理论界历来存在较大争议。尤其

---

① 王京，滕必焱编著．证券法比较研究．北京：中国人民公安大学出版社，2004：5.
② 杨东．论金融法制的横向规制趋势．法学家，2009（2）.
③ 赖英照．股市游戏规则：最新证券交易法解析．北京：中国政法大学出版社，2006：9-10.

是形式意义上的证券法（《证券法》）的调整范围问题，在《证券法》制定及修订过程中都始终是一个焦点问题。

在 1998 年《证券法》制定的过程中，对证券法的调整对象就有过长期讨论。对于证券法是否应调整证券发行存在两种不同的观点。一种观点认为，《公司法》已对股份的发行、公司债券的发行作了较为明确的规定，因此，《证券法》不应调整证券发行。另一种观点认为，《证券法》应调整证券发行，证券市场是由发行市场和交易市场组成的整体，证券法应调整证券市场的全部；况且，证券包括不同的投资工具，它们并非全部由公司发行，因而并非所有证券发行都能适用《公司法》的有关规定。[①] 最终，1998 年《证券法》采取了折中的做法。该法第 2 条规定："在中国境内，股票、公司债券和国务院依法认定的其他证券的发行和交易，适用本法。本法未规定的，适用公司法和其他法律、行政法规的规定。"从 1998 年《证券法》的条文来看，由于 1993 年《公司法》对于证券发行的一般规定及发行条件与程序已作了具体的规定，故1998 年《证券法》未对此作重复规定，而仅对证券发行的监管规范作了补充性规定。但该立法模式并不意味着立法机关认为应当优先适用《证券法》，而《公司法》仅处于补充地位。

事实上，就世界各国立法例而言，证券发行规范并非普遍（或主要）由证券法统一规定。在存在形式意义上的证券法的国家，大多由公司法、证券法共同规定证券发行规范，其中证券发行的条件与程序规范主要由公司法规定，证券发行的核准及监管规范主要由证券法规定。德国、日本、韩国均是如此。即便是在专门制定了调整证券发行行为的《1933 年证券法》的美国，其证券发行规范仍大量存在于各州公司法之中。因此，在制定了证券法的背景下，证券发行规范仍应由证券法与公司法等相关法律共同规定。我国 2005 年《公司法》与 2005 年《证券法》利用同时修订的机会，基本上将证券发行规范都移入《证券法》之

---

① 全国人大常委会办公厅研究室《中华人民共和国证券法应用指南》编写组编. 中华人民共和国证券法应用指南. 北京：改革出版社，1999：6-7.

中，但《公司法》中仍存在一些关于股票、公司债券发行的原则性规定。不过，关于政府债券、证券投资基金份额发行的规范，因其存在特殊性，难以完全糅合于《证券法》规定的发行规范之中，故未纳入2005年《证券法》之中。至于证券衍生品种发行、交易，则因其规范上的差异性，《证券法》仅对其作了授权性规定，而未纳入具体调整规范之中。依此，我国《证券法》虽统一调整证券发行与交易行为，但并非所有的证券发行与交易行为均由该法调整。

在1998年《证券法》制定过程中，对于我国证券法调整的证券范围也有不同的观点，争论集中在证券法应调整所有的证券还是只调整股票、公司债券，特别是国债是否应被纳入证券法的调整范围。[①] 一种观点认为，《证券法》的调整范围应该宽一些，应该对各类证券都进行调整，不能仅调整股票和公司债券，然后仅通过规定"国务院依法认定的其他证券"作不够明确的界定。依照这种观点，1998年《证券法》的调整范围不够宽，还有许多种类的证券没有包括在内，处于"无法可依"的状态。在实践中，自该法颁布以来，国务院从未依法认定过其他证券。因此，"国务院依法认定的其他证券"只是作为一个备用的授权条款，其操作性不强。另一种观点认为，《证券法》应该根据一定发展阶段的特殊情况，调整有限种类的证券。1998年《证券法》正是采取了这种观点，即调整股票和公司债券。这种观点强调，"证券"在语义学上的概念与现实中一定发展阶段的证券是两回事，不应该将语义学上的证券与现实证券交易市场中的证券混同。[②] 最终，国家立法机关决定，《证券法》调整的证券仅限于我国已有一定经验的股票、公司债券等资本证券。对于政府债券，则规定"政府债券的发行和交易，由法律、行政法规另行规定"。这就意味着政府债券被排除于1998年《证券法》的调整对象之外。证券期货、期权等证券衍生品种，则根本未列入1998年《证券法》的调整范围。但为给证券市场的发展留有余地，该

---

① 王连洲，李诚编著. 风风雨雨证券法. 上海：上海三联书店，2000：275 - 290.
② 吴志攀.《证券法》适用范围的反思与展望. 法商研究，2003（6）.

法规定"国务院依法认定的其他证券"也属于证券法的调整范围。

1998年《证券法》关于其所调整的证券范围的狭隘规定显然不能适应我国证券市场的发展需要，因而在修订该法的过程中，明确扩大该法调整的证券范围的呼声一直很高。在实践中，由于缺乏法律依据，其他证券衍生品种也无法产生，从而严重制约了我国证券市场的发展。另外，关于国债的交易也无任何法律予以调整，实践中仅依《合同法》予以调整，显然无法满足其特殊的调整需要。因此，虽然现行《证券法》仍未对证券作出明确定义，但实际上已将所有证券纳入该法的调整范围之内。对此，《证券法》第2条前3款规定："在中华人民共和国境内，股票、公司债券、存托凭证和国务院依法认定的其他证券的发行和交易，适用本法；本法未规定的，适用《中华人民共和国公司法》和其他法律、行政法规的规定。""政府债券、证券投资基金份额的上市交易，适用本法；其他法律、行政法规有特别规定的，适用其规定。""资产支持证券、资产管理产品发行、交易的管理办法，由国务院依照本法的原则规定。"由此可见，我国《证券法》调整的证券范围已大为扩大，所有证券的发行与（或）交易均可纳入该法调整范围之内了。具体来说，股票、公司债券、存托凭证和国务院依法认定的其他证券的发行和交易均受《证券法》调整；考虑到政府债券的特殊性及已颁布了《证券投资基金法》，将政府债券、证券投资基金份额的发行规范排除在外，但政府债券、证券投资基金份额的上市交易仍适用《证券法》；资产支持证券、资产管理产品发行、交易的管理办法，由国务院依照《证券法》的原则规定。但就实质意义上的证券法而言，上述证券的发行、交易与监管关系均为证券法的调整对象。

## 四、中国证券法调整的证券的典型类型

### （一）股票

股票是股份有限公司签发的证明股东所持股份的凭证，是股份的表现形式。股东通过购买股份有限公司发行的股份向公司投资，表现为持

有一定数额的股票。股东依其持有的股票行使股东权，因此，股票也是股东在公司中的法律地位的证明。股票与股份是形式与内容之间的关系，股票不能脱离股份而独立存在。不过，股票还代表着股份的价值运动方式，其本身具有相对独立于股份的性质。

股票具有以下特点：

（1）股票是证明股东权的证权证券。股票是股份的表现形式，因而也是股东权的表现形式；但股东权的产生并不是因为股票的制作，而是由于股东向公司出资而持有公司的股份，因此股票仅仅是股东权存在的证明及股东行使权利的凭证。

（2）股票是有价证券。股票所代表的股东权是可以用财产价值来衡量的权利，这是股票得以流通的原因。

（3）股票是流通证券。由于股票代表着一定的财产价值，因而股票可以作为买卖标的，在证券市场上流通。股票的流通性使投资者可以随时调整投资方向，也能使社会资源得到优化配置。

（4）股票是要式证券。《公司法》对股票的形式、内容均有严格规定，同时股票制作还必须经国家证券监督管理机构的批准，任何个人或团体不得擅自印发股票。违反法律规定，或股票记载的内容欠缺或不真实的，股票即为无效，公司或责任人将承担相应的法律责任。依我国《公司法》第128条之规定，股票应采用纸面形式或者国务院证券监督管理机构规定的其他形式。股票应当载明下列主要事项：1）公司名称；2）公司成立日期；3）股票种类、票面金额及代表的股份数；4）股票的编号。股票由法定代表人签名，公司盖章。发起人的股票，应当标明发起人股票字样。不过，这种规定主要是针对传统的纸质证券而设定的，而我国证券市场从1991年5月已开始试运行无纸化证券交易系统，到20世纪90年代中期，则完全实现了无纸化。在证券无纸化条件下，投资者所持有的证券已丧失了物理形态，而仅以证券账户中的数据予以表彰。

（5）股票是风险证券。任何一种投资都具有风险性，而股票投资的风险是各种投资方式中最高的。其主要原因在于不仅公司有经营风险，而且股票还有市场风险。股东购买了公司的股票后，不得要求公司返还本金，而只能通过股票转让收回投资。股东的投资收益与公司的经营状况密切相关。此外，股票价格还受经济、政治、社会等多种因素的影响，经常处于变动状态，投资者一旦选择错误，则可能损失惨重。

由于股票是股份有限公司签发的证明股东所持股份的凭证，公司只有登记注册后才能具有签发股票的主体资格，因此，我国《公司法》第132条规定，股份有限公司成立后，即向股东正式交付股票；公司成立前不得向股东交付股票。

### （二）债券

债券是指政府、金融机构、公司（企业）及国际组织直接向社会筹措资金时，依照法定程序发行的，约定在一定期限还本付息的有价证券。债券的种类名目繁多，按不同的标准可划分出许多类别的债券①，最为典型的分类是，根据发行主体的不同，将债券分为政府债券、金融债券和公司债券（含其他企业债券）。证券法意义上的债券即特指政府债券、金融债券和公司债券。其相关内容已于本书第一章第一节第二部分详述，此处不赘。

需要说明的是，一些国际金融机构如国际复兴开发银行、亚洲开发银行等在一些国家金融市场上发行的债券，以及中国银行、中国国际信托投资公司等机构在国外发行的外国债券和欧洲债券，就其性质而言属于国际债券，就其发行主体而言则可纳入金融债券的范畴；但其不属于《全国银行间债券市场金融债券发行管理办法》所定义的金融债券，不属于我国《证券法》调整的证券范畴。此外，我国《证券法》并未明确规定金融债券属于其调整范围，但金融债券可归入国务院依法认定的其他证券，因而应纳入《证券法》调整的证券范畴。

### （三）存托凭证

存托凭证（Depository Receipts，DR）又称存券收据或存股证，是

---

① 曹凤岐，刘力，姚长辉编著．证券投资学．2版．北京：北京大学出版社，2000：22-28.

指在一国证券市场流通的代表外国公司有价证券的可转让凭证。它是由存托人签发，以境外证券为基础在境内发行，代表境外基础证券权益的证券。存托凭证的基础证券一般是公司股票，但也包括债券。存托凭证的当事人，在本地有证券发行公司、保管机构，在国外有存托银行、证券承销商及投资人。存托凭证是由存托银行所发行的几种可转让股票凭证，证明一定数额的某外国公司股票已寄存在该银行在外国的保管机构，而凭证的持有人实际上是寄存股票或债券的所有人，其享有的权利与原股票或债券持有人相同。根据发行或交易地点的不同，存托凭证被冠以不同的名称，如美国存托凭证（American Depository Receipt，ADR）、欧洲存托凭证（European Depository Receipt，EDR）、全球存托凭证（Global Depository Receipts，GDR）、中国存托凭证（Chinese Depository Receipt，CDR）等。中国存托凭证，是指在境外（包含中国香港）上市公司将部分已发行上市的股票托管在当地保管银行，由中国境内的存托银行发行、在境内 A 股市场上市、以人民币交易结算、供国内投资者买卖的投资凭证，从而实现股票的异地买卖。2018 年 3 月 30 日，经国务院同意，国务院办公厅转发中国证监会《关于开展创新企业境内发行股票或存托凭证试点的若干意见》，正式推出存托凭证这一新的证券品种，并对发行存托凭证的基础制度作出安排。2018 年 6 月 6 日，中国证监会发布《存托凭证发行与交易管理办法（试行）》，对中国存托凭证发行与交易作了具体规定。

### （四）证券投资基金份额

证券投资基金份额又称证券投资基金单位，其证券形式为证券投资基金券。我国 2005 年《证券法》就明确将其纳入该法的调整范围之中。

证券投资基金，是指通过发行基金份额募集资金形成独立的基金财产，由基金管理人管理、基金托管人托管、基金份额持有人按其所持份额享受收益和承担风险，专业从事证券投资的资本集合体。关于证券投资基金在国际上有多种称谓：美国称为"共同基金"或"互惠基金"，英国和我国香港地区称为"单位信托"，日本和我国台湾地区称为"证券投资信托基金"。

　　证券投资基金有以下主要作用：（1）专家理财，基金的资产都是由较高水平的专业人士组成的基金管理公司进行投资运作；（2）组合投资，证券投资基金的规模都比较大，基金管理公司通过分析和研究，有条件地将基金资产分散投资于各种股票和债券，从而分散风险，追求长期稳定收益；（3）流通性强，它在证券交易所挂牌交易，可以转让；（4）安全规范，基金托管人管钱，基金管理人用钱，两者各自独立、相互监督，可以有效保护投资者的利益和保证基金资产的安全。

　　早在 1822 年，荷兰王室就成立了全球第一只投资基金。1868 年，英国成立第一只政府海外信托基金"国外及殖民地政府信托"，投资北美殖民地。1921 年 4 月，美国引进了英国的投资基金制度，成立了美国第一家基金组织"美国国际证券信托"。1929 年纽约股市大崩溃以后，美国加紧制定证券法，1940 年还制定了《投资公司法》。《投资公司法》对投资基金的组建及管理作了明确规定。在美国影响下，世界上主要发达国家都建立了证券投资基金制度。

　　我国证券投资基金业起步较晚，始于 1991 年。首家经批准公开发行的基金是武汉证券投资基金。1992 年深圳公布了《深圳市投资信托基金管理暂行条例》。1993 年上海公布了《上海市人民币证券投资信托基金管理办法》。1997 年国务院批准颁发了《证券投资基金管理暂行办法》。1999 年年初，投资基金法被列入第九届全国人大常委会立法规划，规划中的立法范围包括证券投资基金、风险投资基金和产业投资基金。1999 年 3 月起草领导小组、顾问小组和工作小组成立。1999 年 3 月 30 日，证券投资基金立法起草工作正式启动。2002 年 8 月 23 日，《证券投资基金法（草案）》被提交第九届全国人大常委会第二十九次会议第一次审议。2003 年 10 月 28 日，第十届全国人大常委会第五次会议上 146 人表决，1 人反对、1 人弃权，142 人赞成，表决通过了《证券投资基金法》。近年来，我国证券投资基金业实现跨越式发展。截至 2021 年 7 月底，公募证券基金资产规模达到 23.03 万亿元，较 2016 年年底增长了 1.6 倍，从世界第九上升到第四；私募证券投资基金规模达 5.5 万亿元，较 2016 年年底增长了 1 倍，位居世界第二。

### （五）资产支持证券

资产支持证券（Asset-Backed Securities，ABS）是指由银行业金融机构作为发起机构，将信贷资产信托给受托机构，由受托机构发行的、以该财产所产生的现金支付其收益的收益证券。易言之，资产支持证券就是由特定目的的信托受托机构发行的、代表特定目的信托的信托收益权份额。信托机构以信托财产为限向投资机构承担支付资产支持证券收益的义务。资产支持证券项下的资产通常是金融资产，如贷款或信用卡应收款。资产支持证券支付本金的时间常依赖于其基础资产本金回收的时间。这种基础资产本金回收的时间和相应的资产支持证券相关本金支付时间所固有的不可预见性，是资产支持证券区别于其他债券的主要特征。资产支持证券的基础资产分为两类：现存的资产或应收款、将来发生的资产或应收款。基于前者的证券化称为"现有资产的证券化"，基于后者的证券化称为"将来现金流的证券化"。资产支持证券最初采用的基础资产为住房抵押贷款，随着证券化技术的不断提高和金融市场的日益成熟，用于支持发行的基础资产类型也在不断丰富。

资产支持证券是在西方国家融资证券化、直接化的金融大环境下应运而生的，最早出现在 20 世纪 70 年代的美国金融市场，随后被众多成熟市场经济国家接受和采用，近年来又在许多新兴市场国家得到推行，对提高资产流动性、分散信用风险、推动金融市场发展起到了积极作用。目前，美国和欧洲的资产支持证券市场规模较大，其他地区的相对较小。

我国资产支持证券业务起步未久，但发展迅速。中国人民银行和中国银监会于 2005 年 4 月 20 日发布《信贷资产证券化试点管理办法》。正式开展资产支持证券业务试点。中国银监会于 2005 年 11 月 7 日发布《金融机构信贷资产证券化试点监督管理办法》。2005 年 12 月 8 日，国家开发银行和中国建设银行在银行间市场发行了首批资产支持证券，总量为 71.94 亿元。近年来，沪深交易所秉持市场发展与监管风控并重的原则，推动资产证券化市场改革创新和规范发展，资产支持证券发行和挂牌金额持续增加。为进一步完善资产证券化市场规则体系，提升资产支持证券信息披露质量，强化存续期信用风险管理，切实维护投资者合法权益，沪深交易所在积极总结一线监管经验、广泛听取市场机构意见的基础上，于 2018 年 5 月 11 日分别发布了资产支持证券风险管理和定期报告指引。根据中央结算公司统计数据，2014～2020 年我国资产支持证券券发行数量呈现出先增后减的趋势，2019 年的资产支持证券发行数量最多，为 9 635 亿元；2020 年，我国共发行资产支持债券约 8 042 亿元。截至 2021 年 9 月 10 日，上海证券交易所存量资产支持证券托管数量为 4 265 只，托管市值为 15 185.51 亿元；深圳证券交易所存量资产支持证券托管数量为 753 只，托管市值为 6 521.15 亿元。

### （六）资产管理产品

资产管理产品，是获得监管机构批准的公募基金管理公司或证券公司，向特定客户募集资金或者接受特定客户财产委托担任资产管理人，由托管机构担任资产托管人，为资产委托人的利益，运用委托财产进行投资的一种标准化金融产品。目前资产管理业务用来发行固定收益类信托产品，是中国证监会提倡的金融创新的结果，未来基金资产管理和券商资产管理用来分拆信托或发起类信托产品是一种趋势。基金资产管理是中国证监会监管的产品之一，中国证监会监管产品统一要求资金托管在某一指定银行，基金专户子公司及券商不能接触客户资金，以此来保证资金安全。资产管理产品的运营范围包括公开募集证券投资基金、特定客户资产管理计划、集合资产管理计划、定向资产管理计划、私募投资基金、债权投资计划、股权投资计划、股债结合型投资计划、资产支持计划、组合类保险资产管理产品、养老保障管理产品等。2018 年 10 月 22 日，中国证监会发布《证券期货经营机构私募资产管理业务管理办法》，对资产管理产品业务作了具体规定。

### （七）国务院依法认定的其他证券

国务院依法认定的其他证券，是指股票、公司债券、存托凭证以外的国务院根据《证券法》或者其他有关法律通过一定形式认可的可以适用《证券法》的有价证券。我国 2005 年《证券法》明确将证券衍生品种纳入证券法的调整范围，但采取了授权国务院依照该法的原则另行制定管理办法的立法模式。证券衍生品种分为证券型（如认股权证等）和契约型（如股指期货、期权等）两大类，在国外已发展出极为丰富的品种，而且具体品种随着证券市场发展还会不断增加。不同证券衍生品种在发行、交易及信息披露等方面都有其特殊性。我国《证券法》主要规范的是传统的股票、公司债券、存托凭证等，其规范难以适用于各种证券衍生品种。因此，证券衍生品种实际上属于"国务院依法认定的其他证券"。基于此，2019 年《证券法》修订时删除了关于证券衍生品种的规定。

# 第三节　证券法的基本原则

## 一、证券法的基本原则概述

证券法的基本原则，是指证券法所特有的，集中体现证券法的性质和宗旨，反映证券市场客观发展规律，对各种证券法律关系具有普遍适用意义与司法指导意义，对全部证券法律规范体系具有统领作用的基本法律规则。证券法的基本原则是证券法的宗旨与证券法的具体规范之间的桥梁，它既要体现证券法的宗旨，又要成为制定、解释与实施证券法具体规范的指导。

我国《证券法》就该法的基本原则作了明确规定，我国商法学与证券法学教科书基本上都会将证券法的基本原则作为一个重要问题详细论述。这些原则也为多数国家证券法所遵循，但基于立法习惯、立法技术等方面的原因，极少有其他国家在证券法中对这些原则作明确规定，国外法学界也很少将证券法的基本原则作为一个专门问题加以论述。

我国《证券法》第 3～8 条是关于证券发行、交易与监管的原则性规定，分别为："三公原则"；平等、自愿、有偿、诚实信用的原则；证券活动依法进行的原则；分业经营、分业管理的原则；国家统一监管和审计监督相结合的原则。

在我国，关于这些原则性规定是否皆为基本原则，理论界存在较大争议。产生认识分歧的主要原因便在于关于基本原则内涵的认识不同。如果严格基于我国法学界关于法律基本原则的界定，上述证券法的原则性规定中确实有些不宜被称为基本原则。因此，理论界对证券法基本原则的概括有宽有窄：宽的将这些原则全部包含在内[1]；窄的则仅采其中数项并略作增加，如公开原则、公正原则、公平原则、诚实信用原则、兼顾安全的效率原则[2]，又如公开原则、公正原则、公平原则、效率原则[3]，再如"公开、公平、公正原则""卖者尽责、买者自负原则"、投资者保护原则[4]；最窄的则仅采"三公原则"[5]。其中得到一致公认的是"三公原则"，而该原则既完全符合证券法基本原则的含义，也是证券法中最具特色与最重要的原则。有些原则性规定则不符合证券法基本原则的含义：证券活动依法进行的原则，其中一般性的规定乃所有法律的共同要求，"禁止欺诈、内幕交易和操纵证券市场的行为"的内容虽有特殊性，但属于"三公原则"的特别阐述，因而两者均不足为证券法的基本原则；分业经营、分业管理原则，非为证券法所特有，而是各个金融法所共有的法律原则；国家统一监管和证券业自律管理、审计监管相结合的原则，则属于证券监管体制的原则性规定，属于某一具体领域的规则；平等、自愿、有偿、诚实信用的原则，属于民法基本原则的直接移植。因此，上述原则性规定中仅得到理论界公认的"三公原则"严格符

---

① 吴弘主编．证券法教程．2版．北京：北京大学出版社，2017：23-26. 施天涛．商法学．3版．北京：法律出版社，2006：303. 刘黎明主编．证券法学．北京：北京大学出版社，2006：28-31.

② 叶林．证券法．3版．北京：中国人民大学出版社，2008：84-91.

③ 李东方主编．证券法学．北京：中国政法大学出版社，2007：24-29.

④ 邢会强主编．证券法学．北京：中国人民大学出版社，2019：16-20.

⑤ 范健主编．商法．3版．北京：高等教育出版社，北京大学出版社，2007：225-227. 雷兴虎主编．商法学．北京：人民法院出版社，2003：196-200.

合证券法基本原则的要求。事实上，正如由民法中被称为"帝王条款"的诚实信用原则可推导出其他原则一样，在证券法中，由"三公原则"也可推导出平等、自愿、有偿、诚实信用的原则以及有的学者所主张的安全与效率原则。就此而言，将我国证券法的基本原则界定为"三公原则"即可。除此之外的其他原则性规定，因在证券法中具有重要作用，并存在若干具体制度上的体现，关于其内涵仍应作深入分析、研究，否则会造成对证券法理解与适用上的偏差。基于此，尽管这些原则性规定不属于严格意义上的证券法原则，本书仍对其一并阐释。

## 二、公开、公平、公正原则

我国《证券法》第 3 条规定："证券的发行、交易活动，必须遵循公开、公平、公正的原则。"该"三公原则"是证券法最典型，也是最基本的原则，最能反映证券法的特性，是证券市场正常运行的基本条件。

### (一) 公开原则

公开原则，又称信息公开原则，是指证券发行者在证券发行前或发行后根据法定的要求和程序向证券监督管理机构和证券投资者提供规定的有关能够影响证券价格的信息资料。其目的在于保障投资者利益、防范企业不法行为、完善投资环境、维护证券市场的稳定并便于证券监管。

公开原则有着丰富的内涵和特有的实现方式。证券交易中，证券价格受到多种因素的影响，持有该信息的人都应当依法公开该信息，因而证券市场参与者都承担着信息公开义务。概括而言，公开原则主要包含两方面的内容：

（1）信息公开制度，又称信息披露制度，它要求证券发行人、证券交易所以及上市公司符合法定比例的股份持有人与收购人按照法律的规定，及时、真实、准确、完整地报告或公开其有关的信息资料，以使投资者能获得充分的信息，便于作出投资判断。

（2）管理公开制度，又称管理披露制度，它要求证券监管机构按照法律透明化的规定，既要公开所制定的各项证券监管法规，又要按照处罚公开性的要求，及时公开对证券违法行为的处罚结果。

其中，证券发行人的信息公开制度是信息公开制度中最重要的制度，也是整个公开原则的基础性制度。另外，需要注意的是，不能将公开原则与信息披露制度等同起来，后者是实现前者的具体制度与方式。

我国《证券法》和相关法律对证券市场的信息公开制度也作了完整的规定。证券法将公开原则渗透到证券的发行、上市、交易和管理等各个环节，具体而明确地规定了发行人、大股东、收购人及有关业务机构和监管机构的信息公开义务。

## （二）公平原则

公平原则，是指证券发行、交易活动的当事人具有平等的法律地位，其合法权益应得到公平保护。其具体含义包括：证券市场应建立起公平竞争的市场秩序和价格形成机制，建立起透明、公开和合理的交易规则，使证券法律关系主体参加证券市场活动的机会均等；证券法律关系主体在权利、义务的享有和承担上对等；证券法律关系主体承担的责任要合理。公平原则要求证券法律关系主体做到平等、自愿、等价有偿、诚实守信，并且不得实施法律所禁止的欺诈、内幕交易和操纵证券市场的行为。

证券法中的公平原则具有超越实体公平的特殊价值，主要是对证券交易程序和秩序的特别要求。证券法强调交易程序和交易秩序的公平，不因某项证券交易结果会导致利益失衡而否定该项交易的效力或调整交易结果。

由于投资者在证券市场中处于弱势地位，因而证券法的公平原则应倾向于投资者权益的保护。公平原则除依赖公开原则和公正原则而实现其价值外，还以民事责任制度作为其制度保障。例如，在发生证券商的欺诈行为和中介机构的虚假行为，诸如操纵市场行为和内幕交易行为等不正当交易行为，给投资者造成损失时，法律明确规定了行为人的民事赔偿责任。

### (三) 公正原则

公正原则，是指证券监管机构对证券市场参与者给予公正待遇。公正原则与公开原则是一脉相承的，公开本身就意味着公正，因为公开原则对市场主体一视同仁，不公开则无公正可言。公正原则和公开原则的目的都是实现公平原则。

公正原则主要表现在以下两个方面：

(1) 法律所确认的标准和规则公正。同一规则适用于所有的当事人进行证券的发行和交易，在同一次证券发行和交易中，对所有投资者的条件、机会都是相同的，不得因人而异。

(2) 管理行为公正。证券监管机构对任何证券发行、交易当事人都要一视同仁，执行同一规则，禁止一切操纵市场、内幕交易等不公正交易行为发生，规则公正是管理行为公正的前提和基础，是法律正义的本质所在，也是法律关系的基础，没有规则公正，就无行为公正可言。管理行为公正主要是针对证券监管机构对证券市场的监管行为而言。证券监管行为不仅要合法，而且要符合证券市场的运行规律。[①]

## 三、证券活动依法进行的原则

我国《证券法》第 5 条规定："证券的发行、交易活动，必须遵守法律、行政法规；禁止欺诈、内幕交易和操纵证券市场的行为。"该规定可概括为证券活动依法进行的原则。该原则因其内容上的丰富性，又被称为守法原则、遵守法律和禁止欺诈的原则、"三禁原则"、守法原则与"三禁原则"等。《证券法》第 5 条是从正反两个方面所规定的证券市场行为准则。从正面讲，"证券的发行、交易活动，必须遵守法律、行政法规"；从反面讲，"禁止欺诈、内幕交易和操纵证券市场的行为"。但实际上，证券活动依法进行的原则的正面规定，乃民法基本原则的重复，在此并无特殊价值，因为所有活动都必须依法进行；其证券法上的

---

① 张宇润. 试论经济法属性的证券法基本原则. 安徽大学学报（哲社版），2000（5）.

价值体现在反面的禁止性规定上。从性质上讲，"禁止欺诈、内幕交易和操纵证券市场的行为"是证券法公平原则的具体体现，尚不足以成为一项证券法基本原则。但该原则性规定有证券法上的特殊内涵，并且对证券发行与交易都具有原则性指导作用，因而在证券法中仍具有重要地位。

## 四、分业经营、分业管理的原则

我国《证券法》第 6 条规定："证券业和银行业、信托业、保险业实行分业经营、分业管理，证券公司与银行、信托、保险业务机构分别设立。国家另有规定的除外。"此即关于分业经营、分类管理的原则的规定。该规定与 1998 年《证券法》第 6 条之规定相比，增加了"国家另有规定的除外"这一但书规定。该规定体现了立法者对我国现有金融混业经营初步实践的认可，也为我国金融改革留下了制度空间，便于我国培育强大的金融机构参与国际竞争。因此，在《证券法》中，分业经营、分业管理的原则已非一项绝对性原则，而是有明确的制度背离的空间。我国台湾地区"证券交易法"第 45 条也作了类似调整。该条第 1 款规定："证券商应依第十六条之规定，分别依其种类经营证券业务，不得经营其本身以外之业务。但经主管机关核准者，得兼营他种证券业务或与其有关之业务。"第 2 款规定："证券商不得由他业兼营。但金融机构得经主管机关之许可，兼营证券业务。"

分业经营、分业管理原则包括以下两方面的内容：

（1）证券业、银行业、信托业、保险业分业经营、分业管理，证券公司与银行、信托、保险业务机构分别设立。在我国，银行业、信托业、保险业和证券业的职能、业务范围各不相同。对此，我国相关法律都曾作了明确规定。不过，因适度混业乃金融市场的客观需要，故相关立法都在修订时对原有规定作了缓和化处理。在我国金融市场实践中，多种形式的混业经营已产生多年，且呈现出加速发展的趋势。在混业经营中，银行业和保险业的融合较为普遍。因此，完全分业监管跟不上混业经营的需要，部分混业监管可谓金融监管体制的大势所趋。这是因为监管资源统筹整合后，可以改变过去由于监管部门分设，对金融机构的监管统一性、协调性和有效性不足的弊端，更有利于监管政策、规制和措施的执行和落实，有利于提高金融监管的效率和效果。基于此，根据2018年3月13日的国务院机构改革方案，中国银监会和中国保监会合并，组建中国银保监会。其主要职责是，依照法律法规统一监督管理银行业和保险业，维护银行业和保险业合法、稳健运行，防范和化解金融风险，保护金融消费者合法权益，维护金融稳定。

（2）证券公司对其经营的不同类型业务实行分开管理。《证券法》第128条第2款规定："证券公司必须将其证券经纪业务、证券承销业务、证券自营业务、证券做市业务和证券资产管理业务分开办理，不得混合操作。"依此，综合经营各类证券业务的证券公司必须将其各类业务分开办理，不得混合操作，否则将承担相应的法律责任（《证券法》第206条）。

## 五、国家统一监管和审计监督相结合的原则

我国《证券法》第7～8条分别规定，"国务院证券监督管理机构依法对全国证券市场实行集中统一监督管理"（第7条第1款）；"国务院证券监督管理机构根据需要可以设立派出机构，按照授权履行监督管理职责"（第7条第2款）；"国家审计机关依法对证券交易所、证券公司、证券登记结算机构、证券监督管理机构进行审计监督"（第8条）。这些规定表明，我国确立了"国家统一监管和审计监督相结合"的证券监管体制。该监管体制实际上是"三公原则"在证券监管领域的体现。

在世界范围内，按照监管主体的地位不同，证券监管体制可分为政府主导型、自律型和中间型三种类型。这三种监管模式都各有优缺点，国际证券监管制度呈现出三种监管模式互相融合、取长补短的趋势，各自的界限日益模糊。总体来说，各国都注重兼顾政府监管与自律监管相结合，只不过各有侧重而已。[1]

---

① 内容详见本书第十五章。

审计就其性质来说，是一种具有独立性的经济监督活动。在我国，审计监督同国家计划、财政、税务、银行、市场监督管理等部门的经济监督构成国民经济监督体系。审计监督的内容，比其他经济监督的内容更为广泛，它包括对财政、税务、银行等机构的财政监督、税务监督、银行监督等进行再监督，使国民经济监督体系有效地运行。证券市场当然应当被纳入审计监督的范围之内。因此，我国确立了国家统一监管和审计监督相结合的原则。

# 第四节　中国证券法的制定与修订

## 一、1993 年《证券法》的制定历程回顾

### （一）1993 年《证券法》制定前的制度建设

中国的证券市场是在《证券法》制定前发展起来的，在证券市场发展过程中必然需要相应的法律规范予以调整。于是，在缺乏统一的法律调整的背景下，就产生了地方立法、部门规章及行政法规混杂的证券法律规范。

随着 1984 年以后各地股份制及证券市场实践的推进，到 1986 年以后，国务院、各部委及地方政府开始制定有关股份制、证券市场的法规和政策。在企业股份制改革方面，各地相继颁布了一些地方规章，如深圳市人民政府于 1986 年 10 月 15 日发布的《深圳经济特区国营企业股份化试点暂行规定》、沈阳市人民政府于 1986 年 11 月 22 日发布的《沈阳市集体所有制企业股份制试行规定》、四川省人民政府于 1986 年 12 月 27 日发布的《四川省关于乡镇企业推行股份制的意见》、海南省人民政府于 1991 年 5 月 27 日发布的《海南省全民所有制企业股份制试点暂

行办法》、深圳市人民政府于 1992 年 2 月 19 日发布的《深圳市股份有限公司暂行规定》等。这些地方规章推动了各地股份制试点的进程，也推动了我国股份制法制化的建设进程。为形成全国统一的股份制法律规范，1992 年 5 月 15 日，国家经济体制改革委员会、国家计划委员会、财政部、中国人民银行、国务院生产办公室联合发布了《股份制企业试点办法》，对股份制试点作了原则性规定。国家经济体制改革委员会还于同日发布了《股份有限公司规范意见》和《有限责任公司规范意见》，为股份制企业提供了具体规范。这些法规构成了我国证券发行与交易制度的基本规范。

尽管在 1992 年之后，我国证券市场法律制度建设被提上了议事日程，但因种种原因，证券法迟迟未能出台。而在此时及此前，尤其是在我国沪深两大证券交易所相继建立之后，在实践层面上的较大发展已对相关统一规范的颁布提出了要求。因此，国务院及有关部委先后发布了一系列调整证券市场的行政法规与部门规章，它们在《证券法》长期缺位的背景下，奠定了我国证券市场发展的制度基础。

这些法规主要包括：

（1）《企业债券管理暂行条例》（1987 年发布，已被 1993 年发布并于 2011 年修订的《企业债券管理条例》取代）。

（2）《国务院关于加强股票、债券管理的通知》（1987 年 3 月 28 日发布、实施）。

（3）《中华人民共和国国库券条例》（1992 年发布并于 2011 年修订，此前每年发布以年为名的国库券条例，如《中华人民共和国一九八一年国库券条例》《中华人民共和国一九九一年国库券条例》，这些现均已失效）。

（4）《国务院关于进一步加强证券市场宏观管理的通知》（1992 年 12 月 17 日发布、实施）。

（5）《股票发行与交易管理暂行条例》（1993 年 4 月 22 日发布、实施，该文件尚未被明文废止，但实践中已不被应用）。

（6）《证券交易所管理暂行办法》（1993 年 7 月 7 日国务院证券委

员会①发布、实施，已被 1996 年 8 月 21 日国务院证券委员会发布的
《证券交易所管理办法》所废止，后者最新修订时间为 2020 年 3 月 20
日）。

（7）《禁止证券欺诈行为暂行办法》（1993 年 8 月 15 日国务院批
准，1993 年 9 月 2 日国务院证券委员会发布、实施，现已失效）。

（8）《国务院关于股份有限公司境外募集股份及上市的特别规定》
（1994 年 8 月 4 日发布、实施）。

（9）《国务院关于股份有限公司境内上市外资股的规定》（1995 年
12 月 25 日发布、实施）。

（10）《证券投资基金管理暂行办法》（1997 年 11 月 5 日国务院批
准，1997 年 11 月 14 日国务院证券委员会发布、实施，现已被 2003 年
发布、2012 年修订的《证券投资基金法》所废止）。

### （二）1993 年《证券法》的制定过程

我国证券市场自从产生以来，就一直处于较为混乱的状态，并不断
爆发出各种危机。而各地方法规及不同行政法规及部门规章之间并不统
一，导致执法尺度不一并存在大量漏洞。面对这些情况，第七届全国人
大常委会提出要制定"证券交易法"，以加强对证券市场的管理，并决
定由第七届全国人大常委会委员、财经委员会委员、北京大学厉以宁教
授担任组长，负责"证券交易法"的起草工作。1992 年 7 月，"证券交
易法"起草组正式成立，由北京大学、全国人大财经委员会、证券监管
机构及证券界的有关人员组成。1993 年 1 月，在首次在京召开的有关
证券立法、全国性的一次专家会议上，根据多数专家的建议，决定将
"证券交易法"改为"证券法"。当时在这个会议上，主要是征求对《证
券交易法（草案第三稿）》的意见。

1993 年 3 月，第八届全国人大任期开始后，"证券法"继续被列入
第八届全国人大常委会立法规划中最优先考虑出台的经济法律之一。在
对证券立法几个主要问题，国家中央有关部门和证券业人士的认识基本

---

① 1998 年被撤销，其职能由中国证监会承担。

一致的基础上，1993 年 8 月，第八届全国人大财经委员会将起草组数易其稿的《证券法（草案）》（第一次面世稿），提交第八届全国人大常委会第三次会议首次审议，并作了关于证券法草案的说明。该草案共分 13 章，计 170 条，尽管在现在看来，尚存在不少值得推敲和不完善的地方，但总的立法方向和立法原则是正确的，基本能适应当时证券市场进一步发展的要求。在 1993 年 12 月举行的第八届全国人大常委会第五次会议上，由厉以宁副主任委员代表财经委员会作了"关于对《证券法（草案）》的意见的汇报"。从以上两次第八届全国人大常委会会议审议的结果以及各有关方面的反馈意见来看，都没有提出多少异议。

但 1993 年 12 月 29 日，与《证券法》密切相关的《公司法》获得通过，改变了《证券法》的立法进程。由于在《公司法》中规定了股票、公司债券的发行和上市的有关内容，因而产生了如何处理《证券法》与《公司法》之间关系的问题。起草组认为应从主要内容到框架结构进行根本上的改动，使之实质上被修改为"股票、公司债券的交易代理法"。于是，形成了没有提交第八届全国人大常委会审议的《证券法（草案修改四稿）》。但各有关方面对此持有不同意见，不得不进行协调。在 1994 年 6 月举行的第八届全国人大常委会第八次会议上，有关方面仍对提交审议的《证券法（草案修改稿）》（第二次面世稿）意见不一，证券法草案的再次审议也就从此被搁置起来。

尽管草案被搁置起来，但推动《证券法》出台的工作并未停止。在 1994 年 3 月举行的八届全国人大第二次会议批准的《全国人大常委会工作报告》即明确指出，1994 年全国人大常委会要抓紧制定证券法、会计师法等一系列重要经济法律。1997 年 3 月举行的八届全国人大第五次会议批准的《全国人大常委会工作报告》再次提出，1997 年要继续抓紧制定证券法的要求。

开始于 1997 年的东南亚金融危机对国际金融秩序造成了巨大的冲击，当然也引起了中国的高度关注。若中国证券市场仍然缺乏统一、完整的法律规范，则金融风险、证券市场的风险势必日益扩大。多年来，在缺乏规范之下的中国证券市场已积累了相当多的问题，因而制定《证券法》的需要变得日益迫切。基于此,《证券法》的立法工作重新启动,并提出要于 1998 年年底出台的计划。1998 年 10 月,第九届全国人大财经委员会召开了"证券立法国际研讨会",为《证券法》提交审议做积极准备。同月,第九届全国人大常委会再次审议了《证券法》草案。在最后的一段时间里,有关部门就《证券法》的调整范围、股票发行上市核准、新股发行、禁止国有企业炒作上市股票、证券交易所的监管作用、证券公司的分业问题、规范交易行为等条款作了补充和修改。1998 年 12 月 29 日,第九届全国人大常委会第六次会议以 135 票赞成、3 票弃权(1 人明确弃权、2 人未按表决器)的绝对多数,表决通过了新中国第一部《证券法》。

《证券法》是新中国成立以来,除《宪法》外第一部依靠社会力量、依靠专家、由全国人大自己起草的法律。《证券法》的立法过程是高度公开和透明的。《证券法》出台历时六载,在公开的研讨会、舆论媒体上进行讨论也有六年多,这使其得以广泛吸收社会各方面的意见而不断完善。《证券法》的出台标志着我国证券市场由"在规范中发展"进入了"在发展中规范"的新阶段。①

## 二、2005 年《证券法》的修订背景与修订过程

《证券法》作为调整我国证券市场上各主体行为的基本法律,自实施以来,对于筹集建设资金、保护投资者的合法权益、防范和化解金融风险、保障证券市场健康发展起到过重要作用。但是,该法实际上是在亚洲金融危机的特殊历史背景下制定的,因而在强调监管的理念下,原本就存在许多缺陷。在《证券法》实施后,随着经济和金融体制改革的不断深化以及国际经济、金融环境的变化,作为"新兴加转轨"市场的中国证券市场已发生了巨大的变化,在证券发行、交易和证券监管中出现了许多新情况、新问题,《证券法》已经不能适应新形势发展的客观需要。

---

① 曹凤岐.《证券法》出台过程及对市场发展的重大意义.证券市场导报,1999(1).

2003 年 6 月 16 日，全国人大常委会将《证券法》修改纳入当年立法计划。同年 7 月 18 日，全国人大财经委员会负责成立了《证券法》修改起草组，由全国人大财经委员会部分委员和全国人大常委会法工委、国家发改委、国务院法制办、中国证监会、最高人民法院等单位的负责人组成起草领导小组，并从上述部门和中国人民银行、中国银监会、中国保监会抽调有关人员组成起草工作小组，同时聘请刘鸿儒、周道炯、厉以宁、刘纪鹏等 8 位专家和学者组成专家顾问组。起草组的成立标志着《证券法》修改工作正式启动。

《证券法》修改起草组成立后旋即展开工作，对一系列问题进行调研，广泛征求各方面意见，逐渐明确了修改思路。起草组认真分析研究了全国人大代表提出的关于《证券法》修订的议案和各部门关于修订《证券法》的建议，专门赴上海、深圳进行实地考察与调研，并多次邀请国内证券法律专家和证券公司、上市公司、证券交易所、证券登记结算公司、证券投资基金公司代表以及中小投资者代表举行研讨会和座谈会，就有关条款修订征求意见；2003 年 8 月，还召开了"《证券法》修改国际研讨会"，邀请了美国、德国、英国、韩国等国家和地区的证券法律专家和国内专家就相关问题进行专题研讨，对国外有关证券立法作了比较研究，以便借鉴其有益经验。经过多方征求意见、反复论证后，起草工作小组终于形成了修订草案。2003 年 10 月，起草组听取起草工作小组对《证券法》修改具体内容的汇报后表示，草案经全国人大财经委员会审议后将提请全国人大常委会审议，全国人大常委会拟于当年 12 月对草案进行一审。然而，由于各方在许多重大问题上一时还难以达成共识，原定于 2003 年 12 月进行的《证券法》修订草案一审未能实现。2004 年 1 月 31 日，国务院发布了《国务院关于推进资本市场改革开放和稳定发展的若干意见》（通称"国九条"），为《证券法》的修改提供了明确指导，使修法的方向更为明确，修法的依据也更为充分。

2004 年 8 月 28 日，第十届全国人大常委会第十一次会议通过了一项决议，对《证券法》第 28、50 条作出修订。这只是为落实《行政许可法》而作了应急性细微修订，并不影响《证券法》的修订大局。

经过反复征求意见后，各方面逐渐达成了共识，《证券法》修改草案也日趋成熟。2005年4月24日，《证券法（修订草案）》〔《证券法（修订草案一次审议稿）》〕首次提请在人民大会堂举行的第十届全国人大常委会第十五次会议审议，正式进入全国人大常委会的立法程序。该草案共229条，其中新增29条、修订95条、删除14条，对于实践证明有利于发挥资本市场积极作用和推进改革开放、稳定发展的部分，对1998年《证券法》有关条款作出修改、补充和完善；对于各方面普遍关注、认识比较一致，修改条件比较成熟的意见，作了必要的采纳吸收；对于争议比较大或修改时机和条件尚不成熟的部分，则没有作出修订。一审结束后，按照立法程序，修订工作转由全国人大常委会法工委负责。新一轮的意见征求工作随之展开，在此基础上，全国人大常委会法工委会同全国人大财经委员会、国务院法制办、中国证监会对修订草案的主要问题进行了多次研究、协调，进一步达成了共识。

2005年6月28日，第十届全国人大常委会第十六次会议召开，但考虑到《公司法》也在修订中，为使这两部密切相关的法律衔接协调，《证券法（修订草案）》没有提交二审，立法机关决定对这两部法律的修订同步进行。随后，两法的修订工作明显提速。

2005年8月23日，第十届全国人大常委会第十七次会议上《证券法》与《公司法》同时进入二审。《证券法（修订草案二次审议稿）》基本保留了《证券法（修订草案一次审议稿）》的框架，对以下内容作了修订：（1）授权国务院就证券衍生品种的发行和交易作出规定；（2）对证券监管机构行使权力增加规定严格的程序；（3）禁止证券咨询机构从业人员传播虚假信息及补充规定其赔偿责任；（4）明确证券上市审核属证券交易所自律管理事项；（5）完善保荐制度、上市公司收购制度、虚假陈述民事责任制度等；（6）将《公司法》中有关股票公开发行、上市的规定移入《证券法》修订草案中。

2005年10月22日，第十届全国人大常委会第十八次会议开幕，《证券法（修订草案三次审议稿）》与《公司法（修订草案三次审议稿）》一起被提交三审，三审稿并未对二审稿作较大修订。10月23日，出席第十届全国人大常委会第十八次会议的人员分组审议了《证券法（修订草案三次审议稿）》。他们认为，这部法律草案经三次审议后已基本成熟，建议提交本次常委会会议表决通过。10 月 27 日下午，《证券法》修订案以高票（153 票赞成，2 票反对，2 票弃权）获得三审通过，并于 2006 年 1 月 1 日起施行。至此，围绕《证券法》修订的诸多争议暂时尘埃落定。

## 三、2005 年《证券法》修订的主要内容及意义

修订后的《证券法》共 12 章、240 条，在 1998《证券法》214 条的基础上，新增 53 条、删除 27 条，还对一些条款作了文字修改，增加的部分还包括从《公司法》中并入的涉及证券公开发行、上市的 8 条。

此次《证券法》修订的指导思想是，既有利于推进资本市场稳定健康发展，又有利于防范风险，保障资本市场运作的安全，同时加强对广大投资者合法权益的保护。修订的内容非常丰富，涉及证券发行、证券上市、证券交易、证券登记结算、投资者保护、市场监管等各个方面，主要包括以下三个方面：

第一，放松了市场管制，扩大了证券交易的方式和范围，为证券市场的创新和发展留下了制度空间。自从《证券法》开始进入修订，以下五大焦点问题就一直受到社会各界关注：（1）是否坚持分业经营、分业管理；（2）是否限于现货交易；（3）是否允许融资融券；（4）是否允许国企投资股票市场；（5）是否允许银行资金进入股市。

这些问题都关系到证券市场的发展，因而迫切需要缓和原有的严格管制，但又不便在《证券法》中作出明确规定，故以授权立法等方式，留给有关部门择机规定，从而为证券市场的发展留下制度空间。

第二，进一步完善了证券发行和收购兼并制度，全面提升了市场资源配置效率。其内容主要表现在以下五个方面：

（1）明确了公开和非公开发行证券的界限，拓展了公司融资的形式，为公司融资提供了多样化的选择。

（2）提高了发行审核透明度，建立了证券发行前公开披露信息制

度，增加了社会公众的监督力度。

（3）由证券交易所行使上市审核权，提升了证券交易所的监管能力。依 2005 年《证券法》的规定，证券（含股票和公司债券）上市的受理、暂停上市、终止上市，都由证券交易所进行资质性管理，而 1998 年《证券法》则将这些权力均赋予了国务院证券监督管理机构。

（4）切实降低了公司上市以及发行公司债券的门槛。例如，2005 年《证券法》第 50 条将股份有限公司股票上市的股本总额由 1993 年《公司法》规定的 5 000 万元降到 3 000 万元，从而有利于股本总额不高但有良好发展前景的公司通过上市发展壮大。再如，就有限责任公司发行公司债券而言，2005 年《证券法》规定具备法定条件的所有有限责任公司都拥有平等地发行公司债券的权利，而 1993 年《公司法》只允许股份有限公司、国有独资公司和两个以上的国有企业或者其他两个以上的国有投资主体投资设立的有限责任公司发行公司债券，表现出主体上的不平等性。

（5）将强制性全面要约收购制度修改为强制性要约收购制度，允许进行部分要约收购，降低了收购人的收购成本，扩大被收购公司股东参与收购的机会，以此促进并购市场的发展。

第三，强化了对投资者权益的保护。证券市场应以投资者为本位，而维护投资者权益则为证券市场发展的基石。保护证券投资者权益是 2005 年《证券法》修改的重点内容。虽然新法仍然未专门设立一章规定投资者权益保护，但投资者权益保护的立法宗旨渗透于整部《证券法》中，主要体现在以下四个方面：

（1）明确规定建立证券投资者保护基金，筑起了一道投资者权益保护安全网。

（2）确保投资者交易结算资金和证券的安全，禁止任何单位和个人非法挪用。投资者缴纳交易结算资金的制度设计目的原本是预防股民不诚信行为，但在实践中产生了证券公司非法挪用情况。为此，《证券法》基于《信托法》的基本原理，于第 139 条规定：证券公司客户的交易结算资金应当存放在商业银行，以每个客户的名义单独立户管理；证券公司不得将客户的交易结算资金和证券归入其自有财产；禁止任何单位或者个人以任何形式挪用客户的交易结算资金和证券；证券公司破产或者清算时，客户的交易结算资金和证券不属于其破产财产或者清算财产；非因客户本身的债务或者法律规定的其他情形，不得查封、冻结、扣划或者强制执行客户的交易结算资金和证券。这就确认了证券公司破产时投资者依法享有保证金的优先取回权。

（3）强化了信息披露制度，明确规定了违反信息披露义务的民事责任，进一步确保了投资者的知情权。不仅证券发行人和上市公司违反信息披露义务要承担相应的责任，而且出具有关文件的证券服务机构（如会计师事务所、律师事务所、资产评估或信用评级机构）也要对虚假的披露承担连带责任。此外，《证券法》将上市公司实际控制人的情况作为法定披露内容，增强了信息披露内容的有效性，提高了透明度，以缓解信息不对称问题，强化对实际控制人的监管；明确规定了董事、高管对定期报告负有确认义务，并规定监事会对定期报告负有审核义务，从而有利于提高定期报告的真实性、准确性和完整性。

（4）强化了民事责任在保护投资者权益方面的积极作用。1998年《证券法》仅规定了虚假陈述行为人须就其虚假陈述行为对投资者承担损害赔偿责任，但对于实施内幕交易和操纵市场行为的人，仅规定了行政责任与刑事责任，而未规定对受害投资者承担民事赔偿责任。2005年《证券法》在强化行政责任与刑事责任的同时，扩大了民事赔偿责任的适用范围。该法第171条还特别规定，投资咨询机构及其从业人员利用传播媒介或者通过其他方式提供、传播虚假或者误导投资者的信息，给投资者造成损失的，依法承担赔偿责任。

第四，强化了证券监管机构的权力，并严格设定了监管程序，保证市场在有效监管的基础上快速发展，为投资者创造公平有效的交易环境。这主要体现在以下几个方面：

（1）赋予国务院证券监管机构现场检查权、银行账户查询权、冻结权、查封权和限制证券交易权。这就赋予了证券监管机构准司法权，扩大了其执法权限。

（2）要求建立金融监管信息共享机制，以适应证券业、银行业、信托业、保险业相互融合、相互渗透的发展趋势，有利于加强协调配合，避免监管真空和重复监管，提高监管效率。

（3）界定了公开发行的范围和方式，强化了对公开发行证券的监管。《证券法》除明确了证券监管机构对公开发行的监管职责外，还将保荐制度法定化。这样，既可以发挥保荐机构对证券发行上市的约束和担保作用，发挥市场对发行质量的约束作用，又可以强化监管，进而从源头上为提高上市公司质量提供制度保证。

（4）将短线交易归入权的适用范围由主要股东扩大到上市公司董事、监事、高级管理人员及主要股东，防止公司内部人进行短线交易，损害公司和其他投资者的利益。

（5）将内幕交易的主体扩大到内幕信息的知情人和非法获得内幕信息的人，进一步防范内幕交易行为的发生。

（6）明确证券监管机构对证券公司的设立依审慎监管原则进行审批，对证券公司的业务开展实行分类监管，加强对证券公司股东和实际控制人的监管，健全证券公司内部控制制度，保护客户资产安全，促使证券公司规范运作。

上述修订有利于使证券监管机构的工作重点由行政审批向市场监管转变，从而提高市场监管的有效性。

## 四、2019 年《证券法》的修订过程与主要内容

### （一）2019 年《证券法》的修订过程

2019 年《证券法》修订是该法颁布以来第二次重大修订。2013 年，《证券法》修订工作启动。2015 年 4 月，全国人大常委会对《证券法（修订草案）》进行了初次审议。从一审稿来看，在证券定义、证券发行、证券公司监管等方面，都有一些重大的突破，属于"大修"性质的重大修订。在一审稿中，明确了实行股票发行注册制。但 2015 年 6 月发生的股灾严重影响了《证券法》的修订工作进程，证券市场中对注册

制反对的声音一时高涨。

2017 年 4 月，《证券法（修订草案）》进入二审。二审稿关于注册制的规定大幅回缩，仅规定"国务院应当按照全国人民代表大会常务委员会关于注册制改革授权决定的要求，逐步推进股票发行制度改革"，股票发行制度仍沿用了 2005 年《证券法》关于审核制的规定。时隔两年后的 2019 年 4 月，《证券法（修订草案）》进入三审。此时已决定设立科创板并试点注册制，故专节规定了科创板的注册制，同时保留了一审稿关于证券发行的一些豁免规定。

2019 年 12 月 28 日上午，第十三届全国人大常委会第十五次会议审议通过了新修订的《证券法》，修订后的《证券法》于 2020 年 3 月 1 日起施行。

### （二）2019 年《证券法》修订的主要内容

2019 年《证券法》共 226 条，比 2005 年《证券法》少 14 条，但增加了"信息披露"和"投资者保护"两章，修改变动的条文在 100 条以上。主要修改内容如下：

（1）扩大了证券法的适用范围。2019 年《证券法》明确将存托凭证、资产支持证券、资产管理产品纳入证券范围，从而解决了《证券法》与证券市场实践脱节的问题。该法第 2 条还新增第 4 款规定，"在中华人民共和国境外的证券发行和交易活动，扰乱中华人民共和国境内市场秩序，损害境内投资者合法权益的，依照本法有关规定处理并追究法律责任"。依此，我国《证券法》的适用范围扩展到了境外，可以对发生在境外的损害中国投资者权益和扰乱境内证券市场秩序的行为，依法追究法律责任。

（2）确立了全面推行、分步实施证券发行注册制度。基于注册制改革的定位，2019 年《证券法》将公司公开发行新股的"持续盈利能力"标准修改为"持续经营能力"。这一重大修改意味着对盈利能力和投资价值条件的放弃。考虑到注册制从科创板一下子推广到所有证券交易所板块还不现实，《证券法》特别规定，"证券发行注册制的具体范围、实施步骤，由国务院规定"。

（3）大幅提高了对证券违法行为的处罚力度。2019 年《证券法》"法律责任"章大幅度提高了对违法行为的处罚幅度。具体来说，对相关证券违法行为，有违法所得的，规定没收违法所得；并大幅度提高了行政罚款额度：按照违法所得计算罚款幅度的，处罚标准由原来的 1～5 倍，提高到 1～10 倍；实行定额罚的，由原来规定的 30 万元至 60 万元，分别提高到最高 200 万元至 2 000 万元（如欺诈发行行为），以及100 万元至 1 000 万元（如虚假陈述、操纵市场行为）、50 万元至 500 万元（如内幕交易行为）等。

（4）设专章规定投资者保护制度。2019 年《证券法》新设"投资者保护"专章，大幅度提高了投资者保护水平，其中规定了投资者适当性制度、表决权征集制度、证券民事赔偿诉讼先行赔付制度、证券代表人诉讼制度。

（5）系统完善了信息披露制度。2019 年《证券法》设专章规定了信息披露制度。其主要内容如下：1）扩大了信息披露义务人的范围；2）完善了信息披露的内容；3）强调应当充分披露投资者作出价值判断和投资决策所必需的信息；4）规范了信息披露义务人的自愿披露行为；5）明确规定上市公司收购人应当披露增持股份的资金来源；6）确立了发行人及其控股股东、实际控制人、董事、监事、高级管理人员公开承诺的信息披露制度。

# 第三章 证券发行制度

## 第一节 证券发行的内涵与外延

### 一、证券发行的内涵界定

#### （一）证券发行的概念

极少有对证券发行（issuing of securities）作明确定义的立法例，各国证券法关于证券发行内涵的相关规定也差异较大。我国《证券法》未对此作明确规定，理论界关于其内涵的理解也不统一。一般认为，证券发行是指证券的发行人为募集资金或调整股权结构，依法向投资者以同一条件招募和出售证券的一系列行为。这一广义上的证券发行，是包括了证券募集、证券分派、缴纳资金及交付证券等一系列相互关联的完整过程。在此过程中，证券募集是证券发行的起点，是证券发行的重要组成部分。我国证券法即在此意义上使用证券发行概念，本书亦然。

狭义上的证券发行特指证券发行人在募集证券后，制作并交付证券或以账簿划拨方式交付证券的行为。该概念产生于将广义上的证券发行划分为证券募集与证券发行两个阶段的模式。对此，我国台湾地区"证券交易法"第8条第1款规定："本'法'所称发行，谓发行人于募集后制作并交付，或以账簿划拨方式交付有价证券之行为。"受此影响，我国大陆一些学者有时也从狭义上使用证券发行概念。在此狭义情形下，证券募集与证券发行是时间上连续的独立行为，募集是发行的前提，发行只能在募集的基础上进行。对此，我国台湾地区"证券交易法"第 7 条规定:"本'法'所称募集,谓发起人于公司成立前或发行公司于发行前,对非特定人公开招募股份或公司债之行为。"

## (二) 证券募集行为的概念

在证券发行过程中,证券募集行为一般被作为一项单独的行为。证券发行的基本程序是发行人实施募集行为,然后按照时间优先原则或比例原则实施证券分派行为,最后发行人收取出资并将证券交付于投资者。证券募集是证券发行人发行证券前,向不特定的社会公众(包括机构和个人)公开招募其购买所发行证券的行为。[①] 证券募集行为仅系募集人(即发行人)单方面的意思表示,是募集人向投资者作出的购买证券的一种劝导行为,并不意味着投资者必然会接受该劝导。发行人无论以何种方式进行劝导,凡是旨在引起投资者投资兴趣的意思表示,都构成证券募集。

在证券发行人按照时间优先原则或比例原则确认了投资者所认购的证券数额后,证券发行合意即已达成,投资者即应按照确认的认购数额及认购价格向发行人缴纳资金。若投资者未按规定缴纳相应资金,即构成违约。在理论上讲,此时证券发行人可向投资者提起追缴投资的诉讼,但在实践中,因证券发行时效性较强且通常设有预防措施,故未缴款的认购证券通常由证券承销商承担,而不追究投资者的违约责任。[②]

在投资者缴纳资金后,证券发行人应将制作好的证券交付于投资者。在采无纸化的簿记券式证券的情况下,交付证券表现为将投资者认购的证券记载于投资者账户。至此,证券发行的全过程结束。

证券发行是证券市场中极为重要的活动,具有基础性作用。由证券发行而形成的市场即为证券发行市场,即证券一级市场或证券初级市场。

---

[①] 不管立法还是学理,一般都是在证券发行的通常形式——公开募集意义上界定证券发行与募集的概念。在私募发行场合,则作特别规定与特别说明。本书的概念界定也依此进行。因此,从某一具体概念看,若将私募发行方式纳入考察视野,则并不准确。但为避免行文拖沓,本书仍遵循此行文规则。

[②] 叶林主编. 证券法教程. 北京:法律出版社,2005:115.

### （三）证券发行与证券募集的性质

关于证券发行与证券募集的法律性质，理论界意见并不一致。

关于证券募集的法律性质，主要有要约说与要约邀请说两种，通说为要约说，本书亦持该说。不管是采取时间优先原则还是比例原则，证券发行人均须按照投资者所认购的数额确认该项证券销售行为。只不过在时间优先原则下，发行人须完全按照投资者所认购的数额确认，在余额不足时则在余额范围内确认；在比例原则下，发行人须按认购数额与发行数额之间的比例确定，但不能擅自改变分配分派方法。因此，证券募集行为是证券发行人向不特定投资者所作的一种特殊要约行为；在私募情形下，则为证券发行人向特定投资者所作的标准要约。

就广义上的证券发行而言，若要对其从民法角度作统一的性质界定，应界定为一种特殊的契约，即具有特定法律规制的契约。具体来说，证券募集行为属于要约，投资者认购证券行为属于承诺，至此证券发行契约已生效，发行人分配证券、投资者缴纳出资、发行人交付证券则都属于契约生效后的具体履约行为。

从商法角度来说，证券发行中，不同参与主体涉及不同证券品种时，形成了一系列相互关联的法律关系。在抽象意义上讲，这些法律关系都属于证券法律关系，具体来说，就证券发行结束后形成的法律关系而言，包括股权关系、债权关系[1]；就证券发行过程中形成的法律关系而言，则在证券发行人与证券承销机构之间形成了委托代理关系，证券发行人与投资者之间形成了表面上的买卖关系。[2]

## 二、证券发行的分类

### （一）股票发行、债券发行与基金券发行

按照发行证券种类的不同，可将证券发行分为股票发行、债券发行

---

[1] 王保树主编. 中国商事法. 北京：人民法院出版社，1996：264.
[2] 王保树主编. 商法. 北京：法律出版社，2005：245 - 246.

和基金券发行。

股票发行，是指股份有限公司为筹集资金或调整股权结构，依照法定程序向不特定的投资者出售股票的行为。这是证券发行的最基本类型，证券发行制度也以此为中心展开。依是否以设立公司为目的，股票发行又分为设立发行与增资发行。

债券发行，是指发行人以筹集资金为目的，依照法定程序向不特定的投资者出售代表一定债权和支付条件的债券的行为。依发行主体不同，债券发行又分为公司债券发行、金融机构债券发行和政府债券发行。

基金券发行，是指基金发起人或基金管理人为筹集资金，依照法定程序向不特定投资者出售代表一定信托受益权的基金券的行为。

### （二）公司发行、金融机构发行与政府发行

按照发行人的不同，可将证券发行分为公司发行、金融机构发行与政府发行。

公司发行、金融机构发行，是指公司、金融机构发行股票和债券的发行方式。在我国，对公司发行应作广义理解，除公司发行外，还包括发行企业债券的企业发行。

政府发行，是指中央政府或地方政府发行国债、地方政府债券的发行方式。长期以来，我国政府发行仅指中央政府发行，而不存在地方政府发行；但 2009 年开始允许地方政府发行地方政府债券。

### （三）公募发行与私募发行

按照发行对象范围的不同，可将证券发行分为公募发行与私募发行。我国采公开发行和非公开发行的概念，也有法律文件将其划分为公开发行与定向发行。

公募发行，又称公开发行，是指发行人通过中介机构向不特定的社会公众公开募集发行证券的发行方式。在公募发行情况下，所有合法的社会投资者都可以参加认购。为了保障广大投资者的利益，各国对公募发行都有严格的要求，如发行人要有较高的信用，并符合证券监管机构规定的各项发行条件，经批准后方可发行。采用公募方式发行证券的优

点主要有：（1）公募发行以众多的投资者为发行对象，筹集资金潜力大，适合于证券发行数量较多、筹资额较大的发行人；（2）公募发行投资者范围大，可避免囤积证券或被少数人操纵；（3）只有公募发行的证券方可申请在交易所上市，因此这种发行方式可增强证券的流动性，并有利于提高发行人的社会信誉。不过，公募方式也存在某些缺点，如发行过程比较复杂、登记核准所需时间较长，发行费用也较高。

私募发行，又称不公开发行、内部发行、定向发行或"私人配售"，是指面向少数特定的投资者发行证券的发行方式。私募发行的"特定对象"主要是自我保护能力较强的投资者，大致有两类：一类是个人投资者，如公司内部董事、监事、高管，以及具备相当财经专业知识、投资经验的个人投资者；另一类是机构投资者，如大的金融机构、产业投资基金以及与发行人关系密切的企业等。私募发行的主要优点为，有确定的投资者，发行手续简单，可以节省发行时间和费用。它是引入战略投资者、实现整体上市以及上市公司重组的有效方法。私募发行的主要缺点为，投资者数量有限，证券转售受到法律限制，流通性较差，不利于提高发行人的社会信誉。各国对私募发行的对象都有特别限制。例如，在美国，私募发行的对象可分为合格的投资者和普通投资者，前者无数量限制，后者则不得超过 35 人。为了防止发行人利用私募发行来规避公募发行带来的监管，各国一般都对私募发行购买者的转售行为作必要限制。对此，美国证券交易委员会根据《1933 年证券法》授权制定的《规则 144》（Rule 144）规定：无论关联人或者非关联人，购买人必须在付清全部价款或者对价的情况下持有股票 1 年以上；如果关联人转售发行人发行的股票，本次再出售的股票加上之前 3 个月内出售的同类股票的总数量不得超过发行人最近公告中披露的该类股票发行在外数量的1％，或本次再出售前 4 周在全国性证券交易所（或自动报价系统）成交的周平均交易量。对于非关联人，如果持有股票 2 年以上，则不受此限。[①] 该限制降低了私募证券的吸引力。为了解决这一问题，加速金融

---

① 刘燊，郑小敏. 新《公司法》、《证券法》的私募发行制度. 法制日报，2006 - 03 - 30.

自由化，美国证券交易委员会于 1990 年 4 月发布了《规则 144A》，为私募发行的证券豁免注册提供了另一个非排他性的"安全港"。《规则 144A》的内容相当繁杂，但主要内容可归纳为：（1）为通过《证券法》第 4（b）条和《D 条例》私募发行的"受限制的证券"在不需要法律特别保护的投资者之间的转售提供了法律依据；（2）创造了自己体系内的私募发行制度，即对"合格的机构投资者"（Qualified Investment Buyers）私募发行的证券，只要是非互换性的，并且符合一定信息披露要求与通告要求，就可以获得注册豁免。正是根据《规则 144A》，全美证券商协会建立了一套独立于联邦证券交易所和 NASDAQ 的交易系统，即 PORTAL 自动市场（其全称为"全美证券商协会私募发行、再销售、交易与自动清算、交割系统"），专供合格的投资者之间交易。[①]我国现行《证券法》明确将证券发行分为公开发行与非公开发行，从而确立了私募发行制度。《上市公司证券发行管理办法》（2020 年修订）对上市公司非公开发行股票作了明确规定，《上市公司非公开发行股票实施细则》（2020 年修订）则在此基础上作了详细规定，从而使上市公司私募发行证券获得了明确而具体的法律依据。

总体而言，公募发行和私募发行各有优缺点。一般来说，公募发行是证券发行中最基本、最常用的方式。然而在西方国家成熟的证券市场中，随着养老基金、共同基金和保险公司等机构投资者的迅速增长，私募发行近年来呈现出日益增长的趋势，私募发行市场已成为证券市场的重要组成部分。国际上发售股票往往采用部分全球私募和部分上市地公募相结合的方式进行，在发行规模庞大的情况下，还必须如此才能顺利实现发行目标。目前，我国境内上市外资股（B 股）的发行几乎全部采用私募方式进行，A 股新股发行市场中，缺乏明确法律依据的私募发行（定向增发新股）也有多次实践。在 2006 年 A 股市场重启融资功能后，获得明确法律依据的私募发行（属于非公开发行范畴的定向增发新股）占据了再融资的绝对主导地位。公司债券发行中，私募发行也具有重要

---

① 周晓刚．美国证券发行注册豁免制度研究．证券市场导报，2001（4）.

地位。此外，在证券投资基金方面，虽然私募基金一直未取得合法地位，但在实践中长期存在，并已逐渐占据相当大的市场份额。而缺乏明确法律依据的私募基金采取的发行方式当然只能为私募发行。

### （四）设立发行与增资发行

按照发行目的的不同，可将证券发行分为设立发行与增资发行。这种分类限于股票发行。

设立发行，是指公司在设立过程中，为筹集股本而首次发行股份的发行方式。它分为发起设立发行与募集设立发行两种。

增资发行又称增资扩股，是指已成立的股份有限公司为追加资本而发行股份的发行方式。它分为有偿增资发行、无偿增资发行（"送红股"）及有偿无偿混合增资发行三种。

各国由于公司法资本制度不同，有的实行法定资本制，有的实行授权资本制，还有的实行折中资本制，因而在设立发行和增资发行方式上有较大差异。

### （五）初次发行与再次发行

按照证券发行时间的不同，可将证券发行分为初次发行与再次发行。

初次发行与再次发行均以同一种证券为基础。对于股票发行而言，初次发行、再次发行的分类与设立发行、增资发行的分类是一致的。对于债券发行而言，不同时间的发行表现为前者而非后者。

在具体发行条件上，一般而言，再次发行要受到比初次发行更严格的限制。比如，再次发行必须于初次发行结束后的一定期限内才能进行；初次发行若未达到预期发行目标，或初次发行所筹资金在使用上超出了核定的使用范围，则将直接影响到同一种证券的再次发行。

### （六）直接发行与间接发行

按照发行是否借助证券中介机构的不同，可将证券发行分为直接发行与间接发行。

直接发行，是指证券发行人不通过证券承销机构，而是由自己承担发行风险，直接与证券投资者签订认购合同，自行办理发行事宜的发行方式。

间接发行，是指证券发行人并不直接与投资者发生关系，而是委托证券承销机构发行证券的发行方式。间接发行包括代销、余额包销和包销三种形式。

我国《证券法》在确认了非公开发行方式的背景下，也确认了股票直接发行方式。对此，该法第 26 条第 1 款规定："发行人向不特定对象发行的证券，法律、行政法规规定应当由证券公司承销的，发行人应当同证券公司签订承销协议。证券承销业务采取代销或者包销方式。"

### （七）平价发行、溢价发行与折价发行

根据发行价格与证券票面金额或贴现金额的关系，可将证券发行分为平价发行、溢价发行与折价发行。股票有许多不同的价值表现形式，票面面额和发行价格是其中最主要的两种。票面面额是印刷在股票票面上的金额，表示每一单位股份所代表的资本额；发行价格则是公司发行股票时向投资者收取的价格。股票的发行价格与票面面额通常是不相等的。发行价格的制定要考虑多种因素，如发行人的业绩增长性、股票的股利分配、市场利率以及证券市场的供求关系等。

平价发行，又称面值发行（面额发行）、等价发行（等额发行），是指证券发行价格与票面金额相同的发行方式。如某公司股票面额为 1元，若采用平价发行方式，那么该公司发行股票时的售价也是 1 元。由于股票上市后的交易价格通常要高于面额，平价发行能使投资者得到交易价格高于发行价格时所产生的额外收益，因此绝大多数投资者都乐于认购。平价发行方式较为简单易行，但其主要缺陷是发行人筹集资金量较少。目前，平价发行在发达证券市场中用得很少，多在证券市场不发达的国家和地区采用。我国最初发行股票时，就曾采用过平价发行。如1987 年深圳发展银行发行股票时，每股面额为 20 元，发行价也为每股20 元。

溢价发行，是指证券发行价格高于票面金额的发行方式。溢价发行

可使公司用较少的股份筹集到较多的资金，同时还可降低筹资成本。溢价发行又可分为时价发行和中间价发行两种方式。时价发行，也称市价发行，是指以同种或同类股票的流通价格为基准来确定股票发行价格。股票发行通常采取这种形式。在发达证券市场中，公司首次发行股票时通常会根据同类公司（产业相同，经营状况相似）股票在流通市场上的价格表现来确定自己的发行价格；而一家公司增发新股时，则会按已发行股票在流通市场上的价格水平来确定发行价格。中间价发行，是指以介于票面金额和时价之间的价格来发行股票。我国股份有限公司对老股东配股时，基本上都采用中间价发行。

折价发行，是指证券发行价格低于票面金额的发行方式。折扣的大小主要取决于发行公司的业绩和承销商的能力。如某种股票的面额为 1元，如果发行公司与承销商之间达成的协议折扣率为 5%，那么该股票的发行价格为每股 0.95 元。西方国家大多不禁止折价发行方式，不过目前西方国家的股份公司很少有按折价发行股票的。我国《证券法》未对证券发行的折价发行方式作禁止性规定，但《公司法》仍维持了禁止股票折价发行的规定，故在我国可采取折价发行方式的证券仅为债券、基金券。

### （八）议价发行与招标发行

按照发行条件之确定方式的不同，可将证券发行分为议价发行与招标发行。

议价发行，又称非招标发行或协议发行，是指由证券发行人与承销商通过协商发行条件，向社会公众或股东发行证券的方式。我国《证券法》第 32 条规定："股票发行采取溢价发行的，其发行价格由发行人与承销的证券公司协商确定。"该规定表明，议价发行已成为我国股票发行的基本方式。

招标发行，又称公开招标，是指证券发行人与证券承销商之间以公开招标方式确定发行条件的发行方式。这种方式一般适用于债券发行。招标一般又分为价格招标、缴款期招标和收益率招标。目前在国债发行招标中，价格招标和收益率招标可以分为两种方式：

（1）荷兰式招标。其特点为标的为利率时，最高中标利率为当期国债的票面利率；标的为利差时，最高中标利差为当期国债的基本利差；标的为价格时，最低中标价格为当期国债的承销价格。

（2）美国式招标。其特点为标的为利率时，全场加权平均中标利率为当期国债的票面利率，各中标机构依各自及全场加权平均中标利率折算承销价格；标的为价格时，各中标机构按各自加权平均中标价格承销当期国债。

### （九）国内发行与国外发行

按照发行地点的不同，可将证券发行分为国内发行与国外发行。

国内发行，是指证券发行人在国内证券市场发行证券的发行方式，如国库券、保值公债以及人民币普通股（A股）的发行。

国外发行，是指证券发行人在国外证券市场发行证券的发行方式，如N股、S股的发行。

此外，根据不同标准证券发行还有许多分类，如：按照发行的担保类型的不同，可分为信用担保发行、实物担保发行、证券担保发行和产品担保发行；按照发行购买方式的不同，可分为认购抽签发行、无限量申请抽签发行和专项存单抽签发行等。

# 第二节　证券发行的条件

证券发行，是指证券的发行人为募集资金或调整股权结构，依法向投资者以同一条件招募和出售证券的一系列行为。从法律规范的角度看，各国一般都同时用《公司法》和《证券法》对证券发行进行规范。证券发行可依不同目的与阶段而划分为不同类型，证券发行的条件也因不同类型而不同。

## 一、公开发行股票但不上市的制度概况

### （一）公开发行股票但不上市的情形

根据股票发行是否以设立公司为目的，可将其划分为设立发行与增资发行。设立发行包括两种类型：发起设立方式下的发行与募集设立方式下的发行。由于发起设立不涉及向发起人之外的其他人发行股票，因而其股票发行条件即《公司法》所规定的公司设立条件，不包含在证券法意义上的股票发行范畴之内。因此，设立发行特指募集设立方式下的股票发行。募集设立包括公开募集设立和定向募集设立两种，前者又分为公开募集设立且上市与公开募集设立但不上市两种。公开发行股票但不上市之募集设立即为公开募集设立但不上市的情形。

通常所谓增资发行，是指上市公司所进行的新股发行。但在理论上讲，增资发行并不限于上市公司，还应包括发起设立与定向募集设立的股份有限公司为筹集资金而首次公开发行股票但不上市的情形。

以上两种公开发行股票的情形都属于首次公开发行股票但不上市的情形。除此之外，公开发行股票但不上市，还应包括非上市公众公司（即公开发行过股票但非上市公司）公开发行新股但不上市的情形。从公开发行股票是否以设立公司为目的的角度看，上述三种公开发行股票的情形又可分为两类：其一为非上市设立发行，即公开募集设立发行股票但不上市的情形；其二为非上市增资发行（新股发行），包括非上市一般股份有限公司与非上市公众公司公开发行股票但不上市的情形。这三种情形均为公开发行股票的一般情形，未涉及股票上市，因而其发行条件也是未涉及上市条件的一般性规定。

### （二）我国公开发行股票但不上市的相关规范

我国《公司法》《证券法》将股份有限公司的设立条件、公开发行股票的条件与公司上市条件予以分别规定，这就隐含了公开发行股票但不上市的立法精神。当然，公开发行股票但不上市必须在中国证监会制定了相关具体规定之后，才能成为一项可操作的制度。因此，该制度能

否实施关键在于中国证监会的立法政策。

我国 1993 年《股票发行与交易管理暂行条例》与 1993 年《公司法》中都规定了募集设立方式，前者还对募集设立发行股票的条件作了明确规定。在国有企业改制过程中，募集设立发行股票也被长期实践。但 1998 年 8 月 5 日，依中国证监会的一份非正式通知，募集设立发行被禁止。1999 年 2 月 4 日，中国证监会又下发了《关于对拟公开发行股票公司改制运行情况进行调查的通知》，其中规定："从 1999 年开始，国有企业和有限责任公司必须改制成规范化的股份有限公司并运行一年以后方可申请公开发行股票。"依此，必须首先成立股份有限公司并运行 1 年方能公开发行股票，从而使《公司法》所规定的募集设立发行事实上失效。在此基础上，中国证监会于 2001 年 10 月 16 日发布的《首次公开发行股票辅导工作办法》规定，凡拟在中国境内公开发行股票的股份有限公司，在向中国证监会提出股票发行申请之前，均应聘请具有主承销商资格的证券公司，进行为期至少 1 年的辅导。至此，《公司法》所规定的募集设立发行完全成为空文。不过，2005 年《公司法》仍明确规定了募集设立方式，现行《证券法》第 11 条也确认了募集设立股票发行制度。该条第 1 款规定："设立股份有限公司公开发行股票，应当符合《中华人民共和国公司法》规定的条件和经国务院批准的国务院证券监督管理机构规定的其他条件，向国务院证券监督管理机构报送募股申请和下列文件：（一）公司章程；（二）发起人协议；（三）发起人姓名或者名称，发起人认购的股份数、出资种类及验资证明；（四）招股说明书；（五）代收股款银行的名称及地址；（六）承销机构名称及有关的协议。"该规定系关于募集设立公开发行股票的一般性规定，既包含了公开募集设立但不上市的情形，也包含了公开募集设立且上市的情形。

《证券法》第 12 条第 1 款就"公司首次公开发行新股"的条件作了明确规定。从该法的措辞来看，在特指上市公司时会特别说明，因此该"公司"应泛指股份有限公司而不限于上市公司。依此，包括非上市公众公司在内的非上市股份有限公司应皆可公开发行新股。对此，《首次公开发行股票并上市管理办法》（2018 年修正）第 58 条规定："在中华人民共和国境内，首次公开发行股票且不上市的管理办法，由中国证监会另行规定。"[①] 依此，上述首次公开发行股票但不上市的两种情形已被中国证监会认可，只是还有待具体规章另行规定。

至于非上市公众公司公开发行新股但不上市的情形，仍未获中国证监会确认，估计在相当长时间内都不会获得立法政策的认可。鉴于该类股票发行方式获得了多数西方国家的法律确认，在我国多层次证券市场体系建立并趋于完善之后，也不妨明确规定该制度。至于其法律风险防范，则可借鉴英、美等国家，在强调信息披露的基础上加强政府监管即可。

### （三）公开发行股票但不上市的条件

《证券法》对公开发行股票的条件作了一般规定，该规定即为公开发行股票但不上市的条件。对此，《证券法》第 11 条第 1 款规定，"设立股份有限公司公开发行股票，应当符合《中华人民共和国公司法》规定的条件和经国务院批准的国务院证券监督管理机构规定的其他条件"。依此，公开募集设立发行股票的条件包括《公司法》规定的条件和经国务院批准的国务院证券监督管理机构规定的其他条件。《公司法》规定的基本发行条件为：（1）有 2 人以上 200 人以下为发起人，其中须有半数以上的发起人在中国境内有住所；（2）注册资本为在公司登记机关登记的实收股本总额；（3）法律、行政法规以及国务院决定对股份有限公司注册资本实缴、注册资本最低限额另有规定的，从其规定；（4）发起人认购的股份不得少于公司股份总数的 35％；但是，法律、行政法规另有规定的，从其规定。[②]

## 二、首次公开发行股票且上市的条件

《首次公开发行股票并上市管理办法》对首次公开发行股票并上市

---

① 与"首次公开发行股票并上市"相对应，该文件采用了"首次公开发行股票且不上市"的提法。从语法及表达习惯来讲，还是改采"首次公开发行股票但不上市"为宜，故本书作了该细微改动。

② 参见《公司法》第 78 条、第 80 条、第 84 条。

的发行条件作了明确、具体的规定。该办法规定的条件融合了股票发行与股票上市的条件，因而不仅是首次公开发行股票的条件。在我国境内首次公开发行股票并上市的发行条件，均须适用该办法，但境内公司股票以外币认购的除外。此外，鉴于创业板的特殊性，中国证监会单独发布了《首次公开发行股票并在创业板上市管理暂行办法》和《科创板首次公开发行股票注册管理办法（试行）》，对首次公开发行股票并在创业板和科创板上市的发行条件、发行程序（注册程序）及信息披露制度作了专门规定。关于其具体内容本书均不予赘述。

### （一）发行人的主体资格条件

（1）发行人应当是依法设立且合法存续的股份有限公司。但经国务院批准，有限责任公司在依法变更为股份有限公司时，可以采取募集设立方式公开发行股票。

（2）发行人自股份有限公司成立后，持续经营时间应当在3年以上，但经国务院批准的除外。有限责任公司按原账面净资产值折股整体变更为股份有限公司的，持续经营时间可以从有限责任公司成立之日起计算。

（3）发行人的注册资本已足额缴纳，发起人或者股东用作出资的资产的财产权转移手续已办理完毕，发行人的主要资产不存在重大权属纠纷。

（4）发行人的生产经营符合法律、行政法规和公司章程的规定，符合国家产业政策。

（5）发行人最近3年内主营业务和董事、高级管理人员没有发生重大变化，实际控制人没有发生变更。鉴于该条件在实践中容易引起误解且有扩张解释的必要，中国证监会制定了以下两项专门的法律适用意见，对该项条件的理解与适用作了具体解释：1)《〈首次公开发行股票并上市管理办法〉第十二条"实际控制人没有发生变更"的理解和适用——证券期货法律适用意见第1号》；2)《〈首次公开发行股票并上市管理办法〉第十二条发行人最近3年内主营业务没有发生重大变化的适用意见——证券期货法律适用意见第3号》。

（6）发行人的股权清晰，控股股东和受控股股东、实际控制人支配的股东持有的发行人股份不存在重大权属纠纷。

### （二）发行人的独立性条件

（1）发行人应当具有完整的业务体系和直接面向市场独立经营的能力。

（2）发行人的人员独立。发行人的总经理、副总经理、财务负责人和董事会秘书等高级管理人员不得在控股股东、实际控制人及其控制的其他企业中担任除董事、监事以外的其他职务，不得在控股股东、实际控制人及其控制的其他企业领薪；发行人的财务人员不得在控股股东、实际控制人及其控制的其他企业中兼职。

（3）发行人的财务独立。发行人应当建立独立的财务核算体系，能够独立作出财务决策，具有规范的财务会计制度和对分公司、子公司的财务管理制度；发行人不得与控股股东、实际控制人及其控制的其他企业共用银行账户。

（4）发行人的机构独立。发行人应当建立健全内部经营管理机构，独立行使经营管理职权，与控股股东、实际控制人及其控制的其他企业间不得有机构混同的情形。

（5）发行人的业务独立。发行人的业务应当独立于控股股东、实际控制人及其控制的其他企业，与控股股东、实际控制人及其控制的其他企业间不得有同业竞争或者显失公平的关联交易。

（6）发行人在独立性方面不得有其他严重缺陷。

### （三）发行人的规范运行条件

（1）发行人已经依法建立健全股东大会、董事会、监事会、独立董事、董事会秘书制度，相关机构和人员能够依法履行职责。

（2）发行人的董事、监事和高级管理人员已经了解与股票发行上市有关的法律法规，知悉上市公司及其董事、监事和高级管理人员的法定义务和责任。

（3）发行人的董事、监事和高级管理人员符合法律、行政法规和规章规定的任职资格，且不得有下列情形：1）被中国证监会采取证券市场禁入措施尚在禁入期的；2）最近 36 个月内受到中国证监会行政处罚，或者最近 12 个月内受到证券交易所公开谴责；3）因涉嫌犯罪被司法机关立案侦查或者涉嫌违法违规被中国证监会立案调查，尚未有明确结论意见。

（4）发行人的内部控制制度健全且被有效执行，能够合理保证财务报告的可靠性、生产经营的合法性、营运的效率与效果。

（5）发行人不得有下列情形：1）最近 36 个月内未经法定机关核准，擅自公开或者变相公开发行过证券；或者有关违法行为虽然发生在 36 个月前，但目前仍处于持续状态。2）最近 36 个月内违反工商、税收、土地、环保、海关以及其他法律、行政法规，受到行政处罚，且情节严重。3）最近 36 个月内曾向中国证监会提出发行申请，但报送的发行申请文件有虚假记载、误导性陈述或重大遗漏；或者不符合发行条件以欺骗手段骗取发行核准；或者以不正当手段干扰中国证监会及其发行审核委员会审核工作；或者伪造、变造发行人或其董事、监事、高级管理人员的签字、盖章。4）本次报送的发行申请文件有虚假记载、误导性陈述或者重大遗漏。5）涉嫌犯罪被司法机关立案侦查，尚未有明确结论意见。6）严重损害投资者合法权益和社会公共利益的其他情形。

（6）发行人的公司章程中已明确对外担保的审批权限和审议程序，不存在为控股股东、实际控制人及其控制的其他企业进行违规担保的情形。

（7）发行人有严格的资金管理制度，不得有资金被控股股东、实际控制人及其控制的其他企业以借款、代偿债务、代垫款项或者其他方式占用的情形。

## （四）发行人的财务会计条件

2019 年《证券法》基于注册制改革的重大调整，已对公司首次公开发行新股的条件作了实质性修改，导致《首次公开发行股票并上市管理办法》（2018 年修订）关于发行人的财务会计条件的规定已与《证券法》的规定相冲突，故本书仅对《证券法》的相关规定予以说明。依

《证券法》第 12 条第 1 款之规定，公司首次公开发行新股的财务会计条件为：（1）具有持续经营能力；（2）最近 3 年财务会计报告被出具无保留意见审计报告。

### 三、上市公司发行新股的一般条件

我国《证券法》第 12 条第 2 款规定："上市公司发行新股，应当符合经国务院批准的国务院证券监督管理机构规定的条件，具体管理办法由国务院证券监督管理机构规定。"对此，中国证监会《上市公司证券发行管理办法》（2020 年修正）作了详细规定。依《上市公司证券发行管理办法》第二章第一节（第 6～11 条）之规定，上市公司公开发行证券应具备以下一般条件：

（1）上市公司的组织机构健全、运行良好，符合下列规定：1）公司章程合法有效，股东大会、董事会、监事会和独立董事制度健全，能够依法有效履行职责；2）公司内部控制制度健全，能够有效保证公司运行的效率、合法合规性和财务报告的可靠性；内部控制制度的完整性、合理性、有效性不存在重大缺陷；3）现任董事、监事和高级管理人员具备任职资格，能够忠实和勤勉地履行职务，不存在违反《公司法》第 147 条、第 148 条规定的行为①，且最近 36 个月内未受到过中国证监会的行政处罚、最近 12 个月内未受到过证券交易所的公开谴责；4）上市公司与控股股东或实际控制人的人员、资产、财务分开，机构、

---

① 《公司法》第 147 条第 1 款规定："董事、监事、高级管理人员应当遵守法律、行政法规和公司章程，对公司负有忠实义务和勤勉义务。"同条第 2 款规定："董事、监事、高级管理人员不得利用职权收受贿赂或者其他非法收入，不得侵占公司的财产。"《公司法》第 148 条第 1 款规定："董事、高级管理人员不得有下列行为：（一）挪用公司资金；（二）将公司资金以其个人名义或者以其他个人名义开立账户存储；（三）违反公司章程的规定，未经股东会、股东大会或者董事会同意，将公司资金借贷给他人或者以公司财产为他人提供担保；（四）违反公司章程的规定或者未经股东会、股东大会同意，与本公司订立合同或者进行交易；（五）未经股东会或者股东大会同意，利用职务便利为自己或者他人谋取属于公司的商业机会，自营或者为他人经营与所任职公司同类的业务；（六）接受他人与公司交易的佣金归为己有；（七）擅自披露公司秘密；（八）违反对公司忠实义务的其他行为。"同条第 2 款规定："董事、高级管理人员违反前款规定所得的收入应当归公司所有。"

业务独立，能够自主经营管理；5）最近 12 个月内不存在违规对外提供担保的行为。

（2）上市公司的盈利能力具有可持续性，符合下列规定：1）最近 3 个会计年度连续盈利。扣除非经常性损益后的净利润与扣除前的净利润相比，以低者作为计算依据；2）业务和盈利来源相对稳定，不存在严重依赖控股股东、实际控制人的情形；3）现有主营业务或投资方向能够可持续发展，经营模式和投资计划稳健，主要产品或服务的市场前景良好，行业经营环境和市场需求不存在现实或可预见的重大不利变化；4）高级管理人员和核心技术人员稳定，最近 12 个月内未发生重大不利变化；5）公司重要资产、核心技术或其他重大权益的取得合法，能够持续使用，不存在现实或可预见的重大不利变化；6）不存在可能严重影响公司持续经营的担保、诉讼、仲裁或其他重大事项；7）最近 24 个月内曾公开发行证券的，不存在发行当年营业利润比上年下降 50％以上的情形。

（3）上市公司的财务状况良好，符合下列规定：1）会计基础工作规范，严格遵循国家统一会计制度的规定。2）最近 3 年及一期财务报表未被注册会计师出具保留意见、否定意见或无法表示意见的审计报告；被注册会计师出具带强调事项段的无保留意见审计报告的，所涉及的事项对发行人无重大不利影响或者在发行前重大不利影响已经消除。3）资产质量良好。不良资产不足以对公司财务状况造成重大不利影响。4）经营成果真实，现金流量正常。营业收入和成本费用的确认严格遵循国家有关企业会计准则的规定，最近 3 年资产减值准备计提充分合理，不存在操纵经营业绩的情形。5）最近 3 年以现金方式累计分配的利润不少于最近 3 年实现的年均可分配利润的 30％。

（4）上市公司最近 36 个月内财务会计文件无虚假记载，且不存在下列重大违法行为：1）违反证券法律、行政法规或规章，受到中国证监会的行政处罚，或者受到刑事处罚；2）违反工商、税收、土地、环保、海关法律、行政法规或规章，受到行政处罚且情节严重，或者受到刑事处罚；3）违反国家其他法律、行政法规且情节严重的行为。

（5）上市公司募集资金的数额和使用应当符合下列规定：1）募集资金数额不超过项目需要量；2）募集资金用途符合国家产业政策和有关环境保护、土地管理等法律和行政法规的规定；3）除金融类企业外，本次募集资金使用项目不得为持有交易性金融资产和可供出售的金融资产、借予他人、委托理财等财务性投资，不得直接或间接投资于以买卖有价证券为主要业务的公司；4）投资项目实施后，不会与控股股东或实际控制人产生同业竞争或影响公司生产经营的独立性；5）建立募集资金专项存储制度，募集资金必须存放于公司董事会决定的专项账户。

（6）上市公司存在下列情形之一的，不得公开发行证券：1）本次发行申请文件有虚假记载、误导性陈述或重大遗漏；2）擅自改变前次公开发行证券募集资金的用途而未作纠正；3）上市公司最近 12 个月内受到过证券交易所的公开谴责；4）上市公司及其控股股东或实际控制人最近 12 个月内存在未履行向投资者作出的公开承诺的行为；5）上市公司或其现任董事、高级管理人员因涉嫌犯罪被司法机关立案侦查或涉嫌违法违规被中国证监会立案调查；6）严重损害投资者的合法权益和社会公共利益的其他情形。

## 四、上市公司公开发行新股及向原股东配股的条件

### （一）上市公司公开发行新股的条件

上市公司公开发行股票属于增资发行，我国《证券法》称之为公开发行新股，《上市公司证券发行管理办法》则称之为向不特定对象公开募集股份（简称"增发"）。上市公司公开发行新股除须符合以上公开发行证券之一般规定外，还应当符合下列规定：（1）最近 3 个会计年度加权平均净资产收益率平均不低于 6%。扣除非经常性损益后的净利润与扣除前的净利润相比，以低者作为加权平均净资产收益率的计算依据。（2）除金融类企业外，最近一期末不存在持有金额较大的交易性金融资产和可供出售的金融资产、借予他人款项、委托理财等财务性投资的情

形。（3）发行价格应不低于公告招股意向书前 20 个交易日公司股票均价或前一个交易日的均价。

### （二）上市公司向原股东配股的条件

上市公司向原股东配股，简称"配股"，是指上市公司为筹集资金依法向原股东按照其持股比例配售新股的股票发行方式。它与向不特定对象公开募集股份（简称"增发"）一样，均为上市公司公开发行新股的基本方式。在我国，曾将与配股密切相关的送股作为与配股并列的新股发行方式，中国证监会也发布了相关专门规定，如 1993 年《关于上市公司送配股的暂行规定》（已失效）、1994 年《关于做好上市公司送配股复核工作的通知》（已失效）。实践中，也常以"送配股"泛称某次送股、配股或两者并用的新股发行方式。送股是指上市公司将公积金或盈余转股并将其无偿送给原股东，送股之后公司总股本和每股权益都随之发生变化。[①] 依此，与配股一样，送股实际上也是新股发行的一种方式，只不过配股乃原股东有偿购买，送股乃原股东无偿获赠。因此，《上市公司证券发行管理办法》仅规定了配股的条件，而未单独规定送股的条件。在解释上，应理解为两者遵循相同条件。

依《上市公司证券发行管理办法》（2020 年修订）第 12 条之规定，向原股东配售股份，除符合上述关于上市公司证券发行的一般性规定外，还应当符合下列规定：（1）拟配售股份数量不超过本次配售股份前股本总额的 30%；（2）控股股东应当在股东大会召开前公开承诺认配股份的数量；（3）采用《证券法》规定的代销方式发行。

控股股东不履行认配股份的承诺，或者代销期限届满，原股东认购股票的数量未达到拟配售数量 70% 的，发行人应当按照发行价并加算银行同期存款利息返还已经认购的股东。

---

①　在股权分置改革中，有一些上市公司（如清华同方）的非流通股股东为向流通股股东予以一定的对价补偿，采取了送股的方式。不过，此所谓"送股"不同于一般意义上的送股，而是非流通股股东向流通股股东所作的一种补偿方案，其具体方式为：非流通股股东将其持有股票无偿送股给流通股股东，总股本和每股权益不变。由此可见，这种送股并非新股发行意义上的送股，乃股东之间的股票赠送行为。

## 五、上市公司非公开发行新股的条件

上市公司非公开发行新股，是指上市公司采用非公开方式，向特定对象发行新股的行为。它属于私募发行之一种。我国《证券法》第 9 条第 3 款规定："非公开发行证券，不得采用广告、公开劝诱和变相公开方式。"该规定系非公开发行证券的一般性禁止性规定，并隐含了一般意义上的股票与公司债券的私募发行制度。《上市公司证券发行管理办法》（2020 年修正）从"特定对象"、"发行条件"和"禁止发行"等三个方面，对上市公司非公开发行股票的条件作了明确规定。中国证监会于 2007 年 9 月 17 日发布并于 2020 年 2 月 14 日修订的《上市公司非公开发行股票实施细则》还对此作了详细规定。

### （一）特定对象的规定

尽管西方国家对于私募发行的对象之规范宽严有别，但都对于私募发行的对象资格和人数有所限制。依我国《证券法》第 9 条第 2 款第 2 项之规定，向特定对象发行证券累计超过 200 人，为公开发行，但依法实施员工持股计划的员工人数不计算在内。《上市公司证券发行管理办法》（2020 年修正）第 37 条就上市公司非公开发行股票的特定对象作了具体规定。依其规定，非公开发行股票的特定对象应当符合下列规定。

### 1. 特定对象符合股东大会决议规定的条件

上市公司董事会决议提前确定全部发行对象，且属于下列情形之一的，定价基准日可以为关于本次非公开发行股票的董事会决议公告日、股东大会决议公告日或者发行期首日，认购的股份自发行结束之日起 18 个月内不得转让：（1）上市公司的控股股东、实际控制人或其控制的关联人；（2）通过认购本次发行的股份取得上市公司实际控制权的投资者；（3）董事会拟引入的境内外战略投资者。发行对象属于上述规定以外的情形的，上市公司应当在取得发行核准批文后，按照相关规定以竞价方式确定发行价格和发行对象。董事会决议确定部分发行对象的，该部分发行对象不得参与竞价，但应当接受竞价结果；并应当明确在没有通过竞价方式产生发行价格的情况下，是否继续参与认购、认购数量及价格确定原则。

2. 发行对象不超过 35 名

此处所称"发行对象不超过 35 名"，是指认购并获得本次非公开发行股票的法人、自然人或者其他合法投资组织不超过 35 名；证券投资基金管理公司、证券公司、合格境外机构投资者、人民币合格境外机构投资者以其管理的两只以上产品认购的，视为一个发行对象；信托公司作为发行对象，只能以自有资金认购。

此外，发行对象为境外战略投资者的，应当遵守国家的相关规定。

**（二）发行条件的规定**

《上市公司证券发行管理办法》（2020 年修正）第 38 条就上市公司非公开发行股票的特定对象作了具体规定。依其规定，上市公司非公开发行股票，应当符合下列规定：

（1）发行价格不低于定价基准日前 20 个交易日公司股票均价的80%。"定价基准日前 20 个交易日公司股票均价"的计算公式为：定价基准日前 20 个交易日股票交易均价＝定价基准日前 20 个交易日股票交易总额/定价基准日前 20 个交易日股票交易总量。

（2）本次发行的股份自发行结束之日起，6 个月内不得转让；控股股东、实际控制人及其控制的企业认购的股份，18 个月内不得转让。

（3）募集资金使用符合《上市公司证券发行管理办法》第 10 条的规定，即关于上市公司募集资金的数额和使用方式的规定。

（4）本次发行将导致上市公司控制权发生变化的，还应当符合中国证监会的其他规定。

《上市公司证券发行管理办法》（2020 年修正）对非公开发行在盈利能力上未作任何要求。这就大大降低了上市公司通过非公开发行新股（即定向增发）实现再融资的难度。

**（三）禁止发行事项**

《上市公司证券发行管理办法》（2020 年修正）第 39 条就上市公司

非公开发行股票的禁止发行事项作了具体规定。依其规定，上市公司存在下列情形之一的，不得非公开发行股票：（1）本次发行申请文件有虚假记载、误导性陈述或重大遗漏；（2）上市公司的权益被控股股东或实际控制人严重损害且尚未消除；（3）上市公司及其附属公司违规对外提供担保且尚未解除；（4）现任董事、高级管理人员最近 36 个月内受到过中国证监会的行政处罚，或者最近 12 个月内受到过证券交易所公开谴责；（5）上市公司或其现任董事、高级管理人员因涉嫌犯罪正被司法机关立案侦查或涉嫌违法违规正被中国证监会立案调查；（6）最近一年及一期财务报表被注册会计师出具保留意见、否定意见或无法表示意见的审计报告，保留意见、否定意见或无法表示意见所涉及事项的重大影响已经消除或者本次发行涉及重大重组的除外；（7）严重损害投资者合法权益和社会公共利益的其他情形。

# 第三节　股票发行的程序

## 一、公开募集设立发行股票的程序与报送的文件

### （一）公开募集设立发行股票的程序

以募集方式设立股份有限公司，除由发起人认购部分股票外，需要依法定程序向社会公开发行部分股票。该程序仅为股票发行程序，未包含股票上市程序。依据《公司法》《证券法》的有关规定，公开募集设立发行股票的程序为：

（1）股票发行前的准备工作。股票发行是一项非常复杂的工作，所以在正式发行股票之前，发行公司必须进行充分的准备。这些准备工作包括制订资金使用计划、拟定股票发行计划、制作有关的文件资料等。

股票的发行，要求有资产评估机构、承销商、律师事务所、会计师事务所等中介机构参与。在我国，公开发行股票必须聘请具有保荐资格的机构担任保荐人。编制招股说明书是发行准备阶段的基本任务。

（2）发起人认购不少于公司股本总数 35％的股票。

（3）股票发行申请。在审核制下，发行人将依法需提交的申报材料呈报国务院证券监督管理机构；在注册制下，发行人将申请文件提交证券交易所。

（4）预先披露。发行人申请首次公开发行股票的，在提交申请文件后，应当按照国务院证券监督管理机构的规定预先披露有关申请文件。实行预先披露制度的目的是要让投资者在发行公司刊登募集说明书之前，提早了解发行公司的情况，及时发现问题，有较充裕的时间作出投资决策。长期以来，一般是在中国证监会发行审核委员会公布发行审核日期的当天，投资者才可以看到公开招股说明书（申报稿），因留给投资者阅读申报稿及反映问题的时间非常有限，从而预先披露制度的社会监督功能无法真正发挥。因此，为更加充分地发挥预先披露制度的功能，进一步强化社会监督，促进发行人和保荐机构增强责任与诚信意识，提高上市公司质量，中国证监会于 2011 年发布了《关于调整预先披露时间等问题的通知》，对预先披露时间作了适当调整。依该通知的规定，自 2012 年 2 月 1 日起，发行人及其中介机构对中国证监会审核部门关于发行申请反馈意见落实完毕后即安排预先披露，同时报送发行审核委员会材料。

（5）发行核准或注册。在核准制下，国务院证券监督管理机构设股票发行审核委员会，依法审核股票发行申请。国务院证券监督管理机构或者国务院授权的部门应当自受理证券发行申请文件之日起 3 个月内，依照法定条件和法定程序作出予以核准或者不予核准的决定，发行人根据要求补充、修改发行申请文件的时间不计算在内；不予核准的，应当说明理由。改采注册制后，股票发行审核委员会无须存在，将由证券交易所行使审核职能。为此，2019 年《证券法》第 21 条第 2 款规定："按照国务院的规定，证券交易所等可以审核公开发行证券申请，判断发行人是否符合发行条件、信息披露要求，督促发行人完善信息披露内容。"第22条规定："国务院证券监督管理机构或者国务院授权的部门应当自受理证券发行申请文件之日起三个月内，依照法定条件和法定程序作出予以注册或者不予注册的决定，发行人根据要求补充、修改发行申请文件的时间不计算在内。不予注册的，应当说明理由。"不过，鉴于注册制的实施不会立即全面推行，未来相当长一段时间内，核准制仍将继续实施，因而《上市公司证券发行管理办法》（2020年修正）仍规定的是发行核准规范。

（6）公告招股说明书并制作认股书。招股说明书旨在公示本次股票发行情况。认股书应当载明法定事项，由认股人填写认购股数、金额、住所，并签名、盖章。

（7）正式发行股票。在公告公开发行募集文件，并将该文件置备于指定场所供公众查阅后，可以正式发行股票。但应由依法设立的证券公司承销，签订承销协议，并同银行签订代收股款协议。

（8）缴纳股款。在招股说明书规定的期限内，认股人应按其认购的股票数缴纳股款。代收股款的银行应当按照协议代收和保存股款，向缴纳股款的认股人出具收款单据，并负有向有关部门出具收款证明的义务。发行股票的股款缴足后，必须经法定的验资机构验资并出具证明。

（9）召开创立大会并申请设立登记。发行股票的股款缴足后，发起人应当在30日内主持召开公司创立大会。发起人应当在创立大会召开15日前将会议日期通知各认股人或者予以公告。创立大会应有代表股份总数过半数的认股人出席，方可举行。董事会在创立大会结束后30日内，应当向公司登记机关报送有关文件，申请设立登记。

（10）交付股票。在获准公开发行股票，股份有限公司登记成立后，即应向股东正式交付股票，但公司成立前不得向股东交付股票。发行公司发行的股票为实物券时，股票交割表现为经签字的股票之交付；在无纸化发行的情况下，股票交割表现为将认股人持股情况载入股东名册。

### （二）公开募集设立发行股票报送的文件

设立股份有限公司公开发行股票，应当向国务院证券监督管理机构报送募股申请和下列文件：（1）公司章程；（2）发起人协议；（3）发起人姓名或者名称，发起人认购的股份数、出资种类及验资证明；（4）招股说明书；（5）代收股款银行的名称及地址；（6）承销机构名称及有关的协议；（7）保荐人出具的发行保荐书。此外，法律、行政法规规定设立公司必须报经批准的，还应当提交相应的批准文件。

## 二、公司公开发行新股的程序与报送的文件

公司公开发行新股包括非上市一般股份有限公司发行新股与非上市公众公司公开发行新股以及上市公司公开发行新股三种情形。其中，非上市一般股份有限公司发行新股属首次公开发行股票，还应适用《证券法》及中国证监会颁布的有关规章关于首次公开发行股票的规定。中国证监会尚未颁布首次公开发行股票但不上市的专门规定，而首次公开发行股票且上市的程序已有专门规定，下文将专门阐述。关于上市公司公开发行新股的程序也有专门规定，亦将于下文专门阐述。在此笔者仅就《证券法》关于公司公开发行新股的程序与报送的文件的一般规定予以阐述。

### （一）公司公开发行新股的程序

依《公司法》及《证券法》之相关规定，股份有限公司成立后公开发行新股，须经过下列程序：

（1）依照公司章程的规定由股东大会或者董事会作出决议。决议事项包括：1）新股种类及数额；2）新股发行价格；3）新股发行的起止日期；4）向原有股东发行新股的种类及数额。

（2）准备发行文件。股东大会或者董事会作出发行新股的决议后，公司应聘请审计师事务所、会计师事务所、律师事务所、资产评估机构等中介机构，对公司的资信、资产、财务、盈利状况进行审定、审计、评估、预测，完成审计报告、评估报告，并就有关事项出具法律意见书。在我国，公开发行股票必须聘请具有保荐资格的机构担任保荐人。编制招股说明书是发行准备阶段的基本任务。

（3）股票发行申请。在核准制下，发行人将依法需提交的申报材料呈报国务院证券监督管理机构；在注册制下，发行人将申请文件提交证券交易所。

（4）预先披露。发行人申请首次公开发行股票的，在提交申请文件后，应当按照国务院证券监督管理机构的规定预先披露有关申请文件。由于非上市公众公司已公开发行过股票，故预先披露程序不适用于其发行新股的情形。

（5）发行核准或注册。其内容与前述公开募集设立发行股票的相关规定相同。

（6）公告新股招股说明书和财务会计报告，并制作认股书。公司经国务院证券监督管理机构核准公开发行新股时，必须公告新股招股说明书和财务会计报告，并制作认股书。在我国证券发行实践中，招股说明书在上市公司增发新股时常被称为公募增发招股说明书（意向书），在配股时常被称为配股说明书。

（7）正式发行股票。在公告公开发行募集文件，并将该文件置备于指定场所供公众查阅后，可以正式发行股票，但应由依法设立的证券公司承销，签订承销协议，并同银行签订代收股款协议。

（8）缴纳股款。其内容与前述公开募集设立发行股票的相关规定相同。

（9）交付股票。在获准公开发行股票后，即应向股东正式交付股票。其内容与前述公开募集设立发行股票的相关规定相同。

（10）公司发行新股募足股款后，必须向公司登记机关办理变更登记，并公告。

## （二）公司公开发行新股报送的文件

公司公开发行新股，应当向国务院证券监督管理机构报送募股申请和下列文件：（1）公司营业执照；（2）公司章程；（3）股东大会决议；（4）招股说明书；（5）财务会计报告；（6）代收股款银行的名称及地址；（7）承销机构名称及有关的协议；（8）报送保荐人出具的发行保荐书。

## 三、首次公开发行股票并上市的发行程序与报送的文件

《首次公开发行股票并上市管理办法》（2018 年修正）对首次公开发行股票并上市的发行程序作了具体规定。显然，该办法融合了股票发行程序和股票上市程序的相关内容。该办法将首次公开发行股票并上市的发行人限定为"依法设立且合法存续的股份有限公司"，此外还规定"经国务院批准，有限责任公司在依法变更为股份有限公司时，可以采取募集设立方式公开发行股票"。经国务院批准采取募集设立方式变更为股份有限公司的有限责任公司，在公开发行股票前虽非股份有限公司，但因其系已成立之公司，故其首次公开发行股票的程序不同于一般公开募集设立，而是完全可适用公开发行新股的程序。因此，该办法对上述两类发行人的发行程序作了统一规定。当然，鉴于《公司法》《证券法》关于公司公开发行新股的程序规定可予适用，该办法对首次公开发行股票并上市的发行程序所作规定系补充性或特殊性规定。至于应报送的文件，完全适用关于公司发行新股报送的文件的一般规定。

依《公司法》《证券法》《首次公开发行股票并上市管理办法》（2018 年修正）及其他相关规章之规定，首次公开发行股票并上市应遵循以下程序：

（1）发行人董事会和股东大会就本次发行股票作出决议。发行人董事会应当依法就本次股票发行的具体方案、本次募集资金使用的可行性及其他必须明确的事项作出决议，并提请股东大会批准。股东大会所作决议至少应当包括下列事项：1）本次发行股票的种类和数量；2）发行对象；3）价格区间或者定价方式；4）募集资金用途；5）发行前滚存利润的分配方案；6）决议的有效期；7）对董事会办理本次发行具体事宜的授权；8）其他必须明确的事项。依此，中国证监会否定了《公司法》所规定的公司发行新股可依照公司章程规定由股东大会或者董事会作出决议，规定只能由股东大会作出最终决议。这就使《公司法》基于

公司自治所确认的选择性规定无法实现。

（2）准备发行文件。具体适用关于公司公开发行新股之一般规定。

（3）股票发行申请。在核准制下，发行人将依法需提交的申报材料呈报国务院证券监督管理机构；在注册制下，发行人将申请文件提交证券交易所。对此，中国证监会于 2019 年 3 月 1 日发布的《科创板首次公开发行股票注册管理办法（试行）》有详细规定，可资对照。发行人申请首次公开发行股票并在科创板上市的，应当按照中国证监会的有关规定制作注册申请文件，由保荐人保荐并向证券交易所申报。交易所收到注册申请文件后，5 个工作日内作出是否受理的决定。交易所设立独立的审核部门，负责审核发行人公开发行并上市申请；设立科技创新咨询委员会，负责为科创板建设和发行上市审核提供专业咨询和政策建议；设立科创板股票上市委员会，负责对审核部门出具的审核报告和发行人的申请文件提出审议意见。交易所主要通过向发行人提出审核问询、发行人回答问题方式开展审核工作，基于科创板的定位，判断发行人是否符合发行条件、上市条件和信息披露要求。交易所按照规定的条件和程序，作出同意或者不同意发行人股票公开发行并上市的审核意见。同意发行人股票公开发行并上市的，将审核意见、发行人注册申请文件及相关审核资料报送中国证监会履行发行注册程序。不同意发行人股票公开发行并上市的，作出终止发行上市审核决定。交易所应当自受理注册申请文件之日起 3 个月内形成审核意见；发行人根据要求补充、修改注册申请文件，以及交易所按照规定对发行人实施现场检查，或者要求保荐人、证券服务机构对有关事项进行专项核查的时间不计算在内。

（4）预先披露。申请文件受理后、发行审核委员会审核前，发行人应当将招股说明书（申报稿）在中国证监会网站（www.csrc.gov.cn）预先披露。发行人可以将招股说明书（申报稿）刊登于其企业网站，但披露内容应当完全一致，且披露时间不得早于在中国证监会网站的披露时间。

（5）发行核准或注册。其内容与上述公开募集设立发行股票的相关规定相同。此外,《科创板首次公开发行股票注册管理办法（试行）》第23条、第24条对此有详细规定,可资对照。中国证监会收到交易所报送的审核意见、发行人注册申请文件及相关审核资料后,履行发行注册程序。发行注册主要关注证券交易所发行上市审核内容有无遗漏,审核程序是否符合规定,以及发行人在发行条件和信息披露要求的重大方面是否符合相关规定。中国证监会认为存在需要进一步说明或者落实的事项的,可以要求交易所进一步问询。中国证监会认为交易所对影响发行条件的重大事项未予关注或者交易所的审核意见依据明显不充分的,可以退回交易所补充审核。交易所补充审核后,同意发行人股票公开发行并上市的,重新向中国证监会报送审核意见及相关资料,规定的注册期限重新计算。中国证监会在20个工作日内对发行人的注册申请作出同意注册或者不予注册的决定;发行人根据要求补充、修改注册申请文件,中国证监会要求交易所进一步问询,以及中国证监会要求保荐人、证券服务机构等对有关事项进行核查的时间不计算在内。

（6）公告新股招股说明书和财务会计报告,并制作认股书。

（7）正式发行股票。在公告公开发行募集文件,并将该文件置备于指定场所供公众查阅后,可以正式发行股票,但应由依法设立的证券公司承销,签订承销协议,并同银行签订代收股款协议。对此,《科创板首次公开发行股票注册管理办法（试行）》第25条规定:"中国证监会同意注册的决定自作出之日起1年内有效,发行人应当在注册决定有效期内发行股票,发行时点由发行人自主选择。"

（8）股款缴纳及股票交割。认股人认购一定股份后,应在规定的期限内向招股说明书所指定的代收股款的银行或其他代理机构足额缴纳股款。认股人拖欠应缴的股款时,董事会应催告认股人在一定期限内缴纳,并声明逾期不缴者丧失其权利。发行公司应在收到认股人缴纳的股款后的规定日期交付所售出的股票（即交割）,否则,发行公司应负违约责任。

（9）公司发行新股募足股款后,必须向公司登记机关办理变更登记,并公告。

## 四、上市公司发行新股的程序与报送的文件

上市公司发行新股包括公开发行新股与非公开发行新股。鉴于二者的发行程序基本相同，《上市公司证券发行管理办法》（2020 年修正）对其作了统一规定，仅在需要特别规定时予以特别规定。

上市公司公开发行新股为公司公开发行新股的特殊情形，其发行程序应优先适用《上市公司证券发行管理办法》（2020 年修正）的具体规定，该办法未予规定的，则应适用《公司法》《证券法》关于公司公开发行新股程序之一般规定。至于应报送的文件，完全适用关于公司公开发行新股报送的文件的一般规定。

上市公司非公开发行新股应适用《上市公司证券发行管理办法》（2020 年修正）关于上市公司发行新股的统一规定以及针对非公开发行新股的特别规定。《证券法》（2019 年修订）及《上市公司证券发行管理办法》（2020 年修正）均未对上市公司非公开发行新股报送文件作明确规定，从理论与实践来看，应适用关于公司公开发行新股报送的文件的一般规定。

依《公司法》《证券法》《首次公开发行股票并上市管理办法》及其他相关规章之规定，上市公司发行新股应遵循以下程序：

（1）发行人董事会和股东大会就本次发行股票作出决议。上市公司申请发行新股，董事会应当依法就下列事项作出决议，并提请股东大会批准：1）本次股票发行的方案；2）本次募集资金使用的可行性报告；3）前次募集资金使用的报告；4）其他必须明确的事项。股东大会就发行股票作出的决定，至少应当包括下列事项：1）本次发行股票的种类和数量；2）发行方式、发行对象及向原股东配售的安排；3）定价方式或价格区间；4）募集资金用途；5）决议的有效期；6）对董事会办理本次发行具体事宜的授权；7）其他必须明确的事项。股东大会就发行新股事项作出决议，必须经出席会议的股东所持表决权的 2/3 以上通过。向本公司特定的股东及其关联人发行新股的，股东大会就发行方案进行表决时，关联股东应当回避，且应提供网络或者其他方式为股东参加股东大会提供便利。

（2）准备发行文件。公开发行新股适用关于公司公开发行新股之一般规定，非公开发行新股则准用该规定。

（3）股票发行申请。在核准制下，发行人将依法需提交的申报材料呈报国务院证券监督管理机构；在注册制下，发行人将申请文件提交证券交易所。

（4）发行核准或注册。其内容与首次公开发行股票并上市的上述相关规定相同。

（5）公告新股招股说明书和财务会计报告，并制作认股书。该规定仅适用于公开发行新股，非公开发行新股无此要求。

（6）正式发行股票。自中国证监会核准发行之日起，上市公司应在6个月内发行股票；超过6个月未发行的，核准文件失效，须重新经中国证监会核准后方可发行。公开发行新股还应适用关于公开发行新股之一般规定。

（7）股款缴纳及股票交付。具体适用关于公司公开发行新股之一般规定。

（8）上市公司发行新股募足股款后，必须向公司登记机关办理变更登记，并公告。

## 五、股票发行错误纠正及法律责任

国务院证券监督管理机构或者国务院授权的部门对已作出的证券发行注册的决定，发现不符合法定条件或者法定程序，尚未发行证券的，应当予以撤销，停止发行。已经发行尚未上市的，撤销发行注册决定，发行人应当按照发行价并加算银行同期存款利息返还证券持有人；发行人的控股股东、实际控制人以及保荐人，应当与发行人承担连带责任，但是能够证明自己没有过错的除外。股票的发行人在招股说明书等证券发行文件中隐瞒重要事实或者编造重大虚假内容，已经发行并上市的，国务院证券监督管理机构可以责令发行人回购证券，或者责令负有责任的控股股东、实际控制人买回证券。[①]

---

① 我国《证券法》第24条。

# 第四节　公司债券的发行条件与程序

《公司法》第 153 条第 2 款规定："公司发行公司债券应当符合《中华人民共和国证券法》规定的发行条件。"《证券法》在隐含地承认非公开发行债券的情况下，仅对公开发行公司债券与可转换公司债券作了规定。《上市公司证券发行管理办法》（2020 年修正）也在隐含地承认非公开发行可转换公司债券的情况下，仅对公开发行可转换公司债券作了规定。不过，中国证监会于 2007 年 8 月 14 日公布、实施的《公司债券发行试点办法》对公司债券发行作了统一规定，该办法关于公司债券的发行条件与程序的规定可统一适用于公开发行与非公开发行公司债券。中国证监会于 2014 年发布并于 2021 年修正的《公司债券发行与交易管理办法》对公开发行及交易、非公开发行及转让、发行与承销管理、信息披露、债券持有人权益保护作了详细规定。

## 一、公司债券的发行条件

### （一）普通公司债券的发行条件

2005 年《公司法》取消了对发行公司债券的主体限制，所有公司，只要符合《证券法》规定的公司债券发行条件，均可发行公司债券。依《证券法》（2019 年修订）第 15 条之规定，公开发行公司债券，应当符合下列条件：（1）具备健全且运行良好的组织机构；（2）最近 3 年平均可分配利润足以支付公司债券 1 年的利息；（3）国务院规定的其他条件。公开发行公司债券筹集的资金，必须按照公司债券募集办法所列资金用途使用；改变资金用途，必须经债券持有人会议作出决议。公开发行公司债券筹集的资金，不得用于弥补亏损和非生产性支出。

依《证券法》（2019 年修订）第 17 条之规定，有下列情形之一的，不得再次公开发行公司债券：（1）对已公开发行的公司债券或者其他债务有违约或者延迟支付本息的事实，仍处于继续状态；（2）违反《证券法》的规定，改变公开发行公司债券所募资金的用途。

### （二）上市公司可转换公司债券的发行条件

可转换公司债券，是指发行公司依法发行，在一定期间内依据约定的条件可以转换成股份的公司债券。《证券法》（2019 年修订）第 15 条第 3 款规定："上市公司发行可转换为股票的公司债券，除应当符合第一款规定的条件外，还应当遵守本法第十二条第二款的规定。但是，按照公司债券募集办法，上市公司通过收购本公司股份的方式进行公司债券转换的除外。"鉴于该规定较为原则，《上市公司证券发行管理办法》（2020 年修正）对上市公司可转换公司债券的发行条件作了详细规定。

## 二、公司债券的发行程序

依《证券法》第 16 条之规定，申请公开发行公司债券，应当向国务院授权的部门或者国务院证券监督管理机构报送下列文件：（1）公司营业执照；（2）公司章程；（3）公司债券募集办法；（4）国务院授权的部门或者国务院证券监督管理机构规定的其他文件。依照《证券法》之规定聘请保荐人的，还应当报送保荐人出具的发行保荐书。

依《证券法》第 22 条之规定，国务院证券监督管理机构或者国务院授权的部门应当自受理证券发行申请文件之日起 3 个月内，依照法定条件和法定程序作出予以注册或者不予注册的决定，发行人根据要求补充、修改发行申请文件的时间不计算在内。不予注册的，应当说明理由。

## 三、公司债券的信用评级

### （一）公司债券信用评级制度概述

债券信用评级，是指由专门的信用评级机构根据发行人提供的信息材料，并通过调查、预测等手段，运用科学的分析方法，对拟发行的债券资金使用的合理性和按期偿还债券本息的能力及其风险程度所作的综合级别评定。[①] 债券信用评级将所发行债券的可靠性、风险程度用简单的符号或说明展示给投资者，供投资者进行债券投资时参考。

在公司债券的定价过程中，发行公司的信用价值是十分重要的因素，这以债券的信用等级为标志。通过债券评级可以将发行人的信誉和偿债的可靠程度公诸投资者，以保护投资者的利益，使之免遭信息不足所造成的损失。国外公司债券市场一般都具有严格、客观的信用评级制度，成熟市场中大多数公开发行的债券在发行前（承销团组建后、发行价格确定之前）都会聘请专业评级机构对所发行债券进行评级。但许多国家并不强迫债券发行人取得债券评级。不过，没有经过评级的债券，特别是首次进入新市场的债券，在债券市场上难以被广大投资者所接受，因而除信誉很高的政府债券之外，对于其他债券的公开发行，发行人大都会根据承销商的要求，向债券评级公司申请对其拟发行债券进行信用评级。

债券一旦获得评级，评级公司将定期及不定期进行复审和跟踪评级。评级的公正性依赖评级机构的中立性，成熟市场中评级机构也极为重视自身的独立性和中立性，它们尽最大努力使自己在人员或资金方面不与同自己存在利害关系的各方（发行人、承销商、投资者等）以及政府和金融监管机构发生任何利害关系，使评级活动不受发行人的干扰。评级机构的独立性和中立性，对于投资者来说，有利于规避风险、保护自身利益；对于发行人来说，有利于在获评较高等级时按照优惠条件迅速实现发行，并为在更大范围内筹资提供便利；对于金融监管机构来说，有助于有甄别地实施监管，提高监管效率；而对于社会来说，则可以降低信息成本，提高证券市场的效率，实现资源的合理配置。

在许多国家都有专门的债券信用评级机构。在美国，较有名的信用评级机构有标准普尔公司（S & P）、穆迪投资服务公司（Moody）、惠

---

① 吴晓求主编．证券发行与承销．北京：中国人民大学出版社，2001：118．

誉投资服务公司（Fith Ratings）和达夫 & 菲尔普斯公司（Duff & Phelps）。在日本有公司债研究所、日本投资者服务公司等。其中标准普尔公司、穆迪投资服务公司（一般简称"穆迪公司"）是世界上最大和最著名的信用评级机构。它们都是"奉行非利害关系宗旨"的独立机构，不受政府控制，也独立于证券交易所和证券公司。它们所作出的信用评级不具有向投资者推荐这些债券的含义，只是供投资者决策时参考；它们对评级也不承担任何法律责任。

不同评级机构都具有自己的评级方法和标准，但其基本原则和考核思路相同，都是在综合以下三方面的因素，最终通过信用分析对发行债券评定信用等级：（1）对会计质量、盈利能力、偿债能力、资本结构、财务弹性等方面进行现金流量分析，衡量发行人的财务风险；（2）对发行人所处宏观环境、行业状况、竞争地位、管理层素质、经营效率、筹资项目等方面进行经营风险分析；（3）考虑发行人治理结构、债券发行条款、政府支持态度等各方面的支持因素。

虽然债券公开发行要求发行人公布与债券发行有关的信息，但由于所公布的信息内容较多、专业性较强，并不是所有的投资者都能够根据公布的信息准确判断发行人的偿债能力。因此，信用评级机构使用简略易懂的符号，向投资者提供有关债券风险性的实质信息，以供投资者作出债券投资的决策。根据债券的风险程度，标准普尔公司信用等级标准从高到低划分为：AAA 级、AA 级、A 级、BBB 级、BB 级、B 级、CCC 级、CC 级、C 级和 D 级。穆迪投资服务公司信用等级标准从高到低划分为：Aaa 级、Aa 级、A 级、Baa 级、Ba 级、B 级、Caa 级、Ca 级、C 级。两家机构信用等级划分大同小异：前四个级别债券信誉高，履约风险小，是"投资级债券"；第五级开始的债券信誉低，是"投机级债券"。

### （二）我国债券信用评级制度与实践

我国《公司法》《证券法》《企业债券管理条例》均未规定强制性的债券信用评级制度，但准许债券发行人申请信用评级。对此，《企业债券管理条例》（2011 年修订）第 15 条第 2 款还明确规定："企业发行企业债券，可以向经认可的债券评信机构申请信用评级。"不过，两大证券交易所企业债券上市规则都明确规定，在交易所上市的公司债券必须申请信用评级，且其信用等级应不低于 A 级。此外，《证券公司债券管理暂行办法》《上市公司证券发行管理办法》《公司债券发行与交易管理办法》《全国银行间债券市场金融债券发行管理办法》，也都明确规定了强制性的债券信用评级制度，要求债券发行人委托具有资格的资信评级机构进行信用评级和跟踪评级。为了促进证券市场资信评级业务规范发展，中国证监会于 2007 年 8 月 24 日发布了《证券市场资信评级业务管理暂行办法》（2021 年修订）从而改变了我国证券市场信用评级业务长期缺乏业务管理规则的局面。

与国外相比，我国的债券信用评级业务开展晚、发展慢。在 1987 年《企业债券管理暂行条例》（已为 1993 年发布、2011 年修订的《企业债券管理条例》所取代）实施后，我国债券信用评级业务才获得逐步发展。尽管我国所有公开发行的公司债券都申请了信用评级，但市场规模小，行业水平要远远低于发达国家。在国内评级机构中，具有代表性的机构为中诚信国际信用评级有限责任公司和大公国际资信评估有限公司。

# 第五节　证券发行审核制度

## 一、证券发行审核模式

由于证券发行，尤其是公开发行，往往涉及数量众多的社会投资者，进而影响一国甚至世界范围内的经济秩序，因而各国都对证券发行进行监管，以防范证券发行中的欺诈行为，减弱其负面效应。由于各国证券管理体制及监管机构的理念不同，证券发行审核主要存在两种体制：注册制与核准制。证券发行审核制度主要就股票发行而言，但并不限于股票，各国都是就证券法所调整的证券作统一规定。

1. 注册制

注册制，又称申报制、登记制、公开主义或形式主义，是指发行人在发行证券时，应当且只需依法全面、准确地将投资者作出决策所需的重要信息资料充分完全地披露，向证券监管机构申报；证券监管机构不负实质审查义务，不对证券自身的价值作出任何判断，而仅审查信息资料的全面性、真实性、准确性和及时性；发行人公开和申报有关信息材料后，证券监管机构未提出补充或修订意见，或者未以停止命令阻止注册生效者，即视为已依法注册，发行人即可发行证券。注册制的制度基础是高度发达的自治自律的市场经济，其理论依据是：证券发行只受信息公开制度的约束，投资者根据公开的信息作出选择，风险自负；但如果发行人违反信息公开义务和注册制度，投资者有权要求发行人承担法律责任。

注册制具有以下优点：（1）简化审核程序，减轻主管机关的负担；（2）节省募集资金时间，方便发行人及时募集到所需资金，获取发展机会；（3）促使投资者提高投资判断力，减少对政府的依赖。但注册制也有弊端：由于发行手续简便，发行人往往会基于募集所需资金之考虑，作出不利于投资者的行为。因此对于不成熟的投资者来说，注册制下的证券投资具有较大的风险。

注册制下证券市场的市场化程度较高，像商品市场一样，只要将产品信息真实、全面地公开，至于产品能否卖出去，以什么价格卖出去，完全由市场需求来决定。因此，注册制充分体现了市场经济条件下"无形之手"自我调节的本质特性。注册制体现了市场经济的自由性、主体活动的自主性以及政府管理经济的规范性与效率性。[①] 这种发行审核制度对发行人、券商、投资者的要求都比较高。从实施注册制的国家的情况来看，股票发行注册制的实施，应满足以下条件：（1）已建立起较高程

---

① 杨志华. 证券法律制度研究. 北京：中国政法大学出版社，1995：72.

度和较完善的市场经济体系；（2）有较完善的法律法规作保障；（3）发行人和承销商及其他中介机构具有较强的行业自律能力；（4）投资者已具备良好的投资理念；（5）证券监管机构的市场化监管手段较完善。

2. 核准制

核准制，又称实质审查主义或实质管理原则，是指发行人不仅要依法全面、准确、及时地将投资者作出投资决策所需的重要信息予以充分披露，而且必须符合法律、法规规定的实质条件，证券发行人只有在得到证券监管机构的核准后，才能发行证券；证券监管机构不仅审查发行人公开信息的真实性、准确性和完整性，而且对证券的投资价值进行实质性审查，发行人必须符合法定条件（如股本结构、股本规模、产业结构等），否则发行申请将被否决。核准制的理论依据是：投资者并非完全理性，而证券发行涉及公共利益和社会安全，因此需要证券监管机构除进行注册制所要求的形式审查外，还对发行人的营业性质、财力、素质、发展前景、发行数量和发行价格等条件进行实质审查，并据此作出发行人是否符合发行条件的价值判断和是否核准申请的决定。

核准制具有以下优点：（1）对拟发行的证券进行了形式上和实质上的双重审查，获准发行证券的投资价值有一定的保障；（2）有利于防止不良证券进入市场，损害投资者利益。核准制体现了行政权力对股票发行的参与，是"国家之手"干预股票发行的具体体现。这种制度在市场经济发育不太完善的情况下较注册制更有利于对广大投资者利益的保护。但核准制也具有以下缺点：（1）主管机关负荷过重，在证券发行种类和数量日益增多的情况下，可能导致证券发行质量存在问题；（2）容易造成投资者对证券监管机构产生依赖心理，不利于培育成熟的投资人群；（3）不利于发展新兴事业，具有潜力和风险性较高的公司可能因一时不具备较高的发行条件而被排斥在外。

注册制和核准制的根本差异在立法理念。核准制下，证券发行上市是一项特权，须经证券监管机构同意后方可取得。而注册制下，证券发行上市是一般权利，除非可能损害公众利益，否则政府不应加以限制。两者的根本区别在于证券发行的权利是政府授予的还是法律赋予的，而不在于公开信息披露的程度、发行审核标准等。此外，其区别还体现在审核机构是否对发行人进行实质性审查。[1]

相对而言，注册制比较符合效率原则，核准制比较符合安全原则，但各有利弊。注册制提高了新股发行的市场化，核准制加强了监管机构的监管。一般来说，坚持政府较少干预经济的国家（地区）往往实行注册制；坚持政府应维护市场秩序、干预经济运行的国家往往实行核准制。目前，多数国家（地区）都采取注册制，美国、英国、日本、德国、法国、意大利、澳大利亚、加拿大、荷兰、巴西、新加坡、菲律宾等国家均采注册制，其中美国是典型代表。新西兰、瑞典、瑞士等国家带有相当程度的核准制特点。[2] 但作为一种发展趋势，不仅越来越多的国家（地区）已改采注册制，而且许多国家和地区在证券发行审核制度改革方案中都拟采注册制。我国台湾地区"证券交易法"1988年修订时确立了兼采核准制与注册制的制度，2006年修订时则进一步修正为注册制。[3]

不过，证券发行注册制与核准制这种非此即彼的划分并不科学，这也是我国证券市场长期以来对注册制存在误解的重要原因。事实上，发达资本市场中的注册制也存在一定程度的实质审核。例如，美国联邦的注册制以州的实质审核为基础，《1933年证券法》确立注册制的目的实为补充各州证券实质监管容易被投行规避的不足。美国证券交易委员会在行使证券发行审核职权时，会将注册登记书审核任务交给证券交易委员会所属公司融资部门的审核小组专门负责。尽管实践中美国证券交易委员会基本上都同意注册，但也有权对注册申请发出"拒绝令"阻止注册生效。另如，香港联交所的《主板上市规则》与上市申请审核中有很多实质审核的内容。[4] 基于此，理论界及实务部门对我国香港地区的证券发行审核制度有不同认识，有观点认为其为典型的核准制，也有观点

---

① 曹凤岐.推进我国股票发行注册制改革.南开学报（哲学社会科学版），2014（2）.
② 雷兴虎主编.商法学.北京：人民法院出版社，2003：207-208.
③ 赖英照.股市游戏规则：最新证券交易法解析.北京：中国政法大学出版社，2006：26.
④ 沈朝晖.证券法的权力分配.北京：北京大学出版社，2016：77，90-91.

认为其实质上是注册制。[①]

核准制与注册制的本质区别在于前者由证监会主导审核，后者由证券交易所主导审核。在理论上讲，由中国证监会审核具有天然的公正、权威的优势，但由证券交易所主导审核的优势更为突出。一方面，证券交易所拥有大批专业人才，能够满足证券发行审核的专业和效率要求；另一方面，证券交易所贴近市场，了解市场，且能够与证券上市后的持续监管保持必要的衔接和协调，在监管的理念、方法、标准和尺度上亦可保持一致性，无疑有利于市场的良性运行。[②]

## 二、我国证券发行审核制度

随着我国市场经济的发展，尤其是证券市场的发展，我国证券发行审核制度经历了从计划模式的审批制到市场化的核准制的演变。审批制是在额度管制下采用行政办法推荐发行人，由证券监管机构通过对申请发行证券的公司进行实质性审查，决定其能否发行证券。审批制下从企业的选择到发行上市的整个过程都透明度不高，市场的自律功能得不到有效发挥，弊端较多，无法保证上市公司的质量。

从我国证券市场产生之初，我国就实行严格的审批制，非经证券监管机构批准不得发行股票和企业债券。如 1990 年 11 月 27 日由上海市人民政府颁发的《上海市证券交易管理办法》（已失效）第 7 条即明确规定："凡在本市发行证券，必须取得证券主管机关批准。未经批准，禁止发行证券。" 1993 年《股票发行与交易管理暂行条例》亦采用审批制。[③]

---

① 汤欣，魏俊. 股票公开发行注册审核模式：比较与借鉴. 证券市场导报，2016（1）.
② 陈洁. 科创板注册制的实施机制与风险防范. 法学，2019（1）.
③ 该条例第 12 条第 2、3 项明确规定：在国家下达的发行规模内，地方政府对地方企业的发行申请进行审批，中央企业主管部门在与申请人所在地地方政府协商后对中央企业的发行申请进行审批；地方政府、中央企业主管部门应当自收到发行申请之日起 30 个工作日内作出审批决定，并抄报证券委；被批准的发行申请，送中国证监会复审；中国证监会应当自收到复审申请之日起 20 个工作日内出具复审意见书，并将复审意见书抄报证券委；经中国证监会复审同意的，申请人应当向证券交易所上市委员会提出申请，经上市委员会同意接受上市，方可发行股票。

1992 年年底，我国明确提出股票发行应实行规模控制。1993 年以后，额度制正式实施，从而使审批制表现为具有浓厚计划色彩的额度制。其主要做法是，国务院证券管理部门根据国民经济发展需求及资本市场实际情况，先确定总额度，然后根据各个省级行政区域和行业在国民经济发展中的地位和需要进一步分配总额度，再由省级政府或行业主管部门来选择和确定可以发行股票的企业（主要是国有企业）。

1996 年开始，为推行证券发行体制改革，由额度制下的审批制转而实行"指标管理"下的审批制，采取"总量控制，限报家数"的办法。其主要做法是，由国务院证券管理部门确定在一定时期内应发行上市的企业家数，然后向省级政府和行业主管部门下达股票发行家数指标，省级政府或行业主管部门在上述指标内推荐预选企业，证券管理部门对符合条件的预选企业同意其上报发行股票正式申报材料并审核。

1998 年《证券法》第 10 条规定："公开发行证券，必须符合法律、行政法规规定的条件，并依法报经国务院证券监督管理机构或者国务院授权的部门核准或者审批；未经依法核准或者审批，任何单位和个人不得向社会公开发行证券。"依此，我国改变曾实施多年的审批制，转而根据发行证券的种类实行兼采核准制与审批制的双轨制。具体来说，股票发行采核准制；公司（含金融机构）债券发行采审批制。但此后新股的发行审核制度仍以计划审批制为主，实行的是审批制和核准制相结合的综合制度。2000 年 3 月 16 日，《中国证监会股票发行核准程序》（现已废止）颁布、实施，标志着核准制正式确立，但此时仍未真正实施。核准制的特点是由主承销商（保荐机构）推荐发行人，由证券监管机构进行审核，审核通过后，由证券监管机构发文"核准"发行。

2001 年 3 月 17 日，中国证监会取消了额度和指标限制，放开了一级市场的发行定价。这标志着通道制下的核准制正式推行。其主要做法是，中国证监会向各综合类券商下达可推荐拟公开发行股票的企业数量，只要具有主承销商资格，就可获得 2 至 9 个通道，具体的通道数以 2000 年该主承销商所承销的项目数为基准，新的综合类券商有 2 个通道数。通道制取得了一定的效果，如为监管机构调控市场供求关系提供了一种相对公平的排队机制；通过不良记分制、通道暂停与扣减等措施，客观上促使证券公司提高了执业水准。但通道制依然具有较为浓厚的计划色彩，作为一种临时性的安排，自从实施以来功能日益弱化，显现出通道周转率低等妨碍高层次竞争和牺牲市场效率的弊端。

2003 年 12 月 28 日，中国证监会发布了《证券发行上市保荐制度暂行办法》（以下简称《暂行办法》）。2004 年 2 月 1 日保荐制正式实施。随着保荐机构、保荐人的风险意识较大幅度提高，对项目把关更为严格，证券发行上市的市场约束机制已经初步建立。自 2005 年 1 月 1 日起，证券公司推荐企业发行股票实行"自行排队，限报家数"的规定废止。至此，运行了 3 年多时间的证券发行通道制宣告终止。

2006 年 1 月 1 日 2005 年修订后的《证券法》生效后，尤其是于 2006 年 5 月 6 日发布的《上市公司证券发行管理办法》于当月 8 日施行后，我国证券发行审核制度转变为较为市场化的核准制，并且使核准制同样适用于公司股票发行与公司债券发行。该办法施行后，保荐制仍然为证券发行的一种重要制度。

在 2005 年《证券法》修订之前，我国证券发行核准制度区别于西方国家的最大特点在于发行审核与上市审核合并。2005 年《证券法》已将上市核准权授予证券交易所，从而使发行与上市核准分离。

中国证监会于 2006 年 5 月 8 日发布《中国证券监督管理委员会发行审核委员会办法》（2009 年修改），对股票发行审核委员会的工作进行改革。首先，将股票发行审核委员会（以下简称"发审委"）会议表决由无记名投票改为记名投票，且参加表决的委员应表明肯定或否定某公司股票上市发行的理由，保留工作底稿，以便明确责任主体。由此，建立了发审委委员问责制，有利于防范发审委委员的道德风险。其次，提高发审委工作的透明度，取消原有发审委委员身份保密的规定，只对具体参与讨论的委员暂时加以保密。最后，减少发审委委员人数，调整发审委的人员构成，设置专职委员，使发审委有足够的时间和精力进行发行审核工作，从而保证审核工作的质量。至此，我国证券发行审核制经过不断修正，核准制中其实已包含了注册制的成分，从而为我国证券发行审核制最终走向注册制奠定了制度基础。[①]

### 三、我国证券发行注册制的确立

2013 年 11 月，中国共产党十八届三中全会审议通过的《中共中央关于全面深化改革若干重大问题的决定》中明确提出，"推进股票发行注册制改革"。这是将注册制第一次写进党的文件。随后，中国证监会等各方开始努力推动注册制改革。2015 年政府工作报告将"实施股票发行注册制改革"确定为当年工作部署。2015 年 4 月《证券法》修订草案一审时，明确取消股票发行审核委员会制度，规定公开发行股票并拟在证券交易所上市交易的，由证券交易所负责对注册文件的齐备性、一致性、可理解性进行审核。但其后 2015 年股市异常波动等内外部条件变化，使监管层和市场各方认识到，注册制改革并不是越快越好，而是需要稳步推进。此后的 2016 年、2017 年政府工作报告中都没有提及注册制。2017 年，《证券法》二审稿中也没有关于注册制的相关表述。

为避免《证券法》对注册制的推行造成制度障碍，全国人大常委会于 2015 年 12 月 27 日表决通过了《全国人民代表大会常务委员会关于授权国务院在实施股票发行注册制改革中调整适用〈中华人民共和国证券法〉有关规定的决定》。该决定的实施期限为 2 年，自 2016 年 3 月 1 日起施行。根据该文件的表述，从 2016 年 3 月 1 日起的 2 年内，股票发行注册制都可以实施。然而，我国证券发行注册制改革并不顺利，已超出此前预计的时间。为此，2018 年 2 月 24 日，第十二届全国人大常委会第三十三次会议通过了《全国人民代表大会常务委员会关于延长授权国务院在实施股票发行注册制改革中调整适用〈中华人民共和国证券

---

① 李东方. 证券发行注册制改革的法律问题研究——兼评"《证券法》修订草案"中的股票注册制. 国家行政学院学报，2015（3）.

法〉有关规定期限的决定》，将注册制改革的授权期限延长 2 年至 2020 年 2 月 29 日。2019 年 1 月 30 日，中国证监会就《科创板首次公开发行股票注册管理办法（试行）》公开征求意见。2019 年 3 月 1 日，中国证监会正式发布了《科创板首次公开发行股票注册管理办法（试行）》，明确了科创板试点注册制的总体原则，规定股票发行适用注册制。以科创板试点注册制的成功经验为基础，2019 年 12 月 28 日第十三届全国人大常委会第十五次会议四审通过的《证券法》正式确定了注册制。

不过，鉴于注册制的实施不会立即全面推行，未来相当长一段时间内，核准制仍将继续实施，因而《上市公司证券发行管理办法》（2020 年修正）仍规定的是发行核准规范。可见，我国证券发行注册制改革采取的是不少学者所主张的渐进式变革。① 在过渡期内，我国证券发行审核制度需要进行相应改革。首先，中国证监会应转变职能。多年来中国证监会将主要精力放在对新股发行的审批上，此后应逐步将注意力由对持续盈利能力的实质审查，转移到对信息披露的形式审查上来，降低事前审核门槛，使投资者更加谨慎地甄别、评估拟上市公司。其次，推动证券交易所改制。我国沪深证券交易所实质上都是政府机构的延伸，直属于中国证监会，相关领导亦由中国证监会委任。在现行体制下，发行审核权下放到证券交易所容易造成中国证监会"自我监管"的无效性。只有通过改制，才能强化中国交易所的自律地位，使其可通过制定适合自身需求的上市和退市规则，行使发审权，对申报资料的齐备性、上市公司信息披露等事项独立行使审核权。最后，强化信息披露质量，建立追责机制。通过落实发行人和中介机构的主体责任，推动各方归位尽责，强化信息披露的真实性、准确性、完整性和及时性，提升发行人信息披露质量，抑制虚假信息披露、包装上市现象。②

当然，鉴于我国证券市场股权结构及投资者结构的特殊性，且证券

---

① 李文莉．证券发行注册制改革：法理基础与实现路径．法商研究，2014（5）.
② 曹凤岐．推进我国股票发行注册制改革．南开学报（哲学社会科学版），2014（2）.

交易所并不具备足够的独立性，注册制实施后中国证监会的证券发行审核职能只是转变运行方式，并没有被弱化。对此，有学者认为，中国证监会不仅不应从前端的实质审查中"隐退"，而应进一步扩大其权力范围，提升其地位，改善其人力与资源投入，从"重发审"转向"发审与执法并重"[1]。该论断貌似与注册制改革扞格不入，实则具有相当的合理性。类似"谨慎派"的学者为数不少。[2]

---

[1]　蒋大兴．隐退中的"权力型"证监会——注册制改革与证券监管权之重整．法学评论，2014（2）.

[2]　巫文勇，余雪扬．注册制下股票发行标准重建研究——基于注册发行与相关上市规则的冲突分析．江西财经大学学报，2019（4）．冷静．注册制下发行审核监管的分权重整．法学评论，2016（1）.

# 第四章  证券承销和保荐制度

## 第一节  证券承销概述

### 一、证券承销的概念和适用

证券承销，是指证券经营机构根据其与发行人签订的证券承销协议，向证券投资者销售、促成销售或代为销售拟发行证券，并因此收取一定比例的承销费用的行为。此时，证券经营机构称为承销商，证券发行人称为被承销人。

承销商由投资银行担任。由于历史原因，各国（地区）关于投资银行的称谓不尽相同，如美国称之为投资银行，英国称之为商人银行，德国称之为私人承兑公司，法国称之为实业银行，日本称之为证券公司，我国香港地区称之为吸储公司，我国台湾地区称之为证券商。不过，理论与实务界多称之为投资银行。[①] 在我国大陆，承销商为具有证券承销业务资格并具有法人资格的证券公司，故本书有时直接以证券公司指称之。证券承销是具有投资银行业务资格的证券公司最本源、最核心的业务。[②]

---

① 任淮秀主编. 投资银行业务与经营. 北京：中国人民大学出版社，2000：1.
② 在我国，实践中常将从事投资行业业务的部门称为投行部，证券承销业务、企业并购与财务顾问业务及其他相关业务亦被称为投资银行业。证券公司、信托投资公司、基金管理公司、财务公司、投资咨询公司、租赁公司都不同程度地涉足部分投资银行业务，扮演着部分投资银行的角色，但都未达到投资银行的通常标准。不过，各国投资银行的业务范围也不尽相同，因而也不存在所谓标准与规范意义上的投资银行的确切定义。在西方国家，投资银行业务主要包括以下内容：证券承销，证券交易，证券的私募，兼并与收购，基金管理，风险资本，金融工程，金融咨询。任淮秀主编. 投资银行业务与经营. 北京：中国人民大学出版社，2000：10-17.

从证券发行人角度来说，证券承销是相对于其直接发行的一种证券间接发行方式，故证券承销又称间接发行。在许多国家，证券承销并非公开发行证券的强制性要求，而是证券发行人自行选择的证券发行方式。在我国，凡向社会公开发行证券均须以证券承销方式发行。证券非公开发行中，达到法定标准的，亦须采取承销方式。在形式上看，我国2019 年《证券法》并未将证券承销作为公开发行证券的强制性要求。如该法第 26 条第 1 款规定："发行人向不特定对象发行的证券，法律、行政法规规定应当由证券公司承销的，发行人应当同证券公司签订承销协议。证券承销业务采取代销或者包销方式。"依此，公开发行证券，只有"法律、行政法规规定应当由证券公司承销的"，才必须采取承销方式。不过，该法关于公开发行股票、可转换公司债券的申报文件中均包括"承销机构名称及有关的协议"，中国证监会制定的相关规章中也均将证券承销作为公开发行证券的一项强制性制度安排。因此，在我国，证券承销事实上仍属于强制性规定。

证券承销制度主要用以调整发行人与承销商之间的关系，但实际上涉及发行人、承销商及投资者之间的复杂关系。承销商在证券承销中起着桥梁作用，将发行人和投资者的目标很好地结合起来。通过承销商，发行人实现了融资的目的，投资者实现了获得投资机会的目的；承销商则通过在承销过程中收取佣金和获取利差来实现自己的经营目标。

我国证券法规定：证券的代销、包销期限最长不得超过 90 日。公开发行股票，代销、包销期限届满，发行人应当在规定的期限内将股票发行情况报国务院证券监督管理机构备案。

## 二、证券承销的方式

根据承销商与发行人之间法律关系性质的不同，证券承销可分为证券代销与证券包销。我国《证券法》第 26 条第 1 款即明确规定了"证券承销业务采取代销或者包销方式"。

### （一）证券代销

证券代销，又称代理发行，是指承销商代发行人发售证券，在承销期结束时，将未售出的证券全部退还给发行人的承销方式。① 由此，发行人与承销商之间建立的是一种委托代理关系。承销商作为发行人的推销者，不垫付资金，对未能售完的证券不负任何责任。证券发行的风险基本上由发行人自己承担。因此，发行人为降低发行风险，往往会在代销合同中特别约定，承销商应采取各种必要措施，促使证券发行获得最大认购数量。由于在证券代销中承销商不能保证使发行人及时全部获得所需款项，故只有那些知名度高或信用等级高、市场信息充分并相信证券能在短期内顺利售出的发行人才会选择代销方式。

证券代销是国外证券私募发行中广泛采用的承销方式，但在整个证券承销制度中居于次要地位。在我国，证券代销主要用于公司债券的发行，股票公开发行中很少采用该证券承销方式。但《证券发行与承销管理办法》（2018 年修订）第 23 条第二句明确规定：“上市公司非公开发行股票未采用自行销售方式或者上市公司配股的，应当采用代销方式。”该办法第 24 条还规定：“股票发行采用代销方式的，应当在发行公告（或认购邀请书）中披露发行失败后的处理措施。股票发行失败后，主承销商应当协助发行人按照发行价并加算银行同期存款利息返还股票认购人。”

### （二）证券包销

证券包销，是指承销商将发行人的证券按照协议全部购入或者在承销期结束时将售后剩余证券全部自行购入的承销方式。② 在证券包销中，承销商与发行人商定发行底价，签订包销协议书，然后组织力量在证券市场以某种方式进行销售。采用这种方式，当实际招募额达不到预定发行额时，剩余部分由承销商全部承购下来，并由承销商承担证券发行风险。由于证券包销能将证券发行失败的主要风险转移于承销商，从而最大限度地降低发行人的发行风险，因而该承销方式已成为各国证券市场上公开发行证券时使用最广泛的证券承销方式。在我国公开发行股

---

① 我国《证券法》第 26 条第 2 款。
② 我国《证券法》第 26 条第 3 款。

票时基本上都采取的是证券包销方式。不过，法律未对此作强制性规定。对此，《证券发行与承销管理办法》（2018 年修订）第 23 条第一句规定："证券公司承销证券，应当依照《证券法》第二十八条①的规定采用包销或者代销方式。"

对于发行人来说，证券包销的弊端在于发行费用高昂，且发行人不能独占溢价发行的"溢价"。对承销商来说，包销一般获利丰厚，但风险很大。包销不仅要求承销商在证券定价研究和投资人询价机制上非常成熟，而且要求承销商必须具有非常发达的营销网络。因此，在拟发行证券数额较大时，一般由几家承销商组成承销团进行包销。在国际证券市场中，银团包销方式最为常见。证券包销可分为三种方式：全额包销、余额包销与定额包销。但我国《证券法》仅确认了前两种。

全额包销，是指承销商以自有资金一次性全额购买发行人所发行的全部证券，然后再以自己的名义向投资者出售其所购证券的承销方式。发行人与承销商之间属于买卖关系。全额包销的承销商承担全部发行风险，可以保证发行人及时得到所需资金，且不必承担市场风险。但承销商承担了较大风险，因而要求发行人支付较高的承销费用。承销商之所以愿意采取全额包销方式，主要原因在于其对成功发行证券有良好预期，且自身拥有较好的支付能力和风险承担能力。此外，在竞争激烈的证券承销市场中，受高额承销收益驱使，承销商有时也会不得不冒一定的市场风险。

余额包销，也称助销，是指承销商按照承销协议，在约定的承销期满后，将剩余证券以自有资金一次性购买的承销方式。在承销期内，承销商处于代理人的地位，应尽为发行人利益而尽力销售的义务；在承销期满后将剩余证券一次性购买时，发行人与承销商之间则转为买卖关系。在余额包销中，承销商主要承担的是经纪职能，但仍要承担部分发行风险。因此，余额包销的费用高于代销的费用但低于全额包销的费用。在美国等成熟证券市场中，余额包销曾长期是证券承销的主要方

---

① 现行《证券法》中对应条款是第 26 条。

式，但全额包销已逐渐占据了主导地位。在我国，首次公开发行股票与增发新股时，余额包销形式常被采用，配股则基本上都采取的是余额包销的形式。

定额包销，是指承销商承购发行人发行的确定份额的证券，承销商未包销的部分，则通过协议由承销商代销。在定额包销方式下，市场风险由发行人和承销商分担。我国《证券法》未规定该承销方式。

## 三、承销团承销

承销团承销，又称联合承销，是指两个以上的证券承销商共同接受发行人的委托，向投资者发售某一证券的承销方式。承销团至少由两个以上的承销商组成，至于究竟需要几家承销商组成承销团，要取决于证券发行规模、发行地区。承销团承销适用于数量特别巨大的证券发行，例如国债或者大宗股票的发行。此时，一个承销商往往不愿或不能单独承担发行风险，就组织一个承销团，由一个或数个承销商为主承销商（major bracket），联合多个金融机构共同完成发行任务，共同分担发行风险，并分摊发行费用。

承销团承销既可适用于证券代销，也可适用于证券包销。承销团承销时，承销团数量较多，资金实力较强，销售网点分布广泛，能够实现承销商之间的优势互补，并加强承销商之间的制约，有利于分散承销风险，提高证券发行速度。但对于这种辛迪加式的承销方式，内部管理协调十分重要，否则会引起混乱。

在承销团中起主要作用的承销商是主承销商。主承销商是代表承销团与发行人签订承销协议的实力雄厚的大承销商，一般通过竞标或协商的方式确定；其任务主要是组建承销团，代表承销团与发行者签订承销协议等文件，决定承销团成员的承销份额等。在一般项目中，主承销商多由单一承销商担任，但在大型项目中则多由数个承销商组成联合主承销商。对此，《证券发行与承销管理办法》（2018年修订）第22条第2款明确规定："证券发行依照法律、行政法规的规定应由承销团承销的，组成承销团的承销商应当签订承销团协议，由主承销商负责组织承销工作。证券发行由两家以上证券公司联合主承销的，所有担任主承销商的证券公司应当共同承担主承销责任，履行相关义务。"例如，备受世界投资银行界关注的中国工商银行在香港上市①，即由美林集团（Merrill Lynch& co.）、中金投行团②、瑞士信贷集团（Credit suisse Group）、德意志银行（Deutsche Bank ag）及工商东亚金融控股有限公司（ICEA Finance Holdings）等五家投资银行组成该行的 IPO 联合主承销商。中国国际金融股份有限公司、中信证券、申银万国和国泰君安则共同负责内地的 A 股发行。中国银行在香港上市的主承销商为中银国际（中银国际证券有限公司）、高盛集团（Goldman Sachs group）、瑞银集团（UBS）。中国建设银行于 2005 年在香港上市的主承销商为亚洲金融控股有限公司、摩根士丹利与中金公司。

承销团成员确定后，主承销商应负责与其他承销商签订分销协议，明确承销团各成员的权利和义务，包括各成员推销证券的数量和获得的报酬、承销团及其合同的终止期限等。

我国《证券法》第 30 条规定："向不特定对象发行证券聘请承销团承销的，承销团应当由主承销和参与承销的证券公司组成。"该规定确立了强制性承销团制度。此外，发行人也可经与承销商协商，自行决定采取承销团的承销方式。《证券发行与承销管理办法》（2018 年修订）第 22 条第 2 款第三句明确规定："承销团由 3 家以上承销商组成的，可以设副主承销商，协助主承销商组织承销活动。"

《证券发行与承销管理办法》（2018 年修订）第 22 条第 3 款规定："承销团成员应当按照承销团协议及承销协议的规定进行承销活动，不得进行虚假承销。"

## 四、证券承销资格

证券承销商必须具备法律规定的证券承销主体资格。我国 1998 年

---

① 中国工商银行是首家以 A＋H 模式实现 IPO，于 2006 年 10 月 27 日在内地和香港同步挂牌上市的银行，募集资金 219 亿美元，成为全球有史以来筹资规模最大的一次股票发行。

② 由中金公司（中国国际金融股份有限公司）和摩根士丹利（Morgan Stanley）联合组成。

《证券法》将证券公司分为综合类证券公司和经纪类证券公司，只有前者才拥有证券承销资格。现行《证券法》第120条则规定，经国务院证券监督管理机构批准，证券公司可以经营包括证券承销与保荐在内的部分或者全部业务。依此，只要经中国证监会批准，可以经营证券承销与保荐业务的证券公司均拥有证券承销的资格。

中国证监会于1996年10月23日发布并于同年12月1日起实施的《境内及境外证券经营机构从事外资股业务资格管理暂行规定》分别对境内证券经营机构和境外证券经营机构申请从事外资股承销业务作了资格限定。

## 五、证券承销协议

### （一）证券承销协议的概念与特征

证券承销协议，即证券承销合同，是指证券发行人与证券承销商就证券承销的有关内容所达成的明确双方权利和义务的书面协议。发行人可以选择与一个证券承销商签订协议，也可选择与多个证券承销商分别签订协议。证券承销协议是证券承销制度的核心问题。

证券承销协议具有以下法律特征：

（1）证券承销商必须具备特定主体资格。承销商应为依法设立、具有相应证券承销资格的证券承销商。

（2）法律性质依承销类型而不同。有的承销协议具有买卖性质，如全额包销协议；有的承销协议具有委托代理性质，如证券代销协议；有的承销协议兼具两种性质，如余额包销协议。

（3）内容法定。《证券法》及相关法规对证券承销协议的条款作了明确规定，报送证券监管机构的证券承销协议必须包括这些内容，否则将无法获得证券发行核准。当然，在不违反相关法律的强制性规定的前提下，双方当事人经协商一致，可在证券承销协议中纳入其他条款。在实践中，往往都会在法定条款之外，另行约定背景条款、定义条款等其他条款。

### （二）证券分销协议的概念与特征

证券分销，是指在采取承销团承销时，承销团成员（分销商）接受主承销商的委托，向投资者发售某一证券的特殊承销方式。证券分销协议，是指承销团成员根据承销团协议所达成的，在承销团成员内部分配待发行证券及相应权利、义务的书面协议。

证券分销协议乃特殊的证券承销协议，除具有证券承销协议的一般特征外，还具有以下法律特征：

（1）证券分销协议是承销团成员之间签订的特殊承销协议。证券分销协议由主承销商与分销商签订，而非由证券发行人与承销商签订。

（2）证券分销协议生效以承销团协议生效为要件。承销团成员通常会在承销团协议磋商期间磋商分销协议，并在签订承销团协议的同时签订分销协议。这就使分销协议生效以承销团协议生效为前提。

### （三）证券承销协议的主要条款

依《证券法》第28条之规定，证券公司承销证券，应当同发行人签订代销或者包销协议，载明下列事项：（1）当事人的名称、住所及法定代表人姓名；（2）代销、包销证券的种类、数量、金额及发行价格；（3）代销、包销的期限及起止日期；（4）代销、包销的付款方式及日期；（5）代销、包销的费用和结算办法；（6）违约责任；（7）国务院证券监督管理机构规定的其他事项。

# 第二节 证券承销商权利、义务的特殊规制

证券承销商在证券承销过程中，除享有一般合同当事人的权利、义务外，还因其特殊地位而受到法律的特殊规制。在承销商所应享有的权

利方面，除依承销协议收取承销费用等基本权利外，还可依承销协议行使超额配售选择权。但该项权利的行使事关证券市场的公平与稳定，因而被纳入法律的特殊规制范围。在承销商所应履行的义务方面，除尽力销售等基本义务外，法律还对其予以特殊规制，从而形成了一些特殊义务。

## 一、超额配售选择权

### （一）超额配售选择权的概念与功能

超额配售选择权（over-allotment option），又称超额发售权，是指发行人授予主承销商的一项选择权，获此授权的主承销商可以根据市场认购情况，在证券发行上市后 30 日内，按同一发行价格向投资者超额发售一定比例（一般不超过总发行量的 15％）的证券，该超额部分证券的发行，被视为该次发行的一部分。按国际惯例，行使超额配售选择权时，主承销商通常采用私募形式将超额部分证券配售给参与本次申购且与本次发行无特殊利益关系的机构投资者。这就使证券发行时得以将公募与私募结合使用。

超额配售选择权，由美国波士顿绿鞋公司于 1963 年首次公开发行股票时率先使用，故也称绿鞋（green shoe）、绿鞋期权（green shoe option）等。在美国，超额配售选择权的期限和可交割证券的数量由全国证券交易商协会（NASD）的规则限定。现在国际证券市场已经普遍接受和采纳这一方式，它是国际证券市场上，主承销商应对证券承销风险，在新股或新债发行后稳定后市的最常用，也最重要的工具之一。

超额配售选择权是安定操作的特殊表现形式。[①] 超额配售选择权的主要作用在于证券上市后一定期间内对证券价格起到维护作用。超额配售选择权赋予主承销商一定的调控市场能力，尤其在以接近市价的价格发行证券时，对促使证券发行后一段时期内证券价格保持稳定非常有

---

① 关于安定操作的含义，详见本书第十六章第四节。

利。在引入超额配售选择权后，在证券市价高于发行价时，主承销商可请求发行人按承销价额外发行一定数量的证券，并按发行价将其向申购者额外发售，从而通过增加证券供应量，抑制证券交易价格过高的行情。该超额发售的证券款项暂时留存于主承销商，并由其用于从证券市场购买与超额发售证券数量相同的证券，作为分配给申购者的证券来源。在证券市价低于发行价时，主承销商可以用超额发售证券所获资金从市场中购买证券，并按发行价将其分配给申购者。在主承销商购买证券的影响下，该新发证券市价可能会有一定抬升。由此可见，上述两项措施都有利于维护证券市价在发行价以上运行，最大限度地降低证券市价跌破发行价的可能性，从而保护投资者利益，维护发行人、主承销商的形象。

超额配售选择权还有利于增加主承销商的收益。在超额发行证券时，该超过部分证券的发行将使主承销商的承销费用相应增加。在证券市价低于发行价时，由于主承销商可以市价从市场中购买证券，而以发行价将其分配给认购者，且其所用资金为超额发售证券所获资金，因而主承销商可以在未动用自有资金的情况下获得一笔可观的差价。

**（二）我国超额配售选择权制度**

1994年8月4日发布、实施的《国务院关于股份有限公司境外募集股份及上市的特别规定》，对我国公司在发行境外上市外资股时行使超额配售选择权作了明确规定。该规定第11条规定："公司在发行计划确定的股份总数内发行境外上市外资股，经国务院证券委员会批准，可以与包销商在包销协议中约定，在包销数额之外预留不超过该次拟募集境外上市外资股数额15％的股份。预留股份的发行，视为该次发行的一部分。"1996年5月3日国务院证券委员会发布、实施的《股份有限公司境内上市外资股规定的实施细则》第15条也作了相同规定。该规定为我国公司在发行境外上市外资股时行使超额配售选择权提供了明确的法律依据。

中国证监会于2000年4月30日发布的《上市公司向社会公开募集股份操作指引（试行）》第11条第2款以释义的形式对超额配售选择权

的含义作了详细规定："超额配售选择权：俗称绿鞋。是指发行人授予主承销商的一项选择权，获此授权的主承销商可以根据市场认购情况，在股票发行上市后的一个月内，按同一发行价格超额发售一定比例的股份（通常在 15% 以内），即主承销商按不超过包销额 115% 的股份向投资者发售，发行人取得按包销额发售股份所募集的资金。新股上市后的一个月内，如果市价跌破发行价，主承销商用超额发售股份取得的资金从二级市场购回股票，分配给提出申购的投资者；如果市价高于发行价，主承销商可以要求发行人增发这部分股份，分配给提出申购的投资者，发行人取得增发这部分股份所募集的资金。这样，主承销商在未动用自有资金的情况下，通过行使超额配售选择权，以平衡市场对某只股票的供求，起到稳定市价的作用。"该规定为上市公司在 A 股市场公开发行时采用超额配售选择权提供了基本的法律依据，但仍缺乏关于具体细则的规定。

中国证监会于 2001 年 9 月 3 日发布、实施的《超额配售选择权试点意见》，对超额配售选择权制度作了详细规定。该意见主要适用于规范上市公司向全体社会公众发售股票（增发）时行使超额配售选择权的行为，首次公开发行股票公司试行超额配售选择权的，参照该意见执行。2006 年《证券发行与承销管理办法》明确规定了超额配售选择权制度。《证券发行与承销管理办法》（2018 年修订）第 15 条第 1 款规定："首次公开发行股票数量在 4 亿股以上的，发行人和主承销商可以在发行方案中采用超额配售选择权。超额配售选择权的实施应当遵守中国证监会、证券交易所、证券登记结算机构和中国证券业协会的规定。"同条第 2 款规定："根据《关于开展创新企业境内发行股票或存托凭证试点的若干意见》认定的试点企业在境内发行股票或存托凭证的，根据需要采用超额配售选择权。"该规定明确了首次公开发行股票时可采用超额配售选择权，并规定其具体规范执行"中国证监会、证券交易所、证券登记结算机构和中国证券业协会的规定"。

### （三）我国行使超额配售选择权的实践

在我国 B 股市场中，早在 1994 年 8 月 4 日《国务院关于股份有限公司境外募集股份及上市的特别规定》发布、实施之前，就已运用了超额配售选择权。据统计，自 1993 年 10 月粤电力发行 B 股时首次采用以来，深圳和上海证券交易所 B 股上市公司在 B 股发行过程中，已共有 10 余家公司与主承销商签订了超额配售协议。B 股超额配售选择权已积累了较为成功的经验。在海外证券市场发行的 H 股等股票发行中，也大多规定了超额配售选择权，不过其主要法律依据为境外证券法。

在 A 股市场中，尽管随着 2001 年 9 月 3 日《超额配售选择权试点意见》的实施，超额配售选择权的行使已具备可操作性制度依据，尤其是在证券发行日益市场化的背景下，通过超额配售选择权降低承销风险与发行风险，已具有现实意义，但由于各方面的原因，超额配售选择权迟迟没有被上市公司采用。直到 2005 年 2 月，华鲁恒升（600426.SH）股东大会通过的增发方案中才首次出现超额配售选择权。不过由于 2005 年 4 月底中国证监会启动股权分置改革，再融资暂停，因此华鲁恒升的增发方案未能实施，超额配售选择权也未能实际应用于实践。

2006 年 5 月 16 日，宏盛科技（600817.SH）披露的定向增发预案称，如果相关法律法规允许，公司授予非公开发行股票的承销商以超额配售选择权，获此授权的承销商可以按同一发行价格超额发售不超过发行数量 15％的股份，超额配售选择权的具体实施办法依照有关法律法规进行。[①] 由于《超额配售选择权试点意见》并不适用于定向增发，因而该超额配售选择权预案可能会因缺乏法律依据而无法实施。

2006 年 11 月 17 日，工商银行（601398.SH）发布公告称，其 IPO 联席保荐人（主承销商）已于 2006 年 11 月 16 日全额行使了超额配售选择权，公司按发行价 3.12 元在初始发行 130 亿股 A 股的基础上超额发行了 19.5 亿股 A 股，占本次发行初始发行规模的 15％。

在我国，证券发行市场化机制日益加强。在此背景下，超额配售选择权的应用已日益广泛。我国科创板也允许采用超额配售选择权，且取消了首次公开发行股票数量在 4 亿股以上的限制。2019 年 4 月 16 日，

---

① 何军 . G 宏盛：主动穿"绿鞋"另有意图 . 上海证券报，2006－05－17。

上海证券交易所发布的《上海证券交易所科创板股票发行与承销业务指引》明确规定，发行人和主承销商可以在方案中采用超额配售选择权，采用超额配售选择权发行股票数量不得超过首次公开发行股票数量的15％。发行人股票上市之日起 30 日内，主承销商有权使用超额配售股票募集的资金，从二级市场购买发行人股票，但每次申报的买入价不得高于本次发行的发行价。主承销商可以根据超额配售选择权行使情况，要求发行人按照超额配售选择权方案发行相应数量股票。

## 二、禁止不正当竞争

证券发行人有权依法自主选择合适的承销商，承销商也有权自主决定是否接受承销委托。证券发行人与承销商建立承销关系的途径有协商与招标投标。在达成承销协议前，证券发行人一般会考虑承销商的声誉、已有的经验、所能提供的服务、销售网点的数量及其分布以及承销费用等因素，证券承销商则会考虑发行人的知名度、信用等级、发行人的资金需求量和市场可筹资金数量、投资人的偏好、证券市场的走势以及承销预期收益等因素。因此，只有对方符合自身要求，发行人与承销商才能达成承销协议。但受巨额证券承销收益驱使，在面临激烈市场竞争的背景下，承销商常常会采取一些不正当竞争手段承揽承销业务。尤其是在我国证券市场中，因种种原因证券承销在获取巨额收益的同时，实际上几乎无须承担任何风险，所以种种不正当竞争现象时有发生。实践中，证券公司采取的招揽证券承销业务的不正当竞争手段主要包括以下形式：（1）迎合或鼓励发行人不合理地高溢价发行证券；（2）贬损同行；（3）向发行人承诺在证券上市后维持其市场价格；（4）利用行政手段干预发行人自主选择承销商；（5）给有关当事人回扣；（6）违反规定降低承销费用或者免费承销。

承销商通过承销业务获得报酬的方式有两种：一种是赚取差价，差价或称毛利差额（gross spread），即承销商支付给证券发行人的价格和承销商向社会公众公开出售证券的价格之间的差价；另一种是收取佣金（commission），佣金即按发行金额的一定比例计算的承销报酬。从本质上讲，毛利差额也是一种佣金。在正常条件下，承销金额的大小是决定承销报酬的主要因素。根据中国证监会的规定，目前承销费用的收费标准是：以包销方式承销股票，收取的佣金为包销股票总金额的 1.5%～3%；以代销方式承销时，佣金为 0.5%～1.5%。多数情况下，大的投资银行以上限收费。但具体而言有多种影响因素，一般来说，证券市场繁荣时期的承销费用要低于萧条时期；发行规模越大，承销费用比例越低，反之则越高；发行人信用状况好，则其承销费用较低，反之则较高；承销风险大的证券，收取的承销费用要高于风险低的证券，如普通股的承销费用要高于优先股的承销费用；信誉好的投资银行收取的承销费用要高于信誉一般的投资银行收取的承销费用。在证券承销团中，主承销商、辅助承销商及分销商因在证券承销中的地位及承销份额不同，所获取的承销费用也不同。[①]

　　从我国三大国有商业银行在香港上市的巨额承销费用及各大投资银行竞相争抢，即可看出承销收益之高及其巨大吸引力。中国建设银行2005 年在香港 IPO 筹集资金 92 亿美元，IPO 承销费用达 1.5 亿美元。2006 年在香港 IPO 的中国银行与中国建设银行规模相当，因此募集规模和承销费用不相上下。2006 年 10 月 27 日，中国工商银行同步登陆 A股和 H 股市场，成为首家实现在 A 股和 H 股同步上市的银行。中国工商银行 IPO 创造了资本市场上的多个历史之最，刷新了 28 项纪录，当时被誉为"世纪 IPO"，成为国际资本市场和中国 A 股资本市场具有里程碑意义的项目，其承销总费用高达约 4 亿美元。

　　对于证券承销过程中出现的种种不正当竞争行为，各国法律大多予以禁止。这既是为了维护证券承销中的公平竞争，也是为了保障证券发行人自主选择承销商的权利。依我国《证券法》第 29 条之规定，证券公司不得以不正当竞争手段招揽证券承销业务，若因此给其他证券承销机构或者投资者造成损失的，应当依法承担赔偿责任。此外，《证券法》第 184 条规定："证券公司承销证券违反本法第二十九条规

---

① 　任淮秀主编 . 投资银行业务与经营 . 北京：中国人民大学出版社，2000：86 - 87.

定的，责令改正，给予警告，没收违法所得，可以并处五十万元以上五百万元以下的罚款；情节严重的，暂停或者撤销相关业务许可。对直接负责的主管人员和其他直接责任人员给予警告，可以并处二十万元以上二百万元以下的罚款；情节严重的，并处以五十万元以上五百万元以下的罚款。"

## 三、发行文件核查义务

公开发行证券必须依法向证券监管机构报送相应的公开发行募集文件，并依照信息披露规则向社会公众披露。这些文件不仅是发行人取得公开发行证券核准的基本依据，而且是投资者作出投资选择的判断依据，因而必须设置多重关口严格审查，以保证这些文件的真实性、准确性和完整性。这些文件都是在承销商主持下完成的，且承销商应当掌握发行人的真实情况，因而法律要求承销商对这些文件的真实性、准确性和完整性进行核查，以防止和避免文件存在虚假记载、误导性陈述和重大遗漏。对此，我国《证券法》第29条第1款明确规定："证券公司承销证券，应当对公开发行募集文件的真实性、准确性、完整性进行核查。发现有虚假记载、误导性陈述或者重大遗漏的，不得进行销售活动；已经销售的，必须立即停止销售活动，并采取纠正措施。"依此，证券公司必须在审慎调查的基础上对相关文件认真核实，且该核查工作应贯穿承销的全过程，若发现问题应予及时纠正，已经销售的也应停止销售，在采取相应纠正措施并获准重新销售后恢复销售。

## 四、禁止为本公司预留承销的证券

证券承销商在承销证券过程中，应尽力销售，维护投资者的公平认购权。长期以来，由于我国证券市场存在着结构性问题，证券发行往往供不应求（超高认购率）。尤其是在新股发行过程中，因未充分实现市场化定价机制，新股受到高度追捧，导致新股发行后股票价格立即大涨。这种不正常的现象又滋生出证券承销商采取各种手段故意预留证券的不正常现象。承销商预留证券的主要方法为：在包销期内，以故意囤积、截留、缩短承销期、减少承销网点等方式，为本公司预先购入并留存所包销的证券以牟取私利；在代销阶段，事先预留所代销的证券，而不将其优先出售给认购人。若允许承销商借助其特权预留证券，将为其带来巨额非法收益，并损害投资者的利益，影响市场的健康发展。以往实践中，因采取认购申请表认购方式，还出现限制认购申请表发放数量的预留证券情形。这些在采取认购申请表认购方式时经常发生的现象，在目前广泛采取的"上网发行"及"法人配售"过程中仍会以各种变换形态重新显现。2005 年《证券法》扩大了证券公开发行的范围，增加了网下发行方式。在此背景下，承销商预留证券的机会更增加了。对此，我国《证券法》第 31 条第 2 款规定："证券公司在代销、包销期内，对所代销、包销的证券应当保证先行出售给认购人，证券公司不得为本公司预留所代销的证券和预先购入并留存所包销的证券。"证券公司预先购入并留存所包销的证券，一般表现为以自己的名义和账户予以购买。实践中，有些证券公司通过另立账户或借用他人账户方式购买其所包销的证券，还有的通过关联企业认购达到预留证券的目的。这些行为也应被纳入承销商预留承销证券的范畴。

# 第三节　证券发行方式与发行价格

## 一、证券发行方式

证券发行方式，是指自证券发行人披露证券公开募集文件后，确认有效申购人与有效认购数额的行为方式。具体来说，在这一过程中，发行人通过何种方式向投资者发出公开募集文件？投资者通过何种方式向发行人作出认购承诺？发行人或承销商以何种方式确定投资者的有效认

购？对这些问题的不同解决方法，形成了不同的证券发行方式。① 证券
发行方式及相关规则是证券发行市场的基础，决定着投资者的行为模式
和证券市场的形态。

因私募发行不涉及如何具体确认申购人与有效认购数额的问题，故
证券发行方式仅适用于公募发行情形。此外，国债与公司债券的公募发
行虽涉及较为复杂的程序，但申购人与有效认购数额的确认均较为简
单、明确，故证券发行方式相关制度均以股票发行为中心。本书在此亦
仅就股票公开发行方式加以阐述。

在我国证券市场建立以前，即从 1984 年股份制试点到 20 世纪 90
年代初期，股票发行方式多为自办发行，没有承销商，很少有中介机构
参与，也未形成较为规范的股票发行方式。自 20 世纪 90 年代初期证券
市场建立至今，股票发行方式始终处于变革之中。改革基本上围绕证券
市场进行，目的在于充分利用证券市场的电子交易系统，以求更快捷、
更方便、更公平和成本更低。从我国有关规定和实践看，股票公开发行
方式主要分为网上发行与网下发行。

2006 年 5 月 20 日，经中国证监会批准，1996 年《关于股票发行与
认购方式的暂行规定》停止执行，从而使该规定确认的上网定价方式、
全额预缴款方式以及与储蓄存款挂钩方式失去法律依据。同日，经中国
证监会批准，上海证券交易所、深圳证券交易所分别与中国证券登记结
算有限责任公司联合发布了资金申购上网定价发行的规定：《沪市股票
上网发行资金申购实施办法》与《资金申购上网定价公开发行股票实施
办法》。依其规定，通过沪、深证券交易所交易系统采用资金申购方式
上网定价公开发行股票分别适用该两部办法。中国证监会虽未明确废止
市值配售方式，但资金申购上网定价公开发行股票方式的采用，必然使
无法与其兼容的市值配售方式无法执行。

《证券发行与承销管理办法》（2018 年修订）第 14 条第 1 款规定：
"首次公开发行股票数量在 4 亿股以上的，可以向战略投资者配售。发

---

① 陈共，周升业，吴晓求主编. 证券发行与交易. 北京：中国人民大学出版社，1996：147.

行人应当与战略投资者事先签署配售协议。"这意味着，首次公开发行股票数量在 4 亿股以上的，除应采取资金申购上网定价公开发行股票方式外，还可以同时采取网下配售的发行方式。发行人和主承销商应当在发行公告中披露战略投资者的选择标准、向战略投资者配售的股票总量、占本次发行股票的比例以及持有期限等。战略投资者不参与网下询价，且应当承诺获得本次配售的股票持有期限不少于 12 个月，持有期自本次公开发行的股票上市之日起计算。根据 2018 年《关于开展创新企业境内发行股票或存托凭证试点的若干意见》认定的试点企业在境内发行股票或存托凭证的，根据需要向战略投资者配售。

## 二、证券发行价格的确定原则

### （一）市场定价原则

所谓市场定价，是指基于市场机制，由发行人、承销商及投资者共同参与确定证券发行价格。在市场经济体制下，除少数商品仍存在政府定价或政府指导价外，市场定价乃一般商品定价的基本原则。在我国，长期以来，由于证券市场尚不成熟，证券监管机构会向证券发行人和承销商提出证券发行价格的指导性意见。因证券监管机构的意见必然受到发行人及承销商的高度重视，故证券发行价格的确定实质上要受证券监管机构的影响。这就使证券发行价格的确定，不仅无法全面体现投资者的意见，而且也难以体现发行人与承销商的意见，而是表现出证券监管机构实际定价的特征。对此，1998 年《证券法》第 28 条规定："股票发行采取溢价发行的，其发行价格由发行人与承销的证券公司协商确定，报国务院证券监督管理机构核准。"但随着证券发行方式市场化程度的提高，证券发行价格受政府干预的弊端日益凸显，迫切需要将证券发行定价权归还市场。因此，为配合《行政许可法》的实施，2004 年修订《证券法》时，将原"报国务院证券监督管理机构核准"的规定予以删除。现行《证券法》第 32 条也沿用了该规定，从而使市场定价原则获得了明确的法律依据。在 2005 年 1 月 1 日开始实施的向机构投资者询价的定价方法，即为市场定价原则的体现：使证券发行人、承销商、投资者共同参与确定证券发行价格。但就我国目前而言，作为询价对象的机构投资者尚不够成熟，还不能有效代表广大投资者，从而使投资者的意见未能得到充分体现。在全流通环境下，随着证券市场及机构投资者的日益成熟，市场定价原则将日益健全、完善。

### （二）依法定价原则

在证券发行市场中，证券发行人、承销商、投资者均对证券发行价格有不同的期望，其期望甚至是相互冲突的。因此，证券发行价格在遵循市场定价原则的同时，还应遵循依法定价原则，以平衡各方当事人的利益。对此，我国《公司法》确立了"禁止股票折价发行"与"同次发行、同股同价"的原则。

#### 1. 禁止股票折价发行

股票折价发行，是指以低于面额的价格出售新股，即按面额打一定折扣后发行股票。折价发行时折扣的大小主要取决于发行公司的业绩和承销商的能力。如某种股票的面额为1元，如果发行公司与承销商之间达成的协议折扣率为5%，那么该股票的发行价格为每股0.95元。目前，西方国家对股票折价发行已大多不予禁止，但实践中则很少有折价发行的实例。我国《公司法》第127条明确规定："股票发行价格可以按票面金额，也可以超过票面金额，但不得低于票面金额。"依此，我国严禁股票折价发行。

至于公司债券是否可以折价发行，西方国家同样大多不予禁止，实践中也多有发生。我国《公司法》《证券法》亦未对此作明确规定，应认为允许折价发行，实践中也有不少实例。

#### 2. 同次发行、同股同价

同股同权、同股同利作为股份有限公司的基石，体现在股票发行价格上，就是要同股同价。因此，各国均在立法或实践中确立了同次发行、同股同价原则。对此，我国《公司法》第126条第2款则明确规定："同次发行的同种类股票，每股的发行条件和价格应当相同；任何单位或者个人所认购的股份,每股应当支付相同价额。"依此,只要是同次发行的同种类股票,无论是国家、地方政府还是有关机构及发行股票的公司经营管理人员,均应以相同价格购买该股票。应注意该规定包含的前提——同次发行的同种类股票,离开了该前提,则不适用同次发行、同股同价原则。"同次"应理解为"同一次发行期间"。因此,非"同次"发行的股票,其"发行条件和价格"就可能完全不同。"同种类股票"应理解为股东权完全相同的股票。依此,同次发行的普通股与特别股可以不同价格发行。在国外实践中,对这种同次发行的不同类型股票,也普遍采取不同价格发行。

在我国股权分置时期的股票发行实践中,实际上普遍采取了与"同次发行、同股同价"原则相悖的做法,即异价发行。所谓异价发行,是指在同一次发行股票时,有两个以上的发行价格。其基本做法是,发起人(主要是国有股股东,也包括非国有股股东)以资产按股票面额折股,即面额发行,而法人股和公开发行的个人股则以高于股票面额的价格发行,即溢价发行。其中,面额发行的为非流通股,溢价发行的为流通股。因此,有人以两种股票分属非流通股与流通股为由,认为这并未违反同次发行、同股同价原则。但持有两种股票者享有同样的股东权,这种做法显然违背了公平、公正原则。在股权分置改革完成之后,已不存在流通股与非流通股的区分,同次发行、同股同价原则已得到切实维护。

## 三、证券发行价格的确定方法

根据我国公司债券的发展,公司债券发行定价的历史大致可以划分为以下几个阶段:第一个阶段是简单按照有关规定的上限定价;第二个阶段是参照相关债券收益率水平定价;第三个阶段是随着债券品种的丰富,公司债券定价出现了创新,由承销商与发行人根据相关因素协商确定,具体包括多种定价方法。例如,在给含选择权的债券定价时,一般采取基准国债利率加上利差法、企业债券二级市场收益率法、二项式期权价值定价法和市场询价法进行综合定价。

鉴于证券发行价格的确定方法以股票发行为中心，故本书在此仅就股票发行价格的确定方法加以阐述。在国际证券市场上，股票的发行价格一般来说受到以下几方面的影响：净资产、公司经营业绩、公司发展潜力、发行数量、行业特点、股市状况。

在我国证券市场建立以前，股票发行价格大部分按照面值发行，定价无制度可循。在证券市场建立初期，即20世纪90年代初期，发行公司在股票发行的数量、发行价格和市盈率方面完全没有决定权，基本上由中国证监会确定，采用相对固定的市盈率（一般控制在12～15倍之间）。从1994年开始，我国进行股票发行价格改革，在推荐采用上网定价方式的同时，试点上网竞价，通过上网竞价推进股票发行市场化定价。1994年6月至1995年1月，中国证监会曾在哈岁宝、青海三普、厦华电子和琼金盘四家公司首次公开发行股票时试点上网竞价。由于当时竞价时只设底价而不设价格上限，加上市场环境欠佳，试点结果不理想，故1995年2月以后未采用该方式。总体来说，以我国相关规定及实践为中心，借鉴西方国家相关规定与实践，股票发行价格的确定方法主要有以下几种：

### （一）协商定价法

协商定价法，是指由发行人与承销商根据相关因素，协商确定股票发行价格的定价方法。美国股票发行采取协商定价法，具体表现为同类上市公司比较法。承销商在承销股票发行时，会准备详尽的可比上市公司对照表，比较发行人与可比上市公司的一些重要数据、资料，包括市盈率、主要财务指标（流动比率、速动比率、资产负债比率、每股收益、销售增长率等）、股利政策、股息收益率等重要数据、资料。通过比较，确定一个比较稳定的报证券监管机构备案的价格范围，以引起投资者关注，再根据投资者的需求，由承销商和发行人商定发行价。发行价一般不低于在证券监管机构的备案价。在协商定价时实际上会综合运用多种定价方法（估价方法），因而协商定价法主要针对竞价确定法与严格法定的定价方法而言，并非一种与市场询价法、市盈率法相对立的定价方法。我国《证券法》规定，股票的发行价格由发行人与承销的证券公司协商确定。《证券发行与承销管理办法》（2018 年修订）第 4 条规定："首次公开发行股票，可以通过向网下投资者询价的方式确定股票发行价格，也可以通过发行人与主承销商自主协商直接定价等其他合法可行的方式确定发行价格。公开发行股票数量在 2 000 万股（含）以下且无老股转让计划的，可以通过直接定价的方式确定发行价格。发行人和主承销商应当在招股意向书（或招股说明书，下同）和发行公告中披露本次发行股票的定价方式。上市公司发行证券的定价，应当符合中国证监会关于上市公司证券发行的有关规定。"依此，发行人与主承销商自主协商直接定价被正式确定为我国首次公开发行股票的定价方法。当然，我国采取的协商定价法也是关于价格确定方法的原则性规定，具体价格的确定仍需综合市场询价法、市盈率法等多种定价法。协商定价法的主要功能在于为股票发行价格的确定提供了一个原则性与兜底性规则，在无相关定价方法的具体规定时，即可依此考虑多种因素，由发行人与承销商依市场定价的原则协商确定。

### （二）市盈率法

市盈率法，是指以发行人每股利润与市盈率的乘积作为股票发行价格。市盈率又称本益率、本益比（P/E），是指股票市场价格与盈利的比率。计算公式为：市盈率＝股票市价÷每股收益。

根据前引《证券发行与承销管理办法》（2018 年修订）第 4 条的规定，除市场询价法及协商定价法外，首次公开发行股票可以采用其他合法可行的方式确定发行价格，因此，市盈率法不仅可作为询价对象报价时的主要参考依据，而且可成为独立运用的定价方法。

### （三）竞价确定法

竞价确定法是通过网上竞价发行方式确定发行价格的方法。投资者在指定时间内通过证券交易场所交易网络，以不低于发行底价的价格并按限购比例或数量进行认购委托，申购期满后，由交易场所的交易系统将所有有效申购按照"价格优先、时间优先"的原则，将投资者的认购委托出高价位向低价位排队，并由高价位到低价位累计有效认购数量，当累计数量恰好达到或超过本次发行数量时的价格，即为本次发行的价格。如果在发行底价上的累计有效认购数量仍不能满足本次发行股票的数量，则底价为发行价。发行底价由发行人和承销商根据发行人的经营业绩、盈利预测、项目投资的规模、市盈率、发行市场与股票交易市场上同类股票的价格及影响发行价格的其他因素共同研究协商确定。

### （四）市场询价法

市场询价法，是指发行人与承销商根据向投资者询价得到的反馈意见，商定证券发行价格的方法。中国证监会于 2000 年 8 月 21 日发布的《法人配售发行方式指引》（已废止）初步确立了市场询价法。依其规定，发行人和主承销商事先确定发行量和发行底价，通过向法人投资者询价，并根据法人投资者的预约申购情况确定最终发行价格，以同一价格向法人投资者配售和对一般投资者上网发行。中国证监会于 2004 年 12 月 7 日发布并于 2005 年 1 月 1 日实施的《关于首次公开发行股票试行询价制度若干问题的通知》（已废止），则对市场询价法作了较为全面的规定。该规定适用于首次公开发行股票，但实践中上市公司增发时也大多采取市场询价法。

2006 年《证券发行与承销管理办法》对市场询价法作了全面规定。《证券发行与承销管理办法》（2018 年修订）则对市场询价法作了进一步完善。依其规定，市场询价法乃我国股票发行定价的基本方法。

股票为一种特殊商品，在境外成熟资本市场，股票发行价格通常是通过向机构投资者询价形成的。由于机构投资者拥有一批专业的投资研究和分析人员，能够对发行人销售的股票提出反映市场需求的报价，其报价对新股发行价格的确定有着较强的约束作用。境外资本市场多年的实践证明，通过询价、报价形成价格是股票发行市场化定价的有效形式。

我国证券市场建立时间短，机构投资者及成熟的个人投资者队伍需要一段时间的培育和形成，同时市场上长期以来存在申购新股无风险的状况，导致绝大多数新股发行都能获得较高的超额认购，市场对发行人的约束作用不强。随着我国证券市场的发展，这种状况已发生明显变化。目前证券投资基金等机构投资者实力显著增强，个人投资者也日益成熟，投资者的定价分析能力和参与确定新股发行价格的意愿不断增强，在市场中的地位和作用日益突出，在首次公开发行股票中引入向机构投资者及个人投资者等其他投资者询价机制的条件基本成熟。为了完善新股发行定价机制，根据市场发展的要求，中国证监会于 2012 年 4 月 28 日公布了《关于进一步深化新股发行体制改革的指导意见》，确立了首次公开发行股票向机构投资者及个人投资者等其他投资者询价的制度，以主要依靠市场机制形成新股发行价格。通过询价、报价，基金等机构投资者及个人投资者等其他投资者可以参与新股发行定价过程，市场供需双方直接协商，按企业质量、市场状况定价，并将部分股票配售给参与询价的机构，将其利益与风险同发行价格直接挂钩，防止随意报价，使新股发行价格能够准确反映企业的价值和市场的实际需求，达到维护广大公众投资者利益的目的。

### （五）净资产倍率法

净资产倍率法，又称资产净值法，是指通过资产评估（物业评估）和相关会计手段确定发行人拟募股资产的每股净资产值，然后根据证券市场的状况将每股净资产值乘以一定的倍率，以此确定股票发行价格的方法。其公式为：发行价格＝每股净资产×溢价倍数。

净资产倍率法在国外常用于房地产公司或资产现值有重要商业利益的公司的股票发行，用该方法确定每股发行价格时不仅应考虑公司市值，而且还需考虑市场所能接受的溢价倍数或折扣率。其公式为：发行价格＝每股净资产值×溢价倍率（或折扣率）。我国从未采取过该定价方法。

### （六）现金流量折现法

现金流量折现法，是指通过预测公司未来盈利能力，计算出公司净现值，并按一定的折现率折算，从而确定股票发行价格。采用该方法时首先用市场接受的会计手段预测公司每个项目若干年内每年的净现金流量，再按照市场公允的折现率，分别计算出每个项目未来的净现金流量的净现值。由于未来收益存在不确定性，发行价格通常对上述每股净现值折让 20%～30%。

在世界主要证券市场中，对新上市公路、港口、桥梁、电厂等基建公司的估值和股票发行定价一般采用现金流量折现法。这类公司的特点是前期投资大，初期回报不高。上市时的利润一般偏低，如果采用市盈率法发行定价则会低估其真实价值，而对公司未来收益（现金流量）的分析和预测能比较准确地反映公司的整体和长远价值。用现金流量折现法定价的公司，其市盈率往往远高于市场平均水平，但这类公司发行上市时套算出来的市盈率与一般公司发行上市时的市盈率之间不具可比性。[①] 就我国现行规定来看，现金流量折现法仅在上市公司非公开发行股票时可资应用。

# 第四节  证券发行上市保荐制度

## 一、证券发行上市保荐制度概述

保荐（sponsoring）制度，又称保荐人（sponsor）制度，是指由具有保荐资格的保荐人负责公开发行和上市证券的推荐与辅导，并对所推荐的发行人披露的信息质量和所作承诺依法进行审慎核查并承担信用担保责任，以督导发行人规范运作的制度。保荐人兼具证券发行人的推荐人与担保人的身份，承担着法定的推荐责任和连带担保责任，从而构建了对发行人的持续性监督机制。

### （一）保荐制度的形成与发展

在国外，保荐制度最早产生于创业板市场，及至 21 世纪初才被逐

---

① 吴晓求主编．证券发行与承销．北京：中国人民大学出版社，2001：109-110．

渐引入主板市场，但仍主要适用于创业板市场。创业板上市公司往往存在经营规模小、营运时间短、前景不明、风险较高的问题，为降低创业板上市公司的创业风险，增强投资者信心，英国伦敦证券交易所于1995年在其所属"衍生投资市场"（alternative investment market，AIM）[①] 实行了上市保荐制度。其具体保荐规则由伦敦证券交易所制定。英国 AIM 的保荐人制度实行终身制，上市公司在任何时候都必须聘请一个符合法定资格的证券机构作为其保荐人，以保证其持续地遵守市场规则，增强投资者的信心。保荐人的任期原则上与上市公司的存续时间相同，若保荐人与上市公司解除聘任关系，被保荐公司的股票交易将被立即停止，直至新的保荐人正式履行职责，才可恢复交易。这种终身制提高了对保荐人的业务能力和专业水平的要求，当公司成功上市以后，保荐人的工作就转向指导和督促其持续地遵守市场规则，按照要求履行信息披露义务。此外，保荐人还可以代表上市或拟上市公司，与交易所和投资者进行积极的沟通联络，帮助处理其与监管机构和投资者的关系，提高上市公司的公众形象，改善其股票的市场表现。[②]

在英国的影响下，加拿大、爱尔兰、新加坡、马来西亚、德国、意大利、法国、日本、韩国等国家纷纷在创业板市场实行了保荐人制度。1999年11月24日，香港联交所创业板市场正式启动。为规避创业板的高风险，香港创业板仿照伦敦证券交易所 AIM 建立了保荐人制度。英国还在21世纪初，将保荐人制度引入主板市场。受此影响，加拿

---

[①] 或译为"可替代投资市场"或"另类投资市场"。伦敦证券交易所的统计数据显示，从1995年6月创建 AIM 到2008年2月末，已经有2 969家全球公司在 AIM 上市，AIM 成为全球证券市场中最富有活力和影响力的创业板市场之一。AIM 对成长型企业具有吸引力的原因在于其独特的制度，包括：完善的保荐人制度、无强制性准入限制、特有的税收优惠政策等。英国 AIM 保荐制度的主要特点包括：（1）伦敦证券交易所全面监管保荐人及其保荐代表人；（2）维护 AIM 的声誉和完整成为保荐人监管的首要原则；（3）将聘请保荐人作为 AIM 公司上市的最重要条件；（4）保荐人对 AIM 上市公司负有严格的持续保荐义务；（5）伦敦证券交易所对保荐人及其保荐代表人进行严格的后续监管；（6）对保荐人及其保荐代表人的监管广泛征求市场参与者的意见，并赋予保荐人申诉的权利。安锐.英国保荐制度对我国创业板市场具有借鉴意义.上海证券报，2009-02-18.

[②] 陈峥嵘.境外证券市场保荐人制度考察.上海证券报，2003-07-18.

大、爱尔兰，以及我国香港地区也相继在主板市场引入了保荐人制度。美国、澳大利亚等国家虽然没有专门的保荐人制度规定，但其证券监管体系中有类似于保荐人制度的系统性规定，被称为什锦保荐人制度。

## （二）我国保荐制度的确立

中国证监会经过广泛的市场调研，充分听取各方意见后，于2003年12月28日发布了《证券发行上市保荐制度暂行办法》（2004年2月1日施行，现已废止）。该办法在我国尚未确立创业板市场的背景下直接将保荐制度引入主板市场。证券发行上市保荐制度是我国证券发行制度的一次重大变革，它是中国证监会旨在进一步保护投资者，特别是公众投资者的合法权益，提高上市公司质量的重要举措。实施保荐人制度是中国证监会旨在建立证券发行市场约束机制、完善证券发行核准制的一项重要制度探索。

我国《证券法》也确认了保荐制度。该法第10条第1款规定："发行人申请公开发行股票、可转换为股票的公司债券，依法采取承销方式的，或者公开发行法律、行政法规规定实行保荐制度的其他证券的，应当聘请证券公司担任保荐人。"

在《证券发行上市保荐制度暂行办法》出台前，我国曾先后推行"通道制""辅导制""回访制"等一系列措施，也取得了一些经验和教训。《证券发行上市保荐制度暂行办法》和《证券法》总结了这些经验和教训，通过确立保荐制度，使上市推荐、辅导、审核、持续督导和承销等工作得以有机结合起来。在保荐责任设计方面，我国证券法也突破了受法人实在说影响深远的我国民商法责任体系，不仅明确了保荐人的法律责任，而且规定了保荐代表人的法律责任。此举将保荐人的工作落到实处，有助于提升保荐工作的质量。

不过，长期以来，在我国证券市场中，保荐制度并未充分发挥其应有作用。实践中，不仅保荐机构和保荐代表人存在勤勉不足的问题，而且保荐代表人存在职业素养不高、责任意识淡薄的问题，其根本原因则为保荐制度中相关处罚措施缺位等。因此，在2005年《证券法》颁布后，中国证监会即着手准备《证券发行上市保荐制度暂行办法》的修订工作。该办法经修订后被重新命名为《证券发行上市保荐业务管理办法》，于 2008 年 10 月 17 日发布，并历经多次修订，最近一次修订时间为 2020 年 6 月 1 日（6 月 12 日发布）。

我国保荐制度针对主板市场设计，同时适用于创业板市场。此外，我国保荐制度不仅适用于证券上市阶段，而且适用于证券公开发行阶段。在国外保荐制度仅适用于证券上市阶段，而在证券公开发行阶段，主要依赖承销商所承担的审慎尽职调查义务来保障相关信息披露的质量。

### （三）保荐制度与承销制度的关系

在确立保荐制度之前，我国证券发行和上市的推荐职责由承销商承担，从而使承销商全面承担了与证券发行、上市有关的各项工作。《证券发行上市保荐制度暂行办法》（已废止）对保荐职责与承销职责作了初步划分，但在 2005 年《证券法》颁布之前，理论上与实践中，该划分都处于较为模糊的状态。2005 年《证券法》已对此作了较为清晰的划分。对此，2019 年《证券法》第 10 条第 2 款明确规定："保荐人应当遵守业务规则和行业规范，诚实守信，勤勉尽责，对发行人的申请文件和信息披露资料进行审慎核查，督导发行人规范运作。"依此，证券发行保荐是为了确保证券发行符合法定发行条件，保证相关信息披露真实、准确、完整，从而保证所发行证券的品质。而依《证券法》第 26 条关于证券承销之内涵的规定，证券承销仅解决证券的具体募集与销售问题，其目的在于获得证券发行的最佳经营效果。

在理论上讲，证券承销商与证券保荐人可由不同证券公司分别担任，但各国一般都将二者合二为一。在我国《证券发行上市保荐制度暂行办法》（已废止）第 5 条第 1 款则明确规定："保荐机构负责证券发行的主承销工作，依法对公开发行募集文件进行核查，向中国证监会出具保荐意见。"依此，保荐人兼任主承销商的模式曾是我国证券发行的法定模式。不过，《证券发行上市保荐业务管理办法》（2020 年修订）对此作了较为缓和的规定。该办法第 7 条第 3 款规定："证券发行的主承销商可以由该保荐机构担任，也可以由其他具有保荐机构资格的证券公司与该保荐机构共同担任。"依此，保荐人兼任主承销商的模式虽得到维持，但已明确允许主承销商"由其他具有保荐机构资格的证券公司与该保荐机构共同担任"。

### （四）证券发行保荐与上市保荐

如前所述，长期以来，我国证券法将保荐制度分别适用于证券发行与证券上市，从而形成了证券发行保荐制度与证券上市保荐制度的区别。但两者之间的主要区别仅在于，保荐机构提交保荐意见及相关文件的机构分别为中国证监会和证券交易所，其具体内容基本一致。因此，基于证券公开发行与上市必然关联，《证券发行上市保荐制度暂行办法》（已废止）将证券发行保荐与证券上市保荐合称为证券发行上市保荐，而未对两者作任何区分。2005 年《证券法》则从形式上将证券发行保荐与证券上市保荐区分开来，但同时规定证券发行保荐基本规范适用于证券上市保荐。对此，该法第 49 条第 1 款规定："申请股票、可转换为股票的公司债券或者法律、行政法规规定实行保荐制度的其他证券上市交易，应当聘请具有保荐资格的机构担任保荐人。"同条第 2 款则规定："本法第十一条第二款、第三款的规定适用于上市保荐人。"依此，证券发行保荐与证券上市保荐的基本规范相同，保荐人的资格、职责等统一适用中国证监会的规定，即《证券发行上市保荐业务管理办法》（已废止）。与 2005 年《证券法》从形式上将证券发行保荐与证券上市保荐区分开来的做法相适应，《证券发行上市保荐业务管理办法》（2020 年修订）在某些条款中将证券发行保荐与证券上市保荐予以区分，但基本上仍采取统一规定的方式。鉴于证券发行保荐与证券上市保荐之间存在密切联系，《证券发行上市保荐业务管理办法》（2020 年修订）第 7 条第 1 款中还明确规定："同次发行的证券，其发行保荐和上市保荐应当由同一保荐机构承担。"不过，为与注册制改革相适应，我国 2019 年《证券法》删除了 2005 年《证券法》关于证券上市"应当聘请具有保荐资格的机构担任保荐人"的相关规定。

在我国，之所以长期以来对证券发行保荐与证券上市保荐作明确区分，是因为在证券发行核准制下，证券发行与证券上市确实是前后衔接却泾渭分明的两个阶段。在注册制下，证券发行与证券上市已浑然一体，且证券交易所承担了对证券发行申请进行审核的职能，在发行人获得证券监管机构或国务院授权的部门注册后，再由证券交易所完成上市程序。因此，注册制下证券发行与证券上市呈现出程序相互交错的状态。就此而言，我国实行注册制后不必将保荐业务区分为发行保荐与上市保荐。不过，试行注册制的科创板仍沿用了发行保荐与上市保荐分离的做法。对此，中国证监会于 2019 年 3 月 1 日发布的《科创板首次公开发行股票注册管理办法（试行）》第 58 条规定："保荐人应当按照中国证监会和交易所的规定制作、报送和披露发行保荐书、上市保荐书、回复意见及其他发行上市相关文件，遵守交易所和中国证监会的发行上市审核及发行注册程序，配合交易所和中国证监会的发行上市审核及发行注册工作，并承担相应工作。"

## 二、保荐业务资格管理制度

《证券发行上市保荐业务管理办法》（2020 年修订）第二章对保荐机构和保荐代表人的资格管理制度作了详细规定，其主要内容如下所示。

### （一）保荐业务资格的申请与受理

证券公司申请保荐业务资格，应当具备下列条件：（1）注册资本不低于人民币 1 亿元，净资本不低于人民币 5 000 万元；（2）具有完善的公司治理和内部控制制度，风险控制指标符合相关规定；（3）保荐业务部门具有健全的业务规程、内部风险评估和控制系统，内部机构设置合理，具备相应的研究能力、销售能力等后台支持；（4）具有良好的保荐业务团队且专业结构合理，从业人员不少于 35 人，其中最近 3 年从事保荐相关业务的人员不少于 20 人；（5）符合保荐代表人资格条件的从业人员不少于 4 人；（6）最近 3 年内未因重大违法违规行为受到行政处罚；（7）中国证监会规定的其他条件。

证券公司应当保证申请文件真实、准确、完整。申请期间，申请文件内容发生重大变化的，应当自变化之日起 2 个工作日内向中国证监会提交更新资料。

中国证监会依法受理、审查申请文件。对保荐业务资格的申请，自受理之日起 3 个月内作出核准或者不予核准的书面决定。

### （二）保荐业务资格的后续管理

证券公司取得保荐业务资格后，应当持续符合法定条件。保荐机构因重大违法违规行为受到行政处罚的，中国证监会撤销其保荐业务资格；不再具备其他法定条件的，中国证监会可责令其限期整改，逾期仍然不符合要求的，中国证监会撤销其保荐业务资格。

### （三）保荐机构报告制度

保荐机构发生保荐业务事项重大变化时，保荐机构应当自变化之日起 5 个工作日内向其住所地的中国证监会派出机构书面报告。保荐机构应当于每年 4 月份向其住所地的中国证监会派出机构报送年度执业报告。

## 三、保荐机构的职责

现行《证券法》第 10 条第 2 款对保荐机构的职责作了原则性规定。《证券发行上市保荐业务管理办法》（2020 年修订）第三章则对此作了具体规定，其主要内容如下所示。

### （一）尽职推荐发行人证券发行上市的职责

我国证券法规定，证券发行必须符合法定条件，证券监管机构按照法定程序核准公开发行证券的申请。但证券监管机构力量有限，显然无法完全实现实质性审查，因此法律便赋予保荐人尽职推荐发行人证券发行、上市的职责。这使证券发行监管的审核前移，不仅提升了监管效率，也有利于减少各种违法、违规发行证券的现象。

《证券发行上市保荐业务管理办法》（2020 年修订）规定：保荐机构应当尽职推荐发行人证券发行上市。保荐机构推荐发行人证券发行上市，应当遵循诚实守信、勤勉尽责的原则，按照中国证监会对保荐机构尽职调查工作的要求，对发行人进行全面调查，充分了解发行人的经营状况及面临的风险和问题。

保荐机构在推荐发行人首次公开发行股票并上市前，应当对发行人进行辅导①，对发行人的董事、监事和高级管理人员、持有 5% 以上股份的股东和实际控制人（或者其法定代表人）进行系统的法规知识、证券市场知识培训，使其全面掌握发行上市、规范运作等方面的有关法律法规和规则，知悉信息披露和履行承诺等方面的责任和义务，树立进入证券市场的诚信意识、自律意识和法制意识。保荐机构辅导工作完成后，应由发行人所在地的中国证监会派出机构进行辅导验收。发行人所在地在境外的，应当由发行人境内主营业地或境内证券事务机构所在地的中国证监会派出机构进行辅导验收。

保荐机构应当与发行人签订保荐协议，明确双方的权利和义务，按照行业规范协商确定履行保荐职责的相关费用。保荐协议签订后，保荐机构应在 5 个工作日内向承担辅导验收职责的中国证监会派出机构报告。

保荐机构应当确信发行人符合法律、行政法规和中国证监会的有关规定，方可推荐其证券发行上市。保荐机构决定推荐发行人证券发行上市的，可以根据发行人的委托，组织编制申请文件并出具推荐文件。

### （二）独立、审慎地核查和判断的职责

对发行人申请文件、证券发行募集文件中有证券服务机构及其签字人员出具专业意见的内容，保荐机构可以合理信赖，对相关内容应当保持职业怀疑、运用职业判断进行分析，存在重大异常、前后重大矛盾，或者与保荐机构获得的信息存在重大差异的，保荐机构应当对有关事项

---

① 我国自 1995 年开始推行公开发行股票企业辅导制度，旨在促进企业转换经营机制，发挥现代企业制度的功能，提高上市公司的质量。该制度被保荐制度所吸收，使之成为保荐制度的组成部分。

进行调查、复核，并可聘请其他证券服务机构提供专业服务。

对发行人申请文件、证券发行募集文件中无证券服务机构及其签字人员专业意见支持的内容，保荐机构应当获得充分的尽职调查证据，在对各种证据进行综合分析的基础上对发行人提供的资料和披露的内容进行独立判断，并有充分理由确信所作的判断与发行人申请文件、证券发行募集文件的内容不存在实质性差异。

### （三）按规定提交相关业务文件的职责

保荐机构推荐发行人发行证券，应当向中国证监会提交发行保荐书、保荐代表人专项授权书以及中国证监会要求的其他与保荐业务有关的文件。发行保荐书应当包括下列内容：（1）逐项说明本次发行是否符合《公司法》《证券法》规定的发行条件和程序；（2）逐项说明本次发行是否符合中国证监会的有关规定，并载明得出每项结论的查证过程及事实依据；（3）发行人存在的主要风险；（4）对发行人发展前景的评价；（5）保荐机构内部审核程序简介及内核意见；（6）保荐机构与发行人的关联关系；（7）相关承诺事项；（8）中国证监会要求的其他事项。在实施发行注册制的板块，保荐机构应当向证券交易所提交上述与保荐业务有关的文件。

保荐机构推荐发行人证券上市，应当向证券交易所提交上市保荐书以及证券交易所要求的其他与保荐业务有关的文件，并报中国证监会备案。上市保荐书应当包括下列内容：（1）逐项说明本次证券上市是否符合《公司法》《证券法》及证券交易所规定的上市条件；（2）对发行人证券上市后持续督导工作的具体安排；（3）保荐机构与发行人的关联关系；（4）相关承诺事项；（5）中国证监会或者证券交易所要求的其他事项。在实施发行注册制的板块，上述与保荐业务有关文件的内容要求和报送要求由证券交易所具体规定。

### （四）承诺和担保义务

保荐人作为具有较高社会信赖度的专业中介机构，其所签署的肯定性保荐意见，势必会对社会公众作出投资抉择产生主要影响。为督促保荐人认真履行保荐职责，在发行保荐书和上市保荐书中，保荐机构应当就下列事项作出承诺：（1）有充分理由确信发行人符合法律法规及中国证监会有关证券发行上市的相关规定；（2）有充分理由确信发行人申请文件和信息披露资料不存在虚假记载、误导性陈述或者重大遗漏；（3）有充分理由确信发行人及其董事在申请文件和信息披露资料中表达意见的依据充分合理；（4）有充分理由确信申请文件和信息披露资料与证券服务机构发表的意见不存在实质性差异；（5）保证所指定的保荐代表人及本保荐机构的相关人员已勤勉尽责，对发行人申请文件和信息披露资料进行了尽职调查、审慎核查；（6）保证保荐书、与履行保荐职责有关的其他文件不存在虚假记载、误导性陈述或者重大遗漏；（7）保证对发行人提供的专业服务和出具的专业意见符合法律、行政法规、中国证监会的规定和行业规范；（8）自愿接受中国证监会依照《证券发行上市保荐业务管理办法》（2020年修订）采取的监管措施；（9）中国证监会规定的其他事项。在实施证券发行注册制的板块，上述上市保荐书承诺事项由证券交易所具体规定。

以上承诺同时构成了保荐人对投资者和证券监管机构及注册制下证券交易所的担保，违背该承诺保荐人将承担相应的法律责任。与其他国家和地区不同，我国《证券法》对保荐人的连带责任作了明确规定。该法第24条第1款第二句规定："已经发行尚未上市的，撤销发行注册决定，发行人应当按照发行价并加算银行同期存款利息返还证券持有人；发行人的控股股东、实际控制人以及保荐人，应当与发行人承担连带责任，但是能够证明自己没有过错的除外。"在我国证券市场还很不成熟的背景下，明确规定保荐人的连带责任有利于保护公众投资者。此外，《证券法》和《证券发行上市保荐业务管理办法》（2020年修订）还规定了保荐人出具有虚假记载、误导性陈述或者重大遗漏的保荐书，或者不履行其他法定职责的行政责任。

### （五）配合核查义务

保荐机构提交发行保荐书后，应当配合中国证监会的审核，并承担下列工作：（1）组织发行人及证券服务机构对中国证监会的意见进行答复；（2）按照中国证监会的要求对涉及本次证券发行上市的特定事项进行尽职调查或者核查；（3）指定保荐代表人与中国证监会职能部门进行专业沟通，保荐代表人在发行审核委员会会议上接受委员质询；（4）中国证监会规定的其他工作。在实施证券发行注册制的板块，保荐机构应当配合证券交易所、中国证监会的发行上市审核和注册工作，并按规定承担相应工作。

### （六）持续督导发行人履行法定义务

保荐机构应当针对发行人的具体情况，确定证券发行上市后持续督导的内容，督导发行人履行有关上市公司规范运作、信守承诺和信息披露等义务，审阅信息披露文件及向中国证监会、证券交易所提交的其他文件，并承担下列工作：（1）督导发行人有效执行并完善防止控股股东、实际控制人、其他关联方违规占用发行人资源的制度；（2）督导发行人有效执行并完善防止其董事、监事、高级管理人员利用职务之便损害发行人利益的内控制度；（3）督导发行人有效执行并完善保障关联交易公允性和合规性的制度，并对关联交易发表意见；（4）持续关注发行人募集资金的专户存储、投资项目的实施等承诺事项；（5）持续关注发行人为他人提供担保等事项，并发表意见；（6）中国证监会、证券交易所规定及保荐协议约定的其他工作。

首次公开发行股票并在主板上市的，持续督导的期间为证券上市当年剩余时间及其后 2 个完整会计年度；主板上市公司发行新股、可转换公司债券的，持续督导的期间为证券上市当年剩余时间及其后 1 个完整会计年度。首次公开发行股票并在创业板、科创板上市的，持续督导的期间为证券上市当年剩余时间及其后 3 个完整会计年度；创业板、科创板上市公司发行新股、可转换公司债券的，持续督导的期间为证券上市当年剩余时间及其后 2 个完整会计年度。首次公开发行股票并在创业板上市的，持续督导期内保荐机构应当自发行人披露年度报告、中期报告之日起 15 个工作日内在符合条件的媒体披露跟踪报告，对上述保荐机构应当承担的 6 项工作事项，进行分析并发表独立意见。发行人临时报告披露的信息涉及募集资金、关联交易、委托理财、为他人提供担保等重大事项的，保荐机构应当自临时报告披露之日起 10 个工作日内进行分析并在符合条件的媒体上发表独立意见。持续督导的期间自证券上市之日起计算。

持续督导期届满，如有尚未完结的保荐工作，保荐机构应当继续完成。保荐机构在履行保荐职责期间未勤勉尽责的，其责任不因持续督导期届满而免除或者终止。

# 第五章　证券交易制度

## 第一节　证券交易制度的内涵与外延

### 一、证券交易的内涵

证券交易，是指当事人之间在法定交易场所，按照特定交易规则，对依法发行并交付的证券进行买卖的行为。依此，证券交易必须具备以下要素：

（1）证券交易必须在法定交易场所进行。证券交易场所即证券交易市场，又称证券流通市场、证券次级市场、证券二级市场，必须是获得相关法律确认的进行证券交易的场所。这就排除了"黑市"交易的合法性。对此，我国《证券法》第37条规定："公开发行的证券，应当在依法设立的证券交易所上市交易或者在国务院批准的其他全国性证券交易场所交易。"（第1款）"非公开发行的证券，可以在证券交易所、国务院批准的其他全国性证券交易场所、按照国务院规定设立的区域性股权市场转让。"（第2款）

（2）证券交易必须按照特定交易规则进行。我国《证券法》对此作了原则性规定，相关法规、规章则作了详细规定。证券交易时必须严格遵循这些交易规则。

（3）证券交易的对象必须是依法发行并交付的证券。对此，我国《证券法》第35条规定：证券交易当事人依法买卖的证券，必须是依法发行并交付的证券；非依法发行的证券，不得买卖。

（4）证券交易限于买卖证券的行为。广义上的证券交易还包括证券的赠与、继承、划拨或公司合并引起的证券转让等无偿转让证券行为。但证券法上的证券交易系狭义的，即买卖证券的行为。

需要注意的是，证券交易一般发生于投资者之间，但并不以投资者为要素，在特殊情况下，证券发行人亦可充当特殊的交易主体。例如，证券发行人回赎发行在外的证券、发行人向投资者换发证券、发行人出售库藏证券给投资者等行为，都发生于证券发行人与投资者之间，但仍被视为证券法上的证券交易行为。这些行为被界定为证券交易行为的根本原因在于，其同样属于按照证券交易规则所进行的证券买卖行为。其特殊性仅在于一方交易主体为证券发行人。参与证券交易的证券投资者包括个人投资者和机构投资者。

在证券交易中，买入证券的人向卖出证券的人支付价金并获得证券，卖出证券的人向买入证券的人交付证券并收取价金，从而在双方当事人之间形成证券交易法律关系。证券交易作为特殊的交易，在交易主体、交易对象、交易规则、交易方式、交易场所等方面均存在特殊性。因此，虽然仍有不少国家尚未颁布调整证券发行关系的专门法律，但现代各国已大多颁布了调整证券交易关系的专门法律。在我国，《证券法》及调整证券交易的相关行政法规、规章是调整证券交易关系的专门法律，《公司法》对证券交易作了原则性规定，相关的自律组织规范也具有约束力。此外，《民法典》作为调整市场交易关系的一般法律，在《证券法》《公司法》未作具体规定时，亦可适用于证券交易关系。

## 二、证券交易的基本类型

证券交易经历了一个从单一的现货交易到现货交易、期货交易、期权交易、信用交易等多种交易类型并存的发展过程。在此过程中，证券交易形式呈现出由低级向高级、由简单向复杂、由单一向复合的发展趋势。在西方发达国家的证券市场中，证券交易形式不断创新，已发展出极为丰富的各种交易形式。这些证券交易形式构成了证券交易的基本类型，这些交易类型往往相互构成对称，但无法对其作封闭体系下的严格分类，有些创新的证券交易形式实际上兼具了其他交易形式的特征。

### （一）证券现货交易

证券现货交易，又称"现款交易""现期交易"，是指证券交易的双方当事人根据商定的付款方式，在较短时间内进行交割，从而实现证券所有权的转让。早期的证券现货交易在成交后即时交割证券和钱款，但在现代证券现货交易中，证券成交与交割之间通常都有一定的时间间隔，具体间隔时间依证券交易所规定的交割日期确定。为防止交割间隔时间过长影响交割的安全性，在国际上，证券现货交易成交与交割的时间间隔一般不超过 20 日。交割日期主要有当日交割、次日交割和例行交割三种。

证券现货交易有以下显著特点：（1）成交和交割基本上同时进行；（2）属于实物交易，即卖方必须实实在在地向买方转移证券，不能对冲；（3）在交割时，买方必须支付现款，故证券现货交易又被称为证券现款交易；（4）交易技术简单，易于操作，便于管理。

一般来说，证券现货交易多属投资行为，它反映了购入者有进行较长期投资的意愿，希望能在未来的时间内，从证券上取得较稳定的利息或分红等收益，从而不是为了获取证券买卖价差而进行的投机行为。但在我国，因证券市场尚不成熟，证券现货交易在很大程度上仍表现为投机行为。

证券现货交易的交割风险较低，是各国证券交易的主要形式。我国1998 年《证券法》第 35 条特别规定："证券交易以现货进行交易。"这就排除了证券的期货、期权交易，导致长期以来，我国证券市场中仅存在单一的现货交易形式。2005 年《证券法》第 42 条将该规定修订为："证券交易以现货和国务院规定的其他方式进行交易。"中国金融期货交易所也已于 2006 年 9 月 8 日在上海成立，从而使证券期货、期权交易具备了必要条件。基于此，2019 年《证券法》删除了关于证券现货交易的规定。

### （二）证券期货交易

与证券现货交易相对应的是证券期货交易。证券期货交易，是指买卖双方成交后，按契约中规定的价格延期交割。证券期货交易的交割期限一般为 15～90 天。在证券期货交易中，买卖双方签订合约后不用付款也不用交付证券，只有到了规定的交割日买方才交付货款，卖方才交付证券。但为促使投资者履约，进行证券期货交易时投资者须缴纳交易保证金。在交割期以前，买卖双方可以转让或买回期货合约，以获取一卖一买或一买一卖间的价差收益。

证券期货交易是在证券现货交易基础上发展起来的，通过在期货交易所买卖标准化期货合约而进行的一种有组织的交易方式。证券期货合约是证券期货交易的买卖对象，是由期货交易所统一制定的、规定在将来某一特定的时间和地点交割一定数量证券的标准化合约。例如，买卖双方于某日签订证券买卖合约而于 30 日后履约的交易就是期货交易。在该期货交易中，结算时按照期货合约签订时的证券价格计算，而不是按照交割时的证券价格计算。

证券价格在合约签订时和交割时往往不同。若证券价格上涨，则买方会以较小的成本获取较大收益；若证券价格下跌，则卖者会因此避免受损。因此期货交易对买卖双方都有强烈的吸引力。

证券期货交易根据合同清算方式的不同又可分为两种：（1）在合同到期时，买方须交付现款，卖方则须交出现货即合同规定的证券；（2）在合同到期时，双方都可以做相反方向的买卖，并准备冲抵清算，以收取差价而告终。第一种方法通常被称为期货交割交易，第二种方法通常被称作差价结算交易。这两种交易方法的总和又称为清算交易。

投资者进行证券期货交易的目的可以分为两种：（1）投机。在这种条件下，买方与卖方都是以预期价格的变动为基础或买或卖，买方期望到期价格上升，准备到期以高价卖出，谋取价差利润；卖方期望到期价格下跌，以便到期以较低的价格买进，冲销原卖出的期货合约，并赚取价差利润。（2）安全。在这种情况下的期货交易就是买卖双方为避免证券价格变动的风险而进行的证券期货买卖。但证券期货交易基本上都以投机为目的，采取这种交易方式的买卖双方往往怀有强烈的赌博心理。

买方通常不是要购买证券，在交割期到来之前，若证券行市看涨，买方即可高价卖出与原交割期相同期限的远期证券，从中获取收益；卖方手中也不一定握有相应证券，在交割期截止之前，若证券行市看跌，则卖方可低价买进与原交割期相同期限的远期证券，从中获益。所以，在证券期货交易中，买卖双方可以靠"多头交易"与"空头交易"获取高额收益。

### （三）证券期权交易

证券期权交易是当事人为获得证券市场价格波动带来的利益，约定在一定时间内，得以特定价格买进或卖出指定证券的交易。证券期权交易是西方国家证券市场中相当流行的一种交易策略。期权（option）是一种根据与专门交易商签订的合约，规定持有者有权在一定期限内按交易双方所商定的价格，购买或出售一定数量证券的选择权。期权的买方行使权利时，卖方必须按期权合约规定的内容履行义务。若买方放弃行使权利，则买方损失期权费用（权利金），卖方赚取期权费用（权利金）。总之，期权的买方拥有行使期权的权利，无行使的义务；而期权的卖方则仅有履行期权合约的义务。

证券期权交易不是证券的直接交易，而是赋予购买者一种选择权，其可在规定的时间内选择行使执行买卖证券期货合约的权利，亦可放弃该权利。证券期权交易可分为买进期权交易和卖出期权交易两种。

（1）买进期权。买进期权，又称看涨期权或"敲进"，是指在合约规定的有效期内，合约持有人按约定的价格和数量购进证券的权利。期权购买者购进这种买进期权，乃因为其对证券价格看涨，将来可获利。购进期权后，当证券市价高于合约价格加期权费用之和（未含佣金）时，期权购买者可按合约规定的价格和数量购买证券，然后按市价出售，或转让买进期权，获取利润；当证券市价在合约价格加期权费用之和之间波动时，期权购买者将受一定损失；当证券市价低于合约价格时，期权购买者的期权费用将全部消失，并将放弃买进期权。因此，期权购买者的最大损失不过是期权费用加佣金。

（2）卖出期权。卖出期权是买进期权的对称，亦称看跌期权或"敲出"，是指投资者买入一个在一定时期内以合约价格卖出证券的权利。买主在购入卖出期权后，有权在规定的时间内，按照合约价格向期权出售者卖出一定数量的某种证券。在证券市场上众多的交易方式中，一般来说，只有当证券行市有跌落的趋势时，人们才愿意购买卖出期权，因为在卖出期权有效期内，当证券价格下跌到一定程度后，买主行使期权才能获利。此外，该证券行市看跌，造成卖出期权费上涨时，投资者也可以直接卖掉期权，从而不仅可以赚取前后期权费的差价，而且还可转移该证券行市突然回升的风险。但若该证券行市没有出现预期下降，反而逐步上升，则行使期权将无利可图。因此，卖出期权一般只是在证券行市看跌时适用。

买进期权和卖出期权都只能在其特定的范围内适用，投资者无论选用哪种方式都必然存在一定的风险。

### （四）证券信用交易

#### 1. 证券信用交易的含义与发展概况

从广义上讲，证券信用交易包括买卖双方所互相给予的信用，涵盖证券期货交易、证券期权交易、保证金交易、证券质押贷款等四种形式。在狭义上讲，证券信用交易仅指融资融券交易。广义上的融资融券交易，包括券商对投资者的融资、融券，金融机构对券商的融资、融券。狭义上的融资融券交易，则特指融资融券业务，是在证券公司业务范围意义上的界定，它是指证券公司向客户出借资金供其买入证券或出借证券供其卖出的业务。这一界定可谓最狭义上的信用交易。在我国，一般所指证券信用交易即是在该最狭义上而言。对此，《证券公司监督管理条例》（2014年修订）第48条规定："本条例所称融资融券业务，是指在证券交易所或者国务院批准的其他证券交易场所进行的证券交易中，证券公司向客户出借资金供其买入证券或者出借证券供其卖出，并由客户交存相应担保物的经营活动。"

证券信用交易起源于荷兰的阿姆斯特丹证券市场，如今已是发达国家和地区证券市场上通行的证券交易形式，各国（地区）也普遍建立起了较为完备的证券信用交易制度。可以说，证券信用交易是促使证券市场走向繁荣、使投资者趋于成熟的重要手段，是证券市场基本职能发挥作用的重要基础。但证券信用交易也有放大证券投资风险的缺陷，在信用交易比例过高的情况下，还可能因大量投资者无法履约而导致证券市场剧烈震荡。因此，必须对证券信用交易予以严格规制。[1]

在我国，证券市场建立初期，出于控制市场风险的考虑，不允许进行信用交易，但证券市场存在着强烈的需求，导致地下融资融券暗流涌动。为了向客户提供融资融券服务，证券机构不得不挪用客户保证金及证券，由此产生了极大的市场隐患。因此，1998年《证券法》第35条规定"证券交易以现货进行交易"，并于第36条明确规定"证券公司不得从事向客户融资或融券的证券交易活动"。《证券法》实施后，地下融资融券以"三方监管委托理财"[2] 等形式出现，在更大程度上刺激了证券公司挪用客户保证金和证券。面对客观需求，2005年《证券法》第142条规定："证券公司为客户买卖证券提供融资融券服务，应当按照国务院的规定并经国务院证券监督管理机构批准。"这就在法律上为证券信用交易提供了必要的制度空间。

中国证监会于2006年6月30日发布《证券公司融资融券业务试点管理办法》（2011年修改）和《证券公司融资融券业务试点内部控制指引》（2011年修改），融资融券业务的具体制度建设正式启动。2006年8月21日，两大证券交易所分别发布《上海证券交易所融资融券交易试点实施细则》与《深圳证券交易所融资融券交易试点实施细则》。2006年8月29日，中国证券登记结算有限责任公司发布《中国证券登

---

① 赖英照．股市游戏规则：最新证券交易法解析．北京：中国政法大学出版社，2006：71-72.

② 三方监管委托理财，是指被处置金融机构作为受托人，与客户及第三方金融机构签订委托理财合同，客户在第三方金融机构开立证券和资金账户并由第三方金融机构行使监管权的委托理财行为。2004年9月底，中国证监会发布通知，要求券商立即停止未经批准的集合资产管理业务和三方监管委托理财业务，暂停开展新的个人客户资产管理业务；规定自2004年9月30日后，未经批准不得对个人客户形成任何新的负债。

记结算有限责任公司融资融券试点登记结算业务实施细则》。[①] 2008 年 4 月 23 日，国务院发布《证券公司监督管理条例》（2014 年修订）与《证券公司风险处置条例》（2016 年修订）。至此，我国融资融券业务规则体系已基本完备。2008 年 10 月 5 日，中国证监会宣布启动融资融券试点。在此基础上，2010 年 1 月 8 日，中国证监会宣布国务院已原则上同意开展融资融券业务试点。2010 年 1 月 22 日，中国证监会发布《关于开展证券公司融资融券业务试点工作的指导意见》，标志着证券公司融资融券试点申请工作正式启动。

在我国，证券公司融资融券业务虽发展时间不长，但发展迅速，已成为证券公司经纪业务、投行业务之后的又一重要收入来源。基于此，我国 2019 年《证券法》第 120 条明确将融资融券作为证券公司可依法经营的业务予以列举。

2. 域外证券信用交易的主要模式

目前，由于经济发展的阶段和水平不同，各国（地区）社会、经济制度和历史发展的不同，形成了适合各国（地区）特殊背景的三种有代表性的信用交易模式。

（1）市场化信用交易模式，又称分散信用模式，是指投资者向证券公司申请融资融券，由证券公司直接对其提供信用的模式。若证券公司的资金或证券不足，则向金融市场融通或借取相应的资金或证券。这种模式建立在发达的金融市场基础上，不存在专门从事信用交易业务的机构。该模式以美国为代表，故该模式又称为美国模式。欧美发达国家多采取该模式，我国香港地区的信用交易模式也大体上可归入此类。在采取市场化信用交易模式的国家和地区，融资融券交易的市场化程度较

---

① 经中国证监会批准，两大证券交易所分别发布于 2011 年分别发布《上海证券交易所融资融券交易实施细则》（2015 年修订）与《深圳证券交易所融资融券交易实施细则》（2021 年修订），《上海证券交易所融资融券交易试点实施细则》与《深圳证券交易所融资融券交易试点实施细则》相应被废止。与此相适应，中国证券登记结算有限责任公司也于 2011 年发布《中国证券登记结算有限责任公司融资融券登记结算业务实施细则》（2018 年修订），《中国证券登记结算有限责任公司融资融券试点登记结算业务实施细则》相应被废止。

高,在规则允许的范围内,基本上不再受金融监管机构的特别限制,融资的来源也非常丰富。例如,在美国,融资融券交易中证券质押贷款有三项来源:一是券商清算部,二是商业银行的独立存款机构,三是完全专业化的注册清算公司。市场化信用交易模式有利于融资融券交易的多元化发展,并大大提高了市场效率。但该模式以发达的资本市场与完善的自律监管机制为前提,否则将因信用杠杆的过高利用而引发过高的金融风险。

(2)专业化信用交易模式,又称单轨制集中信用模式,是指具备法定条件的证券公司均可对投资者提供融资融券服务,同时由政府发起设立具有绝对垄断地位的证券金融公司为证券公司提供资金和证券转融通的模式。该模式以日本、韩国为代表,故该模式又称为日本模式。该模式下的证券金融公司是唯一的证券融资主体,并由其核定合格券商、合格客户及用于信用交易的证券,因此,在该模式下,证券金融公司居于垄断地位,严格控制着资金和证券通过信用交易产生的倍增效应,投资者不能直接从证券金融公司融取资金或者证券,而必须通过证券公司统一进行。该模式有利于监管:只要控制了证券金融公司,就可以调控进出证券市场的资金和证券流量,控制信用交易的放大倍数;但该模式同时存在禁锢融资融券交易的多元化发展,并降低了市场效率的缺陷。[①]

(3)中间型信用交易模式,又称双轨制信用模式。在此模式下,只有一部分拥有直接融资融券业务许可证的证券公司可以给客户提供融资融券服务,这些证券公司则从证券金融公司转融通;未取得融资融券业务许可证的证券公司只能接受客户的委托,代理客户的融资融券申请,由证券金融公司来完成直接融资融券的服务。对客户来说,既可以选择从有许可证的证券公司直接融资和融券,也可以选择向证券金融公司申请融资和融券。该模式以我国台湾地区为代表,不少亚洲国家(地区)采取的是该模式,故该模式又称为亚洲模式。该模式综合了市场化信用交易模式与专业化信用交易模式的特征。该模式下的证券金融公司是唯

---

① 李艳,王伟.论我国证券信用交易的法律规制框架.中共中央党校学报,2009(5).

一的证券融资主体，但分别由证券交易所核定融资融券业务标的证券，证券存管机构核定合格券商，证券公司核定合格客户。此外，该模式下的证券金融公司既具有垄断性又具有一定的竞争性，即证券金融公司不具有唯一性，而是存在多个在业务上相互竞争的公司。在我国台湾地区，即设立了四个证券金融公司。

3. 我国证券信用交易的模式界定及发展定位

我国《证券公司监督管理条例》（2014 年修订）对经营融资融券业务的证券公司应当具备的法定条件作了明确规定。同时，该条例第 56 条规定："证券公司从事融资融券业务，自有资金或者证券不足的，可以向证券金融公司借入。证券金融公司的设立和解散由国务院决定。"依此，我国《证券法》及《证券公司监督管理条例》关于信用交易模式基本上确立的是单轨制集中信用模式，但同时规定从事融资融券业务的证券公司必须取得中国证监会的许可，从而使中国证监会得以根据具体情况对开展融资融券业务的证券公司设置准入门槛。该条例还确立了证券金融公司制度，明确了证券金融公司在转融通业务中的垄断地位。

所谓转融通业务，是指证券金融公司将自有或者依法筹集的资金和证券出借给证券公司，以供其办理融资融券业务的经营活动，包括转融资业务和转融券业务两部分。其中，转融资业务是指证券金融公司将自有资金或者通过发行债券等方式筹集的资金融出给证券公司，由证券公司提供给客户，供其买入上市证券；转融券业务是指证券金融公司向上市公司股东等出借人借入流通证券，再融出给证券公司，由证券公司提供给客户供其卖出。转融通是融资融券业务的一个重要环节，其目的主要是解决证券公司在开展信用交易业务时自有资券不足的问题。中国证监会于 2011 年 10 月 26 日发布的《转融通业务监督管理试行办法》（2020 年修正）对证券金融公司的设立、组织结构、业务规则，资金和证券的来源、监督管理作了详细规定。转融通业务的推出，意味着我国证券市场卖空时代正式到来，从而构建了完整的证券信用交易模式。在理论上讲，在证券市场中引入完整的信用交易机制可以减少证券市场中大幅波动的情形，能对证券市场的剧烈波动起到平抑作用。

不过，融资融券交易涉及证券业、银行业与保险业，需要证券市场、货币市场与保险市场之间有效互动，而我国现有的监管方式、监管技术手段还难以适应融资融券交易的需要，监管水平也有待进一步提高。同时，在分业经营、分业监管模式下，我国银行、证券与保险的监管协调机制还有待建立和完善。

# 第二节　证券交易方式

## 一、证券交易方式的类型划分标准

依不同标准，可将证券交易分为多种类型，例如，依证券交易场所的不同，可分为场内交易与场外交易；依达成交易方式的不同，可分为直接交易与间接交易；依证券交易价格形成方式的不同，可分为集中竞价交易与非集中竞价交易；依证券交易品种的不同，可分为股票交易、债券交易、基金交易与证券衍生品种交易；依证券交易交割期限的不同，可分为证券现货交易、证券期货交易、证券期权交易与证券信用交易。不过，从证券法的法律规制而言，依证券交易价格的形成方式所作划分最具有代表性。各国证券法也正是以此为中心，对证券交易的不同类型予以调整。

我国《证券法》第38条规定："证券在证券交易所上市交易，应当采用公开的集中交易方式或者国务院证券监督管理机构批准的其他方式。"依此，除集中竞价交易方式外，证券交易方式还包括"国务院证券监督管理机构批准的其他方式"。这不仅使实践中早已存在的非集中竞价交易方式具备了法律依据，还使境外证券市场普遍存在而我国尚未开展的其他非集中竞价交易方式成为可能。从我国目前证券交易实践来看，非集中竞价交易方式主要包括协议转让、大宗交易、证券做市交易、回购交易。至于裁判转让，乃人民法院依司法程序，对某只证券采取强制执行措施时而发生的证券转让。这种证券转让一般通过司法拍卖的方式进行，虽在实践中被作为规避法律的证券交易手段[①]，但客观上与一般证券交易具有本质区别，故不应被纳入证券交易方式之中。

## 二、集中竞价

集中竞价包括集合竞价与连续竞价两种方式。我国上海、深圳证券交易所发布的证券交易规则，均规定了电脑集合竞价与连续竞价两种集中竞价方式。每一个交易日中，任何一个证券的竞价均分为集合竞价与连续竞价两部分（债券只有连续竞价而无集合竞价），集合竞价对所有有效委托进行集中处理，连续竞价则对有效委托进行逐笔处理。

证券竞价交易按价格优先、时间优先的原则撮合成交。成交时价格优先的原则为：较高价格买入申报优先于较低价格买入申报，较低价格卖出申报优先于较高价格卖出申报。成交时时间优先的原则为：买卖方向、价格相同的，先申报者优先于后申报者。先后顺序按交易主机接受申报的时间确定。

### （一）集合竞价

集合竞价，是指对一段时间内接受的买卖申报一次性集中撮合的竞价方式。集合竞价分为开盘集合竞价与收盘集合竞价。我国上海证券交易所仅确认了前者，深圳证券交易所则对两者都予以了确认。《深圳证券交易所交易规则》（2019 年修订）规定，14：57～15：00 为收盘集合竞价时间。

在每个交易日的规定时间段内，由投资者按照自己所能接受的心理价格自由地进行买卖申报，在正式开盘的一瞬间由电脑交易系统对全部有效委托进行一次集中撮合处理，并形成一个作为成交价的基准价格。开盘集合竞价形成的基准价格，同时成为该证券的当日开盘价格。

---

① 王建文．国有股司法拍卖对中国商法的特殊制度价值——宇通集团国有股司法拍卖案的法理反思//范健主编．商事法律报告：第 1 卷．北京：中信出版社，2004：177 - 191.

集合竞价时，成交价格的确定原则为：（1）可实现最大成交量的价格；（2）高于该价格的买入申报与低于该价格的卖出申报全部成交的价格；（3）与该价格相同的买方或卖方至少有一方全部成交的价格。两个以上申报价格符合上述条件的，上海证券交易所规定，使未成交量最小的申报价格为成交价格，仍有两个以上使未成交量最小的申报价格符合上述条件的，其中间价为成交价格；深圳证券交易所则规定取距前收盘价最近的价格为成交价。

集合竞价方式产生成交价格的全部过程，完全由电脑交易系统进行程序化处理，将处理后所产生的成交价格显示出来。集合竞价方式下价格优先、时间优先原则体现在电脑主机将所有的买入和卖出申报按价格由高到低排出序列，同一价格下的申报原则上按电脑主机接受的先后顺序排序。

所有在集合竞价阶段成交的委托，无论委托价格高低，其成交价均为统一的基准价格。如果集合竞价未能形成符合上述条件的基准价格，则开盘价将在其后进行的连续竞价中产生，连续竞价的第一笔成交价格则为该证券当日的开盘价，如果某只证券因刊登公告等原因于上午停牌，则于13：00时起直接进入连续竞价，其第一笔成交价格则为该证券当日的开盘价。在深圳证券交易所，证券的收盘价通过集合竞价的方式产生。收盘集合竞价不能产生收盘价的，以当日该证券最后一笔交易前一分钟所有交易的成交量加权平均价（含最后一笔交易）为收盘价；当日无成交的，以前收盘价为当日收盘价。

自2006年7月1日开始，沪深证券交易所开盘集合竞价调整为开放式集合竞价。开放式集合竞价，是指在集合竞价过程中，即时行情实时揭示集合竞价参考价格等信息的集合竞价方式。调整后，9：15～9：25，即时行情显示内容包括证券代码、证券简称、前收盘价格、虚拟开盘参考价格、虚拟匹配量和虚拟未匹配量；9：15～9：20可以接受申报，也可以撤销申报；9：20～9：25只接受申报，不能撤销申报，但不对买卖申报或撤销申报作处理。在深圳证券交易所，14：57～15：00的收盘集合竞价时间内，也不接受参与竞价交易的撤销申报。依此，即时行情显示内容增加了虚拟开盘参考价格、虚拟匹配量和虚拟未匹配量等信息。开放式集合竞价的主要目的在于提高市场透明度，加强流动性，增强投资者交易意愿，提高定价效率，加大影响开盘价格的成本（操纵成本），从而降低集合竞价被人为操纵的可能性。集合竞价制度改革后，市场效率得到了显著提高，但现有开放式集合竞价机制仍有待改进。

## （二）连续竞价

连续竞价，是指对买卖申报逐笔连续撮合的竞价方式。开盘集合竞价期间未成交的买卖申报，自动进入连续竞价。连续竞价期间未成交的买卖申报，自动进入收盘集合竞价。上海证券交易所每个交易日 9：30～11：30 与 13：00～15：00 为连续竞价时间，深圳证券交易所每个交易日 9：30～11：30 与 13：00～14：57 为连续竞价时间。

连续竞价时，成交价格的确定原则为：（1）最高买入申报价格与最低卖出申报价格相同的，以该价格为成交价格；（2）买入申报价格高于即时揭示的最低卖出申报价格（集中申报簿中当时最低卖出申报价格）的，以即时揭示的最低卖出申报价格为成交价格；（3）卖出申报价格低于即时揭示的最高买入申报价格（集中申报簿中当时最高买入申报价格）的，以即时揭示的最高买入申报价格为成交价格。买卖申报经交易主机撮合成交后，交易即告成立。

在上海证券交易所，证券的收盘价为当日该证券最后一笔交易前一分钟所有交易的成交量加权平均价（含最后一笔交易）；当日无成交的，以前收盘价为当日收盘价。

符合证券交易所各项规则规定达成的交易于成立时生效，买卖双方必须承认交易结果，履行清算交收义务。对于因不可抗力、意外事件、交易系统被非法侵入等原因造成严重后果的交易，交易所可以采取适当措施或认定无效。对于显失公平的交易，经交易所认定，可以采取适当措施。对于违反证券交易所交易规则，严重破坏证券市场正常运行的交易，交易所有权宣布取消交易，由此造成的损失由违规交易者承担。集中竞价达成的交易，其成交结果以交易所交易主机记录的成交数据为准。

### 三、协议转让

协议转让，又称协商交易、私下谈判交易，是指投资者不借助证券集中竞价交易系统，而通过私下协商的方式，达成证券交易的方式。它是国际证券市场上与集中竞价交易方式并存的交易方式。

在我国，在股权分置改革完成之前，上市公司股票被分为流通股与非流通股。流通股通过证券交易所集中竞价系统交易，非流通股则只能通过协议转让实现交易。非流通股协议转让的典型形式为协议收购，但未达到协议收购标准的协议转让也大量存在。

依《证券法》第38条之规定，在证券交易所上市交易的流通股也可采取包括协议转让在内的"国务院证券监督管理机构批准的其他方式"。随着股权分置改革的完成，我国流通股与非流通股的划分不复存在，所有股票均为流通股。因此，流通股的协议转让问题需要证券监管机构作专门规定。

2006年8月14日，上海证券交易所、深圳证券交易所和中国证券登记结算有限责任公司联合发布、实施了《上市公司流通股协议转让业务办理暂行规则》。依其规定，协议转让规则包括以下主要内容：

（1）上市公司流通股协议转让必须在证券交易所进行，由上海证券交易所、深圳证券交易所（以下统一简称"证券交易所"）和中国证券登记结算有限责任公司（以下简称"结算公司"）集中统一办理。严禁进行场外非法交易和转让活动。

（2）上市公司流通股股份转让涉及下列情形之一的，可以通过证券交易所和结算公司办理流通股协议转让手续：1）与上市公司收购及股东权益变动相关的股份转让；2）转让双方存在实际控制关系，或均受同一控制人所控制的；3）外国投资者战略投资上市公司所涉及的股份转让；4）中国证监会认定的其他情形。

（3）证券交易所负责对股份转让双方当事人提出的股份转让申请进行合规性确认。结算公司负责办理与股份转让相关的股份查询和过户登记业务。证券交易所和结算公司对转让双方提交的申请材料进行形式审核，转让双方应当对其提供的申请材料的真实性、准确性、完整性和合法性负责。

（4）协议转让中，依法负有信息披露义务的相关当事人，应就股份转让事项及时予以披露。股份过户完成后 3 个月内，同一股份受让人不得就其所受让的股份再次向证券交易所和结算公司提出有关协议转让的申请，法律法规另有规定的除外。股份出让人不得以规避限售规定为目的进行股份转让。对于未按照《上市公司流通股协议转让业务办理暂行规则》规定提出的股份转让申请，证券交易所有权对股份转让不予确认，结算公司有权不予办理过户登记手续。

## 四、大宗交易

大宗交易，是指证券单笔买卖申报达到证券交易所规定的数额规模时，交易所采用的与通常交易方式不同的交易方式。所谓与通常交易方式不同的交易方式，即在证券交易过程中，不采用价格优先、时间优先的集中竞价交易原则，而以协商一致作为达成大宗交易的手段。这是我国目前的证券交易制度所界定的大宗交易方式。这表明，我国证券市场对大宗交易的判断标准是证券单笔买卖申报达到证券交易所规定的数额规模。这与国际上通行的大宗交易界定标准是一致的。[①]

2001 年 8 月 31 日，上海证券交易所、深圳证券交易所联合发布的《上海、深圳证券交易所交易规则》（已废止）确立了大宗交易制度，但未作具体规定。2002 年 2 月 25 日，深圳证券交易所发布了《深圳证券交易所大宗交易实施细则》，并随之启动了大宗交易人工受理业务。2003 年 1 月 3 日，上海证券交易所也发布了《上海证券交易所大宗交易实施细则》，并于当月 10 日启动了大宗交易人工受理业务。2003 年 8 月 17 日，修订了的《上海证券交易所大宗交易实施细则》发布，于当月 20 日起实施，大宗交易系统办理大宗交易业务并于实施当日正式使

---

① 李明良．证券市场热点法律问题研究．北京：商务印书馆，2004：221．

用。2003 年 8 月 25 日，修订了的《深圳证券交易所大宗交易实施细则》发布、实施，并自 2004 年 8 月 2 日起，正式使用大宗交易系统办理大宗交易业务。

同于 2006 年 5 月 15 日发布并于同年 7 月 1 日实施的《上海证券交易所交易规则》（2020 年修订）与《深圳证券交易所交易规则》（2021 年修订）都对大宗交易制度作了详细规定。由此，原本存在多项实质性差异的两市大宗交易规则已基本相同。

上海证券交易所接受大宗交易申报的时间为每个交易日 9：30～11：30、13：00～15：30，但未对成交申报确认时间作明确规定。深圳证券交易所接受大宗交易申报的时间为每个交易日 9：15～11：30、13：00～15：30，并于每个交易日 15：00～15：30，交易主机对买卖双方的成交申报进行成交确认。

大宗交易的申报包括意向申报和成交申报。意向申报指令应包括证券账号、证券代码、买卖方向、本方席位代码等内容。意向申报是否明确交易价格和交易数量由申报方自行决定。

有价格涨跌幅限制证券的大宗交易成交价格，由买卖双方在该证券当日涨跌幅价格限制范围内确定。无价格涨跌幅限制证券的大宗交易成交价格，由买卖双方在前收盘价的上下 30％ 或当日已成交的最高价、最低价之间自行协商确定。

买卖双方达成协议后，应向证券交易所交易系统提出成交申报，申报的交易价格和数量必须一致。成交申报一经证券交易所确认，不得变更或撤销，买卖双方必须承认交易结果。会员应保证大宗交易参与者实际拥有与意向申报和成交申报相对应的证券或资金。

大宗交易不纳入证券交易所即时行情和指数的计算，成交量在大宗交易结束后计入该证券成交总量。每个交易日大宗交易结束后，证券交易所公布大宗交易的证券名称、成交量、成交价以及买卖双方所在会员营业部或席位的名称。但《上海证券交易所交易规则》规定，属于债券和债券回购大宗交易的，仅公告证券名称、成交价和成交量等信息。

## 五、证券做市交易

所谓证券做市交易，又称做市商交易、双边报价、报价驱动交易，是指在证券市场上，由具备一定实力和信誉的独立经营证券公司和投资银行作为特许交易商，不断向投资者报出某些特定证券的买卖价格（即双向报价），并在该价位上接受投资者的买卖要求，以其自有资金和证券与投资者进行的证券交易，而投资者的买卖请求并不直接配对成交。在证券做市交易中，买卖双方不需等待交易对手出现，只要有做市商出面承担交易对手方即可达成交易。开展该项业务的证券公司被称为做市商。我国2019年《证券法》第120条对证券做市交易作了明确规定，从而正式确立了证券做市交易制度。相对于集中竞价交易来说，证券做市交易中，投资者无论买进还是卖出证券，都只是与做市商交易，买卖双方并不直接交易。

证券做市交易起源于20世纪60年代美国证券柜台交易市场。随着20世纪70年代初，电子化做市商即时报价系统的引进，传统的柜台交易制度演变为规范的证券做市交易制度。如今，证券做市交易制度已发展成为国际证券市场上较为流行和被普遍认同的一种证券交易方式。证券做市交易制度不仅是境外一些最主要证券交易所（如纳斯达克市场）的主导交易制度，而且在各国近年来先后设立的创业板市场中也得到普遍采用。

证券做市交易具有活跃市场、稳定市场的功能，依靠其公开、有序、竞争性的报价驱动机制，保障证券交易的规范和效率，有利于提高市场流动性和稳定市场运行、规范发展市场。具体来说，证券做市交易具有下列三方面的功能：（1）做市。当证券市场出现过度投机时，做市商通过在市场上的反向操作，努力维持证券价格的稳定，降低市场的泡沫成分。（2）造市。当证券市场交易量严重萎缩时，做市商通过在市场上人为地买进卖出证券，活跃市场，带动人气，使证券价格回归其投资价值。（3）监市。证券监管机构可以通过做市商的业务活动监控市场的变化，以便及时发现异常并予以纠正。尤其是在新兴证券市场中，证券做市交易可促使政府与市场保持合理距离，抵消政府行为对证券市场的影响惯性。

一般来说，做市商必须具备以下条件：（1）具有雄厚的资金实力，以便建立足够的证券库存以满足投资者的交易需要；（2）具有管理证券库存的能力，以便降低库存证券的风险；（3）要有准确的报价能力，熟悉自己经营的证券并有较强的分析能力。从国际经验来看，实践中充当做市商的都是资本实力雄厚、自营规模较大、熟悉上市公司与二级市场运作、具有较强的风险控制能力、运营规范的证券公司和投资银行。

根据为同一只证券做市的做市商数量多少，证券做市交易制度被分为竞争性做市交易制度与垄断性做市交易制度。前者是指同一只证券有两家以上的做市商，后者则指一只证券仅由一家做市商承担做市职责。在垄断性做市交易制度下，做市商为某只证券单独做市，该证券所有交易也都通过该做市商完成，做市商不会为争夺客户委托份额而相互竞争。在竞争性做市交易制度下，做市商必须直接为客户委托份额而竞争，以扩大市场份额，增加做市利润。对竞争性做市交易而言，存在分层次的两个交易市场：其一为做市商与一般投资者交易的公共市场。通过公共市场，做市商赚取买卖价差，获取利润。其二为做市商之间的内部市场，亦即批发市场。做市商主要通过内部市场来调整存货水平，规避存货风险。

早在 1991 年 8 月 16 日，我国证券交易自动报价系统执行委员会就制定了《关于实行做市商制度的说明》，并于同年 9 月对各类系统证券正式实行做市交易制度。但是，由于是在市场规则极不规范的环境下运行，做市交易制度名存实亡。该系统停止运行后，股票市场做市商制度也随之消亡。

1997 年银行间债券市场正式运行后，债券交易不够活跃，市场流动性严重不足。借鉴发达债券市场通过做市商提高市场流动性的经验，1999 年起，中国人民银行鼓励几家实力较强的商业银行试行双边报价，并于 2001 年 3 月发布《中国人民银行关于规范和支持银行间债券市场双边报价业务有关问题的通知》（已失效），对双边报价商的准入条件、权利与义务等事项作出了明确要求，确立了做市商制度的基本框架。2001 年 7 月 25 日，中国人民银行批准中国工商银行等九家金融机构为银行间债券市场首批双边报价商，做市商制度正式实施。《上海证券交易所交易规则》（2006 年）也明确规定：该所债券大宗交易实行一级交易商制度；经该所认可的会员，可以担任一级交易商，通过该所大宗交易系统进行债券双边报价业务。由此，上海证券交易所也正式确认了债券大宗交易的做市商制度。此外，我国外汇交易、记账式国债的交易方式也实行的是做市商制度。

依据我国 2019 年《证券法》第 120 条之规定，证券做市交易已被明确规定为证券公司可依法经营的主要证券业务之一。如今，做市交易制度已在科创板实行。2019 年 3 月 1 日发布的《上海证券交易所科创板股票交易特别规定》第 12 条第 1 款规定："科创板股票交易实行竞价交易，条件成熟时引入做市商机制，做市商可以为科创板股票提供双边报价服务。"

## 六、回购交易

证券回购交易，是指证券买卖双方在成交的同时，约定于未来某一时间以某一价格双方再行反向成交的交易方式。证券回购交易是对一只证券现实的购买或出售及其后一笔相反交易的组合，其实质是以证券作为质物进行的资金融通业务。资金融入方（正回购方）将证券出质给资金融出方（逆回购方）融入资金的同时，双方约定交易到期日由正回购方按约定的回购利率向逆回购方支付利息及返还本金，逆回购方则返售出质的证券。

一笔回购交易涉及两个交易主体、两次交易行为。两个交易主体即以券融资方（资金融入方、正回购方）、以资融券方（资金融出方、逆回购方）。两次交易行为即开始时的初始交易及回购期满时的回购交易。回购交易时一般无须申报账号，成交后的资金结算和证券管理均直接在证券公司申报席位的自营账户内自动进行。

以所质押的证券所有权是否由正回购方转移给逆回购方作为标准，

证券回购交易可分为封闭式（质押式）和开放式（买断式）两种交易模式。在封闭式回购交易模式下，正回购方所质押证券的所有权并未真正让渡给逆回购方，而是由交易清算机构进行了质押冻结处理，从而退出了二级市场流通环节。只能等回购交易到期，正回购方履行了资金本息还款义务后，由交易清算机构实施质押证券解冻处理时，质押证券才能重新进入二级市场流通。在回购期间，逆回购方无权对质押证券实施转卖、质押等处置行为。由此可见，封闭式回购交易在本质上属于一种以所交易证券为质物的资金拆借交易方式。在回购期间质押的证券冻结了，使在证券市场上可用于交易的证券数量、种类大为减少，在很大程度上影响了证券二级市场的流动性。

在开放式回购交易模式下，正回购方所质押证券不被交易清算机构冻结，其所有权完全让渡给逆回购方，逆回购方享有对此部分质押证券再处分的权利，但同时仍承担着回购到期后偿还质押证券的义务。例如，逆回购方可以进行质押证券的再回购交易和直接卖出交易等，而在回购到期时，又必须将质押证券融回，用于返售给正回购方。在该交易模式下，回购交易的质押证券未被冻结，仍可进入二级市场进行流通，从而使证券市场中用于交易的证券种类、数量不会减少，保证了证券的流动性不会降低。不过，由于同时担负着到期偿还质押证券的义务，质押证券的再回购和卖出交易，实质上就成为证券的卖空交易。因此，逆回购方在开放式回购交易中不但可以进行先融出资金，等回购到期后收回本息的资金拆借交易，还可以在回购期间运用质押证券进行再回购及卖出等卖空交易。

回购交易于1918年始于美国，如今已成为国际证券市场上被普遍采用的证券交易方式，其交易对象包括股票、债券等。在我国债券回购交易市场形成于20世纪90年代初的上海证券交易所。发展初期，银行资金通过此渠道大量流入股市，有关部门被迫于1997年停止了银行在交易所的回购交易，并在当年建立了全国银行间债券市场，回购交易的市场分割由此产生。长期以来，我国证券回购交易对象限于金融债券与国债。为刺激企业债券市场的发展，经报备中国证监会同意，上海证券交易所、深圳证券交易所分别于 2002 年 12 月 30 日、2003 年 1 月 2 日正式推出了企业债券回购交易。由此，回购交易对象扩展到包括国债、金融债券、企业债券在内的各类债券，但不包括可转换公司债券。

我国自 1995 年对债券回购市场整顿以来，一直将回购交易严格限定为封闭式交易。2004 年 4 月 8 日，财政部、中国人民银行、中国证监会联合发布、实施的《关于开展国债买断式回购交易业务的通知》明确规定，全国银行间债券市场成员和证券交易所债券市场的机构投资者可以开展国债买断式回购交易业务，而全国银行间债券市场、证券交易所债券市场为国债买断式回购交易的指定交易场所。2004 年 4 月 12 日，中国人民银行发布的《全国银行间债券市场债券买断式回购业务管理规定》（于同年 5 月 20 日施行），对银行间债券市场债券买断式回购业务作了详细规定，并于施行当日正式启动。2004 年 11 月 23 日，上海证券交易所与中央证券登记结算有限责任公司联合发布了《上海证券交易所国债买断式回购交易实施细则》，在大宗交易系统推出了国债买断式回购业务（于同年 12 月 6 日正式启动），并于 2005 年 3 月 4 日发布《关于在竞价交易系统推出国债买断式回购交易业务的通知》，在竞价交易系统中启动了国债买断式回购业务。由此，我国的国债回购交易存在封闭式与开放式两种模式。

# 第三节　证券持有、交易的限制规则

各国法律均对证券持有与交易作出了严格限制。我国《证券法》也对证券持有、交易的限制规则作了集中、明确的规定，此外，还在信息披露制度等相关内容中作了限制性规定。本节主要就其集中规定部分的限制规则加以阐述。

我国《证券法》第 35 条第 1 款规定："证券交易当事人依法买卖的

证券，必须是依法发行并交付的证券。"同条第 2 款规定："非依法发行的证券，不得买卖。"《证券法》第 39 条规定："证券交易当事人买卖的证券可以采用纸面形式或者国务院证券监督管理机构规定的其他形式。"依此，交易证券必须具备合法性，即必须是依法发行并交付的、形式合法的证券。这是对证券交易的标的所作的最基本的限制。

## 一、限定期内禁止买卖

我国《证券法》第 36 条第 1 款规定："依法发行的证券，《中华人民共和国公司法》和其他法律对其转让期限有限制性规定的，在限定的期限内不得转让。"同条第 2 款规定："上市公司持有百分之五以上股份的股东、实际控制人、董事、监事、高级管理人员，以及其他持有发行人首次公开发行前发行的股份或者上市公司向特定对象发行的股份的股东，转让其持有的本公司股份的，不得违反法律、行政法规和国务院证券监督管理机构关于持有期限、卖出时间、卖出数量、卖出方式、信息披露等规定，并应当遵守证券交易所的业务规则。"据此，限定期内禁止或限制转让主要包括以下两种类型。

### （一）发起人限定期内禁止转让

股份有限公司的发起人发起设立后，发起人即公司的股东。但是，发起人对公司的成立及成立初期的财产稳定和组织管理有重要影响，为了避免发起人借设立公司投机牟利，损害其他股东及社会公众的利益，保证公司成立后一段时期能顺利经营，《公司法》第 141 条第 1 款规定："发起人持有的本公司股份，自公司成立之日起一年内不得转让。公司公开发行股份前已发行的股份，自公司股票在证券交易所上市交易之日起一年内不得转让。"

### （二）其他特定人员限定期内禁止或限制转让

随着公司制度的进一步发展，各国公司法逐渐取消了董事必须是股东的传统立法原则，允许非股东进入董事会与监事会，并以加重董事、监事、高级管理人员在经营中的个人责任作为对其行为的制约。但是，如果董事、监事、高级管理人员持有本公司的股票，为了防止其利用内幕信息炒作本公司股票牟利，法律对董事、监事及高级管理人员选任当时所持有的股份在其任期内的转让进行了必要限制。对此，《公司法》第141条第2款规定："公司董事、监事、高级管理人员应当向公司申报所持有的本公司的股份及其变动情况，在任职期间每年转让的股份不得超过其所持有本公司股份总数的百分之二十五；所持本公司股份自公司股票上市交易之日起一年内不得转让。上述人员离职后半年内，不得转让其所持有的本公司股份。公司章程可以对公司董事、监事、高级管理人员转让其所持有的本公司股份作出其他限制性规定。"鉴于需要在限定期内禁止或限制转让的人员不限于公司董事、监事、高级管理人员，上市公司持有5%以上股份的股东、实际控制人以及其他持有发行人首次公开发行前发行的股份或者上市公司向特定对象发行的股份的股东，都应被纳入限定期内禁止或限制转让人员的范围，故2019年《证券法》第36条第2款新增了上述规定。未来《公司法》修订可能也会在第141条第2款规定的基础上扩大限定期内禁止或限制转让的人员范围。

## 二、特定人员禁止持有和买卖股票或者其他具有股权性质的证券

我国《证券法》第40条第1款规定："证券交易场所、证券公司和证券登记结算机构的从业人员，证券监督管理机构的工作人员以及法律、行政法规规定禁止参与股票交易的其他人员，在任期或者法定限期内，不得直接或者以化名、借他人名义持有、买卖股票或者其他具有股权性质的证券，也不得收受他人赠送的股票或者其他具有股权性质的证券。"同条第2款规定："任何人在成为前款所列人员时，其原已持有的股票或者其他具有股权性质的证券，必须依法转让。"依此，禁止参与股票交易的人员禁止持有和买卖股票或者其他具有股权性质的证券的规则包括以下内容：

**（一）禁止持有和买卖股票或者其他具有股权性质的证券人员的范围**

笼统地讲，禁止持有和买卖股票或者其他具有股权性质的证券的人员即禁止参与股票或者其他具有股权性质的证券交易的人员，具体包括以下三种类型：

（1）证券交易所、证券公司和证券登记结算机构的从业人员。

（2）证券监督管理机构的工作人员，包括中国证监会与中国证券业协会的工作人员。

（3）法律、行政法规禁止参与股票交易的其他人员。该规定系兜底性规定，具体范围也因相关法律、法规的颁布与修订而随时调整。例如，我国曾禁止公务员买卖股票，但该规定现已废止。

**（二）禁止持有和买卖股票或者其他具有股权性质的证券的行为类型**

（1）禁止直接持有、买卖股票或者其他具有股权性质的证券。直接持有、买卖即以自己的名义持有、买卖，其来源在所不问，既包括有偿取得，也包括受赠取得。为防止直接持有、买卖股票，我国证券法禁止上述人员开立股票账户。

（2）禁止间接持有、买卖股票或者其他具有股权性质的证券。间接持有、买卖即以化名、借他人名义持有、买卖。2019年《证券法》还明确规定上述特定人员"不得收受他人赠送的股票或者其他具有股权性质的证券"。该他人为义务人之外的一切其他人，包括其配偶及其他家庭成员。化名为虚拟的姓名，即使与现实生活中的某人恰好同名，但因非实际利用其身份，故仍不能纳入借用他人姓名范畴。

（3）禁止原合法持有状态的非法延续。禁止持有和买卖股票或者其他具有股权性质的证券的人员在任职前合法持有的股票或者其他具有股权性质的证券必须在任职时依法转让，否则将构成非法持有。不过，证券公司本身可能为上市公司，若其依法实施股权激励计划或者员工持股计划，则证券公司的从业人员可依法持有相应股份。因此，2019年

《证券法》第40条第3款新增规定："实施股权激励计划或者员工持股计划的证券公司的从业人员，可以按照国务院证券监督管理机构的规定持有、卖出本公司股票或者其他具有股权性质的证券。"

### （三）禁止持有和买卖股票或者其他具有股权性质的证券的期间

禁止参与股票或者其他具有股权性质的证券交易的人员的义务期间为其任期或者法定限期。法定期限由相关法律、法规及行政规章具体规定，一般为离职后一定时间。

## 三、特定证券服务机构和人员买卖证券的限制

证券服务机构和人员不属于禁止持有和买卖股票的人员，一般来说，拥有股票交易的自由权。但为特定股票发行出具专业文件的证券服务机构和人员，掌握了或容易掌握普通投资者所难以掌握的内幕信息，故应对其买卖该股票加以限制。对此，我国《证券法》第42条第1款规定："为证券发行出具审计报告或者法律意见书等文件的证券服务机构和人员，在该证券承销期内和期满后六个月内，不得买卖该证券。"同条第2款规定："除前款规定外，为发行人及其控股股东、实际控制人，或者收购人、重大资产交易方出具审计报告或者法律意见书等文件的证券服务机构和人员，自接受委托之日起至上述文件公开后五日内，不得买卖该证券。实际开展上述有关工作之日早于接受委托之日的，自实际开展上述有关工作之日起至上述文件公开后五日内，不得买卖该证券。"依此，特定证券服务机构和人员买卖证券的限制规则包括以下内容。

### （一）特定证券服务机构和人员的范围

证券服务机构有广义和狭义之分，一般是就狭义而言，不包括证券交易所、证券公司等证券中介机构。不过，即使从狭义而言，证券服务机构的外延也很宽泛，包括证券登记结算公司、证券投资咨询公司和其他证券服务机构（如律师事务所、会计师事务所、资产评估机构、信用评级机构、证券金融公司、证券信息公司等）。为股票发行和上市公司

出具专业文件的证券服务机构，显然不包括上述全部证券服务机构。我国《证券法》第 42 条的规定，将其限定为"出具审计报告或者法律意见书等文件的证券服务机构"，除会计师事务所、律师事务所能够明确外，其具体外延则并不明确。

在对受到限制的特定证券服务机构作具体界定时，应注意，该限制的立法目的在于防止因参与证券服务而获取内幕信息从事内幕交易。因此，应对此作扩大解释：不仅所有为股票发行及上市公司出具审计报告、资产评估报告或者法律意见书等文件的证券服务机构都在受到限制的义务人之列，而且所有参与到证券发行及准备活动以及为上市公司提供证券专业服务的证券服务机构都在义务人之列，即使相关机构不具备相应专业资质亦然。

关于受到限制的特定证券服务人员的外延，《证券法》的规定并不明确。一般来说，证券服务人员即证券服务机构的人员。依此，则证券服务人员特指受到限制的特定证券服务机构的工作人员。但在实践中，这种绝对对应关系存在例外，即在为股票发行及上市公司提供专业服务时，有时存在非特定证券服务机构（未与拟发行股票及上市公司有合同关系的其他机构）的人员参与进来，共同实施专业服务行为的现象。在此情形下，该参与进来的人员也应被纳入受到限制的特定证券服务人员的范畴。或许，这正是《证券法》第 42 条未使用"证券服务机构及其人员"的表述方式的重要原因。此外，对受到限制的特定证券服务人员也应作广义解释，不限于具有特定证券从业资格的人员。

### （二）证券服务机构和人员的买卖证券限制因服务对象不同而不同

为证券发行提供专业服务的证券服务机构和人员，在该证券发行承销期内和期满后 6 个月内，不得买卖该证券。为发行人及其控股股东、实际控制人，或者收购人、重大资产交易方出具审计报告或者法律意见书等文件的证券服务机构和人员，自接受委托之日起至上述文件公开后 5 日内，不得买卖该证券；实际开展上述有关工作之日早于接受委托之日的，自实际开展上述有关工作之日起至上述文件公开后 5 日内，不得买卖该证券。

## 四、保守客户账户秘密

在我国，证券投资客户账户主要分为证券账户与资金账户。前者在证券登记结算机构或其代理机构开立，主要用于记录投资者持有证券的余额及其变动情况；后者在证券公司或其分支机构开立，主要用于记录投资者的资金余额及其变动情况。我国证券交易实行实名制，法人、个人参与证券投资时，必须以其真实名称或姓名开立账户，办理开户手续，签署相应协议，并需出示其真实、合法的证件，因此，客户认购和参与证券交易的信息数据，证券公司、证券登记结算机构都能掌握。证券交易所不与证券投资者直接接触，但其作为证券交易服务的提供者，通过证券登记结算机构能够合法掌握证券投资客户账户的信息。为了保护投资者的合法权益，我国《证券法》第41条规定："证券交易场所、证券公司、证券登记结算机构、证券服务机构及其工作人员应当依法为投资者的信息保密，不得非法买卖、提供或者公开投资者的信息。"（第1款）"证券交易场所、证券公司、证券登记结算机构、证券服务机构及其工作人员不得泄露所知悉的商业秘密。"（第2款）这就使上述机构及其工作人员保守客户账户秘密的义务成为法定义务。不过，应当注意的是，这种法定保密义务不能对抗上述机构在司法机关及证券监管机构依法行使职权时所应履行的协助义务。

## 五、合理收费规则

我国《证券法》第43条规定："证券交易的收费必须合理，并公开收费项目、收费标准和管理办法。"该条规定确立了证券交易合理收费规则。

证券交易的收费，对于投资者来说就是证券交易费用，它是指投资者在委托买卖证券时应支付的各种税收和费用的总和，通常包括印花税、佣金、过户费、其他费用等几个方面的内容。

### （一）印花税

印花税，是指根据国家税法规定，在股票（包括 A 股和 B 股）成交后对投资者按照规定的税率征收的税金。印花税的缴纳是由证券公司在同投资者交割时代为扣收，然后在证券公司同证券交易所或登记结算机构清算交割时集中结算，最后由登记结算机构统一向征税机关缴纳。我国目前实行的印花税标准为，对买卖、继承、赠与所书立的 A 股、B 股股权转让书据，由立据双方当事人分别按 1‰的税率缴纳证券（股票）交易印花税；基金、权证、债券等其他证券交易则均免征印花税。

从西方国家的经验来看，证券交易印花税呈下降趋势，最终大部分发达国家都逐步取消了印花税。一方面，西方国家证券税制经历了由交易印花税为主向所得税为主的转变，逐渐建立了以所得税为主的税收体系，从而通过证券投资所得而非印花税来调控证券市场。另一方面，随着场内市场和场外市场、国内市场和国外市场竞争的日趋激烈，各国为了降低交易成本，刺激市场交易，提高本国证券市场的国际竞争力，逐步降低了印花税率，直至取消。如今发达国家出于资本流动性的考虑，已大多停征了证券交易印花税，只有英国、瑞士、澳大利亚、比利时等少数国家还在征收证券交易印花税，但其税率普遍较低。发展中国家和新兴工业国家大部分仍征收印花税，其税率水平在 1‰左右，且为单边征收。

1990 年 6 月 28 日，深圳市颁布《关于对股权转让和个人持有股票收益征税的暂行规定》，首先确立股票交易印花税，规定由卖出股票者按成交金额的 6‰交纳。同年 11 月 23 日，深圳市对股票买方开始开征 6‰的印花税，我国双边征收印花税的历史由此开始。1991 年 10 月，深圳市将印花税税率调整到 3‰。上海证券交易所也开始对股票买卖双方实行双向征收，税率为 3‰。1992 年 6 月 12 日，国家税务总局和国家体改委联合发文，明确规定股票交易双方按 3‰的税率缴纳印花税。1997 年 5 月 12 日，针对当时投机气氛过浓的市场状况，国家税务总局将证券交易印花税税率由 3‰提高到 5‰。1998 年 6 月 12 日，国家税务总局又将税率从 5‰下调至 4‰，这一 A 股税率一直持续到 2001 年。

1999 年 6 月 1 日，为了活跃 B 股市场，国家税务总局将 B 股交易印花税税率降低为 3‰。2001 年 11 月 16 日，为了激活市场，财政部决定将交易印花税税率从 4‰调整为 2‰。2005 年 1 月 24 日，财政部将印花税税率由 2‰调整为 1‰。这是中国第六次调整证券交易印花税税率。至此，我国股票交易印花税税负已降至多数新兴证券市场水准，但因仍维持双边征收，故仍远远高于国际水平。不过，在沪深股市指数持续攀升的背景下，为促进证券市场的健康发展，经国务院批准，财政部决定从 2007 年 5 月 30 日起，调整证券（股票）交易印花税税率，由原 1‰调整为 3‰。但在证券市场经历了长达半年的大幅调整后，上证综合指数一度创下 6 124 点的历史高点，经国务院批准，财政部、国家税务总局决定从 2008 年 4 月 24 日起，调整证券（股票）交易印花税税率，由原 3‰调整为 1‰。在股市经历了极为惨烈的暴跌后，经国务院批准，财政部、国家税务总局决定从 2008 年 9 月 19 日起，将证券（股票）交易印花税征收方式调整为单边征税，即仅对出让方征税。截至 2021 年 9 月 17 日，该证券交易印花税政策尚在执行之中。

### （二）佣金

佣金，是指投资者在委托买卖证券成交之后按成交金额的一定比例支付给证券公司的费用。此项费用一般由证券公司的经纪佣金、证券交易所交易经手费及监管机构的监管费等构成。

从世界各国证券交易所实行的佣金制度来看，大致可分为以下五种：（1）单一的固定佣金制；（2）差别佣金制，对大宗交易和小额交易进行划分，然后规定不同的佣金费率；（3）按交易额的大小递减收费；（4）浮动佣金制，即设定最高、最低或者中间的佣金比例，允许在此基础以下、以上或上下区间浮动；（5）佣金完全自由化。随着全球经济一体化和金融自由化的发展，为刺激本国证券市场发展，提高其国际竞争力，全球范围的佣金制度发生了重大调整，主要的趋势是自由化、差别化和下降化。

各国在证券市场发展初期采用的都是固定佣金制。1975 年 5 月 1 日，美国的证券交易所率先打破固定佣金制，采取竞争性的协议佣金制，由客户和证券公司协商决定。佣金水平也随之不断降低，每股交易佣金从 1975 年的平均每股 26 美分下降到 1997 年的平均 5 美分。英国在 1986 年实施的金融业重大变革（俗称金融"大爆炸"）中取消了固定佣金制，客户可与证券公司根据市场供求情况、交易额度及各自的实际情况，决定按何种标准收取佣金或是否收取佣金。其后，英国的平均佣金费率也大幅降低。20 世纪 90 年代以来，越来越多的国家放弃了固定佣金制。如今，世界主要证券交易所都已对佣金的收取采用自由协商制，其中大部分实行完全的佣金自由协商制。

佣金标准对大宗交易和小额交易也有所区分。在实行佣金自由化的国家（地区），大宗交易的佣金标准一般都相对较低。在少数实行固定佣金制的国家（地区），也往往采取按照交易额的大小递减收费的方式。在差别佣金制中，大宗交易的佣金比例也较低。如台湾证券交易所、吉隆坡证券交易所都采取该办法。如今，实行完全的单一固定佣金制的国家（地区）已很少，主要是一些发展中国家（地区），如巴基斯坦证券交易所规定其经纪佣金为 5‰。

中国证监会、国家计委、国家税务总局于 2002 年 4 月 4 日发布并于同年 5 月 1 日起执行的《关于调整证券交易佣金收取标准的通知》。对证券交易佣金规定作了重大调整。

### （三）过户费

过户费，是指投资者委托买卖证券成交后买卖双方为变更股权登记所支付的费用。过户费属于证券登记结算机构的收入，由证券公司在同投资者清算交割时代为扣收。

### （四）其他费用

其他费用，是指投资者在委托买卖证券时，向证券公司交纳的委托费（通信费）、撤单费、查询费、开户费、磁卡费，以及电话委托、自助委托的刷卡费、超时费等。这些费用主要用于通信、设备、单证制作等方面的开支，其中的委托费，在一般情况下，投资者在上海、深圳本地买卖沪、深证券交易所的证券时，向证券公司缴纳 1 元委托费，异地购买，需缴纳 5 元委托费。其他费用，由证券公司根据需要酌情收取，一般没有明确的收费标准，只要其收费得到当地物价部门批准即可。目前有相当多的证券公司出于竞争的考虑而部分或全部减免此类费用。

### （五）我国当前证券交易费用一览表

#### 1. 股票交易费用表

| 收费项目 | 上海 A 股 | 深圳 A 股 | 上海 B 股 | 深圳 B 股 |
|---|---|---|---|---|
| 印花税 | 1‰ | 1‰ | 1‰ | 1‰ |
| 佣金 | ≤3‰<br>起点：5 元 | ≤3‰<br>起点：5 元 | ≤3‰<br>起点：1 美元 | ≤3‰<br>起点：5 港元 |
| 过户费 | 0.2‰（按成交金额计算）<br>起点：1 元 | 0.2‰（按成交金额计算）<br>起点：1 元 | 无 | 无 |
| 经手费① | 0.048 7‰（按成交金额计算） | 0.048 7‰（按成交金额计算） | 0.048 7‰（按成交金额计算） | 0.048 7‰（按成交金额计算） |
| 委托费 | 5 元（按每笔收费） | 无 | 无 | 无 |
| 结算费 | 无 | 无 | 0.5‰ | 0.5‰（上限500 港元） |

#### 2. 基金、债券和权证交易费用表

| 收费项目 | 封闭式基金、权证 | 可转换债券 | 国债 | 企业债券 |
|---|---|---|---|---|
| 印花税 | 无 | 无 | 无 | 无 |
| 佣金 | ≤3‰<br>起点：5 元 | ≤0.2‰<br>起点：1 元 | ≤0.2‰<br>起点：1 元 | ≤0.2‰<br>起点：1 元 |
| 过户费 | 无 | 无 | 无 | 无 |
| 委托费 | 无 | 无 | 无 | 无 |
| 结算费 | 无 | 无 | 无 | 无 |

---

① 经手费是证券公司在证券交易所的场内交易成交后，按实际成交金额计算的以一定比例向证券交易所交纳的交易费用。经手费和佣金在性质上均属于交易费用，但也存在明显的区别。经手费是证券公司交给交易所的费用，佣金则是投资者交给证券公司的费用，佣金中包括了证券公司的收入和证券公司须交给交易所的经手费。

### 3. 交易所其他费用

| 收费项目 | 上海 A 股 | 深圳 A 股 | 上海 B 股 | 深圳 B 股 |
|---|---|---|---|---|
| 开户费 | 个人：40 元<br>机构：400 元 | 个人：50 元<br>机构：500 元 | 个人：19 美元<br>机构：85 美元 | 个人：120 港元<br>机构：580 港元 |
| 转托管费 | 无 | 30 元 | 无 | 港币 100.00 元 |

# 第四节　短线交易归入权制度

与国外立法例一致，我国证券法也对短线交易归入权制度作了明确规定。对此，《证券法》第 44 条第 1 款规定："上市公司、股票在国务院批准的其他全国性证券交易场所交易的公司持有百分之五以上股份的股东、董事、监事、高级管理人员，将其持有的该公司的股票或者其他具有股权性质的证券在买入后六个月内卖出，或者在卖出后六个月内又买入，由此所得收益归该公司所有，公司董事会应当收回其所得收益。但是，证券公司因购入包销售后剩余股票而持有百分之五以上股份，以及有国务院证券监督管理机构规定的其他情形的除外。"同条第 2 款规定："前款所称董事、监事、高级管理人员、自然人股东持有的股票或者其他具有股权性质的证券，包括其配偶、父母、子女持有的及利用他人账户持有的股票或者其他具有股权性质的证券。"该条第 3、4 款还就股东派生诉讼及董事连带责任作了规定，从而构建了我国短线交易归入权制度。

## 一、短线交易的内涵

短线交易有不同含义，在证券投资实践中，短线交易一般特指与长线投资（俗称"长线交易"）相对的短线投资。证券法意义上的短线交易则特指，上市公司内部人在法定期间内对该上市公司的证券为相匹配的反向交易的行为。公司内部人实施短线交易时既可能利用了内幕信息，也可能没有利用内幕信息，若利用了内幕信息，则构成了短线交易与内幕交易的竞合。

我国《证券法》所界定的短线交易的外延明显窄于境外立法例所界定的。依《证券法》第 44 条第 1 款之规定，短线交易是指上市公司、股票在国务院批准的其他全国性证券交易场所交易的公司持有 5％以上股份的股东、董事、监事、高级管理人员，在法定期间内（我国规定为 6 个月），将其持有的该公司的股票或者其他具有股权性质的证券在买入后卖出，或者在卖出后又买入的行为。以该规定为中心，可将短线交易的构成要件界定如下。

### （一）主体要件

我国《证券法》明确规定，短线交易主体包括上市公司、股票在国务院批准的其他全国性证券交易场所交易的公司持有 5％以上股份的股东、董事、监事、高级管理人员。该规定所包括的主体范围与境外主要立法例相一致。关于其含义应从以下几个方面去理解：

（1）关于上市公司、股票在国务院批准的其他全国性证券交易场所交易的公司董事、监事、高级管理人员的认定，我国司法实践中通常以公司章程及股东（大）会、董事会决议的记载为依据。依此，不管是否事实上行使了董事、监事、高级管理人员的职责，皆应认定为应禁止实施短线交易的内部人。问题在于，对于未在公司章程及股东（大）会、董事会决议中记载为董事、监事、高级管理人员，但事实上行使了相应职责的人员，应否予以认定。对此，理论界有不同观点。笔者认为，宜作扩大解释，即肯定上述人员的短线交易主体资格。

（2）我国《证券法》将作为短线交易主体之主要股东界定为持有上市公司或股票在国务院批准的其他全国性证券交易场所交易的公司 5％以上股份的股东。对此，世界各国大多规定为 10％，如美国《证券交易法》、日本《证券交易法》均将持股比例规定为 10％。在上市公司或股票在国务院批准的其他全国性证券交易场所交易的公司股权并不十分分散的我国，持有 5％～10％股份的股东往往并非真正的大股东，甚至连主要股东都算不上。因此，5％的规定显得过于严格，扩大了证券交易的限制对象。

（3）股东持股比例的计算方式方面，应认为既包括直接持股，也包括间接持股。因此，股东利用化名或以其家庭成员的名义持有的股份以及其合伙人、信托人持有的股份，均应计算在内。此即美国司法判例中所确立的"股权受益所有人"（beneficial owner）概念。对此，我国《公司法》使用了"控股股东"与"实际控制人"的概念，《上市公司收购管理办法》则使用了"一致行动人"概念。这些都是将直接持股与间接持股作统一计算。

（4）证券公司因购入包销后剩余股票而持有 5％以上股份以及具有国务院证券监督管理机构规定的其他情形者，卖出该股票不受 6 个月的时间限制。《证券法》第 44 条第 1 款的"但书"规定使因购入包销后剩余股票而持有 5％以上股份的证券公司以及有国务院证券监督管理机构规定的其他情形的持有主体，不被纳入短线交易主体范围。对此，美国证券交易委员会发布的相关规则规定了机构投资者之豁免、按比例获得证券之豁免以及其他豁免（如发行公司同董事或经理之间的交易、公司合并以及投票信托等）。①

## （二）行为要件

短线交易的行为必须是相匹配的反向交易行为，即一组方向相反的买进和卖出行为，否则不能构成短线交易。即使内部人利用内幕信息实施了多次方向相同的买进行为或卖出行为，也只能构成内幕交易，而不能认定为短线交易。此外，在交易方式上，应认为既包括集中竞价交易，也包括协议转让等非集中竞价交易。

## （三）客体要件

我国 2019 年《证券法》将短线交易的客体规定为股票或者其他具

---

① 邱永红. 规制短线交易法律制度的现存问题与对策. 证券市场导报，2011（1）. 赵威. 证券短线交易规制制度研究. 比较法研究，2004（5）.

有股权性质的证券，如存托凭证，从而排除了债券、基金等其他证券，但证券发行人不限于上市公司，还包括股票在国务院批准的其他全国性证券交易场所交易的公司。对此，各国（地区）规定并不统一。如美国判例法认为，短线交易客体包括一切公司内幕人可能滥用公司内幕信息进行交易的股票，即包括场内交易和场外交易的股票；此外，权证及可转换公司债券，亦可为短线交易客体。但依我国台湾地区"证券交易法"第157条之规定，短线交易客体仅限于上市公司股票。不过，有学者认为，从短线交易立法目的来看，场外交易的证券也应纳入短线交易范畴。①

**（四）期间要件**

为界定短线交易的期间，各国证券法大多对此作了明确规定，其期间基本上都规定为6个月。我国亦然。基于生活经验而规定的法定期间具有以下法理基础：

（1）超过此期间，正常的市场波动足以阻止借助短线交易获利的企图。如果内部人持有股票超过6个月，其初始交易时的内幕信息往往会失去价值。此外，初始交易6个月后，若其利用了内幕信息，则仍应受内幕交易的规制，无妨法律正义的实现。

（2）短线交易期间规定为6个月，意在阻止基于内幕信息的短线交易和避免不正当阻止长期公司投资之间确定一个平衡点。如果期限太长，固然更好地阻止了公司内部人从事短线交易，但同时也阻碍了内部人作为投资者的正常交易；如果期限太短，则放纵了短线交易。因此6个月是一个平衡点，既不过分阻碍长期投资，也不过分放纵短线交易。②

除以上要件外，在判定短线交易时，应注意的是，采取客观认定标准，无须考虑行为人的主观要素。对此，各国大多未就主观意图作任何规定，故可推定为不存在主观要素。美国《1934年证券交易法》第16

---

① 叶林．证券法．3版．北京：中国人民大学出版社，2008：213.
② 赵威．证券短线交易规制制度研究．比较法研究，2004（5）.

条（b）款则明确规定，该证券若系与以前所负债务有关而善意地获得，则不适用短线交易归入制度。[①]

## 二、归入权的概念与性质

归入权，是指上市公司将公司内部人从事短线交易所获短线收益收归公司所有的权利。归入权制度发源于美国，如今已成为各国证券法普遍规定的一项重要制度。

归入权具有私权的属性，但也构成国家实现证券监管目标的辅助手段。归入权制度旨在防止内部人滥用信息优势通过短线交易非法获利，借以维护一般投资者对证券市场的公平、公正性的信赖。因此，归入权制度实际上是借助私人的执行来实现管制的目的，以私益为诱因来追求公益的实现，而绝非单纯为了使公司的利益损失得到补偿。依此，归入权的性质不同于一般私权，它对公司来说兼具权利和义务的性质，不得通过公司章程予以放弃。

从权利的作用或功能角度，应对归入权如何定性？我国台湾地区理论界有两种观点：其一为形成权说，代表性学者为史尚宽先生，刘甲一教授、柯芳枝教授亦持此说；其二为请求权说，代表性学者为郑玉波先生。[②]我国大陆学者则对此鲜有论述。日本学者也对归入权的属性较为关注，且多数学者都持形成权说。究其原因，主要在于日本，以及我国台湾地区都对归入权行使期间作出了规定。若认为归入权为请求权，则此期间为诉讼时效；而若认其为形成权，则此期间为除斥期间。而诉讼时效与除斥期间的性质与意义截然不同。我国《证券法》对此未作规定，故应适用民法上诉讼时效的规定。因此，在我国讨论归入权究竟是请求权还是形成权并无实质意义。[③]但也有人基于前述理论对归入权的

---

① 美国证券交易法律. 王宏，译. 北京：法律出版社，1999：275.

② 杨志华. 证券法律责任制度研究//梁慧星主编. 民商法论丛：第1卷. 北京：法律出版社，1994：221-222.

③ 姜朋. 内幕人短线交易收益归入制度简论. 法制与社会发展，2001（3）.

属性作出明确界定，如有学者认为归入权兼具形成权与请求权的属性①；也有人认为归入权兼为形成权与请求权的观点在法律逻辑上无法成立，并认为归入权具有请求权作用而不具有形成权作用。②

　　在学理上对归入权的属性加以界定，其主要价值在于明确归入权的行使期间究竟是诉讼时效还是除斥期间。我国现行法对此未予规定，在解释上固然可以认为适用诉讼时效，但在归入权行使期间上适用可中止、中断和延长的诉讼时效，将使短线交易所得利益归属长期处于不确定状态。因此，应通过立法对归入权行使期间加以明确限定。对此，美国、日本，以及我国台湾地区均将该期限明确规定为 2 年，但措辞不同。美国《1934 年证券交易法》第 16 条（b）款规定："在利润实现之后 2 年，不得提出这样的诉讼。"③ 我国台湾地区"证券交易法"第 157 条第 4 款则规定："第一项之请求权，自获得利益之日起二年间不行使而消灭。"从表面来看，美国采取的是诉讼时效说，我国台湾地区采取的是除斥期间说，因为依美国法 2 年期满后仍可直接向短线交易人主张归入权，而依我国台湾地区的规定 2 年期满后即彻底丧失了该权利。但是，应当注意的是，这两种貌似不同的规定，其实质价值基本相同，因为美国法规定的 2 年诉权存续期间同样为不变期间，在丧失了诉权之后，归入权也成为缺乏法律强制力保障的权利，与权利本身消灭并无实质区别。

　　此外，从关于归入权本身与行使期间的规定来看，两者往往并不存在对应关系，从表面来看，有时甚至是相互矛盾的。美国《1934 年证券交易法》第 16 条（b）款规定，短线交易收益应"由发行者获得"；我国台湾地区"证券交易法"第 157 条第 1 款则规定"公司应请求将其利益归于公司"。依此，美国直接将归入权界定为无须发行人请求而直接依其意思即可获得的形成权，我国台湾地区则将其界定为请求权。从

---

　　①　叶林 . 证券法 . 3 版 . 北京：中国人民大学出版社，2008：215. 嘉木 . 上市公司归入权模式与选择性研究 . 上市公司，2001（4）.

　　②　赵威 . 证券短线交易规制制度研究 . 比较法研究，2004（5）.

　　③　美国证券交易法律 . 王宏，译 . 北京：法律出版社，1999：275.

权利属性与权利保护期间之性质的对应关系来讲，形成权对应于除斥期间，请求权对应于诉讼时效。但通过上述分析，可以发现，美国与我国台湾地区的规定恰好相反。我国《证券法》第 44 条第 1 款直接将短线交易收益确认为归公司所有，而不必由公司特别请求。依此，似乎我国采取的是形成权说，但如上所述，在权利行使期间上则又接受了诉讼时效规则，从而同样构成了一般法律逻辑上的矛盾。因此，我们不能仅从某个字面的规定，来判定归入权及其权利行使期间的法律性质。

事实上，导致这一现象的主要原因在于，形成权、请求权、支配权等的划分，原本就不是基于某一标准而对权利体系所作的严格分类，而只是基于权利作用或功能所作不同视角的考察。因此，关于究竟应将归入权界定为形成权还是请求权，不必纠结，或者不妨认为其兼具两者属性。

## 三、归入权的行使方法

### （一）归入权的行使方式

各国均将归入权的权利主体界定为作为短线交易对象的证券的发行人，即公司。我国《证券法》第 44 条第 1 款也明确规定，"由此所得收益归该公司所有，公司董事会应当收回其所得收益"。在公司自身主张归入权的具体方式上，当然应由董事会代表公司行使权利。这就取决于董事会是否能够形成与短线交易人作斗争的独立意志与积极性。对此，美国式完备的独立董事制度，因董事会内部有专门由独立董事组成的审计委员会，对董事、经理人以及大股东的行为进行调查、审核，较好地解决了一些利益冲突问题，从而能够避免公司董事会与短线交易人达成交易而不主张归入权。各国（地区）均规定，若董事会怠于或拒绝行使归入权，股东有权要求董事会在法定期间（美国为 60 日，我国台湾地区为 30 日）内执行，若该期间届满董事会仍拒绝行使归入权，则可由股东提起股东代表诉讼（股东派生诉讼）。对此，我国《证券法》第 44 条第 3 款规定："公司董事会不按照第一款规定执行的，股东有权要求董事会在三十日内执行。公司董事会未在上述期限内执行的，股东有权为了公司的利益以自己的名义直接向人民法院提起诉讼。"

股东代表诉讼制度需要相关制度与之配合才能产生实际效果。在对短线交易的诉讼中，股东所获诉讼收益很少，一般股东由于缺乏利益驱动或出于搭便车的心理往往怠于行使股东代表诉讼权，因而必须借助特殊规则予以鼓励。对此，美国法院允许将律师费用从短线交易的收益中扣除后直接拨付给律师。此外，还可以建立证券投资者保护协会，并确立其法定诉讼担当主体资格（股东代表诉讼即为一种法定诉讼担当），代表投资者起诉。我国台湾地区的做法是设立财团法人证券投资人及期货交易人保护中心，使其普遍象征性地持有所有上市公司的股份，从而获得提起归入权股东代表诉讼的主体资格。在短线交易收益归入权问题上，若公司及一般股东不行使归入权，则该中心可以以股东身份提起股东代表诉讼，使短线交易归入权的行使获得保障。在此方面，我国于2014年12月成立了中证中小投资者服务中心有限责任公司（以下简称"投服中心"），其性质为归属中国证监会直接管理的证券金融类公益机构。投服中心最重要的业务即为持股行权，即投服中心持有沪深交易所每家上市公司一手股票，行使质询、建议、表决、诉讼等股东权利，通过示范引领中小投资者主动行权、依法维权，规范上市公司治理。显然，投服中心乃我国归入权股东代表诉讼的核心担当人。

我国《证券法》为促使公司董事会行使短线交易归入权，于第44条第4款规定："公司董事会不按照第一款的规定执行的，负有责任的董事依法承担连带责任。"依此，若董事会拒绝行使归入权，则负有责任的董事依法承担连带责任。该规定也视为董事怠于履行忠实义务与勤勉义务所应承担的法律责任，但这一超越各立法例的规定显得过于严格。此外，所谓"负有责任的董事"，也存在内涵与外延上的不确定。在解释上看，应认为是对"公司董事会不按照第一款的规定执行"负有责任的董事，而不应解释为对短线交易负有责任。

### （二）短线交易收益计算方法

从各国及地区的规定来看，对短线交易行为追究责任的方式都是赋予公司归入权，将交易人通过短线交易所得收益全部归入公司。一般来说，该收益不是指客观上交易人获得的利润，而是通过一定的计算方法获得的计算结果。由于短线交易的收益涉及相匹配的反向交易，因而其计算具有一定的复杂性。交易人每次买进的价格不尽相同，每次卖出的价格亦有所差异，将不同次的买卖相匹配，进行计算的方法很多，其产生的计算结果亦大相径庭。

在各国（地区）司法实践中，大都采用低入高出的惩罚性计算方法，即将法定期间内最高卖出价同最低买入价相匹配，将次高卖出价和次高买入价相匹配，如此直至全部匹配完成。该计算方法为美国司法判例所确立。我国台湾地区则在"证券交易法施行细则"第 11 条对此作了明确规定。大多数学者也认为此计算方法有利于实现立法目的。采用此方法须注意三点：（1）每次匹配的买入和卖出的股票应当相同，如果有差额，顺延至下次计算，直至结束；（2）匹配计算的差额为非正数时不算入总额；（3）匹配的一对交易在时间跨度上可能超过 6 个月，但是仍然算入总额。依此计算，交易人所得收益往往在数额上少于所计算的收益额度，在某些特殊情形下在交易人遭受损失的时候仍能得出所归入的收益。"低入高出"算法一直被认为是计算短线交易收益的正确方法，可以最大限度地计算出短线交易收益，实现短线交易规制制度的目的。但也有学者对此持不同意见，如有美国学者提出，应运用运筹学上的运输问题算法来计算短线交易收益。[1]

我国《证券法》对短线交易收益的计算方法未作规定，迄今也无任何司法实践。鉴于《证券法》第 44 条第 1 款的规定为"由此所得收益归该公司所有，公司董事会应当收回其所得收益"，在相关立法解释或司法解释发布之前，在学理上应将其解释为因短线交易实际获得的收益。

---

① 赵威. 证券短线交易规制制度研究. 比较法研究，2004（5）.

# 第六章 证券上市与交易

## 第一节 证券上市的内涵与外延

### 一、证券上市的内涵

证券上市，是指经证券交易所审核，已公开发行的证券获准在证券交易所挂牌交易。证券上市的内涵与外延因各国（地区）规定不同而不同，在我国大陆及台湾地区，均特指在证券交易所挂牌上市。在有些国家（地区），证券上市还包括在场外交易市场挂牌交易。不过，一般所指证券上市系就狭义而言，即本书所界定的在证券交易所挂牌交易；在场外交易市场挂牌交易则被称为证券上柜（我国台湾地区）或店头市场登记（日本）。

证券上市以股票上市为核心与典型，但获准上市的证券，即上市证券，不仅包括股票，还包括债券、基金及其他证券衍生品种。因股票上市的核心地位，上市股票的发行人被称为上市公司，而其他上市证券的发行人则不能称为上市公司。

证券上市以证券发行为前提，证券发行后，要实现在证券交易所挂牌交易的目标，就必须借助于证券上市。因此，证券上市是连接证券发行市场与证券交易市场的桥梁，对于投资者和证券发行人而言，都具有十分重要的意义。对于投资者来说，证券上市方便投资者进行证券投资，更好地进行投资决策，而且有利于减少投资风险，降低投资成本。对于证券发行人而言，证券上市显著增强了证券的流动性，从而极大地提高了再次发行的能力。尤其对于上市公司而言，证券上市有利于提高其信誉和知名度，促进上市公司改善经营管理，增强筹资能力。此外，证券上市还有利于证券监管机构对证券交易市场及上市公司的监管，以保障广大投资者合法权益，促进证券市场的健康发展。

除实行安排上市的政府债券上市外，证券上市时，证券发行人与证券交易所之间必须签署上市协议。依该协议，证券交易所与证券发行人之间形成了证券发行服务合同关系和持续监管与服务合同关系。在证券发行过程中，证券发行人需要借助证券交易所的交易系统，整个发行过程都是在证券交易所的协助下完成。在证券上市后，上市公司再融资时，通常要借助证券交易所的交易系统。证券上市后，证券交易所与证券发行人之间仍存在持续服务合同关系。此外，根据上市协议，证券交易所应履行对证券发行人的持续监管义务，若证券发行人违反证券交易所的有关规则，证券交易所有权依据上市协议和上市规则作出处理，情节严重的，证券交易所还可以终止其证券上市。[①]

各国证券法律、法规仅对证券上市制度作出了原则性规定，具体规范均由证券交易所规定。因此，与各国证券市场发展水平相适应，且为在国际证券市场中提高竞争力，各国证券法，尤其是证券交易所规定的上市制度差异较大。不同证券交易所形成了不同的证券发行人选择偏好，如有的大量吸收国际证券上市，从而使其成为国际化色彩浓厚的证券市场；有的则主要吸纳本国或本地区证券上市，从而具有较强的区域性；有的则主要吸收大型企业发行的证券上市，从而形成明显的主板色彩；有的则大量吸收高科技企业发行的证券上市，从而形成明显的创业板色彩。在上市的审批与条件方面，各证券交易所的规定也具有较大差异，有的较为严格，有的则较为宽松。

## 二、证券上市的类型

### (一) 证券交易所上市与场外市场挂牌

按照上市场所类型的不同，可将证券上市分为证券交易所上市与场

---

① 叶林.证券法.3版.北京：中国人民大学出版社，2008：222-224.

外市场挂牌。一般所谓上市皆指证券交易所上市，而不包括在证券交易所以外的其他交易市场的挂牌交易。因此，一般来说，这一分类不具有实际意义。不过，虽然在美国纳斯达克市场等主要二板市场挂牌交易往往被直接称为证券上市，而且该证券市场具有重要地位，但其仍属于场外交易市场，故在此挂牌交易只能称为场外市场挂牌。在我国，证券上市特指证券交易所上市，在其他交易场所挂牌交易则只能称为挂牌交易，不能称为证券上市。例如，在全国中小企业股份转让系统（"新三板"）挂牌报价转让以及在银行间债券市场挂牌交易，就不能称为证券上市。

### （二）授权上市与安排上市

按照上市程序的不同，可将证券上市分为授权上市与安排上市。

授权上市，又称核准上市，是指证券交易所根据证券发行人的申请，依照法定程序核准证券上市。授权上市申请人为证券发行人，包括公开发行股票的股份有限公司、发行公司债券的公司及发行基金份额的基金管理公司；授权上市证券包括股票、公司债券、基金份额及存托凭证等证券衍生品种。在授权上市中，上市审查条件和程序较为严格，证券交易所在接受上市申请时，要严格进行资格审查，对不符合上市条件的上市申请不予核准。对此，我国《证券法》第46条第1款规定："申请证券上市交易，应当向证券交易所提出申请，由证券交易所依法审核同意，并由双方签订上市协议。"一般所称证券上市皆为授权上市。

安排上市，是指证券交易所根据证券监管机构的要求，接受证券进入证券交易所上市交易。该上市方式适用于政府债券的上市。在我国，国债在证券交易所上市即采用安排上市的方式。对此，我国《证券法》第46条第2款规定："证券交易所根据国务院授权的部门的决定安排政府债券上市交易。"政府债券上市无须经证券交易所进行上市审查，即可直接成为证券交易所的交易对象，证券交易所当然也无权拒绝这种证券在其交易系统交易。所谓安排上市，是我国针对一般意义上的授权上市而特设的概念，实际上与一般意义上的证券上市含义不同。在国外，政府债券作为享有发行注册与交易注册豁免的证券，一般不被纳入证券上市的对象范畴。

### （三）股票上市、公司债券上市、存托凭证上市、基金份额上市及其他证券衍生品种上市

如前所述，证券上市一般不包括政府债券的上市，故按照证券上市的对象的不同，可将证券上市分为股票上市、公司债券上市、存托凭证上市、基金份额上市及其他证券衍生品种上市。证券交易所对不同类型的证券上市的条件往往作不同规定。

### （四）境内上市与境外上市

按照证券上市的地域不同，可将证券上市分为境内上市与境外上市。证券发行人的证券在本国境内的证券交易所上市的为境内上市，相反，则为境外上市。境内上市与境外上市的审查程序和条件往往具有较大差异，证券发行人会根据自身情况，针对不同证券交易所的上市条件和程序作相应选择。

### （五）第一上市与第二上市

按照上市地点的不同，可将采取两地上市模式的证券上市分为第一上市与第二上市。

两地上市，一般是就股票上市而言，它是指股份有限公司将其公开发行的股票同时在两个证券交易所挂牌上市。从证券市场的实际运行情况来看，将股票在两个市场同时上市具有许多优点：（1）每个国际性证券交易所都拥有自己的投资者群体，因此，将股票在多个市场上市会迅速扩大股东基础，增强股份流动性，提高筹资能力；（2）公司股票在不同市场上市有利于提高公司在该上市地的知名度，增强客户信心，从而对其产品营销起到良好的推动效果；（3）上市公司选择市场交易活跃、平均市盈率高的证券交易所作为第二上市地，通过股份在两个市场间的流通转换，有利于提高股价的市场表现；（4）通过第二上市，公司在遵循第二上市地的法律、会计、监管等方面规则的同时，也为其国际化管理创造了条件，从而促使其提高经营管理水平。正因为两地上市具有许多优点，所以国际上许多著名的跨国企业都同时分别在全球的不同交易

所上市交易。

目前，我国不少大型股份有限公司纷纷采用两地上市模式，既有在境外两个不同证券交易所上市，也有分别在境内与境外证券交易所上市。2006 年在证券市场产生轰动效应的中国工商银行同时在香港联交所及上海证券交易所上市，即为典型的两地上市。

### （六）直接上市与间接上市

按照证券发行人以自己的名义还是其他公司的名义上市，可将证券上市分为直接上市与间接上市。这种分类同样适用于境内上市与境外上市，但一般是就境外上市而言，因为两者存在不同的监管程序与条件。故一般所指直接上市与间接上市，均指境外直接上市与境外间接上市。

境外直接上市，是指境内股份有限公司直接以国内公司名义向国外证券监管机构申请发行登记注册，并发行股票（或其他衍生金融工具），向当地证券交易所申请挂牌上市交易。境内股份有限公司符合境外上市地上市条件的，可自主向中国证监会提出境外发行股票和上市申请。

境外间接上市，是指境内企业利用境外设立的公司的名义在境外发行股票并上市或在境外买壳上市。这种上市模式即为"红筹上市"。所谓"红筹上市"，是指境内企业实际控制人以本人（多为自然人，也可为企业）名义在开曼群岛、维京、百慕大等离岸中心设立壳公司，再以境内股权或资产对壳公司进行增资扩股，并由境外壳公司收购境内企业的资产，最终以离岸公司作为主体在境外上市，从而达到间接境外上市目的。

我国《证券法》第 224 条规定："境内企业直接或者间接到境外发行证券或者将其证券在境外上市交易，应当符合国务院的有关规定。"由于境外直接上市必须通过复杂的审批程序，成本高、时间长，所以许多企业，尤其是民营企业，选择以间接方式在境外上市。

中国证券市场国际化的进程是从境外间接上市开始的。1984 年 1 月，香港中银集团与华润集团组成新琼企业有限公司，斥资 1.8 亿港元，购得香港交易所上市公司康力公司 34.8% 的股份，揭开了中国企业收购境外上市公司进行重组取得上市地位的序幕。1992 年 10 月 9 日，沈阳金杯股份有限公司与美国华晨公司在百慕大群岛注册的中美合资华晨中国汽车控股有限公司在纽约证券交易所挂牌上市，揭开了中国企业到美国证券市场间接上市的序幕。与境外直接上市相比，"红筹上市"无须符合中国证监会关于境内企业到境外上市的要求，而离岸金融中心对在本地注册的离岸公司的资金转移几乎没有任何外汇管制，对公司资金投向、运用的要求也极为宽松，因此，"红筹上市"已成为由创业和风险投资基金投资的中国企业实现海外上市的主要途径。网易、盛大、蒙牛、携程、百度腾讯、阿里巴巴、京东、滴滴等企业到境外上市，都采用的是这种方式。这种方式也在某种程度上成为境内民营企业解决融资难困境的一条出路。不过，"红筹上市"模式虽有其积极的一面，但也是一种规避我国金融监管的手段，会使国家对其难以监管。更为重要的是，"红筹上市"模式还可能为腐败分子、不法商人提供侵吞国有资产和公众财产的途径，而离岸金融中心恰恰为这种犯罪行为提供了便利的资产转移渠道。此外，"红筹上市"模式还可能导致其他风险，如造成潜在投资争议、便利公司欺诈，甚至转嫁金融风险。

基于境外间接上市的客观风险，《国务院关于进一步加强在境外发行股票和上市管理的通知》要求，"境内企业到境外证券市场融资应主要采取直接上市的方式"。但由于何谓间接上市本身缺乏明确界定，故境外间接上市仍存在许多监管漏洞，并且境外上市容易获得成功。不过，商务部、国资委、国家税务总局等六部委于 2006 年 8 月 8 日发布并于同年 9 月 8 日起施行的《关于外国投资者并购境内企业的规定》（2009 年修改），使境内企业以红筹形式赴海外上市的审批程序更为繁复、时间更长，从而间接加强了对境外间接上市的监管。

中共中央办公厅、国务院办公厅于 2021 年 7 月 6 日印发《关于依法从严打击证券违法活动的意见》，特别强调进一步加强跨境监管执法司法协作，加强跨境监管合作，加强中概股监管。其中，针对加强跨境监管合作，该意见提出："完善数据安全、跨境数据流动、涉密信息管理等相关法律法规。抓紧修订关于加强在境外发行证券与上市相关保密和档案管理工作的规定，压实境外上市公司信息安全主体责任。加强跨境信息提供机制与流程的规范管理。坚持依法和对等原则，进一步深化跨境审计监管合作。探索加强国际证券执法协作的有效路径和方式，积极参与国际金融治理，推动建立打击跨境证券违法犯罪行为的执法联盟。"针对加强中概股监管，该意见提出："切实采取措施做好中概股公司风险及突发情况应对，推进相关监管制度体系建设。修改国务院关于股份有限公司境外募集股份及上市的特别规定，明确境内行业主管和监管部门职责，加强跨部门监管协同。"

# 第二节　证券上市条件

## 一、证券上市条件概述

各国证券法大多仅就证券上市条件作出了原则性规定，具体上市条件则由证券交易所规定。在证券交易所与证券发行人达成证券上市协议前，证券发行人必须经证券交易所审查达到其规定的上市条件，双方才能签署证券上市协议，形成证券上市服务与持续监管合同关系。

我国 1998 年《证券法》第 43 条规定：股份有限公司申请其股票上市交易，必须报经国务院证券监督管理机构核准；国务院证券监督管理机构可以授权证券交易所依照法定条件和法定程序核准股票上市申请。依此，股票上市须经中国证监会核准，但中国证监会可授权证券交易所依法定条件和程序核准。这就使证券上市只能执行证券法统一规定的上市条件，从而使证券交易所缺失了关于证券上市条件和程序的规则制定权。

2005 年《证券法》对证券上市审核机制及上市条件均作了重大调整，赋予了证券交易所关于证券上市条件和程序的规则制定权，从而使证券上市的私法行为属性回归。2019 年《证券法》第 46 条第 1 款明确规定，由证券交易所执行证券上市审核权。

在股票上市条件方面，1993 年《公司法》作了标准较高的统一规定。因此，我国两大证券交易所关于上市条件实际上执行的是同样的标准，使其难以展开差异性竞争。2005 年《公司法》《证券法》统一修订时，将股票上市相关规定调整到《证券法》中。2005 年《证券法》第50 条对股票上市条件的最低标准作出了明确规定，并授权证券交易所制定高于法定最低上市条件的具体条件。为配合注册制改革，2019 年《证券法》未对证券上市条件作具体规定，而是授权证券交易所通过上市规则予以具体规定。对此，该法第 47 条规定："申请证券上市交易，应当符合证券交易所上市规则规定的上市条件。"（第 1 款）"证券交易所上市规则规定的上市条件，应当对发行人的经营年限、财务状况、最低公开发行比例和公司治理、诚信记录等提出要求。"（第 2 款）

## 二、股票上市条件

如前所述，我国 2019 年《证券法》未对证券上市条件作具体规定，而是授权证券交易所通过上市规则予以具体规定，但对证券交易所上市规则规定的上市条件提出了原则性要求。

### （一）证券交易所规定的股票上市条件

《上海证券交易所股票上市规则》（2020 年修订）与《深圳证券交易所股票上市规则》（2020 年修订），对首次公开发行股票的上市条件作了完全相同的规定，但仍未对上市公司发行新股的上市条件予以明确规定。这就意味着，首次公开发行股票的上市，应符合证券交易所规定的具体条件；上市公司发行新股的上市则仅符合《证券法》规定的最低标准的上市条件即可。依《上海证券交易所股票上市规则》（2020 年修订）第 5.1.1 条与《深圳证券交易所股票上市规则》（2020 年修订）第5.1.1 条之规定，发行人首次公开发行股票后申请其股票上市，应当符合下列条件：（1）股票经中国证监会标准或注册已公开发行。（2）公司股本总额不少于人民币 5 000 万元。（3）公开发行的股份达到公司股份总数的 25％以上；公司股本总额超过人民币 4 亿元的，公开发行股份的比例为 10％以上。（4）公司最近 3 年无重大违法行为，财务会计报告无虚假记载。（5）证券交易所要求的其他条件。

**（二）B 股股票上市条件**

《证券法》第 225 条规定："境内公司股票以外币认购和交易的，具体办法由国务院另行规定。"依此，关于境内上市外资股（即 B 股）的上市条件，若国务院有特别规定，应执行其规定；若无特别规定，则应执行证券法关于股票上市条件的一般规定。"国务院另行规定"的文件为 1995 年 12 月 25 日发布、实施的《国务院关于股份有限公司境内上市外资股的规定》与国务院证券委员会于 1996 年 5 月 3 日发布、实施的《股份有限公司境内上市外资股规定的实施细则》。但这两部法规均系中国证监会将证券上市审核权移交证券交易所之前制定的，其规定的上市条件是以发行条件为中心的发行与上市条件。而依照《证券法》将上市审核权下放给证券交易所的精神，关于 B 股股票的上市条件可由证券交易所作更高标准的具体规定。因此，上述关于 B 股股票发行与交易的法规应作相应修订。不过，在修订之前，仍应执行其规定。

依国务院《关于股份有限公司境内上市外资股的规定》第 8 条之规定，以募集方式设立公司，申请发行境内上市外资股的，应当符合下列条件：（1）所筹资金用途符合国家产业政策；（2）符合国家有关固定资产投资立项的规定；（3）符合国家有关利用外资的规定；（4）发起人认购的股本总额不少于公司拟发行股本总额的 35％；（5）发起人出资总额不少于 1.5 亿元人民币；（6）拟向社会发行的股份达公司股份总数的 25％以上；拟发行的股本总额超过 4 亿元人民币的，其拟向社会发行股份的比例达 15％以上；（7）改组设立公司的原有企业或者作为公司主要发起人的国有企业，在最近 3 年内没有重大违法行为；（8）改组设立公司的原有企业或者作为公司主要发起人的国有企业，最近 3 年连续盈利；（9）国务院证券委员会规定的其他条件。

依国务院《关于股份有限公司境内上市外资股的规定》第 9 条之规定，公司增加资本，申请发行境内上市外资股的，应当符合下列条件：

（1）所筹资金用途符合国家产业政策；（2）符合国家有关固定资产投资立项的规定；（3）符合国家有关利用外资的规定；（4）公司前一次发行的股份已经募足，所得资金的用途与募股时确定的用途相符，并且资金使用效益良好；（5）公司净资产总值不低于 1.5 亿元人民币；（6）公司从前一次发行股票到本次申请期间没有重大违法行为；（7）公司最近 3 年连续盈利，原有企业改组或者国有企业作为主要发起人设立的公司，可以连续计算；（8）国务院证券委员会规定的其他条件。

以发起方式设立的公司首次增加资本，申请发行境内上市外资股的，还应当符合以下条件：拟向社会发行的股份达公司股份总数的 25％以上；拟发行的股本总额超过 4 亿元人民币的，其拟向社会发行股份的比例达 15％以上。

## 三、公司债券上市条件

我国 2019 年《证券法》未对公司债券上市条件作特别规定，故应适用该法第 47 条关于证券上市条件的原则性规定，并适用证券交易所关于债券上市规则规定的上市条件。

### （一）公司债券上市条件

《上海证券交易所公司债券上市规则》（2018 年修订）与《深圳证券交易所公司债券上市规则》（2018 年修订）对公司债券上市条件作了大体相同的详细规定。依其规定，企业申请债券上市，应当符合下列条件：（1）符合《证券法》规定的上市条件；（2）经有权部门核准并依法完成发行；（3）债券持有人符合证券交易所投资者适当性管理规定；（4）证券交易所规定的其他条件。

### （二）可转换公司债券上市条件

《上海证券交易所股票上市规则》（2020 年修订）与《深圳证券交易所股票上市规则》（2020 年修订）对可转换公司债券上市条件作了完全相同的规定。依其规定，上市公司申请可转换公司债券在证券交易所上市，应当符合下列条件：（1）可转换公司债券的期限为 1 年以上；

（2）可转换公司债券实际发行额不少于人民币 5 000 万元；（3）申请上市时仍符合法定的可转换公司债券发行条件。

# 第三节　证券上市程序

我国《证券法》第 46 条第 1 款规定："申请证券上市交易，应当向证券交易所提出申请，由证券交易所依法审核同意，并由双方签订上市协议。"依此，证券上市包括证券上市申请、证券交易所依法审核、签订上市协议等程序，此外，还要经过上市公告和挂牌交易程序。按照目前的规定，上市保荐人保荐仍为不可或缺的程序。

## 一、上市保荐人保荐

如前所述，尽管我国实行注册制后不必将保荐业务区分为发行保荐与上市保荐，但鉴于试行注册制的科创板仍沿用了发行保荐与上市保荐分离的做法，且《上海证券交易所股票上市规则》（2019 年修订）与《深圳证券交易所股票上市规则》（2018 年修订）尚未修改关于上市保荐人保荐的规定，故相关规范目前仍应予适用。

关于上市保荐人保荐的具体规范，《上海证券交易所股票上市规则》（2020 年修订）与《深圳证券交易所股票上市规则》（2020 年修订）作了基本相同的规定。其具体内容既包括《证券发行上市保荐业务管理办法》的相关规定，也包括上市保荐的特殊规定。例如，《上海证券交易所股票上市规则》（2020 年修订）第 4.1 条规定："本所实行股票和可转换公司债券（含分离交易的可转换公司债券）的上市保荐制度。发行人（上市公司）向本所申请其首次公开发行的股票、上市后发行的新股和可转换公司债券在本所上市，以及公司股票被暂停上市后申请恢复上市、公司股票被终止上市后申请重新上市的，应当由保荐人保荐。"

保荐人应当与发行人签订保荐协议，明确双方在发行人申请上市期间、申请恢复上市期间和持续督导期间的权利与义务。保荐协议应当约定保荐人审阅发行人信息披露文件的时点。

保荐人应当在签订保荐协议时指定两名保荐代表人具体负责保荐工作，并作为保荐人与证券交易所之间的指定联络人。保荐代表人应当为经中国证监会注册登记并列入保荐代表人名单的自然人。

保荐人保荐股票或者可转换公司债券上市（股票恢复上市除外）时，应当向证券交易所提交上市保荐书、保荐协议、保荐人和相关保荐代表人已经中国证监会注册登记并列入保荐人和保荐代表人名单的证明文件、保荐人向保荐代表人出具的由保荐人法定代表人签名的授权书，以及与上市保荐工作有关的其他文件。

## 二、证券上市申请

### （一）股票上市申请

我国 2005 年《证券法》第 52 条对股份有限公司申请股票上市交易应向证券交易所报送的文件作了明确规定，但 2019 年《证券法》删除了该规定。

《上海证券交易所股票上市规则》（2020 年修订）与《深圳证券交易所股票上市规则》（2020 年修订）都对股票上市申请、上市公司新股和可转换公司债券的上市以及有限制条件的股份上市交易的上市申请作了详细规定，此处不赘述。

### （二）公司债券上市申请

我国 2005 年《证券法》第 58 条对申请公司债券上市交易应向证券交易所报送的文件作了明确规定，但 2019 年《证券法》删除了该规定。

《上海证券交易所公司债券上市规则》（2018 年修订）与《深圳证券交易所公司债券上市规则》（2018 年修订），都对公司债券上市申请作了大体相同的详细规定，此处不赘述。

## 三、证券交易所的审核

证券交易所依法行使证券上市审核职权。我国两大证券交易所分别发布的《上海证券交易所证券上市审核实施细则》与《深圳证券交易所上市委员会工作细则》对证券上市审核规则作了具体规定。

我国两大证券交易所均设立了上市委员会，对证券上市等进行审核；证券交易所则根据上市委员会的审核意见，作出审核决定。上市委员会通过上市委员会工作会议履行职责，具体可以采用召开审核会议、直接进行通信表决或者其他方式进行。

## 四、签订上市协议

证券上市申请经证券交易所审核同意后，证券发行人应与证券交易所在上市前签订上市协议，明确双方的权利、义务和有关事项。上市协议既是证券交易所与证券发行人之间形成的证券交易服务关系的依据，也是证券交易所对证券发行人行使自律监管权的依据。根据上市协议，上市证券获得在证券交易所交易系统交易的资格，证券交易所应为其提供完善、有效、安全的交易设施和条件，证券发行人则须向证券交易所交纳规定的上市费用。上市协议中均会规定，证券发行人应履行证券交易所相关规则所确定的义务，证券交易所有权依照法律、法规及证券交易所相关规则对证券发行人进行监管，从而为证券交易所进行自律监管提供了法律依据。

依《证券交易所管理办法》（2020 年修正）第 62 条第 2 款之规定，证券交易所与上市公司签订的上市协议应当包括下列内容：（1）上市证券的品种、名称、代码、数量和上市时间；（2）上市费用的收取；（3）证券交易所对证券上市交易公司及相关主体进行自律管理的主要手段和方式，包括现场和非现场检查等内容；（4）违反上市协议的处理，包括惩罚性违约金等内容；（5）上市协议的终止情形；（6）争议解决方式；（7）证券交易所认为需要在上市协议中明确的其他内容。

## 五、上市公告

上市公告，是指证券发行人按照国家有关法律、法规、规章、政策和证券交易所业务规则的要求，于其证券上市前，就其公司及证券上市的有关事宜，通过指定的报刊向社会公众进行信息披露。上市公告所作的信息披露文件即为上市公告文件。

证券交易所发布的股票、企业债券上市规则，则对上市公告文件的披露规则作了具体规定。

## 六、挂牌交易

证券获准上市并依法履行上市公告手续后，即可在证券交易所指定的日期挂牌交易，从而真正完成证券上市程序。

# 第四节　上市证券的交易程序

上市证券必须在证券交易所内，依照法律规定及证券交易所的交易规则进行交易。场内交易以集中竞价交易为主，但还包括大宗交易等其他交易形式。由于集中竞价交易是最主要也是最典型的交易形式，故本节以其交易程序为中心加以阐述。

## 一、名册登记与开立账户

### （一）名册登记

名册登记是投资者在集中竞价系统进行证券买卖的前提。名册登记分为个人名册登记和法人名册登记两种。个人名册登记应载明登记日期和委托人的基本情况、联系方式，并留存印鉴或签名式样；如有委托代理人，委托人须留存其书面授权书。法人名册登记应提供法人证明，并载明法定代表人及证券交易执行人的基本情况和留存法定代表人授权证券交易执行人的书面授权书。

根据我国相关法规的规定，属于下列情况之一者，不予办理个人名册登记：（1）证券从业人员；（2）因违反证券法，经中国证监会认定为市场禁入者[①]；（3）未成年人未经法定监护人代理或允许者。

## （二）开立账户

开立账户是投资者进行证券买卖的基本条件。每个投资者必须开立证券账户与资金账户两个账户，只有两种账户均开齐了才能进行证券的买卖。

### 1. 开立证券账户

我国《证券法》第157条第1款规定："投资者委托证券公司进行证券交易，应当通过证券公司申请在证券登记结算机构开立证券账户。证券登记结算机构应当按照规定为投资者开立证券账户。"证券账户是用于存储和管理投资者所持证券的专门账户，用来记载投资者所持证券的种类、名称、数量及相应权益和变动情况。证券应当记录在证券持有人本人的证券账户内，但依据法律、行政法规和中国证监会的规定，证券记录在名义持有人证券账户内的，从其规定。[②] 投资者若要同时买卖在上海、深圳两个证券交易所上市的股票，则需分别开设上海证券交易所证券账户和深圳证券交易所证券账户。证券账户由委托人办理名册登记时一并办理。与名册登记分为个人名册登记与法人名册登记相一致，证券账户也分为个人证券账户与法人证券账户两种。

投资者开立证券账户时，应向证券登记结算机构提出开户申请。证券登记结算机构可以直接为投资者开立证券账户，也可以委托证券公司

---

[①] 市场禁入是指因进行证券欺诈活动或者有其他严重违反证券法律、法规、规章以及中国证监会发布的有关规定的行为，被中国证监会认定为市场禁入者，在一定时期内或者永久性不得担任上市公司高级管理人员或者不得从事证券业务的制度。中国证监会于2006年发布并于2015年、2021年修订的《证券市场禁入规定》对市场禁入制度作了详细规定。

[②] 中国证监会《证券登记结算管理办法》（2018年修正）第18条第1款。

代为办理。证券登记结算机构为投资者开立证券账户，应当遵循方便投资者和优化配置账户资源的原则。证券公司代理开立证券账户，应当向证券登记结算机构申请取得开户代理资格。证券公司代理开立证券账户，应当根据证券登记结算机构的业务规则，对投资者提供的有效身份证明文件原件及其他开户资料的真实性、准确性、完整性进行审核，并应当妥善保管相关开户资料，保管期限不得少于20年。[①] 为了避免开立证券账户时出现混乱，证券登记结算机构通常会向接受委托的证券公司事先核发一定数量或者"号段"的证券账户号码。证券公司接受投资者开户申请并核发证券账户号码后，不得将该号码再行提供给其他投资者。

开立证券账户实行实名制。证券登记结算机构应当按照规定以投资者本人的名义为投资者开立证券账户。外国人申请开立证券账户的具体办法，由证券登记结算机构制定，报中国证监会批准。

### 2. 开立资金账户

资金账户主要用于存储投资者的存款和卖出股票时的价金。在证券交易完成时，只需在证券账户与资金账户中相应划拨，即增减证券账户的证券数额与资金账户的资金数额，而不必实际支付或提取证券或现金。资金账户中的资金由证券公司代为转存银行，利息自动划入该专户，委托人持有资金账户磁卡。对此，我国《证券法》第131条第1款规定："证券公司客户的交易结算资金应当存放在商业银行，以每个客户的名义单独立户管理。"

在开立并取得证券账户后，投资者可以选择一家具有证券经纪业务资格的证券公司（一般为其营业部），并向其申请开立资金账户。实践中，在初次开立证券账户的同时一并申请开立资金账户。开立资金账户也实行实名制，资金账户与证券账户的名义应当一致。

## 二、证券交易之委托指令

进入证券交易所参与集中竞价交易的，必须是具有证券交易所会员

---

① 中国证监会《证券登记结算管理办法》（2018年修正）第19～21条。

资格的证券公司。一般投资者买卖证券均需通过委托其开户的证券公司，故投资者须与证券公司建立委托买卖合同关系。在上海证券交易所，投资者须与指定交易的会员签订指定交易协议，明确双方的权利、义务和责任。指定交易协议一经签订，会员即可根据投资者的申请向上海证券交易所交易主机申报办理指定交易手续。在深圳证券交易所，投资者须与会员签订证券交易委托协议。协议生效后，投资者为该会员经纪业务的客户。证券公司有义务根据投资者发出的买卖指令，依照法律、法规及证券交易所交易规则之规定，对经审查有效的委托予以接受并执行，对无效委托则不予接受。

### （一）投资者发出买卖委托指令

依委托交易数额大小的不同，可将证券交易委托分为大宗交易委托、整数委托和零数委托。大宗交易委托要采书面申报方式，限于当日成交。整数委托，是指一个交易单位或其整数倍的交易数量的委托。零数委托，是指零星数量的委托，即证券交易数量不满一个交易单位的委托。证券交易中一般以"手"或"张"为交易单位，不足1手或10张的则称为零数。按照我国现行法规的规定，每100股股票为1手；每100元面额债券为1张，10张为1手，以10张为交易单位起点，但上海证券交易所债券回购以1 000张或其整数倍进行申报。在我国，只在卖出证券时才有零数委托。

依委托的有效期的不同，可将证券交易委托分为当日有效与5日内有效。当日有效，是指委托人从委托时起，到当日证券交易所营业终了的时间内有效。如果委托日之内没有成交，委托即自动失效；如果委托人仍有买卖意向，必须重新提出委托。5日内有效，是指委托人自委托日起到第五个交易日（包括委托当日）证券交易所营业结束的时间内有效。投资者可根据行情变化选择委托时间有效期，一般行情较稳定时，可用5日内有效委托；反之，用当日委托较好。不过，我国现行法规规定的为当日有效，投资者无可选择。

依委托价格限制的不同，可将证券交易委托分为市价委托与限价委托。市价委托，是指委托人要求证券公司按交易市场当时的价格买进或卖出证券，证券公司有义务以最有利的价格为委托人成交。市价委托指令须立即执行。采用市价委托方式的，往往在行情发生剧烈震动或呈一边倒之势时，为抢时间，只要买入或抛出，即可获利或减少损失。但这种立竿见影的方式风险极大。由于投资者现在基本上都是自助委托，证券公司一般都不接受市价委托的指令。限价委托，是指委托人要求证券公司按限定的价格买进或卖出证券，证券公司在执行时，必须按限价或低于限价买进证券，按限价或高于限价卖出证券。限价委托是委托业务中最常用的方式。投资者在发出买卖委托指令时，所填限价意味着这是一个可以接受的最高买价或最低卖价。这种委托方式，风险较小，投资者可以把要承受的风险控制在一定范围内，但有可能当日不成交。

依委托途径的不同，可将证券交易委托分为当面委托、电话委托、传真委托、电报委托、信函委托、电脑报单等六种主要形式。当面委托即柜台委托，是指委托人亲自或由其代理人来到证券公司营业部交易柜台前，根据委托程序和必需的证件采用书面方式表达委托意向，由本人填写委托单并签章的形式。电话委托，是指委托人通过电话方式表明委托意向，提出委托要求。现行电话委托是依据电话语音提示完成证券买卖委托全过程的一种方便快捷的远程自助委托方法。传真委托、电报委托、信函委托，是指委托人填写委托内容后，将委托书采用传真或函电方式（信函、电报）表达委托意向，提出委托要求。电脑报单主要包括触摸屏委托与网上交易，是指证券公司计算机终端与互联网络联结起来，投资者借助计算机终端的触摸屏或键盘输入委托指令完成交易。电脑报单与电话委托是典型的自助委托形式，也是如今证券交易中最普遍的委托形式。

依沪、深两市交易规则之规定，除证券交易所另有规定外，客户的委托指令应当包括以下内容：(1) 证券账户号码；(2) 证券代码；(3) 买卖方向；(4) 委托数量；(5) 委托价格；(6) 证券交易所及会员要求的其他内容。

### （二）证券公司审查委托指令

证券公司收到投资者委托指令后，应按照指定交易协议（沪市）或证券交易委托协议（深市）以及法律、法规、交易规则的规定，对委托人身份、委托内容、委托卖出的实际证券数量及委托买入的实际资金余额进行审查，经审查符合要求后，才能接受委托。对委托指令的审查主要包括对其合法性、真实性与同一性的审查。

合法性审查，是指证券公司对委托指令的主体、程序及内容是否合法等进行审查。如依照现行交易规则，证券公司不得接受投资者作出的全权委托指令，即委托证券公司全权决定买卖证券的种类、数量和价格的指令。

真实性审查，是指证券公司应核对委托买卖证券的数量及金额与投资者账户内实有证券及资金数额是否符合。按照交易规则，除依法办理的融资融券业务外，投资者办理委托买进证券时，须将委托买进所需款项全额交付给证券公司；投资者办理委托卖出证券时，须将证券全额存入证券账户。

同一性审查，是指证券公司应审查委托人委托报单情况与证券公司开户情况的一致性，以确定证券买卖委托是权利人作出的有权报单；具体应核对相应的身份、账号及证件的一致性。

证券公司接受委托时，具体委托交易合同正式成立，当事人双方均受该委托合同的约束。证券公司受理委托后，应立即通知驻场交易员在场内买卖。

## 三、委托指令的竞价与成交

投资者在完成开户与委托代理手续后，在资金账户上存入资金的次日，即可下达委托指令，进行证券交易。委托指令的竞价，按照价格优先、时间优先的竞价原则进行。所有报价均通过证券交易所电脑系统自动撮合成交来完成买卖。关于其具体内容详见本书第五章第二节。

客户可以撤销委托的未成交部分。委托被撤销和失效的，会员应当在确认后及时向客户返还相应的资金或证券。

## 四、证券交易结算

### (一) 证券交易结算规则

证券交易结算,是指证券买卖成交后,买卖双方通过证券交易清算系统进行资金和证券的交付与收讫的过程,分为清算与交收两个步骤。清算,是指按照确定的规则计算证券和资金的应收应付数额的行为。交收,是指根据确定的清算结果,通过转移证券和资金履行相关债权债务的行为。

《证券登记结算管理办法》(2018 年修正) 第六章对证券和资金的清算、交收规则作了具体规定,关于其具体内容详见本书第十一章。

### (二) 清算和交收的联系与区别

#### 1. 清算与交收的联系

(1) 从发生时间来看,先清算后交收,清算是交收的基础和保证,交收是清算的后续与完成。正确的清算结果能确保交收顺利进行;而只有通过交收,才能最终完成证券或资金收付,结束交易总过程。

(2) 清算时,分别计算应收应付轧抵后的结果,价款统一以货币单位计算应收应付轧抵净额;交收时,同样分证券与价款两部分,即资金交收与证券交收。

(3) 从处理方式来看,证券公司都以结算机构为对手办理清算与交收,即结算机构作为所有买方的卖方和所有卖方的买方,与之进行清算、交收。投资者一般由证券公司代为办理清算、交收,而证券公司之间、各投资者之间均不存在相互清算、交收问题。

#### 2. 清算与交收的区别

两者最根本的区别在于:清算是对应收应付证券及价款的轧抵计算,其结果是确定应收应付净额,并不发生财产实际转移;交收则是对应收应付净额 (包括证券与价款) 的交收,发生财产实际转移。

## 五、证券交易过户登记

证券交易过户登记,是指证券买卖双方在证券登记结算机构参与下进行的证券的卖方向买方移转有关证券全部权利的记录活动。中国证券登记结算有限责任公司建立电子化证券登记簿记系统,根据证券账户的记录,办理证券持有人名册的登记。证券交易所集中交易的证券,证券登记结算机构根据证券交易的交收结果,由其电脑系统自动办理集中交易过户登记[①],并应提供交割单。依此,证券交易所集中交易的证券过户,在证券交收的同时即自动完成,无须证券持有人另行办理手续。

---

[①] 《中国证券登记结算有限责任公司证券登记规则》(2019 年修订)第 15 条。

# 第七章　信息披露制度

## 第一节　信息披露制度概述

### 一、信息披露制度的概念与作用

信息披露制度，又称信息公开制度，是指公开发行证券的公司在证券发行与交易诸环节中，依法将有关信息资料，真实、准确、完整、及时地披露，以供证券投资者作出投资判断的法律制度。

信息披露制度包括证券发行的信息披露制度和持续信息披露制度。对公开发行证券的公司实行信息披露制度是现代证券市场的核心内容，贯穿于证券发行、流通的全过程。它是证券市场的灵魂，是证券法公开原则的具体体现。

根据信息披露时间与目的的不同，可将其分为发行信息披露与持续信息披露。两者在披露目的、披露主体、披露文件及披露程序等方面均存在明显差异。在立法与学理上对信息披露所作分类大多采此标准。根据信息披露内容的不同，可将其分为描述性信息披露、评价性信息披露与预测性信息披露。这种分类主要体现于立法与学理上对披露方式的具体规制上。此外，还可根据所披露文件的名称和记载事项、信息披露是否系强制性规定所要求、信息披露的主体及证券种类等不同标准进行分类。

信息披露制度源于1844年英国《公司法》关于公司章程的披露以及招股说明书所载内容披露的规定，其目的在于使投资者在购买股票之前能充分了解发行公司的有关信息，然后自行决定是否购买。美国

《1933 年证券法》与《1934 年证券交易法》对该制度予以采纳并完善，并正式确立了信息披露制度。其核心为强制性信息披露制度，故《1934 年证券交易法》被称为"披露法令"。信息披露制度在美国得到日益完善，并迅速为世界各国公司法、证券法所继受，从而逐渐成为各国证券法的基本制度。

我国自发展证券市场伊始，就非常重视信息披露制度的建立。1993 年《股票发行与交易管理暂行条例》不仅明确规定公司发行股票时应披露的文件，还设专章规定了"上市公司的信息披露"。1993 年 6 月，中国证监会发布了《公开发行股票公司信息披露实施细则（试行）》，对我国公开发行股票公司必须公开披露的信息内容、标准、披露方式及时间作了详细规定，从而使该细则成为规范信息披露的"蓝本"；同时，中国证监会还制定了各种信息披露文件规范的格式与内容。1998 年《证券法》、2005 年《证券法》及 2019 年《证券法》均对信息披露制度作了专门规定。除此之外，中国证监会发布的大量规章及证券交易所、中国证券业协会发布的相关自律性规则，则为我国信息披露制度构建了较为完整的规范体系。

尽管信息披露制度从其诞生之日起，就一直受到理论界的质疑[①]，但绝大多数学者仍对其持肯定态度，其作为证券市场基石的地位仍不容否认。一般认为，信息披露制度主要有以下作用：

（1）有利于证券市场上发行与交易价格的合理形成。影响证券价格的因素多种多样，公司组织及股权结构、财务状况、经营管理状况等都会对证券价格产生直接影响。公司所处行业、社会经济环境、宏观经济政策等方面的变化，也都会对证券价格产生间接影响。因此，证券发行公司必须将这些对证券价格具有重要影响的信息依法披露，使投资者在全面了解情况的基础上作出合理判断，从而促使证券市场依供求关系形成合理的证券价格。

（2）有利于维护广大投资者利益。保护投资者的利益乃证券法的宗

---

① 曹荣湘主编．强制披露与证券立法．北京：社会科学文献出版社，2005：81.

旨，但各国在具体方式上各有侧重。总体而言，采证券发行核准制的国家注重对证券发行的事先核准，采证券发行注册制的国家则强调强制信息披露。这种强制信息披露被认为在增强市场信心及保护投资者，尤其是未成熟的投资者方面具有重要作用。[①] 事实上，无论采取何种证券发行核准制度，信息披露均为其制度基础，均确立了狭义上的信息披露制度。[②] 信息披露制度可以促使广大投资者平等地获取证券信息，从而有利于扼制虚假陈述、内幕交易、证券欺诈等不当行为。

（3）有利于促使证券发行公司改善经营管理。信息披露的基本内容包括了最基本的公司信息，如公司的财务状况、经营状况等，在证券发行公司，尤其是上市公司必然受到社会高度关注的情况下，信息披露制度必然会促使公司尽力提高其经营管理水平，从而促使公司财务状况、经营状况得到改善。

（4）为证券监管提供了便利。信息披露制度被认为是证券监管的主导性制度创新，使证券监管机构能够在促进证券市场的自由竞争的同时，在无须政府直接干预的情况下保障交易的公正。[③]

## 二、信息披露的基本要求

我国《证券法》第78条规定："发行人及法律、行政法规和国务院证券监督管理机构规定的其他信息披露义务人，应当及时依法履行信息披露义务。"（第1款）"信息披露义务人披露的信息，应当真实、准确、完整，简明清晰，通俗易懂，不得有虚假记载、误导性陈述或者重大遗漏。"（第2款）"证券同时在境内境外公开发行、交易的，其信息披露义务人在境外披露的信息，应当在境内同时披露。"（第3款）该规定所确立的信息披露的基本要求可概括为：真实性、准确性、完整性。《证券法》第80条第1款规定："发生可能对上市公司、股票在国务院批准

---

① 曹荣湘主编．强制披露与证券立法．北京：社会科学文献出版社，2005：161-163.
② 曾宛如．证券交易法原理．修订版．台北：元照出版公司，2006：31-32.
③ 齐斌．证券市场信息披露法律监管．北京：法律出版社，2000：22.

的其他全国性证券交易场所交易的公司的股票交易价格产生较大影响的重大事件，投资者尚未得知时，公司应当立即将有关该重大事件的情况向国务院证券监督管理机构和证券交易场所报送临时报告，并予公告，说明事件的起因、目前的状态和可能产生的法律后果。"该规定可被概括为信息披露及时性的要求。综上，信息披露的基本要求为：真实性、准确性、完整性与及时性。对此，中国证监会于 2007 年发布并于 2021 年修订的《上市公司信息披露管理办法》第 3 条第 1 款规定："信息披露义务人应当及时依法履行信息披露义务，披露的信息应当真实、准确、完整，简明清晰、通俗易懂，不得有虚假记载、误导性陈述或者重大遗漏。"依此，简明清晰、通俗易懂成为信息披露的原则性要求。不过，该项要求实为推进公平披露原则的具体形式，尚不足以成为独立的信息披露基本要求。《上市公司信息披露管理办法》第 4 条规定："上市公司的董事、监事、高级管理人员应当忠实、勤勉地履行职责，保证披露信息的真实、准确、完整，信息披露及时、公平。"依此，公平披露被确定为上市公司的董事、监事、高级管理人员信息披露的要求。不过，公平性与公正性一样，都属于证券法"公开、公平、公正"原则的基本要求，不宜与真实性等要求并列。

### （一）真实性

信息披露的真实性是信息披露制度最根本、最重要的要求，它体现了信息披露制度的初衷——使投资者获得可资依赖的投资信息，可谓信息披露制度价值得到发挥的基本前提。

信息披露的真实性要求披露的信息必须具有客观性、一致性和规范性，不得作虚假陈述。无论通过何种渠道、借助何种方式，披露的信息应当是以客观事实或具有客观事实基础的判断和意见为基础的，以未被扭曲或修饰的方式再现或反映的真实状况。为使披露的信息能够达到客观性与一致性要求，就必须采用为法律所确定或确认的披露方式，即实现信息披露的规范性。在进行预测性信息披露时，因作出预测的客观基础会发生变化，可能导致披露内容与客观事实间产生较大差异，故特别需要严格遵循规范的披露方式。此外，由于披露者主观认知的局限性以及语言固有的不精确性，真实性要求往往不易得到完全满足。因此，为实现信息披露的真实性，各国相继建立了强制性的信息披露制度。这具体表现为证券监管机构对证券发行申报材料的审核制度以及信息披露不实的法律责任制度。

## （二）准确性

信息披露的准确性要求信息披露人在进行信息披露时，必须采用精确的表述方式以确切表明其含义，不得有误导性陈述。误导性陈述通常有两大基本特征：第一，多解性，即对披露的信息有多种合理的理解与解释；第二，非显见性，即披露的信息在内容上的不准确并非显而易见。

对于不同的信息，准确性原则的要求有不同的标准。把所有影响投资者决策的信息划分为"硬信息"和"软信息"：前者包括招股说明书、上市公告书、配股说明书、年度报告和中期报告、重大事项披露报告、分红配股政策、收购兼并决定等；后者主要集中在前瞻性说明，如盈利预测、估算、前景展望等。对于"硬信息"，准确性的要求相对严格，即要求信息披露者意图表达的信息必须与客观事实相符，用某种表达方式呈现的客观信息必须与信息接收者所理解或感知的结果相一致。而"软信息"则因具有对未来判断的或然性，其准确性要求不同于"硬信息"：第一，预测性信息必须具有现实的合理假设基础，并且必须本着审慎的原则作出，同时必须用警示性语言提醒投资者未来的结果可能与预测有较大出入，投资者不应过于依赖这种信息。第二，客观条件发生变化，从而导致因原先作出预测的合理假设基础发生变化或不存在而使预测信息变得不真实或具有误导性时，披露人有义务及时披露并更正预测性信息，使其不具有误导性。可见，准确性原则不仅要求信息在披露当时的准确性，还要求所有经披露进入市场且仍有效存在于市场上并直接或间接影响投资者决策的信息的准确性。这种准确性要求又被称为"持续性"准确要求。[1]

---

① 齐斌. 证券市场信息披露法律监管. 北京：法律出版社，2000：116-117.

为确保准确性信息披露，应具体遵循以下准则：（1）在对公开披露信息的准确性理解与解释上应当以一般投资者的判断能力为标准。（2）公开披露的信息应具有易解性。易解性要求公开披露信息从表述方式到使用术语上都应当尽量做到浅显易懂，运用术语不能因过于专业化而妨碍一般投资者的理解。法定公开信息应以鲜明的方式、简明的语言向投资者平实地陈述信息，避免难解、冗长、技术性的用语。更多的信息披露并不等同于更好的信息披露，太多过分堆积、复杂的信息有时也意味着没有充分的信息。所以，美国证券交易委员会要求发行人在招股说明书的某些章节，特别是封面和风险披露部分使用浅显易懂的语言，建议使用主动语态、避免长句、采用日常用语、多用图表和表格、不用法律和商业的专业用语，以增强传递给投资者的信息的易解性。[①]（3）披露文件应当使用事实描述性语言，保证其内容简明扼要、通俗易懂，突出事件实质，不得含有任何宣传、广告、恭维或者诋毁等性质的词句。例如，在招股说明书中不得刊登任何人、机构或企业题字，不得有任何祝贺性、恭维性或推荐性的词句，以及任何广告、宣传性用语。律师出具法律意见书，不宜使用"基本符合条件"之类的措辞，在行文中不宜使用"假设""推定"这类的措辞。这种规定旨在维护信息披露的准确性，减少误导性陈述和不实陈述的发生，并且防止推诿责任。（4）保持正式信息和非正式信息之间的一致性。信息披露人有义务保证其所发布的非正式信息与正式信息的一致性。即便非为证券发行人发布的但与其有关的信息，若足以影响投资者的投资判断，证券发行人也负有说明的义务。这就要求上市公司及相关信息披露义务人应当关注公共传媒（包括主要网站）关于本公司的报道，以及本公司证券及其衍生品种的交易情况，及时向有关方面了解真实情况，在规定期限内如实回复证券交易所就上述事项提出的问询，并按照证券交易所相关股票上市规则的规定和证券交易所要求及时、真实、准确、完整地就相关情况作出

---

① 齐斌. 证券市场信息披露法律监管. 北京：法律出版社，2000：116-117.

公告。（5）财务计算的方式、依据应保持统一，不得随意改动。[①]

## （三）完整性

信息披露的完整性要求所有可能影响投资者决策的信息均应得到披露，在披露某一具体信息时，必须对其所有方面进行全面、充分的揭示，不得有所侧重、故意隐瞒或有重大遗漏，但法律、法规予以保护并允许不予披露的商业秘密、证券监管机构在调查违法行为过程中获得的非公开信息及依法可以不披露的其他信息除外。

在完整性信息披露制度下，具体的制度设计中仍为证券发行人规定了一定的保留空间。这在上市公司表现得尤为明显。这种保留有两种措施：一是不予披露，二是保密性披露。对此，我国沪、深证券交易所的股票上市规则明确规定了保密性披露与不予披露内容。

信息披露的完整性要求公开披露的信息易为一般公众投资者所获取，即公开披露的信息应具有易得性。信息披露人应将披露的信息通过中国证监会指定的媒体及相关机构的网站予以披露，或将招股说明书、上市公告书等文件备置于证券监管机构、证券交易所、证券公司等指定场所供公众阅览。

## （四）及时性

信息披露的及时性要求义务人必须在合理的时间内尽可能迅速地披露其应公开的信息，不得有迟延。公司应当保证所有披露信息的最新状态，不应给公众过时陈旧的信息。可见，信息披露的及时性要求赋予的是持续性义务，即从公开发行到上市的持续经营活动期间，向投资者披露的应当始终是最新的、及时的信息。各国法律对信息产生与公开之间的时间差都有规定，要求每种时间差不能超过法定期限。该原则的意义在于市场行情据最新信息作出及时调整，投资者也可以及时作出理性的选择，并且通过缩短时间差来降低内幕交易的可能性。

法律确定了具体的规范来实现信息披露的及时性要求，主要体现

---

① 郭俊秀，蒋进. 证券法. 厦门：厦门大学出版社，2004：67.

为：对于定期披露的报告，必须在法律规定的期限内制作并公布；对于临时发生且不可预见的重大事件，法律规定应当立即披露，并在规定时间内编制书面报告向证券监管机构及证券交易所报告；当公司已经披露在外的信息由于客观因素不再具有真实性、准确性、完整性的时候，法律规定公司有义务及时发布相关信息，修改、更正或者澄清这些信息。[①]

# 第二节 持续信息披露制度

## 一、持续信息披露概述

持续信息披露，又称继续信息公开、持续信息公开，是指在证券进入证券交易所上市交易之后，证券发行人及法律、行政法规和国务院证券监督管理机构规定的其他信息披露义务人，依法向社会投资者披露对投资者作出投资决策有重大影响的信息。其信息披露义务人为上市证券发行人，即上市公司或公司债券上市交易的公司。现代各国普遍确立了持续信息披露制度，我国《证券法》也对此作了明确规定。

持续信息披露是发行信息披露的继续，两者相互联系又相互独立。从时间上看，持续信息披露是发行信息披露的继续，是在证券发行完成之后进入证券交易阶段的义务。此外，发行信息披露与持续信息披露同样作为信息披露基本方式，均须遵循信息披露的基本要求。但两者仍具有以下主要区别：

（1）目的不同。发行信息披露是由证券发行人为募集资金，在证券募集时进行的信息披露。持续信息披露则主要是基于上市证券发行人所负法定义务而作的定期报告，此外还包括为及时揭示影响证券交易价格

---

[①] 齐斌. 证券市场信息披露法律监管. 北京：法律出版社，2000：118 - 119.

的重大事项所作的临时报告，这都是为维持证券上市资格证券发行人所必须履行的法定义务。

（2）期间不同。发行信息披露属于一次性信息披露，由证券发行人在中国证监会核准（注册）发行或经证券交易所核准上市后所作的信息披露。持续信息披露则存在于整个证券上市状态之中，在此期间证券发行人均须承担披露定期报告与临时报告的义务。

（3）要求不同。真实性、准确性、完整性为发行信息披露与持续信息披露所须共同遵循的基本要求，但及时性要求主要适用于持续信息披露，在发行信息披露中及时性要求较低。

（4）审核不同。发行信息披露的文件由证券交易所和证券监管机构共同审核。持续信息披露的文件则由证券交易所审核。

我国《证券法》明确规定了定期报告、中期报告、临时报告等持续信息披露形式。中国证监会发布的《公开发行证券的公司信息披露内容与格式准则》系列与我国两大证券交易所的股票上市规则也均将定期报告细化为年度报告、半年度报告（中期报告）和季度报告，此外还规定了临时报告及"持续披露有关重大事件的进展情况"的信息披露义务。

## 二、定期报告

定期报告是上市公司和公司债券上市交易的公司在法定期限内制作并公告的公司文件。其中，年度报告与中期报告统一适用于上市公司和公司债券上市交易的公司，季度报告则仅适用于上市公司。定期报告的编制应具有连续性，即前次定期报告应与本次定期报告之间存在合理连续，使之具有可比性。如上一年度报告的期末数应与本次年度报告的期初数一致，并应就当年年初数与年末数间的差异作出解释和说明。[①]

### （一）年度报告

依《证券法》第 79 条之规定，上市公司、公司债券上市交易的公

---

① 叶林. 证券法. 3 版. 北京：中国人民大学出版社，2008：274.

司、股票在国务院批准的其他全国性证券交易场所交易的公司,应当按照国务院证券监督管理机构和证券交易场所规定的内容和格式编制定期报告,并在每一会计年度结束之日起 4 个月内,报送并公告年度报告,其中的年度财务会计报告应当经符合《证券法》规定的会计师事务所审计。

中国证监会《公开发行证券的公司信息披露内容与格式准则第2 号——年度报告的内容与格式》(2021 年修订)对年度报告的内容与格式作了详细规定。

### (二)中期报告

依《证券法》第 79 条之规定,上市公司、公司债券上市交易的公司、股票在国务院批准的其他全国性证券交易场所交易的公司,应当按照国务院证券监督管理机构和证券交易场所规定的内容和格式编制定期报告,并在每一会计年度的上半年结束之日起 2 个月内,报送并公告中期报告。中国证监会《公开发行证券的公司信息披露内容与格式准则第3 号——半年度报告的内容与格式》(2021 年修订)对半年度报告的内容与格式作了详细规定。

### (三)季度报告

季度报告,又称简式中期报告,是在每个会计年度的前 3 个月、9个月结束后,由上市公司依法制作并提交的,反映公司季度基本经营状况、财务状况等重大信息的文件。季度报告也是中期报告的重要形式。

我国《证券法》和 2021 年修订的《上市公司信息披露管理办法》均未对季度报告作规定。不过,2007 年《上市公司信息披露管理办法》对季度报告内容作了原则性规定,中国证监会《公开发行证券的公司信息披露编报规则第 13 号——季度报告的内容与格式》(2016 年修订)对季度报告的内容与格式作了详细规定。不过,《公开发行证券的公司信息披露编报规则第 13 号——季度报告内容与格式》(2016 年修订)已被废止,中国证监会已决定季度报告内容与格式转由证券交易所业务规则规定。因此,在证券交易所相关业务规则制定之前,从 2021 年第一季度报告开始，季度报告的编制和披露继续适用 2007 年《上市公司信息披露管理办法》和《公开发行证券的公司信息披露编报规则第 13 号——季度报告内容与格式》（2016 年修订）。

### 三、临时报告

临时报告，又称重大事件临时报告，是指上市公司、股票在国务院批准的其他全国性证券交易场所交易的公司，就发生的可能对上市公司股票交易价格产生较大影响的重大事件，在投资者尚未得知时，为说明事件的起因、目前的状态和可能产生的法律后果而出具的临时报告。我国《证券法》第 80 条第 2 款将该"重大事件"明确界定为以下 12 种类型：（1）公司的经营方针和经营范围的重大变化；（2）公司的重大投资行为，公司在一年内购买、出售重大资产超过公司资产总额的 30％，或者公司营业用主要资产的抵押、质押、出售或者报废一次超过该资产的 30％；（3）公司订立重要合同、提供重大担保或者从事关联交易，可能对公司的资产、负债、权益和经营成果产生重要影响；（4）公司发生重大债务和未能清偿到期重大债务的违约情况；（5）公司发生重大亏损或者重大损失；（6）公司生产经营的外部条件发生的重大变化；（7）公司的董事、三分之一以上监事或者经理发生变动，董事长或者经理无法履行职责；（8）持有公司 5％以上股份的股东或者实际控制人持有股份或者控制公司的情况发生较大变化，公司的实际控制人及其控制的其他企业从事与公司相同或者相似业务的情况发生较大变化；（9）公司分配股利、增资的计划，公司股权结构的重要变化，公司减资、合并、分立、解散及申请破产的决定，或者依法进入破产程序、被责令关闭；（10）涉及公司的重大诉讼、仲裁，股东大会、董事会决议被依法撤销或者宣告无效；（11）公司涉嫌犯罪被依法立案调查，公司的控股股东、实际控制人、董事、监事、高级管理人员涉嫌犯罪被依法采取强制措施；（12）国务院证券监督管理机构规定的其他事项。

根据《上市公司信息披露管理办法》（2021 年修订）第 22 条第 2 款的规定，除《证券法》第 80 条第 2 款规定的情形外，重大事件还包括以下情形：（1）公司发生大额赔偿责任；（2）公司计提大额资产减值准备；（3）公司出现股东权益为负值；（4）公司主要债务人出现资不抵债或者进入破产程序，公司对相应债权未提取足额坏账准备；（5）新公布的法律、行政法规、规章、行业政策可能对公司产生重大影响；（6）公司开展股权激励、回购股份、重大资产重组、资产分拆上市或者挂牌；（7）法院裁决禁止控股股东转让其所持股份；任一股东所持公司5％以上股份被质押、冻结、司法拍卖、托管、设定信托或者被依法限制表决权等，或者出现被强制过户风险；（8）主要资产被查封、扣押或者冻结，主要银行账户被冻结；（9）上市公司预计经营业绩发生亏损或者发生大幅变动；（10）主要或者全部业务陷入停顿；（11）获得对当期损益产生重大影响的额外收益，可能对公司的资产、负债、权益或者经营成果产生重要影响；（12）聘任或者解聘为公司审计的会计师事务所；（13）会计政策、会计估计重大自主变更；（14）因前期已披露的信息存在差错、未按规定披露或者虚假记载，被有关机关责令改正或者经董事会决定进行更正；（15）公司或者其控股股东、实际控制人、董事、监事、高级管理人员受到刑事处罚，涉嫌违法违规被中国证监会立案调查或者受到中国证监会行政处罚，或者受到其他有权机关重大行政处罚；（16）公司的控股股东、实际控制人、董事、监事、高级管理人员涉嫌严重违纪违法或者职务犯罪被纪检监察机关采取留置措施且影响其履行职责；（17）除董事长或者经理外的公司其他董事、监事、高级管理人员因身体、工作安排等原因无法正常履行职责达到或者预计达到3个月以上，或者因涉嫌违法违规被有权机关采取强制措施且影响其履行职责；（18）中国证监会规定的其他事项。

# 第八章　上市公司收购制度

## 第一节　上市公司收购的内涵与外延

### 一、上市公司收购的概念

#### （一）上市公司收购的概念界定的背景

上市公司收购通常分为两类：以上市公司为目标的收购和由上市公司发起的收购。前者包含上市公司收购上市公司和非上市公司收购上市公司（即所谓"买壳上市"）两种形式；后者则可分为上市公司收购上市公司与上市公司收购非上市公司两种形式。不过，一般所谓上市公司收购均系指"以上市公司为目标的收购"，本书也正是在这个意义上使用这一概念。

上市公司收购作为一种基本的资本运作方式在许多国家都得到了较为普遍的运用，并有较为完备的法律规范，但无论大陆法系国家还是英美法系国家，都罕有在相关法律中就上市公司收购作出明确的法律界定，大多是定下若干条标准，凡符合该标准者即被纳入相关法律规范规制范围。之所以如此，固然有立法传统等方面的原因，但上市公司收购在内涵与外延上的不确定性，导致极难对其予以准确定义[①]，当属原因之一。例如，美国理论与实务界普遍认为给股权收购（它们使用的是"股权收购"概念，但含义与上市公司收购基本相同）下定义非常重要，

---

① 何美欢．公众公司及其股权证券：中册．北京：北京大学出版社，1999：777.

但 1968 年《威廉姆斯法》（Williams Act）中还是没有给出定义。美国的法院和美国证券交易委员会都是从广义上看待该术语，从而使其成为一个富于弹性的概念。美国国会也曾多次考虑对股权收购下一个客观定义，并且这样的定义还曾在联邦证券法典草案中出现过，但最终这一想法还是放弃了。立法机关意图保留灵活的定义，或许是想将此问题的答案留给美国证券交易委员会和司法机关。然而，美国证券交易委员会仍然选择了灵活的界定模式。1979 年美国证券交易委员会推荐了一个用八个因素的检验标准来决定股权收购是否存在的方法，放弃了通过制定正式的规则给股权收购下定义的方案。然而美国大多数州的上市公司收购法则包含了客观的定义。① 在具体立法上，各国不就上市公司收购设置笼统的规范，而是以要约收购为规制中心。② 英文中就没有一个能够完全与上市公司收购相对应的词汇，与此相关的词汇有 acquisition、purchase、tender offer 、takeover 等，这些概念既互相区别也有交叉，而没有一个是专门用于指称上市公司收购的。在汉语中，也有诸如很容易混淆的企业合并、兼并、收购、并购等词语。有必要对此加以辨析。

## （二）英文中上市公司收购相关概念辨析

Acquisition 意为"取得、获得"，是"指成为某项财产所有人的行为，尤指用任何方法取得的实际占有"③。其含义与"acquisition of title"相同。④ 被用于公司并购的 acquisition 有广义和狭义两种含义。广义上的 acquisition 包括 merger、consolidation 以及 acquisition of stock

---

① ［美］托马斯·李·哈森. 证券法. 张学安，等译. 北京：中国政法大学出版社，2003：519-521.

② 严格来说，多数国家称要约收购为"公开股权收购"或简称为"公开收购"。在具体概念上，美国使用的是"tender offer"；英国使用的是"takeover Bid"，简称为 TOB；日本《证券交易法》使用的是"公开收购"概念。在这些国家的证券法或证券交易法中，均就公开收购加以详细规制，对于协议收购则仅在一般性规定之中加以规定。为数不多的就上市公司收购作出法律上的定义的国家，也往往仅对公开收购概念作出定义，如日本《证券交易法》第 27 条之二第 6 款之规定。

③ 薛波主编. 元照英美法词典. 北京：法律出版社，2003：17.

④ ［英］戴维·M. 沃克. 牛津法律大辞典. 李双元，等译. 北京：法律出版社，2003：1120.

和 acquisition of asset 等四种形式。Acquisition of stock 是指一公司以要约收购（tender offer）的形式取得对另一家公司的控制权（控股权或代表权）的行为。Acquisition of asset 是指一公司通过购买（purchase）另一公司的财产（实物），使该公司名存实亡，只剩一"空壳"的一种行为。狭义上的 acquisition 特指 acquisition of stock，即控股权的转移。

Purchase 是指基于合理的对价（consideration），通过自愿和协议形式，使财产从一个人处移转至另一人处的财产交易行为，包括购买、抵押、赠与等非继承方式的任何自愿的财产交易行为。[①]

Tender offer 即公开收购要约（我国不少学者受境外译法的影响，往往将其译为公开要约收购或标购），是指一公司为获得他公司的控制权或经营权，而通过新闻广告或信函形式直接向公司股东发出的以确定价格（通常高于此前市场价）购买其所持股份的要约。该词有时被称为"takeover offer""takeover bid"[②]。有的词典则将其与"takeover bid"不加区分，关于其含义直接指向"takeover bid"[③]。

Takeover 意为"接收、接管"，"通常指以收购股票等方式对目标公司进行吸收合并，导致目标公司控股权的改变，即并不一定要获得企业的全部所有权，只需拥有对该企业的控制和管理权即可"[④]。与上列概念相比，takeover 是一涵括范围最广的法律概念。接管（takeover）通常通过股票或资产的交易（purchase of shares or assets）或公开收购要约（tender offer）或公司合并（merger）等方式实现。[⑤]

### （三）中文中上市公司收购相关概念辨析

上市公司收购与公司合并存在着关联。上市公司收购以取得目标公司的控制权为目的，但也有可能导致公司合并。依我国《证券法》第

---

① 薛波主编. 元照英美法词典. 北京：法律出版社，2003：17.

② See Bryan A. Garner, *Black's Law Dictionary*, West Publishing Co. 1999, seventh edition，p. 1480.

③ 同①1334.

④ 同①1326.

⑤ See Bryan A. Garner, *Black's Law Dictionary*, West Publishing Co.，1999, seventh edition，p. 1466.

76 条之规定，如果收购方取得被收购公司的股票并将该公司解散的，则为由上市公司收购所导致的公司合并（吸收合并）。但上市公司收购与公司合并之间还具有以下本质区别：

（1）法律后果不同。上市公司收购只是收购目标公司的股份，收购者的意图是成为目标公司的控股股东，因此，一般而言，收购并不会导致目标公司法人资格的消灭；而公司合并是两个或两个以上的公司依法变更某一个公司的法律行为，其中至少有一个公司会因合并失去法人资格。

（2）主体不同。上市公司收购的主体是收购者与目标公司的股东，而公司合并的主体则为两个以上独立的法人。

（3）对债务的承担责任不同。在上市公司收购中，收购人对目标公司的原有债务不直接承担责任，而仅以股东身份承担出资者责任；而在公司合并中，合并各方的债权债务应由合并后存续的公司或新设的公司承担。

（4）方式不同。上市公司收购通过要约收购、协议收购及公开市场收购等收购的方式实现；公司合并则既可通过购买方式实现，也可不通过购买方式实现。

（5）效力不同。上市公司收购的效力是目标公司控股股东发生变化，目标公司本身不发生变化，依然存续；而公司合并的效力是公司实体发生变化，被合并公司解散，丧失法人资格。

上市公司收购与企业兼并也存在着关联。依 1989 年 2 月 19 日发布的国家体改委、国家计委、财政部、国家国有资产管理局《关于企业兼并的暂行办法》之规定，兼并是指一个企业购买其他企业的产权，使其他企业失去法人资格或改变法人主体的一种行为，具体包括承担债务式、购买式、吸收股份式和控制控股式等四种形式。依此，兼并实际上分为两类：一类是被兼并企业丧失法律人格；另一类是被兼并企业并不丧失法律人格，只不过投资主体发生了变更。前者实际上就是我国《公司法》中的吸收合并；而后者，若被兼并的企业是上市公司，则此时所谓兼并实为上市公司收购。在此意义上，上市公司收购可理解为兼并的具体形式。

企业收购，是指对企业的资产或股份的购买行为。收购涵盖的内容较广，其结果可能是拥有目标企业几乎全部的股份或资产，从而将其吞并；也可能是获得企业较大一部分股份或者资产，从而控制该企业；还可能是仅仅拥有一部分股份或者资产，而成为该企业股东中的一个。上市公司收购是企业收购的一种典型形式，因其目标企业为上市公司而加以特殊规制。

并购，是合并、兼并和收购的合称，英文缩写为 M&A，中文简译为"并购"或"购并"。并购泛指在市场机制下，企业为了获得其他企业的控制权而进行的产权交易活动。公司合并、公司兼并、企业收购及上市公司收购均属于并购。

### （四）上市公司收购的法律界定

在我国的法律文件中，1993 年 4 月国务院颁布的《股票发行与交易管理暂行条例》与 1998 年、2005 年、2019 年《证券法》中，虽均以专章的方式对上市公司收购作了专门规定，使其成为一个专门的法律术语，但同样没有对该概念给出明确的定义。

2002 年 9 月 28 日发布并于同年 12 月 1 日生效的《上市公司收购管理办法》第 2 条对上市公司收购作了明确的法律界定，从而使其成为一个具有明确定义的法定概念。该条规定："本办法所称上市公司收购，是指收购人通过在证券交易所的股份转让活动持有一个上市公司的股份达到一定比例、通过证券交易所股份转让活动以外的其他合法途径控制一个上市公司的股份达到一定程度，导致其获得或者可能获得对该公司的实际控制权的行为。"依此，不管是否以取得目标公司的实际控制权为目的，只要事实上购买特定上市公司股份的行为达到足以"导致其获得或者可能获得对该公司的实际控制权"这一后果，即可纳入上市公司收购范畴。此外，该规定并未将"通过证券交易场所"作为上市公司收购的特征或要件。这样，一切通过"合法途径"实施的收购行为均可被纳入上市公司收购范畴。

经 2006 年、2008 年、2012 年、2014 年修订，2020 年修正的《上

市公司收购管理办法》删除了关于上市公司收购定义的规定。但通过相关规定,《上市公司收购管理办法》(2020年修正)仍为上市公司收购的内涵提供了较为明确的界定。2006年《上市公司收购管理办法》第5条第1款规定:"收购人可以通过取得股份的方式成为一个上市公司的控股股东,可以通过投资关系、协议、其他安排的途径成为一个上市公司的实际控制人,也可以同时采取上述方式和途径取得上市公司控制权。"《上市公司收购管理办法》(2020年修正)仍维持了该规定。依此,上市公司收购并不限于股份转让,以其他方式取得股份以及通过其他途径成为上市公司的实际控制人,均可被认定为上市公司收购。由此,《证券法》未予明确规定的"其他合法方式"得到明确。显然,与2002年《上市公司收购管理办法》第2条之界定相比,上市公司收购的内涵已发生了重大变化,内涵与外延均更加丰富。依其规定,可以将上市公司收购定义为:上市公司收购是指收购人(投资者及其一致行动人)拥有权益的股份(包括登记在其名下的股份和虽未登记在其名下但该投资者可以实际支配表决权的股份)达到或者超过一个上市公司已发行股份的法定比例,导致其获得或可能获得以及巩固对该公司的实际控制权的行为。

## 二、上市公司收购的法律特征

### (一)上市公司收购的主体

上市公司收购这一法律行为的当事人包括收购人与收购相对人(目标公司股东)。关于目标公司股东无特别限定,但依《公司法》《证券法》及相关规定,所持股份转让受到限制的股东,应排除于收购相对人的范畴外。上市公司收购还涉及目标公司及其高级管理人员,法律也赋予其相应的权利与义务,但它们不是上市公司收购的主体。

证券法主要调整上市公司收购的主体——收购人,包括投资者及其一致行动人。依《上市公司收购管理办法》(2020年修订)第83条之规定,在上市公司的收购及相关股份权益变动活动中有一致行动情形的投资者，互为一致行动人。如无相反证据，投资者有下列情形之一的，为一致行动人：（1）投资者之间有股权控制关系；（2）投资者受同一主体控制；（3）投资者的董事、监事或者高级管理人员中的主要成员，同时在另一个投资者担任董事、监事或者高级管理人员；（4）投资者参股另一投资者，可以对参股公司的重大决策产生重大影响；（5）银行以外的其他法人、非法人组织和自然人为投资者取得相关股份提供融资安排；（6）投资者之间存在合伙、合作、联营等其他经济利益关系；（7）持有投资者30％以上股份的自然人，与投资者持有同一上市公司股份；（8）在投资者任职的董事、监事及高级管理人员，与投资者持有同一上市公司股份；（9）持有投资者30％以上股份的自然人和在投资者任职的董事、监事及高级管理人员，其父母、配偶、子女及其配偶、配偶的父母、兄弟姐妹及其配偶、配偶的兄弟姐妹及其配偶等亲属，与投资者持有同一上市公司股份；（10）在上市公司任职的董事、监事、高级管理人员及其前项所述亲属同时持有本公司股份的，或者与其自己或者其前项所述亲属直接或者间接控制的企业同时持有本公司股份；（11）上市公司董事、监事、高级管理人员和员工与其所控制或者委托的法人或者非法人组织持有本公司股份；（12）投资者之间具有其他关联关系。

《上市公司收购管理办法》（2020年修订）所称一致行动，是指投资者通过协议、其他安排，与其他投资者共同扩大其所能够支配的一个上市公司股份表决权数量的行为或者事实。一致行动人应当合并计算其所持有的的股份。投资者计算其所持有的股份，应当包括登记在其名下的股份，也包括登记在其一致行动人名下的股份。投资者认为其与他人不应被视为一致行动人的，可以向中国证监会提供相反证据。

各国证券法基本上都不对收购人主体类型作出特殊限制，因而在解释上，无论自然人还是法人，无论是否为与目标公司有特定关系之人，如该公司之股东、董事、监事或经理人等，皆可为收购人。① 我国《证券法》也未就收购人作特殊限定，因而可以解释为自然人与机构投资者

---

① 林国全. 证券交易法研究. 北京：中国政法大学出版社，2002：67.

均可作为收购人。《上市公司收购管理办法》（2020 年修订）则对收购人的主体消极资格作了明确规定。该办法第 6 条第 2 款规定："有下列情形之一的，不得收购上市公司：（一）收购人负有数额较大债务，到期未清偿，且处于持续状态；（二）收购人最近 3 年有重大违法行为或者涉嫌有重大违法行为；（三）收购人最近 3 年有严重的证券市场失信行为；（四）收购人为自然人的，存在《公司法》第一百四十六条①规定情形；（五）法律、行政法规规定以及中国证监会认定的不得收购上市公司的其他情形。"

　　需要说明的是，我国学者基本上要么未就合伙企业能够成为收购人作出明确的回答，要么明确将收购人限定为自然人与法人，从而实际上将合伙企业排除在外。对此，有必要予以澄清。在大陆法系的传统民商法理论中，民事主体限于自然人与法人，合伙企业并未被作为一种独立的主体类型加以界定，而是被纳入法人范畴（基本上如此，但并不绝对）。在这一主体框架之下，将收购人限定于自然人与法人并无问题。然而，在我国法律体系之中，法人与合伙是两个具有本质区别的不同范畴的概念，合伙并不能包含于法人之中，因而这一基于传统大陆法系的收购人主体范围的界定就不能成立。② 尽管实践中合伙企业收购上市公司的概率很低，但从理论上讲，合伙企业应当能够具备这一主体资格。

---

　　① 《公司法》第 146 条规定："有下列情形之一的，不得担任公司的董事、监事、高级管理人员：（一）无民事行为能力或者限制民事行为能力；（二）因贪污、贿赂、侵占财产、挪用财产或者破坏社会主义市场经济秩序，被判处刑罚，执行期满未逾五年，或者因犯罪被剥夺政治权利，执行期满未逾五年；（三）担任破产清算的公司、企业的董事或者厂长、经理，对该公司、企业的破产负有个人责任的，自该公司、企业破产清算完结之日起未逾三年；（四）担任因违法被吊销营业执照、责令关闭的公司、企业的法定代表人，并负有个人责任的，自该公司、企业被吊销营业执照之日起未逾三年；（五）个人所负数额较大的债务到期未清偿。""公司违反前款规定选举、委派董事、监事或者聘任高级管理人员的，该选举、委派或者聘任无效。董事、监事、高级管理人员在任职期间出现本条第一款所列情形的，公司应当解除其职务。"

　　② 依美国《威廉姆斯法》第 13（d）（3）条的规定，要约收购之收购人包括以合伙、有限合伙、辛迪加或者其他为了收购、持股或处理发行人的证券的集团的名义行事的人。［美］罗伯特·C. 克拉克. 公司法则. 胡平，等译. 北京：工商出版社，1999：449.

个人独资企业实际上也属于区别于其企业主的独立商主体①，因而从理论上讲，也应具备收购人的主体资格，但在我国基本上难获批准，实践中也尚无先例。此外，尽管我国已允许外国投资者收购境内上市公司，但依《上市公司收购管理办法》（2020 年修订）第 4 条第 3 款之规定，外国投资者进行上市公司的收购及相关股份权益变动活动的，应当取得国家相关部门的批准，适用中国法律，服从中国的司法、仲裁管辖。在具体审核规则上，依 2006 年《关于外国投资者并购境内企业的规定》（2009 年修改）第 4 条第 2 款之规定，依照《外商投资产业指导目录》不允许外国投资者独资经营的产业，并购不得导致外国投资者持有企业的全部股权；需由中方控股或相对控股的产业，该产业的企业被并购后，仍应由中方在企业中占控股或相对控股地位；禁止外国投资者经营的产业，外国投资者不得并购从事该产业的企业。

## （二）上市公司收购的客体

在 2005 年《证券法》颁布前，我国上市公司收购相关法律、法规及规章均直接或间接地将上市公司已发行股份作为上市公司收购的客体。绝大多数学者也是依此确定上市公司收购的客体。根据现行《证券法》及《上市公司收购管理办法》（2020 年修订）的规定，上市公司收购的客体已不限于上市公司已发行股份，而且还包括通过股东投票权委托征集、股东投票权信托等非股份转让方式获得的投票权。需要说明的是，在上市公司收购的客体方面，尽管 2019 年《证券法》及《上市公司收购管理办法》（2020 年修订）仍采用的是股份概念，但鉴于《证券法》明确将存托凭证作为有表决权股份的特殊形式，故依解释论，应将存托凭证纳入上市公司股份范畴。因此，鉴于 2019 年《证券法》已对证券形式作了重大修改，《上市公司收购管理办法》后续进一步修订时，可考虑将上市公司收购的客体笼统规定为上市公司公开发行之证券（当然，始终无表决权者除外）。

---

① 范健，王建文．商法论．北京：高等教育出版社，2003：432-436．

### （三）上市公司收购的主观特征

一般来说，大量购买特定上市公司已发行股份达到一定比例的投资者大多系以获得该公司控制权为目的，因此，我国不少学者都曾将"以控制上市公司为目的"作为上市公司收购的主观特征。[1] 但这种将投资者主观目的作为判定上市公司收购要素的做法并不可行。不管收购人的主观目的如何，随着上市公司收购行为的不断延伸，都将客观上导致取得或巩固目标公司控制权的后果。因此，对于有些不以获取上市公司控制权为目的的机构投资者来说，只要其购买特定上市公司已发行股票达到一定比例，为了保护其他股东的合法权益，法律都将确认其收购行为系上市公司收购，从而使其受到较为严格的上市公司收购的法律规制。[2] 因此，各国证券法在界定上市公司收购（或公开收购）时并不涉及主观要素。我国证券法也仅从客观方面对收购人的持股比例予以规定。如今，我国理论界也大多改变了原以获取公司控制权为目的的观点，而认为收购人的主观存在多元性。

### （四）上市公司收购的客观特征

如上所述，在上市公司收购的法律判定上，不必设置主观要素，而仅就投资者及其一致行动人拥有权益的股份比例这一客观状态加以考察即可。该法定比例即为适用上市公司收购程序的临界点。大多数国家或地区将该临界点规定为投资者及其一致行动人拥有权益的股份达到公司股份总额的5%，我国台湾地区则规定为10%。达到该临界点后，收购人须依法履行报告义务与公告义务。收购人持有拥有权益的股份达到公司股份总额的更高的法定比例（一般为30%）后，继续进行收购的，在确立了强制要约收购制度的国家，还应发出全面收购要约。不过，对此，我国《证券法》规定，可由收购人选择发出全面收购要约或部分收

---

[1] 赵万一主编．证券法学．北京：中国法制出版社，1999：147. 叶林．证券法．北京：中国人民大学出版社，2000：179. 范健主编．商法．2版．北京：高等教育出版社，北京大学出版社，2002：446. 赵旭东主编．商法学教程．北京：中国政法大学出版社，2004：386. 郭俊秀，蒋进．证券法．厦门：厦门大学出版社，2004：79.

[2] 王建文．上市公司收购内涵解读．甘肃政法学院学报，2005（6）.

购要约。关于其具体内容将于下文详述。

### （五）上市公司收购的场所

上市公司收购既包括对股票等证券的收购，也包括对表决权的征集或收购。其实现途径则既包括证券交易所的股份转让活动，也包括证券交易所股份转让活动以外的其他合法途径。因此，我国有些学者认为上市公司收购必须借助证券交易所才能完成[①]，实际上是一种误解。依我国《证券法》第63条第1款之规定，上市公司收购既可"通过证券交易所的证券交易"实现，也可"通过协议、其他安排"实现。在日本与我国台湾地区，为了突出公开收购不同于证券交易所的股份转让活动，其相关规定还特别强调公开收购系发生于证券交易场所之外的收购行为。如依日本《证券交易法》第27条之二，"由该股票等的发行公司以外者在有价证券市场外的收购"才纳入公开收购的规制范围之内。[②] 我国台湾地区的"证券交易法"第43条之一第2款也将公开收购之规范对象限定为"不经由有价证券集中交易市场或证券商营业处所"对非特定人之收购行为。当然，这种将在证券交易场所内实施的股票收购行为排除于上市公司收购范围之外的做法，并不科学。在我国台湾地区，这一规定也历来受到学术界的批判，毕竟目标公司股东的利益理应得到一体保护，而不应因交易地点的不同而有别，从法理上而言，实无加以区别的必要。不过，在我国台湾地区也有学者对此有不同认识，例如，有学者认为，由于有价证券市场已建立了一套受到严格监督管理的交易制度，足以使一般投资者的权益受到保障，因此在此等市场上，因交易目的或交易结果之影响而课以特别规范并无必要，反而有碍其自由市场之本质，故将公开收购规范对象限于"有价证券市场外"之行为应为妥适。[③] 但不管怎样，无论是立法还是学理上均未将公开收购行为限定于证券交易场所。关于上市公司收购的场所，美英等国家（地区）未作特

---

① 叶林.证券法.3版.北京：中国人民大学出版社，2008：330.
② 日本证券法律.徐庆，译.北京：法律出版社，1999：46.
③ 林国全.证券交易法研究.北京：中国政法大学出版社，2002：74-75.

别限制。在法理上，应当可以解释为包括通过证券交易场所内外的一切
合法途径所实施的收购行为。

　　然而，就我国现状而言，证券监管机构并不允许在证券交易所之外
的其他场所（如各地的产权交易所或产权交易中心）进行上市公司的股
权转让，而一律要求在证券交易所进行。2001 年 9 月 30 日中国证监会
发布的《关于加强对上市公司非流通股协议转让活动规范管理的通知》
中即明确规定："经国务院批准设立的证券交易所，是上市公司股份转
让的唯一合法场所。上市公司非流通股的协议转让，必须遵循上述法律
规定，在证券交易所和证券登记结算公司的管理下，在有证券经纪业务
资格和证券交易所会员资格的证券公司的参与下有序进行。需要采用公
开征集方式确定协议转让价格和受让人的，由证券交易所和证券登记结
算公司统一组织安排。"依此，新百股份（600682.SH）通过南京市产
权交易中心进行股权转让的行为被紧急叫停，2001 年宁夏恒力
（600165.SH）也曾试图采用公开征集国有股受让方的做法，也是改采
协议收购方式。如果说，《关于加强对上市公司非流通股协议转让活动
规范管理的通知》还未能杜绝证券交易所之外交易的协议收购，那么，
由深圳证券交易所、上海证券交易所和中国证券登记结算有限责任公司
于 2004 年 12 月 15 日共同发布并于 2005 年 1 月 1 日实施的《上市公司
非流通股股份转让业务办理规则》明确将一切股份转让行为限定于证券
交易所之内。该规则第 2 条规定："上市公司股份转让必须在证券交易
所进行，由深圳证券交易所、上海证券交易所（以下统一简称'证券交
易所'）和中国证券登记结算有限责任公司（以下简称'结算公司'）集
中统一办理。严禁进行场外非法股票交易活动。"这些规定表明，尽管
从法律规范及法理上讲，上市公司收购并无特定场所要素，但我国目前
的政策（基本上也限于政策）还要求上市公司收购必须通过证券交易所
这一特定的股权转让场所。因此，从这种意义上讲或者就目前政策而
言，上市公司收购仍然具有场所要素。① 当然，这种收购场所的限定是

---

① 王建文. 上市公司收购内涵解读. 甘肃政法学院学报，2005（6）.

在不允许委托书收购等非证券收购的背景下规定的，而委托书收购等非证券收购也不可能通过证券交易所进行。

## 三、上市公司收购的分类

### （一）要约收购、协议收购及其他合法方式的收购

按照收购方式的不同，可将上市公司收购分为要约收购、协议收购及其他合法方式的收购。这是我国《证券法》明确规定的上市公司收购分类。该法第 85 条规定："投资者可以采取要约收购、协议收购及其他合法方式收购上市公司。"关于要约收购与协议收购的内涵将于下文详述；其他合法方式的收购则主要包括公开市场收购、委托书收购，关于其内涵也将于下文详述。

### （二）部分收购与全面收购

按照收购人收购目标公司股份数量的不同，可将上市公司收购分为部分收购与全面收购。这是要约收购的基本法律分类。

部分收购，又称控股收购，是指收购人以确定地取得目标公司股份的最高数额或比例收购目标公司部分股份，以达到控股目标公司目的的收购方式。全面收购，又称全部收购，是指收购人以取得目标公司100％股份为目的的收购方式。部分收购和全面收购都要向目标公司的全体股东发出要约。在部分收购中，收购人计划收购的是占目标公司股份总数一定比例的股份，在受要约人承诺售出的股份数量超过收购人计划购买的数量时，收购人对受要约人的应约股份必须按比例接纳。在全面收购中，收购人计划收购的是目标公司的全部股份。全面收购一般由收购人自主安排，但在确立了全面强制要约收购制度的国家或地区，持有目标公司股份达一定比例时收购人即有义务发出全面收购的要约。关于其内涵将于下文详述。

### （三）自愿收购与强制收购

按照收购是否出于法律义务，或者更确切地说，依其是否受到法律强制因素的介入，可将上市公司收购分为自愿收购与强制收购。这也是

要约收购的基本法律分类。

自愿收购，是指收购人基于其自主意愿而进行的收购。强制收购，是指收购人持有目标公司一定数量或比例的股份时，法律要求收购人必须向该公司其余股东发出部分要约收购或全面要约收购。在未实行强制要约收购制度的国家或地区，收购人可依自愿收购实施部分收购或全面收购。在实行强制要约收购制度的国家或地区，只要收购人持有上市公司股票的比例达到了一定程度（通常是30%或35%），就必须向全体股东发出部分收购或全面收购的要约。关于其内涵将于下文详述。

### （四）直接收购与间接收购

按照收购人是否通过直接取得某上市公司股份而取得控制权，可将上市公司收购分为直接收购与间接收购。这既是上市公司收购的学理分类，也是我国《上市公司收购管理办法》（2020年修订）所明确规定的分类。

直接收购，是指收购人以直接取得某上市公司股份达到法定比例的方式实施的收购方式。间接收购，是指收购人不直接取得上市公司的股份，从而成为其股东，而是通过投资关系、协议、其他安排导致其拥有权益的股份达到或者超过一个上市公司已发行股份的法定比例的收购方式。我国《上市公司收购管理办法》（2020年修订）第五章对间接收购作了专门规定。

### （五）善意要约收购与敌意要约收购

按照目标公司管理层与收购人合作与否，可将上市公司收购分为善意收购与敌意收购。这是上市公司收购的学理分类。

善意收购，也称友好收购，是指目标公司管理层对收购采取合作态度，收购人与目标公司管理层往往就收购事项达成一致意见，或者在目标公司管理层不提出反对意见的前提下而进行的收购。在善意收购中，收购人与目标公司管理层往往会就收购条件、价格，付款方式等事项达成一致后再展开收购。在收购人采取要约收购情况下，目标公司管理层还会积极劝其股东接受要约，出售股票，因而这种收购方式的成功率较高。

敌意收购，也称强迫接管，是指收购人未与目标公司管理层协商或未达成共识，面临着目标公司管理层反对，甚至采取反收购措施的情况而进行的收购。发生敌意收购时，收购人为达到收购目的也会采取一些手段强迫目标公司就范。

### （六）现金收购、易券收购与混合收购

按照上市公司收购的支付方式的不同，可将上市公司收购分为现金收购、易券收购与混合收购。这是上市公司收购的学理分类。

现金收购是收购人以现金支付对价的收购。易券收购是收购人以有价证券支付对价的收购。混合收购是收购人以现金和有价证券支付对价的收购。现行《证券法》未对易券收购与混合收购作明确规定，但未排除该收购形式。《上市公司收购管理办法》（2020年修订）则确认了现金收购、易券收购与混合收购。该办法第36条第1款规定："收购人可以采用现金、证券、现金与证券相结合等合法方式支付收购上市公司的价款。收购人聘请的财务顾问应当说明收购人具备要约收购的能力。"

## 四、上市公司收购制度的立法目的与立法原则

### （一）上市公司收购制度的立法目的

所谓立法目的，主要是指立法者为维护其所要保护的利益所确立的基本指导思想。立法者在制定法律时即便没有明确说明其立法目的，也往往会依"利益权衡"原则对各种法律利益进行估量、比较，以追求法律利益的最大化。就私法而言，除了要保护私法主体的利益，还要保护国家及社会公共利益。从性质上讲，立法目的条款是一部法律的根本性条款，它指明了整部法律的价值取向，在整部法律中的地位相当于宪法在整个法律体系中的地位，是整部法律存在的根本，是不容违背的。因此，立法目的条款不仅可以作为人民法院的裁判依据，而且还可以作为评价立法好坏的标准。这是就某一法律的一般性立法目的而言。除此之外，某一具体制度与规范也都有其深层次的立法目的，关于该立法目的

的理解同样具有重要意义。

一般来说，在上市公司要约收购中，收购人一般是具有强大实力的公司，资金雄厚的收购人当然在收购之前就已充分考察过了收购行为的市场风险，并认为相对于其风险与收购成本而言，要约收购会给其带来巨大的经济效益。因此，法律对于收购人的自主市场行为无须太多关注，只需在确保其不违法的情况下使其市场化的收购行为能够获得相应的法律保障即可。至于目标公司管理层，虽然其利益可能会因收购行为，尤其是敌意收购而受到损害，但公司控制权市场的理论假设即认为，某一目标公司之所以面临要约收购，尤其是敌意收购，往往都是由于其管理层存在严重问题，这使该目标公司的管理层被替换本身就是一件具有效率的事情，无须对其利益加以特别保护。最需保护的是目标公司广大股东，因而保护目标公司股东利益自然成为上市公司收购立法的主要目的。对目标公司股东利益的威胁主要来自收购人与目标公司管理层。在上市公司收购中，目标公司股东处于较为被动的地位，其合法利益容易受到收购行为的损害。因此相对于收购人来说，目标公司股东可谓处于弱者地位。此外，在上市公司收购，尤其是要约收购中，目标公司管理层与股东之间的利益冲突现象也极为明显。为维持自己在公司的地位，目标公司管理层通常采取种种反收购措施，阻挠收购人的收购，而这些反收购措施以维护股东利益为名，实则仅以管理层利益为唯一出发点，并且在客观上还往往构成对公司利益的重大损害，从而损害目标公司股东的利益以及其自主决定是否接受收购要约的权利。基于此，对目标公司管理层的规制也成为上市公司收购立法的重要内容。对目标公司股东利益侵害的威胁还来自其他许多方面，例如公司会计师对收购公司或目标公司资产状况作虚假说明，律师等收购顾问对收购条件的公正性作不准确评价，目标公司其他股东及其他内幕人利用内幕信息从事内幕交易等。上市公司收购中可能存在的这些问题，不仅严重损害了目标公司股东的权益，而且还将因此给整个证券市场的秩序造成巨大危害。因此，立法者在制定上市公司收购制度时，便以容易受到侵害的目标公司股东利益及证券市场秩序的维护为其基本目的，当然，上市公司收购的规范运作并促进上市公司收购市场的繁荣也是其基本目的。对此,《上市公司收购管理办法》(2020 年修订)第 1 条规定:"为了规范上市公司的收购及相关股份权益变动活动,保护上市公司和投资者的合法权益,维护证券市场秩序和社会公共利益,促进证券市场资源的优化配置,根据《证券法》、《公司法》及其他相关法律、行政法规,制定本办法。"

### (二)上市公司收购制度的立法原则

立法原则,即制定法律的基本出发点和在制定过程中应当遵循的方向和准则,是对某一法律的共性问题的统一规定,凝聚了该法的精神实质,极其鲜明地体现了该法的性质、特征及基本内容。立法原则作为立法时应遵循的准绳,决定着某一法律制定的基本倾向、内容和形式,同时为该法的具体规定提供了释疑解惑的重要补充依据,是当事人、司法、执法人员正确理解具体条文的重要依据。因此立法原则既可谓立法目的的统率,也可谓立法目的所指向制度的原则性规定。一般所谓立法原则都是就某一法律的抽象立法原则即该法的基本原则而言,实际上正如具体的法律制度也有其立法目的一样,具体法律制度也有其立法原则,即具体立法原则。

上市公司收购制度当然也有其立法原则。不过,多数国家(地区)的上市公司收购立法并未对其立法原则明确宣示,但从其法律制度的具体内容看,还是体现了作为立法指引的立法原则,而且各立法例的立法原则目前已基本上趋于一致。这种趋同性的形成与美、英两国上市公司收购立法的巨大影响力有密切关系。由于美、英两国上市公司收购实践丰富且法律规范较为完备,而上市公司收购作为一种市场化的经济现象对制度与规则的需求又具有高度的统一性,因此许多国家或地区在制定上市公司法律规范时都以英国的《城市法典》与美国的《威廉姆斯法》为蓝本或重要参考,从而造成了立法上的趋同。例如英国的《城市法典》在欧洲极具影响力,欧盟第 13 号公司法指令,瑞典、瑞士等国家的上市公司收购制度均直接受其影响,澳大利亚、新加坡以及我国香港地区的上市公司收购制度也以此为范本;美国的《威廉姆斯法》则对加拿大、日本以及我国台湾地区等国家或地区的上市公司收购相关规定产生了重大影响。

从有关国家和地区的要约收购立法来看,其基本原则主要有三项,即目标公司股东平等待遇原则、保护中小股东利益原则与充分披露原则。也有人将这三项原则简化为目标公司股东平等待遇原则与充分披露原则等两项原则。[①] 也有学者则将其归纳为资讯公开原则与公平公正原则。[②] 不过,不管怎样归纳,上市公司收购的立法原则都是证券法基本价值观念的"公开、公平、公正"原则在要约收购制度中的具体体现,因而具有本质上的一致性。对此,《上市公司收购管理办法》(2020 年修订)第 3 条第 1 款还明确规定:"上市公司的收购及相关股份权益变动活动,必须遵循公开、公平、公正的原则。"

### 1. 目标公司股东平等待遇原则

目标公司股东平等待遇原则是公司法理中股东平等原则的体现。少数股东在公司收购中获得保护,是以确立目标公司股东待遇平等原则实现的。但理论界对是否应确立该原则存在着分歧。不过,我国绝大多数学者认为,公司收购必须坚持目标公司的全体股东待遇平等原则,才能防止收购者、目标公司的控制股东损害少数股东的利益。[③]

所谓公司股东平等原则,是指"各股权的行使、义务的履行,或其他利益或不利益的供与,应予平等的待遇"[④]。该原则在上市公司收购制度中旨在维护股东间的实质性平等,要求对目标公司的所有股东应平等地对待而不论小股东或大股东。其基本内容体现为以下两个方面:

(1)目标公司股东有平等参与收购的权利。为此各国确立了"全体持有人规则"与"按比例接纳规则"。这两项规则主要适用于要约收购制度。"全体持有人规则",是指在要约收购中,收购人应向目标公司某类股份全体持有人发出收购要约,禁止发出歧视性的收购要约。不过,

---

① 宋永泉. 论上市公司公开收购的法律问题. 中国法学,1999(5).

② 林国全. 证券交易法研究. 北京:中国政法大学出版社,2002:61-64.

③ 郭富青. 论公司要约收购与反收购中少数股东利益的保护. 法商研究,2000(4).

④ 张龙文. 股份有限公司法实务研究. 台北:翰林出版社,1978:62.

在美国，由联邦法所确立的该规则有一个明确的例外，即若合宪的州法可以允许收购人排除一个或一个以上的股东，则使收购人获得了一项豁免权。① "按比例接纳规则"，是指在要约收购中，如果目标公司股东接受要约的总数高于收购人拟购买的股份数的，收购人应按比例从所有接受要约的目标公司股东手中购买股份，而不论其接受要约的时间先后。"按比例接纳规则"存在于部分要约收购中。该规则与证券二级市场上所遵循的"时间优先"原则明显不同，使经过深思熟虑或长期犹豫而在要约有效期间后期才接受要约的股东不致受到"惩罚"，从而消除了目标公司股东不得不迅速决策的压力，有效地阻止了对中小股东的歧视。

（2）目标公司股东有权获得平等的收购条件。该规则也主要适用于要约收购制度。收购人应对目标公司全体股东一视同仁，对同一类股份持有人应提供相同的收购条件，对不同种类股份持有提供的收购条件也应当类似；不得给予特定股东以收购要约中未记载的利益。② 如果收购人在收购要约有效期间变更要约条件，提高要约价格的，则应向所有受要约人提供该变更后的条件，而不论其是否在该变更前已接受了要约。这就是"最好价格规则"。不过，依美国法，该规则不调整那些通过两个独立的步骤来完成的二次要约收购，并不禁止不同类型的对价，这些不同的对价也不需要在价值上实质相当，只要允许目标公司股东在这些要约对价类型中自由选择。与"全体持有人规则"一样，美国证券交易

---

① ［美］托马斯·李·哈森. 证券法. 张学安，等译. 北京：中国政法大学出版社，2003：532.

② 不过，也有学者认为：要求目标公司的大股东和小股东以相同的价格出售其股份并不合理，正如零售和批发价格不可能相同，一个大股东所持有的 10％ 的股份与一个小股东所持有的 0.1％ 的股份，其股份的含金量是不同的。大股东因其所持有的股份的规模，对公司经营的影响力显然要大得多。收购人从大股东处购得股份所获的绝不仅仅是股票本身的价值，还取得了对公司的控制力。收购人可以凭借这种控制权使公司按照符合自己利益的方式经营，降低其投资风险，并因而减少其投资成本。所以，大股东所持有的股份因其规模而具有高于零散股份的"控制溢价"，不应要求大股东与小股东以相同的价值出售其股份。而且，同股同权原则也不应适用于股票买卖的场合，因为日常的股市交易中，股票价格常常波动，但人们并未抱怨未得到公平待遇。每个投资者应自行承担其投资风险。代越. 论公司收购的法律管制//漆多俊主编. 经济法论丛：第 1 卷. 北京：中国方正出版社，1999：401-402.

委员会有权对"最好价格规则"的实施决定豁免。[①] 此外，为避免收购人对目标公司股东给予不平等待遇，有些国家禁止收购人在收购要约有效期间以要约收购以外的方式购买目标公司的股份。[②]

### 2. 保护中小股东利益原则

保护中小股东利益原则是公正原则的体现。由于上市公司普遍存在着"董事会中心主义"甚至"经理人中心主义"的倾向，因而理想中的股东会中心主义实际落空，而且股东（大）会越来越流于形式，难以真正代表全体股东或者绝大多数股东的利益。此外，各国上市公司中都普遍面临着内部人控制严重导致公司治理机制失灵的问题。因此，在上市公司中，大股东、董事会、经理都极有可能以损害中小股东利益为代价而谋求其个人或团体利益。尤其是在要约收购中，由于目标公司管理层与股东之间、大股东与中小股东都存在不同的，甚至相互冲突的利益，而中小股东在信息、谈判能力等方面均处于明显的劣势，因而为有效维护中小股东的合法权益，各国在上市公司收购制度中均注意对中小股东予以特别保护，在具体制度上，主要体现为强制要约收购制度（部分国家或地区）、强制购买剩余股票制度、内幕交易禁止制度等。

对中小股东利益的维护还体现为，通过对被收购公司控制股东及高级管理人员的规制以及反收购措施的限制使用制度，实现对公司利益的维护。我国《上市公司收购管理办法》（2020 年修订）对此作了较为详细的规定，概要介绍其内容如下：被收购公司的控股股东或者实际控制人不得滥用股东权利损害被收购公司或者其他股东的合法权益。被收购公司的控股股东、实际控制人及其关联方有损害被收购公司及其他股东合法权益的，上述控股股东、实际控制人在转让被收购公司控制权之前，应当主动消除损害；未能消除损害的，应当就将其出让相关股份所得收入用于消除全部损害作出安排，对不足以消除损害的部分应当提供

---

① ［美］托马斯·李·哈森. 证券法. 张学安，等译. 北京：中国政法大学出版社，2003：532.

② 宋永泉. 论上市公司公开收购的法律问题. 中国法学，1999（5）.

充分有效的履约担保或安排，并依照公司章程取得被收购公司股东大会的批准。[①] 被收购公司的董事、监事、高级管理人员对公司负有忠实义务和勤勉义务，应当公平对待收购本公司的所有收购人。被收购公司董事会针对收购所作出的决策及采取的措施，应当有利于维护公司及其股东的利益，不得滥用职权对收购设置不适当的障碍，不得利用公司资源向收购人提供任何形式的财务资助，不得损害公司及其股东的合法权益。[②]

在要约收购制度中，《上市公司收购管理办法》（2020 年修订）第 34 条还就董事的忠实义务和勤勉义务特别规定："在要约收购期间，被收购公司董事不得辞职。"

《上市公司收购管理办法》（2020 年修订）第 33 条就对被收购的公司反收购的限制作了明确规定："收购人作出提示性公告后至要约收购完成前，被收购公司除继续从事正常的经营活动或者执行股东大会已经作出的决议外，未经股东大会批准，被收购公司董事会不得通过处置公司资产、对外投资、调整公司主要业务、担保、贷款等方式，对公司的资产、负债、权益或者经营成果造成重大影响。"这就使被收购公司董事会不能擅自采取可能有损于公司利益的反收购措施。

### 3. 充分披露原则

充分披露原则，又称透明度原则，是公开原则的体现，在要约收购制度中具体体现为与收购有关的重要信息均应充分披露，使面临收购的目标公司股东能够自行作出有根据的决定。《上市公司收购管理办法》（2020 年修订）第 3 条第 2 款规定："上市公司的收购及相关股份权益变动活动中的信息披露义务人，应当充分披露其在上市公司中的权益及变动情况，依法严格履行报告、公告和其他法定义务。在相关信息披露前，负有保密义务。"同条第 3 款规定："信息披露义务人报告、公告的信息必须真实、准确、完整，不得有虚假记载、误导性陈述或者重大

---

① 《上市公司收购管理办法》（2020 年修订）第 7 条。
② 《上市公司收购管理办法》（2020 年修订）第 8 条。

遗漏。"

这三项原则相互独立又相互融合，共同体现在上市公司收购的各项具体制度之中。这些原则虽然被普遍认可，但有关国家或地区规定这些原则时侧重点有所不同。例如，我国香港地区是以目标公司股东平等待遇为核心原则，而美国强调的是充分披露。美国最高法院曾指出：《威廉姆斯法》的立法目的是促进充分披露，从而使面临收购的股东能够作出有根据的决定；国会强调股东的选择意味着法官不应对公开要约期间发生的行为的实质公平进行审查。因此，《威廉姆斯法》被大多数美国法院视为"披露法"[①]。由于有关国家或地区对要约收购制度原则侧重点有所不同，其要约收购制度在结构与内容上也因之表现出不同的特点。例如，我国香港地区以保护中小股东的利益为基点，对要约收购进行实质管理，严格限制部分要约收购，规定了强制要约收购制度，从而保障股东的平等待遇；美国则以对股东的利益最大化为目标，对部分要约收购与全面要约收购基本上持中立态度，赋予要约方在决定购买股票数量时充分的行动自由，从而充分发挥收购机制的作用。我国香港地区所采模式通过严格限制部分要约收购解决了其可能发生的对中小股东待遇不平等的潜在问题。美国模式下只有在中小股东拥有足够的能力和资源提起诉讼时，法律才能对中小股东加以保护，因此，补救措施极其有限。不过，香港地区所采模式同样要为抑制了可能带来较大经济利益的要约收购付出代价。此外，香港地区要求目标公司的董事会就该次收购发表意见，聘请财务顾问出具体报告，以及不得阻挠收购活动，而美国目标公司董事会在采取反收购措施时有很大的行动自由。《威廉姆斯法》实质上对目标公司董事会以及要约方保持中立，并且给予它们平等的机会争取目标公司股东的支持。目标公司董事会在遵循经营判断规则（business judgment rule）[②] 的判定要件的前提下，可以自由采取任

---

[①]　胡滨．上市公司收购法律问题研究//王保树主编．商事法论集：第4卷．北京：法律出版社，2001：620.

[②]　又译商业判断规则，美国也有学者以"经营判断法理"（business judgment doctrine）指称之。关于其具体内容参见范健，王建文．公司法．5版．北京：法律出版社，2018：367-370.

何一项防御措施以抵御敌意收购。[①] 我国证券法则是综合了不同立法例的优点，对上市公司收购的立法原则作了较为全面的规定。

# 第二节　持股预警披露制度

## 一、持股预警披露制度的概念

持股预警披露制度（early warning disclosure system），是指投资者及其一致行动人拥有权益的股份达到一个上市公司已发行股份的法定比例或达到此比例后，拥有权益的股份发生法定的增减变化时，必须依法将其拥有权益的股份予以披露并在继续收购时遵循"爬坡规则"的制度。

我国理论界所谓公开市场收购，即为持股预警披露制度的重要内容。所谓公开市场收购，是指通过证券交易所的证券交易，收购人（投资者及其一致行动人）拥有权益的股份达到一个上市公司已发行股份的法定比例（一般为 5%），导致其成为或可能成为该公司大股东乃至控股股东的收购行为。在境外，因存在多层次证券市场，公开市场收购的场所还包括二板市场等其他公开市场。依我国台湾地区"证券交易法"第43 条之一的规定，该公开市场包括证券集中交易市场或证券商营业处所。不过，公开市场收购虽为各国（地区）所普遍规定的一项上市公司收购方式，但其并非法定概念。在理论界，公开市场收购也有不同的概念，如公开市场收购、公开出价收购、二级市场收购、证券交易所自动竞价系统收购、上市公司一般收购。其中，公开市场收购的概念认可度相对较高。在立法模式上，也极少有对公开市场收购作集中性规定的立法例，

---

① 侯娟. 香港股市：以股东平等为核心；美国股市：强调信息充分披露. 中国经营报，2001－03－09.

而是将其包含于信息披露制度之中。《证券法》及《上市公司收购管理办法》（2020 年修订）也是将其作为持股预警披露制度的组成部分。

在持股预警披露制度中，计算收购人持股数额时，英美法系国家或地区证券法上有一个受益所有权（beneficial ownership）的概念。美国《威廉姆斯法》确立的是表决权股票标准，但美国证券交易委员会并不以表决权之有无作为标准，而是引入了受益所有权的标准。加拿大证券法也采取这一标准，且明确将认股权纳入受益所有权范畴。依照美国证券交易委员会的规定，任何人如可在 60 日内行使选择权、认股权证或其他认股权利以及行使可转换证券之转换权，因而取得或可取得股份，亦可被认定为"持股"[①]。

受英美法影响，现代大陆法系国家（地区）证券法已逐渐改采表决权股票概念，使可能影响表决权的可转换公司债券等其他证券同样成为公开市场收购的客体及计算持股数额的标准。如德国《有价证券交易法》第 21 条即确立的是"表决权"概念。[②] 不过，还有一些大陆法系国家或地区尚未确立表决权股票标准，而仍以持有的股票作为判定公开市场收购的持股标准及收购对象。如我国台湾地区"证券交易法"第 43 条之一第 1 款规定："任何人单独或与他人共同取得任一公开发行公司已发行股份总额超过百分之十之股份者，应于取得后十日内，向主管机关申报其取得股份之目的、资金来源及主管机关所规定应行申报之事项；申报事项如有变动时，并随时补正之。"

我国《证券法》采用了"共同持有一个上市公司已发行的股份"的概念，隐含了表决权股票标准。《上市公司收购管理办法》（2020 年修订）则采用了"拥有权益的股份"的概念，从而明确规定了表决权股票标准。依该办法第 12 条之规定，投资者在一个上市公司中拥有的权益，包括登记在其名下的股份和虽未登记在其名下但该投资者可以实际支配表决权的股份。计算信息披露义务人的持股比例时，应当将其所持有的

① 齐斌. 证券市场信息披露法律监管. 北京：法律出版社，2000：229-230.
② 德国证券交易法律. 郑冲，贾红梅，译. 北京：法律出版社，1999：26.

上市公司已发行的可转换为公司股票的证券中有权转换部分与其所持有的同一上市公司的股份合并计算，并将其持股比例与合并计算非股权类证券转为股份后的比例相比，以二者中的较高者为准；行权期限届满未行权的，或者行权条件不再具备的，无须合并计算。

## 二、持股预警披露制度的基本内容

### (一) 持股预警披露的临界点

《证券法》第 63 条第 1 款规定："通过证券交易所的证券交易，投资者持有或者通过协议、其他安排与他人共同持有一个上市公司已发行的有表决权股份达到百分之五时，应当在该事实发生之日起三日内，向国务院证券监督管理机构、证券交易所作出书面报告，通知该上市公司，并予公告，在上述期限内不得再行买卖该上市公司的股票，但国务院证券监督管理机构规定的情形除外。"《上市公司收购管理办法》(2020 年修订) 第 13 条第 1 款作了基本相同的规定，但将"投资者持有或者通过协议、其他安排与他人共同持有一个上市公司已发行的有表决权股份"替换为"投资者及其一致行动人拥有权益的股份"，从而明确了持股比例的计算依据。该规定表明，证券法将持股预警披露的临界点确定为"拥有权益的股份达到一个上市公司已发行股份的 5%"。对此，我国实务中曾长期存在将股份持有信息披露临界点由 5% 提高到 10% 的呼声。其理由是，我国证券市场股权相对集中，股份大众化程度较低，上市公司、证券公司、证券监管机构及广大投资公众的知识、经验、资金厚度、心理承受力等各方面还需要一段相当的成熟期，因而对股东履行持股披露义务的起点不宜过低。不过，这一实务部门的呼声并未得到广泛响应。有学者认为，《证券法》将 5% 作为股份持有信息披露的临界点还是比较合适的，尚无充分依据证明将其提高到 10% 会对我国上市公司收购信息披露监管带来改善。[①]

---

① 李东方. 上市公司收购监管制度完善研究——兼评"《证券法》修订草案"第五章. 政法论坛，2015 (6).

在美国,《证券交易法》第 13d 条规定,收购上市公司达 5% 或以上股份的投资者（包括一致行动人）应在 10 日内披露其持股情况和持股意图。日本《金融商品交易法》、韩国《资本市场法》以及我国香港地区《证券及期货条例》都将持股预警披露的临界点确定为 5%。[1] 欧盟证券与市场管理局发布的《透明度指令》（Transparency Directive）也将持股预警披露的临界点确定为 5%,但也有不少欧盟国家对持股预警披露的临界点规定得较低,如德国、西班牙、瑞士等国家规定投资者持有上市公司股份达 3% 即触发首次披露义务,意大利规定的持股预警披露的临界点则低至 2%。[2] 英国金融服务管理局发布的《披露与透明度规则》也规定投资者持有上市公司股份达 3% 即触发首次披露义务。

除通过证券交易所的证券交易（公开市场收购）使投资者"拥有权益的股份达到一个上市公司已发行股份的 5%"时需要履行持股预警披露义务外,以其他合法方式"拥有权益的股份达到一个上市公司已发行股份的 5%"的,同样应履行持股预警披露义务。依《上市公司收购管理办法》（2020 年修订）第 14 条第 1 款及第 15 条之规定,通过协议转让方式以及通过行政划转或者变更、执行法院裁定、继承、赠与等方式,投资者及其一致行动人在一个上市公司中拥有权益的股份拟达到或者超过一个上市公司已发行股份的 5% 时,应当在该事实发生之日起 3 日内编制权益变动报告书,向中国证监会、证券交易所提交书面报告,通知该上市公司,并予公告。

### （二）持股预警披露制度的"爬坡规则"

"爬坡规则",又称"慢走规则",是指投资者及其一致行动人拥有权益的股份达到一个上市公司已发行股份的法定比例后,其拥有权益的股份占该上市公司已发行股份的比例每增加或者减少法定比例（一般为 5%）时,应依法履行报告和公告义务,并在法定期限内不得再行买卖该上市公司的股票。"爬坡规则"使投资者大量买卖上市公司股票的节

---

① 陈洁 . 违规大规模增减持股票行为的定性及惩处机制的完善 . 法学, 2016（9）.
② 解正山 . 大额持股披露义务规制 . 现代法学, 2018（3）.

奏受到限制，有利于中小股东、其他投资者及上市公司本身作出相应反应，从而维护其权益。

"爬坡规则"的核心为披露点，即拥有权益的股份占上市公司已发行股份的比例每增加或者减少的法定比例。对此，各国（地区）规定不尽相同，如美国、英国、日本、韩国及我国香港地区规定为1%[①]，欧盟《透明度指令》将披露点规定为固定的不同的表决权比例，具体为5%、10%、15%、20%、25%、30%、50%、75%。[②] 此外，德国《有价证券交易法》第21条规定的披露点分别为5%、10%、25%、75%[③]，瑞士证券法规定的披露点分别为5%、10%、15%、20%、25%、33.33%、50%、66.66%。[④] 我国《证券法》规定的披露点为5%，但同时规定了1%持股变动披露义务。该法第63条第2款规定："投资者持有或者通过协议、其他安排与他人共同持有一个上市公司已发行的有表决权股份达到百分之五后，其所持该上市公司已发行的有表决权股份比例每增加或者减少百分之五，应当依照前款规定进行报告和公告，在该事实发生之日起至公告后三日内，不得再行买卖该上市公司的股票，但国务院证券监督管理机构规定的情形除外。"《上市公司收购管理办法》（2020年修订）针对不同情形作了内容一致但更为具体的规定。该办法第13条规定："通过证券交易所的证券交易，投资者及其一致行动人拥有权益的股份达到一个上市公司已发行股份的5%时，应当在该事实发生之日起3日内编制权益变动报告书，向中国证监会、证券交易所提交书面报告，通知该上市公司，并予公告；在上述期限内，不得再行买卖该上市公司的股票，但中国证监会规定的情形除外。"（第1款）"前述投资者及其一致行动人拥有权益的股份达到一个上市公司已发行股份的5%后，通过证券交易所的证券交易，其拥有权益的股份占该上市公司已发行股份的比例每增加或者减少5%，应当依照前

---

① 陈洁．违规大规模增减持股票行为的定性及惩处机制的完善．法学，2016（9）．
② 解正山．大额持股披露义务规制．现代法学，2018（3）．
③ 德国证券交易法律．郑冲，贾红梅，译．北京：法律出版社，1999：26．
④ 解正山．大额持股披露义务规制．现代法学，2018（3）．

款规定进行报告和公告。在该事实发生之日起至公告后 3 日内，不得再行买卖该上市公司的股票，但中国证监会规定的情形除外。"（第 2 款）"前述投资者及其一致行动人拥有权益的股份达到一个上市公司已发行股份的 5％后，其拥有权益的股份占该上市公司已发行股份的比例每增加或者减少 1％，应当在该事实发生的次日通知该上市公司，并予公告。"（第 3 款）"违反本条第一款、第二款的规定买入在上市公司中拥有权益的股份的，在买入后的 36 个月内，对该超过规定比例部分的股份不得行使表决权。"（第 4 款）由此可见，持股达到临界点后每增加或减少 5％时须停止交易的锁定期为 6 天（3＋3）。锁定期长还是短各有利弊：规定较长的锁定期有利于市场消化收购信息，追求的是安全价值；规定较短的锁定期则有利于市场交易的活跃，追求的是效率价值。

有学者将持股预警披露制度的"爬坡规则"称为股份大量持有信息披露规则，认为该制度具有以下四个方面的意义：第一，让目标公司股东注意到公司控制权发生变化的可能，从而在重新估计持有股份的价值的基础上作出投资决策。由于各个上市公司的股权结构不同，持股达到 5％或者持股比例增减变化达 5％，并非一定影响上市公司的控制权。但是，持股达到 5％或者持股比例变化达 5％，属于上市公司股权结构的较大变化，将此信息予以披露，可以提示投资者和证券监管机构，注意观察大股东的持股情况，注意可能发生的上市公司控制权的改变。第二，可以及时确定收购人持有的股份是否将达到强制要约收购义务的 30％触发点。第三，有利于防范内幕交易和操纵市场的证券违法行为，保护中小投资者的权益。第四，有利于发挥稳定作用，避免突发性收购对公司股东和管理层产生的负面影响，保护公司的稳定和持续经营发展。[①]

与其他国家或地区立法例相比，我国证券法所确立的"爬坡规则"

---

① 李东方.上市公司收购监管制度完善研究——兼评"《证券法》修订草案"第五章.政法论坛，2015（6）.

披露点较高，使从公开市场收购到要约收购的进程明显缩短，从而有利于促进上市公司收购。

### （三）持股预警披露的程序与内容

#### 1. 持股预警披露的程序

《证券法》对持股预警披露的程序作了明确规定。依《证券法》第63条之规定，在发生应履行持股预警披露义务的情形时，投资者及其一致行动人应在该事实发生之日起3日内，向国务院证券监督管理机构、证券交易所作出书面报告，通知该上市公司，并予公告。《上市公司收购管理办法》（2020年修订）对此作了详细规定。投资者及其一致行动人应在该事实发生之日起3日内编制权益变动报告书，向中国证监会、证券交易所提交书面报告，通知该上市公司，并予公告。但因上市公司减少股本导致投资者及其一致行动人拥有权益的股份变动出现《上市公司收购管理办法》（2020年修订）所规定的协议转让导致触发持股预警披露义务情形的，投资者及其一致行动人免于履行报告和公告义务。上市公司应当自完成减少股本的变更登记之日起2个工作日内，就此导致的公司股东拥有权益的股份变动情况作出公告。为简化信息披露程序，《上市公司收购管理办法》（2020年修订）第22条第1款规定："上市公司的收购及相关股份权益变动活动中的信息披露义务人采取一致行动的，可以以书面形式约定由其中一人作为指定代表负责统一编制信息披露文件，并同意授权指定代表在信息披露文件上签字、盖章。"但为强化信息披露义务人的责任，该条第2款还规定："各信息披露义务人应当对信息披露文件中涉及其自身的信息承担责任；对信息披露文件中涉及的与多个信息披露义务人相关的信息，各信息披露义务人对相关部分承担连带责任。"

#### 2. 持股预警披露的内容

我国《证券法》第64条对持股预警披露的内容作了较为简单的规定："依照前条规定所作的公告，应当包括下列内容：（一）持股人的名称、住所；（二）持有的股票的名称、数额；（三）持股达到法定比例或者持股增减变化达到法定比例的日期、增持股份的资金来源；（四）在上市公司中拥有有表决权的股份变动的时间及方式。"《上市公司收购管理办法》（2020 年修订）则在此基础上作了详细规定。

## 第三节　要约收购制度

### 一、要约收购的概念

要约收购，是指收购人通过向目标公司全体股东发出收购要约的方式就同类股票以相同价格购买部分或全部发行在外股票的收购。其核心为收购要约，法律也以收购要约为其规制中心。收购要约，是指收购人向被收购公司股东公开发出的、愿意按照确定条件购买其所持有的被收购公司股份的意思表示。

关于要约收购并无一个统一的概念，在不同国家或地区的立法中往往有不同的称谓，即使是在同一法系且同一语种的国家或地区也往往如此。具体来说，在英美法系国家或地区，尽管都在公开收购要约意义上使用要约收购概念，但美国《威廉姆斯法》使用的是 tender offer 概念，英国《城市法典》① 使用的则是 takeover bid 概念（简称为 TOB）；我

---

① 该"法"亦非严格意义上的法律，不具有一般意义上的法律强制力。它仅仅是证券交易所的一项建议，为处理公司收购的自律性规则，被用于推广、维持优良的商业标准。不过，该"法"得到了英国证券交易所、贸易部、英格兰银行和其他一些与证券业有关的专门机构的支持。这些机构通力合作，在遇到违反该"法"的情形时，共同支持委员会作出的制裁，违反该"法"通常会被罚款，甚至有被证券交易所强行摘牌的危险，因而该"法"实际上具备强力。该"法"由城市工作组（city working party）及收购与兼并工作组（the panel of takeover and mergers）推行和管理。在中文翻译上，该"法"有多种译法，除通常所译《城市法典》外，还有《金融城收购和合并守则》《伦敦守则》《金融城守则》等译法，其英文为"London City Code on Takeover and Mergers"。

国香港地区《香港守则》使用的是收购（takeover）概念[①]；日本，以及我国台湾地区使用的是公开收购概念。[②]

关于要约收购的含义，英美等国家并未在立法中作出定义，学理上也极少有人对其予以界定。日本，以及我国台湾、香港地区则作了界定。日本《证券交易法》第 27 条之二第 6 款规定："本条的公开收购，是指对不特定多数人招揽对所公告的股票等的买进或卖出（即卖出或其他有偿的转让，本节以下部分亦同）的要约，在有价证券市场外进行股票等的收购等行为。"[③] 我国台湾地区"证券交易法"第 43 条之一第 2 款规定，公开收购是指"不经由有价证券集中交易市场或证券商营业处所，对非特定人公开发行公司之有价证券"之行为。"公开收购公开发行公司有价证券管理办法"第 2 条对此作了进一步界定。该条第 1 款规定："本'办法'所称公开收购，系指不经由有价证券集中交易市场或证券商营业处所，对非特定人以公告、广告、广播、电传资讯、信函、电话、发表会、说明会或其他方式购买有价证券之行为。"[④] 依我国香港地区《香港守则》相关条款之规定，要约收购是指一个或多个人一致行动向某公司股东几乎同时发出要约购买股份，如果成功，出价人将获得公司主要部分股份，即使公司的实际控制者反对。[⑤]

《证券法》虽采用了要约收购概念，并就其相关规范作了较为具体的规定，但同样没有对要约收购作出界定。《上市公司收购管理办法》（2020 年修订）以专章的形式对要约收购作了详细规定，对要约收购的具体规则也都作了相关规定，但未对要约收购作明确的法律界定。

---

① 郭琳广，区沛达．香港公司证券法．刘巍，李伟斌，等编译．北京：法律出版社，1999：318．

② [日] 河本一郎，大武泰南．证券交易法概论．4 版．侯水平，译．北京：法律出版社，2001：87 页（需要说明的是，我国也有不少学者将公开收购译为公开买进）．林国全．证券交易法研究．北京：中国政法大学出版社，2002：64．

③ 日本证券法律．徐庆，译．北京：法律出版社，1999：47．

④ 林国全．证券交易法研究．北京：中国政法大学出版社，2002：57，64-65．

⑤ 何美欢．公众公司及其股权证券：中册．北京：北京大学出版社，1999：700．

## 二、要约收购的具体规则

### (一) 要约收购的判断标准

不管立法上是否对要约收购作出明确的法律界定，为判断某一对特定上市公司股份进行的收购行为是否属于要约收购，还是有必要为要约收购确立一个明确的判断标准，即要约收购的构成要素。

在我国，《证券法》及《上市公司收购管理办法》均未对要约收购或收购要约的构成标准作明确规定。不过，与日本《证券交易法》的规制模式相似，《证券法》与《上市公司收购管理办法》虽未作直接规定，但从其内容来看，还是在立法上确立了一个较为明确的判断标准。这在对要约收购制度作了较为详尽的规定的《上市公司收购管理办法》(2020 年修订) 中表现得尤为明显。该办法第 28 条第 1 款规定："以要约方式收购上市公司股份的，收购人应当编制要约收购报告书，聘请财务顾问，通知被收购公司，同时对要约收购报告书摘要作出提示性公告。"依照上述规定作出的要约收购即可被认为符合要约收购判断标准，从而确认其进入要约收购法律程序，受到要约收购相关法律规范的规制。

### (二) 收购要约的时间要求

由于要约收购往往会对证券市场产生较大影响，为了减少内幕交易得以发生的时间空隙并避免证券市场产生波动，各国 (地区) 收购立法都要求收购要约的公布要"及时"。我国 2005 年《证券法》第 90 条第 1 款规定："收购人在依照前条规定报送上市公司收购报告书之日起十五日后，公告其收购要约。在上述期限内，国务院证券监督管理机构发现上市公司收购报告书不符合法律、行政法规规定的，应当及时告知收购人，收购人不得公告其收购要约。"《上市公司收购管理办法》(2006 年修订) 也作了类似规定。该规定显然不符合及时性要求，因而 2019 年《证券法》和《上市公司收购管理办法》(2020 年修订) 都作了重大修改。对此，2019 年《证券法》删除了上述规定，放弃了明确规定公告收购要约期限的做法。《上市公司收购管理办法》（2020年修订）第30条第1款规定："收购人按照本办法第四十七条拟收购上市公司股份超过30％，须改以要约方式进行收购的，收购人应当在达成收购协议或者做出类似安排后的3日内对要约收购报告书摘要作出提示性公告，并按照本办法第二十八条、第二十九条的规定履行公告义务，同时免于编制、公告上市公司收购报告书；依法应当取得批准的，应当在公告中特别提示本次要约须取得相关批准方可进行。"同条第2款规定："未取得批准的，收购人应当在收到通知之日起2个工作日内，公告取消收购计划，并通知被收购公司。"

### （三）收购要约的有效期间

收购要约的有效期间，是指收购要约从生效之日至要约规定的某个结束日的一段期间。

关于收购要约的生效日期，无论在合同法上对要约采"发信主义""到达主义"还是采"了解主义"，各国收购立法都采取了基本类似的做法，即收购要约从要约公开之日起生效。因为收购要约是否已确实送达受要约人，受要约人什么时候了解了收购要约，在实践中根本无法确定，因此，收购要约只要按法定的方式和程序发出，便对要约人发生拘束力。这对于保护受要约人的权益，限制要约人的行为，以及稳定证券市场，都具有重要的意义。

关于收购要约的有效期间到底应该有多长，各国规定不尽相同。各国立法者都注意到，若收购要约有效期间过短，则可能出现目标公司股东基于不充分、不完整的信息及信息认识上的差异，在匆忙之中作出考虑欠周的买进或抛售股票的情况，从而增加收购人或其他人进行操纵市场行为的可能；另一方面，若收购要约有效期间过长，又会使目标公司长期处于不确定状态，不利于目标公司的发展和证券市场的稳定。因此，多数国家的收购立法都既规定收购要约有效期间的下限，又规定收购要约有效期间的上限。

我国《证券法》第67条明确规定："收购要约约定的收购期限不得少于三十日，并不得超过六十日。"《上市公司收购管理办法》（2020年

修订）对出现竞争要约时的收购要约的有效期间作了例外规定，但因
《证券法》未作例外规定且未授权中国证监会作例外规定，故《上市公
司收购管理办法》的例外规定应予停止适用。

**（四）要约收购的价格与支付方式**

我国《证券法》未对要约收购的价格与支付方式作具体规定。《上
市公司收购管理办法》（2020 年修订）则对此作了较为详细的规定。

1. 要约收购的价格

收购人进行要约收购的，对同一种类股票的要约价格，不得低于要
约收购提示性公告日前 6 个月内收购人取得该种股票所支付的最高价
格。要约价格低于提示性公告日前 30 个交易日该种股票的每日加权平
均价格的算术平均值的，收购人聘请的财务顾问应当就该种股票前 6 个
月的交易情况进行分析，说明是否存在股价被操纵、收购人是否有未披
露的一致行动人、收购人前 6 个月取得公司股份是否存在其他支付安
排、要约价格的合理性等。

收购要约提出的各项收购条件，适用于被收购公司的所有股东。上
市公司发行不同种类股份的，收购人可以针对持有不同种类股份的股东
提出不同的收购条件。

2. 要约收购的支付方式

收购人可以采用现金、依法可以转让的证券（以下简称证券）、现
金与证券相结合等合法方式支付收购上市公司股份的价款。收购人以证
券支付收购价款的，应当提供该证券的发行人最近 3 年经审计的财务会
计报告、证券估值报告，并配合被收购公司聘请的独立财务顾问的尽职
调查工作。收购人以在证券交易所上市的债券支付收购价款的，该债券
的可上市交易时间应当不少于一个月。收购人以未在证券交易所上市交
易的证券支付收购价款的，必须同时提供现金方式供被收购公司的股东
选择，并详细披露相关证券的保管、送达被收购公司股东的方式和程序
安排。

收购人聘请的财务顾问应当对收购人支付收购价款的能力和资金来

源进行充分的尽职调查，详细披露核查的过程和依据，说明收购人是否具备要约收购的能力。收购人应当在作出要约收购提示性公告的同时，提供以下至少一项安排保证其具备履约能力：（1）以现金支付收购价款的，将不少于收购价款总额的 20％ 作为履约保证金存入证券登记结算机构指定的银行；收购人以在证券交易所上市交易的证券支付收购价款的，将用于支付的全部证券交由证券登记结算机构保管，但上市公司发行新股的除外。（2）银行对要约收购所需价款出具保函。（3）财务顾问出具承担连带保证责任的书面承诺，明确如要约期满收购人不支付收购价款，财务顾问进行支付。

不过，收购人为终止上市公司的上市地位而发出全面要约的，或者因不符合《上市公司收购管理办法》（2020 年修订）关于"免除发出要约"的规定而发出全面要约的，应当以现金支付收购价款；以证券支付收购价款的，应当同时提供现金方式供被收购公司股东选择。

### （五）被收购公司董事会及董事的特别义务

《证券法》未对被收购公司董事会及董事的特别义务作明确规定，《上市公司收购管理办法》（2020 年修订）第 32～34 条则对此作了具体规定，其内容如下：

被收购公司董事会应当对收购人的主体资格、资信情况及收购意图进行调查，对要约条件进行分析，对股东是否接受要约提出建议，并聘请独立财务顾问提出专业意见。在收购人公告要约收购报告书后 20 日内，被收购公司董事会应当公告被收购公司董事会报告书与独立财务顾问的专业意见。

收购人对收购要约条件作出重大变更的，被收购公司董事会应当在三个工作日内公告董事会及独立财务顾问就要约条件的变更情况所出具的补充意见。

收购人作出提示性公告后至要约收购完成前，被收购公司除继续从事正常的经营活动或者执行股东大会已经作出的决议外，未经股东大会批准，被收购公司董事会不得通过处置公司资产、对外投资、调整公司主要业务、担保、贷款等方式，对公司的资产、负债、权益或者经营成果造成重大影响。

在要约收购期间，被收购公司董事不得辞职。

### (六) 收购要约的变更与撤销

#### 1. 收购要约的变更

收购要约的变更，是指收购要约生效后，要约人对要约条件进行修改的行为。收购要约一经公布即发生法律效力。作为一种对目标公司股东和证券市场具有重大影响的意思表示，收购要约一经公布即生效，要约人在有效期间内应自始至终地受其约束，不得随意变更。但要约收购过程中的情势复杂多变，确实存在着一些应当允许要约人变更要约条件的特殊情况。例如，收购人面临其他要约人的竞争时，就应当允许其适当变更原要约内容以增强其竞争力，否则收购人必将处于不利的竞争地位。因此变更收购要约的做法得到了绝大多数国家的认同。当然，这只是问题的一个方面，从维护目标公司股东权益和贯彻股东平等原则出发，收购要约的变更应该受到严格的限制。

综观英、美、日以及我国香港地区等的相关规定，收购要约的变更往往要受到时间、内容及程序上的限制。关于收购要约的变更，《证券法》第68条规定．"在收购要约确定的承诺期限内，收购人不得撤销其收购要约。收购人需要变更收购要约的，应当及时公告，载明具体变更事项，且不得存在下列情形：（一）降低收购价格；（二）减少预定收购股份数额；（三）缩短收购期限；（四）国务院证券监督管理机构规定的其他情形。"《上市公司收购管理办法》（2020年修订）第39条第3款作了相同规定。

#### 2. 收购要约的撤销

收购要约的撤销，是指收购要约生效后、受要约人作出承诺前，要约人欲使收购要约丧失法律效力而将其取消的行为。由于撤销已生效的收购要约往往会危及目标公司股东的利益，使其在证券市场上错失良机，并且很容易发生收购人以收购为名实施操纵证券市场的虚假收购行为，从而给证券市场秩序造成冲击与损害，因而已生效的收购要约一般来说是严禁被撤销的。但由于收购过程本身的复杂性，如果僵硬地强调要约的不可撤销，有时反而会不利于收购的发展。因此，应当允许收购人在特定的情况下撤销要约。各国（地区）的收购立法中大多有此类规定，例如，我国台湾地区"证券交易法"第43条之五第1款规定，公开收购开始后，除有法定情形且经主管机关核准外，不得停止公开收购之进行。

前引《证券法》第68条规定"在收购要约确定的承诺期限内，收购人不得撤销其收购要约"。《上市公司收购管理办法》（2020年修订）第37条第2款也作了完全相同的规定。收购要约的撤销应当坚持灵活性与原则性相结合的原则，规定特殊情况下可以撤销要约，但为加强监管，可要求只有报经证券监管机构批准后才能实施。在立法上，还应当对可撤销要约的具体情况、时间、方式以及要约人应履行的公告义务等作出明确规定，以为相关人员提供相应指导。

### （七）收购要约的承诺

收购要约的承诺，是指受要约人同意以收购要约的全部条件向收购要约人卖出其所持有的股份的意思表示。依要约与承诺的一般法理，承诺应当在要约有效期间内作出，在到达要约人时生效。由于收购实践中受要约人是以向要约人或其代理人送交要约接纳书或直接交付股票的方式进行，一经承诺即时生效，因而不存在撤回的问题。为了切实保护目标公司股东的合法权益，各国收购立法中大多规定了特定情况下股东有撤销其承诺的权利。这一制度实际上是立法者在虑及目标公司股东往往处于被动的弱势地位，为平衡其与收购人之间的权利义务，特别赋予目标公司股东在特定情况下无条件单方解除收购合同的权利。这一制度，一方面可以给受要约人一次重新作出决定的机会，另一方面还可以有效地防止要约人故意拖欠收购价款，因而能够较好地衡平收购人与目标公司股东之间的权利义务。

我国《证券法》对收购要约的承诺撤销权未作规定。《上市公司收购管理办法》（2020年修订）第42条第2款规定："前款所称预受，是指被收购公司股东同意接受要约的初步意思表示，在要约收购期限内不可撤回之前不构成承诺。在要约收购期限届满 3 个交易日前，预受股东可以委托证券公司办理撤回预受要约的手续，证券登记结算机构根据预受要约股东的撤回申请解除对预受要约股票的临时保管。在要约收购期限届满前 3 个交易日内，预受股东不得撤回其对要约的接受。在要约收购期限内，收购人应当每日在证券交易所网站上公告已预受收购要约的股份数量。"依此，我国法律为赋予受要约人在整个要约有效期间内充分的自由决定权，规定了预受制度。显然，立法者此举旨在使目标公司股东享有在不承担任何法律责任的前提下自由解除其承诺的权利。从法律效果上讲，我国收购法规关于预受制度的规定实际上与其他国家关于收购要约的承诺撤销权的规定毫无差异，因而从这个意义上讲，该规定尚属适当。然而，严格来说，"预受"并非一个规范的法律概念，要赋予受要约人在要约有效期间内充分的自主决定权，只需规定受要约人在一定条件下享有解除合同的权利，即享有承诺撤销权就完全可达目的。从法理上讲，目标公司股东"预受"要约，实际上就构成了对要约的承诺。此时，只是由于要约有效期尚未届满，要约收购尚未履行而已。但合同尚未履行并不意味着合同尚未成立。因此，在立法上，固然要对目标公司股东给予承诺撤销权的特权，但完全可以直接作此规定，而不必创设出一个不够规范的"预受"制度。

### （八）收购人要约收购外禁止买卖证券义务

要约收购外禁止买卖证券义务是指，收购人在公告其收购要约后，在预定要约期限内，不得以要约收购以外的形式买入或卖出目标公司的股票。美国法律规定，一旦收购人对目标公司股东发出了收购要约，除该要约收购行为外，收购人不得通过其他场所或方式，购买同一目标公司的股份或其他可转化为该种股份的有价证券。日本以及我国台湾地区也有类似规定。这一制度保证了在要约有效期间内，收购人购买特定股票条件的统一性。

英国立法与美国立法等不同，允许收购人在要约有效期间内，通过集中交易市场或以协议方式收购股份，从而使收购人可以灵活运用各种收购方式取得控制权。但英国《城市法典》同时还规定了两个限制性条件，以间接保证收购条件的统一性：如果收购人或其一致行动人在要约有效期间，在高出要约价格之上，以其他方式获得股份，则收购人有义务修改要约并提高要约价格；任何人或任何一组一致行动人的收购交易，必须在第二天依照规定公开披露信息。我国香港地区的《香港守则》也有类似规定。[①]

《证券法》第 70 条规定："采取要约收购方式的，收购人在收购期限内，不得卖出被收购公司的股票，也不得采取要约规定以外的形式和超出要约的条件买入被收购公司的股票。"该规定不仅就要约收购以外的股票买卖行为作了禁止，而且还就超出要约条件的股票买入行为作了禁止。实际上，只要禁止了前者，也自然就禁止了后者。《上市公司收购管理办法》（2020 年修订）第 46 条则作了较为简单的规定："除要约方式外，投资者不得在证券交易所外公开求购上市公司的股份。"依此，在要约收购外，投资者似乎可在证券交易所外通过私下协商的方式实施协议收购。显然，该规定表述得不够严谨。

### （九）竞争要约规则

竞争要约，是指由另一收购人就同一目标公司发出的意在夺得目标公司控股权的收购要约。因其与原已存在的收购要约形成竞争之势，故称其为竞争要约。它往往导致原有要约的受约股东有权撤回其对原有要约的预受，亦有可能致使原有要约人变更或撤销其原有要约。竞争要约与原有要约同时进行，其根本目的在于使目标公司股东接受对他们最为有利的要约。

竞争要约作为收购要约的表现形式之一，应与原有要约适用同样的法律准则，此外，由于其竞争的特殊性，有些国家的法律还对其作特别规定。《上市公司收购管理办法》（2020 年修订）对存在竞争要约时原有要约的相应处置作了规定，但未对竞争要约的具体规则作出规定，应可解释为适用收购要约的一般规定。

---

① 杨志华，耿利航．上市公司收购制度研究//徐杰主编．经济法论丛：第 1 卷．北京：法律出版社，2000：316．

### （十）要约收购期满的法律后果

要约收购期满，要约人必须及时刊登公告，报告本人与其一致行动人持有的股票数量、已预受的股票数量，以及要约人在要约期内以其他方式取得的股票数量，并据此认定本次要约的结果。[①] 从大的方面讲，一例要约收购在其要约期届满时，其结果不外乎成功与失败两种情况。

#### 1. 收购失败

收购失败，即收购人购得的股票数未能达到对目标公司拥有控股权的比例，无论当初发出的是部分要约收购还是全部要约收购，均被认为收购失败。对于收购失败后能否再次发出新的要约，或者需要间隔多长时间才能发出新的收购要约，各国法律规定不一。对此，我国《证券法》与《上市公司收购管理办法》（2020年修订）均未作出规定，可以理解为未对收购失败后再次发出新的要约作限制性规定。不过，为了防止收购人借助要约收购制度，以不合理的收购价格发动多次要约收购，逐步获取目标公司的控制权，或者人为影响甚至控制目标公司股价走向，还是有必要严格限制收购失败之后收购人的再次要约收购权利。在实践中，要约收购"失败"有时恰恰是要约人所欢迎的，尤其是对强制性要约收购而言，其履行全面要约收购义务往往乃不得已而为之，并无通过要约收购获取公司控制权的初衷，因而要约收购"失败"往往就意味着成功。从要约收购实例而言，我国第一例要约收购案——南钢联合要约收购案以"失败"告终，就恰恰满足了收购人的愿望，解除了其担忧：南钢股份成功地避免摘牌。《上市公司收购管理办法》（2020年修订）也体现了限制或禁止收购人利用要约收购牟取非法利益的立法精神。该办法第31条规定："收购人自作出要约收购提示性公告起60日内，未公告要约收购报告书的，收购人应当在期满后次一个工作日通知被收购公司，并予公告；此后每30日应当公告一次，直至公告要约收购报告书。"（第1款）"收购人作出要约收购提示性公告后，在公告要

---

① 虞政平.论要约收购的基本法律问题.法学，1998（1）.

约收购报告书之前，拟自行取消收购计划的，应当公告原因；自公告之日起 12 个月内，该收购人不得再次对同一上市公司进行收购。"（第 2 款）该规定起到了防止收购人滥用要约收购制度的作用，有效防止了收购人以不合理的要约条件实施要约收购而导致要约收购失败之后，再在较短的时间内继续发出收购要约，从而滥用要约收购制度，影响证券市场秩序的行为。

鉴于收购失败后再频繁地发生收购与反收购，势必危及市场的稳定与秩序，诱发证券欺诈与过度投机，有学者认为我国可借鉴其他国家和地区的做法，对收购失败的后果作出明确规定。例如，英国《城市法典》第 35 号规则规定，一次要约失败后，要约人在 12 个月内不能再次进行类似的要约或相关的购买股份权益活动；美国虽没有强制要约收购的制度，但《1934 年证券交易法》及相关法规通过对欺诈、操纵、欺骗等的禁止，从衡平法的角度禁止滥用要约收购或以委托代理方式操纵股价、内幕交易等非法行为；德国通过其《证券收购法案》规定，若收购失败或联邦金融监管局（BaFin）禁止公布要约，收购人在 1 年内不得提出新的要约。①

### 2. 收购成功

收购成功，即收购人购得的股票数达到了收购要约中所确定的目标，使其取得控制权或使上市公司实现"私有化"②。收购成功可能引发以下几种情形：

（1）按比例收购或购买预受的全部股份。对此，《上市公司收购管理办法》（2020 年修订）第 43 条第 1 款规定："收购期限届满，发出部分要约的收购人应当按照收购要约约定的条件购买被收购公司股东预受的股份，预受要约股份的数量超过预定收购数量时，收购人应当按照同

---

① 李东方. 上市公司收购监管制度完善研究——兼评"《证券法》修订草案"第五章. 政法论坛，2015（6）.

② 很明显，与收购失败的两重含义相适应，收购成功也具有两重含义：对于全面强制要约收购而言，其"成功"有时恰恰就意味着其避免收购"成功"的努力失败了，因而对收购人而言实际上就是失败了。

等比例收购预受要约的股份；以终止被收购公司上市地位为目的的，收购人应当按照收购要约约定的条件购买被收购公司股东预受的全部股份；因不符合本办法第六章的规定而发出全面要约的收购人应当购买被收购公司股东预受的全部股份。"

（2）强制出售与强制收购。所谓强制出售，是指当要约期满，要约收购人持有的股票达到目标公司股票总数的绝对优势比例有效（一般为90%）有效，其余目标公司股东有权以同等条件向收购要约人强制出售其股票。所谓强制收购，是指当收购人发出的收购要约为目标公司达到法定比例（一般为90%）的有投票权股份的股东所接受时，收购人有权以要约同等条件购买余下不接受股东的股票。显然，强制出售与强制收购，实际上是一个问题的两个方面，均意在给予中小股东最后选择的权利，以此显示法律的公平，并保护中小持股者利益。当收购要约人想要购买目标公司的所有股份，大多数人接受要约，少数人因漠不关心或想要更好的条件而拒绝承诺时，便会导致全面收购的失败。此种情况事实上乃少数人对多数人施加的压力。为克服此种不公正，要约收购人在得到90%的同意时，应有权在限定时间内收购不接受股东的股份；与之相适应，此时也应赋予当初拒绝要约条件的持有其余10%股份的股东要求以同等条件接受要约的权利，以维护其作为少数股东的权利。对此，我国《证券法》第74条第1款规定："收购期限届满，被收购公司股权分布不符合证券交易所规定的上市交易要求的，该上市公司的股票应当由证券交易所依法终止上市交易；其余仍持有被收购公司股票的股东，有权向收购人以收购要约的同等条件出售其股票，收购人应当收购。"《上市公司收购管理办法》（2020年修订）第44条对此作了相同规定。

（3）目标公司的变更。若目标公司被收购人全面收购成功时，其显然已不再具备上市公司的条件，必须依法"摘牌"，由此，其不仅会丧失上市公司资格，而且还因不具备股份有限公司条件而应依法变更企业形式。对此，我国《证券法》第74条第2款规定："收购行为完成后，被收购公司不再具备股份有限公司条件的，应当依法变更企业形式。"

（4）收购人的股份转让限制。为防止假借要约收购实施操纵证券市场的行为，法律特地对收购人在收购完成后一定时间内的股份转让行为加以限制。对此，我国《证券法》第 75 条规定："在上市公司收购中，收购人持有的被收购的上市公司的股票，在收购行为完成后的十八个月内不得转让。"

## 三、强制要约收购制度

### (一) 强制要约收购制度的发展与现状

强制要约收购制度发源于英国。英国普通法要求控制股东对非控制股东负有信托义务，即须为公司整体利益行使权利，不得损害其他股东的利益。这一原则得到了 1948 年《公司法》的进一步确认。但长期以来，这一规则并未能严格地适用于控制股转移之场合，法院曾认为控制股东以不适合于其他股东的价格出卖其股份构成对其诚信义务的违反。[①] 因此，在英国和在其他普通法系国家一样，通过要约收购取得公司控制权的活动，成为二战后最为突出而又充满争议的现象。[②] 为了使少数股东免受新的控制股东的排挤，1948 年《公司法》规定新的控股人在取得了公司 90% 的售股承诺时，必须将剩余的未受承诺股票全部买下来，从而确立了强制收购与强制出售制度。但法院对此采取保留态度，认为该条款实际上反而为控制股东除掉令他们讨厌的异议股东提供了借口，从而有违公司法的基本原则。[③] 法院的这一表面化的对股东平等的理解，使控制权转移给小股东所造成的不利益被忽视，从而导致要约收购实践中"两极收购"(two tiered tender offer) 现象大量出现。不少收购人先以优惠的价格收购目标公司部分股份，取得对目标公司的控制权，随后利用其控制权排斥非控制股东对公司事务的参与，蓄意损害非

---

[①] See L. C. B. Gower, *Gower's Principles of Modern Company Law*, 4th. ed., Stevens & Sons, 1979, p. 707.

[②] See L. C. B. Gower, *Gower's Principles of Modern Company Law*, 5th. ed., Sweet & Maxwell Ltd., 1992, p. 703.

[③] See L. C. B. Gower, *Gower's Principles of Modern Company Law*, 4th. ed., Stevens & Sons, 1979, pp. 622 - 623.

控制股东的利益，然后迫使非控制股东以一个较低的价格出卖其股份。在法律规范方面，1959 年之前仅 1939 年制定、1958 年修订的《欺诈（投资）防止法》以及 1948 年《公司法》有非常简略的规定。面对这一极其严重地威胁到中小股东利益并严重扰乱了证券市场秩序的"灰色地带"，英国政府任命了一个"城市工作组"（city working party）起草相关法规。该小组于 1959 年颁布了作为《城市法典》前身的《昆士伯雷规则》（*Queensberry Rules*）。1968 年 3 月 27 日英国证券委员会又颁布了《城市法典》，特别规定了收购人的强制要约收购义务，即持有一个上市公司 30％以上股权的股东必须向所有其余股东发出购买其余所有股票的强制性收购要约。确立强制要约收购义务，其目的便在于保证所有目标公司股东在公司控制权转移之后，有机会以相同或近似的价格出售其股份。

英国《城市法典》所确立的强制要约收购制度对欧洲其他国家产生了极大的影响，随后法国、西班牙、比利时也都根据《城市法典》的精神建立了自己的强制要约收购制度。1990 年发布的欧共体公司法第 13 号指令也对强制要约收购作了规定。这样，强制要约收购制度作为上市公司要约收购制度的一项重要内容，就在不少国家的要约收购立法中得到了体现。但长期以来，欧盟各国对于是否需要在欧盟层面上设立强制要约收购制度存在较大的争议。不过，英国作为强制要约收购制度的主力干将，一直拥有欧盟最活跃的收购市场，足以令人怀疑其有关强制要约收购制度阻碍收购的论调。对于整个欧洲资本市场法而言，平等对待股东的义务具有举足轻重的作用：其可强化资本市场的信赖，大投资者获得超越其持股份额的溢价所产生的负面分配效应。基于此，2004 年《欧盟并购指令》终于通过，使各成员国的争议尘埃落定。该指令第 5 条第 1 款所规定的强制要约收购制度是指令的第一个核心部分，各成员国必须按照规定建立强制要约收购制度；为欧盟境内上市公司强制要约收购确立了最低标准，并突出对少数股东的保护。① 例如，2011 年修订

---

① ［德］斯蒂芬·格伦德曼. 欧盟公司法：下册. 周万里，主译. 北京：法律出版社，2018：260－263.

的德国《有价证券收购法》第五章就对强制要约制度作了详细规定。①

除英国外，许多属于英美法系的国家或地区也确立了该制度，我国香港地区直接继受了英国的强制要约收购制度：包含强制要约收购制度的《香港守则》在制定程序及性质、内容等方面，基本上吸收了英国《城市法典》所确立的上市公司收购的一系列制度。

欧盟之外的多数大陆法系国家和地区大多未确立强制要约收购制度，但该制度已陆续在一些国家确立。例如，日本在 2006 年将《证券交易法》修改为《金融商品交易法》时，引入了强制要约收购制度。

我国内地的上市公司收购法律制度虽系综合借鉴英国、美国以及我国香港地区相关制度的产物，但还是更多地受到了英国法与我国香港地区法律的影响。从 1993 年颁布的《股票条例》开始就已确定了强制要约收购制度。2005 年《证券法》与 2002 年《上市公司收购管理办法》也均确定了这一制度。不过，2019 年《证券法》与《上市公司收购管理办法》（2020 年修订）对全面强制要约收购制度作了重大修订。根据 2019 年《证券法》第 65 条第 1 款的规定，收购人拥有权益的股份达到强制要约收购触发点且继续收购的，收购人应发出收购上市公司全部或者部分股份的要约。根据《证券法》第 73 条第 1 款的规定，采取协议收购方式的，收购人收购或者通过协议、其他安排与他人共同收购一个上市公司已发行的有表决权股份达到 30% 时，继续进行收购的，应当依法向该上市公司所有股东发出收购上市公司全部或者部分股份的要约，但按照国务院证券监督管理机构的规定免除发出要约的除外。显然，2019 年《证券法》废除了全面强制要约收购制度，即便达到强制要约收购触发点，仍可自由选择发出全面要约或部分要约。

## （二）强制要约收购制度评价

强制要约收购制度的确立为作为目标公司的上市公司之少数股东提

---

① 德国证券法律汇编．中德文对照本．中国证券监督管理委员会，组织编译．北京：法律出版社，2016：143－151.

供了强有力的法律保护。① 其立法原因主要有二：其一，当股份有限公司由于股份转让导致控制权的转换时，可能会导致该公司的经营者和经营策略的改变，这对中小股东显然不利，因而应给予其退出的机会；其二，大股东所持有的股份具有对公司的控制价值②，并不应只属于持有该股份的大股东，而应属于公司的全体股东，因而收购者为获得公司的控制权而付出的溢价应归公司的全体股东平等享有。③ 从制度价值上讲，法律规定强制要约收购制度，其主要目的在于纠正部分要约收购对目标公司股东可能造成的不公平。其实际效果是当收购人取得目标公司的控制权时，目标公司其他股东能够以公平的价格退出公司④，防止他们因为处于少数股东地位而遭受损害。一个股东持股达到 30％以上，在持股比较分散的情况下，往往就能够相对控股，从而获得实际上的控制权。而英国等国的公司法理论认为，投资者之所以购买某一公司的股票，是因为对该公司控制股东及管理层的信赖，因此在发生公司控制股东变更，与之相适应地发生管理层变更的情况下，就应当给其他股东一个选择是否退出的机会。对于有一定实力、持股较多的机构投资者而言，可以选择放弃，或者选择参与控制权的争夺，促使目标公司采取反收购措施。而对于一般的中小股东而言，则可以选择"搭大股东的便车"或者退出。但即便是选择退出，中小股东还是会分享到因收购而溢

---

① 并且受此影响，公司法对非上市公司的少数股东的保护力度也随着各国公司法的改革而不断加强。英国 1985 年公司法第 459 节（条）和第 461 节（条）的有关规定，客观上就具有将《城市法典》的有关精神延伸适用于封闭性公司的特殊功效。申言之当控股股东转让其控制权已经或将要对非控股股东产生不公平损害，或者新控股股东（控制股的买方）有对非控股股东进行压榨之行为或危险时，处于少数股东地位的非控股股东均可以要求公司或新的控股股东以不损害其合理利益之价格收购其股份。从而，使因控制权转移所带来的弊害在更大的程度上得以避免。冯果. 论控制股的转让. 法律科学（西北政法学院学报），1999（3）.

② 当一定数量的股份达到了对公司的控制时，这些处于控制地位的股份就具有一般的股份所不具有的价值，即控制价值。

③ 当然，在控制价值的归属上，理论界有不同认识，有人认为应归于公司，也有人认为应归于全体股东，还有人认为应归于控制股份的持有者即控制股东。（冯果. 现代公司资本制度比较研究. 武汉：武汉大学出版社，2000：237－238.）多数学者都持前两种观点，而这两种观点均为强制要约收购制度提供了理论基础。

④ 代越. 强制性公司收购要约的法律问题. 法学评论，1998（2）.

出的控制价值的股权溢价。因此，强制要约收购制度使原本缺乏实质性权益保障的中小股东获得了强有力的制度保障。

尽管强制要约收购制度为不少国家所采纳，但不可否认的是，自该制度产生之日起就存在很大争议。有学者对此作了详细梳理，提出支持者围绕小股东的保护，形成了股东的平等对待理论、股东的溢价分享理论和股东的退出理论，反对者则从效率的角度出发，认为该制度制约了收购市场的发展。[①] 即使是在采行该制度的国家，也有不少学者都对强制要约收购制度的合理性与必要性提出了质疑。[②]

持肯定论者认为，收购人取得目标公司控制权，只是取代了原控制股东的地位，并不对目标公司少数股东的地位产生影响，毕竟，一个股份有限公司在控制权转移之前，只能处于两种状态：一种状态是股权结构分散，公司没有控制股东，公司的控制权掌握在经营者手中（即所谓的内部人控制）；另一种状态是公司存在持有一定数量股权的股东，控制权掌握在该控制股东手中。无论是前者还是后者，小股东都处于被支配的地位。公司的控制权转移之后，小股东参与公司经营管理的权利状态并没有多少变化，公司控制权的转换并不是小股东处境恶化的必然原因。投资者在决定购买某家上市公司股票时，除了公司本身的资产质量，公司管理层的经营管理能力也是重要考虑因素，但新的控制者所选择的公司经营者的能力并不一定比过去的经营者能力差。根据对收购者动机的分析，公司的收购者之所以肯付出较高的溢价来收购一个公司，其目的就是要提高目标公司的经营效率。只有有效地提高被收购公司的经营效率，收购者才能从以后的公司盈利中收回收购时所付出的成本并有所盈余，否则无法解释上市公司收购的合理性。因此，在大多数收购中，被收购公司的股东即使未能出售股份而留在公司中，其情况也往往比以前好，而不是比以前差。在追求财富最大化方面，大股东（或新的公司控制者）与小股东的利益是一致的，况且公司管理层的利益与

---

① 蔡伟. 强制要约收购制度的再审视——效率视角下的实证分析. 中外法学, 2013 (4).

② 李高中, 贺小勇. 论我国要约收购制度的完善. 法学, 1997 (7). 张舫. 强制要约收购制度及我国相关立法. 证券市场导报, 1999 (11).

公司股票的价格紧密结合在一起。如果公司管理层拥有大量的公司股票，那么股份的价格与公司管理层的利益有直接的关系自不待言；如果公司管理层没有持有大量的公司股份，公司股份的价格是公司管理层经营能力的反映，股份的价格与管理层利益有间接的关系。因此，无论公司管理层是否占有公司的股份，公司管理层都会千方百计地提高股份的价格。这无疑对小股东同样是有利的。因此，也不能假定收购人取得目标公司控制权后会掠夺公司的资产，因为收购人也可能改善目标公司的经营管理，提高目标公司的股份价值。这对于目标公司少数股东是有利的。

持否定论者认为：强制要约收购制度实际上并不能起到保护目标公司少数股东利益的作用，它反而有利于公司大股东。除此之外，强制要约收购制度对收购人的不利影响也是明显的，因为当收购人取得目标公司的控制权时，法律要求其进一步实施收购，并限定收购条件，这无疑增加了收购人的收购成本，从可能阻碍收购人实施收购。香港地区即有学者认为，部分要约收购与强制要约收购制度的综合并未产生预计的给少数股东出路和使其分享控制权溢价的效果，相反，减少了收购的发生，导致多数股东权力的巩固和控制转变，少数股东却没有出路，不能分享控制权溢价。如果不实行全面强制要约收购制度，少数股东将有更好的机会分享控制权溢价和获得出路；此外，还有利于留住原控制股东，使其仍持有相当股份，从而给少数股东提供了一个免费而有效的监督者。基于此，该学者提出了其改革建议：取消强制要约收购制度，而实行完全自愿的部分要约收购制度，真正由目标公司股东作为要约收购行为的决定者，并且继续实行要约必须向所有人发出、支付最高价和按比例接纳等规定。[①] 很明显，这一所谓改革方案实际上就是美国的要约收购模式。

也有人认为：强制要约收购制度应当是公司法，更确切地说是公司集团法的内容，而不应是要约收购立法的内容，因为小股东受到控制股

---

[①]　何美欢. 公众公司及其股权证券：中册. 北京：北京大学出版社，1999：775.

东损害的危险，并不只是在公司收购中存在。一个公司的小股东本来就潜在地面临着控制股东的损害行为。防止控制股东利用对公司的控制权损害小股东利益，是公司法中面临的一个普遍性的问题，这一问题可以通过完善公司法来解决。各国已在司法实践中进行了一些有益的尝试，并逐渐形成了一些原理和规则，如在司法实践中，德国所采用的良俗违反理论、权力滥用理论，法国所采用的权力滥用理论，英国所采用的权力欺诈理论以及美国所采用的信托义务理论等。[①] 尽管这些理论各自的角度不同，但所得出的结论是相似的，即股东在行使股东权时，必须从公司的整体利益出发，不能只考虑自己的利益，更不能损害公司的利益和其他小股东的利益。在这些法律制度下，小股东的利益完全可以得到保护。

在立法实践中，大多数国家确实都没有规定强制要约收购制度。那么，这些国家或地区究竟是以怎样的方式实现强制要约收购的制度价值的呢？我们在此且以美国的立法与司法实践为例加以分析说明。众所周知，美国采用了控制股东在转让股权时对小股东的信义义务（fiduciary duties）原理[②]，以保护小股东利益，而不是用强制要约制度，全面限制控制股份的转让。一方面，公司董事会在认为收购对公司股东不利时，有权采取必要的防御措施；而在认为收购对公司股东有利时，则有义务为公司股东争取最佳的收购条件。这一规定有助于促使收购人尽可能地提高其收购价格。另一方面，收购人在取得目标公司控制权，成为新的控制股东之后，对公司及其他股东应承担信义义务，不得对非控制股东进行压制。若收购人意图进一步收购公司的剩余股份，其必须保证该项交易对其他股东来说是完全公正的，包括做到公平交易及公平价格。公平交易涉及交易时间的安排，交易如何提出、如何组织、如何谈判，如何向公司董事披露信息及如何得到董事会及股东大会的批准。公平价格则要考虑所提议的收购价格的公正性，要考虑所有的相关因素：

① 刘俊海. 股份有限公司股东权的保护. 北京：法律出版社，1997：277-292.
② 王建文. 论我国构建控制股东信义义务的依据与路径. 比较法研究，2020（1）.

资产、市场价值、公司价值、前景以及影响公司股份的实质或内在价值的所有其他因素。应将所有这些因素作为整体加以考虑。此外，如前所述，美国上市公司收购中往往伴随着大量的诉讼。美国联邦及州法院对收购活动的每个环节都进行深入的司法审查。如果公司董事或股东未尽到其法定义务，必然会面临非控制股东的起诉，并为其行为造成的损害承担相应的法律责任。即使收购人的收购行为达到了完全公正的标准要求，对收购条件不满的股东仍可提出对其股份价值进行评估的要求，从而可能使收购人按评估确认的价格购买该股份。总之，在美国，收购人或控制股东始终处在非控制股东的诉讼威胁之下。因此，在实际的公司收购中，收购人为防止讼累，往往倾向于在取得控制权后对剩余股份发出全面收购要约。由此可见，美国通过对公司董事及控制股东的严格的信义义务的规制同样实现了强制要约收购的制度价值。[①] 易言之，在美国法上，如果收购人直接面对目标公司股东求购股份的行为引起了对投资者保护的关切，往往会按照公开收购要约的程序及实体性规定发出要约，从而使其要约收购具有一定程度上的"强制性"，但法律允许收购方发出只取得目标公司部分股份的收购要约。[②] 在没有采行强制要约收购制度的其他国家或地区，由于其法律体系的配套作用，应当也能够实现或基本实现强制要约收购所追求的制度价值。这样一来，似乎就从反面证实了强制要约收购制度的不必要性。

但是，关于某一具体法律制度的价值，应当基于具体国家的具体情况来分析。至少我们可以说，在美国等国家，尽管未采用强制要约收购制度，但其具备较为完备的公司与证券法律制度，能够有效地保护中小股东的利益，并在确实发生控制股东侵害中小股东利益的事件时，法律能够提供一整套完备的救济制度，从而使中小股东的利益受到切实保护。这与强制要约收购制度的功能基本相同。从这个意义上讲，在缺乏像美国这样的全面司法审查保障的国家，强制要约收购制度仍有不可忽

---

① 王建文. 我国要约收购制度研判与建构. 甘肃政法学院学报，2004（3）.
② 汤欣，[日]神田秀树，朱大明. 公开要约收购的法律规制：从中国到日本. 清华法学，2019（2）.

视的价值。① 在我国，由于相关法律制度并不健全，难以通过其他途径使中小股东的合法权益受到有力保护，如果没有强制要约收购制度，则完全可能发生控制股东与收购人合谋损害其他股东，尤其是中小股东利益的事件，而这些利益受到侵害的股东缺乏相应的有力救济手段。因此，至少就我国而言，或者更确切地说就我国目前情况而言，还是应当充分肯定强制要约收购制度的价值，至于其弊端，则可以积极寻求相关手段予以克服。尽管由于我国证券市场股权结构的特殊性及证券市场的分割性，既已发生的南钢股份要约收购案、江淮动力要约收购案及成商集团要约收购案，事实上都只是履行了一下法律所规定的全面要约收购义务而已，基本上未能产生强制要约收购所应产生的效果。立足于我国证券市场实践，我国在引入强制要约收购制度后作了较大修改，大幅度扩大了豁免范围，统计数据显示豁免申请基本上获得了中国证监会的批准。尽管有不少学者认为，这种此豁免机制的存在，导致强制要约收购义务沦为形式，但也有学者通过实证研究得出不同结论：豁免制度下上市公司股权转让的效率极高，能够显著地促进上市公司绩效的提升，且小股东未因无法向收购人出让股票而遭受经济损失。② 不过，强制要约收购的制度价值仍然值得肯定，毕竟为目标公司中小股东及投资者提供了一种权益保障机制。在证券市场处于下滑趋势的情况下，其现实意义更不容忽视。当然，正如其他未采行该制度的国家或地区同样能够充分保护中小股东的利益，如果日后我国公司、证券相关法律制度确实较为完善，能够切实保护中小股东的利益，我们废止强制要约收购制度，也完全可能是一种务实的选择，因为那时强制要约收购制度的弊端仍然存在，而现在所缺乏的中小股东权益保护机制又已建立起来，当然可以甚至应当废止强制要约收购制度了。③

---

① 代越. 论公司收购的法律管制//漆多俊主编. 经济法论丛：第1卷. 北京：中国方正出版社，1999：405 - 406.

② 薛人伟. 论中国强制要约收购制度之合理性——从法经济学视角分析. 中外法学，2019（5）.

③ 王建文. 强制要约收购：制度发展、评价与适用——基于经济法的视角. 南京大学学报（哲学·人文科学·社会科学），2005（3）.

正是基于对强制要约收购的制度价值的认识，在我国已建立了较为完整的中小股东权益保护机制的背景下，我国 2019 年《证券法》与《上市公司收购管理办法》（2020 年修订）对全面强制要约收购制度作了上述重大修订。

### （三）强制要约收购制度的基本内容与适用

基于强制要约收购制度的内在价值，在具体界定时无疑应遵循以下判断标准：（1）收购人持股已处于控股地位；（2）收购人受让控股权益后，如不发起强制收购要约，中小股东的利益势必会遭到损害。总的来说，强制要约收购义务的发生是以收购人持有目标公司的股份并使其在股东大会的表决权达到特定比例，从而使中小股东的利益受到威胁为条件。强制要约收购的发生条件，亦即强制要约收购制度的适用范围，一般被通俗地称作强制要约收购义务的临界点（threshold）或触发点（trigger point），它是指法律规定的收购人必须向目标公司所有股东的所有股份发出全面要约收购的界限。这个触发点的界定对于强制要约收购制度是否能发挥其应有的作用是至关重要的：如果界定不合理，不仅不能有效保护中小股东的利益，而且还可能导致资源的浪费；如果规定偏低的强制要约持股比例数，那么在上市公司收购实践中，动辄发生强制收购要约义务，势必会加大收购人的资金负担，从而阻碍正常的资本流通，造成效率损失。

由于各国在市场结构、股权分布以及证券市场收购活动的实际情况等方面各不相同，以及各国政府在证券市场的监管政策上的差异，对于强制要约收购触发点以及收购要约的具体内容和要求，各国的规定并不相同。如法国规定，当收购人取得目标公司 1/3 的股份时，有义务向其他股东要约收购目标公司股份的 1/2，而且其要约价格可以是证券交易所业务委员会认为可以接受的任何价格；但当收购人取得目标公司 50％以上的股份时，他就负有按最高价格发出全面收购要约的义务。按比利时的法律，收购人获得目标公司的控制权，并不必然导致强制要约收购义务，只有当收购人按高于市价的价格收购时，才发生强制要约收购义务。此时，收购人应按为取得控股权所付的最高价格，进行全面要约收购。英国《城市法典》则规定：任何人获取一家公司 30％或 30％以上的股份，或持有一家公司不少于 30％但不多于 50％的股份时，如在 12 个月之内独自或与共同行动者一道取得了超过 2％的有表决权的股份，则除非委员会同意，该组一致行动人须按《城市法典》所载计算基础，向每类权益股本的持有人以及向任何一类有投票权非权益股本的股份持有人，发出要约；对不同类别的权益股本的要约必须是按照同等基础作出的。欧盟有关公司接管的法规也对公司收购中的强制收购制度作出了规定：在收购人收购的目标公司股份上的表决权数已达到目标公司总表决权数的 1/3 时，收购人即有以同等条件公开收购目标公司全部股东所持股份的义务。在欧洲之外，关于强制要约收购义务临界点的规定，澳大利亚、加拿大为 20％，新加坡经历了一个从 20％到 25％，再到 30％的过程，我国香港地区目前执行的是 30％的标准，但在历史上曾经是 35％。[①] 日本在 2006 年修改《金融商品交易法》时，将强制要约收购义务的触发点确立为 2/3。[②] 一般说来，如果股权较分散，公众持股比例较高，证券市场发达，标准就会比较低，反之亦然。我国《证券法》及《上市公司收购管理办法》（2020 年修订）规定，强制要约收购义务的触发点为 30％。

对收购人课以强制要约收购义务的前提是收购人取得对目标公司的控制权，因而计算触发点比例时的股份应该是目标公司具有表决权的股份。对此，《欧盟要约收购指令》规定强制要约收购义务不适用于在普通股东大会上取得的无表决权的股票。[③] 我国《上市公司收购管理办法》（2020 年修订）对此未予规定，但依 2019 年《证券法》第 65 条、第 73 条之规定，计算触发点比例时的股份限定于目标公司已发行的有表决权股份。

由于强制要约收购制度同时也构成了上市公司收购的一大约束性的

---

[①] 蔡伟.强制要约收购制度的再审视——效率视角下的实证分析.中外法学, 2013 (4).

[②] 汤欣, [日] 神田秀树, 朱大明.公开要约收购的法律规制：从中国到日本.清华法学, 2019 (2).

[③] 马其家.欧盟证券强制要约收购规则及其启示.河北法学, 2008 (1).

障碍，而上市公司收购又是具有重要经济价值的市场行为，因而为推动经济发展，尤其是通过上市公司收购行为促进资源优化配置及经济结构的优化与调整，各国法律与政策都不希望强制要约收购制度成为实现这一经济目标的制度性障碍。基于此，各立法例在规定强制要约收购制度的同时，还设立了多项豁免条款，使符合特定豁免条件的上市公司收购不致因强制要约收购义务的存在而难以进行。我国香港地区的《香港守则》即规定了要约人强制要约收购的义务经执行人员的授予可以豁免。一般来说，如果某人因为接受赠与、行使新股认购权、公司分立等原因而取得目标公司股份的，或收购人实际上未取得目标公司控制权，或收购公司计划与目标公司实行合并的，强制要约收购义务均可免除。当然，法律对于强制要约收购义务的豁免必须设置严格的条件，只有确有必要才予以豁免，否则因太多豁免的存在而表现出的对收购人的过度宽容，客观上会造成对其他股东的不公平待遇，因为毕竟促进市场长久发展的不是一时的政策倾斜，而是公开、公正、公平的原则与法律环境。①

为了使强制要约收购制度不致成为上市公司收购的绊脚石，我国法律也特别规定了强制要约收购义务的豁免条款。《证券法》对强制要约收购义务的豁免作了规定，但未明确规定何种条件下或范围内收购人强制要约收购义务可得到豁免，至于豁免的程序也缺乏相关规定，容易导致暗箱操作，损害中小股东权益。为此，《上市公司收购管理办法》（2020 年修订）第六章就强制要约收购义务的豁免作了非常详细的规定。应当说，我国《证券法》原本是将强制要约收购义务豁免作为例外性制度安排，但就我国上市公司收购实践而言，收购人的全面或部分要约收购义务绝大多数都获得了中国证监会的豁免，而未被豁免的少数案例虽然在形式上满足了法规的要求，但实际上要约溢价很低，预受要约的股东持有的股份数寥寥无几，从而使全面要约收购制度流于形式，对

---

① 王建文. 强制要约收购：制度发展、评价与适用——基于经济法的视角. 南京大学学报（哲学·人文科学·社会科学），2005（3）.

于少数股东的保护作用未能有效实现。①

在全面要约收购中，收购人若取得了目标公司接近全部股份总额的股份（如 90%～95%），则希望完全取得目标公司全部发行在外的股份，从而实现目标公司主动退市的目的。为此不少国家证券法规定了余股强制挤出制度。所谓余股强制挤出，是指收购人发出全面收购要约后，若一定期间内一定比例（一般为 90%～95%）的股东同意该收购要约，则收购人可对公司全部股份进行收购。当然，这需要合理的配套制度安排来解决剩余股东权利保护问题。② 该项制度实际上可谓上市公司私有化（going private，又称主动退市）诸多交易模式之一种。尽管上市公司私有化的交易模式多种多样，但由于控股股东控制着私有化交易的时机和条款，交易的本质是强制的，即强制将小股东所持的股份换成现金或债券③，因而该制度主要立足于对上市公司收购人的保护。因此，不少学者基于促进上市公司收购的考虑，认为我国《证券法》应规定余股强制挤出制度。④ 不过，从监管实践看，没有余股强制挤出制度并不影响公司的私有化。对于保留余股股东对公司后续运营可能带来的影响，可以通过以下措施予以解决：一是协调交易所为主动退市的公司开辟余股收购的特殊通道，方便相关公司继续收购余股；二是明确全面要约收购且主动退市的公司，即使剩余股东在 200 人以上，亦可豁免承担《证券法》规定的信息披露等相关义务，以减少要约收购后公司运营成本。⑤ 或许正是基于此，我国 2019 年《证券法》未确立余股强制挤出制度。

总的来说，我国上市公司强制要约收购制度演进呈现出不断减弱制度刚性的状态，从创造性地进行强制要约收购义务的豁免，到降低要约收购的定价标准，再到允许以依法可以转让的证券作为支付手段，最终

① 汤欣，[日]神田秀树，朱大明.公开要约收购的法律规制：从中国到日本.清华法学，2019（2）.

② 江川.余股强制挤出：证券投资者保护视阈下的反向思考.新金融，2017（7）.

③ 李文莉.上市公司私有化的监管逻辑与路径选择.中国法学，2016（1）.

④ 李东方.上市公司收购监管制度完善研究——兼评"《证券法》修订草案"第五章.政法论坛，2015（6）.

⑤ 方重.构建余股强制挤出机制.中国金融，2015（9）.

将全面强制要约收购制度调整为全面要约收购与部分要约收购自由选择的制度模式。由此，我国强制要约收购制度下的义务已大幅减少，收购方的风险和可能支付的财务成本也随之大幅降低，体现了鼓励收购、追求效率的理念。[①]

# 第四节　协议收购制度

## 一、协议收购概述

### （一）协议收购的概念与制度沿革

协议收购，是指收购人不通过证券市场集中交易系统，而直接同目标公司股东达成股份转让协议，从目标公司股东处取得上市公司股份的行为。

各国（地区）证券立法基本上都以要约收购为其规制中心，很少涉及协议收购，甚至根本不涉及协议收购制度。有些国家或地区虽允许通过私下协商收购股份有限公司股份，但仍限定上市公司必须在证券集中交易市场完成股份转让，从而禁止了协议收购。例如，依我国台湾地区"证券交易法"第150条之规定，私人间直接转让上市证券仅限于不超过一个成交单位（如股票的1 000股）。不过，美国、英国、澳大利亚、意大利等少数证券市场完备、监管措施完备的国家还是承认在要约收购及公开市场收购等上市公司收购形式之外股东之间通过私人间协议的方式实现股权甚至控制权的转让，也就是说允许协议收购的存在。但这一股权转让方式往往只是作为一种例外情形或者辅助手段而存在，通常的

---

① 蔡伟. 强制要约收购制度的再审视——效率视角下的实证分析. 中外法学，2013 (4).

做法是，收购者通过这种方式购买目标公司的部分股份，在此基础上再发出收购要约或采取其他的收购方式，以减少公司收购成本。在法律调整方面，原则上也只是由民法与相关信息披露法规等法律规范共同调整，而没有上升到与要约收购相并列的基本制度层面。可以说，在这些国家协议收购大多是基于法院的认可而存在的，明确的法律规则也只是在法院的判例中有所体现。[①] 并且法院的判决中往往存在着对此问题在定性上的分歧。不过，美国大多数法院认为：即使多数私下协商的交易并不在上市公司收购的定义之中，但私下进行的股权交易还是可能被认定为上市公司收购。任何私下协商的交易如果妨碍了那些依《威廉姆斯法》享有"从容的投资决定权"以及受到公平对待的权利的实现，就极有可能被认定为上市公司收购。也就是说，当意在获取公司控制权的私下交易引发了《威廉姆斯法》旨在改善的问题时，就可能被认定为上市公司收购，具体来说就是被判定为协议收购。[②] 总的来说，在境外，协议收购理论与制度并不丰富，甚至处于无人问津的境遇，因为对控制权转让所引起的相关信息披露问题适用关于大宗股份转让的一般信息披露制度即可，至于股权转让本身，与一般交易行为无本质差异。

在我国，虽然协议收购一直是我国上市公司收购的最基本方式，但是1993年《股票发行与交易管理暂行条例》并未对协议收购的有关问题作出明确规定。基于国有股协议转让的客观需要，实务部门创造性地以颁布于1994年11月3日的《股份有限公司国有股权管理暂行办法》为依据，开始了上市公司国有股权协议转让的尝试。1994年4月29日，《上海证券报》刊登了上海建筑材料（集团）总公司将其所持有的上市公司上海棱光实业有限公司1 200万股的股份转让给珠海经济特区恒通置业股份有限公司的公告，开上市公司国家股以协议方式进行转让交易之先例。此即著名的"恒通控股棱光"案例。此后，国有股协议收

---

① ［美］詹姆斯·D. 考克斯，罗伯特·W. 希尔曼，唐纳德·C. 兰格沃特. 证券管理法案例与资料. 影印本. 北京：中信出版社，2003：1031.

② ［美］托马斯·李·哈森. 证券法. 张学安，等译. 北京：中国政法大学出版社，2003：524-525.

购就逐渐成为上市公司收购的主要模式，市场上相继发生了"康恩贝控股浙凤凰"等买壳上市案例。据称，该种方式被认为"为盘活国家股提供了新思路，也为中国证券市场的收购、合并及控股行为提供了一个新案例"，从而大受推崇。此后，上市公司国家股、法人股以协议方式进行转让的案例纷至沓来，上演了诸如科利华借壳"阿城钢铁"（600799.SH）、兰陵美酒股份公司借壳"环宇股份"（600735.SH）等协议收购典型案例。1997 年 12 月 29 日，沪、深证券交易所发布的股票上市规则对协议收购作了一般规定。规则指出，依此规定提出书面报告的，该报告可免除受让方或出让方履行多次转让、多次披露的申报义务，即在协议收购中，大股东一次协议收购股份的数量没有限制。这在操作层面上为协议收购作了基本指引性规定。在经历了长期实践运作之后，1998 年 12 月 29 日颁布的《证券法》终于第一次对协议收购作了明确规定，使协议收购方式有了明确的法律依据，为此后的上市公司收购提供了更多的操作工具，开辟了更大的制度空间。现行《证券法》也对协议收购作了明确规定，但内容极为原则、抽象。

2002 年发布的《上市公司收购管理办法》对协议收购作了较为详细的规定，并且在顺序上将其置于要约收购制度之前。这体现了立法者对协议收购制度的重视。经 2006 年、2014 年、2020 年修订的《上市公司收购管理办法》也对协议收购作了详细规定，但将其置于要约收购之后，使其回归到非主导性上市公司收购方式的地位。

### （二）协议收购与要约收购的关系

协议收购与要约收购作为上市公司收购的两大最基本形式具有密切联系。在制度层面上，少数几个允许协议收购的国家基本上都没有就协议收购作出专门的规定，而是直接适用关于要约收购的规定及其他相关规定，因而两者在基本规范层面上可谓具有同源性。我国虽明确规定了协议收购制度，但其规定较之要约收购制度也明显简单。究其原因也在于两者之间的制度共通性。总体而言，协议收购与要约收购在立法原则、信息披露等具体制度方面具有相同或相似性，如都以目标公司股东平等待遇原则、保护中小股东利益原则与充分披露原则作为基本立法原则，但在立法目的及具体规范上则存在较大的差异。

至于两者之间的联系，主要就在于进行协议收购的同时能否进行要约收购、进行要约收购的同时能否进行协议收购以及两者的衔接问题。对此，我国相关法律法规仅就协议收购达到强制要约收购触发点则须履行要约收购义务作了明确规定，关于其余问题只能根据相关规定从理论上加以推导。对于这两个问题，在立法例上也缺乏明确的规定。一般来说允许协议收购的各国原则上并不对此加以禁止，但基于股东平等待遇原则，要求协议收购的价格不得高于要约收购价格，否则要约收购价格将适用协议收购价格。也有的国家为了监管方便起见，禁止在要约收购过程中实施包括协议收购在内的其他收购。对此，我国《证券法》第70条规定："采取要约收购方式的，收购人在收购期限内，不得卖出被收购公司的股票，也不得采取要约规定以外的形式和超出要约的条件买入被收购公司的股票。"

根据《证券法》及《上市公司收购管理办法》（2020年修订）的有关规定，协议收购与要约收购的区别主要表现在以下几个方面：

（1）立法目的不同。在要约收购中，由于目标公司股东处于较为被动的地位，其合法利益容易受到收购人的损害，因而要约收购立法以规范收购人为主，立法者在制定要约收购制度时，便以保护容易受到侵害的目标公司股东的利益及维护证券市场秩序为其基本目的。协议收购中交易双方在资金、信息等方面基本上处于同等地位，法律无须就其基于市场主体的正常判断而实施的行为的权利平衡加以特别规制。但由于协议收购是在转让人与受让人之间私下进行的，协议收购的结果使其他股东丧失了退出的选择权，因而法律注重对其信息披露的规制，使原本不公开的收购行为成为透明的公开行为，从而使其他股东的合法权益得到维护。

（2）制度功能不同。敌意收购往往通过要约收购实现。协议收购是收购人与目标公司的控股股东或大股东本着友好协商的态度订立收购协议以实现公司控制权的转移，而目标公司的管理层通常为控股股东所控制，因此协议收购通常为善意收购。基于此，通过协议收购实现敌意接管基本上只属于理论上的"制度功能",实践中很难发生。

（3）目标公司的股权结构不同。要想通过要约收购实现目标公司控制权的转移,基本上只有在没有控股股东的股权较为分散的目标公司才可能发生。在没有控股股东,尤其是绝对控股股东的情况下,收购人通过较为优厚的收购条件促使股东接受其要约,取得较高比例的股份,从而取得目标公司的控股地位或大股东地位。当然,在存在控股股东的情况下,也并非完全不可能实现要约收购,不以控股为目的的部分要约收购较为可能发生。但在这种情形下,只要法律允许实行协议收购,无疑无论在客观上还是在主观上,收购人都不太可能主动选择要约收购这一难以最终实现目标公司控制权转移目的的收购方式。就协议收购而言,由于其仅限于收购人与少数几个特定的大股东之间通过协商而实现收购目的,因而往往发生于目标公司股权分布较为集中、存在控股股东的情形。在此情形下,即使收购人不通过协议收购,而径直采取要约收购行为,也仍然依赖控股股东的态度。因此,只要法律允许实行协议收购,理性的收购人大多会选择协议收购方式,以增加收购成功的概率并降低收购成本。

（4）定价方式与支付方式不同。我国证券法对要约收购与协议收购的定价方式与支付方式作了不同规定。关于要约收购的定价方式与支付方式,已于本章第三节详述。《证券法》与《上市公司收购管理办法》（2020 年修订）均未就协议收购的定价方式作出强制性规定,而允许当事人自由协商。至于协议收购的支付方式,《证券法》与《上市公司收购管理办法》（2020 年修订）的规定隐含了以现金收购的要求。

## 二、协议收购的具体规则

### （一）协议收购的基本程序

根据我国《证券法》《上市公司收购管理办法》（2020 年修订）的相关规定,上市公司协议收购应按以下基本程序进行:

（1）目标公司特定大股东作出转让股份的决定,有的还需要特定主管部门的批准。如果协议转让的股份属于国有股，则必须向国有资产管理部门提出报告，申请批准。如果协议转让的股份属于非国有股，则即使该股份系由国有企业持有，也由于不涉及国有资产的变动问题，而无须经国有资产管理部门批准。另外，有些特殊股份的转让还必须征得有关主管部门的批准，如出让股份为外资股，需经外资管理部门批准；如目标公司系金融类公司，需经中国人民银行批准；等等。对此，《上市公司收购管理办法》（2020 年修订）第 4 条第 2 款规定："上市公司的收购及相关股份权益变动活动涉及国家产业政策、行业准入、国有股份转让等事项，需要取得国家相关部门批准的，应当在取得批准后进行。"同条第 3 款规定："外国投资者进行上市公司的收购及相关股份权益变动活动的，应当取得国家相关部门的批准，适用中国法律，服从中国的司法、仲裁管辖。"这些规定系对上市公司收购的统一规定，当然也适用于协议收购。

（2）委托证券登记结算机构临时保管拟转让的股票，并将用于支付的现金存放于证券登记结算机构指定的银行。为了使协议收购的双方认真对待收购行为，保证协议收购得到切实履行，允许协议收购的国家或地区往往要求当事人将拟协议转让的股票委托证券登记结算机构进行保管，并将协议收购所需资金存放于证券登记结算机构指定的银行。对此，《证券法》第 72 条规定："采取协议收购方式的，协议双方可以临时委托证券登记结算机构保管协议转让的股票，并将资金存放于指定的银行。"但该条采用了"可以"一词，使这种在实践中属于强制性要求的规定并不具有强制性法律效力，从而使法律规定与制度实践产生冲突。《上市公司收购管理办法》（2020 年修订）也作了基本相同的规定。不过，依该办法第 55 条第 1 款之规定，当事人必须凭全部转让款项存放于双方认可的银行账户的证明，才能向证券登记结算机构申请解除拟协议转让股票的临时保管，并办理过户登记手续。由此可见，将用于支付的现金存放于证券登记结算机构指定的银行，仍为协议收购的强制性要求。

（3）协议收购双方签订股份转让协议。这是协议收购中最基本的环节，协议收购的基本内容都要在此环节中确定。签订协议的主体必须是收购人与目标公司的意欲出让股份的特定股东，即便是由出让股份的股东控制的目标公司的董事会或目标公司本身都不能直接充当协议收购的主体。由于协议收购属于目标公司股份出让人与收购人之间基于意思自治的市场行为，因而双方当事人在遵循法律及相关政策规定的前提下，可以就收购股份的数量、价格，履行方式、期限及双方权利义务等事项进行自由协商。依此，只要双方协商确定的协议内容不违背法律法规的强制性规定，其约定条款就具有法律效力。对此，《证券法》第 71 条第 1 款规定："采取协议收购方式的，收购人可以依照法律、行政法规的规定同被收购公司的股东以协议方式进行股份转让。"

（4）收购人公告上市公司收购报告书，履行收购协议，办理股份转让过户手续。以协议方式收购上市公司时，达成协议后，收购人必须在 3 日内将该收购协议向国务院证券监督管理机构及证券交易所作出书面报告，并予公告。在公告前不得履行收购协议。① 收购报告书公告后，相关当事人应当按照证券交易所和证券登记结算机构的业务规则，在证券交易所就本次股份转让予以确认后，凭全部转让款项存放于双方认可的银行账户的证明，向证券登记结算机构申请解除拟协议转让股票的临时保管，并办理过户登记手续。收购人未按规定履行报告、公告义务，或者未按规定提出申请的，证券交易所和证券登记结算机构不予办理股份转让和过户登记手续。收购人在收购报告书公告后 30 日内仍未完成相关股份过户手续的，应当立即作出公告，说明理由；在未完成相关股份过户期间，应当每隔 30 日公告相关股份过户办理进展情况。②

（5）收购人提交收购完成情况的报告，并予以公告。对此，《证券法》第 76 条第 2 款明确规定："收购行为完成后，收购人应当在十五日内将收购情况报告国务院证券监督管理机构和证券交易所，并予公告。"至此，协议收购就宣告完成。

---

① 《证券法》第 71 条第 2、3 款。
② 《上市公司收购管理办法》（2020 年修订）第 55 条。

### （二）协议收购信息披露制度

协议收购虽系私人间的协议安排，无须在实施收购前进行公开的信息披露，但仍需履行一定的信息披露义务。与要约收购不同，协议收购的信息披露主要为向证券监管机构的报告义务，只是在实施收购之后才将收购报告书予以公告，并在收购结束后将收购完成情况予以报告和公告。《上市公司收购管理办法》（2020 年修订）对收购人免于发出要约的信息披露规则作了详细规定。

以协议方式收购上市公司股份超过 30%，收购人拟依法免于发出要约的，应当在与上市公司股东达成收购协议之日起 3 日内编制上市公司收购报告书，通知被收购公司，并公告上市公司收购报告书摘要。收购人应当在收购报告书摘要公告后 5 日内，公告其收购报告书、财务顾问专业意见和律师出具的法律意见书；不符合《上市公司收购管理办法》（2020 年修订）第六章规定的免于发出要约情形的，应当予以公告，且投资者及其一致行动人应当在 30 日内将其或者其控制的股东所持有的被收购公司股份减持到 30% 或者 30% 以下；拟以要约以外的方式继续增持股份的，应当发出全面要约。

已披露收购报告书的收购人在披露之日起 6 个月内，因权益变动需要再次报告、公告的，可以仅就与前次报告书不同的部分作出报告、公告；超过 6 个月的，应当按照权益披露相关规定履行报告、公告义务。

### （三）控股股东协议转让股份的特别义务

《上市公司收购管理办法》（2020 年修订）第 53 条对控股股东协议转让股份的义务作了特别规定，其内容如下：

上市公司控股股东向收购人协议转让其所持有的上市公司股份的，应当对收购人的主体资格、诚信情况及收购意图进行调查，并在其权益变动报告书中披露有关调查情况。

控股股东及其关联方未清偿其对公司的负债，未解除公司为其负债提供的担保，或者存在损害公司利益的其他情形的，被收购公司董事会应当对前述情形及时予以披露，并采取有效措施维护公司利益。

### (四) 对收购人的特别限制

(1) 股份转让限制。《证券法》第 75 条规定："在上市公司收购中，收购人持有的被收购的上市公司的股票，在收购行为完成后的十八个月内不得转让。"该限制并非仅存在于协议收购，而且是一项普遍规则。对收购人的股份转让予以限制，有利于防止收购人利用上市公司收购套取非法利益。

(2) 改选董事会的限制。依《上市公司收购管理办法》（2020 年修订）第 52 条之规定，以协议方式进行上市公司收购的，自签订收购协议起至相关股份完成过户的期间为上市公司收购过渡期。在该过渡期内，收购人不得通过控股股东提议改选上市公司董事会，确有充分理由改选董事会的，来自收购人的董事不得超过董事会成员的 1/3。这种限制收购人改选董事会的规定，也是为了维护上市公司的利益，防止收购人通过上市公司收购并改选董事会侵害上市公司及中小股东的权益。

# 第五节 上市公司收购的其他制度

## 一、上市公司管理层收购制度

### (一) 上市公司管理层收购的含义

上市公司管理层收购，是指上市公司的管理层利用自有资金或外部融资购买其所经营的上市公司的股份，进而改变上市公司股权结构、控制权结构的行为。上市公司管理层收购与一般意义上的管理层收购并无本质差异，只不过其目标公司由一般的企业变为上市公司而已。

管理层收购（management buyout，MBO）又称"经理层融资收购"，一般是指公司的经理层利用借贷所融资本或股权交易收购本公司股票的行为。其直译应为"管理者收购",但由于在我国实施管理层收购时,收购人不仅包括高层管理者,而且包括中层管理者甚至骨干员工,因此其被称为"管理层收购"。在我国,与上市公司管理层收购的资金来源相一致,管理层收购应包括管理层利用自有资金或外部融资购买其所经营的公司股份的行为。但多数情况下,因管理层收购所需资金巨大,基本上都会超出收购人的自有资金,故管理层收购基本上都会借助于外部融资。

一般来说,管理层收购是杠杆收购(leverage buyout,LBO)的一种。所谓杠杆收购,即通过高负债融资购买目标公司的股份,获得经营控制权,以重组该目标公司,并从中获得预期收益的一种财务型收购方式。当收购主体是目标公司内部管理人员时,LBO便演变为MBO。当收购主体是目标公司员工时,称为员工收购(employee buyout),即EBO,其核心内容为员工持股计划(employee stock ownership plans)即ESOP。在许多情况下,往往是管理层与员工共同收购(management and employee buyout)即MEBO。在实践中,管理层收购的具体形式不断变化,除了以目标公司的管理层为唯一收购方这一典型形式外,还衍生出另外两种常见的形式:一是由目标公司管理层与目标公司以外的投资者组成收购集团实施收购;二是MBO与EBO相结合实施的收购,即MEBO。前者可以在一定程度上减轻收购成后目标公司的债务负担;后者在西方国家可以享受一些税收方面的优惠,从而降低收购成本。

在发达市场经济国家,管理层收购的目标公司多属小型或中型上市公司。在我国,管理层收购的目标公司主要是非上市的中小型公司,但由于上市公司本身具有较大的影响,因而影响较大的还是上市公司管理层收购。在法律层面上,实际上也仅有上市公司管理层收购具有明确的法律依据。

## (二)我国关于上市公司管理层收购的规定

《上市公司收购管理办法》(2020年修订)第51条对上市公司管理层收购作了特别规定。依其规定,上市公司管理层收购制度主要包括以下特别规则:

1. 收购主体的积极资格限制

《上市公司收购管理办法》（2020 年修订）将管理层收购的收购人规定为：上市公司董事、监事、高级管理人员、员工或者其所控制或者委托的法人或者其他组织。该规定可视为关于收购人积极资格的限制性规定，但非常宽松也非常简略。依此，只要不存在消极资格，则所有符合上述条件的人均可参与上市公司管理层收购。在我国，上市公司管理层收购不同于西方国家的，收购人往往只是简单地取代原控股股东，公司本身仍以维持上市公司资格为基本目标。因此，在此过程中，收购人完全可能利用其内部人实际控制的优势，通过收购获取其他收购人所不能获取的利益。因此，在此背景下，应当对收购人的积极资格加以严格限制。参与上市公司管理层收购的相关组织与人员一般应具备以下条件：（1）具有较强的经济实力，收购资金中自有资金应占一定比例；（2）具有较强的经营管理能力；（3）在过去一定时期内，具有良好的经营管理业绩；（4）具有较好的诚信记录与职业道德，有利于维护公司与投资者的利益。在国有控股上市公司管理层收购中，上述要求应得到更严格的执行。对此，2005 年 12 月 19 日发布的《关于规范国有企业改制工作的意见》就明确规定，"经营管理者对企业经营业绩下降负有责任的，不得参与收购本企业国有产权"。

不过，我国许多上市公司管理层，尤其是其创业者对公司发展作出了巨大的贡献却未获得相应的报酬，因而确实需要以一定方式对这些创业者的贡献予以补偿。就目前的机制而言，管理层收购不失为一种合适的方式。尤其是在由集体所有制企业发展而来的上市公司中，由于创业者难以通过其他途径获得适当补偿，因而更应基于对其利益予以维护的原则，在相当长一段时期内，在更大程度上放宽对创业者实施管理层收购的资格限制。苏南的集体所有制企业控股上市公司曾普遍面临的困境就足以说明这一点。

2. 收购主体的消极资格限制

《上市公司收购管理办法》（2020 年修订）第 51 条第 2 款规定：

"上市公司董事、监事、高级管理人员存在《公司法》第一百四十八条规定情形，或者最近 3 年有证券市场不良诚信记录的，不得收购本公司。"此即关于收购主体的消极资格。《公司法》第 148 条第 1 款规定："董事、高级管理人员不得有下列行为：（一）挪用公司资金；（二）将公司资金以其个人名义或者以其他个人名义开立账户存储；（三）违反公司章程的规定，未经股东会、股东大会或者董事会同意，将公司资金借贷给他人或者以公司财产为他人提供担保；（四）违反公司章程的规定或者未经股东会、股东大会同意，与本公司订立合同或者进行交易；（五）未经股东会或者股东大会同意，利用职务便利为自己或者他人谋取属于公司的商业机会，自营或者为他人经营与所任职公司同类的业务；（六）接受他人与公司交易的佣金归为己有；（七）擅自披露公司秘密；（八）违反对公司忠实义务的其他行为。"若公司高级管理人员违背相关强制性规定，中国证监会、证券交易所等相关监管机构会作出相应处罚及公开谴责等处分，这些处罚或处分均构成其不良诚信记录。

### 3. 管理层收购的方式

《上市公司收购管理办法》（2020 年修订）第 51 条第 1 款关于上市公司管理层收购的收购方式的规定为："拟对本公司进行收购或者通过本办法第五章规定的方式取得本公司控制权"。该办法第四章即为关于协议收购的规定。依此，《上市公司收购管理办法》（2020 年修订）未对上市公司管理层收购的方式予以特别限制，而是允许采取公开市场收购、要约收购、协议收购等多种形式，故可适用该办法的相关规定。

### 4. 实施管理层收购的上市公司治理结构要求

依《上市公司收购管理办法》（2020 年修订）第 51 条第 1 款之规定，实施管理层收购的上市公司"应当具备健全且运行良好的组织机构以及有效的内部控制制度，公司董事会成员中独立董事的比例应当达到或者超过 1/2"。此即关于实施管理层收购的上市公司治理结构的限制性规定。该上市公司治理结构要求有利于防止管理层利用其实际控制地位，迫使控股股东同意其管理层收购的要求与条件。

5. 上市公司管理层收购的程序要求

除应遵循具体上市公司收购形式的程序规则外，《上市公司收购管理办法》（2020 年修订）第 51 条第 1 款对管理层收购规定了特别程序要求："公司应当聘请符合《证券法》规定的资产评估机构提供公司资产评估报告，本次收购应当经董事会非关联董事作出决议，且取得 2/3 以上的独立董事同意后，提交公司股东大会审议，经出席股东大会的非关联股东所持表决权过半数通过。独立董事发表意见前，应当聘请独立财务顾问就本次收购出具专业意见，独立董事及独立财务顾问的意见应当一并予以公告。"依此，《上市公司收购管理办法》（2020 年修订）对管理层收购规定了非常严格的程序要求，使管理层无法利用其与控股股东之间的特殊关系，轻易实现管理层收购。

## 二、间接收购制度

间接收购，是指收购人通过控制上市公司的控股母公司而达到间接控制该上市公司的目的。收购人既可以通过取得上市公司控股股东股权的方式达到对上市公司的间接控制，也可以通过与上市公司控股股东成立合资公司，并在该合资公司中占控股地位的方式达到间接控制上市公司的目的，还可以通过协议或其他安排达到间接控制上市公司的目的。实践中，间接收购主要是通过取得上市公司控股股东股权的方式进行，更具体地表现为参与国有控股的上市公司母公司改制而控制该母公司。《上市公司收购管理办法》（2020 年修订）第五章对此作了专门规定，其主要内容如下所示。

（1）间接收购的持股预警披露与要约收购的适用。

收购人虽不是上市公司的股东，但通过投资关系、协议、其他安排导致其拥有权益的股份达到或者超过一个上市公司已发行股份的 5％未超过 30％的，应当按照持股预警披露制度的规定办理。

收购人拥有权益的股份超过该公司已发行股份的 30％的，应当向该公司所有股东发出全面要约或部分要约；收购人预计无法在事实发生之日起 30 日内发出全面要约或部分要约的，应当在前述 30 日内促使其控制的股东将所持有的上市公司股份减持至 30％或者 30％以下，并自减持之日起 2 个工作日内予以公告；其后收购人或者其控制的股东拟继续增持的，应当采取要约方式；拟免于发出要约的，应当在与上市公司股东达成收购协议之日起 3 日内编制上市公司收购报告书，通知被收购公司，并公告上市公司收购报告书摘要。

投资者虽不是上市公司的股东，但通过投资关系取得对上市公司股东的控制权，而受其支配的上市公司股东所持股份达到持股预警披露和强制要约收购触发点规定比例，且对该股东的资产和利润产生重大影响的，应当按照规定履行报告、公告义务。

（2）实际控制人及受其支配的股东的信息披露义务。

上市公司实际控制人及受其支配的股东，负有配合上市公司真实、准确、完整披露有关实际控制人发生变化的信息的义务；实际控制人及受其支配的股东拒不履行上述配合义务，导致上市公司无法履行法定信息披露义务而承担民事、行政责任的，上市公司有权对其提起诉讼。实际控制人、控股股东指使上市公司及其有关人员不依法履行信息披露义务的，中国证监会将依法进行查处。

（3）上市公司的信息披露义务。

上市公司实际控制人及受其支配的股东未履行报告、公告义务的，上市公司应当自知悉之日起立即作出报告和公告。上市公司就实际控制人发生变化的情况予以公告后，实际控制人仍未披露的，上市公司董事会应当向实际控制人和受其支配的股东查询，必要时可以聘请财务顾问进行查询，并将查询情况向中国证监会及其派出机构和证券交易所报告；中国证监会将依法对拒不履行报告、公告义务的实际控制人进行查处。

上市公司知悉实际控制人发生较大变化而未能将有关实际控制人的变化情况及时予以报告和公告的，中国证监会将责令改正；情节严重的，将认定上市公司负有责任的董事为不适当人选。

（4）上市公司董事会的特别责任。

上市公司实际控制人及受其支配的股东未履行报告、公告义务，拒不履行法定配合义务，或者实际控制人存在不得收购上市公司的情形的，上市公司董事会应当拒绝接受受实际控制人支配的股东向董事会提交的提案或者临时议案，并向中国证监会或及其派出机构和证券交易所报告。中国证监会责令实际控制人改正，可以认定实际控制人通过受其支配的股东所提名的董事为不适当人选；改正前，受实际控制人支配的股东不得行使其持有股份的表决权。上市公司董事会未拒绝接受受实际控制人及受其支配的股东所提出的提案的，中国证监会可以认定负有责任的董事为不适当人选。

《上市公司收购管理办法》（2020 年修订）第 84 条还对实际控制人的认定标准作了明确规定，依其规定，有下列情形之一的，为拥有上市公司控制权：（1）投资者为上市公司持股 50％以上的控股股东；（2）投资者可以实际支配上市公司股份表决权超过 30％；（3）投资者通过实际支配上市公司股份表决权能够决定公司董事会半数以上成员选任；（4）投资者依其可实际支配的上市公司股份表决权足以对公司股东大会的决议产生重大影响；（5）中国证监会认定的其他情形。

# 第九章　上市公司反收购制度

## 第一节　上市公司反收购的内涵与立法政策

### 一、上市公司反收购的内涵

所谓上市公司反收购，乃相对于上市公司收购之敌意收购而言，是指目标公司为防止其控制权发生转移，而采取的旨在预防或阻止收购人收购本公司股份的对抗性行为。上市公司反收购是基于上市公司收购行为而产生的。因为收购行为的完成将直接导致被收购公司管理层的更替和公司经营策略的变化，进而影响原有股东、管理层以及整个公司的利益，所以被收购公司的管理层自然会采取各种措施，维护其原有的合法权益，并持续掌控对公司的决策权。

上市公司反收购实际上就是上市公司所采取的防御措施，其与上市公司收购本身构成了一组攻防行为：收购人为攻击者，目标公司为防御者。收购防御乃因应收购攻击的反应。从博弈的标准来看，攻击者与防御者都是为了在并购赛局中，寻求自己利益或效用最大化。每一位参与者将运用其一切适当的资源，选择最有利于自己的攻防策略，并在博弈过程中，为此支付相应代价。也就是说，收购博弈的参与者关心的是，利用多少代价可以取得多少控制权，或需要获得多少代价才愿意失去控制权的问题。[①] 因此，上市公司反收购表面上是目标公司作为反收购主

---

① 郭上富. 企业收购攻防策略及其经济法律分析//徐杰主编. 经济法论丛：第2卷. 北京：法律出版社，2001：177.

体，实质上目标公司管理层或其所代表的控制股东才是真正的反收购主体。在面对收购压力时，目标公司管理层被置于最为困难的处境，他们只有有限的几种选择：推荐接受或拒绝收购要约，并且同时对此阐述理由；简单地发表一个大意为管理层保持中立或目前不能对要约收购利弊进行评判的声明。[①] 由此，上市公司反收购可以理解为，目标公司的管理层为了维护其原有权益而采取各种措施，以维持其对公司的控制权的一种行为。简言之，即打消收购人的收购意图或者抵制、破坏收购行为。

## 二、上市公司反收购策略

所谓反收购策略，是指目标公司为防止和反击收购公司对其展开的收购活动而采取的一系列防御措施。无论实施反收购措施的决定权归属目标公司股东大会还是归属于目标公司经营者，都存在反收购措施本身的合法性问题，因此，反收购策略是反收购法律制度的重要组成部分。

目标公司面对收购的态度只有两种：同意和不同意。顾名思义，反收购只发生在目标公司不同意被收购的情形。因此，尽管有些学者未将上市公司反收购限定于敌意收购，但实际上上市公司反收购仅针对敌意收购。面对敌意收购，目标公司不肯束手待毙，对潜在的和现实的收购进行积极的或消极的防御，因而产生了系列反收购策略和措施。从不同的角度，可以对反收购策略进行不同分类。例如，按照目标公司对反收购的反应，可分为积极的反收购策略与消极的反收购策略；按照目标公司采取措施的时间，可分为预防性反收购策略、对抗性反收购策略与反攻性反收购策略。但不管作何种分类，均可从法律诉讼、公司内部管理及股权交易这三个角度对上市公司反收购策略进行分析。可以说，无论从何种角度出发，反收购策略的内容都是相通的。[②]

---

① [美]托马斯·李·哈森. 证券法. 张学安，等译. 北京：中国政法大学出版社，2003：558.

② 胡滨. 上市公司收购的若干法律问题研究//王保树主编. 商事法论集：第4卷. 北京：法律出版社，2001：647.

最好的防御就是充分准备，保持经常的警惕性对一个有可能被收购的公司而言是十分必要的。但是，防御性的策略面临实战时可能会失效，这就要求目标公司及时作出抵抗性的决策。因此，反收购策略包括防御性策略和抵抗性策略两类。总的来说，反收购的成功概率取决于可以采取的防御措施、使用这些措施的管理层和股东以及实施防御措施的成本。

一般而言，反收购可以从经济和法律的层面着手，制定一系列相应的措施。经济方面主要通过提高收购者的收购成本、减少收购者的收购收益、收购收购者、适时修改公司章程等措施来进行。法律方面主要通过提起诉讼的方式进行。实践证明，以诉讼方式作为反收购的主要手段，会取得不错的效果。目前使用该策略比较成功的是美国。

作为应对敌意收购威胁的措施，反收购措施（Anti-takeover Measures）在英、美等公司收购活动十分活跃的证券市场中广泛存在[①]，也已普遍进入了我国上市公司及其大股东、管理层的视野。但理论上的各种反收购措施，是英、美等公司收购活动十分活跃的国家和地区，通过大量的公司收购兼并实践及相关的司法实践而逐步创造和发展起来的，由于各国（地区）文化、传统、法律的差异，许多反收购措施并不适用于所有国家（地区）。即使是在同一国家之内的不同法域，关于反收购措施的立法与判例也差异较大。[②] 就我国而言，许多反收购措施或为相关法律、法规所明确禁止，或因与相关法律的强制性规范相冲突而不得采用，因而需对具体反收购措施的制度空间与规制限度作深入分析，以针对上市公司的反收购措施合理设计法律规制。

## 三、我国上市公司反收购的特点与问题

有敌意收购就有反收购。在美国等成熟证券市场，上市公司收购极

---

① ［美］罗伯特·C. 克拉克. 公司法则. 胡平，等译. 北京：工商出版社，1999：464 -468.

② ［美］托马斯·李·哈森. 证券法. 张学安，等译. 北京：中国政法大学出版社，2003：587.

为常见，甚至可谓证券市场的活力源泉，与此相适应，反收购也颇为常见。随着我国证券市场市场化进程的逐步加快，上市公司的收购案例越来越多，由此引发的反收购活动相应增加，收购与反收购之间的战斗也愈演愈烈。我国证券市场早期的"宝延事件""君申之争"，以及后来的方正科技股权之争、胜利股份股权之争、大港油田收购上海爱使股份等上市公司收购案中均包含了反收购成分，持续了7年（2005年7月到2012年7月）之久的鄂武商股权争夺战（收购人"银泰系"与大股东武商联集团），与持续了4年多（2015年7月到2019年11月）的"宝万之争"（收购人宝能集团与以王石为代表的万科管理层），更是上市公司敌意收购和反收购的经典案例。但是，我国的上市公司反收购相对于美国等国家的上市公司反收购而言，无论在制度层面上还是在实践层面上均显得不够成熟。在我国上市公司反收购的实践中，大多采用管理上的策略进行反收购运作，例如，通过在董事会章程中作出限制，或者限制股东投票权，以确保其优势地位，等等。从某种意义上讲，我国上市公司反收购还处于缺乏相应法律规制的边缘地带。

尽管在美国等成熟证券市场中，上市公司反收购措施也可能是管理层基于其控制股东的意思而实施，但由于上市公司股权的高度分散性，个别控制股东往往并不足以构成对上市公司的实际控制，因而反收购更主要代表的是公司管理层的利益。在我国发生的上市公司反收购中，绝大多数都是上市公司控制股东与收购人之间直接展开攻防斗争，目标公司本身实际上并未成为真正的反收购主体，因而上市公司管理层大多未成为上市公司反收购的实质控制人。但"宝万之争"主要是以时任万科董事长王石为代表的管理层与收购人宝能集团（控制股东为姚振华）展开的攻防斗争。此外，成熟证券市场中广泛存在的反收购措施，也未在我国的反收购实践中得到广泛运用，反而有些措施有与法律精神违背之嫌，需要从制度层面上加以研讨。

不过，我国的上市公司反收购尽管还很不成熟，但作为一种缺乏相应的较为健全的制度规范的实践与创新，还是对我国的上市公司收购及公司、证券法律制度的完善具有积极的推动作用。我国尚不规范的上市公司反收购实践提出了新的问题，这将促使中国政府有关部门尽快制定政策和法规来解决这些问题，从而促进证券市场的规范和发展。

## 四、上市公司反收购立法政策的一般考察

应否允许以及应在多大限度内允许上市公司的反收购行为，是上市公司反收购法律规制的核心内容。因此，在进行上市公司反收购立法时，必须首先在理论上对此作出明确回答。

虽然上市公司收购的积极价值处于主流地位，但其仍不可避免地存在着消极价值。收购者对目标公司股东的掠夺（收购价格过低），对目标公司小股东的逼迫（抢先上船收购）等，都是在收购中存在的实际问题。此外，上市公司收购所引起的公司经营策略的变化也可能损害目标公司的利益。尽管诸如信息披露制度、收购期间法定制度、强制要约收购制度、价格平等原则、最高价原则、股东的撤销权、反欺诈与内幕交易制度等上市公司收购规制体系，对克服上市公司收购的弊端能起到一定作用，但对收购行为的规制并不能将目标公司及其股东拉到与收购人同等的位置上来，目标公司及其股东的努力往往是最重要的。现代公司制度早已表明中小股东是远离上市公司的经营权的。在抵御上市公司收购方面，远离经营权的中小股东往往对收购行为缺乏认识，或者即使有所认识，也往往是无能为力的。而董事作为上市公司的经营者，对收购人的收购意图与收购的负面影响有较强的洞察力，一旦有必要，完全有能力利用手中的经营权构造壁垒，削弱本公司对收购人的吸引力或使收购更困难以降低收购者的收购兴趣。上市公司的治理结构表明，法律允许上市公司采取反收购措施才能够将在公司收购中处于劣势地位的目标公司及其股东拉到与收购人平等的地位上来，实现双方自由平等讨价还价。实际上，西方主要工业国家，包括英国这样的传统上对上市公司反收购行为持否定态度的国家，都允许上市公司采取反收购措施，只是程度不同而已。[①] 对上市公司反收购持否定态度的学说往往是从代理问题

---

[①] 张舫. 公司收购法律制度研究. 北京：法律出版社，1998：158.

的角度来讨论的，认为：目标公司董事全心全意为公司及股东最大利益而行为的假设是不可靠的。作为上市公司经营者的董事同样是"经济人"，同样追求自身利益的最大化。在面临收购时，决定采取反收购措施的动因是尽量避免自身失业与名誉扫地，目标公司及其股东的利益并非其作出选择的最主要价值判断因素。相反，董事往往会牺牲目标公司及其股东的利益来换取自身的私利。因此，不少人担忧，对经营经理层来说，商业道德已构成对防御行为的无所不在的障碍。[①] 实际上，代理问题固然加大了对上市公司反收购进行价值判断的难度，但对董事道德进行约束的公司治理结构，特别是董事义务制度，还是具有相当的效用，过分夸大董事的道德风险是没有根据的。如果因之堵截了在上市公司收购中保护目标公司及其股东利益的重要途径——反收购，则显然属于因噎废食之举。

总的来说，以德日为代表的公司内部监督治理模式和以英美为代表的公司外部监督治理模式的主要区别在于，内部监督治理模式强调依靠公司内部机制对董事的经营活动进行监督，外部监督治理模式强调依靠公司机制以外的力量对董事的经营活动进行监督。由此可见，公司的监督治理总是通过对董事的作用而进行的，这两种模式的区别主要反映于公司的董事制度上。上市公司收购被公认为是公司外部监督中最有威力的因素。一般来说，在强调公司外部监督机制的国家，由于公司收购是受鼓励的，因而对公司反收购行为一般进行较为严格的规制，而在强调公司内部监督机制的国家，情况往往刚好相反。据此逻辑可以推出，作为监督治理模式最集中体现的董事制度与上市公司反收购规制的关系亦反映在此。[②]

公司控制市场理论主张：在公司内部监督治理模式失灵的情况下，只有敌意收购才是最有效的控制机制，敌意收购不仅不会损害目标公司股东的利益，而且对收购双方都有好处，不应限制敌意收购。受该理论

---

① ［美］J. 弗雷德·威斯通，［韩］S. 郑光，［美］苏姗·E. 侯格. 兼并、重组与公司控制. 唐旭，等译. 北京：经济科学出版社，1998：454.

② 杨鹏慧. 董事制度与上市公司反收购的法律规则. 投资研究，1999（11）.

影响，在 1968 年《威廉姆斯法》出台前，美国基本上并未构建目标公司反收购制度，敌意收购除受反垄断法规制外，基本上不受别的限制。然而，随着敌意收购的风起云涌，敌意收购的负面作用开始浮出水面：管理层为了维持或抬升股票市场价格，难免会有短期行为；由于敌意收购双方力量、信息不对等，敌意收购可能也损害目标公司股东的利益，等等。基于此，号称"保护股东利益"的 1968 年《威廉姆斯法》针对敌意收购设计了必须遵循的严格程序，从而开始了初步限制。

1982 年美国最高法院关于伊利诺伊州《企业收购法案》中所包含的反收购条款违反"宪法精神"的裁定，以及里根政府对破坏联邦反托拉斯法的恶意兼并行为所采取的默认纵容的态度，加之 20 世纪 80 年代美国放松对金融业的管制、垃圾债券市场的景气为恶意收购提供了充足的资金等因素，都对收购市场毫无节制地发展起到了推波助澜的作用，并使之在 20 世纪 80 年代末达到了繁荣的顶峰。兼并，尤其是恶意兼并收购活动，引起了社会公众，尤其是工人和管理者的厌恶，各州为保护当地企业免遭"大鳄"吞噬，开始着眼用法律对公司收购加以干预，1968～1982 年以伊利诺伊州为代表的 35 个州曾先后颁布了第一代反收购法。《威廉姆斯法》也将反收购行为纳入信息披露制度中加以规制。该法将侧重点放在确保与反收购相关的全部和诚实的信息公开，对具体的反收购行为则不加以具体规制。它规定目标公司必须将有关其欲采取的反收购行为进行披露。然而 1982 年美国最高法院的裁定使许多州的反收购立法失去了法律效力，制度创新的"萌芽"被"扼杀"了。1987 年，以俄亥俄州、宾夕法尼亚州、特拉华州为代表的美国 35 个州不顾美国最高法院的裁令，再次纷纷颁布"第二代"反收购法。同年 3 月，美国最高法院关于印第安纳州动力公司收购 CTS 公司一案的裁决第一次肯定了印第安纳州反收购立法符合宪法精神。[①] 受此影响，美国各州掀起反收购立法浪潮，方式便是构建目标公司反收购制度，以确保敌意收购在对目标公司进行外部监督时，不致损害目标公司股东的利

---

① 戚自科．从第二次反收购立法潮看美国公司治理结构制度的演进．经济经纬，2002（2）.

益。由此可见，美国大部分州在构建目标公司反收购制度时，其理论
基础是：敌意收购对公司治理的作用有正负两面，目标公司反收购制
度应保护目标公司股东的利益，严格限制敌意收购负面作用的产生，
同时亦要规制目标公司滥用反收购权的行为，确保敌意收购正面作用
的发挥。美国大多数州的立法出于对本州公司的保护，一般对收购的
积极作用持否定态度，因而允许公司经营者实施反收购措施。不过，
美国联邦立法与各州的立法和判例法对反收购行为认识不尽一致，对
具体案件的处理存在着明显的差异。其判例法将反收购纳入经营判断
规则适用范围，并强调目标公司董事的社会责任，在一定程度上纵容
了董事滥用职权，造成反收购行为失控，从而弱化了对少数股东利益
的有效保护。①

　　其他国家虽然没有像美国那样掀起反收购大潮，但绝大多数国家或
地区都在制度层面上规定了反收购制度。不过，在目标公司管理层采取
反收购措施的自由度这一问题上，同属普通法系的英国法远较美国法严
厉。英国严格禁止反收购措施，例外情形仅限于公司当前运营和股东大
会的授权，且反收购措施受制于以忠实义务为标准的审查。② 英国《城
市法典》基本原则之七明确宣示，"当一项真正的要约已经向受要约公
司的董事会传达，或受要约公司董事会有理由相信一项真正的要约可能
即将发出，受要约公司董事会不得在未经股东大会批准的情况下，就公
司事务采取任何行动，从而在效果上使该项真正的要约受到阻挠，或使
股东没有机会根据要约利弊作出决定"。《城市法典》规则第 21 条进一
步明确规定，"在一项要约持续期间，或者甚至在要约发出之前，如果
受要约公司董事会有理由相信一项真正的要约可能即将发出，除非依据
一项早先签订的合同，否则除非股东大会同意，该董事会不可：（1）发
行任何已授权但未发行的股份；（2）就任何未发行的股份发行或授予选
择权；（3）创设或发行，或者允许创设或发行任何带有转股权或认股权

① 郭富青. 论公司要约收购与反收购中少数股东利益的保护. 法商研究, 2000 (4).
② ［德］斯蒂芬·格伦德曼. 欧盟公司法：下册. 周万里，主译. 北京：法律出版社，
2018：273-274.

的证券；（4）出售、处分或取得，或者同意出售、处分或取得具有重大价值的资产；（5）在日常业务规程之外签订合同。"由此可见，《城市法典》对管理层的反收购权限作了严格的限制，体现了对收购人的政策倾斜。继受自英国法的《香港守则》基本原则第 9 条、规则第 4 条之（e）以及注释之 5、4，也对限制目标公司管理层的反收购措施作了大致相同的规定。①

在德国等大陆法系国家，由于敌意收购较少发生，反收购实践并不及美国丰富，但正因为如此，其反收购制度也相应地更为宽松，目标公司受到较少的法律管制。② 德国构建目标公司反收购制度的理论基础在于，其以内部监督为主的公司治理模式依然有效运作，敌意收购原则上并无发生的必要，故赋予目标公司广泛的基本上不受限制的反收购权。不过，尽管德国公司法并不禁止目标公司管理层在一项收购要约发出之前采取防御措施，但目前德国公司法学主流学说认为，原则上在一项要约已被发出之后董事即不能进行任何形式的防御，其原因在于选择股东或对股东身份施加影响不在管理层的权限范围之中。《欧盟并购指令》第 9 条第 2 款也规定，只要收购要约已向董事会公开，且到结果知晓前（或者说到要约失效前）目标公司的管理层（除在两个例外情形外）须遵守严格的反收购禁止义务。③ 此外，多数学者认为董事在收购活动中的利益冲突也值得注意。一方面，基于董事与公司之间的委任关系，在商业行为中董事应以合理的谨慎和勤勉，善意地为公司与股东的最大利益服务。依此，董事固然有义务采取任何必要的措施来保护公司利益，但他们也必须尊重股东对收购要约的决定权。另一方面，董事又面临着在要约收购成功之后丧失职务的危险。在此种情形下，希望董事在收购活动中完全中立可能是不切实际的。因此董事应否被特别授权或有义务采取防御措施便成为一个颇有争议的问题。一些学者认为：如果一旦要

---

① 汤欣. 目标公司管理层的行为限制. 中外法学，2000（5）.
② 梁静溪. 论构建目标公司反收购制度的理论基础. 学习与探索，2002（2）.
③ ［德］斯蒂芬·格伦德曼. 欧盟公司法：下册. 周万里，主译. 北京：法律出版社，2018：271.

约收购成功即会给公司带来重大损害，则董事负有防御的义务。但是必须考虑到在要约收购中，公司控制权操于股东之手，而股东在此方面的自治权不得受到损害，即便出于公司的利益也不能限制股东出售股票的权利；此外，判定收购人是否会损害公司利益极为困难，管理层对收购行为采取防御措施很难说理由充分。在这些学说的影响下，德国明显借鉴了英国的做法，德国1995年《德国兼并收购条例》中题为"目标公司采取的措施"的第19条第1款规定了目标公司不得采取任何损害证券持有者利益的反收购措施。2001年《德国有价证券收购法》作了类似规定。对此，该法中题为"目标公司董事会的行为"的第33条第1款规定："从公布发出要约决定后到根据第23条第1款第1句第2项公布结果前，目标公司董事会不能实施可能妨碍要约成功的任何行为。但是，这一点并不适用于以下几种商业行为：如不涉及收购要约的某公司的一个正派且有责任心的业务经理已实施的行为、寻找竞争性要约的行为，以及目标公司监事会必须批准的行为。"①

在采取反收购措施方面，1994年以前荷兰的法律对公司管理层规定了非常丰富的反收购措施，因而大大便利了目标公司的反收购行为。在荷兰，绝大多数上市公司都采取了类型各异的防御措施。但是，阿姆斯特丹证券交易所于1994年修改规则，对上市公司所能采取的反收购措施的种类和数量作了明显严格的限制性规定。不过，即便如此，就总体而言，较美国、英国等国而言荷兰上市公司管理层享有的反收购权限方面要大得多。②

为协调欧盟各国并购法规范，欧盟从1985年就开始编制内部市场白皮书，1989年制定出一个提案，1996年公布了第二个提案，2001年7月4日被欧洲议会否决。此后，又经反复协商，于2002年10月2日提出最终提案，并于2004年最终通过。最终通过的《欧盟并购指令》是一个妥协方案，既明确规定了管理层的消极规则（第9条），也允许

（并非强制）成员国及公司采取防御性反收购措施（第 11 条），并于第 12 条赋予成员国选择权：可以选择是否规定禁止反收购措施，并且/或者（以强行法或任意法形式）引入中止条款或选择退出；且至少应赋予公司选择权，使其可以通过公司章程的规定，来选择适用指令所设计的这两种机制。① 不过，《欧盟并购指令》自 2004 年实施至今，许多重要的成员国，例如比利时、卢森堡、丹麦、德国、芬兰、波兰等，均将董事会采取防御措施作为默认规则，而拒绝选择董事会中立义务规则，甚至原本采纳中立义务规则的匈牙利在《欧盟并购指令》实施之后，也将董事会有权采取防御措施作为默认规则。②

## 五、我国上市公司反收购的立法政策选择

就我国而言，尽管由于股权结构不合理、证券市场割裂等现实问题的存在，使以敌意收购为规制对象的上市公司反收购制度在短期内难以发挥实际功效，但是作为一种重要的制度，它必将随着我国证券市场及上市公司股权结构的逐步完善而发挥其应有的制度价值。因此，正如我们没有因上市公司收购制度的现实局限性而废止这一制度，我们也应进一步加强上市公司反收购制度建设，使其在证券市场逐步成熟的情况下，逐步走向成熟。在现行制度上，我国除在《上市公司收购管理办法》（2020 年修订）中就上市公司反收购作了原则性的规定之外，并未对上市公司反收购行为作出明确的法律规制。在上市公司收购与反收购行为日益增多的今天，法律的这个漏洞极易导致上市公司反收购行为的不规范，并影响上市公司收购与证券市场的健康发展。可以预见，我国在不远的将来必然会制定较为详细的反收购制度。这就存在一个立法模式的选择问题。基于上述对英美模式与以德国为代表的大陆法系模式的分析，笔者认为，我国对上市公司反收购的法律规制应采取适度从严的

---

① ［德］斯蒂芬·格伦德曼. 欧盟公司法：下册. 周万里，主译. 北京：法律出版社，2018：255 - 256，279.

② 傅穹. 敌意收购的法律立场. 中国法学，2017（3）.

原则，即选择接近于英美模式的反收购规制模式。我国上市公司采取的公司治理模式与董事制度类似于德国等国的内部治理模式，"所有权"与"经营权"的分离并没有英美法国家那么严重。但是，由于改革尚未到位，作为上市公司最大股东的国家对公司董事的内部监督仍不尽如人意；而对广大的非国家股股东来说，股市的幼稚与股东本身素质的相对低下使之对公司董事的监督收效甚微。因而，尽管采取了内部监督的立法模式，但现实效果却是不尽如人意的。在这种情况下，鼓励上市公司收购，加强外部监督不失为降低上市公司代理成本、提高其经营效益的重要途径。相应地，对反收购行为则宜采取较为严格的立法规制，以避免其冲抵公司收购的积极作用。从另一方面来说，我国目前董事的业务、道德素质相对低下，这也要求对其实施的反收购行为进行较为严格的规制，以避免道德风险。[①] 公司收购与反收购必然导致公司权利和利益结构的重新配置。因此，法律的导向应该是坚持"股东民主"这一公司运行的制度基础，以股东利益为本位，并侧重对少数股东利益的保护，同时兼顾"利益相关者"的利益，在他们之间寻求权利、权力和利益的平衡点。总体而言，我国可以借鉴英国的立法模式，不绝对禁止目标公司的经营者对敌意收购采取反收购措施，但对反收购行为在法律上严加规范。[②]

我国《上市公司收购管理办法》（2020 年修订）第 33 条规定："收购人作出提示性公告后至要约收购完成前，被收购公司除继续从事正常的经营活动或者执行股东大会已经作出的决议外，未经股东大会批准，被收购公司董事会不得通过处置公司资产、对外投资、调整公司主要业务、担保、贷款等方式，对公司的资产、负债、权益或者经营成果造成重大影响。"依此，发行股份、发行可转换公司债券、回购上市公司股份、修改公司章程等未被禁止的行为都成为可能的反收购措施。

美国是采取"公司管理层决定模式"的典型国家，其注重董事的忠

---

①　杨鹏慧. 董事制度与上市公司反收购的法律规则. 投资研究，1999（11）.

②　郭富青. 论公司要约收购与反收购中少数股东利益的保护. 法商研究，2000（4）.

实义务和注意义务。英国以及我国香港地区对反收购决策权分配采取"股东大会决定"模式（除非经股东大会多数同意，否则董事会不得抵御收购要约），这反映了英国法的一个传统观点：作为公司的所有者的股东有权决定公司的最后命运。新西兰法院亦认识到当面临一项收购要约时目标公司董事的利益冲突问题。在 Baigent v. Dmcl Wallace lecl 案中，新西兰法院一方面强调目标公司董事应抛弃个人私利，向股东表达其关于收购的正直、无利益关系的建议；另一方面又指出，在股东没有机会考虑是否应采取反收购措施之前，董事有义务不采取任何旨在阻止接管报价的行动。在 1994 年 7 月 1 日生效的《收购法》（The Takeover Act）的一个基本原则之一即"必须由股东自己最终决定一项接管要约的价值"。

根据我国《公司法》规定，股东大会是公司的权力机构，股东大会有权对公司重大事项作出决议。就反收购立法而言，我国应对目标公司董事会的反收购行为作出严格的限制，应确认反收购的决定权由目标公司的股东大会行使，董事会只能向股东大会提出反收购议案。这样更有利于保护目标公司股东的利益，同时使收购人有一定的回旋余地，对促进我国证券市场上要约收购活动的开展具有积极的作用。在目前的市场状况下，监管层在上市公司收购战中总体上是倾向于收购人的，即监管层希望在上市公司反收购方面仿效英国的"股东大会决定权模式"。《上市公司收购管理办法》（2020 年修订）即体现了这一思想。不过，鉴于董事会及控股股东对股东大会的实质性影响，仍然有必要对上市公司所能采取的反收购措施作出明确的法律规定，以便在此框架内能够使中小股东的权益受到有效保护。

此外，由于在一定程度上公司正常的经营决策行为有时难以同反收购措施截然区分开来，因而有必要通过对董事和控制股东的义务和责任的明确规定，从制度保障上防止董事与控制股东滥用反收购权，使中小股东的权益受到切实保护。[①] 在对董事义务与责任的规定中，必须特别

---

① 王建文. 论我国构建控制股东信义义务的依据与路径. 比较法研究，2020（1）. 侯东德. 董事会对短期主义行为的治理. 中国法学，2018（6）. 郑佳宁. 目标公司董事信义义务客观标准之构建. 东方法学，2017（4）.

强调本应超脱于公司并购利益之外的独立董事关于反收购的义务规定。独立董事应当严格履行其监督董事会的职责,对上市公司所采取的反收购措施公开发表独立意见。即使反收购措施在形式上是由股东大会作出的,独立董事也应当对此发表意见,因为在存在着明显的由大股东控制或内部人控制的情况下,股东大会的决议未必就能够代表全体股东的利益。这些制度的完善,实际上就是对上市公司治理结构的完善,因而有赖于未来的《公司法》的修订。

# 第二节  防御性反收购策略

## 一、反收购条款

出于反收购的目的,公司可以在章程中设置一些条款以作为并购的障碍。这些条款被称作反收购条款(anti-takeover arrangement),也被称为拒鲨条款(Shark Repellent)。所谓反收购条款,是指在目标公司为预防遭遇敌意收购,通过在章程中设置某些条款的方式为收购设置障碍,增大收购成本,从而阻止收购行为。反收购条款在国外公司章程中极为常见,但在 20 世纪 80 年代上半期,反收购条款曾引起了理论界的广泛争论。有学者认为,反收购条款虽然有利于提高公司收购价格,但又增大了上市公司收购风险,其结果是减少了上市公司收购数量,损害了股东利益;并且,由于上市公司股权分散,公司实际上被管理层控制,因而反收购条款并不能反映股东的真实愿望。[1] 另有学者则认为,反收购条款不仅可以提高收购溢价,而且使收购溢价的分配更公平,因

---

[1]  See Frank H. Easterbrook & Daniel Pisohel, Fisohel, *The Proper Role of a Target Management in Responding to a Tender Offer*, in *Harvard Law Review* (1981), pp. 1180 – 1182.

而在某种意义上讲，反收购条款可谓股东合作的产物。但由于股权分散问题，公司管理层可能利用反收购条款限制股东的权利，巩固自己的地位，因此，这些学者主张，应允许设立反收购条款，但法律应对其适用加以限制。[1] 这种争论一直未曾平息，直到现在，反收购条款运用的反对者与支持者仍各执一词，且均拥有实证研究结论的支持。[2]

在我国，理论界与实务部门均普遍认同反收购条款的制度价值。2006 年修订的《上市公司章程指引》发布后，中国证监会要求上市公司按照该指引，在最近的一次股东大会上修改章程，不少上市公司借机在公司章程中置入了反收购条款。受到在证券市场引起轩然大波的"宝万之争"影响，伊利股份、中技控股、山东金泰、龙宇燃油、中青旅、廊坊发展、隆平科技、雅化集团等上市公司纷纷发布公告修改公司章程，增加反收购条款。据报道，仅 2017 年上半年就有 620 余家上市公司在公司章程中引入反收购条款。[3] 目前，在国际证券市场被广泛应用的绝对多数条款、分期分级董事会条款、限制董事资格条款都已被我国上市公司采用，限制大股东表决权条款则基本上未被采用。但由于法律规定不够明确，且缺乏司法实践的指引，我国证券市场实践中对反收购条款的运用仍存在种种问题。这就需要在我国现行法及《上市公司收购管理办法》（2020 年修订）框架内，对公司章程反收购条款的制度空间与法律适用加以研究，一则作为立法的参考，二则作为实践的指引。尤其是对于实践部门而言，必须对此作周密分析，否则很可能导致所设置反收购措施不合理，甚至不合法而被宣告无效。

## （一）绝对多数条款

绝对多数条款（super-majority provision）最初以保护中小股东利益为目的，但随着上市公司收购实践的发展，逐渐被采纳为反收购措施之一。作为反收购措施的绝对多数条款，是指在公司章程中规定，公司

---

[1]　See John C. Coffee, *Regulating the Market for Corporate Control: A Critical Assessment of the Tender Offer's Role in Governance*, in *Columbia Law Review* (1984), pp. 1183 - 1192.

[2][3]　张伟华，姚艺，王春燕. 公司章程中反收购条款设置与公司价值. 中国软科学，2019（10）.

进行并购、重大资产转让或者经营管理权的变更必须取得绝对多数股东同意才能进行，并且对该条款的修改也需要绝对多数股东同意才能生效。这样就会使收购人面临着一种潜在的危险：即使收购人拥有超过半数的股权，也可能因无法拥有特定绝对多数的表决权而无法获得公司的控制权。该条款一方面大大加大了公司控制权转移的难度，有助于防止损害本公司及股东利益的敌意收购，从而阻碍敌意收购的进行；另一方面也减轻了市场对管理层的压力，客观上有利于巩固管理层对公司的控制。不过，绝对多数条款是一柄双刃剑，在增加收购者接管、改组公司的难度和成本的同时，也会限制公司控股股东对公司的控制力。因此，为防止绝对多数条款给公司正常经营带来过多障碍，在美国，公司在制定绝对多数条款时，通常会设置一条特别条款——董事会有权决定何时以及在何种情况下绝对多数条款将生效，以增强董事会在面对敌意收购时的灵活性与主动性。[1]

我国《公司法》第 103 条第 2 款规定："股东大会作出决议，必须经出席会议的股东所持表决权过半数通过。但是，股东大会作出修改公司章程、增加或者减少注册资本的决议，以及公司合并、分立、解散或者变更公司形式的决议，必须经出席会议的股东所持表决权的三分之二以上通过。"《公司法》第 121 条及相关法规还规定，上市公司在一年内购买、出售重大资产或者担保金额超过公司资产总额 30％等，属特别决议事项。在《上市公司股权激励管理办法》和《上市公司章程指引》的规范之下，我国上市公司章程无一例外地都把"股权激励计划"纳入股东大会特别决议事项之中，因此，在我国，修改公司章程、增加或减少注册资本，公司合并、分立、解散或者变更公司形式等七类事项属法定特别决议事项，上市公司的法定特别决议事项还包括一年内购买、出售重大资产或者担保金额超过公司资产总额 30％的事项以及股权激励计划，共 11 类。显然，我国现行法律、法规、规章及中国证监会规范性文件均未将反收购条款所规定事项完全纳入特别决议事项之中。

---

[1]　林新 . 企业并购与竞争规制 . 北京：中国社会科学出版社，2001：173.

截至 2018 年 12 月 31 日，在中国创业板上市的公司共计 742 家。这 742 家公司都在《公司法》第 103 条、第 121 条以及《上市公司股权激励管理办法》第 41 条（即上市公司的 11 类法定特别决议事项）的基础上于其章程中增加了特别决议事项。另外，所有的公司还依照《上市公司章程指引》第 77 条对股东大会特别决议事项作了兜底性规定，即依照法律、行政法规或章程规定的，以及股东大会以普通决议认定会对公司产生重大影响的需要以特别决议通过的其他事项。兜底性规定所规定的特别决议事项在具体化之前并不明确，因此我们把兜底性规定排除在章定特别决议事项之外。除法定特别决议事项和已经排除的有关章定特别决议事项的兜底性规定之外，很多上市公司还基于自身经营、管理和控制公司的需要自行在章程中添加了不少须由股东大会特别决议通过的事项，这些事项内容丰富，种类繁多。

以样本数较少的创业板上市公司为例：截至 2018 年 12 月 31 日，我国创业板共有 261 家公司在其章程中增加了特别决议事项，占创业板全部上市公司的 35.2%。各家公司在章程中增加的特别决议事项可以划分为如下七个大类：利润分配类、经营事项类、担保类、回购股份类、发行债券类、关联交易类和其他类。其中，其他类又可细分为分拆上市、增发股权、利润分配方案和亏损弥补方案、重大资产重组等具体内容。上述内容可表述为如下更为直观的数据：

| 章定事项类型 | 公司数 | 占比 |
| --- | --- | --- |
| 利润分配类 | 133 | 17.92% |
| 经营事项类 | 14 | 1.89% |
| 担保类 | 89 | 11.99% |
| 回购股份类 | 73 | 9.84% |
| 发行债券类 | 70 | 9.43% |
| 关联交易类 | 12 | 1.62% |
| 其他类 | 23 | 3.10% |

附注："公司数"是指增加某种类型事项的公司数量，由于有的上市公司在其章程中不止增加一项特别决议事项，故而"公司数"的总和大于 261；"占比"是指增加某种类型事项的公司数量占创业板全部上市公司总量的百分比。

由于所处行业的特殊性，有的公司十分重视对自身的核心业务及下属子公司的控制，故将本公司核心业务出售和子公司股权转让等事项纳入特别决议范围。例如，国祯环保（300388）是一家以生活污水处理研究开发、设计咨询、核心设备制造、系统设备集成、工程建设安装调试为主要业务的公司，其章程第 77 条第 6、7、8 项规定，审议批准公司核心业务或公司经营方向的重大改变、公司出售所持下属控股子公司股权的方案，以及整体转让公司设备制造、设计、EPC 工程、污水处理等业务板块的方案，需要股东大会特别决议。恒华科技（300365）公司章程第 77 条第 6 项将审议批准公司核心业务或公司经营方向的重大改变作为特别决议事项。天和防务（300397）是以连续波雷达技术和光电探测技术为核心的侦察、指挥、控制系统的研发、生产、销售，以及技术贸易为主营业务的民营高科技军工企业，其章程第 77 条甚至将全资子公司的特别决议事项都纳入了自己的特别决议事项范围内。为防止公司经营权旁落，从而损害公司和股东的利益，有的公司严格限制公司高管以外的人员通过各种方式控制公司经营。例如，隆华节能（300263）公司章程第 90 条第 7 项、深冷股份（300540）公司章程第 82 条第 8 项规定了这样的特别决议事项，"除公司处于危机等特殊情况外，公司需与董事、总经理和其他高级管理人员以外的人订立将公司全部或者重要业务的管理交予该人负责的合同"。掌趣科技（300315）公司章程第 82 条第 8 项也作出了相同规定。鉴于《公司法》将公司解散作为特别决议事项，公司的破产或类似的导致公司无法继续存续的事由与公司解散在法律效果上具有相同性，有的公司会将公司无法继续存在的事由列入股东大会特别决议事项之中。如绿盟科技（300369）章程第 76 条第 7 项将公司申请破产和决定公司终止经营纳入了特别决议事项。有的公司为防止给予董事和监事过度经济补偿，在章程中规定，特定情况下公司与董事和监事签订的聘任合同必须经过股东大会特别决议通过。例如，温氏股份（300498）章程第 80 条第 7 项规定，下列事项由股东大会以特别决议通过："公司与董事和监事签订的聘任合同涉及如下约定的：一旦公司的控制权转移而导致该董事或监事被辞任，其将获得相应的经济补偿，除非该董事或监事存在违反中国法律、法规或本章程的规定，给公司造成严重损失。"

仅从创业板上市公司增加特别决议表决事项的实践来看，不同行业、不同类型的公司对特别决议事项的关注不尽相同，即使同一行业、同一类型公司之间也表现出巨大的差异，这表明公司章程中增加的特别决议事项除与公司经营的业务有一定联系外，还与很多因素相关，在这些因素单独或共同作用之下，每家公司都会结合自身需要增加特别决议事项。除涉及利润分配、公司经营、提供担保、回购股份、发行债券、关联交易等内容的事项常成为章定特别决议事项外，在《公司法》已规定的特别决议事项基础上进行细化或调整也是公司章程增加特别决议事项最常见的表现，很少会有人质疑公司章程把这些内容确定为特别决议事项的合法性。但那些只有极个别公司出于特别需要增加的事项，因缺乏对照或因增加的事项本身极不合理（没有必要纳入特别决议事项），易引发否定性评价。创业板上市公司在我国公司总量中占比较低，且能在创业板上市已经表明（至少从形式上看）公司的治理已相对规范。但即使如此，仍有超过三分之一的创业板上市公司在章程中增加了各种形式的特别决议事项。可见，即便在成熟市场规则之下，股东对公司特定重大事项的决策能否足够理性、审慎，不被个别股东控制并实现股东整体利益最大化，尚存疑虑。创业板上市公司尚且如此，对于数量更为庞大的非上市公司而言，在章程中增加特别决议事项的恐不在少数，非上市公司控制权的争夺、股权结构的多样性、股东利益诉求的多元化、治理体系的复杂以及外部监管的宽松等因素，都决定了非上市公司章程中所增加的特别决议事项的类型和具体内容一定比包括创业板上市公司在内的所有上市公司的章程规定的事项更为丰富，引发的合法性争议可能更为复杂。

从对我国《公司法》第103条和第121条的理解来看，这两个条文所列举的特别决议事项是法定不容更改或减少的，亦即即使公司章程未将这两个条文中列举出的事项确定为股东大会的特别决议事项，在就这几类事项进行表决时也必须达到表决权绝对多数方得通过。公司章程擅自将这几类事项中的部分或全部降为普通决议事项的，会因违反法律的效力性强制性规定而导致章程相关条款无效，以无效章程的规定为依据作出的股东大会决议也属无效决议。由此可见，公司章程不得对法定特别决议事项"做减法"，但这是否表明公司章程也不得对法定特别决议事项"做加法"呢？

对于究竟哪些事项应当归入特别决议事外范围，不妨先考察一下境外公司法对特别决议事项的规定。从各国（地区）立法看，对特别决议事项的规定并不完全统一，特别决议事项所包含的内容十分丰富。在英国，修改章程细则、减资、清算、制定公司重组方案、非公开市场上的股份回购、变更公司名称和设立储备金等需要公司特别决议通过。在日本，公司转让部分或全部重要营业也属于需要公司特别决议的事项。德国《股份法》除要求公司增资、减资、合并等须经特别决议外，要求罢免监事会成员、增资时全部或部分排除新股票认购权、企业合同的签订等也须经特别决议通过。而我国台湾地区"公司法"则要求股份有限公司缔结、变更或终止关于出租全部营业、委托经营或与他人经常共同经营之契约，让与全部或主要部分之营业或财产，受让他人对公司营运有重大影响的全部营业或财产，解任董事，将分派股息和红利改为派发新股，变更公司章程，公司解散、合并或分割等，必须经股东大会特别决议通过。从境外公司法的规定看，到底应当将哪些事项纳入股东大会特别决议的范畴并无统一标准，有些国家干脆直接授权公司章程自行认定其他特别决议事项。各国（地区）对特别决议事项的不同规定当然有其立法考量，但可以肯定的是，立法上的列举主要是经验总结，是基于长期以来的公司实践所形成的对"重大决议事项"的共识。各国（地区）公司法不遗余力地列举特别决议事项，是为了促使关乎公司利益的重大事项能够被慎重对待，既弥补当事人意思自治的缺漏，也能在一定程度上遏制控制股东的滥权行为，避免控制股东凭借持有的表决权优势依简单多数决强行通过特别决议事项，损害其他股东的合法权益。

虽然公司章程不能减损法定特别决议事项，但这并不意味着公司章程不得在法定特别决议事项基础上增加特别决议事项。理由在于：首先，《公司法》并没有明文禁止公司章程增加特别决议表决事项，从私法"法无禁止即可为"的角度来看，章定特别决议事项型防御性条款应当具有合法性。从另一个方面看，在法律规定的限度内，公司章程可以对公司内部事务进行自治，公司章程自治的一个重要方面是公司章程的内容自由，公司章程制定者可以在章程中规定任何内容，只要这些内容不违反强制性规定。其次，比较法上对于股东（大）会特别决议事项的考察已经向我们揭示，各国（地区）公司法列举的特别决议事项并不统一，经验总结的成分可能要大于理性和逻辑的推断。作为理性的经济人和公司权益的最终索取者，股东在制定章程时应当比其他任何人都更清楚股东（大）会上的哪些表决事项更加值得关注和慎重对待。最后，不同类型、不同规模的公司对于特别决议事项有着自己的判断，究竟哪些事项应当成为特别决议事项不会有"普世标准"，应当允许公司和股东按照自己的判断在章程中自主添加。因此，如果股东认为某一事项对于该公司来说足够"重大"并在公司章程中将之确定为特别决议事项，法官就应当尊重股东的选择，毕竟，只有股东才是自身利益的最佳判断者，司法对于章定特别决议事项应当谨慎干预。法官不是商人，法官也不是当事股东，法官不能越俎代庖，主动考虑某一事项对于公司来说是否足够"重大"并作出价值判断。

另外，鉴于股东仅具有有限理性，无法在订立章程时乃至之后的章程修改中完全预见到所有应当被纳入特别决议的表决事项，有必要授予公司章程赋予股东（大）会个别认定特别决议事项的权利。至于个别认定的方式，从防御性条款设置的法理来看，应当是经全体股东一致同意方能将某一表决事项认定为特别决议事项。这既可以通过召开股东（大）会以全体股东一致表决通过的方式来实现，也可经由全体股东以书面形式作出一致同意的意思表示，而无须召开股东（大）会会议。不过，《上市公司章程指引》的相应规定为"股东大会以普通决议认定会对公司产生重大影响的、需要以特别决议通过的其他事项"。依此，在上市公司股东大会上经出席会议的股东所持表决权过半数即可认定特别决议事项。作为开放性公司中的典型代表，上市公司股东人数众多，考虑到全体股东几乎不可能就认定特别决议事项达成一致意见，经一致同意认定特别决议事项在上市公司不具有可操作性。不唯上市公司，对于股东人数较多的公众公司而言，都很难采用全体股东一致同意的方式认定特别决议事项。正因为如此，对于股东人数众多的公众公司而言，要么不赋予其个别认定特别决议事项的权利，要么降低个别认定的标准。显然，股东人数众多、难以形成一致意见，并非将公众公司排除在有权个别认定特别决议事项者之外的正当理由。公众公司的股东同样仅具有有限理性，这决定了他们在制定或修改章程时也无法预见到所有应当被纳入特别决议的表决事项，故有必要赋予公众公司的股东大会个别认定特别决议事项的权利。然而，降低个别认定的标准并不意味着仅需股东大会的普通决议就足以认定以特别决议通过的其他事项。笔者认为，应通过股东大会的特别决议认定需要以特别决议通过的其他事项，其理由在于：仅以股东（大）会普通决议就可以认定特别决议事项将导致由持表决权相对少数者（所持表决权过半数的出席会议的股东）即可决定哪些表决事项须由持表决权多数者（所持表决权达三分之二以上的出席会议的股东）同意方得通过，这将加大某些表决事项的通过难度，使本应以普通决议就得通过的事项必须以特别决议通过，使持有表决权相对较多的股东从中受益（因为他们的投票结果会影响到表决事项能否通过），而这并非全体股东一致同意而是"资本少数"支配"资本多数"的结果，违背了资本民主的理念。以特别表决方式认定特别决议事项是在公众公司股东人数较多、难以形成一致意见而又应当赋予公众公司股东认定特别决议事项之权利的情况下的变通之举。因此，在公司章程中直接增加特别决议事项，或在制定或修改章程时无法预见须由股东（大）会以特别决议通过的其他事项的情况下，由章程兜底条款赋权股东经一致同意（于公众公司为出席会议股东所持表决权达三分之二以上的股东同意）个别认定特别决议事项均具有合法性，法院不应认定该章程条款无效。

需要进一步分析的是公司章程通过创设特殊决议等形式增加特别决议事项是否具有合法性。前文已述及，公司章程特殊决议条款本质上是表决权比例提高型防御性条款和章定特别决议事项型防御性条款的结合。基于此，在判断公司章程特殊决议条款的效力时，应将其拆分为表决权比例提高型防御性条款和章定特别决议事项型防御性条款并分别进行分析，只有经过拆分后的两类条款均具有法律效力时，特殊决议条款才具有合法性。不过，特殊决议条款虽可被看作表决权比例提高型防御性条款和章定特别决议事项型防御性条款的结合，但确实是以一种新的决议形式出现，在《公司法》明确将股东（大）会决议形式划分为普通决议和特别决议两种形态的背景下，能否允许股东有如此创新之举？对此，应当明确的是，《公司法》将股东（大）会决议分为普通决议和特别决议两种类型，一是出于决策效率的考虑，二是对重要性不同的表决事项进行合理区分，避免将所有表决事项纳入统一决策渠道。只有一种决议形态，要么不利于提高决策效率，要么无法体现出对特定表决事项的应有重视，可能导致决策失误或损害部分股东的利益。因此，只要能够符合《公司法》对表决事项通过的效率和表决事项重要性的双重考虑，并体现出对不同表决事项的差异化对待，该决议类型划分就具有法律效力。公司章程创设特殊决议作为普通决议和特别决议之外的第三种决议类型，是全体股东基于对特定表决事项谨慎决策的自主安排，其本意仅仅只是将部分极其重要而《公司法》没有明确纳入特别决议的表决事项单独列出，以彰显这些事项对公司而言的重要性，其实质意义要远远大于创设特殊决议等名目的形式意义。在认定特殊决议条款的效力时，重点不在于创设新的决议类型是否违法这种形式意义上的判断，而在于拨开特殊决议这种"制度创新"的表象，探究提高决议通过所需的表决权比例的内在合理性以及将增加的事项纳入特殊决议轨道的必要性。若能对该问题作出肯定回答，则特殊决议条款无疑是有效的。

当然，章定特别决议事项条款并非当然有效。如果公司章程将股东（大）会的所有表决事项都确定为特别决议事项，并在此基础上提高特别决议事项的通过比例，就需要结合公司股东人数、表决权的分布、股东（大）会能否形成有效决议等因素综合认定章程相关条款的效力。在判断章定特别决议事项条款的法律效力时，应当遵循"一般情况下有效，特殊情况下无效"的裁判逻辑，既最大限度地尊重股东的意思自治，又不损及股东（大）会的决策效率和他人的合法权益。

### （二）分期分级董事会条款

分期分级董事会条款（staggered board provision），亦称"交错选举董事条款"，其典型做法是在公司章程中规定，董事会分成若干组，每一组有不同的任期，以使每年都有一组的董事任期届满，每年也只有任期届满的董事被改选。这样，收购人即使控制了目标公司多数股份，也只有在等待较长时间后，才能完全控制董事会。在敌意收购人获得董事会控制权之前，董事会可提议采取增资扩股或其他办法来稀释收购人的股票份额，也可决定采取其他办法达到反收购目的，使收购人的初衷不能实现。因此，分期分级董事会条款明显减缓了收购人控制目标公司董事会的进程，使收购人不得不三思而后行，从而有利于抵御敌意收购。

在我国，根据《公司法》第108条之规定，股份有限公司董事会成员为5～19人，董事任期由公司章程规定，但每届任期不得超过3年；董事任期届满，连选可以连任。该规定表明董事任期在3年期限内具体由公司章程规定，且公司法并未要求所有董事的任期相同。依此，在公司章程中规定每一位董事的任期不同，并不违反《公司法》的规定。由此，公司可以实行分期分级董事会制度，以此为反收购措施。但是，《公司法》第100条第3项规定，持有公司股份10％以上的股东请求时，必须在2个月内召开临时股东大会，而依该法第99条之规定，股东大会有权选举和更换董事以及修改公司章程。因此，收购人可请求召开临时股东大会，通过股东大会首先修改公司章程中关于分期分级董事会制度的规定，然后再改选董事。这是收购人针对分期分级董事会制度的一项有效的反制方法。为防止收购人在获得控股地位后通过修改公司章程废除分期分级董事会制度，公司章程还可设置特定的绝对多数条款，规定必须一定比例（如1/3或过半数）股东出席股东大会且取得出席会议的绝对多数（具体比例，如80％）股东同意，才能修改关于分期分级董事会制度的条款。

为了保证分期分级董事会条款的实施，公司章程往往还同时规定董事在任职期间不得被无故解任，并可以就董事的解职问题设置绝对多数条款，规定必须一定比例（如 1/3 或过半数）股东出席股东大会且取得出席会议的绝对多数（具体比例，如 80％）股东同意才能决定解除董事的职务。在各国司法实践中，公司控制权的转移并不被认为是罢免董事的法定理由。为进一步降低增选董事的意义，达到反收购的效果，公司章程还可规定补选董事的任期与被解任董事的剩余任期相同。

在大陆法系国家和地区，公司控制权不仅表现为对董事会的控制，还表现为对监事会的控制，因此，可以将分期分级董事会条款规定为分期分级董事会、监事会条款，以进一步增强反收购效果。不过，在我国，监事会与董事会系并列的机构，监事会虽具有监督董事会的职权，但受制于监事个人的员工身份，事实上监事会对董事会的监督往往流于形式。这就使监事会对公司的控制力大为减弱，从而使分期分级监事会条款的反收购意义几乎可以忽略不计。为强化分期分级董事会条款的效果，上市公司倒是不妨借助职工董事制度明确规定职工董事条款。《公司法》第 108 条第 2 款规定："董事会成员中可以有公司职工代表。董事会中的职工代表由公司职工通过职工代表大会、职工大会或者其他形式民主选举产生。"如果上市公司章程明确规定了一定数额的职工董事，则即便收购人获得了控股地位，除因分期分级董事会条款而一时无法实际控制公司之外，也会因无法直接改选职工董事而加大其控制公司的难度，从而进一步加强反收购的效果。当然，职工董事比例过高，也可能导致控股股东难以控制董事会的负面效果。在制定公司章程时，控股股东必须对此有清醒认识。

实际上，在上市公司收购案例中，过渡期的两种情况都存在。例如在武锅 B 收购案中，阿尔斯通（中国）投资有限公司承诺确保控制权转移期间公司经营管理的平稳过渡，过渡期间不改选董事会，亦不更换高管。而在百大集团收购案中，收购人西子联合承诺过渡期内原则上不改选董事会，确有充分理由需改选董事会的，来自西子联合的董事不得超过董事会的 1/3。

### （三）限制董事资格条款

限制董事资格条款，是指在公司章程中规定公司董事的任职条件，不具备某些特定条件以及具备某些特定情节者均不得担任公司董事。这就给收购人增选代表自身利益的董事增加了难度。当然，限制董事资格不能明显违背通常的商业习惯，不能仅仅为了反收购而对董事资格进行特别不合理的限制，而应同时着眼于公司治理水平的提升。

董事资格是担任董事的条件，是某人能否进入董事会的前提条件，也是法律为防止无才无德之士混入董事会滥用董事职权而确立的预防性制度。因此，各国大多对董事资格作了积极资格和消极资格两个方面的限定。董事的积极资格是指董事任职必须具备的条件，如持股条件、国籍条件、身份条件和年龄条件等。[①] 董事的消极资格是指不得担任董事职务的条件和情形，如品行条件、兼职条件等。[②]

我国《公司法》第 146 条第 1 款对董事的消极资格作了明确规定，但未就董事的积极资格作出规定。对此，根据《公司法》奉行的加强公司自治的立法精神，可认为法律允许上市公司在不违背法律的强制性规定与公序良俗的情况下，通过章程对董事任职资格作进一步的限定。因此，我国上市公司可以采用这一反收购措施，其合法性应受认可。[③]

在我国反收购实践中，限制董事资格条款不少表现为对董事产生程序的限制，如公司章程突破《公司法》规定的 3% 以上持股比例，要求持股 5% 甚至 10% 的股东才享有董事候选人提案权。[④] 根据《公司法》第 102 条第 2 款的规定，只要收购人单独或者合计持有公司 3% 以上股份，即可向董事会提交增补董事的临时提案，而董事会必须将该临时提案提交股东大会审议。提案权是股东的基本权利，公司章程不能予以限制。由此可见，这种关于董事产生程序的限制性条款因违反强制性规定而应被认定为无效。

---

① 周友苏. 新公司法论. 北京：法律出版社，2006：382-384.
② 雷兴虎，胡桂霞. 论董事行使职权的事前、事中和事后制衡机制. 政法论坛，2001（2）.
③ 傅穹. 敌意收购的法律立场. 中国法学，2017（3）.
④ 王建文. 我国公司章程反收购条款：制度空间与适用方法. 法学评论，2007（2）.

### （四）限制大股东表决权条款

为了更好地保护中小股东的利益，也为了限制收购者拥有过多权力，可以在公司章程中加入限制加入股东表决权的条款。股东的最高决策权实际上就体现为投票权，其中，至关重要的是投票选举董事会的表决权。限制表决权的办法通常有两种：

一是直接限制大股东的表决权。有的公司章程规定股东的股数超出一定数量时，就限制其表决权，如合几股为一表决权。也有的规定，每个股东表决权不得超过全体股东表决权的一定比例数（如 1/5）。这些都须根据实际情况在章程中加以明确规定。

二是采取累积投票制。所谓累积投票（cumulative voting）制，是指公司股东大会选举董事或者监事时，有表决权的每一股份拥有与所选出的董事或者监事人数相同的表决权，股东拥有的表决权可以集中使用。累积投票制起源于英国，但在美国得到了重大发展。如今，该制度已为发达国家公司法所普遍采用。美国各州关于累积投票制度的立法例有所差异，主要分为两种类型。其一为强制型累积投票（mandatory cumulative voting）制，如阿肯瑟、加利福尼亚、夏威夷、伊利诺伊等州；其二为许可型累积投票（permissive cumulative voting）制。许可型累积投票制又分为两种：一是选出式（opt-out election），即除非公司章程作出相反规定，就应实行累积投票制度，如阿拉斯加、明尼苏达、北卡罗来纳、华盛顿等州；二是选入式（opt-in election），即除非公司章程规定了累积投票制度，否则不实行，如密歇根、新泽西、纽约等州。尽管目前在美国有些州还对累积投票制度实行强制主义，但大多数州的公司法已改采许可主义。1950 年美国《商事公司示范法》曾要求实行强制主义；1955 年版将强制主义与许可主义作为两种平行的选择性模式；1959 年版则限定于许可主义中的选出式或选入式两种立法选择；1984 年修订本之后该法即明确改采选入式了。①

---

① 刘俊海. 新公司法的制度创新：立法争点与解释难点. 北京：法律出版社，2006：280 - 281. 刘俊海. 股份有限公司股东权的保护. 修订本. 北京：法律出版社，2004：374 - 375.

在累积投票制下，收购人即使取得目标公司的控制权，也难以完全改选目标公司的董事会。而且，目标公司的董事会人数较少或采取分级分期董事会时，就能很好地防御收购人入主公司董事会。但是，累积投票制也可能使收购人不必取得目标公司的控制权股份就有机会进入董事会，所以在一定程度上该制度也可能被收购人利用。

一般普通投票制有利于大股东，收购人只要控制了多数股权，就可按自己的意愿彻底改组董事会。但如果采取累积投票法或在章程中对大股东投票权进行限制，这可能会对收购构成一系列约束。他拥有超半数的股权，但不一定拥有超半数的表决权。若再配合以"分期分级董事会制度"，那么收购人很难达到控制公司的目的，从而使其承担巨大风险。

我国《公司法》第 105 条第 1 款规定："股东大会选举董事、监事，可以依照公司章程的规定或者股东大会的决议，实行累积投票制。"依此，我国《公司法》采用的是选入式累积投票制。不过，中国证监会发布的《上市公司治理准则》（2018 年修订）第 17 条则明确规定："董事、监事的选举，应当充分反映中小股东意见。股东大会在董事、监事选举中应当积极推行累积投票制。单一股东及其一致行动人拥有权益的股份比例在 30％及以上的上市公司，应当采用累积投票制。采用累积投票制的上市公司应当在公司章程中规定实施细则。"虽然该条规定的初衷是更充分地保护中小股东的利益，但上市公司亦可利用在公司章程中规定累积投票制来抑制收购人对公司的控制权，从而在一定程度上起到反收购的作用。因此，应认为我国现行法律允许采取累积投票制的反收购策略。

## 二、毒丸计划

毒丸计划（poison pill）是指目标公司发现他人有敌意收购意图时，制订特定的股份购买计划，赋予公司股东特定的优先权利，使敌意收购一旦发生，该特定优先权利的行使将导致公司财务结构弱化或收购方部分投票权丧失。"毒丸"是银行家马丁·西格尔将一项被称为"为了股东利益的计划"的技术改进后冠以的一个新名词，它实际上是一种优先购股权计划，在上市公司反收购制度中属于股权摊薄反收购措施。这种反收购措施通常是目标公司在面对收购的情况下，通过大量增加本企业的负债，来降低自身被收购的吸引力。毒丸计划的目的在于预构敌意收购后可能出现的不良前景，使收购人感到即使收购成功也会像吞下毒丸一样遭受不利后果，从而望而却步。1985 年，美国特拉华州法院判决确认了毒丸计划的合法化，确认其实施无须股东大会批准。此后，毒丸计划在美国被广泛采用。2005 年，在美国纳斯达克上市的新浪（NAS-DAQ：SINA）在面对盛大（NASDAQ：SNDA）的敌意收购时，就采用了毒丸计划，最终盛大无奈放弃了收购新浪的计划。

毒丸计划根据其所附的特定优先权的不同，可以分为五种类型，包括突然逆转毒丸、突然生效毒丸、附赎回权毒丸、附转换权毒丸和附复数表决权毒丸。

（1）突然逆转毒丸（flip-over poison）。突然逆转毒丸是指公司给予股东一种购买权，在收购人与目标公司挤出合并（排挤式合并）时，被挤出的股东可以凭此权利以半价购买合并后存续公司（通常为收购公司）的股份。这样会稀释收购公司其他股东所持股份的价值，使收购人的利益受损，从而阻击收购行为。但突然逆转毒丸并不能阻止一个不打算进行最后合并的收购人。

（2）突然生效毒丸（flip-in poison）。突然生效毒丸是由突然逆转毒丸衍生而来的，指公司给予股东在一定条件下购买本公司股份的权利。当敌意收购人购买的目标公司股份超过了一定比例时，这种权利会突然生效，目标公司的其他股东有权以一个较低的价格购买目标公司股份。剧增的股份数量使收购人对收购行为是否继续实施作慎重考虑。美国《特拉华州普通公司法》第 157 条即授予公司董事会此种权利。[①] 到 20 世纪 80 年代后期，这种反收购策略已被大部分公司接受。

---

① 特拉华州普通公司法. 左羽，译. 北京：法律出版社，2001：53.

（3）附赎回权毒丸（redemping right）。附赎回权毒丸，有学者称之为附偿还权毒丸，是指目标公司向股东发行一系列带有特殊权利的优先股，目标公司股东在特定情况发生时，可以事先与目标公司约定的价格，请求目标公司以现金赎回或是以债券交换原来的优先股。其赎回价格一般以收购人在公开要约收购期间开出的最高价格为标准。这样，收购人一旦收购成功，就将面临支付大量现金或债券的财务状况，无异于花费巨大代价取得一个空壳公司。因此，这种反收购策略又称焦土战术（scorched earth policy）。

（4）附转换权毒丸（conversion right）。附转换权毒丸是指收购发生时，目标公司股东可以行使转换权，将其所持股份与收购公司股份交换或转换成收购公司的普通股或优先股。其转换价格通常以收购人在公开要约收购期间所提出的最高价格为标准。附转换权毒丸可以稀释收购人自身的股份，控股比例下降，不利于收购人进一步实施收购行动。

（5）附复数表决权毒丸（multiple voting right）。附复数表决权毒丸是指发生敌意收购等特定情形时，目标公司普通股东可以行使复数表决权，从而稀释表决权，削弱收购人所取得的股份对目标公司的控制力。

在毒丸计划中，目标公司董事会保留着在生效条件成就之前赎回毒丸的权利。这提高了目标公司管理层在上市公司收购中的地位。对于设置了毒丸计划的公司，收购人的最佳选择就是与公司管理层协商，使其赎回毒丸。因此，目标公司的董事会可以利用这种优势为股东谋求更好的交易条件；同时，毒丸也可以成为上市公司管理层保护自己地位的手段和谋取其他利益的砝码。

不过，毒丸计划要达到其预定目的，必须具备适当的法律环境。一方面，毒丸计划阻挠收购的目的是明显的，这就要求法律对目标公司的防御性反收购行为持宽容态度。另一方面，要求法律容忍毒丸计划在股东之间造成的差别待遇，忽略对收购人的歧视。毒丸计划授予公司股东的优先认股权是按照持股比例平均分配给每个股东的。然而，一旦收购发生，该项权利并非所有股东都可行使。毒丸计划的要害即在于限制收购人行使该项权利，从而通过允许其他股东低价购股来稀释收购人在公司的持股比例。

在美国，毒丸计划被广泛接受为合法的反收购策略。首先，美国各州公司法普遍规定公司可以在其章程中自由决定公司的股权结构和发行股权证券的种类。并且，美国公司实行授权资本制，公司章程可以授权公司董事会决定公司股份发行的时间、数量、种类和价格。公司不但可以发行股份，而且可以发行其他的可转让证券和认股权证。因此，公司董事会根据毒丸计划发行低价优先认股权证是符合法律规定的。其次，美国公司董事会就公司事务所作决策受经营判断规则保护。在公司收购的特殊场合，关于目标公司管理层是否仍然受到经营判断规则的庇护，虽然历来有人认为，由于面临收购的管理层处于激烈的利害冲突之中，因而经营判断规则依存的前提并不存在，但在大多数美国判例中，压倒多数的意见仍然坚持该原则有适用的余地。特拉华州最高法院审理的 Unocal 案，确立了公司管理层对收购所采取的预防措施同样可以适用经营判断规则。该判例在此后的反收购案件中被广泛引用，几乎成为此类案件的普遍原则，表明在公司收购此一特定场合，目标公司管理层的忠诚和智慧不再可以免于质询，相反，法律已经涉入管理层的经营判断，对该类判断的自由度有所限制。特拉华州以及其他一些地区的许多判例表明，各州在管制目标公司管理层实施反收购行为时扮演了更加铁腕的角色，使经营判断规则这一保护伞的利用受到了严格限制。[①] Unocal 案在 1981 年 Panter 案的基础上进一步为反收购案件中经营判断规则的适用建立了三个原则：（1）目标公司的董事有责任举证证明他们合理地相信收购会威胁公司的经营政策和其存在的有效性（合理性）；（2）董事采取的反收购行为必须与收购对公司形成的威胁有适当的关系（妥当性）；（3）独立的外部董事的勤勉和出席董事会的行为会提高前述

---

① ［美］托马斯·李·哈森. 证券法. 张学安，等译. 北京：中国政法大学出版社，2003：559.

（1）（2）的证明效力（证明性）。<sup>①</sup> 显然，前一标准较容易满足。就毒丸计划而言，只要毒丸计划没有完全剥夺股东就是否接受要约作出最后决定的机会，并且可以保护目标公司股东的利益，就符合了第二条标准。摩根士丹利公司（Morgan Stanley）的一项研究表明，从 1985 年到 1989 年间，对制订了毒丸计划的公司所进行的收购的成功率仍达到 64％，而同期对未制订毒丸计划的公司所进行的收购的成功率则仅为 60％。而且根据该公司的调查，在收购过程中，制订了毒丸计划的公司，其股价平均上涨了 63％，而未制订毒丸计划的公司仅获得了 52％的收购溢价。该项研究表明，毒丸计划并未能有效阻挠收购，并且对公司股东有利。因此，毒丸计划完全可以符合 Unocal 案所确立的标准。<sup>②</sup>

　　毒丸计划在英国很少被采用，因为按照英国普通法的有关规则，公司董事不得纯粹为了摧毁股东中既有的多数持股地位，或者为在股东中创造一个以前并不存在的新的多数而行使公司章程所规定的发行股份的权利。这就限制了公司董事会采用毒丸计划的权利。此外，与美国法规定股东优先认股权是由公司章程自由决定的事项不同，英国法直接规定了公司股东的优先认股权。因此，要限制收购人所享有的优先认股权，须由股东大会作出特别决议。在多数股权由机构投资者持有，而机构投资者又不赞同公司制定妨碍股权流动性的反收购措施的背景下，这种反收购措施的决议显然难以获得通过。

　　多数欧洲国家不允许采用毒丸计划。德国法院即认为，毒丸计划违反了德国《股份法》第 53 条所规定的所有股东应获得平等待遇的原则，因而不允许采用。

　　以目标公司股东在一定条件下可以较低的价格购买公司股票或要求公司赎回优先股为核心内容的毒丸计划在我国的合法性是值得质疑的。事实上，目前我国上市公司发行新股的程序比较复杂，股票发行均需经

---

① 汤欣．目标公司管理层的行为限制．中外法学，2000（5）.

② 代越．论公司收购的法律管制//漆多俊主编．经济法论丛：第 1 卷．北京：中国方正出版社，1999：436 - 437.

历较长的时间方能完成，根本无法实现及时抵御敌意收购的目的。基于此，突然逆转毒丸、突然生效毒丸、附赎回权毒丸和附复数表决权毒丸目前在我国均无法作为可行的反收购措施。但是，目标公司可以发行可转换公司债券，并与债券持有人约定转换的条件。这样，目标公司就可以利用可转换公司债券作为"毒丸"来扩大公司的股本总数，加大收购的难度和成本。

### 三、"降落伞"计划

上市公司收购往往导致目标公司的管理人员被解职，普通员工也可能被解雇。为了解除管理人员及员工的这种后顾之忧，美国有许多公司采用金降落伞（golden parachute）、灰色降落伞（penson parachute）和锡降落伞（tin parachute）的做法。

金降落伞，是指目标公司董事会通过决议，由公司董事及高级管理人员与目标公司签订合同，约定：当目标公司被并购接管并且其董事及高级管理人员被解职时，可一次性领到巨额的退休金（解职费）、股票选择权收入或额外津贴。该项收益视获得者的地位、资历和以往业绩的差异而有高低，如对于公司首席执行官（CEO）这一补偿可达千万美元以上。该等收益就像一把降落伞，让高级管理人员从高高的职位上安全退下，又因其收益丰厚如金，故名金降落伞。

金降落伞策略出现后受到美国大公司经营者的普遍欢迎。在 20 世纪 80 年代，金降落伞得到广泛应用。据悉，美国 500 家大公司中有一半以上的公司的董事会通过了金降落伞议案。在美国，对待金降落伞的态度并不统一。传统观点认为，由于金降落伞阻止了潜在的收购人，因而并不利于股东。关于功能，否定论者认为，该条款的防御功能是有限的，因为目标公司向其管理层支付的补偿金在收购总成本中所占比重是微不足道的，事实上该条款不但不能作为收购的防御措施，反而会鼓励目标公司管理层出于获取补偿金的目的转而支持有损于股东利益的收购行为。因此，该条款实质上是目标公司管理层追求自身利益的产物。不过，同时也有不少人持肯定的观点，他们认为，当管理层评价收购人的收购要约时，金降落伞计划可以排除管理层的任何利益冲突，因为通过反对要约收购而保持其职位的激励，基本上能够与因收购成功并被解职时所能获得的补偿有效抵消[①]，因而该补偿性契约加强了目标公司经理在面临收购建议时依股东利益行事的动机。有学者通过对一个包含了90家公司的样本研究表明，尽管研究结果显示出了一定的差异，但平均而言，金降落伞有利于设立该计划的公司。[②] 目前我国已有多家上市公司章程设置了"金降落伞"计划，大多规定在该公司被敌意收购的情况下，除非存在违规或任职条件不符等情况，公司董事、监事、高级管理人员不得被无故解聘；若被提前无故解聘，则应按其税前薪酬总额的一定倍数给付一次性赔偿金，并按《劳动合同法》另行支付经济补偿或赔偿金。[③]

灰色降落伞主要是向下面几级的管理人员提供较为逊色的同类保证根据工龄长短领取数周至数月的工资。灰色降落伞曾经一度在石油行业十分流行，皮根斯在收购接管美孚石油公司后不得不支付了高达 2 000万～3 000 万美元的灰色降落伞费用。

锡降落伞是指目标公司的员工若在公司被收购后 2 年内被解雇的话，则可领取员工遣散费。显然，灰色降落伞和锡降落伞的得名，与金降落伞的得名出于同理。

从反收购效果的角度来说，金降落伞、灰色降落伞和锡降落伞策略，能够加大收购成本或增加目标公司现金支出，从而阻碍购并。

我国对并购后的目标公司人事安排和待遇无明文规定，引入"降落伞"计划，可能导致变相瓜分公司资产，损公肥私；也不利于鞭策企业管理层努力工作和勤勉尽职。因此，在我国相关法律制度尚不健全的情况下，不应允许采取这些反收购策略，而宜从社会保险的角度解决目标公司管理层及职工的生活保障问题。

---

① 殷召良. 公司控制权法律问题研究. 北京：法律出版社，2001：150.
② 王彬. 公司的控制权结构. 上海：复旦大学出版社，1999：64.
③ 傅穹. 敌意收购的法律立场. 中国法学，2017（3）.

# 第三节　抵抗性反收购策略

## 一、股份回购

### （一）股份回购制度概况

股份回购是指股份有限公司购回自己已发行在外的股份的法律行为。由于公司回购本公司股份有可能给公司股东、债权人和市场竞争秩序带来危害，因此多数国家对此采取了"原则禁止、例外允许"的态度，如德国、日本、新加坡及我国的公司法均采用了这一原则。但英国、美国、加拿大及一些欧洲国家则采取了"原则允许，例外禁止"的态度。

股份回购是指股份有限公司按照法定条件和程序购回发行或流通在外的本公司股份的行为。股份回购是国际通行的公司实施并购重组、优化治理结构、稳定股价的重要手段，是资本市场的一项基础性制度安排和金融活动。除资本市场中主动实施的股份回购外，股份回购还可因异议股东行使股份回购请求权而启动。

我国《公司法》第142条第1款规定，公司不得收购本公司股份，但是，有下列情形之一的除外：（1）减少公司注册资本；（2）与持有本公司股份的其他公司合并；（3）将股份用于员工持股计划或者股权激励；（4）股东因对股东大会作出的公司合并、分立决议持异议，要求公司收购其股份；（5）将股份用于转换上市公司发行的可转换为股票的公司债券；（6）上市公司为维护公司价值及股东权益所必需。

关于股份回购的决策程序，《公司法》第142条第2款规定："公司因前款第（一）项、第（二）项规定的情形收购本公司股份的，应当经股东大会决议；公司因前款第（三）项、第（五）项、第（六）项规定的情形收购本公司股份的，可以依照公司章程的规定或者股东大会的授权，经三分之二以上董事出席的董事会会议决议。"

关于公司持有所回购股份的期限，《公司法》第 142 条第 3 款规定："公司依照本条第一款规定收购本公司股份后，属于第（一）项情形的，应当自收购之日起十日内注销；属于第（二）项、第（四）项情形的，应当在六个月内转让或者注销；属于第（三）项、第（五）项、第（六）项情形的，公司合计持有的本公司股份数不得超过本公司已发行股份总额的百分之十，并应当在三年内转让或者注销。"

为防止上市公司滥用股份回购制度，引发操纵市场、内幕交易等利益输送行为，《公司法》第 142 条第 4 款规定："上市公司收购本公司股份的，应当依照《中华人民共和国证券法》的规定履行信息披露义务。上市公司因本条第一款第（三）项、第（五）项、第（六）项规定的情形收购本公司股份的，应当通过公开的集中交易方式进行。"

### （二）股份回购的反收购效果

股份回购的反收购效果主要表现在两个方面：一方面，减少在外流通的股份，增加买方收购到足额股份的难度；另一方面，可提高股价，增加收购成本。此外，回购股份也可增强目标公司或其董事、监事的话语权。因此，在法律允许股份回购的国家，股份回购便成为目标公司反收购的一项重要措施。

目标公司以现金回购本公司的股票，通过减少发行在外的股份来抬高股价，同时使公司的流动资产减少，会削弱目标公司对收购人的吸引力，增加收购成本。但这种反收购手段对目标公司也存在一定的危险性：由此可能造成其负债比例提高，加大了财务风险，而且目标公司对购回的股份无法行使表决权，不能以掌握多数表决权而直接达到反收购的目的。另外，虽然股份回购导致股价的上涨，但对于拥有雄厚资金实力的收购人来说，收购完成所需的股份数量的减少可能更有利于收购的成功。

在承认目标公司为反收购而可以回购本公司股份的国家和地区，亦认为目标公司的管理层仅以维持自身对目标公司的控制权为目的，而以公司资金回购股份是不允许的。为此，通常采取的做法是禁止管理层在未经授权的情况下径自采取股份回购措施。从维护目标公司股东利益，防止收购中目标公司管理层的不当行为的角度出发，法律一般都规定股东大会的批准是目标公司回购本公司股份的前置条件，如英国的《城市法典》、我国香港地区《香港守则》都作了这样的规定。

美国许多州的公司法并不要求公司回购股份以经股东大会批准为前提条件，但都认为：仅仅为维持目标公司管理层的控制权而回购本公司的股份，将违反董事对公司的信义义务，是违法的；公司管理层若有充分的证据表明，收购成功将造成公司经营方针的重大变更并对公司产生明显不利的后果，为反收购而回购股份实质上是为了维护公司利益，则是合法的。在审判实践中，需由目标公司管理层依经营判断规则对回购行为承担举证责任。

根据我国现行《公司法》第 142 条第 1 款的规定，上市公司为维护公司价值及股东权益所必需时，公司可以收购本公司股份。此外，《上市公司收购管理办法》（2020 年修订）第 33 条未将股份回购作为未经股东大会批准被收购公司董事会不得实施的行为。由此可见，当我国上市公司遭遇敌意收购威胁时，若实施反收购确实乃上市公司为维护公司价值及股东权益所必需，公司可以将股份回购作为反收购措施。

## 二、寻找"白衣骑士"

白衣骑士（white knight）是相对敌意收购人而言的，它是指目标公司在遭到敌意收购的袭击时，可选择一家关系友好且实力雄厚的公司作为收购人，使其与敌意收购人相竞争，与目标公司共同抵抗敌意收购，并促成友好公司的善意收购。这样，由于收购目标公司的竞争者增加，敌意收购人将被迫提高其收购价格，从而增加其收购成本。寻求白衣骑士是挫败敌意收购的重要手段。《欧盟并购指令》第 9 条第 2 款还特别规定，禁止成员国规定不允许目标公司寻找替代性要约收购人（白衣骑士)。①

由于引入白衣骑士的结果是引发收购人之间的竞争，这往往使目标公司的股价大幅度上扬，故白衣骑士面临很大风险。首先，要在竞争中取胜，要求白衣骑士有足够的资金作为后盾，从而增加了其融资负担；其次，每一个收购人都可能面临涉讼的危险，需支付大量的诉讼成本；最后，对于白衣骑士而言，可能降低其自身对敌意收购的防范能力。因此，为了吸引"救援者"，目标公司有时会采取与白衣骑士达成某种协议的方式，在与白衣骑士共同抵御敌意收购的同时，为其提供特定的选择权。这样，在竞争失败时，白衣骑士仍能获得一定程度的补偿。这种协议被称为"锁定协议"（lookups agreement），也被称为"定局交易"。根据内容的不同，可以将"锁定协议"分为股份锁定协议和资产锁定协议。

## （一）股份锁定协议

股份锁定协议的核心内容是赋予白衣骑士在特定的情形下购买目标公司章程授权发行但尚未发行的股份的权利。这是一种股份购买的期权。这项期权可以增加白衣骑士在目标公司股东大会中的表决权比例，有助于白衣骑士和敌意收购人相抗衡，阻挠敌意收购人对目标公司的控制。如果白衣骑士对敌意收购的抵御失败，股份锁定协议还可以为其提供利益补偿的途径，即当白衣骑士对目标公司的收购价被敌意收购人超出时，白衣骑士可以依股份锁定协议购买目标公司的股份并将所购买的股份出售给出价更高的收购人，从而获得一定的利益补偿。

目标公司采取股份锁定协议进行反收购的措施，被称为股份锁定措施。该措施只有在授权资本制条件下才可以运用，同时该措施的有效实施，必须是目标公司有足够的尚未发行的授权资本。在授权资本制下，授权资本的数额及其增加必须经股东大会批准，但具体的发行可由董事

---

① ［德］斯蒂芬·格伦德曼．欧盟公司法：下册．周万里，主译．北京：法律出版社，2018：263.

会决定，因而董事会可以就已经股东大会批准的授权资本采用股份锁定措施抵御敌意收购。但这并不意味着董事会运用股份锁定措施是当然合法有效的。美国许多州法院的判例表明，经营判断规则仍然是评判董事行为合法性的一个重要标准，也就是说董事采取股份锁定措施必须是为了维护公司和股东的最大利益，而不是为了避免其自身职位被他人取代。为了防止损害目标公司其他股东的利益，法院还会对白衣骑士购买目标公司股份所支付的对价是否合理进行审查。

我国实行的认缴资本制虽然允许分期缴纳，但并不允许分期认购，也不存在分期发行的情形，因而无法实施在授权资本制下才能采取的股份锁定协议作为反收购策略。

## （二）资产锁定协议

资产锁定协议的核心内容是目标公司赋予白衣骑士购买目标公司最有价值的资产的权利。此即公司负向重组。目标公司最有价值的资产被称为"皇冠上的珠宝"（crown jewel），它可能是目标公司的特定资产、子公司或分公司。资产锁定协议规定白衣骑士在敌意收购人取得了目标公司一定比例的股份时，有权以较优惠的价格购买目标公司最有价值的资产。这类协议使目标公司对意图取得目标公司最有价值资产的敌意收购人失去吸引力，因而可以防御该类敌意收购的企图。目标公司为使收购人萌生退意而出售最有价值的资产是另一种形式的"焦土战术"（scorched earth policy）。

资产锁定协议可以使敌意收购人在完成收购后，只获得一"空壳"公司，因而在很大程度上增加了白衣骑士在收购战中获胜的可能性。另外，白衣骑士一旦收购失败，仍可以依照协议的安排获得补偿。然而，资产锁定协议也可能成为目标公司管理层排斥其他收购人参与收购竞争，维持、巩固其地位的工具。因此，对资产锁定措施也存在不同的观点。

在我国，由于这种反收购策略会导致公司本身及股东利益受到损害，因而其实质上违背了董事的注意义务与忠实义务，应当由法律加以明确禁止。因此，《上市公司收购管理办法》（2020年修订）第33条对此类行为作了明确禁止。

## 三、管理层收购

当目标公司遇到敌意收购时，公司的管理层通过一定的渠道筹措资金，收购其所在公司的大部分股权，以达到控制目标公司的目的的，被称为管理层收购。管理层收购的前提是目标公司确实具有价值和发展的潜力，只是由于一时的原因其经营业绩较差，从而成为敌意收购的收购对象。

关于上市公司管理层收购，前文已专章论述，在此不赘。

## 四、帕克曼防御

这一反收购策略的名称取自20世纪80年代初期美国颇为流行的一种电子游戏。在该游戏中，电子动物相互疯狂吞噬，其间每一个没有吃掉其敌手的一方反而会自我毁灭。作为反收购策略，帕克曼防御是指公司在遭到收购袭击的时候，不是被动地防守，而是以攻为守、以进为退，它或者反过来对收购人提出收购要约，或者以出让本公司的部分利益，包括出让部分股权为条件，策动与公司关系密切的公司出面收购收购人的股份，从而迫使收购人转入防御，或至少赢得一定的时间以重新制定防御措施。

帕克曼防御术的运用，一般需要具备一些条件：第一，收购人本身应是一家上市公司，否则谈不上要约收购其股份的问题；第二，收购人本身有懈可击，存在被收购的可能性；第三，帕克曼防御者即反击方需要有较强的资金实力和外部融资能力，否则帕克曼防御的运用风险很大。

我国法律未就该种反收购策略设置明确的法律障碍，因而完全可以将其作为一种反收购策略。但是，我国上市公司往往自身实力有限，即使将来改变了上市公司高度集中的股权结构，这种反收购策略也难以被广泛运用。

## 五、提起诉讼

提起诉讼是指运用公司法、证券法、税法、反垄断法等各项法律的规定对收购方提起诉讼。这样，无论胜负，至少可以拖延时间、刺激股价，乃至用巨额诉讼费与复杂的诉讼程序拖垮对方。这种方法在美国最常见。在实践中，各国主要以反垄断法与证券法作为反收购诉讼的依据。

各国反垄断法几乎都无一例外地规定，一切可能妨碍公平竞争、形成垄断的公司收购行为无效。这种规定为目标公司对收购人的敌意收购行为提起反垄断诉讼提供了直接的法律依据，系目标公司进行反收购的非常有效的法律策略。

各国证券法大多对上市公司收购的条件和程序作出严格规定，任何有悖于法律程序的收购行为都可能给收购人带来不利的法律后果，甚至可能使收购归于失败。因此，当收购人发动敌意收购时，该类法规往往成为目标公司寻求法律保护的重要工具。目标公司往往以如下理由作为其诉讼依据：收购人未公开收购意图、进行要约收购的手续不完备、公开披露的内容不够充分等。① 我国现行法律对此未作明确规定，但依法理，目标公司应能够对收购人提起反收购诉讼。

---

① 胡滨. 上市公司收购法律问题研究//王保树主编. 商事法论集：第 4 卷. 北京：法律出版社，2001：648-650.

# 第十章 投资者保护制度

我国 2019 年《证券法》新设"投资者保护"专章，包括投资者适当性制度、股东权利征集制度、上市公司现金分红制度、公司债券持有人保护制度、先行赔付制度、投资者保护机构支持制度、证券代表人诉讼制度，从而大幅度提高了投资者的保护水平。这些制度中，投资者适当性制度最具代表性，内涵也最为丰富，故将其作为独立一节，将其他制度合为一节予以阐述。

## 第一节 投资者适当性制度

### 一、投资者适当性制度概况

投资者适当性制度是资本市场的一项基础制度，被成熟证券市场普遍应用于保护投资者权益和管控创新风险。"将适当的证券产品销售给适当的投资者"，这是对投资者适当性制度最简明扼要的概括。随着中国资本市场的创新发展，投资者适当性制度已经成为资本市场的一项基础制度。[①] 投资者适当性制度要求证券公司等证券经营机构在向投资者提供投资建议或者推荐金融交易时承担适当性义务，即投资建议或推荐

---

① 赵旭东.实施投资者适当性制度的重要规则.上海证券报，2016 - 12 - 10.

的金融交易应在向投资者推荐前获得正当性，并与投资者的财务状况、投资知识及经验、风险承受能力等相适应。

投资者适当性制度起源于 20 世纪 30 年代的美国证券市场，目前已经被很多国家和地区采纳，成为资本市场投资者保护的基础性制度。长期以来，美国主要通过部门规章和自律规则加以规定，如美国证券交易委员会、期货交易委员会（CFTC）、金融业监管局（FINRA）、期货业协会（FIA）等颁布的具体规则，但 2010 年《多德-弗兰克华尔街改革和消费者保护法》（Dodd-Frank Wall Street Reform and Consumer Protection Act）明确规定了适当性管理的基本规则。英国《2000 年金融服务与市场法》（Financial Services and Markets Act 2000）第 5 条体现了投资者适当性立法理念，但投资者适当性制度被具体规定于英国原金融监管局（FSA）及现金融行为监管局（FCA）制定的金融业务规则中。英国 2012 年《金融服务法案》明确规定了投资者适当性制度。日本 2001 年《金融商品销售法》、2006 年《金融商品交易法》，韩国 2007 年《金融投资服务与资本市场法》都规定了投资者适当性制度。此外，欧盟 2007 年 11 月生效的《金融工具市场指令》（The Markets in Financial Instruments Directive，MiFID）① 构建了"投资者适当性"的制度框架，从而使欧盟各国具备了统一的立法依据与蓝本。② 为吸引更多的投资者参与到广泛且透明的欧盟金融市场中，切实保护投资者权益，《金融工具市场指令》还规定了投资者分类、适当性评估（the suitability assessments）等具体制度。

证券公司等证券经营机构在向投资者提供投资咨询服务及全权委托投资组合管理服务时，必须对投资者及服务进行适当性测试，确保所提供的投资建议或推荐的金融交易具有适当性。为保证投资者服务的有效

---

① 欧盟《金融工具市场指令》由三个文件组成，分别为 MiFID1《欧洲议会与欧盟理事会关于金融工具市场的第 2004/39/EC 号指令》、MiFID2《欧盟委员会第 2006/73/EC 号指令》、MiFID3《欧盟委员会第 1287/2006 号规章》。该指令的最新版本为 2018 年 1 月 3 日生效的《金融工具市场指令Ⅱ》（MiFIDⅡ）。

② 黄爱学．论我国金融期货投资者适当性制度．北方民族大学学报（哲学社会科学版），2016（3）．

性，证券公司等证券经营机构应当充分收集有关投资者的投资知识及经验、财务状况、投资目标等方面的信息，进行适当性测试（the suitability test）和适合性测试（the appropriateness test），以便评估投资者或潜在的投资者是否拥有足够的专业投资知识、投资经验以及金融工具交易方面的知识，并能理解证券交易风险。①

我国《证券法》第 88 条规定："证券公司向投资者销售证券、提供服务时，应当按照规定充分了解投资者的基本情况、财产状况、金融资产状况、投资知识和经验、专业能力等相关信息；如实说明证券、服务的重要内容，充分揭示投资风险；销售、提供与投资者上述状况相匹配的证券、服务。"（第 1 款）"投资者在购买证券或者接受服务时，应当按照证券公司明示的要求提供前款所列真实信息。拒绝提供或者未按照要求提供信息的，证券公司应当告知其后果，并按照规定拒绝向其销售证券、提供服务。"（第 2 款）"证券公司违反第一款规定导致投资者损失的，应当承担相应的赔偿责任。"（第 3 款）依此，我国以法律形式正式确立了投资者适当性制度，提高了对投资者保护的水平。

中国证监会于 2016 年 12 月 12 日发布《证券期货投资者适当性管理办法》（以下简称《适当性办法》），对投资者适当性制度的有效实施确立了统一的管理规则。中国证券业协会于 2017 年 6 月 30 日发布《证券经营机构投资者适当性管理实施指引（试行）》，为我国投资者适当性管理提供了统一的自律规范。此后，适当性管理机制不断完善，但仍存在着一些问题亟待解决。实践中，部分证券公司出现制度理解片面、执行不到位的情况，致使适当性管理工作仅仅达到了"表面合规"，不少实质性要求未能得到真正贯彻。例如，投资者信息缺乏核查、客户评价结果失真、信息共享机制有待完善等问题仍普遍存在，大大影响了投资者适当性制度价值的发挥。成本压力是证券公司"表面合规"的重要原因，信息不对称、责任边界模糊也加重了证券公司的适当性管理压力。因此，随着证券投资者数量和业务类型的快速增长，仍采用传统模式和

---

① 赵晓钧 . 欧盟《金融工具市场指令》中的投资者适当性 . 证券市场导报，2011（6）.

手段去推进投资者适当性管理工作，显然不合时宜，故证券公司应积极运用大数据、金融科技等手段，探索降低投资者适当性管理成本的可行路径。[1]

需要说明的是，《适当性办法》规定的投资者适当性管理的义务主体为"向投资者销售证券期货产品或者提供证券期货服务的机构"，《证券经营机构投资者适当性管理实施指引（试行）》将其明确为"证券公司及其子公司、证券投资咨询机构"，但 2019 年《证券法》将投资者适当性制度的义务主体规定为证券公司。因此，2019 年《证券法》固然为投资者分类制度、了解客户制度、信息告知制度、评估测试制度等投资者适当性制度提供了明确的上位法依据，但与相关规章和自律规范存在差异，中国证监会应考虑协调方案。

## 二、《适当性办法》概况[2]

### （一）《适当性办法》制定背景

制定统一的投资者适当性管理规定，规范、落实市场经营机构的适当性义务，是落实"依法监管、从严监管、全面监管"要求，加强资本市场法制建设、强化投资者保护的重要举措。

其一，有利于完善投资者适当性管理工作。近几年，创业板、股转系统、金融期货、融资融券、私募基金等市场、业务、产品均建立了适当性制度，起到了积极效果。但相关要求散见于各市场或业务法规和自律规定，市场经营机构适当性义务不明确，缺乏统一清晰的监管底线要求，实践中部分机构对适当性制度执行不到位，导致实际风险承受能力低的投资者参与了较高风险的业务，遭受了损失。通过制定统一的适当性管理规定，规范分类分级标准、明确机构义务，能够有效解决以上问题。

其二，符合加强创新监管和守住风险底线的要求。当前投资者和市

---

[1] 华泰证券课题组. 证券公司投资者适当性管理的大数据应用研究. 金融纵横，2019（7）.

[2] 本部分内容来源于中国证监会《〈证券期货投资者适当性管理办法〉起草说明》。

场经营机构尚不成熟，监管法规和工作机制也在逐步完善，强化适当性管理有助于加强对市场创新的监管，防范和化解系统性风险。

其三，适应我国投资者特征强化投资者保护工作的实际需要。我国资本市场以中小投资者为主，一些投资者的知识储备、投资经验和风险意识不足，有必要通过适当性管理构筑保护投资者的第一道防线。通过督促落实适当性制度可以把监管要求和压力有效传导到一线经营机构，督促其将适当的产品或服务销售或提供给适当的投资者，增强投资者保护主动性，提高服务质量和水平。

### （二）《适当性办法》的定位与适用范围

1. 《适当性办法》的定位

《适当性办法》以严格落实市场经营机构适当性义务为主线，围绕评估投资者风险承受能力和产品风险等级、充分揭示风险、提出匹配意见等核心内容，通过一系列看得见、抓得着的制度安排，规范经营机构义务，制定一一对应的监督管理措施，同时明确监管机构和自律组织的履职要求，确保各项适当性要求落到实处，保障投资者的合法权益。这也是成熟资本市场建立适当性制度遵循的基本逻辑。

2. 《适当性办法》的适用范围

向投资者销售公开或者非公开发行的证券、公开或者非公开募集的证券投资基金和股权投资基金（包括创业投资基金）、公开或者非公开转让的期货及其他衍生产品，或者为投资者提供相关的业务服务的，适用《适当性办法》。

### （三）《适当性办法》的主要内容

《适当性办法》共 43 条，针对适当性管理中的实际问题，主要作出了以下制度安排：

其一，形成了依据多维度指标对投资者进行分类的体系，统一投资者分类标准和管理要求。《适当性办法》将投资者分为普通投资者和专业投资者两类，规定了专业投资者的范围，明确了专业、普通投资者相互转化的条件和程序，规定市场经营机构可以对投资者进行细化分类且应当制定分类内部管理制度；进一步规范了特定市场、产品、服务的投资者准入要求，明确考虑因素、主要指标、资产指标期间性等基本要求。由此，解决了投资者分类无统一标准、无底线要求和分类职责不明确等问题。

其二，明确了产品分级的底线要求和职责分工，建立层层把关、严控风险的产品分级机制。《适当性办法》规定市场经营机构应当了解产品或服务信息，对产品或服务进行风险分级并制定分级内部管理制度，明确划分风险等级的考虑因素；规定由行业协会制定并定期更新本行业的产品风险等级名录，经营机构可以制定高于名录的实施标准。由此，建立了监管机构确立底线要求、行业协会规定产品名录指引、经营机构制定具体分级标准的产品分级体系，既给予经营机构必要的空间，又有效防止产品风险被低估而侵害投资者权益。

其三，规定了经营机构在适当性管理各个环节应当履行的义务，全面从严规范相关行为。《适当性办法》规定经营机构应当了解投资者信息，建立投资者评估数据库并每年更新；提出适当性匹配的底线要求，细化动态管理、告知警示、录音录像等义务；明确经营机构在代销产品或委托销售中了解产品信息、制定适当性标准等义务，规定委托销售机构和受托销售机构依法共同承担责任；要求经营机构制定落实适当性匹配、风险控制、监督问责等内部管理制度，不得采取鼓励从业人员不适当销售的考核激励措施，定期开展自查，妥善保存资料。《适当性办法》突出适当性义务规定的可操作性，细化具体内容、方式和程序，确保经营机构能够据此执行，避免成为原则性的"口号立法"。

其四，突出对普通投资者的特别保护，向投资者提供有针对性的产品及差别化服务。《适当性办法》规定：普通投资者在信息告知、风险警示、适当性匹配等方面享有特别保护；市场经营机构向普通投资者销售高风险产品或者提供相关服务，应当履行特别的注意义务，不得向普通投资者主动推介不符合其投资目标或者风险等级高于其风险承受能力的产品或者服务；市场经营机构与普通投资者发生纠纷的，经营机构应当提供相关资料，证明其已向投资者履行相应义务。

其五，强化了监管自律职责与法律责任，确保适当性义务落到实处。《适当性办法》规定了监管自律机构在审核关注产品或者服务适当性安排、督促适当性制度落实、制定完善适当性规则等方面的职责。本着有义务必有追责的原则，《适当性办法》针对每一项义务都制定了相应的违规罚则，要求监管自律机构通过检查督促，采取监督管理措施、行政处罚和市场禁入措施等方式，确保市场经营机构自觉落实适当性义务，避免《适当性办法》成为无约束力的"豆腐立法"和"没有牙齿的立法"。

## 三、投资者适当性制度的主要内容：投资者分类制度

为履行适当性义务，确保提供的服务适合不同的投资者，各国（地区）投资者适当性制度普遍规定了投资者分类管理制度。①

### （一）国外投资者分类制度

投资者分类重点考虑投资者的市场地位、资产规模、知识经验等因素，个人抑或机构并非关键因素。例如，美国监管机构将投资者分为机构投资者和其他投资者，机构投资者包括总资产 5 000 万美元以上的自然人。欧盟将投资者分为"合格对手方"（eligible counterparties）、"专业投资者"（professional clients）和"零售投资者"（retail clients），三者受法律保护的程度依次提高。不过，《金融工具市场指令》界定的三种投资者类型并非绝对相互排斥。例如，"合格对手方"在指令中亦可被视为"专业投资者"的子集；不属于"合格对手方"及"专业投资者"的投资者，则为"零售投资者"；"零售投资者"的身份也不绝对，当"零售投资者"符合交易频率、资产规模或专业技能等标准时，其亦可被视为"专业投资者"。此外，《金融工具市场指令》规定了投资者分类的两项特殊规则，即投资者分类的从下及从上规则。被指令视为"专

---

① 赵晓钧 . 欧盟《金融工具市场指令》中的投资者适当性 . 证券市场导报，2011（6）.

业投资者"的主体亦可主张其为特定交易的"零售投资者",此即从下划分规则,其可给投资者提供更多法律保护。当然,这种根据从下划分规则而将其类投资者划入保护更为充分的投资者类型的做法应当由证券公司等证券经营机构提议或者应投资者要求并经证券公司等证券经营机构同意方可实现。与此不同,在指令中未被视为"专业投资者"的主体亦可主张以"专业投资者"的身份自证券公司等证券经营机构处接受投资服务,此即从上划分规则。当然,放弃"零售投资者"地位而主张"专业投资者"身份必须经过特定程序,其"放弃"行为才产生法律上的效力。零售投资者之所以实施放弃行为,主要原因在于其变更身份后交易成本将有所降低。① 总的来说,各国(地区)实行的投资者分类管理制度体现了保护弱者的立法理念。②

### (二)我国投资者分类制度

我国《证券法》第 89 条规定:"根据财产状况、金融资产状况、投资知识和经验、专业能力等因素,投资者可以分为普通投资者和专业投资者。专业投资者的标准由国务院证券监督管理机构规定。"(第 1 款)"普通投资者与证券公司发生纠纷的,证券公司应当证明其行为符合法律、行政法规以及国务院证券监督管理机构的规定,不存在误导、欺诈等情形。证券公司不能证明的,应当承担相应的赔偿责任。"(第 2 款)依此,我国《证券法》正式确立了投资者分类制度,并采纳了《适当性办法》的做法,将投资者分为普通投资者和专业投资者。《适当性办法》第 7 条第 2 款还明确规定:"普通投资者在信息告知、风险警示、适当性匹配等方面享有特别保护。"我国台湾地区将投资者分为专业投资者和非专业投资者,专业投资者包括能够提供新台币 3 000 万元以上财力证明、具备丰富的金融产品交易经验、充分了解销售机构可免除的责任并同意签署为专业投资者的自然人投资者。③

根据《适当性办法》第 8 条第 1 款的规定,符合下列条件之一的是

---

① 赵晓钧. 欧盟《金融工具市场指令》中的投资者适当性. 证券市场导报,2011(6).
②③ 杨新兰. 投资者适当性行为监管经验. 中国金融,2019(15).

专业投资者：

（1）经有关金融监管部门批准设立的金融机构，包括证券公司、期货公司、基金管理公司及其子公司、商业银行、保险公司、信托公司、财务公司等；经行业协会备案或者登记的证券公司子公司、期货公司子公司、私募基金管理人。

（2）上述机构面向投资者发行的理财产品，包括但不限于证券公司资产管理产品、基金管理公司及其子公司产品、期货公司资产管理产品、银行理财产品、保险产品、信托产品、经行业协会备案的私募基金。

（3）社会保障基金、企业年金等养老基金，慈善基金等社会公益基金，合格境外机构投资者（QFII）、人民币合格境外机构投资者（RQFII）。

（4）同时符合下列条件的法人或者非法人组织：1）最近1年末净资产不低于2 000万元；2）最近1年末金融资产不低于1 000万元；3）具有2年以上证券、基金、期货、黄金、外汇等投资经历。

（5）同时符合下列条件的自然人：1）金融资产不低于500万元，或者最近3年个人年均收入不低于50万元；2）具有2年以上证券、基金、期货、黄金、外汇等投资经历，或者具有2年以上金融产品设计、投资、风险管理及相关工作经历，或者经有关金融监管部门批准设立的金融机构的高级管理人员、获得职业资格认证的从事金融相关业务的注册会计师和律师。

上述金融资产，是指银行存款、股票、债券、基金份额、资产管理计划、银行理财产品、信托计划、保险产品、期货及其他衍生产品等。

经营机构可以根据专业投资者的业务资格、投资实力、投资经历等因素，对专业投资者进行细化分类和管理。

专业投资者之外的投资者为普通投资者。经营机构应当按照有效维护投资者合法权益的要求，综合考虑收入来源、资产状况、债务、投资知识和经验、风险偏好、诚信状况等因素，确定普通投资者的风险承受能力，对其进行细化分类和管理。

普通投资者和专业投资者在一定条件下可以互相转化。符合上述《适当性办法》第 8 条第 1 款第 4、5 项规定的专业投资者，可以书面告知经营机构选择成为普通投资者，经营机构应当对其履行相应的适当性义务。

符合下列条件之一的普通投资者可以申请转化成为专业投资者，但经营机构有权自主决定是否同意其转化：

（1）最近 1 年末净资产不低于 1 000 万元，最近 1 年末金融资产不低于 500 万元，且具有 1 年以上证券、基金、期货、黄金、外汇等投资经历的除专业投资者外的法人或非法人组织；

（2）金融资产不低于 300 万元或者最近 3 年个人年均收入不低于 30 万元，且具有 1 年以上证券、基金、期货、黄金、外汇等投资经历或者 1 年以上金融产品设计、投资、风险管理及相关工作经历的自然人投资者。

普通投资者申请成为专业投资者，应当以书面形式向经营机构提出申请并确认自主承担可能产生的风险和后果，提供相关证明材料。经营机构应当通过追加了解信息、投资知识测试或者模拟交易等方式对投资者进行谨慎评估，确认其符合前述要求，说明对不同类别投资者履行适当性义务的差别，警示可能承担的投资风险，告知申请的审查结果及其理由。

# 第二节 投资者保护制度的其他内容

## 一、股东权利征集制度

股东（大）会乃公司的核心意思形成机构，也是公司最高决策机关，股东（大）会决策的唯一方式是形成股东（大）会决议。除极少数情况外，股东（大）会形成决议的过程大多伴随着分歧与博弈。若公司股东人数众多，全体股东很难就所有表决事项形成一致意见，故需遵循既能保障公正又能提高效率的决议形成方式，才能确保股东（大）会正常运转。资本多数决正是这种兼顾公正和效率价值追求的制度设计，也因此成为股东（大）会决议形成的最主要方式。只有资本多数决得到规范运用，才能维护股东（大）会决议的正当性。然而，实践中，资本多数决常常被公司的控制股东滥用，导致公司股东（大）会被架空，不仅公司和其他股东的利益因此受损，也大大挫伤了其他股东参与公司决策的积极性，不利于公司的长远发展。因此，必须对控制股东滥用资本多数决的行为进行有效遏制。不过，虽然资本多数决有不少弊端，但其仍系公司制度的基础，需要遏制的是控制股东滥用资本多数决故意给公司和其他股东带来的伤害。就上市公司投资者保护而言，股东权利征集乃实践中被广泛运用的重要制度。

我国《证券法》第 90 条规定："上市公司董事会、独立董事、持有百分之一以上有表决权股份的股东或者依照法律、行政法规或者国务院证券监督管理机构的规定设立的投资者保护机构（以下简称投资者保护机构），可以作为征集人，自行或者委托证券公司、证券服务机构，公开请求上市公司股东委托其代为出席股东大会，并代为行使提案权、表决权等股东权利。"（第 1 款）"依照前款规定征集股东权利的，征集人应当披露征集文件，上市公司应当予以配合。"（第 2 款）"禁止以有偿或者变相有偿的方式公开征集股东权利。"（第 3 款）"公开征集股东权利违反法律、行政法规或者国务院证券监督管理机构有关规定，导致上市公司或者其股东遭受损失的，应当依法承担赔偿责任。"（第 4 款）依此，我国股东权利征集制度包括以下六个方面的内容：

其一，征集主体。《证券法》明确规定，上市公司董事会、独立董事、持有 1% 以上有表决权股份的股东或者投资者保护机构，可以作为征集人。

其二，征集方式。《证券法》明确规定，由征集人自行或者委托证券公司、证券服务机构，公开请求上市公司股东委托其代为出席股东大会，并代为行使提案权、表决权等股东权利。

其三，可征集的股东权利范围。《证券法》规定，可委托的事项为代为出席股东大会并代为行使提案权、表决权等股东权利。此处用了一个"等"字，未对可征集的股东权利范围作明确规定，导致解释上会出现分歧。事实上，从股东权利征集制度的目的而言，可征集的只能是与表决权有关的股东权，如提案权、表决权及提议召开临时股东大会的权利。尽管法律未对可征集的股东权利作明确规定，但从解释论上讲，应将其限定为不直接涉及财产权的股东权，亦即基本上与表决权有关的股东权。

其四，信息披露。《证券法》明确规定，征集人应当披露征集文件，上市公司应当予以配合。

其五，禁止行为。《证券法》明确规定，不得以有偿或者变相有偿的方式公开征集股东权利。近年来，我国证券市场上频频出现上市公司股东通过签署表决权委托协议的案例，引发规避限售、权益变动、借壳等监管规定的质疑。但由于表决权委托是股东的自愿行为，2005 年《证券法》没有明确禁止，导致监管机构在监管过程中陷入被动。[①] 因此，2019 年《证券法》在规定股东权利征集制度的同时，明确禁止以有偿或者变相有偿的方式公开征集股东权利。

其六，法律责任。《证券法》明确规定，违规公开征集股东权利，导致上市公司或者其股东遭受损失的，应当依法承担赔偿责任。

## 二、上市公司现金分红制度

关于公司现金分红问题的立法与司法对策，体现了私法自治理念的扩张与限缩政策。放任公司自行决定是否分配利润，是对私法自治维护的结果；干预公司长期拒绝分配利润的做法，则是对私法自治进行必要限制的结果。就此而言，在公司现金分红问题上，无论是作出放任还是予以必要限制的选择，都有其合理性。但由于现金分红本质

---

① 蒋学跃. 上市公司表决权委托问题研究. 证券市场导报，2018（5）.

上属于私法自治范畴，因而即便在特殊情况下进行必要的司法干预，也应当予以严格控制，只有在确实需要进行司法干预且穷尽了其他救济的情况下才能作出某种司法干预。在此问题上，理论界与司法机关都存在较大认识分歧。

在我国市场经济实践中，公司大股东违反同股同权原则和股东权利不得滥用原则，排挤、压榨小股东，导致公司不分配利润，损害小股东现金分红权的现象时有发生。例如，一些公司长期不分配利润，但董事、高级管理人员领取过高薪酬，或者由控股股东操纵公司购买与经营无关的财物或者服务，用于其自身使用或者消费，或者隐瞒或转移利润。因此，客观上需要积极探索完善对股东现金分红权的司法救济，规定公司股东滥用权利，导致公司不分配利润给其他股东造成损失的，司法可以适当干预，以实现对公司自治失灵的矫正。为此，2017 年 8 月 25 日公布的《最高人民法院关于适用〈中华人民共和国公司法〉若干问题的规定（四）》第 15 条确立了一项例外规则，即在违反法律规定滥用股东权利导致公司不分配利润给其他股东造成损失的情形下，即使股东未提交载明具体分配方案的股东会或者股东大会决议，人民法院仍可支持股东请求公司分配利润的诉讼请求。该规定以股东违反法律规定滥用股东权利为前提，对公司不分配利润进行有限司法干预。其现实合理性毋庸置疑，但司法实践中如何具体适用，将使法官和当事人面临考验。

为促进我国上市公司积极落实现金分红制度，2019 年《证券法》第 91 条规定："上市公司应当在章程中明确分配现金股利的具体安排和决策程序，依法保障股东的资产收益权。"（第 1 款）"上市公司当年税后利润，在弥补亏损及提取法定公积金后有盈余的，应当按照公司章程的规定分配现金股利。"（第 2 款）依此，我国《证券法》将现金分红作为上市公司的一项义务。当然，该项义务的履行以具备现金分红条件为前提，且需要遵循公司章程的规定。尽管该项义务的强制性色彩不浓，但毕竟使上市公司股东的现金分红权具备了可诉性。

尽管通过诉讼可确认股东拥有现金分红权，但若公司长期怠于履行具体分配义务，仍可能导致股东现金分红权难以实现。为解决公司过分长期不分配利润问题，于 2019 年 4 月 28 日发布的《最高人民法院关于适用〈中华人民共和国公司法〉若干问题的规定（五）》[以下简称《公司法司法解释（五）》] 第 4 条第 1 款规定："分配利润的股东会或者股东大会决议作出后，公司应当在决议载明的时间内完成利润分配。决议没有载明时间的，以公司章程规定的为准。决议、章程中均未规定时间或者时间超过一年的，公司应当自决议作出之日起一年内完成利润分配。"依此，公司完成现金分红的最长时限为 1 年。该规定使股东，尤其是中小股东的现金分红请求权得以落到实处。此外，《公司法司法解释（五）》第 4 条第 2 款规定："决议中载明的利润分配完成时间超过公司章程规定时间的，股东可以依据公司法第二十二条第二款规定请求人民法院撤销决议中关于该时间的规定。"依此，如果具体分配方案中载明的分配时间超过了章程的规定，可认定公司决议内容违反了章程规定，股东可依法起诉撤销该决议中关于分配时间的部分。关于分配时间的部分被撤销后，应按照公司章程规定的时间进行分配。

## 三、公司债券持有人保护制度

公司债券持有人作为公司资金的提供者之一，以向公司提供货币资金而获取资金收益为目的，因而债券持有人的性质和地位类似于公司股东。两者之间的区别在于，公司债券持有人获取的收益不与公司盈利挂钩，是固定的、明确的、优位支付的，而公司股东的收益要与公司盈利挂钩，是非固定的、非明确的、劣位支付的。因此，各国证券法都将公司债券持有人保护制度纳入投资者保护制度之中。公司债券持有人保护主要包括四种具体制度：（1）债券持有人会议制度；（2）债券信托制度；（3）债券持有人代表诉讼制度；（4）以信息披露为核心的债券监管制度。① 表现在立法方式上，前三种制度一般由法律明文规定，第四种制度则融会于相关债券发行与监管制度之中。我国亦然。

---

① 刘迎霜. 论公司债券投资者的权益保护. 社会科学研究，2010（4）.

我国 2019 年《证券法》对公司债券持有人保护制度作了明确规定。该法第 92 条规定："公开发行公司债券的，应当设立债券持有人会议，并应当在募集说明书中说明债券持有人会议的召集程序、会议规则和其他重要事项。"（第 1 款）"公开发行公司债券的，发行人应当为债券持有人聘请债券受托管理人，并订立债券受托管理协议。受托管理人应当由本次发行的承销机构或者其他经国务院证券监督管理机构认可的机构担任，债券持有人会议可以决议变更债券受托管理人。债券受托管理人应当勤勉尽责，公正履行受托管理职责，不得损害债券持有人利益。"（第 2 款）"债券发行人未能按期兑付债券本息的，债券受托管理人可以接受全部或者部分债券持有人的委托，以自己名义代表债券持有人提起、参加民事诉讼或者清算程序。"（第 3 款）依此，我国以法律形式正式确立了公司债券持有人保护制度，《公司债券发行与交易管理办法》（2021 年修订）第七章"债券持有人权益保护"对此作了详细规定，其内容如下所示。

其一，债券持有人会议制度。

债券持有人会议，是一种由债券持有人集体行使权利的、即时召集的、临时性的议决机构。发行公司债券，应当在债券募集说明书中约定债券持有人会议规则。债券持有人会议规则应当公平、合理。债券持有人会议规则应当明确债券持有人通过债券持有人会议行使权利的范围，债券持有人会议的召集、通知，决策生效条件与决策程序、决策效力范围和其他重要事项。债券持有人会议按照《公司债券发行与交易管理办法》的规定及会议规则的程序要求所形成的决议对全体债券持有人有约束力，债券持有人会议规则另有约定的除外。存在下列情形的，债券受托管理人应当按规定或约定召集债券持有人会议：（1）拟变更债券募集说明书的约定；（2）拟修改债券持有人会议规则；（3）拟变更债券受托管理人或受托管理协议的主要内容；（4）债券发行人不能按期支付本息；（5）债券发行人减资、合并等可能导致偿债能力发生重大不利变化，需要决定或者授权采取相应措施；（6）债券发行人分立、被托管、解散、申请破产或者依法进入破产程序；（7）保证人、担保物或者其他偿债保障措施发生重大变化；(8) 债券发行人、单独或合计持有本期债券总额 10％以上的债券持有人书面提议召开；(9) 债券发行人管理层不能正常履行职责，导致债券发行人债务清偿能力面临严重不确定性；(10) 债券发行人提出债务重组方案；(11) 发生其他对债券持有人权益有重大影响的事项。在债券受托管理人应当召集而未召集债券持有人会议时，单独或合计持有本期债券总额 10％以上的债券持有人有权自行召集债券持有人会议。

其二，债券受托管理人制度。

公开发行公司债券的，债券发行人应当为债券持有人聘请债券受托管理人，并订立债券受托管理协议；非公开发行公司债券的，债券发行人应当在募集说明书中约定债券受托管理事项。在债券存续期限内，由债券受托管理人按照规定或协议的约定维护债券持有人的利益。债券发行人应当在债券募集说明书中约定，投资者认购或持有本期公司债券视作同意债券受托管理协议、债券持有人会议规则及债券募集说明书中其他有关债券发行人、债券持有人权利义务的相关约定。债券受托管理人由本次发行的承销机构或其他经中国证监会认可的机构担任。

债券受托管理人应当为中国证券业协会会员。为本次发行提供担保的机构不得担任本次债券发行的受托管理人。

债券受托管理人应当勤勉尽责，公正履行受托管理职责，不得损害债券持有人利益。对于债券受托管理人在履行受托管理职责时可能存在的利益冲突情形及相关风险防范、解决机制，债券发行人应当在债券募集说明书及债券存续期间的信息披露文件中予以充分披露，并同时在债券受托管理协议中载明。公开发行公司债券的，债券受托管理人应当按规定或约定履行下列职责：(1) 持续关注债券发行人和保证人的资信状况、担保物状况、增信措施及偿债保障措施的实施情况，出现可能影响债券持有人重大权益的事项时，召集债券持有人会议；(2) 在债券存续期内监督债券发行人募集资金的使用情况；(3) 对债券发行人的偿债能力和增信措施的有效性进行全面调查和持续关注，并至少每年向市场公告一次受托管理事务报告；(4) 在债券存续期内持续督导债券发行人履行信息披露义务；（5）预计债券发行人不能偿还债务时，要求债券发行人追加担保，并可以依法申请法定机关采取财产保全措施；（6）在债券存续期内勤勉处理债券持有人与债券发行人之间的谈判或者诉讼事务；（7）债券发行人为债券设定担保的，债券受托管理人应在债券发行前或债券募集说明书约定的时间内取得担保的权利证明或其他有关文件，并在增信措施有效期内妥善保管；（8）债券发行人不能按期兑付债券本息或出现募集说明书约定的其他违约事件的，可以接受全部或部分债券持有人的委托，以自己的名义代表债券持有人提起、参加民事诉讼或者破产等法律程序，或者代表债券持有人申请处置抵质押物。非公开发行公司债券的，债券受托管理人应当按照债券受托管理协议的约定履行职责。受托管理人为履行受托管理职责，有权代表债券持有人查询债券持有人名册及相关登记信息、专项账户中募集资金的存储与划转情况。证券登记结算机构应当予以配合。

其三，债券持有人代表诉讼制度。

债券持有人代表诉讼，是指债券发行人未能按期兑付债券本息的，债券受托管理人可以接受全部或者部分债券持有人的委托，以自己的名义代表债券持有人提起、参加民事诉讼或者清算程序。债券发行人应当在债券募集说明书中约定构成债券违约的情形、违约责任及其承担方式，以及公司债券发生违约后的诉讼、仲裁或其他争议解决机制。

## 四、先行赔付制度

先行赔付制度，又称先期赔付制度，是指在证券市场中，发行人因欺诈发行、虚假陈述或者其他重大违法行为给投资者造成损失时，发行人的控股股东、实际控制人、相关的证券公司委托投资者保护机构，就赔偿事宜与受到损失的投资者达成协议，予以先行赔付，然后再由先行赔付者向发行人以及其他连带责任人追偿的制度。对此，我国2019年《证券法》第93条规定："发行人因欺诈发行、虚假陈述或者其他重大违法行为给投资者造成损失的，发行人的控股股东、实际控制人、相关的证券公司可以委托投资者保护机构，就赔偿事宜与受到损失的投资者达成协议，予以先行赔付。先行赔付后，可以依法向发行人以及其他连带责任人追偿。"依此，我国正式确立了证券投资者损害赔偿先行赔付制度。

先行赔付本质上系当事人通过非正式诉讼的自决模式化解纠纷，是纠纷双方当事人根据民法上的自愿原则，通过自行协商而达成和解协议的行为。这种和解协议实质上为诉讼外和解协议。先行赔付在解决证券纠纷方面，有着诉讼裁判制度所无法取代的价值。①

先行赔付制度已在我国很多领域得到广泛应用。例如，根据《消费者权益保护法》的规定，商品销售者、展销会的举办者以及柜台的出租者等主体在一定条件下，对消费者的损害赔偿具有先行赔偿的法定义务；产品存在缺陷导致消费者权益受损的，销售者也负有先行赔付义务。此外，在交通事故救助和工伤保险等领域，基于对特殊群体倾斜性保护的立法理念，我国也确立了交通事故受害者和工伤患者的先行赔付制度。

在证券投资领域，发行人的欺诈发行、虚假陈述或者其他重大违法行为都会给投资者造成损失，但投资者损害赔偿诉讼往往周期很长，因而确立证券投资者损害赔偿先行赔付制度颇为必要。在我国，先行赔付机制最早由平安证券在万福生科虚假陈述案中创立和运用。2012 年 9 月，创业板上市公司万福生科（300268.SZ，现为佳沃股份）收到中国证监会立案调查通知书，对其 IPO 期间财务数据造假进行调查，其保荐人平安证券也在 2013 年 3 月被调查。平安证券主动提出在民事诉讼前对投资人进行赔付，在被调查 1 个多月后设立了投资者补偿专项基金，2 个月内完成了对主张权利的 12 756 名万福生科虚假陈述案适格受损投资者的补偿，金额约 1.79 亿元。在先行赔付行为结束后，中国证监会作出了正式的行政处罚。此后，先行赔付制度在 2014 年海联讯

---

① 陈洁. 证券市场先期赔付制度的引入及适用. 法律适用，2015 (8).

（300277. SZ）案①和 2016 年的欣泰电气（300372. SZ）案②中再次得到应用。上述三个案件就是我国证券市场现有的全部证券投资者损害赔偿先行赔付案件，其性质都是欺诈发行，保荐人都在先行赔付中发挥了突出作用。之所以保荐人能够积极实施先行赔付，主要是因为通过先行赔付，可以尽快解决纠纷，以免影响后续业务受理；此外，中国证监会会根据先行赔付的效果，对先行赔付人行政处罚作从轻、减轻处理。③

尽管实践中我国先行赔付制度仅适用于欺诈发行，但根据我国 2019 年《证券法》规定，该制度不仅仅适用于虚假陈述损害赔偿案件，而是统一适用于发行人因欺诈发行、虚假陈述或者其他重大违法行为给投资者造成损失的案件。

## 五、投资者保护机构支持制度

投资者保护机构在利用专业优势进行投资者保护、代表投资者积极主张和行使权利等方面具有重要意义。根据我国 2019 年《证券法》第 93 条的规定，我国投资者保护机构支持制度包括以下三方面内容：

其一，调解机制。投资者与发行人、证券公司等发生纠纷的，双方可以向投资者保护机构申请调解。普通投资者与证券公司发生证券业务纠纷，普通投资者提出调解请求的，证券公司不得拒绝。

其二，支持诉讼。投资者保护机构对损害投资者利益的行为，可以

---

① 2014 年 11 月 6 日，海联讯收到了中国证监会的"行政处罚和市场禁入事先告知书"。经查，海联讯为实现发行上市目的，在相关会计期间虚构收回应收账款并虚增营业收入，致使其制作和报送中国证监会的 IPO 申请文件中相关财务数据和财务指标存在虚假记载。中国证监会最终认定，海联讯构成了"发行人不符合发行条件，以欺骗手段取得发行核准"的行为。此前，海联讯 4 名主要股东章锋、孔飙、邢文飚和杨德广出资设立专项补偿基金，对适格投资者补偿了近 9 000 万元。

② 2014 年 1 月 27 日，欣泰电气在深交所创业板挂牌上市。2015 年 7 月 14 日，欣泰电气因欺诈发行被中国证监会立案调查。2016 年 5 月 31 日，欣泰电气收到中国证监会"行政处罚和市场禁入事先告知书"。2016 年 7 月 7 日，欣泰电气收到中国证监会"行政处罚决定书"和"市场禁入决定书"。2017 年 6 月 9 日，兴业证券（601377. SH）发布公告，并在上海召开新闻发布会，声明设立 5.5 亿元欣泰电气欺诈发行先行赔付基金。

③ 肖宇，黄辉. 证券市场先行赔付：法理辨析与制度构建. 法学，2019（8）.

依法支持投资者向法院提起诉讼。

其三，特殊股东代表诉讼。发行人的董事、监事、高级管理人员执行公司职务时违反法律、行政法规或者公司章程的规定而给公司造成损失，发行人的控股股东、实际控制人等侵犯公司合法权益而给公司造成损失，投资者保护机构持有该公司股份的，可以为公司的利益以自己的名义向法院提起诉讼，持股比例和持股期限不受《公司法》第 151 条有关"连续一百八十日以上单独或者合计持有公司百分之一以上股份"规定的限制。

我国于 2014 年 12 月成立了中证中小投资者服务中心有限责任公司（以下简称投服中心），其性质为中国证监会直接管理的证券金融类公益机构。投服中心最重要的业务即为持股行权，即投服中心持有沪深交易所每家上市公司一手股票，行使质询、建议、表决、诉讼等股东权利，通过示范引领中小投资者主动行权、依法维权，规范上市公司治理。显然，投服中心乃我国投资者保护机构。我国台湾地区的做法与此相似，其投资者保护机构为财团法人证券投资人及期货交易人保护中心。

## 六、证券代表人诉讼制度

2019 年《证券法》第 95 条详细规定了证券代表人诉讼制度："投资者提起虚假陈述等证券民事赔偿诉讼时，诉讼标的是同一种类，且当事人一方人数众多的，可以依法推选代表人进行诉讼。"（第 1 款）"对按照前款规定提起的诉讼，可能存在有相同诉讼请求的其他众多投资者的，人民法院可以发出公告，说明该诉讼请求的案件情况，通知投资者在一定期间向人民法院登记。人民法院作出的判决、裁定，对参加登记的投资者发生效力。"（第 2 款）"投资者保护机构受五十名以上投资者委托，可以作为代表人参加诉讼，并为经证券登记结算机构确认的权利人依照前款规定向人民法院登记，但投资者明确表示不愿意参加该诉讼的除外。"（第 3 款）依此，虚假陈述等证券民事赔偿诉讼可以采用人数不确定的代表人诉讼方式，由法院发出公告征集受害投资者登记。

《证券法》第 95 条规定的证券代表人诉讼制度被称为中国特色的证

券集体诉讼制度。证券代表人诉讼制度虽与美国证券集团诉讼有较大差异，但对于适应注册制改革背景下投资者保护和权利救济的新形势非常重要。该制度具有三项特色：其一，充分发挥了投资者保护机构的作用，允许其接受 50 名以上投资者的委托作为代表人参加诉讼；其二，允许投资者保护机构按照证券登记结算机构确认的权利人，向法院登记诉讼主体；其三，建立了"默示加入""明示退出"的诉讼机制，便于投资者维护自身合法权益。

2020 年 7 月 30 日发布的《最高人民法院关于证券纠纷代表人诉讼若干问题的规定》对证券纠纷代表人诉讼制度作了详细规定。依其规定，证券纠纷代表人诉讼包括因证券市场虚假陈述、内幕交易、操纵市场等行为引发的普通代表人诉讼和特别代表人诉讼。其中，普通代表人诉讼是依据《民事诉讼法》第 53 条、第 54 条，《证券法》第 95 条第 1 款、第 2 款提起的诉讼；特别代表人诉讼是依据《证券法》第 95 条第 3 款提起的诉讼。证券纠纷代表人诉讼案件，由省、自治区、直辖市人民政府所在的市、计划单列市和经济特区中级人民法院或者专门人民法院管辖。对多个被告提起的诉讼，由发行人住所地有管辖权的中级人民法院或者专门人民法院管辖；对发行人以外的主体提起的诉讼，由被告住所地有管辖权的中级人民法院或者专门人民法院管辖。特别代表人诉讼案件，由涉诉证券集中交易的证券交易所、国务院批准的其他全国性证券交易场所所在地的中级人民法院或者专门人民法院管辖。该规定要求人民法院充分发挥多元解纷机制的功能，按照自愿、合法原则，引导和鼓励当事人通过行政调解、行业调解、专业调解等非诉讼方式解决证券纠纷。当事人选择通过诉讼方式解决纠纷的，人民法院应当及时立案。案件审理过程中应当着重调解。人民法院审理证券纠纷代表人诉讼案件，应当依托信息化技术手段开展立案登记、诉讼文书送达、公告和通知、权利登记、执行款项发放等工作，便利当事人行使诉讼权利、履行诉讼义务，提高审判执行的公正性、高效性和透明度。

# 第十一章　证券交易所

## 第一节　证券交易所概述

### 一、证券交易所的概念与特征

证券交易所是为证券集中交易提供场所和设施，组织和监督证券交易，实行自律管理的法人。[①] 依此，证券交易所具有以下法律特征。

#### （一）为证券集中交易提供场所和设施

证券集中交易的场所为证券交易市场，可分为证券交易所（即场内市场）与场外市场。证券交易所在证券交易市场体系中处于核心地位，从各国实践来看，证券交易主要在证券交易所以集中交易的方式进行。

证券交易所为给证券集中交易提供场所和设施，通常设有固定的交易大厅、交易席位，并配备必需的交易设施、通信设施。因此，证券交易所传统上被认为是证券交易的固定场所。但随着科技的发展，信息网络技术在证券交易所被广泛运用，证券远程交易、电子化交易日益普遍，传统的交易大厅和有形席位开始淡化，一些证券交易所已取消了交易大厅。[②]

我国 1998 年《证券法》规定的是"提供证券集中竞价交易场所"，而现行《证券法》规定的是"为证券集中交易提供场所和设施"，这就使非竞价集中交易得以在证券交易所进行，从而为大宗交易、协议转让

---

[①] 《证券法》第 96 条第 1 款。
[②] 罗培新，卢文道，等 . 最新证券法解读 . 北京：北京大学出版社，2005：163.

等非竞价交易方式提供了法律依据。

### （二）履行组织和监督证券交易的职能

证券交易所是现代市场经济体系中一种特殊的经济组织形式，是证券交易市场的组织者和一线监管者。证券交易所应当创造公开、公平、公正的市场环境保证证券市场正常运行。证券交易所组织证券交易，包括接受申报、撮合成交、发布证券交易行情、公布证券交易信息、制定证券交易规则等。监督证券交易，是指证券交易所按照证券法的规定及证券交易所制定的相关规则，对证券交易活动进行监督，以维护证券市场交易秩序，保护投资者利益。监督证券交易具体表现为证券交易所自律监管职权的行使。我国《证券法》第 96 条第 1 款明确规定了证券交易所"组织和监督证券交易"的职责。《证券交易所管理办法》（2020年修正）中有关证券交易所职能的规定中有充分体现。依该办法第 7 条之规定，证券交易所的职能包括：（1）提供证券交易的场所、设施和服务；（2）制定和修改证券交易所的业务规则；（3）依法审核公开发行证券申请；（4）审核、安排证券上市交易，决定证券终止上市和重新上市；（5）提供非公开发行证券转让服务；（6）组织和监督证券交易；（7）对会员进行监管；（8）对证券上市交易公司及相关信息披露义务人进行监管；（9）对证券服务机构为证券上市、交易等提供服务的行为进行监管；（10）管理和公布市场信息；（11）开展投资者教育和保护；（12）法律、行政法规规定的以及中国证监会许可、授权或者委托的其他职能。此外，该办法第 9 条还规定："证券交易所可以根据证券市场发展的需要，创新交易品种和交易方式，设立不同的市场层次。"

### （三）证券交易所是法人组织

1998 年《证券法》将证券交易所的性质明确规定为"不以营利为目的的法人"，现行《证券法》将其修改为"法人"。这一修订，使证券交易所不必限定于传统的非营利法人，从而为证券交易所采取公司制等非互助化改制预留了必要的制度空间。将证券交易所规定为法人，也有利于明确其民事主体地位。

将证券交易所确定为法人，是世界各国通例，不少国家（如日本、韩国）证券法还对此有明确规定。证券交易所作为法人，不仅有严密的组织形式与组织机构，而且有整套的交易规则和交易制度，这使其成为组织严密、规章齐全的交易市场。基于此，有学者将证券交易所的法人特征称为"组织性"①。不过，并非所有国家的证券交易所均为法人。纽约证券交易所自成立之日起至 1971 年改制为非营利性法人之前，一直采取自愿结合之非法人团体形式。英国《金融服务法》还规定，交易所既可为法人，亦可为非法人的联合体。②

## 二、证券交易所的基本类型

证券交易所一般被分为会员制与公司制两种类型，其划分标准主要为交易所的出资者构成与治理结构。

会员制证券交易所，是指出资者、使用人与控制人均为会员的作为非营利性社团法人的证券交易所。传统意义上的证券交易所基本上采取的是会员制，如今会员制证券交易所仍占主导地位。会员制证券交易所属于商业互助组织，其基本特点为：（1）组织的"所有权"、控制权与其产品或服务的使用权相联系；（2）组织通常不以营利为目的；（3）施行会员集体决策机制，一般为每个会员一票，而不管其在交易所占的业务份额有多少。证券交易所的会员一般为证券公司。在德国、荷兰、卢森堡等实行金融业混业经营的国家，会员制证券交易所的会员还包括银行。这种证券交易所模式被称为"混合交易"模式。不少大陆法系国家或地区的证券法对会员制证券交易所有明确规定。如，日本《证券交易法》第 80 条第 2 款规定："证券交易所为会员组织。"该法第 90 条规定："证券交易所的会员，限于证券公司及政令规定的外国证券公司。"③ 我国台湾地区"证券交易法"第 103 条第 1 款规定："会员制证

---

① 李明良.证券市场热点法律问题研究.北京：商务印书馆，2004：13.
② 于绪刚.交易所非互助化及其对自律的影响.北京：北京大学出版社，2001：17.
③ 日本证券法律.徐庆，译.北京：法律出版社，1999：120，124.

券交易所，为非以营利为目的之社团法人，除依本'法'规定外，适用'民法'之规定。"同条第 2 款规定："前项证券交易所之会员，以证券自营商及证券经纪商为限。"我国《证券交易所管理办法》（2020 年修正）改变了此前将证券交易所定位于会员制的做法，采用了"实行会员制的证券交易所"的提法，意味着我国可设立公司制证券交易所。需要说明的是，我国实行的会员制证券交易所不同于西方国家的，它不是由会员自愿出资设立的①，且实行由中国证监会直接管理的体制。因此，严格来说，我国证券交易所并非一般意义上的会员制证券交易所。

公司制证券交易所，是指由股东出资设立，以营利为目的，采取公司组织形式的证券交易所。公司制证券交易所允许客户之外的市场参与者和非市场参与者成为交易所股东，也允许非会员成为其客户。公司制证券交易所最主要的特征是以营利为目的，追求证券交易所利润的最大化。其决策机制和利益分配是根据股东拥有的股份多少，按照"一股一票"的原则确定。公司制证券交易所主要是在证券交易所非互助化改制过程中产生的，如今世界范围内主要证券交易所大多已实现了公司化改制。不过，也有不少国家和地区在证券交易所设立时，就直接采取公司制的组织形式。1918 年在北京设立的中国最早的证券交易所与 1921 年设立的"上海华商证券交易所"均采取的是股份有限公司形式。我国台湾地区于 1962 年 2 月 9 日开业的台湾证券交易所也采取的是股份有限公司形式。我国台湾地区"证券交易法"第五章第三节还对公司制证券交易所作了专门规定。该"法"第 124 条即明确规定："公司制证券交易所之组织，以股份有限公司为限。"② 2021 年 9 月 3 日注册成立的北

①　上海证券交易所在工商登记时注册资金为 3 亿元，但成立时国家未投入任何资金，也未由会员直接投资，而是以会员缴纳席位费的一部分作为注册资金的来源，所以上海证券交易所的资产负债表的所有者权益中无"实收资本"一栏。深圳证券交易所注册资金则为政府借款，后以历年盈余归还，目前以全部席位费作为实收资本。但由于有关法律制度不明，席位费的性质尚不能确定，导致交易所与会员的财产关系没有具体、可操作的法律保障。

②　我国台湾地区证券交易所采公司制的主要理由为，当时证券商资质还不足以设立一个健全的会员制证券交易所，故先以公司制作为过渡，但最终目标为以会员制为主。曾宛如.证券交易法原理.修订版.台北：元照出版公司，2006：275.

京证券交易所（简称北交所）也是直接采取公司制的组织形式。北交所是经国务院批准设立的我国第一家公司制证券交易所，受中国证监会监督管理。其经营范围为依法为证券集中交易提供场所和设施、组织和监督证券交易以及证券市场管理服务等业务。

按照主体目的的不同，还可将证券交易所分为营利性证券交易所与非营利性证券交易所。一般来说，营利性证券交易所即为公司制证券交易所，非营利性证券交易所即为会员制证券交易所。但这种对应关系并不严密，因为会员制和公司制的差异仅具有相对性且处于动态发展之中，实践中两者还呈现出某种相互融合的趋势。在英美法系国家和地区，除了存在着采取非营利性组织形式的会员制证券交易所，还存在着采取商事公司组织形式的会员制证券交易所，如 1986 年改制为有限公司的伦敦证券交易所仍采取会员制治理结构。

## 三、证券交易所的公司化（非互助化）

### （一）证券交易所公司化概况

1993 年瑞典斯德哥尔摩证券交易所由会员制改制为公司制，开启了证券交易所公司化改制的先河。此后，各大证券交易所纷纷放弃传统的互助组织形式，转而改组为公司制。这迅速成为一股势不可挡的浪潮。1998 年，澳大利亚证券交易所改制为公司制交易所并在本交易所上市，成为全球第一家公司制上市证券交易所。在此后不到三年的时间内，新加坡（1999 年）、中国香港地区（2000 年）、伦敦（2000 年改制，2001 年上市）、巴黎（2000 年）、德国（2001 年）等亚太和欧洲区内主要的交易所先后在自己的交易所公开上市。一直处于是否公司化改制争论中的纽约证券交易所，也终于在 2006 年 3 月 8 日，结束了其非营利组织属性，转变为公开交易公司，并在自己的证券交易所上市。①纽约证券交易所与泛欧证券交易所（Euronext N. V.）于 2006 年年底

---

① 曾宛如. 证券交易法原理. 修订版. 台北：元照出版公司，2006：276.

完成合并后，新组建的纽交所－泛欧证交所（NYSE Euronext）也于2007年4月4日分别在纽约与巴黎上市。

公司制改革带来的最突出变化为，证券交易所改变了会员制下交易所仅仅是会员利益延伸的传统定位，彻底摆脱了会员利益对证券交易所发展的制约，获得了服务于股东利益的独立地位，表现出更加积极进取的发展趋势。这在技术投资、产品创新、市场营销等各个方面都得到了印证。[①]

### (二) 证券交易所公司化的原因

证券交易所公司化的原因包括多个方面的因素，这些因素之间相互作用和影响，最终导致了公司化浪潮的出现。

### 1. 证券交易所公司化的外因

外部竞争环境和竞争压力的改变，是证券交易所公司化的主要原因。这种改变可以归纳为三个方面：竞争的全球化、竞争的多元化和竞争的技术化。证券交易所的全球化竞争，体现在其业务领域的各个方面：上市公司的全球化、投资者的全球化、信息服务的全球化、证券结算的全球化、风险防范的全球化等。全球化的发展，为证券交易所提供了新的发展空间和收入来源，也加剧了竞争的广度和深度。竞争的多元化不仅表现为竞争业务的多元化，还表现为参与竞争机构的多元化。传统证券交易所的竞争主要集中在不同地区和规模的交易所之间。随着信息技术和电子交易的崛起，另类交易系统（ATS）[②]和证券类服务网站开始渗透到交易所的各个业务领域，使交易所开始面临全方位的竞争。在经历了ATS崛起所带来的市场分割冲击之后，传统的证券交易所也

---

① 杨大楷，刘伟. 论我国证券交易所的公司化战略. 财经研究，2003 (11).

② 另类交易系统（alternative trading system）系相对于传统证券交易所而言，是在传统交易所之外，为在传统交易所上市交易的证券提供的另外一种交易方式。另类交易系统诞生于证券交易电子化的背景下，具有全球化特征，但各国对其含义的理解不尽相同。一般认为，另类交易系统是指在传统证券交易所之外设立的，为在传统证券交易所或其他有组织市场上市的证券提供电子化、无中介交易设施，发挥传统交易所功能，但无传统交易所大厅，也无传统交易所互助性组织特征的电子化自动交易系统。于绪刚. 交易所非互助化及其对自律的影响. 北京：北京大学出版社，2001：81，85.

加大了技术投入力度，提高系统设计中的技术含量，技术竞争成了交易所竞争的新焦点。[①] 而要提高传统证券交易所的竞争力，就必须克服其效率低下、缺乏公平且融资渠道狭窄的内在缺陷。这一矛盾的最佳解决方案即为公司化改制，使其资本构成及治理结构得到根本修正。

### 2. 证券交易所公司化的内因

证券交易所公司化变革的内因主要包括两大方面：一是技术进步导致会员制治理模式的存在基础受到强烈冲击，二是会员制模式内在矛盾的激化。

（1）"会员制"的存在基础被颠覆。

会员制是技术不发达的产物，是交易大厅环境下最合适的选择。然而，20世纪90年代以来，在以电脑技术、通信技术和互联网技术为代表的信息技术革命的冲击下，证券交易所的进入壁垒被逐渐消解。在自动化的市场，进入市场没有任何技术障碍，投资者可在任何地方买卖任何一家交易所的股票，投资者直接交易的成本较低，从而减少了对金融中介的需求。也就是说，交易自动化使交易所的产权可同会员资格分离，交易所无须采取互助性质的会员制。

（2）"会员制"内在矛盾的激化。

首先，"一员一票"的决策机制导致矛盾激化。随着会员结构的变化，传统的"一员一票"的决策机制导致组织效率低下的弊端日益突出。这种低效率主要体现在决策的不公平、滞后性和高成本上。早期的证券交易所的会员大多是个人会员，20世纪80年代以后越来越多的证券交易所开始允许公司成为会员。由于公司会员具有雄厚的实力，而且又往往是大银行和证券公司的附属公司，所以公司会员进入交易所后，很快其交易份额就占据了交易所主要的市场份额，交易所的会员结构发生了很大变化。公司会员之间也存在着资本规模、市场份额的不均衡，这就决定了其在交易所内具有不均衡的利益。此时"一员一票"的会员制决策机制无法体现会员之间的巨大差异，形成的决议就可能会出现偏

---

[①] 杨大楷，刘伟．论我国证券交易所的公司化战略．财经研究，2003（11）.

离全体会员最优方向的情形。同时，传统证券交易所的管理架构以会员的既得利益为主导，因此常常会抵制符合市场整体利益但却会损害会员利益的创新举措，如电子交易和远程会员等，从而导致决策机制暴露出滞后和高成本的弊端。而证券交易所会员之间既存在着业务竞争，又存在着明显的业务差异，这就进一步导致证券交易所难以创新。[①]

其次，融资机制导致的矛盾激化。近年来，各国证券交易所为了及时跟上信息技术的发展步伐，寻求新技术条件下的竞争优势，都十分重视在技术设备上的投资。持续的技术设备投资支出成为证券交易所经营性现金流量的主要支出项目，对证券交易所的现金流量构成了一定的压力。因此，证券交易所需要进行再融资。会员制证券交易所不能通过发行普通股，进行股权与交易权脱钩的股票融资。相比之下，公司制证券交易所有较大的优势，它可以发行股票并上市，通过引进外部股东进行融资，且其筹资成本较低。而会员制证券交易所作为"互助性"组织，从理论上讲，其会员出资的比例应该按照各会员受惠的程度确定，但融资所投项目对于会员来说却有不同的受惠程度，在各会员效用信息不对称的前提下，要明确各会员的具体受惠程度十分困难，故通常只能按等比例安排会员出资。但在会员受惠程度有很大差异的背景下，等比例出资就很难获得大多数会员的支持。会员制证券交易所在融资机制方面的限制，大大阻碍了证券交易所的融资能力与创新能力，无法适应证券市场竞争的需求。

最后，多重角色导致的矛盾激化。与一般商业机构不同，证券交易所在社会经济体系中扮演着多重角色。对证券发行人和投资者来说，证券交易所是证券发行及交易市场的经营者，也是市场运行的监管者；对会员来说，证券交易所是代表其利益的会员组织。此外，作为在本国享有专营权的公共机构，证券交易所还应保护公众投资者的利益，并承担必要的社会责任。这些不同的角色在职能和利益上存在着冲突，使证券交易所实际上很难制定长期目标，从而追求较为分散且可能矛盾的一系

---

① 于绪刚．交易所非互助化及其对自律的影响．北京：北京大学出版社，2001：37.

列目标，因而在急剧变化的环境下妨碍了其竞争力的提高。[1]

# 第二节　证券交易所的设立和解散

## 一、证券交易所的设立体制

依各国立法与实践，证券交易所的设立体制主要有注册制与许可制，在个别国家还适用过认可制。

### （一）注册制

注册制，是指证券交易所的设立必须经主管机关注册登记，接受其形式审查，若申请设立证券交易所的组织结构、章程及其他事项符合法律规定，且能符合充分保障证券公平交易、维护投资者的合法权益等要求，审查机关便准予注册登记。注册制以美国为代表。

注册制意味着只要符合法定条件，申请人均可获得经营证券交易所的资格，从而使证券交易所完全处于激烈的市场竞争之中，极易因过度竞争而倒闭。而证券交易所对国家的经济影响深远、牵涉面大，证券交易所的倒闭往往会出现较大的社会问题。因此，极少有国家实行注册制。[2]

### （二）许可制

许可制，是指设立证券交易所必须经主管机关核准，进行形式要件与实质要件的审查，确实符合相关条件的才准予设立。世界上大多数国家和地区都实行许可制。如日本《证券交易法》第 81 条第 2 款规定：

---

① 杨大楷，刘伟. 论我国证券交易所的公司化战略. 财经研究，2003 (11).
② 李明良. 证券市场热点法律问题研究. 北京：商务印书馆，2004：48.

"证券公司欲设立证券交易所时，必须取得大藏大臣的许可。"[①] 中国大陆及台湾地区采取的也是许可制。《证券法》第 96 条第 2 款规定："证券交易所、国务院批准的其他全国性证券交易场所的设立、变更和解散由国务院决定。"台湾地区"证券交易法"第 93 条也规定："证券交易所之设立，应于登记前先经主管机关之特许或许可；其申请程序及必要事项，由主管机关以命令定之。"

证券交易所设立的许可制，将证券交易所的设立权限归于主管机关，一方面便于国家对证券市场的宏观调控，另一方面则有利于减少证券交易所的恶性竞争，使其获得健康发展。

### (三) 认可制

认可制，又称承认制、豁免制，是指立法承认原有证券交易所的合法性，赋予其法人资格，承认其自治自律权的设立体制。采取认可制的国家以英国为代表。英国的主要证券交易所在证券交易所相关法规出台之前就已存在并有序运行，故在其后制定的证券法仅对既已存在的证券交易所予以认可。此外，鉴于证券交易所在实际运作中形成的规则和经验非常有效，同样以法律的形式予以认可，并明确规定其职权，保障其自律监管权限。印度、巴基斯坦等国也仿效英国，采取认可制。[②]

## 二、证券交易所设立和解散

### (一) 证券交易所的设立条件

各国（地区）均对证券交易所的设立予以管制，其设立必须符合法定条件。依我国证券法及境外立法例的相关规定，设立证券交易所，一般应符合下列条件：

（1）有自己的名称。证券交易所的名称，必须标明"证券交易所"

---

① 日本证券法律. 徐庆，译. 北京：法律出版社，1999：120.
② 余雪明. 证券交易法. 台北：台湾证券暨期货发展基金会，2000：374.

字样。对此，我国《证券法》第100条规定："证券交易所必须在其名称中标明证券交易所字样。其他任何单位或者个人不得使用证券交易所或者近似的名称。"我国台湾地区"证券交易法"第97条也规定："证券交易所名称，应标明证券交易所字样。非证券交易所，不得使用类似证券交易所之名称。"日本《证券交易法》第80条第3款明确规定："证券交易所在其名称中，必须使用'证券交易所'字样。"该条第4款还规定："非证券交易所，在其名称中不得使用有被误认为证券交易所之虞的字样。"①

（2）有自己的章程。证券交易所作为法人组织，自应有其独立章程。我国对此，《证券法》第99条第2款规定："设立证券交易所必须制定章程。证券交易所章程的制定和修改，必须经国务院证券监督管理机构批准。"

（3）有一定数量的会员或资本金。各国（地区）证券法大多不对此作明确规定，而适用相关规定。我国《证券法》及《证券交易所管理办法》（2020年修正）均未对此作明确规定。我国台湾地区"证券交易法"第104条则明确规定："会员制证券交易所之会员，不得少于七人。"该"法"未对公司制证券交易所的最低资本金作明确规定，但"证券交易所管理规则"第12条规定最低实收资本额为新台币5亿元。

（4）有自己的组织机构。证券交易所作为社团法人，必须建立相应的组织机构。各国证券法大多对此有分散但明确的规定。我国《证券法》第102条规定，实行会员制的证券交易所设理事会、监事会。《证券交易所管理办法》（2020年修正）第17条则规定，实行会员制的证券交易所设会员大会、理事会、总经理和监事会。

### （二）证券交易所的设立程序

各国（地区）证券法大多不对证券交易所的设立程序作具体规定，日本《证券交易法》对此作了较为详细的规定。关于证券交易所的设立程序的规定，大多隐含于关于证券交易所设立时应提交文件的规定之

---

① 日本证券法律. 徐庆，译. 北京：法律出版社，1999：120.

中。我国台湾地区则通过制定"证券交易所管理规则"，对此作了具体规定。依其相关规定，会员制证券交易所的设立应履行的程序为：(1) 申请证券监管机构许可；(2) 进行法人登记；(3) 申请许可证；(4) 组织董事会；(5) 存在变更事项时作变更登记。公司制证券交易所的设立则应履行以下程序：(1) 达到最低资本额；(2) 向证券监管机构申请必要的文件；(3) 申请设立公司登记；(4) 组织董事会；(5) 存在变更事项时作变更登记。[①] 此外，依我国台湾地区"证券交易所管理规则"第11条之规定，公司制证券交易所以股份有限公司为限，且限采发起设立方式。

我国证券法对证券交易所的设立程序仅作了原则性规定。对此，《证券法》第96条第2款规定："证券交易所、国务院批准的其他全国性证券交易场所的设立、变更和解散由国务院决定。"

### （三）证券交易所的章程

证券交易所作为拥有自律监管权的特殊组织体，应制定较为完备的章程。对此，我国《证券法》第99条第2款规定："设立证券交易所必须制定章程。证券交易所章程的制定和修改，必须经国务院证券监督管理机构批准。"

### （四）证券交易所的解散

《证券法》第96条第2款原则性地规定了证券交易所、国务院批准的其他全国性证券交易场所的解散由国务院决定，而未规定具体解散事由。《证券交易所管理办法》（2020年修正）对此未作规定。

# 第三节　证券交易所的组织机构

会员制证券交易所与公司制证券交易所的组织机构不尽相同，我国

---

① 李明良. 证券市场热点法律问题研究. 北京：商务印书馆，2004：53.

台湾地区"证券交易法"对此分别作了不同规定。本书仅依我国《证券法》关于会员制证券交易所组织机构的相关规定加以阐述。

## 一、会员大会

### (一) 会员资格

我国《证券法》第 105 条规定："进入实行会员制的证券交易所参与集中交易的，必须是证券交易所的会员。证券交易所不得允许非会员直接参与股票的集中交易。"该法未对会员资格作明确规定，但依该法第 106～108 条之规定，会员实际上被限定于证券公司。《证券交易所管理办法》（2020 年修正）第 50 条第 1 款规定："证券交易所接纳的会员应当是经批准设立并具有法人地位的境内证券经营机构。"依此，证券交易所会员被限定于境内证券经营机构，从而境外证券经营机构被排除在外。该办法第 50 条第 2 款还规定："境外证券经营机构设立的驻华代表处，经申请可以成为证券交易所的特别会员。"依此，境外证券经营机构虽不能成为我国证券交易所会员，但境外证券经营机构设立的驻华代表处可以成为特别会员。但该特别会员是否存在从业资格上的限制，法律未予明确规定。从证券市场国际化发展趋势来看，不应对特别会员作从业资格上的限制，但可限制其表决权等其他权利。

### (二) 会员大会的地位与职权

我国《证券法》未对证券交易所会员大会的地位与职权作明确规定。对此，《证券交易所管理办法》（2020 年修正）第 18 条规定，会员大会为证券交易所的最高权力机构，它有以下职权：（1）制定和修改证券交易所章程；（2）选举和罢免会员理事、会员监事；（3）审议和通过理事会、监事会和总经理的工作报告；（4）审议和通过证券交易所的财务预算、决算报告；（5）法律、行政法规、部门规章和证券交易所章程规定的其他重大事项。

### (三) 会员大会的议事规则

会员大会每年召开一次，由理事会召集，理事长主持。理事长因故不能履行职责时，由理事长指定的副理事长或者其他理事主持。有下列情形之一的，应当召开临时会员大会：（1）理事人数不足《证券交易所管理办法》规定的最低人数；（2）1/3以上会员提议；（3）理事会或者监事会认为必要。[1]

会员大会应当有2/3以上的会员出席，其决议须经出席会议的会员过半数表决通过。会员大会结束后10个工作日内，证券交易所应当将大会全部文件及有关情况向中国证监会报告。[2]

## 二、理 事 会

### （一）理事会的地位与职权

关于证券交易所的理事会，我国《证券法》仅于第102条规定："证券交易所设理事会。"显然，该规定对理事会的地位与职权未作规定。《证券交易所管理办法》（2020年修正）则对此作了明确规定。依该办法第22条之规定，理事会是证券交易所的决策机构，行使下列职权：（1）召集会员大会，并向会员大会报告工作；（2）执行会员大会的决议；（3）审定总经理提出的工作计划；（4）审定总经理提出的年度财务预算、决算方案；（5）审定对会员的接纳和退出；（6）审定取消会员资格的纪律处分；（7）审定证券交易所业务规则；（8）审定证券交易所上市新的证券交易品种或者对现有上市证券交易品种作出较大调整；（9）审定证券交易所收费项目、收费标准及收费管理办法；（10）审定证券交易所重大财务管理事项；（11）审定证券交易所重大风险管理和处置事项，管理证券交易所风险基金；（12）审定重大投资者教育和保护工作事项；（13）决定高级管理人员的聘任、解聘及薪酬事项，但中国证监会任免的除外；（14）会员大会授予和证券交易所章程规定的其他职权。

### （二）理事会的构成

《证券交易所管理办法》（2020年修正）规定：证券交易所理事会

---

[1] 《证券交易所管理办法》（2020年修正）第20条。
[2] 《证券交易所管理办法》（2020年修正）第21条。

由 7～13 人组成，其中非会员理事人数不少于理事会成员总数的 1/3，不超过理事会成员总数的 1/2。理事每届任期 3 年。会员理事由会员大会选举产生，非会员理事由中国证监会委派。[①]

### （三）理事会的议事规则

理事会会议至少每季度召开一次。会议须有 2/3 以上理事出席，其决议应当经出席会议的 2/3 以上理事表决同意方为有效。理事会决议应当在会议结束后 2 个工作日内向中国证监会报告。[②]

理事长负责召集和主持理事会会议。理事长因故临时不能履行职责时，由理事长指定的副理事长代其履行职责。[③]

### （四）理事会的内部机构

理事会设理事长 1 人、副理事长 1～2 人。总经理应当是理事会成员。理事长是证券交易所的法定代表人。[④]

## 三、总经理及其他人员

### （一）证券交易所总经理

《证券法》第 102 条第 2 款规定："证券交易所设总经理一人，由国务院证券监督管理机构任免。"

证券交易所的总经理、副总经理、首席专业技术管理人员每届任期 3 年。总经理由中国证监会任免。副总经理按照中国证监会相关规定任免或者聘任。总经理因故临时不能履行职责时，由总经理指定的副总经理代其履行职责。[⑤]

### （二）证券交易所负责人

《证券交易所管理办法》（2020 年修正）第 25 条第 2 款明确规定：

---

① 《证券交易所管理办法》（2020 年修正）第 23 条。
② 《证券交易所管理办法》（2020 年修正）第 24 条。
③ 《证券交易所管理办法》（2020 年修正）第 26 条。
④ 《证券交易所管理办法》（2020 年修正）第 25 条。
⑤ 《证券交易所管理办法》（2020 年修正）第 27 条。

"理事长是证券交易所的法定代表人。"依《证券法》第103条之规定，有《公司法》第146条规定的情形或者下列情形之一的，不得担任证券交易所的负责人：(1) 因违法行为或者违纪行为被解除职务的证券交易所、证券登记结算机构的负责人或者证券公司的董事、监事、高级管理人员，自被解除职务之日起未逾5年；(2) 因违法行为或者违纪行为被撤销资格的律师、注册会计师或者其他专业服务机构的专业人员，自被撤销资格之日起未逾5年。

### (三) 证券交易所的从业人员

《证券法》第104条规定："因违法行为或者违纪行为被开除的证券交易场所、证券公司、证券登记结算机构、证券服务机构的从业人员和被开除的国家机关工作人员，不得招聘为证券交易所的从业人员。"《证券交易所管理办法》(2020年修正) 第34条则对此有具体规定，其内容如下：证券交易所的从业人员应当正直诚实、品行良好、具备履行职责所必需的专业知识与能力。因违法行为或者违纪行为被开除的证券交易场所、证券公司、证券登记结算机构、证券服务机构的从业人员和被开除的国家机关工作人员，不得招聘为证券交易所的从业人员。有《公司法》第146条规定的情形或者下列情形之一的，不得担任证券交易所理事、监事、高级管理人员：(1) 犯有贪污、贿赂、侵占财产、挪用财产罪或者破坏社会经济秩序罪，或者因犯罪被剥夺政治权利；(2) 因违法行为或者违纪行为被解除职务的证券交易场所、证券登记结算机构的负责人，自被解除职务之日起未逾5年；(3) 因违法行为或者违纪行为被解除职务的证券公司董事、监事、高级管理人员，自被解除职务之日起未逾5年；(4) 因违法行为或者违纪行为被吊销执业证书或者被取消资格的律师、注册会计师或者其他证券服务机构的专业人员，自被吊销执业证书或者被取消资格之日起未逾5年；(5) 担任因违法行为被吊销营业执照的公司、企业的法定代表人并对该公司、企业被吊销营业执照负有个人责任的，自被吊销营业执照之日起未逾5年；(6) 担任因经营管理不善而破产的公司、企业的董事、厂长或者经理并对该公司、企业的破产负有个人责任的，自破产之日起未逾5年；(7) 法律、行政法规、部门规章规定的其他情形。

# 第四节 证券交易所的监管职权

证券交易所作为主要的自律监管机构，拥有广泛的自律监管职权，包括对证券交易的监管、对证券公司的监管、对上市公司的监管等内容。为有效行使监管职权，证券法还赋予其业务规则制定权。

## 一、依法制定业务规则

《证券法》第 115 条第 1 款规定："证券交易所依照法律、行政法规和国务院证券监督管理机构的规定，制定上市规则、交易规则、会员管理规则和其他有关业务规则，并报国务院证券监督管理机构批准。"同条第 2 款规定："在证券交易所从事证券交易，应当遵守证券交易所依法制定的业务规则。违反业务规则的，由证券交易所给予纪律处分或者采取其他自律管理措施。"依此，证券交易所拥有规则制定权。《证券交易所管理办法》（2020 年修正）第 11 条规定："证券交易所制定的业务规则对证券交易业务活动的各参与主体具有约束力。对违反业务规则的行为，证券交易所给予纪律处分或者采取其他自律管理措施。"证券交易所的业务规则包括上市规则、交易规则、会员管理规则及其他与证券交易活动有关的规则。证券交易所拥有广泛的监管职权，该交易所监管权虽不属于政府监管，但也跟传统证券法观念中的自律监管有实质区别，故称之为自律监管已名不副实。①

### （一）制定上市规则

依《证券交易所管理办法》（2020 年修正）第 61 条之规定，证券

---

① 缪因知. 中国证券法律实施机制研究. 北京：北京大学出版社，2017：61.

交易所应当制定证券上市规则。其内容包括：（1）证券上市的条件、程序和披露要求；（2）信息披露的主体、内容及具体要求；（3）证券停牌、复牌的标准和程序；（4）终止上市、重新上市的条件和程序；（5）对违反上市规则行为的处理规定；（6）其他需要在上市规则中规定的事项。

### （二）制定交易规则

依《证券交易所管理办法》（2020年修正）第36条之规定，证券交易所应当制定具体的交易规则。其内容包括：（1）证券交易的基本原则；（2）证券交易的场所、品种和时间；（3）证券交易方式、交易流程、风险控制和规范事项；（4）证券交易监督；（5）清算交收事项；（6）交易纠纷的解决；（7）暂停、恢复与取消交易；（8）交易异常情况的认定和处理；（9）投资者准入和适当性管理的基本要求；（10）对违反交易规则行为的处理规定；（11）证券交易信息的提供和管理；（12）指数的编制方法和公布方式；（13）其他需要在交易规则中规定的事项。该办法第37条还规定："参与证券交易所集中交易的，必须是证券交易所的会员，非会员不得直接参与股票的集中交易。会员应当依据证券交易所相关业务规则，对客户证券交易行为进行管理。"

### （三）制定会员管理规则

依《证券交易所管理办法》（2020年修正）第49条之规定，证券交易所应当制定会员管理规则。其内容包括：（1）会员资格的取得和管理；（2）席位与交易单元管理；（3）与证券交易业务有关的会员合规管理及风险控制要求；（4）会员客户交易行为管理、适当性管理及投资者教育要求；（5）会员业务报告制度；（6）对会员的日常管理和监督检查；（7）对会员采取的收取惩罚性违约金、取消会员资格等自律监管措施和纪律处分；（8）其他需要在会员管理规则中规定的事项。

### （四）制定其他有关业务规则

除上述业务规则外，证券交易所在监管职权范围内，还可制定其他有关业务规则。对此，《证券交易所管理办法》（2020年修正）第48条第二句规定："证券交易所应当制定业务规则，对程序化交易进行监管。"

## 二、对证券交易的监管

### （一）对证券交易实行实时监控

证券价格随时变化，因而证券投资风险始终存在。为了能够对证券交易市场进行有效的监督管理，维护证券市场秩序，以保障其合法运行，有必要对证券交易实行实时监控。对此，《证券法》第112条第1款规定："证券交易所对证券交易实行实时监控，并按照国务院证券监督管理机构的要求，对异常的交易情况提出报告。"依此，证券交易所应当建立符合证券市场监督管理和实时监控要求的技术系统，并设立负责证券市场监管工作的专门机构。证券交易所应当保障交易系统、通信系统及相关信息技术系统的安全、稳定和持续运行。通过计算机程序自动生成或者下达交易指令进行程序化交易的，应当符合中国证监会的规定，并向证券交易所报告，不得影响证券交易所系统安全或者正常交易秩序。[①]

实时监控，是证券交易所对交易情况和交易秩序进行即时、全面的监控。实时监控的范围广泛，既包括与证券信息有关的各种情况的监控，又包括对各种异常情况的监控，还包括对进入证券交易所参与交易的从业人员的监控。目前，沪深证券交易所依托电子竞价交易系统，建立了比较完善的市场实时监控系统。通过市场实时监控，证券交易所可以及时地发现不正常交易行为，判断导致不正常交易行为的原因，协助进一步的调查和分析。因此，加强监控技术系统的开发以提高监控的准确性和有效性，具有现实意义。

市场实时监控是利用证券交易所处于市场一线地位的优势，充分发挥证券交易所的一线监管功能，及时发现可能的市场操纵行为。要强化

---

[①] 《证券交易所管理办法》（2020年修正）第47～48条。

证券交易所一线的市场实时监控，中国证监会必须注意对证券交易所的交易记录审计工作和计算机实时监控系统的效率、准确性进行评估；要特别重视分析证券交易所在它们的实时监控系统中所设置的参数，以确保市场监控系统能够得出有意义的结果；根据已查获的市场操纵案例，分析证券交易所实时监控系统工作效果，不断监督证券交易所优化实时监控系统。同时，中国证监会也要注意对证券交易所实时监控记录档案的审查，评估证券交易所是否对实时监控发现的问题采取了适当的调查，并根据调查结果是否采取了必要的处理措施或向中国证监会报告。

### （二）公开证券交易信息

证券交易所必须向社会公开与证券交易有关的各种信息，以促使公平合理的证券价格的形成。《证券法》第 109 条第 1 款规定："证券交易所应当为组织公平的集中交易提供保障，实时公布证券交易即时行情，并按交易日制作证券市场行情表，予以公布。"《证券交易所管理办法》（2020 年修正）第 38 条、第 39 条对此作了具体规定。证券交易所应当实时公布即时行情，并按日制作证券市场行情表，记载并公布下列事项：（1）上市证券的名称；（2）开盘价、最高价、最低价、收盘价；（3）与前一交易日收盘价比较后的涨跌情况；（4）成交量、成交金额的分计及合计；（5）证券交易所市场基准指数及其涨跌情况；（6）中国证监会要求公布或者证券交易所认为需要公布的其他事项。证券交易所即时行情的权益由证券交易所依法享有。证券交易所对市场交易形成的基础信息和加工产生的信息产品享有专属权利。未经证券交易所同意，任何单位和个人不得发布证券交易即时行情，不得出于商业目的使用。经许可使用交易信息的机构和个人，未经证券交易所同意，不得将该信息提供给其他机构和个人使用。证券交易所应当就其市场内的成交情况编制日报表、周报表、月报表和年报表，并及时向市场公布；证券交易所可以根据监管需要，对其市场内特定证券的成交情况进行分类统计，并向市场公布。

即时行情，又称实时行情，是指与证券交易所集中交易市场所显示行情同步或基本同步且连续的市场行情。即时行情是证券交易所行情，不包括场外交易行情。因传播速度等原因，证券交易所显示的行情往往会与真实行情存在一定的时间偏差，因而只能保持基本同步。非即时行情，又称非实时行情，主要是指证券交易所按交易日制作证券市场行情，还包括证券交易所就其市场内的成交情况编制的周报表、月报表和年报表。为提高市场透明度，保护投资者利益，经中国证监会同意，沪、深交易所从 1997 年开始就对 A 股和基金类证券的交易实行公开信息制度。

### （三）技术性停牌和临时停市

《证券法》第 111 条第 1 款规定："因不可抗力、意外事件、重大技术故障、重大人为差错等突发性事件而影响证券交易正常进行时，为维护证券交易正常秩序和市场公平，证券交易所可以按照业务规则采取技术性停牌、临时停市等处置措施，并应当及时向国务院证券监督管理机构报告。"（第 1 款）"因前款规定的突发性事件导致证券交易结果出现重大异常，按交易结果进行交收将对证券交易正常秩序和市场公平造成重大影响的，证券交易所按照业务规则可以采取取消交易、通知证券登记结算机构暂缓交收等措施，并应当及时向国务院证券监督管理机构报告并公告。"（第 2 款）"证券交易所对其依照本条规定采取措施造成的损失，不承担民事赔偿责任，但存在重大过错的除外。"（第 3 款）《证券交易所管理办法》（2020 年修正）第 41 条作了与《证券法》第 111条第 1 款、第 2 款基本相同的规定，但限于其规章性质，该办法未对技术性停牌、临时停市等处置措施的法律后果作出规定。

技术性停牌，是指因突发性事件而影响证券交易的正常进行时，证券交易所采取的临时中止某种证券交易的手段。技术性停牌是临时停牌的一种方式，此外还包括例行停牌。例行停牌，是指因上市公司公布年度报告、召开股东大会或者公布临时报告涉及特定事项以及出现其他规定事项时，依证券交易规则所采取的停牌措施。例行停牌制度存在的必要性长期受到质疑，其停牌原因也一再被缩减。继 2004 年将季报排除于停牌原因之后，2006 年两市股票上市规则修订时又将半年报告排除于停牌原因。现行《证券法》也未对例行停牌作出规定。两市现行股票上市规则与交易规则已取消了例行停牌制度。

技术性停牌的发生原因一般包括以下两类：

（1）公共传媒中出现证券发行人尚未披露的重大信息，可能或者已经对公司股票及其衍生品种的交易价格产生较大影响的各种情况。上市公司向证券交易所提出停牌申请的，应说明理由、计划停牌时间及预计复牌时间。上市公司在其证券停牌后，应及时处理导致停牌的事项或积极采取行动以符合有关上市标准。

（2）证券价格发生异常波动。除正常情况下的临时停牌外，因突发性事件而有可能影响证券交易的正常进行时，证券交易所可以采取技术性停牌的措施。突发性事件，是指在证券交易过程中无法预测或者难以预测的、对证券交易具有较大影响的事件。

所谓临时停市，是指证券交易所在其例行交易时间内临时性停止所有证券交易的行为。除节假日正常休市外，因不可抗力的突发性事件或者为维护证券交易的正常秩序，证券交易所也可以决定临时停市。不可抗力的含义适用民法的一般规定。"为维护证券交易的正常秩序和市场公平"在解释上颇具弹性，证券交易所可以自行斟酌情况予以适用。不过，证券交易所会严格适用该规则，一般只有发生电脑故障、恶性炒作等情况，才会采取临时停市措施。我国实践中发生的临时停市，大多因通信系统发生异常，导致无法进行正常交易而实施。

### （四）限制交易、强制停牌

《证券法》第113条第1款规定："证券交易所应当加强对证券交易的风险监测，出现重大异常波动的，证券交易所可以按照业务规则采取限制交易、强制停牌等处置措施，并向国务院证券监督管理机构报告；严重影响证券市场稳定的，证券交易所可以按照业务规则采取临时停市等处置措施并公告。"同条第2款规定："证券交易所对其依照本条规定采取措施造成的损失，不承担民事赔偿责任，但存在重大过错的除外。"在我国证券市场监管实践中，也有采用限制交易的先例。例如，在宝钢权证临近行权日时，上海证券交易所在监控中发现有人通过连续大量申报买入且撤单来操纵宝钢权证价格。在警告无效的情况下，上海证券交易所于 2006 年 8 月 15 日发布的"市场公告函"表示，该所已采取措施，限制国泰君安证券股份有限公司上海江苏路营业部某证券账户权证交易。

## 三、对证券公司的监管

除《证券法》中的原则性规定外，《证券交易所管理办法》（2020年修正）第五章对"证券交易所对会员监管"作了详细规定。其内容如下：

（1）对交易席位的监管。证券交易所应当限定席位的数量。会员可以通过购买或者受让的方式取得席位。经证券交易所同意，席位可以转让，但不得用于出租和质押。

（2）对交易单元实施严格管理。证券交易所应当对交易单元实施严格管理，设定、调整和限制会员参与证券交易的品种及方式。会员参与证券交易的，应当向证券交易所申请设立交易单元。经证券交易所同意，会员将交易单元提供给他人使用的，会员应当对其进行管理。会员不得允许他人以其名义直接参与证券的集中交易。具体管理办法由证券交易所规定。

（3）要求会员遵循技术管理规范。证券交易所应当制定技术管理规范，明确会员交易系统接入证券交易所和运行管理等技术要求，督促会员按照技术要求规范运作，保障交易及相关系统的安全稳定。证券交易所为了防范系统性风险，可以要求会员建立和实施相应的风险控制系统和监测模型。

（4）对会员证券交易实施监督管理。证券交易所应当按照章程、业务规则对会员通过证券自营及资产管理等业务进行的证券交易实施监督管理。证券交易所应当按照章程、业务规则要求会员报备其通过自营及资产管理账户开展产品业务创新的具体情况以及账户实际控制人的有关文件资料。

（5）督促会员建立并执行客户适当性管理制度。证券交易所应当督促会员建立并执行客户适当性管理制度，要求会员向客户推荐产品或者服务时充分揭示风险，并不得向客户推荐与其风险承受能力不相适应的产品或者服务。

（6）对会员违法违规行为的处置。会员出现违法违规行为的，证券交易所可以按照章程、业务规则的规定采取暂停受理或者办理相关业务、限制交易权限、收取惩罚性违约金、取消会员资格等自律监管措施或者纪律处分。

## 四、对证券上市交易公司的监管

如前文所述，上市协议构成了证券交易所对证券上市交易公司监管的基本法律依据。《证券交易所管理办法》（2020年修正）第六章对此作了详细规定，其主要内容如下：

（1）对信息披露的监管。证券交易所应当按照章程、协议以及业务规则，督促证券上市交易公司及相关信息披露义务人依法披露上市公告书、定期报告、临时报告等信息披露文件。证券交易所对信息披露文件进行审核，可以要求证券上市交易公司及相关信息披露义务人、上市保荐人、证券服务机构等作出补充说明并予以公布，发现问题应当按照有关规定及时处理；情节严重的，报告中国证监会。

（2）采取证券强制停复牌措施。证券交易所应当依据业务规则和证券上市交易公司的申请，决定上市交易证券的停牌或者复牌。证券上市交易的公司不得滥用停牌或复牌损害投资者合法权益。证券交易所为维护市场秩序可以根据业务规则拒绝证券上市交易公司的停/复牌申请，或者决定证券强制停/复牌。中国证监会为维护市场秩序可以要求证券交易所对证券实施停/复牌。

（3）对特定人员持股的变动及信息披露情况进行监管。证券交易所应当按照章程、协议以及业务规则，对上市公司控股股东、持股5%以上股东、其他相关股东以及董事、监事、高级管理人员等持有本公司股票的变动及信息披露情况进行监管。

（4）对违法违规行为的处置。发行人、证券上市交易公司及相关信息披露义务人等出现违法违规行为的，证券交易所可以按照章程、协议以及业务规则的规定，采取通报批评、公开谴责、收取惩罚性违约金、向相关主管部门出具监管建议函等自律监管措施或者纪律处分。

# 第五节　对证券交易所的监管

为使证券交易所能够妥善行使自律监管职权，《证券法》为其规定了特殊义务，《证券交易所管理办法》（2020 年修正）则以第七章对证券交易所的管理与监督作了专门规定。

## 一、证券交易所的特殊义务

（1）不得分配共有积累。证券交易所可以自行支配的各项费用收入，应当首先用于保证其证券交易场所和设施的正常运行并逐步改善。实行会员制的证券交易所的财产积累归会员所有，其权益由会员共同享有，在其存续期间，不得将其财产积累分配给会员。[①]

（2）设立风险基金。证券交易所应当从其收取的交易费用和会员费、席位费中提取一定比例的金额设立风险基金。风险基金由证券交易所理事会管理。风险基金提取的具体比例和使用办法，由国务院证券监督管理机构会同国务院财政部门规定。证券交易所应当将收存的风险基金存入开户银行专门账户，不得擅自使用。[②]

（3）从业人员的回避义务。证券交易所的负责人和其他从业人员在执行与证券交易有关的职务时，与其本人或者其亲属有利害关系的，应当回避。[③]

---

① 《证券法》第 101 条。
② 《证券法》第 114 条。
③ 《证券法》第 116 条。

（4）依法处理证券交易义务。按照依法制定的交易规则进行的交易，不得改变其交易结果。对交易中违规交易者应负的民事责任不得免除；对于在违规交易中所获利益，依照有关规定处理。[①]

（5）报告与报批义务。证券交易所在行使监管职权过程中所采取的措施必须及时向证券监管机构报告，其制定的监管规则应在报请证券监管机构批准后实施。如《证券法》第112条第2款规定："证券交易所根据需要，可以按照业务规则对出现重大异常交易情况的证券账户的投资者限制交易，并及时报告国务院证券监督管理机构。"

## 二、对证券交易所的其他监管规则

《证券交易所管理办法》（2020年修正）第七章包含以下对证券交易所的其他监管规则：

（1）证券交易所不得以任何方式转让其依法取得的设立及业务许可。

（2）证券交易所的理事、监事、高级管理人员对其任职机构负有诚实信用的义务。

（3）证券交易所的总经理离任时，应当按照有关规定接受离任审计。

（4）证券交易所的总经理、副总经理未经批准，不得在任何营利性组织、团体和机构中兼职。证券交易所的非会员理事、非会员监事及其他工作人员不得以任何形式在证券交易所会员公司兼职。

（5）证券交易所的理事、监事、高级管理人员及其他工作人员不得以任何方式泄露或者利用内幕信息，不得以任何方式违规从证券交易所的会员、证券上市交易公司获取利益。

（6）证券交易所的理事、监事、高级管理人员及其他工作人员在履行职责时，遇到与本人或者其亲属等有利害关系情形的，应当回避。具体回避事项由其章程、业务规则规定。

---

① 《证券法》第117条。

（7）证券交易所应当建立健全财务管理制度，收取的各种资金和费用应当严格按照规定用途使用，不得挪作他用。证券交易所的收支结余不得分配给会员。

（8）证券交易所应当履行下列报告义务：1）证券交易所经符合《证券法》规定的会计师事务所审计的年度财务报告，该报告应于每一财政年度终了后3个月内向中国证监会提交；2）关于业务情况的季度和年度工作报告，应当分别于每一季度结束后15日内和每一年度结束后30日内向中国证监会报告；3）法律、行政法规、部门规章及《证券交易所管理办法》其他条款中规定的报告事项；4）中国证监会要求报告的其他事项。

（9）遇有重大事项，证券交易所应当随时向中国证监会报告。重大事项包括：1）发现证券交易所会员、证券上市交易公司、投资者和证券交易所工作人员存在或者可能存在严重违反法律、行政法规、部门规章的行为；2）发现证券市场中存在产生严重违反法律、行政法规、部门规章行为的潜在风险；3）证券市场中出现法律、行政法规、部门规章未作明确规定，但会对证券市场产生重大影响的事项；4）执行法律、行政法规、部门规章过程中，需由证券交易所作出重大决策的事项；5）证券交易所认为需要报告的其他事项；6）中国证监会规定的其他事项。

（10）遇有以下事项之一的，证券交易所应当及时向中国证监会报告，同时抄报交易所所在地人民政府，并采取适当方式告知交易所会员和投资者：1）发生影响证券交易所安全运转的情况；2）因不可抗力、意外事件、重大技术故障、重大人为差错等突发性事件而影响证券交易正常进行时，证券交易所为维护证券交易正常秩序和市场公平采取技术性停牌、临时停市、取消交易或者通知证券登记结算机构暂缓交收等处理措施；3）因重大异常波动，证券交易所为维护市场稳定，采取限制交易、强制停牌、临时停市等处置措施。

# 第十二章 证券公司

## 第一节 证券公司概述

### 一、证券公司的概念与法律地位

证券公司，是指依照公司法和证券法规定的设立条件，经证券监管机构批准并经公司登记机关登记设立的，经营证券业务的有限责任公司或者股份有限公司。这是依我国《证券法》第118条所下之定义。

在境外，证券公司等证券经营机构一般被称为证券商。在我国证券法律实践中，人们也常常将证券公司称为"证券商"或"券商"。所谓证券商，是指依法设立的以证券承销、证券自营、证券经纪为其核心业务的商主体。但由于各国证券制度各异，证券市场的发育程度不同，因而各国证券商的具体组织形式不尽相同。在日本、韩国以及东南亚一些国家，证券商均为证券公司。在西欧一些国家，如比利时、丹麦，允许采用法人、独资（个人）及合伙形式。英国、爱尔兰的证券商不得为个人，但可以是法人、合伙。[1] 在美国，证券商包括综合经纪商、场内经纪商、自营商等多种类型，其组织形式包括法人、合伙；特定证券商资格还可以个人名义取得。[2] 我国《证券法》仅确认了证券公司作为证券商的组织形式。

---

[1] 顾功耘主编. 金融市场运行与法律监管. 北京：世界图书出版公司，1999：196-197.

[2] 王京，腾必焱编著. 证券法比较研究. 北京：中国人民公安大学出版社，2004：323-324.

在我国，相当长一段时期内，曾将"证券经营机构"作为证券公司及其他证券经营机构的统称，相关立法中也采取了该概念。在不同时期，证券经营机构还具体表现为不同名称与组织形式。在我国证券市场发展初期，证券经营机构被视为非银行金融机构的组成部分，除少部分以证券公司名义设立外，多数是作为信托公司、银行等金融机构附属的专门从事证券经营业务的分支机构。1986 年 1 月 7 日国务院发布的《银行管理暂行条例》（已失效）规定，从事代募证券业务的其他金融机构也应遵守该条例之规定。1987 年，经中国人民银行批准，我国第一家证券公司——深圳证券公司在深圳市成立。1988 年 4 月，经国务院批准，国库券转让开始在部分城市进行试点。为此，中国人民银行同时批准成立了 33 家证券公司，各试点城市还批准了部分信托投资公司、综合性银行设立证券交易柜台，办理转让业务。另外，根据需要中国人民银行还设立了一些证券交易代办点，接受证券公司、信托投资公司和综合性银行的委托，代办证券交易业务。但在未经中国人民银行核准和批准的情况下，一些地方政府或部门擅自批准成立了具有金融机构性质的证券公司或证券经营机构。这些机构的设立程序不规范、运营规则不明确，从而导致了证券经营机构的运营极其混乱。为了规范非银行金融机构的发展，中国人民银行于 1988 年 7 月 16 日发布了《关于设立证券公司或类似金融机构须经中国人民银行审批的通知》（已失效）。该通知对清理证券经营机构起到了积极作用，并明确提出了证券公司的概念。1990 年 10 月 12 日中国人民银行发布的《证券公司管理暂行办法》对证券公司的概念、机构管理、业务范围及管理监督等作了详细规定。1990 年 10 月 19 日中国人民银行发布的《跨地区证券交易管理暂行办法》明确将"证券公司"和"金融机构设立的证券交易营业部"作为"证券交易机构"的两个基本类型。同年 11 月 27 日，中国人民银行发布的《证券交易营业部管理暂行办法》对金融机构设置的专门经营证券交易业务的对外营业场所作了较为详细的规定，确立了以信托投资公司为主体的证券经营机构体系。依此，证券经营机构除包括证券公司外，还包括信托投资公司附属的证券营业部与各种证券代办点。

20 世纪 90 年代中后期以后，我国金融界及法律界逐渐对信托业与证券业相分离达成共识，认为两者是相对独立的金融行业，信托机构不应直接从事证券经营业务。《信托法》起草者根据金融业分业经营的通例，倾向于对信托业与证券业采取分别管理的态度。在信托公司清理整顿的过程中，金融监管机构也提出了信托业与证券业分业监管原则。在此思路下，信托公司逐渐与主管银行分离，信托公司的证券业务也逐渐萎缩，并逐渐移交给新成立的证券公司。[①] 1998 年《证券法》明确规定了证券业与银行业、信托业、保险业实行分业经营、分业管理的原则。由此，我国确立由证券公司专营证券业务的制度，从而证券公司成为证券商的唯一形式。

证券公司作为从事证券业的特殊公司，其设立、运行与监管必须同时遵循公司法与证券法的规定。与普通公司相比，证券公司在设立程序、设立条件、经营范围及管理体制等方面都具有特殊属性。关于其具体内容详见本章后文。

## 二、境外证券公司的分类

世界各国（地区）对证券商的分类差异较大，其中美国、英国、德国、日本，以及我国台湾地区的规定较具代表性，分述如下。

### （一）美国证券商的分类

在美国，证券商主要包括以下类型：

（1）综合经纪商（integrated securities houses）。综合经纪商是经营多种证券业务的证券商，它们可向客户提供证券经纪或居间、证券承销、证券投资顾问等多种服务，同时还可进行证券自营交易。

（2）专业会员（specialist）。专业会员，又称专家经纪商，它们既可接受其他经纪商的委托，又可自行买卖证券，但只能固定在交易大厅内各交易站周围买卖某一种或几种特定证券。专业会员负有维持证券市

---

① 叶林．证券法．3 版．北京：中国人民大学出版社，2008：396-398.

场"流动性"和"持续性"的职责。

（3）佣金经纪商（commission broker）。它直接接受投资者的委托，为投资者提供证券经纪服务并收取佣金。

（4）场内经纪商（floor broker）。场内经纪商是证券交易所的会员，在交易大厅内执行买卖证券的指令并收取佣金。场内经纪商不直接面对公众投资者，其客户是佣金经纪商，因而又有经纪商的经纪商（broker's broker）之称。

（5）零数自营商（odd-lot dealer）。零数自营商专门经营不足一个成交单位的零数证券买卖，其交易对象为佣金经纪商。

（6）注册交易商（registered broker）。注册交易商，又称场内自营商（floor dealer），它们是以个人身份取得证券交易所会员资格，为自己买卖证券。

（7）做市商（market maker）。关于做市商的含义详见本书第五章第二节"证券做市交易"部分。

（8）债券经纪商（bond broker）。债券经纪商接受投资者委托，在债券交易室从事债券交易，同时也兼营其他证券业务。

（9）折扣经纪商（discount broker）。折扣经纪商只接受客户委托完成证券交易，而不提供其他服务，故又被称为无额外服务经纪商。

（10）媒介经纪商（inter-dealer broker）。媒介经纪商只在美国联邦公债市场上活动，它们代自营商寻找交易对象，并提供信息和交易系统。

（11）投资证券商（risk arbitrageur）。投资证券商，又称风险套利者，它们为自己的利益进行证券交易，通常在公司控制权更替之前大量购进股票，等到发生控制权争夺时再高价卖出，获取巨额盈利。不过，投资证券商不一定具有证券交易所会员或场外市场证券商资格。

## （二）英国证券商的分类

英国证券交易所有两种证券商：一是证券经纪商（broker），纯粹代理客户买卖证券，从中收取佣金，本身不买卖证券。其与美国佣金经纪商相似。二是证券买卖商（jobbers），主要为自己买卖证券以获取利润，有时也代理客户买卖证券收取佣金。证券买卖商必须严格区分自营

买卖与代理买卖，且须向客户说明。长期以来，英国证券商制度采取
"单一资格"原则，经纪商业务与自营商业务不得兼营。20 世纪 80 年
代中期，英国改采"双重资格"原则，采用综合证券商制度，证券经纪
商与证券买卖商的严格分类由此消失。英国公债市场也实行媒介经纪商
（inter-dealer broker）制度。

## （三）德国证券商的分类

德国实行全能银行制度，故无专门从事证券业务的证券商，其证券
商为从事证券业务的银行。在德国从事证券业务的银行主要是各全能银
行与证券信托银行。德国多数业务银行都为全能银行，故该类证券商数
量极大。德国证券信托银行成立于 1925 年，主要业务是保管有价证券
和实现有价证券交易的清算与交割。一般来说，全能银行在接受客户的
证券存款后，都要将其转存入证券信托银行。

德国银行可以从事"合格证券"的经纪和自营业务，其中最典型的
业务方式为，银行作为客户的经纪人在证券交易所以自己的名义，为客
户买卖证券。银行作为自营商也可直接从事证券交易。

## （四）日本证券商的分类

日本证券发行市场中证券商分为承销商与分销商。在证券交易所从
事证券业务的证券商则包括三种：（1）普通会员，具有证券交易所会员
资格，兼营自营和经纪业务。（2）仲立会员，又称"才取会员""仲介
会员"，是经纪商的经纪商，它们专为普通会员进行交易时提供居间媒
介，从中抽取佣金，具有促进市场流通、使证券交易价格合理化的功
能。（3）特别会员。该类证券商为东京、大阪证券交易所专有，它们只
接受本地交易所会员委托，代向东京、大阪证券交易所买卖证券。它们
实为各该地区交易所普通会员派驻东京、大阪的代理机构。日本、韩
国，以我国香港地区等东亚及东南亚国家和地区，大多未从立法上对证
券商作明确分类。[1] 例如，依日本《证券交易法》第 2 条第 8、9 款及第

---

① 王京，腾必焱编著．证券法比较研究．北京：中国人民公安大学出版社，2004：323 - 327.

28条第2款之规定，证券公司是指获得大藏大臣许可的股份有限公司，其业务范围可应许可包括以下业务中的一项或多项，乃至全部：（1）有价证券的买卖、有价证券指数等期货交易、有价证券期权交易及外国市场证券期货交易；（2）有价证券的买卖，有价证券指数等期货交易，有价证券期权交易及外国市场证券期货交易的中介、代办及代理；（3）委托各种证券交易的中介、代办及代理；（4）有价证券的认购；（5）有价证券的推销；（6）经办有价证券的募集和推销以及经办招揽认购新发行有价证券等非有价证券募集行为（即私募）。[①]

### （五）我国台湾地区证券商的分类

我国台湾地区"证券交易法"第三章第二、三、四节分别对"证券承销商"、"证券自营商"及"证券经纪商"作了具体规定，从而以立法的形式对证券商作了明确分类；此外，还对外国证券商分支机构作了明确规定。

证券承销商，是指经营证券承销业务，亦即协助证券发行人将有价证券出售至投资者之中介者。证券自营商除为自己利益进行买卖证券外，还负有维持证券市场功能之义务。证券经纪商的主要功能则在于接受投资者之委托，向证券交易所及柜买中心（柜台交易中心）下单买卖。[②]

## 三、我国证券公司的分类

我国《证券法》将证券公司的组织形式分为有限责任公司与股份有限公司两种，依此可将证券公司分为从事证券业务的有限责任公司与股份有限公司。但两者在证券法上适用同样的规则，其区别仅存在于公司法意义上的不同规则，故该分类没有实际意义。

依我国1998年《证券法》第119条之规定，国家对证券公司实行分类管理，将其分为综合类证券公司与经纪类证券公司，并由证券监管

---

① 日本证券法律.徐庆，译.北京：法律出版社，1999：7，82.
② 曾宛如.证券交易法原理.修订版.台北：元照出版公司，2006：312-318.

机构按其分类颁发业务许可证。中国证监会于 2001 年 12 月 28 日发布的《证券公司管理办法》则对综合类证券公司与经纪类证券公司的业务范围、设立条件等作了不同规定。实践中，不同类型的证券公司应申领相应的"经营证券业务许可证"和"证券经营机构营业许可证"。

我国 2005 年《证券法》取消了关于证券公司实行分类管理的规定，但仍对不同类型的证券公司的业务范围作了明确规定。2019 年《证券法》维持了该规定。经国务院证券监督管理机构批准，所有证券公司均可经营法定部分或者全部业务。依此，《证券法》实际上放弃了将证券公司简单地划分为综合类与经纪类的做法，而允许所有证券公司经批准经营法定部分或者全部业务。由此可见，该立法调整明显表现出立法者放松对证券公司作类型化管理的立法理念，从而使所有证券公司均可成为兼营数项甚至全部证券业务的"综合类证券公司"。此外，该立法修订的效果，还可表现为对综合类证券公司的进一步细化，使专营某一项或数项证券业务的证券公司得以设立，从而形成我国台湾地区存在的证券经纪商、证券自营商、证券承销商等基本类型，甚至还可形成美国立法例下的更为细化的证券公司类型。

## 四、证券业务范围

证券公司作为从事证券业务的特殊商主体，其业务范围仍受法律的严格限制，具体业务范围须经证券监管机构核准。依《证券法》第 120 条之规定，经国务院证券监督管理机构批准，证券公司可以经营下列部分或者全部业务。国务院证券监督管理机构应当自受理证券业务事项申请之日起 3 个月内，依照法定条件和程序进行审查，作出核准或者不予核准的决定，并通知申请人；不予核准的，应当说明理由。

### （一）证券经纪业务

证券经纪业务，是指证券公司通过其设立的证券营业部，接受客户委托，按照客户的要求，代理客户买卖证券并收取佣金作为报酬的业务。证券经纪业务是随着集中交易制度的实行而产生和发展起来的。由于在证券交易所内交易的证券种类繁多，数额巨大，而交易大厅内席位有限，因此一般投资者不能直接进入证券交易所进行交易，只能通过特许的证券经纪商来促成交易。对此，《证券法》第 106 条规定："投资者应当与证券公司签订证券交易委托协议，并在证券公司实名开立账户，以书面、电话、自助终端、网络等方式，委托该证券公司代其买卖证券。"该法第 108 条规定："证券公司根据投资者的委托，按照证券交易规则提出交易申报，参与证券交易所场内的集中交易，并根据成交结果承担相应的清算交收责任。证券登记结算机构根据成交结果，按照清算交收规则，与证券公司进行证券和资金的清算交收，并为证券公司客户办理证券的登记过户手续。"除证券公司外，任何单位和个人不得从事证券经纪业务。

目前世界各国都是根据本国证券交易制度的特点，来对证券经纪业务作出限定和分类。如前述美国证券商的分类中即包括多种证券经纪商的分类。我国证券经纪业务有其自身的特点，这是由我国独特的交易制度所决定的。目前从上海、深圳两个证券交易所的实际运作情况看，我国证券经纪业务可分为两大类。第一类是 A 股、基金、债券及其他证券衍生品种的代理买卖业务，所有证券公司依法设立的证券营业部都可经营此项业务。第二类是 B 股代理买卖业务，由 B 股特许证券商来代理。B 股特许证券商又分为境内 B 股特许证券商和境外 B 股特许证券商。境内 B 股特许证券商代理 B 股买卖业务，可在其已开通交易的 A 股席位上进行；境外 B 股特许证券商可通过其拥有的 B 股特别席位完成代理买卖业务，也可以委托境内 B 股特许证券商完成代理买卖业务。

### (二) 证券投资咨询业务

证券投资咨询的含义极为宽泛。狭义上的证券投资咨询业务，是指取得证券监管机构颁发的相关资格的机构及其咨询人员为证券投资者或客户提供证券投资的相关信息、分析、预测或建议，并直接或间接收取服务费用的活动。

在广义上，凡与证券投资活动有关的大幅咨询、专题研究、业务或行业分析、投资建议等，无论采取口头或书面形式，还是采取发送信件或散发印刷品等形式，抑或是专业机构向其他机构、人员亦即专业机构以外的人提供的意见等，都可视为证券投资咨询。但对《证券法》所规定的证券投资咨询，则应作狭义解释，其具体含义如下：（1）专指证券公司向客户提供的证券投资咨询服务，而不包括向其他机构或个人提供的投资咨询服务，尤其是有别于专业投资者咨询机构向客户提供的证券投资咨询意见；（2）专指证券公司以收取费用或者获得补偿为条件而向客户提供的证券投资咨询服务，不包括各种内含于证券经纪、承销、保荐、证券资产管理等业务的咨询服务；（3）专指证券公司经证券监管机构批准后开展的特殊业务，而不包括向客户提供的法律、会计、审计、评估、工程等领域的咨询服务；（4）专指根据客户要求或委托而提供的证券投资咨询服务。

一般投资者受时间、精力、知识和能力的限制，往往无法及时和全面地了解与投资有关的信息并作出有效的分析，因而需要有人就此提供专业服务。证券投资咨询就是这样一种专业化的咨询服务，证券分析师通过对证券市场和上市公司有关信息的处理和分析形成投资建议。但是，由于证券价格的波动特性、证券分析的主观性和分析师个人条件的限制，证券分析师不可能对股票价格进行准确预测，不可能提出稳赚不赔的投资建议，只能为投资者提供具有一定参考价值的意见或建议。因此，为防范证券投资咨询机构及其人员误导投资者，证券法对其设置了特别监管规则。

### （三）与证券交易、证券投资活动有关的财务顾问业务

广义的财务顾问（financial consultant，FC）业务，是指专业财务咨询公司以专业知识、行业经验和信息资源为基础，为客户提供在公司财务、项目融资、资本运作及其相关领域的专业咨询服务。目前，我国财务顾问业务已涉及企业的日常经营活动和资本运营活动的各个方面，表现为根据客户的需求，编写各类财务分析报告、项目可行性报告、商业计划书、调查报告等，为企业的管理层及外部机构提供有效信息。在我国实践中，财务顾问业务主要包括独立财务顾问、投资价值分析报告、投资项目评估、公司重组和战略规划、股权设计、融资安排、IPO

方案设计、收购与兼并、重组改制和上市、不良资产处置交易等。财务顾问业务一直是西方证券公司重要的盈利活动，被西方投资银行界认为是低风险、高收入的"金奶牛"业务。

从客户对象来看，财务顾问业务大致可以分为三种类型：（1）个人或机构的投资财务顾问，咨询的重要内容是客户所需要的投资和理财的分析报告；（2）企业财务顾问，项目范围重点是企业发展战略、资本运营策略等；（3）政府财务顾问，主要涉及宏观经济、国企改革、社会和产业咨询、区域经济发展等。与证券交易、证券投资活动有关的财务顾问业务，涉及个人或机构的投资财务顾问以及企业财务顾问业务中的相关内容，一般由专门的证券投资咨询机构开展，受证券法调整并受证券监管机构监管。但《证券法》将该项业务目前规定为证券公司的业务范围之一，使证券公司也可以涉足该项业务，从而使证券公司与专门的证券投资咨询机构形成竞争关系。应当注意的是，专门的证券投资咨询机构除可从事与证券交易、证券投资活动有关的财务顾问业务外，还可从事其他财务顾问与投资咨询业务；证券公司则只能从事证券业务，与证券交易、证券投资活动无关的财务顾问业务及非证券投资咨询业务，不在其业务范围之内。

《上市公司收购管理办法》（2020 年修订）对财务顾问制度作了明确规定，依其规定，任何一起上市公司收购，在不同的环节，在不同的购并中，都需要有财务顾问的参与。中国证监会于 2008 年 6 月 3 日发布的《上市公司并购重组财务顾问业务管理办法》对上市公司并购重组财务顾问业务作了系统规定。

### （四）证券承销与保荐业务

证券承销与保荐业务是证券公司最为核心的投资银行业务，可谓证券公司的核心竞争力所在。除证券公司外，任何单位和个人不得从事证券承销与保荐业务。

### （五）融资融券业务

融资融券业务，是指在证券交易所或者国务院批准的其他证券交易场所进行的证券交易中，证券公司向客户出借资金供其买入证券或者出借证券供其卖出，并由客户交存相应担保物的经营活动。证券公司从事证券融资融券业务，应当采取措施，严格防范和控制风险，不得违反规定向客户出借资金或者证券。除证券公司外，任何单位和个人不得从事证券融资融券业务。

### （六）证券做市交易业务

所谓证券做市交易，是指在证券市场上，由具备一定实力和信誉的独立证券公司作为特许交易商，不断向公众投资者报出某些特定证券的买卖价格（即双向报价），并在该价位上接受公众投资者的买卖要求，以其自有资金和证券与投资者进行的证券交易。在证券做市交易中，买卖双方不需等待交易对手出现，只要有做市商出面承担交易对手即可达成交易。证券做市交易是证券公司的一项重要业务，开展该项业务的证券公司被称为做市商。做市商通过做市制度来维持市场的流动性，满足公众投资者的投资需求。做市商以买卖报价的适当差额来补偿所提供服务的成本费用，并实现一定利润。

### （七）证券自营业务

证券自营业务，是指证券公司以自己的名义与自主支配的资金或证券，通过证券市场从事证券买卖并获取利润的经营行为。证券公司的自营业务按业务场所一般分为两类：场外（如柜台）自营买卖和场内（交易所）自营买卖。场外自营买卖，是指证券公司通过柜台交易等方式，由客户和证券公司直接洽谈成交的证券交易。场内自营买卖，是指证券公司在证券交易所自营买卖证券。在我国，证券自营业务一般是指场内自营买卖业务。

### （八）其他证券业务

除上述典型证券业务外，随着证券市场的发展与金融创新的推进，新的证券业务将不断涌现。因此，证券法不能对证券公司的业务范围作封闭性规定，而必须为证券公司基于金融创新的需要而拓展的其他证券业务留下必要的制度空间，故我国《证券法》在列举的证券业务范围中规定了"其他证券业务"。当然，其他证券业务必须经中国证监会批准后才能开展。证券资产管理业务即为该类业务。证券资产管理业务是资产管理业务之一种，它是指证券公司依法与客户签订资产管理合同，根据合同约定的方式、条件、要求及限制，对客户资产进行经营运作，为客户提供证券及其他金融产品的投资管理服务。证券资产管理业务是证券公司在传统业务基础上发展的新型业务。证券公司经营证券资产管理业务的，应当符合《证券投资基金法》等法律、行政法规的规定。

# 第二节　证券公司的设立

## 一、证券公司的设立体制

依各国（地区）立法与实践，证券公司的设立体制主要有注册制与许可制，在个别国家还适用过认可制。

### （一）注册制

注册制，是指国家证券监管机构对申请人提出的设立证券公司的申请，不进行实质审查，只要申请人依照法定程序提交了法律规定必须提交的各种申请文件，并且申请文件所记载的事项符合法律的规定，对法律要求披露的事项作了充分披露，即可获准设立注册的管理制度。根据各国（地区）实践，实行审批制可以防止信誉不好、资产不良、内部组织机构不健全和缺乏具有法定资格的经营管理人员的公司进入资本市场，有利于净化市场环境，增加交易安全，从而具有一定的防范市场风险的作用。实行注册制可以使设立证券公司更加便利，有利于提高市场效率，降低市场运作成本。注册制以美国为代表，冰岛及我国香港地区也实行注册制。注册制意味着只要符合法定条件，申请人均可获得经营证券公司的资格。对此，我国香港地区《证券条例》规定，任何人（不论是个人或法人团体，或者合伙企业的合伙人与法人团体的董事）只有根据规定注册为证券商，才能在香港从事证券交易业务。

### （二）许可制

许可制，又称审批制，是指国家证券监管机构对申请人提出的设立证券公司的申请，不仅要求申请人依照法定程序提交法律规定必须提交的各种申请文件，还要对其提交的申请文件的真实性、准确性和完整性进行实质审查，对符合法定条件的设立申请，予以批准，对不符合法定条件的设立申请，不予批准的管理制度。目前，绝大多数国家（地区）的证券公司设立体制都采取许可制。如日本，以及我国台湾地区。日本《证券交易法》第 28 条第 1 款规定："证券业，非为得到大藏大臣许可的股份有限公司，不得经营。"[①] 我国台湾地区"证券交易法"第 44 条第 1 款也规定："证券商须经主管机关之许可及发给许可证照，方得营业；非证券商不得经营证券业务。"

根据我国《证券法》第 118 条的规定，设立证券公司，必须经国务院证券监督管理机构审查批准；未经国务院证券监督管理机构批准，任何单位和个人不得经营证券业务。由此可见，我国仍沿用了 2005 年《证券法》确立的证券公司设立的许可制。作此立法选择的原因如下[②]：

（1）证券市场作为企业直接融资的资本市场在我国建立的时间不长，与发达国家证券市场有几百年的发展历史相比，我国证券市场还很年轻，经验不足，投资者、管理者、中介机构都不够成熟，风险意识和防范风险的能力较弱。为了保障改革，促进发展及维护稳定，需要建立一个发展健康、秩序良好、运行安全的证券市场。

（2）证券公司作为联结筹资企业和投资者的桥梁，是证券市场的主要参与者和重要的中介组织，其设立行为是否规范、合法，对维护证券

---

① 日本证券法律．徐庆，译．北京：法律出版社，1999：82.

② 《证券法释义》编写组．中华人民共和国证券法释义．北京：中国法制出版社，2005：193 - 194.

市场秩序、保障交易安全和投资者的合法权益至关重要。我国证券市场的实践证明，没有规范、守法的证券公司，就不可能有稳定、健康的证券市场。

（3）证券公司作为经营证券业务的金融机构，其主要业务具有高流动性和高风险性等特点，需要有专门人才、健全的内部管理机制和必要的经营条件。同时，证券公司的设立也要与证券市场的规模、证券业务量的大小以及经济发展的需要相适应。盲目设立和发展证券公司会加剧证券市场的无序竞争与风险。

### （三）认可制

认可制，又称承认制、豁免制，是指立法承认原有证券公司的合法性，赋予其法人资格的设立体制。如今已极少有国家采取认可制。英国早年曾对证券交易所会员中的一些证券公司实行过认可制，但对另一些证券公司则采取许可制。[①]

## 二、证券公司的设立程序

在实行不同的证券公司设立体制的国家和地区，证券公司的设立程序也有一定差异，不过一般都包括前置注册或许可程序与公司设立登记程序。在我国，证券公司的设立除须履行公司法规定的设立登记程序外，还须履行证券法规定的前置审批程序与设立后营业许可程序。

### （一）前置审批程序

我国《证券法》第 119 条第 1 款规定："国务院证券监督管理机构应当自受理证券公司设立申请之日起六个月内，依照法定条件和法定程序并根据审慎监管原则进行审查，作出批准或者不予批准的决定，并通知申请人；不予批准的，应当说明理由。"该规定确立了我国证券公司设立的前置审批程序及其要求。

由于证券业务涉及证券投资者的利益并与证券市场的稳定关系密

---

① 徐明，李明良. 证券市场组织与行为的法律规则. 北京：商务印书馆，2002：35.

切，故对证券公司设立申请的审批应特别严格、慎重。因此，与一般行政许可期限不同，我国《证券法》将证券公司设立申请的审批期限规定为 6 个月。对于审批结果，则不论是否批准，均须通知申请人，对不予批准的，还应说明理由。

从国际上看，对证券公司的监管方法主要是两类：审慎监管（prudential supervision）与经营行为监管。审慎监管是针对证券公司的清偿能力的监管，旨在督促证券公司约束其风险承担行为，避免产生因贪图高收益而过分冒险，最终导致牺牲客户利益和引发系统性风险的恶果。其落脚点主要在证券公司的财务责任方面。经营行为监管则是针对证券公司处理与投资者关系的行为的监管，旨在使处于信息弱势地位的投资者一方能够获得应有的信息、享受应有的权益，免遭可能的机会主义行为侵害。其落脚点主要是规范证券公司的业务行为。

审慎监管是一个系统，主要包括市场准入的监管、持续性监管、市场退出监管。我国《证券法》不仅明确规定对证券公司的设立申请"根据审慎监管原则进行审查"，而且对证券公司设立审批方面的审慎监管原则作出了较为系统、全面的规定。审慎监管原则是被各国普遍应用的金融监管原则，我国银行业、保险业等其他金融业也普遍确立了该原则。

证券公司设立中的审慎监管原则，要求证券监管机构根据已发布的监管规则及监管机构认可的内部政策、程序和管理制度来决定是否作出批准。一般来说，审慎监管涉及对资本充足率、流动性、风险集中度、关系人资格的限制、金融集团关联交易控制以及早期风险处置等方面的要求。监管可采取现场审查、非现场审查、审慎监管会议、外聘专业机构等方式对申请人的申请条件作具体审核，并据此作出批准或不予批准的决定。[①]

### （二）公司设立登记程序

我国《证券法》第 119 条第 2 款规定："证券公司设立申请获得批

---

① 叶林．证券法．3 版．北京：中国人民大学出版社，2008：407．

准的，申请人应当在规定的期限内向公司登记机关申请设立登记，领取营业执照。"关于"规定的期限"，《证券法》与《公司法》均未作明确规定，故应适用《公司登记管理条例》的规定。对此，《公司登记管理条例》（2016 年修订）第 20 条第 1 款规定："设立有限责任公司，应当由全体股东指定的代表或者共同委托的代理人向公司登记机关申请设立登记。设立国有独资公司，应当由国务院或者地方人民政府授权的本级人民政府国有资产监督管理机构作为申请人，申请设立登记。法律、行政法规或者国务院决定规定设立有限责任公司必须报经批准的，应当自批准之日起 90 日内向公司登记机关申请设立登记；逾期申请设立登记的，申请人应当报批准机关确认原批准文件的效力或者另行报批。"第 21 条第 1 款规定："设立股份有限公司，应当由董事会向公司登记机关申请设立登记。以募集方式设立股份有限公司的，应当于创立大会结束后 30 日内向公司登记机关申请设立登记。"

我国台湾地区"证券交易法"第 50 条则明确规定：证券公司的设立期限为自"金融监督管理委员会"许可之日起 6 个月。该"法"第 59 条第 1 款还规定："证券商自受领证券业务特许证照，或其分支机构经许可并登记后，于三个月内未开始营业，或虽已开业而自行停止营业连续三个月以上时，主管机关得撤销其特许或许可。"不过，同条第 2 款还补充规定："前项所定期限，如有正当事由，证券商得申请主管机关核准延展之。"

### （三）设立后营业许可程序

我国《证券法》第 119 条第 3 款规定："证券公司应当自领取营业执照之日起十五日内，向国务院证券监督管理机构申请经营证券业务许可证。未取得经营证券业务许可证，证券公司不得经营证券业务。"依此，证券公司在依法设立之后，还必须取得经营证券业务许可证才能经营证券业务。

## 三、证券公司的设立条件

各国证券法大多对证券公司的设立条件作出了明确规定。依我国

《证券法》第118条与相关条款及其他相关规范之规定，在我国，设立证券公司，应当具备下列条件。

### （一）公司章程条件

设立证券公司，应有符合法律、行政法规规定的公司章程。证券公司章程的制定应遵循公司法及其他相关法规的规定。

### （二）主要股东及公司的实际控制人的资格条件

设立证券公司，主要股东及公司的实际控制人具有良好的财务状况和诚信记录，最近3年无重大违法违规记录。

依《证券公司监督管理条例》（2014年修订）第10条之规定，有下列情形之一的单位或者个人，不得成为持有证券公司5％以上股权的股东、实际控制人：（1）因故意犯罪被判处刑罚，刑罚执行完毕未逾3年；（2）净资产低于实收资本的50％，或者或有负债达到净资产的50％；（3）不能清偿到期债务；（4）国务院证券监督管理机构认定的其他情形。

### （三）注册资本条件

依《证券法》第121条之规定，设立证券公司的注册资本条件为：（1）证券公司经营证券经纪、证券投资咨询以及与证券交易、证券投资活动有关的财务顾问业务的，注册资本最低限额为人民币5 000万元；（2）经营证券承销与保荐、证券融资融券、证券做市交易、证券自营及其他证券业务之一的，注册资本最低限额为人民币1亿元；（3）经营证券承销与保荐、证券融资融券、证券做市交易、证券自营及其他证券业务中两项以上的，注册资本最低限额为人民币5亿元。

与《公司法》允许有限责任公司及发起设立的股份有限公司分期缴纳资本不同，证券公司的注册资本应当是实缴资本。国务院证券监督管理机构根据审慎监管原则和各项业务的风险程度，可以调整注册资本最低限额，但不得少于以上规定的限额。

### （四）任职资格条件

设立证券公司，董事、监事、高级管理人员应具备任职资格，从业人员应具有证券从业资格。《证券法》对董事、监事、高级管理人员任职资格的基本条件作了原则性规定，《证券公司董事、监事和高级管理人员任职资格监管办法》（2012年修订）则对其作了具体规定。

1. 董事、监事、高级管理人员任职资格的基本条件

依《证券法》第124条之规定，证券公司的董事、监事、高级管理人员，应当正直诚实、品行良好，熟悉证券法律、行政法规，具有履行职责所需的经营管理能力。证券公司任免董事、监事、高级管理人员，应当报国务院证券监督管理机构备案。有《公司法》第146条规定的情形或者下列情形之一的，不得担任证券公司的董事、监事、高级管理人员：（1）因违法行为或者违纪行为被解除职务的证券交易场所、证券登记结算机构的负责人或者证券公司的董事、监事、高级管理人员，自被解除职务之日起未逾5年；（2）因违法行为或者违纪行为被吊销执业证书或者被取消资格的律师、注册会计师或者其他证券服务机构的专业人员，自被吊销执业证书或者被取消资格之日起未逾5年。

2. 董事、监事的任职资格条件

取得董事、监事任职资格，除应当具备上述董事、监事、高级管理人员任职资格的基本条件外，还应当具备以下条件：（1）从事证券、金融、法律、会计工作3年以上或者经济工作5年以上；（2）具有大专以上学历。此处所指金融工作是指除证券以外的其他金融工作。

取得独立董事任职资格，除应当具备董事、监事、高级管理人员任职资格的基本条件外，还应当具备以下条件：（1）从事证券、金融、法律、会计工作5年以上；（2）具有大学本科以上学历，并且具有学士以上学位；（3）有履行职责所必需的时间和精力。独立董事不得与证券公司存在关联关系、利益冲突或者存在其他可能妨碍独立客观判断的情形。下列人员不得担任证券公司独立董事：（1）在证券公司或其关联方任职的人员及其近亲属和主要社会关系人员。（2）在下列机构任职的人员及其近亲属和主要社会关系人员：持有或控制证券公司5%以上股权的单位、证券公司前5名股东单位、与证券公司存在业务联系或利益关

系的机构。(3) 持有或控制上市证券公司 1％以上股权的自然人，上市证券公司前 10 名股东中的自然人股东，或者控制证券公司 5％以上股权的自然人，及其上述人员的近亲属。(4) 为证券公司及其关联方提供财务、法律、咨询等服务的人员及其近亲属。(5) 最近 1 年内曾经具有前四项所列举情形之一的人员。(6) 在其他证券公司担任除独立董事以外职务的人员。(7) 中国证监会认定的其他人员。

取得董事长、副董事长和监事会主席任职资格，除应当具备上述董事、监事、高级管理人员任职资格的基本条件外，还应当具备以下条件：(1) 从事证券工作 3 年以上，或者金融、法律、会计工作 5 年以上，或者经济工作 10 年以上；(2) 具有大学本科以上学历或取得学士以上学位；(3) 通过中国证监会认可的资质测试。

3. 高级管理人员的任职资格条件

取得总经理、副总经理、财务负责人、合规负责人、董事会秘书，以及证券公司管理委员会、执行委员会和类似机构的成员任职资格，除应当具备上述董事、监事、高级管理人员任职资格的基本条件外，还应当具备以下条件：(1) 从事证券工作 3 年以上，或者金融、法律、会计工作 5 年以上；(2) 具有证券从业资格；(3) 具有大学本科以上学历或取得学士以上学位；(4) 曾担任证券机构部门负责人以上职务不少于 2 年，或者曾担任金融机构部门负责人以上职务不少于 4 年，或者具有相当职位管理工作经历；(5) 通过中国证监会认可的资质测试。

取得分支机构负责人任职资格，除应当具备上述董事、监事、高级管理人员任职资格的基本条件外，还应当具备以下条件：(1) 从事证券工作 3 年以上或经济工作 5 年以上；(2) 具有证券从业资格；(3) 具有大学本科以上学历或取得学士以上学位。此处所称分支机构负责人，是指证券公司在境内设立的分公司、证券营业部以及中国证监会规定可以从事业务经营活动的证券公司下属其他非法人机构的经理及实际履行经理职务的人员。

4. 董事、监事、高级管理人员任职资格的其他规定

证券公司法定代表人应当具有证券从业资格。证券公司董事、监事

以及其他人员行使高级管理人员职责的，应当取得高级管理人员的任职资格。从事证券工作 10 年以上或曾担任金融机构部门负责人以上职务 8 年以上的人员，申请证券公司董事长、副董事长、监事会主席和高级管理人员的任职资格，学历要求可以放宽至大专。具有证券、金融、经济管理、法律、会计、投资类专业硕士研究生以上学历的人员，申请证券公司董事、监事和高级管理人员任职资格的，从事证券、金融、经济、法律、会计工作的年限可以适当放宽。在证券监管机构、自律机构以及其他承担证券监管职能的专业监管岗位任职 8 年以上的人员，申请高级管理人员的任职资格，可以豁免证券从业资格的要求。

**（五）风险管理与内部控制条件**

设立证券公司，必须有完善的风险管理与内部控制制度。关于其具体内容将于本章第三节详述。

**（六）经营场所、业务设施和信息技术系统条件**

设立证券公司，必须有合格的经营场所、业务设施和信息技术系统。

**（七）其他条件**

设立证券公司，还必须符合法律、行政法规规定的和经国务院批准的国务院证券监督管理机构规定的其他条件。这是一项兜底性规定，可根据具体情况予以规定。

# 第三节　证券公司的风险管理与内部控制制度

## 一、证券公司风险管理与内部控制制度概述

证券公司的风险管理，是指证券公司用于管理、监督、控制风险的

一整套政策和程序。其目的是通过辨别、测量、分析、报告、监控和处理证券公司面临的各种风险，实现证券公司承担的风险规模与结构的优化、风险与回报的平衡。

证券公司内部控制，是指证券公司为实现经营目标，根据经营环境变化，对证券公司经营与管理过程中的风险进行识别、评价和管理的制度安排、组织体系和控制措施。[①]

国际上关于风险管理与内部控制之间的关系，存在两种不同观点。一种观点认为，内部控制包括风险管理；另一种观点认为，内部控制从属于风险管理。但无论持何种观点，均认为应将风险管理与内部控制作为一个整体看待，两者之间相互融合、不可分离。事实上，两者之间虽具有密切联系，但还是各有其独立性。我国《证券法》即在明确两者联系的基础上，以不同条款分别对风险管理与内部控制的主要规则作了规定。

我国《证券法》将"有完善的风险管理与内部控制制度"作为证券公司的设立条件之一，并以多个条款对此作了较为系统的规定。该法在将风险管理与内部控制并列规定的同时，表现出将二者区分规定的立法态度。此外，中国证监会《证券公司风险控制指标管理办法》（2020年修正）对证券公司的内部控制与风险管理涉及的各个方面作了全面规定。

## 二、证券公司风险管理制度

### （一）证券公司风险管理制度的基本要求

《证券公司内部控制指引》（2003年修订）第17～20条对证券公司风险管理制度的基本要求作了原则性规定。其内容如下：

证券公司应不断完善业务、财务、人力资源等综合信息管理系统，根据自身实际加强业务运作的后台管理，完善集中清算、集中核算、客

---

① 2003年《证券公司内部控制指引》第2条。

户资料集中管理等制度；提高实时预警、监控、防范风险的能力。

证券公司应建立业务风险识别、评估和控制的完整体系，运用包括敏感性分析在内的多种手段，对信用风险、市场风险、流动性风险、操作风险、技术风险、政策法规风险和道德风险等进行持续监控，明确风险管理流程和风险化解方法。

证券公司应建立健全包括授权管理、岗位职责、监督检查、考核奖惩等在内的各项内部管理制度；对经纪、自营、投资银行、受托投资管理、研究咨询以及创新业务等制定统一的业务流程和操作规范；针对业务的主要风险点和风险性质，制定明确的控制措施。

证券公司应大力加强自有资金和客户资金的风险控制，建立自有资金运用的决策、审核、批准、监控相分离的管理体系，加强资金额度控制和资金使用的日常监控，对资金异常变动和大额资金存取等行为重点监控。

## （二）资产负债管理制度

《证券法》第 123 条第 1 款规定："国务院证券监督管理机构应当对证券公司净资本和其他风险控制指标作出规定。"依此，《证券法》正式确立了以净资本为核心风险控制指标的监控体系，从而与《证券公司监督管理条例》（2014 年修订）及《证券公司风险控制指标管理办法》（2020 年修订）的规定相一致。该风险监控模式也为美国、欧盟立法所普遍采行。此外，《证券法》第 123 条第 2 款还规定："证券公司除依照规定为其客户提供融资融券外，不得为其股东或者股东的关联人提供融资或者担保。"

## （三）经营风险管理制度

### 1. 风险准备金制度

《证券法》第 127 条规定："证券公司从每年的业务收入中提取交易风险准备金，用于弥补证券经营的损失，其提取的具体比例由国务院证券监督管理机构会同国务院财政部门规定。"

证券市场是一个高风险的市场，这种风险主要来自证券价格的不确定性、证券市场运作的复杂性和投机性。从本质上说，证券是一种价值符号，其价格是市场对资本未来收益的货币折现，其预期收益受利率、汇率、通货膨胀率、所属行业前景、经营者能力、社会心理等多种因素影响，难以准确估计。证券的这种本质属性，决定了以它为交易对象的证券市场从一开始就具有高风险性。此外，证券市场运作的复杂性和投机性也必然导致证券市场价格的不断波动。客观上，证券市场涉及面广、敏感度高，社会生活中的许多变化都会对市场风险的集聚产生影响，任何重大政治、经济事件都可能触发危机，因此，对市场中的所有风险因素难以全面把握和控制。主观上，受监管能力和市场自律程度的局限，各类不规范行为难以杜绝，对违法、违规行为的发现和纠正也需要时间。面对这样一个高风险的市场，证券公司作为主要的参与者和重要的中介组织，其抗风险能力如何，不仅事关自身的交易安全，同时还牵连广大投资者的利益。因此，为降低证券交易风险，保护投资者的利益，各国证券法均确立了风险准备金制度。

2. 客户资金管理制度

《证券法》第 131 条第 1 款规定："证券公司客户的交易结算资金应当存放在商业银行，以每个客户的名义单独立户管理。"为进一步保障客户资金管理安全，同条第 2 款还规定："证券公司不得将客户的交易结算资金和证券归入其自有财产。禁止任何单位或者个人以任何形式挪用客户的交易结算资金和证券。证券公司破产或者清算时，客户的交易结算资金和证券不属于其破产财产或者清算财产。非因客户本身的债务或者法律规定的其他情形，不得查封、冻结、扣划或者强制执行客户的交易结算资金和证券。"

3. 投资者保护基金制度

《证券法》第 126 条规定："国家设立证券投资者保护基金。证券投资者保护基金由证券公司缴纳的资金及其他依法筹集的资金组成，其规模以及筹集、管理和使用的具体办法由国务院规定。"该规定确立了我国证券投资者保护基金制度。

为保护投资者的合法权益，各国（地区）纷纷建立了证券投资者保护基金。加拿大是最早成立投资者保护基金的国家，它于 1969 年设立了"加拿大投资者保护基金"（Canadian investor protection fund, CIPF）。美国紧随其后，美国国会于 1970 年制定了《证券投资者保护法》（Securities Investor Protection Act），并依据该法案于当年设立了证券投资者保护基金（securities investor protection corporation, SIPC）。按照规定，所有在证券交易所注册的投资银行都必须成为该交易所的会员，并按照经营毛利的一定比例缴纳会费，以建立保险基金，用于投资银行财务困难或破产时的债务清偿。1987 年，澳大利亚建立了国家保证基金（NGF）。日本在 1998 年以前设立有寄托证券补偿基金，之后由国内券商设立了日本投资者保护基金并由外国经纪公司设立了证券投资者保障基金，2002 年两个基金合并成为"证券投资者保护基金"。英国于 2001 年 2 月成立了"金融服务补偿计划有限公司"（FSCS）。我国香港地区也于 2002 年建立了"新投资者赔偿基金"。此外，菲律宾、印度、土耳其等均设立了类似的机构。

目前世界各国（地区）的投资者保护基金的主流模式主要有两种。一种是独立模式，即成立独立的投资者赔偿（或保护）公司，由其负责投资者赔偿基金的日常运作。美国、英国、爱尔兰、德国等的证券市场采取该模式。另一种是附属模式，即由交易所或者期货证券商协会等自律性组织发起成立赔偿基金，并负责基金的日常运作。加拿大、澳大利亚、新加坡，以及我国香港、台湾地区等的证券市场采取该模式。

在我国，金融市场存在较大的风险，很有必要建立相应的补偿制度。2004 年 11 月 4 日，中国人民银行、财政部、中国银监会、中国证监会联合发布了《个人债权及客户交易结算资金收购意见》。依其规定，在存款保险制度及证券投资者补偿机制建立之前，停业整顿、托管经营、被撤销金融机构中的个人债权及客户证券交易结算资金的收购资金，由中国人民银行用再贷款垫付。在中国证监会、财政部及中国人民银行等监管机构的共同推动下，我国证券投资者保护基金已获设立。2005 年 1 月，中国证监会、财政部、中国人民银行向国务院报送《关于设立证券投资者风险补偿基金的请示》，获得国务院批准。同年 2 月 21 日，中国证监会、财政部联合发布《关于在股票、可转债等证券发行中申购冻结资金利息处理问题的通知》。该通知规定上述利息划入将来成立的投资者保护基金，保护基金开始"蓄水"。同年 6 月 30 日，中国证监会、财政部、中国人民银行联合发布了《证券投资者保护基金管理办法》（2016 年修订）。同年 8 月 30 日，由国务院独资设立，注册资本为 63 亿元的中国证券投资者保护基金有限责任公司登记成立。同年 9 月 29 日，中国证券投资者保护基金有限责任公司正式开业。

### 三、证券公司内部控制制度

证券公司应根据证券公司经营目标和运营状况，结合证券公司自身的环境条件，建立有效的内部控制机制和内部控制制度。证券公司应当定期评价内部控制的有效性，并根据市场、技术、法律环境的变化适时调整和完善。证券公司内部控制应当贯彻健全、合理、制衡、独立的原则，确保内部控制有效。

我国《证券法》对证券公司内部控制制度仅作了较为简单的规定，主要表现为风险隔离制度。该制度乃内部控制制度的核心内容。《证券法》第 128 条第 1 款规定："证券公司应当建立健全内部控制制度，采取有效隔离措施，防范公司与客户之间、不同客户之间的利益冲突。"依此，证券公司建立的内部控制制度包括公司与客户之间以及不同客户之间的隔离。这些隔离措施主要包括证券公司经营管理中的授权与审批、复核与查证、业务规程与操作程序、岗位权限与职责分工、相互独立与制衡、应急与预防等措施，以防止证券公司与客户之间以及不同客户之间的利益冲突。

《证券法》第 128 条第 2 款规定："证券公司必须将其证券经纪业务、证券承销业务、证券自营业务、证券做市业务和证券资产管理业务分开办理，不得混合操作。"该规定确立了禁止混合操作规则。这是证券公司建立健全内部控制制度的最主要的要求。这里所说的分开办理，是指证券公司应当分别开立自有资金账户、客户资金账户和证券账户，分别存储其自有资金、客户的交易结算资金和证券。[1] 为禁止混合操作，不仅应将不同证券业务分开办理，而且还应将从事不同业务的人员分开，并使其分别在相互独立的场所办公。

# 第四节　证券公司的业务规则

我国《证券法》以证券公司经纪业务规则为中心，对证券公司的主要业务规则作了框架性规定。关于证券公司的具体业务规则，以中国证监会的相关规章表现。中国证监会曾先后发布了许多规范证券业务的相关规章或业务指引，这些规章或业务指引为我国证券公司业务构建了较为完整的规范体系。证券承销与保荐业务规则、证券投资咨询业务规则已于相关章节详细阐述，故这三种业务规则均未被包括在本节内容之中。

## 一、证券公司经纪业务规则

我国《证券法》对证券公司经纪业务规则作了较为详细的规定，主要包括以下规则。

### （一）证券买卖委托管理规则

《证券法》第 132 条规定："证券公司办理经纪业务，应当置备统一制定的证券买卖委托书，供委托人使用。采取其他委托方式的，必须作出委托记录。"（第 1 款）"客户的证券买卖委托，不论是否成交，其委托记录应当按照规定的期限，保存于证券公司。"（第 2 款）该规定确立了证券买卖委托管理规则。

---

证券公司办理经纪业务，首先要与客户签订委托契约，明确双方权利义务，然后才能按照客户的委托要求代客户进行证券买卖。为了方便客户办理委托手续，证券公司必须置备统一制定的证券买卖委托书，供委托人使用。证券买卖委托书分为购买委托书与出售委托书两种。

证券公司办理证券经纪业务时，投资者采取当面委托方式的，由委托人亲自填写证券买卖委托书。采取电话委托、电脑委托等其他委托方式的，证券公司也应制作委托记录。其具体方式为，由证券公司置备电话录音或者其他能够记录并保存客户交易委托的设备。客户的证券买卖委托记录是证明客户与证券公司之间权利义务的文件与凭证，因此，《证券法》要求，不论是否成交，其委托记录都应当按照规定的期限保存于证券公司，以备日后查询。该规定有利于保证证券公司按照客户的真实指令，代客户进行证券买卖和结算，防止证券公司借用客户的名义为自己进行证券买卖，并可以防止证券公司挪用客户资金或证券。[①]

### （二）证券买卖委托执行规则

《证券法》第133条规定："证券公司接受证券买卖的委托，应当根据委托书载明的证券名称、买卖数量、出价方式、价格幅度等，按照交易规则代理买卖证券，如实进行交易记录；买卖成交后，应当按照规定制作买卖成交报告单交付客户。"（第1款）"证券交易中确认交易行为及其交易结果的对账单必须真实，保证账面证券余额与实际持有的证券相一致。"（第2款）该规定确立了证券买卖委托执行规则。

证券公司代理客户买卖证券，必须严格按照客户的委托执行。证券公司执行客户的委托指令应当及时、准确，如有错漏或者其他违背客户意思表示的行为，给客户造成损失的，证券公司应当对客户的损失承担赔偿责任。

证券公司应当按照交易规则代理买卖证券。证券公司接受客户委托后，应当严格按照交易规则和客户委托指令，通知其在证券交易所的经纪人，将客户指令输入交易所的自动交易系统，或者通过与证券交易所

---

① 徐明，黄来纪主编．新证券法解读．上海：上海社会科学出版社，2005：230-231．

自动交易系统联网的计算机终端直接将客户指令输入证券交易所自动交易系统进行撮合。也就是说，证券公司应当以自己独立的交易系统为投资者提供完整的证券交易委托申报业务服务，不得通过或借助其他非证券类机构的业务系统为投资者提供证券交易委托申报。当客户委托的交易成交后，证券公司必须按照证券交易与结算规则的规定办理证券交易的清算、交收，为客户办理资金的收付和证券的过户，并对证券交易的所有环节进行交易记录。证券公司应当完整履行资金清算交收责任，不得委托其他非证券类机构代理完成全部或者部分资金清算交收义务。证券公司制作的交易记录必须真实、完整，不得有虚假记载。

证券公司接受客户委托买卖证券成交后，应当制作买卖成交报告单交付给客户。买卖成交报告单是证券公司按照规定制作的记载证券交易成交情况的文件。证券买卖成交报告单应于买卖成交后在证券交易所交易规则规定的时间交付给客户。目前，按照上海和深圳证券交易所的规定买卖成交报告单应当于成交后的第二个营业日交付客户，客户以此作为向证券公司办理清算交割的依据。

证券买卖对账单是证券公司编制的在一定期间内，客户在该证券公司的交易行为及其交易结果的情况记录。证券买卖对账单应当按照规定编制，正本交客户存查，副本保存于证券公司备查。证券买卖对账单必须真实、准确、完整，并由交易经办人员以外的审核人员逐笔审核，保证账面证券余额与实际持有的证券相一致。

### （三）禁止接受客户的全权委托规则

《证券法》第 134 条第 1 款规定："证券公司办理经纪业务，不得接受客户的全权委托而决定证券买卖、选择证券种类、决定买卖数量或者买卖价格。"该规定确立了禁止接受客户的全权委托规则。

全权委托，是指客户出于投资获利的愿望，在委托证券公司代其买卖证券时，对证券的买进或者卖出，以及买卖证券的种类、数量和价格，不加任何限制，完全由证券公司代为决定。全权委托是建立在客户对证券公司充分信任的基础上的。在全权委托的情况下，证券公司有很大的自主权，可以凭借自身的优势，根据证券市场的行情变化，自主决定买进或者卖出证券，以及买卖证券的种类、数量和价格。因此，从理论上讲，全权委托有利于创造成交机会，取得较理想的成交结果，避免和减少客户的损失。实践中，也有不少投资者为减少投资风险，也确实希望全权委托证券公司代其买卖证券。但由于证券市场受社会政治、经济等各个方面因素的影响很大，行市变幻莫测，即使具有丰富投资经验的证券公司也难免失误，况且不是所有的证券公司及其从业人员都能忠实地履行诚信义务，有些甚至利用客户的授权为自己谋取私利。全权委托不可避免地将导致客户和证券公司之间的纠纷，给客户造成的损害也将十分严重。为了防止过度投机和保护中小投资者的利益，许多国家和地区对证券交易中的全权委托都采取了限制或者禁止措施。我国《证券法》也遵循此立法例，规定了禁止接受客户的全权委托规则。

### （四）禁止证券公司承诺证券交易后果规则

《证券法》第 135 条规定："证券公司不得对客户证券买卖的收益或者赔偿证券买卖的损失作出承诺。"该规定确立了禁止证券公司承诺证券交易后果规则。

买卖证券是一项投资风险很大的金融活动，它可以给投资者带来丰厚的收益，也可以使投资者血本无归，需要投资者根据自身的需要和经验，对投资的对象和时机作出审慎的选择，任何人都不能包办代替。证券公司接受客户的委托买卖证券，不过是执行客户的委托指令，法律也不允许证券公司代客户决定买卖证券的种类、数量和价格。因此，买卖证券的盈亏结果，只能由客户自己承担。证券公司既没有保证客户买卖收益的能力，也没有赔偿客户买卖损失的可能。如果有证券公司对客户的买卖收益或者赔偿客户买卖的损失作出承诺，该承诺只能是对客户的一种诱骗，是一种不正当竞争行为。为了保护客户利益，创造公平竞争环境，《证券法》确立了禁止证券公司承诺证券交易后果规则。这也是国际通例。

### （五）禁止私下接受客户委托规则

《证券法》第 136 条第 2 款规定："证券公司的从业人员不得私下接

受客户委托买卖证券。"该规定确立了禁止私下接受客户委托规则。

私下接受客户委托，是指证券公司及其从业人员，不经过其依法设立的营业场所，直接接受客户委托买卖证券的行为。证券公司及其从业人员，私下接受客户委托买卖证券，弊端很多，危害很大，经常伴有行贿受贿、内幕交易等违法犯罪行为，是证券市场健康发展的障碍，应当予以禁止。

证券公司的营业场所，是指证券公司依法设立的直接受理客户证券买卖委托、经办委托事项的证券公司的营业柜台，包括记录、存储、传输客户证券买卖委托指令的电脑系统。要求证券公司及其从业人员接受客户委托必须经过其依法设立的营业场所，可以有效地规范证券公司及其从业人员的经纪行为，对于避免买卖纠纷、预防违法犯罪、维护公平竞争具有重要意义。

## 二、证券公司自营业务规则

《证券法》第 129 条第 1 款规定："证券公司的自营业务必须以自己的名义进行，不得假借他人名义或者以个人名义进行。"同条第 3 款规定："证券公司不得将其自营账户借给他人使用。"依此，为确保证券公司与客户之间有效隔离，证券公司自营业务应遵循实名制规则。

自营业务采取实名制，有助于证券监管机构对证券市场主体的监管，减少证券交易中的违法、违规现象。在我国，曾出现过证券公司借用他人名义或以虚拟名义的方式，大量收购上市公司股票的现象。证券公司不仅应以自己的名义开展自营业务，而且不能将其自营账户借给他人使用，否则会使不符合法定条件的企业，甚至个人以证券公司的名义从事证券自营买卖，逃避证券监管机构的监管。这些企业或个人不具备证券从业资格与从事自营业务的能力，将会严重扰乱证券市场秩序，增加证券市场风险，并且容易使投资者的合法权益受到侵害。[1] 因此，新旧《证券法》都对此作了禁止性规定。

---

① 罗培新，卢文道，等．最新证券法解读．北京：北京大学出版社，2006：223.

《证券法》第 129 条第 2 款规定："证券公司的自营业务必须使用自有资金和依法筹集的资金。"此即自营业务应使用自有资金规则，其主旨是确保证券公司自营业务资金来源的合法性。

## 三、融资融券业务规则

我国《证券法》第 120 条将融资融券业务确定为需要经国务院规定并经国务院证券监督管理机构核准并取得经营证券业务许可证的证券业务类型。显然，与 1998 年《证券法》禁止信用交易的立法态度不同，现行《证券法》允许信用交易，但采取了限制态度，即要求应当按照国务院的规定并经国务院证券监督管理机构批准。《证券公司监督管理条例》（2014 年修订）对融资融券业务规则作了具体规定。

证券公司经营融资融券业务，应当具备下列条件：（1）证券公司治理结构健全，内部控制有效；（2）风险控制指标符合规定，财务状况、合规状况良好；（3）有经营融资融券业务所需的专业人员、技术条件、资金和证券；（4）有完善的融资融券业务管理制度和实施方案；（5）国务院证券监督管理机构规定的其他条件。

证券公司从事融资融券业务，应当与客户签订融资融券合同，并按照中国证监会的规定，以证券公司的名义在证券登记结算机构开立客户证券担保账户，在指定商业银行开立客户资金担保账户。在以证券公司名义开立的客户证券担保账户和客户资金担保账户内，应当为每一客户单独开立授信账户。

证券公司向客户融资，应当使用自有资金或者依法筹集的资金；向客户融券，应当使用自有证券或者依法取得处分权的证券。证券公司资金来源主要包括自有资本、向证券金融公司转融通的资金、银行借款、融资保证金、担保价款、委托保证金等。证券公司用于融券的证券来源主要包括融资担保品、抵缴证券（需经客户书面同意）、向证券金融公司转融通的证券、自营买进的证券等。

证券公司向客户融资融券时，客户应当交存一定比例的保证金。保证金比例是影响融资融券交易信用扩张程度最为重要的参数，包括最低初始保证金比例和维持保证金比例。具体的保证金比例由中国证监会授权的单位规定。保证金不限于资金，还可以用证券充抵。

客户交存的保证金以及通过融资融券交易买入的全部证券和卖出证券所得的全部资金，均为对证券公司的担保物，应当存入证券公司客户证券担保账户或者客户资金担保账户并记入该客户授信账户。客户证券担保账户内的证券和客户资金担保账户内的资金为信托财产。证券公司不得违背受托义务侵占客户担保账户内的证券或者资金。除法定情形或者证券公司和客户依法另作约定的情形外，证券公司不得动用客户担保账户内的证券或者资金。该法定情形为：证券公司发现其逐日计算的客户担保物价值与其债务的比例低于规定的最低维持担保比例时，应通知客户在一定的期限内补交差额；若客户未能按期交足差额，或者到期未偿还融资融券债务的，证券公司应当立即按照约定处分其担保物。

# 第五节　证券公司的监管规则

## 一、证券公司的监管规则的主要内容

《证券法》在对证券公司主要业务规则作明文规定之外，另于第136～139条对证券公司的监管规则作了原则性规定。

### （一）证券公司承担其从业人员违规责任的义务

《证券法》第136条第1款规定："证券公司的从业人员在证券交易活动中，执行所属的证券公司的指令或者利用职务违反交易规则的，由所属的证券公司承担全部责任。"该规定确立了证券公司及其从业人员违规责任的承担规则。该规定既有利于对客户利益的保护，而且对证券公司严格公司纪律，加强对其从业人员的教育和监管也有积极的促进作用。

证券公司的从业人员，是指在证券公司中任职，依照证券公司章程的规定经办所任职业务的证券公司的职员，包括证券公司的管理人员和业务人员。在执行证券业务的活动中，证券公司的从业人员依职务经办每一项业务，对外都代表其所任职的公司。因此，无论证券公司的从业人员是因为执行其所属证券公司的指令违反交易规则，还是利用其职务违反交易规则，由此给客户造成的损害赔偿责任都应当由其所属的证券公司承担。证券公司从业人员利用职务违反交易规则给客户造成损害的，其所属的证券公司在向客户作出赔偿之后，可以依职权和公司纪律对该从业人员进行处罚，直至开除。

### （二）证券公司应依法保存有关资料的义务

《证券法》第137条第2款规定："证券公司应当妥善保存客户开户资料、委托记录、交易记录和与内部管理、业务经营有关的各项信息，任何人不得隐匿、伪造、篡改或者毁损。上述信息的保存期限不得少于二十年。"该规定确立了证券公司应依法保存有关资料的义务。

客户开户资料、委托记录、交易记录和与内部管理、业务经营有关的各项资料，是记录和反映证券交易活动、证券公司运行状况和业务状况的重要资料与证据。通过这些资料，不但可以了解证券交易的有关情况以及证券公司的管理、业务情况，而且还可以了解证券公司遵守法律、法规及金融政策的情况。因此，证券法要求证券公司承担妥善保存上述资料的义务。妥善保存的基本要求即为不得隐匿、伪造、篡改与毁损。资料保存必须确立一个合理的期限。鉴于客户开户资料等资料的重要性，证券法将其确定为20年。

### （三）证券公司应依法报送或提供有关信息、资料的义务

《证券法》第138条规定："证券公司应当按照规定向国务院证券监督管理机构报送业务、财务等经营管理信息和资料。国务院证券监督管理机构有权要求证券公司及其主要股东、实际控制人在指定的期限内提

供有关信息、资料。"（第1款）"证券公司及其主要股东、实际控制人向国务院证券监督管理机构报送或者提供的信息、资料，必须真实、准确、完整。"（第2款）该规定确立了证券公司及其股东、实际控制人依法报送或提供有关信息、资料的义务。

业务、财务等经营管理信息和资料，是指反映证券公司的业务状况、财务状况、经营成果及客户资产状况等的信息和资料。通过证券公司的业务、财务等经营管理信息和资料，证券监管机构可以了解证券公司经营管理的真实情况，以便及时采取相关措施纠正、处理有关问题，并调整有关政策。因此，《证券法》规定证券公司应当按照规定向国务院证券监督管理机构报送业务、财务等经营管理信息和资料。为落实证券公司依法报送或提供有关信息、资料的义务，《证券法》还规定，国务院证券监督管理机构有权要求证券公司及其股东、实际控制人在指定的期限内提供有关信息、资料。向证券监管机构报送或提供的信息、资料当然必须符合真实、准确、完整的基本要求，但《证券法》仍对此作了明文规定，以示强调。

### （四）证券监管机构有权对证券公司进行审计或评估的规则

《证券法》第139条规定："国务院证券监督管理机构认为有必要时，可以委托会计师事务所、资产评估机构对证券公司的财务状况、内部控制状况、资产价值进行审计或者评估。具体办法由国务院证券监督管理机构会同有关主管部门制定。"该规定确立了证券监管机构有权对证券公司进行审计或评估的规则。

尽管证券法规定了证券公司依法报送或提供有关信息、资料的义务，但这些信息、资料均由证券公司制作，因而有时并不符合真实、准确、完整的要求。而证券监管机构限于自身业务能力与条件，往往无法对证券公司依法报送或提供的有关信息、资料进行准确分析，因此，证券法规定，国务院证券监督管理机构认为有必要时，可以委托会计师事务所、资产评估机构对证券公司的财务状况、内部控制状况、资产价值进行审计或者评估。

## 二、对证券公司违规操作的监管措施

### （一）对不符合风险控制指标的监管措施

依《证券法》第 140 条之规定，证券公司的治理结构、合规管理、风险控制指标不符合规定的，国务院证券监督管理机构应当责令其限期改正；逾期未改正，或者其行为严重危及该证券公司的稳健运行、损害客户合法权益的，国务院证券监督管理机构可以区别情形，对其采取下列措施：（1）限制业务活动，责令暂停部分业务，停止批准新业务；（2）限制分配红利，限制向董事、监事、高级管理人员支付报酬、提供福利；（3）限制转让财产或者在财产上设定其他权利；（4）责令更换董事、监事、高级管理人员或者限制其权利；（5）撤销有关业务许可；（6）认定负有责任的董事、监事、高级管理人员为不适当人选；（7）责令负有责任的股东转让股权，限制负有责任的股东行使股东权利。

证券公司整改后，应当向国务院证券监督管理机构提交报告。国务院证券监督管理机构经验收，发现治理结构、合规管理、风险控制指标符合规定的，应当自验收完毕之日起 3 日内解除对其采取的前述有关限制措施。

### （二）对虚假出资、抽逃出资的股东的监管措施

《证券法》第 141 条规定："证券公司的股东有虚假出资、抽逃出资行为的，国务院证券监督管理机构应当责令其限期改正，并可责令其转让所持证券公司的股权。"（第 1 款）"在前款规定的股东按照要求改正违法行为、转让所持证券公司的股权前，国务院证券监督管理机构可以限制其股东权利。"（第 2 款）

虚假出资、抽逃出资是违背公司法资本确定原则与资本维持原则的违法行为。对此，我国《公司法》第 199 条规定："公司的发起人、股东虚假出资，未交付或者未按期交付作为出资的货币或者非货币财产的，由公司登记机关责令改正，处以虚假出资金额百分之五以上百分之十五以下的罚款。"该法第 200 条规定："公司的发起人、股东在公司成

立后，抽逃其出资的，由公司登记机关责令改正，处以所抽逃出资金额百分之五以上百分之十五以下的罚款。"显然，证券公司的股东有虚假出资、抽逃出资行为的，首先应承担《公司法》关于虚假出资、抽逃出资的法律责任。但鉴于证券公司股东的虚假出资、抽逃出资还将危及证券市场秩序，《证券法》另外规定，证券监管机构还可责令其转让所持证券公司的股权，并且股东按照要求改正违法行为、转让所持证券公司的股权前，国务院证券监督管理机构可以限制其股东权利。

### （三）法定情形下对证券公司管理层的监管措施

《证券法》第 142 条规定："证券公司的董事、监事、高级管理人员未能勤勉尽责，致使证券公司存在重大违法违规行为或者重大风险的，国务院证券监督管理机构可以责令证券公司予以更换。"

公司的董事、监事、高级管理人员，可简称为公司管理层，他们在公司治理结构中处于核心地位，直接关系到公司独立意思的形成与执行。因此，公司法赋予其忠实义务与勤勉义务。① 证券公司的董事、监事、高级管理人员未能勤勉尽责，即违背其忠实义务与勤勉义务，致使证券公司存在重大违法违规行为或者重大风险的，应承担《公司法》规定的法律责任，此外，《证券法》还从维护证券市场秩序及降低证券交易风险出发，规定国务院证券监督管理机构可以撤销其任职资格，并责令公司予以更换。该规定既强调了证券公司的董事、监事、高级管理人员的个人责任，又规定了严厉的处理措施，即撤销其任职资格，并责令公司予以更换。

### （四）对证券公司违法经营或出现重大风险时的监管措施

证券公司违法经营或者出现重大风险，严重危害证券市场秩序、损害投资者利益的，国务院证券监督管理机构可以对该证券公司采取责令停业整顿、指定其他机构托管、接管或者撤销等监管措施。

在证券公司被责令停业整顿，或被依法指定托管、接管或者清算期

---

① 范健，王建文.公司法.5 版.北京：法律出版社，2018：361 - 370.

间，或者出现重大风险时，经国务院证券监督管理机构批准，可以对该证券公司直接负责的董事、监事、高级管理人员和其他直接责任人员采取以下措施：（1）通知出境管理机关依法阻止其出境；（2）申请司法机关禁止其转移、转让或者以其他方式处分财产，或者在财产上设定其他权利。①

---

① 《证券法》第143、144 条。

# 第十三章　证券登记结算机构

## 第一节　证券登记结算机构概述

### 一、证券登记结算机构的概念与特征

依《证券法》第 145 条之规定，证券登记结算机构是指为证券交易提供集中登记、存管与结算服务，不以营利为目的的法人。在我国，设立证券登记结算机构必须经国务院证券监督管理机构批准。依此，证券登记结算机构具有以下特征：

（1）证券登记结算机构是专门服务机构。证券登记结算机构为证券交易提供集中的登记、托管与结算服务，表明它是一个在证券交易中为买卖双方履行交易责任提供服务的机构。证券登记结算机构不参加交易，不是交易的任何一方当事人，即它既不是证券的买入者，也不是卖出者，而是同时为买卖双方的交易提供服务，并且这种服务是连续的，贯穿于交易的整个过程，通过这种服务来保证证券交易顺利地、有秩序地完成。

（2）证券登记结算机构是非营利法人。证券登记结算机构有偿提供服务，但它在性质上属于不以营利为目的的非营利法人。这与其主体性质并不矛盾，因为非营利组织亦可从事商行为，只不过不能将其利润分配于成员。[①] 但问题是，我国证券登记结算机构为中国证券登记结算有限责任公司，而该公司是由上海、深圳证券交易所依《公司法》共同出资

---

[①]　范健，王建文. 商法基础理论专题研究. 北京：高等教育出版社，2005：362.

设立的。显然，从我国《公司法》所调整的公司是商事公司的一般属性出发，中国证券登记结算有限责任公司的法律性质实际上与其法定属性相矛盾。事实上，境外证券登记结算机构基本上都采取公司制形式，因此，在证券交易所纷纷实行公司化改革的背景下，我国大可不必从形式上坚持证券登记结算机构的非营利法人属性。

（3）证券登记结算机构是特许法人。证券登记结算机构是一个独立存在的组织，能够独立享有权利和承担责任。在证券交易中，虽然证券登记结算机构是提供服务的，但它处于关键环节，承担重要责任，关系到买卖双方的利益关系，必须由国家实施严格的监督管理，因此，它的设立需要由国务院证券监督管理机构批准，不得擅自设立，其他部门也不得越权审批。

## 二、证券登记结算机构的设立

### （一）证券登记结算机构的设立模式

证券交易达成后，需要办理款项和证券的交收，以使买者得其券、卖者得其钱。而要使款项和证券交收安全、高效地进行，需要由专业机构提供相关服务，主要是证券登记、存管和清算等。

在多数国家和地区，证券登记、存管及清算职能分别由不同机构担任，因而应对证券登记结算机构的设立模式分别考察。

证券登记机构的称谓不尽相同，如美国称为"过户代理人"（transfer agent），英国称为"登记人"（registrar），日本称为"股票过户代理人"（stock transfer agent），中国香港地区称为"股票过户登记处"（share registrar）。证券登记机制包括分散登记模式和集中登记模式。美国、英国、日本的证券市场都采取的是分散登记模式，澳大利亚和法国都实行较为典型的证券集中登记模式。证券市场采用分散登记模式还是集中登记模式，与该市场的无纸化程度有关：较为彻底地建立了证券无纸化体系的国家和地区一般采取前一模式，而无纸化证券与纸质证券并存的证券市场则采取后一模式。

在分散登记的模式下，分散的证券登记机构既可为证券经纪商，也可为过户代理机构或者信托银行等。不过，在计算机自动撮合成交方式被广泛应用于证券交易系统后，采用分散登记模式的证券市场大多已通过中央证券存管系统将各分散的证券登记机构连接起来，以便于证券集中交易的进行。

值得注意的是，在集中登记的模式下，同一证券市场仅有一个中央证券登记机构，该机构往往同时承担着中央证券存管机构（central securities depository，CSD）的职能。

无论证券登记机制采用分散模式还是集中模式，各国证券市场都普遍实行证券集中存管机制，并且证券存管机构都兼具证券清算机构的职能。[①] 例如，在美国，证券存管和清算业务都由证券托管结算公司（the Depository Trust & Clearing Corporation，DTCC）[②] 承担。该公司通过旗下多家分公司为证券市场提供存管、清算、交收和信息服务等，其中，全国证券清算公司（NSCC）承担证券清算和交收业务，而美国存管信托公司（DTC）则承担证券存管业务，并将其所存管的大多数证券进行了无纸化处理。[③]

1988 年，"三十人小组"（G30[④]）发表的《三十人小组关于证券清算交收体系的报告》（Group of Thirty Recommendations Regarding Securities Clearance and Settlement）认为："每个地区应于 1992 年或之前设立一所高效和发展完善的中央证券存管机构，其组织及管理应尽量

---

① 李东方主编. 证券法. 北京：清华大学出版社，2008：210.

② 该公司于 1999 年由存管信托公司（depository trust company，DTC）与全国证券清算公司（national securities clearing corporation，NSCC）合并成立，合并前的公司作为新设公司的分公司存在。

③ 邓丽. 投资者在证券集中交易法律关系中的地位与风险. 北京：中国政法大学，2006：24.

④ 该组织是由主要国际金融企业、监管部门及学术界 30 位知名人士于 1978 年组成，对世界证券清算系统从方法、组织结构、风险控制等方面开展专门研究，并对世界证券清算业提出建议。

鼓励业内参与者充分利用其服务。"① 此后，证券登记、存管与清算的统一化成为证券登记结算机构的发展趋势，许多国家和地区已陆续将其分散的证券登记机构与证券存管机构合并为中央证券登记机构与中央证券存管机构。合并的目的是通过整合这一领域的业务，进一步降低风险和成本，提高运作效率。如美国于 1999 年成立了新的存管结算机构 DTCC（the Depository Trust & Clearing Corporation），原分散设立的存管结算机构成为 DTCC 的全资子公司，各集中交易市场的证券均通过 DTCC 存管与结算。2002 年 5 月，香港证券登记有限公司与原香港中央证券登记有限公司完成合并，组建了新的统一的"香港中央证券登记有限公司"。在欧洲市场，这一领域的合并事件也时有发生。我国台湾地区则早在 1989 年 10 月，就设立了"台湾证券集中保管股份有限公司"，作为台湾地区的统一登记结算机构。②

### （二）我国证券登记结算机构的设立模式

我国证券登记结算机制原为分散模式，由两大证券交易所设立的原上海证券中央登记结算公司和深圳证券登记结算公司负责各自证券登记结算业务。登记结算系统是证券市场建设的一项基础性工程。创建全国集中、统一的证券登记结算体系，不仅是证券市场规范化发展的需要，也是证券市场在逐步对外开放的环境下进一步防范和化解市场风险的需要。因此，为统一证券登记结算业务，2001 年 3 月 31 日，中国证券登记结算有限责任公司在北京成立。原上海证券中央登记结算公司和深圳证券登记结算公司分别改组为中国证券登记结算有限责任公司的上海分公司与深圳分公司，并从 2001 年 10 月 1 日起承接了原公司的所有证券登记结算业务。

我国《证券法》第 148 条第 1 款明确规定："在证券交易所和国务院批准的其他全国性证券交易场所交易的证券的登记结算，应当采取全

---

① 其原文为："By 1992, a central securities depository should be in place, and the broadest possible industry participation should be encouraged."

② 曾宛如. 证券交易法原理. 修订版. 台北：元照出版公司，2006：339.

国集中统一的运营方式。"依此,中国证券登记结算有限责任公司为我国中央统一登记结算机构。它提供沪深两个证券交易所上市证券的存管、清算和登记服务,在不同服务中扮演了不同的角色。在提供存管服务时,扮演的是中央证券存管机构的角色;在提供清算服务时,扮演的是清算机构的角色;在提供登记服务时,扮演的是证券登记机构的角色。

### (三)证券登记结算机构的设立条件

依《证券法》第 146 条之规定,证券登记结算机构的名称中应当标明"证券登记结算"字样,其设立条件包括:(1)自有资金不少于人民币 2 亿元;(2)具有证券登记、存管和结算服务所必需的场所和设施;(3)国务院证券监督管理机构规定的其他条件。

## 三、证券登记结算机构的职能

我国证券法对证券登记结算机构的职能作了明确规定,证券登记结算机构不得超越法律规定从事其他活动。依《证券登记结算管理办法》(2018 年修正)第 9 条之规定,证券登记结算机构不得从事下列活动:(1)与证券登记结算业务无关的投资;(2)购置非自用不动产;(3)在《证券登记结算管理办法》明确规定的发生证券交收违约情形下买卖证券之外的买卖证券行为;(4)法律、行政法规和中国证监会禁止的其他行为。

依《证券法》第 147 条之规定,证券登记结算机构履行下列职能:

(1)证券账户、结算账户的设立。投资者通过证券账户持有证券,证券账户用于记录投资者持有证券的余额及其变动情况。结算账户的作用在于在证券交易中为买卖双方清算交收服务。证券公司在证券登记结算机构设立账户,实际上就是证券公司与证券登记结算机构建立了一种服务的关系,登记结算机构为证券公司提供证券交易的有关服务。

(2)证券的存管和过户。存管,是指证券登记结算机构接受证券公司委托,集中保管证券公司的客户证券和自有证券,并提供代收红利等权益维护服务的行为。这样便于交易结算，也比较安全。过户，是指根据证券交易清算交收的结果，将证券持有人持有证券的事实记录下来。过户所用的形式是将一个所有者账户上的证券转移到另一个所有者账户上，这种转移是股权、债权的一种转移，它由证券登记结算机构经办。

（3）证券持有人名册登记。它是由证券登记结算机构进行股权、债权的登记，它是根据证券交易中结算、交收、过户的结果进行的，这种登记确定了投资者的权利，并形成了证券持有人名册。

（4）证券交易的清算和交收。这就是在实际履行交易双方的责任，完成一方交付证券、另一方支付价款的过程，这样，证券交易才能完成，下一步的交易才能开始并继续。清算，是指按照确定的规则计算证券和资金的应收应付数额的行为。交收，是指根据确定的清算结果，通过转移证券和资金履行相关债权债务的行为。

（5）受发行人的委托派发证券权益。一般来说，证券在发行后上市交易，在投资者之间流动，发行人再难以掌握哪些人持有证券，但是要向股东派发权益，或者向债权人支付利息，那最好的办法就是委托证券登记结算机构依据证券持有人登记名册派发，可以做到准确、便捷，有利于保护投资者利益。

（6）办理与上述业务有关的查询、信息服务。这是相关业务的延伸，又是一项法定的职能。证券登记结算机构及其工作人员依法对与证券登记结算业务有关的数据和资料负有保密义务。对与证券登记结算业务有关的数据和资料，证券登记结算机构应当拒绝查询，但有下列情形之一的，证券登记结算机构应当依法办理：1）证券持有人查询其本人的有关证券资料；2）证券发行人查询其证券持有人名册及有关资料；3）证券交易所、中国金融期货交易所依法履行职责要求证券登记结算机构提供相关数据和资料；4）人民法院、人民检察院、公安机关和中国证监会依照法定的条件、程序进行查询和取证。[1]

（7）国务院证券监督管理机构批准的其他业务。证券登记结算机构

---

[1] 《证券登记结算管理办法》（2018年修正）第14条。

的实际业务范围往往不限于以上规定，但其他业务的开展仍需国务院证券监督管理机构批准。若中国证监会相关文件对证券登记结算机构的其他义务作了明确规定，则无须中国证监会另行批准，即应直接履行该项义务。如对于股票在锁定期的股东，证券登记结算机构必须采取有效措施对其名下股票予以锁定。此外，跨国结算、非上市证券登记清算、证券质押登记等业务，也逐渐在证券登记结算机构的业务范围内。

# 第二节　证券登记结算机构的业务规则

## 一、证券登记结算机构业务规则的一般规定

证券登记结算机构业务规则，是指证券登记结算机构的证券账户管理、证券登记、证券托管与存管、证券结算、结算参与人管理等与证券登记结算业务有关的业务规则。除《证券法》的相关规定外，《证券登记结算管理办法》（2018 年修正）第二章对证券登记结算机构的一般性业务规则作了较为详细的规定，其内容如下：

1. 特定事项报中国证监会批准或向其报告的规则

证券登记结算机构的下列事项，应当报中国证监会批准：（1）章程、业务规则的制定和修改；（2）董事长、副董事长、总经理和副总经理的任免；（3）依法应当报中国证监会批准的其他事项。

证券登记结算机构的下列事项和文件，应当向中国证监会报告：（1）业务实施细则；（2）制定或修改业务管理制度、业务复原计划、紧急应对程序；（3）办理新的证券品种的登记结算业务，变更登记结算业务模式；（4）结算参与人和结算银行资格的取得、丧失等变动情况；（5）发现重大业务风险和技术风险，发现重大违法违规行为，或涉及重

大诉讼；（6）任免分公司总经理、公司总经理助理、公司部门负责人；（7）有关经营情况和国家有关规定执行情况的年度工作报告；（8）经会计师事务所审计的年度财务报告，财务预决算方案和重大开支项目，聘请或更换会计师事务所；（9）与证券交易所签订的主要业务合作协议，与证券发行人、结算参与人和结算银行签订的各项业务协议的样本格式；（10）重大国际合作与交流活动、涉港澳台重大事务；（11）与证券登记结算有关的主要收费项目和标准的制定或调整；（12）中国证监会要求报告的其他事项和文件。

2. 业务资料保管规则

证券登记结算机构应当妥善保存登记、存管和结算的原始凭证及有关文件和资料。其保存期限不得少于 20 年。

证券登记结算机构对其所编制的与证券登记结算业务有关的数据和资料进行专属管理；未经证券登记结算机构同意，任何组织和个人不得将其专属管理的数据和资料用于商业目的。

3. 业务公开与保密规则

证券登记结算机构应当公开业务规则、与证券登记结算业务有关的主要收费项目和标准。证券登记结算机构制定或者变更业务规则、调整证券登记结算主要收费项目和标准等，应当征求相关市场参与人的意见。

证券登记结算机构工作人员必须忠于职守、依法办事、不得利用职务便利谋取不正当利益，不得泄露所知悉的有关单位和个人的商业秘密。证券登记结算机构违反《证券法》及《证券登记结算管理办法》规定的，中国证监会依法予以行政处罚；对直接负责的主管人员和其他直接责任人员，依法给予行政处分。

## 二、证券账户的管理规则

《证券登记结算管理办法》（2018 年修正）第三章对证券账户的管理规则作了详细的规定，其内容如下：

### 1. 证券账户的使用规则

证券应当记录在证券持有人本人的证券账户内，但依据法律、行政法规和中国证监会的规定，证券记录在名义持有人证券账户内的，从其规定。证券登记结算机构为依法履行职责，可以要求名义持有人提供其名下证券权益拥有人的相关资料。名义持有人，是指受他人指定并代表他人持有证券的机构。

投资者不得将本人的证券账户提供给他人使用。

### 2. 证券账户的开立规则

投资者开立证券账户应当向证券登记结算机构提出申请。投资者申请开立证券账户应当保证其提交的开户资料真实、准确、完整。证券登记结算机构可以直接为投资者开立证券账户，也可以委托证券公司代为办理。证券登记结算机构为投资者开立证券账户，应当遵循方便投资者和优化配置账户资源的原则。

证券公司代理开立证券账户，应当向证券登记结算机构申请取得开户代理资格。证券公司代理开立证券账户，应当根据证券登记结算机构的业务规则，对投资者提供的有效身份证明文件原件及其他开户资料的真实性、准确性、完整性进行审核，并应当妥善保管相关开户资料，保管期限不得少于 20 年。

### 3. 对证券账户的监管规则

证券登记结算机构应当根据业务规则，对开户代理机构开立证券账户的活动进行监督。开户代理机构违反业务规则的，证券登记结算机构可以根据业务规则暂停、取消其开户代理资格，并提请中国证监会按照相关规定采取暂停或撤销其相关证券业务许可；对直接负责的主管人员和其他直接责任人员，单处或并处警告、罚款、撤销任职资格或证券从业资格等处罚措施。

证券公司应当掌握其客户的资料及资信状况，并对其客户证券账户的使用情况进行监督。证券公司发现其客户在证券账户使用过程中存在违规行为的，应当按照证券登记结算机构的业务规则处理，并及时向证券登记结算机构和证券交易所报告。涉及法人以他人名义设立证券账户或者利用他人证券账户买卖证券的，还应当向中国证监会报告，由中国证监会依法予以处罚。

投资者在证券账户开立和使用过程中存在违规行为的，证券登记结算机构应当依法对违规证券账户采取限制使用、注销等处置措施。

## 三、证券的登记规则

《证券登记结算管理办法》（2018 年修正）第四章对证券的登记规则作了详细的规定，其内容如下：

### 1. 证券登记的基本要求

上市证券的发行人，应当委托证券登记结算机构办理其所发行证券的登记业务。证券登记结算机构应当与委托其办理证券登记业务的证券发行人签订证券登记及服务协议，明确双方的权利义务。证券登记结算机构应当制定并公布证券登记及服务协议的范本。证券登记结算机构可以根据政府债券主管部门的要求办理上市政府债券的登记业务。

### 2. 证券持有人名册的初始登记

证券登记结算机构根据证券账户的记录，确认证券持有人持有证券的事实，办理证券持有人名册的登记。证券公开发行后，证券发行人应当向证券登记结算机构提交已发行证券的证券持有人名册及其他相关资料。证券登记结算机构据此办理证券持有人名册的初始登记。证券发行人应当保证其所提交资料的合法、真实、准确、完整。证券登记结算机构不承担证券发行人原因导致证券持有人名册及其他相关资料有误而产生的损失和法律后果。

### 3. 证券持有人名册的变更登记

证券在证券交易所上市交易的，证券登记结算机构应当根据证券交易的交收结果办理证券持有人名册的变更登记。证券以协议转让、继承、捐赠、强制执行、行政划拨等方式转让的，证券登记结算机构根据业务规则变更相关证券账户的余额，并相应办理证券持有人名册的变更登记。因证券质押、锁定、冻结等原因证券持有人权利受到限制的，证券登记结算机构应当在证券持有人名册上加以标记。

4. 证券登记的业务执行规则

证券登记结算机构应当保证证券持有人名册和登记过户记录真实、准确、完整，不得隐匿、伪造或者毁损。证券登记结算机构应当按照业务规则和协议定期向证券发行人发送其证券持有人名册及有关资料。

证券发行人申请办理权益分派等代理服务的，应当按照业务规则和协议向证券登记结算机构提交有关资料并支付款项。证券发行人未及时履行上述义务的，证券登记结算机构有权推迟或不予办理，证券发行人应当及时发布公告说明有关情况。

证券发行人或者其清算组等终止证券登记及相关服务协议的，证券登记结算机构应当依法向其交付证券持有人名册及其他登记资料。

## 四、证券的托管和存管规则

《证券登记结算管理办法》（2018 年修正）第五章对证券的托管和存管规则作了详细的规定，其内容如下：

1. 证券托管的基本要求

投资者应当委托证券公司托管其持有的证券，证券公司应当将其自有证券和所托管的客户证券交由证券登记结算机构存管，但法律、行政法规和中国证监会另有规定的除外。

证券登记结算机构为证券公司设立客户证券总账和自有证券总账，用以统计证券公司交存的客户证券和自有证券。证券公司应当委托证券登记结算机构维护其客户及自有证券账户，但法律、行政法规和中国证监会另有规定的除外。

2. 证券交易、托管与结算协议

投资者买卖证券，应当与证券公司签订证券交易、托管与结算协议。证券登记结算机构应当制定和公布证券交易、托管与结算协议中与证券登记结算业务有关的必备条款。必备条款应当包括但不限于以下内容：（1）证券公司根据客户的委托，按照证券交易规则提出交易申报，根据成交结果完成其与客户的证券和资金的交收，并承担相应的交收责任；客户应当同意集中交易结束后，由证券公司委托证券登记结算机构办理其证券账户与证券公司证券交收账户之间的证券划付。（2）实行质押式回购交易的，投资者和证券公司应当按照业务规则的规定向证券登记结算机构提交用于回购的质押券。投资者和证券公司之间债权债务关系不影响证券登记结算机构按照业务规则对证券公司提交的质押券行使质押权。（3）客户出现资金交收违约时，证券公司可以委托证券登记结算机构将客户净买入证券划付到其证券处置账户内，并要求客户在约定期限内补足资金。客户出现证券交收违约时，证券公司可以将相当于证券交收违约金额的资金暂不划付给该客户。

证券公司应当将其与客户之间建立、变更和终止证券托管关系的事项报送证券登记结算机构。证券登记结算机构应当对上述事项加以记录。

3. 证券托管业务的执行规则

客户要求证券公司将其持有证券转由其他证券公司托管的，相关证券公司应当依据证券交易所及证券登记结算机构有关业务规则予以办理，不得拒绝，但有关法律、行政法规和中国证监会另有规定的除外。

证券公司应当采取有效措施，保证其托管的证券的安全，禁止挪用、盗卖。证券登记结算机构应当采取有效措施，保证其存管的证券的安全，禁止挪用、盗卖。

证券的质押、锁定、冻结或扣划，由托管证券的证券公司和证券登记结算机构按照证券登记结算机构的相关规定办理。

## 五、证券和资金的清算交收规则

《证券登记结算管理办法》（2018 年修正）第六章对证券和资金的清算交收规则作了详细的规定，其内容如下：

1. 证券和资金的清算交收的基本要求

证券公司参与证券和资金的集中清算交收，应当向证券登记结算机构申请取得结算参与人资格，与证券登记结算机构签订结算协议，明确双方的权利义务。结算参与人，是指经证券登记结算机构核准，有资格参与集中清算交收的证券公司或其他机构。没有取得结算参与人资格的证券公司，应当与结算参与人签订委托结算协议，委托结算参与人代其进行证券和资金的集中清算交收。证券登记结算机构应当制定并公布结算协议和委托结算协议范本。

证券登记结算机构应当选择符合条件的商业银行作为结算银行，办理资金划付业务。结算银行的条件，由证券登记结算机构制定。

### 2. 分级结算原则

在我国，证券和资金结算实行分级结算原则。其内涵为：证券登记结算机构负责办理证券登记结算机构与结算参与人之间的集中清算交收（又称一级结算）；结算参与人负责办理结算参与人与客户之间的清算交收（又称二级结算）。依此，分级结算下的法律关系表现为"两段式法律结构"，即在证券交易的结算环节，证券登记结算机构与证券公司之间、证券公司与投资者之间存在直接的法律关系；证券登记结算机构与投资者之间不存在直接的法律关系。

现代证券市场参与证券买卖的投资者数量很多，每天成交笔数和金额都很大。如果不实行分级结算原则，证券登记结算机构将直接面对数量巨大的投资者进行交收，不仅效率低、成本高、风险大，而且客观上也无法运行。因此，现代证券交易一般实行分级结算原则。这是实现证券结算效率和安全目标的必然选择，也是国际证券市场较为通行的做法。

在证券分级结算原则下，证券登记结算机构面对的交收对手方数量大大减少了，只需负责与结算参与人进行一级结算，由各结算参与人负责与其客户进行二级结算。分级结算提高了结算效率，也有利于证券登记结算机构控制交收违约的风险。同时，在分级结算原则的基础上，证券登记结算机构得以组织以结算参与人为单位的多边净额结算，从而简化了结算参与人的交收过程，减少了参与人资金和证券实际交收的数量，大大提高了结算效率；也减少了结算参与人在结算系统内占用的资金量，提高了资金的使用效率。

在分级结算制度下，只有获得证券登记结算机构结算参与人资格的证券公司或其他机构才能直接进入登记结算系统参与结算业务。一般投资者不能直接进入登记结算系统，只能通过结算参与人办理有关证券结算业务。通过对结算参与人实行准入制度，在风险控制和财务指标等方面予以监管，有利于证券登记结算机构控制结算风险，维护结算系统安全。

3. 证券集中交收账户和资金集中交收账户的开设

证券登记结算机构应当设立证券集中交收账户和资金集中交收账户，用以办理与结算参与人的证券和资金的集中清算交收。证券集中交收账户，是指证券登记结算机构为办理多边交收业务开立的结算账户，用于办理结算参与人与证券登记结算机构之间的证券划付。资金集中交收账户，是指证券登记结算机构为办理多边交收业务开立的结算账户，用于办理结算参与人与证券登记结算机构之间的资金划付。

4. 证券交收账户和资金交收账户的开设

结算参与人应当根据证券登记结算机构的规定，申请开立证券交收账户和资金交收账户用以办理证券和资金的交收。同时经营证券自营业务和经纪业务的结算参与人，应当申请开立自营证券、资金交收账户和客户证券、资金交收账户，分别用以办理自营业务的证券、资金交收和经纪业务的证券、资金交收。结算参与人证券交收账户，是指结算参与人向证券登记结算机构申请开立的用于证券交收的结算账户。对于同时经营自营业务以及经纪业务或资产管理业务的结算参与人，其证券交收账户包括自营证券交收账户和客户证券交收账户。结算参与人资金交收账户，是指结算参与人向证券登记结算机构申请开立的用于资金交收的结算账户。对于同时经营自营业务以及经纪业务或资产管理业务的结算参与人，其资金交收账户包括自营资金交收账户和客户资金交收账户。

5. 多边净额结算与货银对付原则

多边净额结算，是指证券登记结算机构将每个结算参与人所有达成交易的应收应付证券或资金予以冲抵轧差，计算出相对每个结算参与人的应收应付证券或资金的净额，再按照应收应付证券或资金的净额与每个结算参与人进行交收。证券登记结算机构采取多边净额结算方式的，应当根据业务规则作为结算参与人的共同对手方①，按照货银对付的原则，以结算参与人为结算单位办理清算交收。目前我国证券交易的结算采用多边净额结算的方式，中国证券登记结算公司承担着共同对手方的角色。与净额结算原则不同，有的证券交易市场采用逐笔交收方式，即对每一笔成交的证券及相应价款进行交收。例如，我国中关村科技园区非上市股份有限公司进入代办股份转让系统进行股份转让试点，即采取的是股份和资金的逐笔清算方式。另外，2008 年 6 月发布的《中国证券登记结算有限责任公司上海分公司上海证券交易所大宗交易系统专场业务结算指南（试行）》也规定，大宗专场业务结算按货银对付原则，以逐笔全额非担保方式，组织进行证券与资金结算。

货银对付（delivery versus payment，DVP）原则，又称钱货两清原则、款券两讫原则，是指在证券登记结算机构的组织管理下，结算参与人进行的证券交收和资金交收同时完成，且不可撤销。按照 1995 年国际证券服务协会（ISSA）所作的定义，货银对付是指证券从卖方转移到买方的同时，资金从买方转移到卖方，其间不能有时间缝隙（time gap）；交付一旦发生就具有终结性，不可撤销。所有证券交易的结算都应采用货银对付方式进行，是 1988 年《三十人小组关于证券清算交收体系的报告》针对 1987 年全球性股灾造成结算风险而提出的建议，其目的是减少或消除证券结算中的本金风险。这一建议提出后，立即得到世界各国结算机构的积极响应和广泛采纳。按照货银对付原则组织交收是有效控制结算风险的必然要求。当结算机构提供净额结算服务时，实行货银对付尤为必要。在多边净额结算制度下，结算机构作为共同对手

---

① 共同对手方，又称中央对手方或共同交收对手方，指结算过程中介入证券交易买卖双方之间，成为"买方的卖方"和"卖方的买方"的主体。共同对手方制度的核心内容是担保交收。担保交收，是指共同对手方承担对结算参与人的履约义务，并且不以任何一个对手方正常履约为前提。一旦共同对手方介入买卖双方合同关系，市场参与人只与结算机构一个对手方发生债权或债务关系，并与之进行资金和证券的交收。共同对手方实际上对买卖双方提供了一种保证；如果买卖中的一方不能正常向共同对手方履约，共同对手方也应当先对守约一方履行，然后按照结算规则对违约方采取相应的处置措施，弥补其违约造成的损失。

方提供担保交收，将所有结算参与人的对手方风险集于一身。任何结算参与人出现交收违约，结算机构都必须为违约参与人垫付其应当支付的证券和资金，以维护结算的正常秩序，保证市场有效运行。如果违约方无法及时弥补违约交收的证券和资金且达到相当程度，就可能导致证券结算系统无法正常完成结算，甚至引发系统性风险，危及整个证券市场的正常运行。而按照货银对付原则，一旦结算参与人出现交收违约，结算机构即可暂不交付违约参与人应收的资金或证券，从而控制和化解本金风险。目前英国、德国、美国以及中国香港地区等很多国家（地区）的证券结算系统，世达银行等国际清算机构，都已实现了即时的、最终性的、不可撤销的货银对付。我国《证券法》也基于该立法通例对此作出了明确规定。

6. 多边净额结算协议

证券登记结算机构与参与多边净额结算的结算参与人签订的结算协议应当包括下列内容：（1）对于结算参与人负责结算的证券交易合同，该合同双方结算参与人向对手方结算参与人收取证券或资金的权利，以及向对手方结算参与人支付资金或证券的义务一并转让给证券登记结算机构；（2）受让前项权利和义务后，证券登记结算机构享有原合同双方结算参与人对其对手方结算参与人的权利，并应履行原合同双方结算参与人对其对手方结算参与人的义务。

7. 多边净额清算的执行

证券登记结算机构进行多边净额清算时，应当基于结算参与人的证券和资金轧差计算出应收应付净额，并在清算结束后将清算结果及时通知结算参与人。证券登记结算机构采取其他结算方式的，应当按照相关业务规则进行清算。

8. 集中交收的执行

集中交收前，结算参与人应当向客户收取其应付的证券和资金，并在结算参与人证券交收账户、结算参与人资金交收账户留存足额证券和资金。结算参与人与客户之间的证券划付，应当委托证券登记结算机构代为办理。

集中交收过程中，证券登记结算机构应当在交收时点，向结算参与人收取其应付的资金和证券，同时交付其应收的证券和资金。交收完成后不可撤销。结算参与人未能足额履行应付证券或资金交收义务的，不能取得相应的资金或证券。对于同时经营自营业务以及经纪业务或资产管理业务的结算参与人，如果其客户资金交收账户资金不足的，证券登记结算机构可以动用该结算参与人自营资金交收账户内的资金完成交收。

集中交收后，结算参与人应当向客户交付其应收的证券和资金。结算参与人与客户之间的证券划付，应当委托证券登记结算机构代为办理。

证券登记结算机构应当在结算业务规则中对结算参与人与证券登记结算机构之间的证券和资金的集中交收，以及结算参与人与客户之间的证券和资金的交收期限分别作出规定。结算参与人应当在规定的交收期限内完成证券和资金的交收。

证券登记结算机构的原因导致清算结果有误的，结算参与人在履行交收责任后可以要求证券登记结算机构予以纠正，并承担结算参与人遭受的直接损失。

# 第三节 证券登记结算业务的风险防范和交收违约处理规则

## 一、风险防范和控制措施

### （一）风险防范和控制的基本要求

证券登记结算机构应当采取下列措施，加强证券登记结算业务的风险防范和控制：（1）制定完善的风险防范制度和内部控制制度；（2）建立完善的技术系统，制定由结算参与人共同遵守的技术标准和规范；（3）建立完善的结算参与人和结算银行准入标准和风险评估体系；（4）对结算数据和技术系统进行备份，制定业务紧急应变程序和操作流程。

证券登记结算机构应当与证券交易所相互配合，建立证券市场系统性风险的防范制度。证券登记结算机构应当与证券交易所签订业务合作协议，明确双方的权利义务。

### （二）证券结算风险基金制度

证券登记结算机构的风险防范制度包括一系列措施，证券结算风险基金制度即为其核心措施。《证券法》对此作了较为详细的规定。

证券登记结算机构应当设立结算风险基金，用于垫付或者弥补因违约交收、技术故障、操作失误、不可抗力造成的证券登记结算机构的损失。证券结算风险基金从证券登记结算机构的业务收入和收益中提取，并可以由结算参与人按照证券交易业务量的一定比例缴纳。证券结算风险基金的筹集、管理办法，由国务院证券监督管理机构会同国务院财政部门规定。证券结算风险基金应当存入指定银行的专门账户，实行专项管理。证券登记结算机构以证券结算风险基金赔偿后，应当向有关责任人追偿。[①]

在证券结算中存在着风险，需要专门资金对这种风险造成的经济损失进行补偿。因此，《证券法》明确规定了证券结算风险基金制度。证券结算风险基金的用途是由法律来规定的，不是自行决定的，更不是任意决定的。《证券法》所规定的用途为，垫付或者弥补因违约交收、技术故障、操作失误、不可抗力造成的证券登记结算机构的损失。

《证券法》对证券结算风险基金的来源作了明确规定，以使之有稳定、合理的来源和维持一定的资金数额。法定的基金来源有三项：（1）从

---

① 《证券法》第154、155条。

证券登记结算机构的业务收入中提取；（2）从证券登记结算机构的收益中提取；（3）由结算参与人（证券公司或其他机构）按照证券交易业务量的一定比例缴纳。对证券结算风险基金的来源作此限定，其基本依据为风险在哪里出现就要从哪里筹集。但证券结算风险基金的具体筹集、管理办法，《证券法》无法作具体规定，而是规定由国务院证券监督管理机构会同国务院财政部门规定。该规定使基金的筹集与管理具有可操作性。在具体筹集方面，涉及多方面的内容，如有关的缴纳单位、缴纳的具体比例、时间上的限制等。在具体管理办法方面，也涉及多方面的内容，如具体管理机构、使用权限、使用程序、监督检查等。

为保障证券结算风险基金的安全性，《证券法》规定应当存入指定银行的专门账户，实行专项管理。

### （三）风险防范和控制的其他措施

#### 1. 证券结算互保金制度

证券登记结算机构应当按照结算风险共担的原则，组织结算参与人建立证券结算互保金，用于在结算参与人交收违约时保障交收的连续进行。证券结算互保金的筹集、使用、管理和补缴办法，由证券登记结算机构在业务规则中规定。

#### 2. 交收担保制度

证券登记结算机构可以视结算参与人的风险状况，采取要求结算参与人提供交收担保等风险控制措施。结算参与人提供交收担保的具体标准，由证券登记结算机构根据结算参与人的风险程度确定和调整。证券登记结算机构应当将结算参与人提交的交收担保物与其自有资产隔离，严格按结算参与人分户管理，不得挪用。目前，世界上不少国家或地区都已建立交收担保制度，如美国，以及中国香港地区都建立了该制度。

#### 3. 证券结算备付金制度

结算参与人可以在其资金交收账户内，存放证券结算备付金用于完成交收。证券登记结算机构应当将结算参与人存放的结算备付金与其自有资金隔离，严格按结算参与人分户管理，不得挪用。

4. 质押品保管库制度

证券登记结算机构应当对质押式回购实行质押品保管库制度，将结算参与人提交的用于融资回购担保的质押券转移到质押品保管库。

5. 免予强制执行制度

证券登记结算机构收取的下列资金和证券，只能按业务规则用于已成交的证券交易的清算交收，不得被强制执行：（1）证券登记结算机构收取的证券结算风险基金、证券结算互保金，以及交收担保物、回购质押券等用于担保交收的资金和证券；（2）证券登记结算机构根据《证券登记结算管理办法》设立的证券集中交收账户、资金集中交收账户、专用清偿账户内的证券和资金，以及根据业务规则设立的其他专用交收账户内的证券和资金；（3）结算参与人证券交收账户、结算参与人证券处置账户等结算账户内的证券，以及结算参与人资金交收账户内根据成交结果确定的应付资金；（4）根据成交结果确定的投资者进入交收程序的应付证券和资金；（5）证券登记结算机构在银行开设的结算备付金等专用存款账户、新股发行验资专户内的资金，以及发行人拟向投资者派发的债息、股息和红利等。

6. 授信额度与质押贷款制度

证券登记结算机构可以根据组织管理证券登记结算业务的需要，按照有关规定申请授信额度，或将专用清偿账户中的证券用于申请质押贷款，以保障证券登记结算活动的持续正常进行。

## 二、集中交收的违约处理规则

### （一）专用清偿账户的设立

证券登记结算机构应当设立专用清偿账户，用于在结算参与人发生违约时存放暂不交付或扣划的证券和资金。

### （二）资金交收违约的处理

结算参与人发生资金交收违约时，应当按照以下程序办理：（1）违约结算参与人应当向证券登记结算机构发送证券交收划付指令，在该结算参与人当日全部应收证券中指定相当于已交付资金等额的证券种类、数量及对应的证券账户，由证券登记结算机构交付结算参与人；并指定相当于不足金额的证券种类和数量，由证券登记结算机构暂不交付给结算参与人。（2）证券登记结算机构在规定期限内收到有效证券交收划付指令的，应当依据结算业务规则将相应证券交付结算参与人，将暂不交付的证券划入专用清偿账户，并通知该结算参与人在规定的期限内补足资金或提交交收担保。

证券登记结算机构在规定期限内未收到有效证券交收划付指令的，属于结算参与人重大交收违约情形，证券登记结算机构应当将拟交付给结算参与人的全部证券划入专用清偿账户，暂不交付结算参与人，并通知结算参与人在规定的期限内补足资金或提交交收担保。暂不交付的证券、补充资金或交收担保不足以弥补违约金额的，证券登记结算机构可以扣划该结算参与人的自营证券，并在转入专用清偿账户后通知结算参与人。

结算参与人发生资金交收违约的，证券登记结算机构应当按照下列顺序动用资金，完成与对手方结算参与人的资金交收：（1）违约结算参与人的担保物中的现金部分；（2）证券结算互保金中违约结算参与人交纳的部分；（3）证券结算互保金中其他结算参与人交纳的部分；（4）证券结算风险基金；（5）其他资金。

### （三）证券交收违约的处理

结算参与人发生证券交收违约时，证券登记结算机构有权暂不交付相当于违约金额的应收资金。证券登记结算机构应当将暂不交付的资金划入专用清偿账户，并通知该结算参与人。结算参与人应当在规定的期限内补足证券，或者提供证券登记结算机构认可的担保。

结算参与人发生证券交收违约的，证券登记结算机构可以动用下列证券，完成与对手方结算参与人的证券交收：（1）违约结算参与人提交的用以冲抵的相同证券；（2）委托证券公司以专用清偿账户中的资金买入的相同证券；（3）其他来源的相同证券。

### （四）证券登记结算机构对违约结算参与人的处理

违约结算参与人未在规定的期间内补足资金、证券的，证券登记结算机构可以处分违约结算参与人所提供的担保物、质押品保管库中的回购质押券，卖出专用清偿账户内的证券。以上处置所得，用于补足违约结算参与人欠付的资金、证券和支付相关费用；有剩余的，应当归还该相关违约结算参与人；不足偿付的，证券登记结算机构应当向相关违约结算参与人追偿。对于在规定期限内无法追偿的证券或资金，证券登记结算机构可以依法动用证券结算互保金和证券结算风险基金予以弥补。依法动用证券结算互保金和证券结算风险基金弥补损失后，证券登记结算机构应当继续向违约结算参与人追偿。

结算参与人发生资金交收违约或证券交收违约的，证券登记结算机构可以按照有关规定收取违约金。证券登记结算机构收取的违约金应当计入证券结算风险基金。

结算参与人发生重大交收违约情形的，证券登记结算机构可以按照以下程序办理：（1）暂停、终止办理其部分、全部结算业务，以及中止、撤销结算参与人资格，并提请证券交易所采取停止交易措施。（2）提请中国证监会按照相关规定采取暂停或撤销其相关证券业务许可，对直接负责的主管人员和其他直接责任人员单处或并处警告、罚款、撤销任职资格或证券从业资格的处罚措施。

证券登记结算机构提请证券交易所采取停止交易措施的具体办法由证券登记结算机构商证券交易所制定，报中国证监会批准。

证券登记结算机构依法动用证券结算互保金和证券结算风险基金，以及对违约结算参与人采取前述处置措施的，应当在证券登记结算机构年度报告中列示。

### 三、结算参与人与客户交收的违约处理规则

#### （一）证券处置账户的开立

结算参与人可以根据证券登记结算机构的规定，向证券登记结算机构申请开立证券处置账户，用以存放暂不交付给客户的证券。

#### （二）风险控制措施

结算参与人可以视客户的风险状况，采取包括要求客户提供交收担保在内的风险控制措施。客户提供交收担保的具体标准，由结算参与人与客户在证券交易、托管与结算协议中明确。

#### （三）资金交收违约与证券交收违约的处理

客户出现资金交收违约时，结算参与人可以发出指令，委托证券登记结算机构将客户净买入证券划付到其证券处置账户内，并要求客户在约定期限内补足资金。

客户出现证券交收违约时，结算参与人可以将相当于证券交收违约金数额的资金暂不划付给该客户。

违约客户未在规定的期间内补足资金、证券的，结算参与人可以将证券处置账户内的相应证券卖出，或用暂不交付的资金补购相应证券。以上处置所得，用于补足违约客户欠付的资金、证券和支付相关费用；有剩余的，应当归还该客户；尚有不足的，结算参与人有权继续向客户追偿。

#### （四）结算参与人对客户所负责任

结算参与人未及时将客户应收资金支付给客户或未及时委托证券登记结算机构将客户应收证券从其证券交收账户划付到客户证券账户的，结算参与人应当对客户承担违约责任；给客户造成损失的，结算参与人应当承担对客户的赔偿责任。

#### （五）结算参与人对证券登记结算机构所负义务

客户对结算参与人交收违约的，结算参与人不能因此拒绝履行对证

券登记结算机构的交收义务，也不得影响已经完成和正在进行的证券和资金的集中交收，以及证券登记结算机构代为办理的证券划付。

# 第四节 投资者与证券登记结算机构之间的法律关系

## 一、投资者与证券登记机构之间法律关系的梳理与确认

投资者与证券登记机构之间法律关系的界定不仅应根据证券登记、存管机构是否分别由不同机构担任而分别考察，而且应根据证券持有方式的不同而分别考察。就投资者与证券登记机构之间的法律关系而言，在证券间接持有方式下，因证券登记机构所登记的证券名义持有人并非证券投资者，因而两者之间不存在任何法律关系；在证券直接持有方式下，证券登记机构直接为投资者开设账户，作为证券发行人的代理人维护投资者名册并根据与发行人的约定提供其他相关服务。但在此情形下，投资者与证券登记机构之间是否存在登记层面的法律关系？我国多数证券法文献都未对此作明确阐释，但可从相关阐述中得出肯定判断。[①] 不过，也有学者明确提出，对于无纸化证券的集中登记模式而言，证券登记法律关系不仅存在于证券发行人与证券登记机构之间，也可能存在于投资者与证券登记机构之间。[②]

事实上，就我国而言，可以肯定地认为，投资者与证券登记结算机

---

① 叶林.证券法.3版.北京：中国人民大学出版社，2008：440-441.李东方主编.证券法.北京：清华大学出版社，2008：219-222.

② 邓丽.投资者在证券集中交易法律关系中的地位与风险.北京：中国政法大学，2006：26.

构之间存在直接的证券登记层面的法律关系。这是因为，尽管证券初始登记与投资者无关，但证券变更登记以及证券登记结算机构实施的证券登记派生业务均与证券投资者直接相关，[①] 并且大量事项登记及派生业务都是在证券投资者的直接要求下实施的。例如，除了正常的证券交易过户登记，证券投资者办理协议转让、继承、捐赠等登记以及请求查询证券账户等事项，都是直接在证券登记机构与投资者之间发生。在我国，中国证券登记结算公司还对证券投资者办理证券网络查询、上市公司股东大会网络投票等业务。其中，证券网络查询服务包括证券托管席位、证券余额、证券变更记录、新股配售及中签等信息的查询服务以及全市场的国债专项查询服务。[②]

就境外证券市场实践而言，证券直接持有系统大都直接为证券持有人提供服务。例如，美国证券市场的 DTC 通过提供直接登记服务（direct registration service，DRS）系统为投资者提供直接登记服务；英国 CREST 系统直接为投资者服务，都可说明证券登记机构与投资者之间可以存在证券登记法律关系。[③]《美国统一商法典》第 8 - 407 条规定："担任发行人的鉴证人、登记人或其他代理人的人，在登记证券的转让、签发新的证券凭证或无凭证证券或者注销交还的证券凭证时，对凭证式或无凭证式证券的持有人或所有人，承担与发行人履行此种责任时同样的义务。"在该条的正式述评中，述评者指出：这里明确规定转让代理人、登记人和其他类似的人在其各自的职责范围内，若不正当地拒绝登记转让或不正当地登记转让，即应对发行人和所有权人承担发行人同样情况下所承担的责任一样的责任；那些仅仅将上述人视为发行人的代理人，从而拒绝承认它们因单纯的不履行如拒绝登记转让即对所有权人负

---

① 李东方主编. 证券法. 北京：清华大学出版社，2008：220.

② 《中国证券登记结算有限责任公司关于通过实时开户系统为新开证券账户直接开通网络服务功能的通知》（2006 年 7 月 19 日）。

③ 邓丽. 投资者在证券集中交易法律关系中的地位与风险. 北京：中国政法大学，2006：26.

有责任的判例，没有被本条采纳。[①]

综上所述，可以认为，我国证券登记结算机构负有妥善维护证券投资者证券账户登记事项的义务。这就意味着，我国证券投资者有权就证券登记事项向证券登记结算机构主张权利。[②]

## 二、投资者与证券存管机构之间法律关系的梳理与确认

尽管理论界对证券登记机构与投资者之间的关系未形成明确认识，但对投资者权益尚影响有限。在证券存管机构与投资者之间的法律关系中，有较大争议且对投资者权益影响较大的是证券存管法律关系的确认。对此，我国证券法学界不少人认为，证券集中存管制度往往都按照两重法律关系来界定，即证券经纪人与投资者之间是一重法律关系，而中央证券存管机构与其参与人之间是另一重法律关系，中央证券存管机构与投资者之间不存在直接的法律关系。[③] 依此，在投资者所持有的证券被盗用的情况下，证券存管机构由于与投资者之间不存在直接法律关系，故无须承担相应的法律责任。这固然有利于保护证券存管机构，使其能够稳定地履行法定职责，但无疑未能妥善保护投资者的合法权益。

事实上，我们不能以采取间接持有方式的美国等国的立法与判例作为确认证券存管机构与投资者之间的法律关系的依据，而应立足于我国证券无纸化条件下直接持有体系作出合理判断。依我国《证券法》第145条之规定，证券登记结算机构履行证券的存管和过户职能。关于证券存管的含义，该法未予界定。《证券登记结算管理办法》（2018年修正）分别采用了证券存管与托管概念，虽未作法律概念界定，但就相关条款的文义及内在逻辑看，事实上将证券存管关系限定于证券登记结算

---

① ALI（美国法学会），NCCUSL（美国统一州法委员会）.《美国统一商法典》及其正式述评：第2卷．李昊，等译．北京：中国人民大学出版社，2005：609-610.

② 王建文．论证券无纸化条件下证券资产安全的法律维护机制．社会科学，2009（3）.

③ 涂建，毛国权．证券登记与托管的国际经验与中国实践——以证券所有权为基础//郭锋主编．证券法律评论：第2卷．北京：法律出版社，2002：94.

机构与证券公司之间，而将投资者与证券公司之间的关系界定为证券托管关系。该规定隔离了证券投资者与证券登记结算机构，使后者不必承担证券资产的保管责任，从而有效地将证券登记结算机构从可能发生的证券被盗用等风险中隔离开来。但需要说明的是，我国《证券法》并未为此提供法律依据，该规定可认为是证券监管机构为保护证券登记结算机构的利益而作的自我赋权性规定。

面对《证券登记结算管理办法》（2018 年修正）的规定，我们应当思考的是，在证券无纸化条件下的证券直接持有方式下，集证券登记、存管、清算职能于一身的证券登记结算机构究竟是否与投资者之间存在直接的存管法律关系。在证券间接持有方式下，投资者必须将其证券托管于证券公司，而由证券公司充任证券名义持有人，因而仅在证券公司与证券存管机构间存在证券存管关系，投资者与证券存管机构间则不可能存在证券存管法律关系。但在证券直接持有方式下，尤其是在证券登记机构与存管机构合二为一的情况下，证券登记职能与证券存管职能已基本上混同，完全应认为证券存管机构（同时为证券登记机构）与投资者之间存在证券存管关系。基于此，在证券无纸化条件下的证券直接持有方式下，由于建立在实物券基础上的证券托管已彻底丧失了其存在依据，即无纸化的证券仅需通过证券账户的记录与维护即可实现全部登记与存管功能，因而证券投资者与证券公司之间不仅不必而且不可能确立证券托管关系。这一结论将使直接持有方式下的证券存管机构负有确保投资者证券账户不被侵害，尤其是其所持有的证券不被盗用的责任。从现代证券交易系统所拥有的信息技术手段来说，直接持有方式下证券存管机构完全可以担负起该项职责，而此举又将有力地保护投资者的证券资产安全，因而完全应当得到法律确认。

当然，就证券清算环节而言，确实有必要将证券登记结算机构与投资者隔离开来，否则将危及证券交易安全。对此，我国实践中实行证券和资金分级结算原则。关于其内涵前文已详述，此处不赘。

总的来说，在证券直接持有方式下，应当确认证券登记结算机构与投资者之间的存管法律关系，但应隔离在证券清算环节的法律关系。这种法律处置既有利于维护证券投资者的证券资产安全，也有利于隔离证券登记结算机构在证券清算阶段的风险，从而维护证券交易安全。鉴于我国《证券法》未对此作明确规定，而《证券登记结算管理办法》又否认了证券登记结算机构与投资者之间的证券存管法律关系，应通过修法或制定司法解释予以确认。①

---

① 王建文.论证券无纸化条件下证券资产安全的法律维护机制.社会科学，2009（3）.

# 第十四章 证券服务机构与证券业协会

## 第一节 证券服务机构

### 一、证券服务机构概述

证券服务机构，是指依法设立的从事证券服务业务的机构。我国《证券法》规定的证券服务机构包括：投资咨询机构、财务顾问机构、资信评级机构、资产评估机构、会计师事务所及律师事务所。此即狭义上的证券服务机构。广义上的证券服务机构还包括证券登记结算机构。一般所指证券服务机构是从狭义而言，本书亦然。

在我国，证券服务机构从事证券服务业务，"必须经国务院证券监督管理机构和有关主管部门批准"。但律师事务所从事证券服务业务，无须经证券监管机构和有关主管部门批准，而是自动获得执业资格。

会计师事务所、律师事务所以及从事证券投资咨询、资产评估、资信评级、财务顾问、信息技术系统服务的证券服务机构，应当勤勉尽责、恪尽职守，按照相关业务规则为证券的交易及相关活动提供服务。

从事证券投资咨询服务业务，应当经国务院证券监督管理机构核准；未经核准，不得为证券的交易及相关活动提供服务。从事其他证券服务业务，应当报国务院证券监督管理机构和国务院有关主管部门备案。

## 二、证券投资咨询业务规则①

依《证券法》第161条第1款之规定，投资咨询机构及其从业人员从事证券服务业务不得有下列行为：（1）代理委托人从事证券投资；（2）与委托人约定分享证券投资收益或者分担证券投资损失；（3）买卖本证券投资咨询机构提供服务的证券；（4）法律、行政法规禁止的其他行为。

《证券法》第161条第2款还明确规定："有前款所列行为之一，给投资者造成损失的，应当依法承担赔偿责任。"依此，投资咨询机构及其从业人员实施上述行为，给投资者造成损失的，依法承担赔偿责任。但二者应如何承担责任并不明确，从解释上，应理解为二者承担连带责任。

## 三、证券服务机构的义务与责任

### （一）证券服务机构的基本义务

《证券法》第163条第1句规定："证券服务机构为证券的发行、上市、交易等证券业务活动制作、出具审计报告及其他鉴证报告、资产评估报告、财务顾问报告、资信评级报告或者法律意见书等文件，应当勤勉尽责，对所依据的文件资料内容的真实性、准确性、完整性进行核查和验证。"此处所谓"勤勉尽责"，其含义为证券服务机构负有勤勉义务，忠实义务则不包括在内。此处所谓"勤勉尽责"不包括忠实义务的原因还在于，该义务仅指向证券服务机构的服务对象，其并非证券服务机构管理人员对证券服务机构本身所负义务。

勤勉义务，在大陆法系往往以民法典规定，被称为"善良管理人的注意义务"，简称善管义务；在英美法系被称为"注意义务""勤勉注意

---

① 鉴于《证券法》仅对证券投资咨询业务规则作了明确规定，而财务顾问业务规则、资信评级业务规则部分内容已散见于关于债券发行及上市公司收购的相关内容之中，本书仅对证券投资咨询业务规则作简要介绍。

和技能义务"（duty of diligence care and shill）和"注意和技能义务"（duty of care and shill）。证券服务机构的勤勉义务的实质是一种管理义务（management duty），其具体要求为"对所制作、出具的文件内容的真实性、准确性、完整性进行核查和验证"。依此，证券服务机构在制作、出具审计报告、资产评估报告、财务顾问报告、资信评级报告或者法律意见书等文件时，必须根据专业机构所应有的勤勉义务要求，对所制作、出具的文件内容进行专业核查与专业验证，以确保其真实性、准确性、完整性。与一般勤勉义务不同，证券服务机构所承担的勤勉义务，其实质不是直接为委任人的利益服务，而是主要服务于证券投资者的利益。

《证券法》将律师事务所确定为特殊服务机构，其无须证券监管机构批准即可自动取得从业资格，但其同样需要承担证券服务机构的勤勉义务。为了加强对律师事务所从事证券法律业务活动的监督管理，规范律师在证券发行、上市和交易等活动中的执业行为，完善法律风险防范机制，维护证券市场秩序，保护投资者的合法权益，中国证监会于2007年3月9日发布了《律师事务所从事证券法律业务管理办法》。依其规定，证券法律业务是指律师事务所接受当事人委托，为其证券发行、上市和交易等证券业务活动提供的制作、出具法律意见书等文件的法律服务。律师事务所及其指派的律师从事证券法律业务，应当遵守法律、行政法规及相关规定，遵循诚实、守信、独立、勤勉、尽责的原则，恪守律师职业道德和执业纪律，严格履行法定职责，保证其所出具文件的真实性、准确性、完整性。

## （二）证券服务机构的责任

### 1. 民事责任

《证券法》第163条第二句规定："其制作、出具的文件有虚假记载、误导性陈述或者重大遗漏，给他人造成损失的，应当与委托人承担连带赔偿责任，但是能够证明自己没有过错的除外。"依此，证券服务机构违背勤勉义务要求，制作、出具的文件有虚假记载、误导性陈述或者重大遗漏，给他人造成损失的，应承担民事赔偿责任。该民事责任具有以下三方面的特点：

（1）归责原则为过错推定责任原则。《证券法》明确规定，"但是能够证明自己没有过错的除外"。依此，证券服务机构所承担的民事责任归责原则为过错推定责任。

（2）责任形式为连带赔偿责任。该连带责任被明确限定为与发行人、上市公司承担连带赔偿责任，证券服务机构之间则不承担连带赔偿责任。

（3）向证券服务机构主张民事赔偿责任的权利人为相关证券投资者。与一般违反勤勉义务者应向委托人承担赔偿责任不同，证券服务机构违反勤勉义务应直接向未与其形成委托关系的相关证券投资者承担赔偿责任。因此，这是一种法定责任，而非基于一般勤勉义务关系所确定的法律责任。从理论上讲，证券服务机构若违反勤勉义务的要求，导致其制作、出具的文件不符合规定要求，从而使证券发行人或上市公司的利益受到损失的，也应基于勤勉义务的要求向委托人承担民事赔偿责任。

2. 行政责任

《证券法》还在法律责任部分对证券服务机构违反勤勉义务所应承担的行政责任作了明确规定。该法第213条第3款规定："证券服务机构违反本法第一百六十三条的规定，未勤勉尽责，所制作、出具的文件有虚假记载、误导性陈述或者重大遗漏的，责令改正，没收业务收入，并处以业务收入一倍以上十倍以下的罚款，没有业务收入或者业务收入不足五十万元的，处以五十万元以上五百万元以下的罚款；情节严重的，并处暂停或者禁止从事证券服务业务。对直接负责的主管人员和其他直接责任人员给予警告，并处以二十万元以上二百万元以下的罚款。"

# 第二节　证券业协会

## 一、证券业协会的概念和地位

证券业协会，是指依法设立的旨在对证券业进行自律性管理的具有法人资格的非政府组织。该机构在各国（地区）的称谓不尽相同，如在美国、韩国称证券商协会，在英国称证券业理事会，在法国称证券经纪人协会，在我国台湾地区称证券业同业公会，日本称证券业协会。

我国《证券法》第164条第2款规定："证券公司应当加入证券业协会。"依此，证券业协会是任何证券公司均须加入的法定组织。这样，既能减轻国家证券监管机构的工作总量与负担，降低行政成本，又能促使证券公司由消极被动接受管理转向积极主动地进行自我约束与规范。[①]

我国《证券法》在设计证券监管体制时，充分肯定了证券市场的自律性功能，体现了充分发挥市场自我调控功能的立法宗旨。该法第164条第1款就明确将证券业协会界定为证券业的自律性组织。这一界定肯定了1990年以来试行的以证券交易所和证券经营机构行业自律组织——证券业协会为核心的证券市场自律性监管体系[②]，奠定了我国证券业协会的自律性监管组织的主体地位。

在上述对我国证券业协会的性质与主体地位的界定中，自律性组织地位意味着其由协会会员实行自我管理、自我约束；非营利性组织

---

① 罗培新，卢文道，等. 最新证券法解读. 北京：北京大学出版社，2006：312.

② 刘鸿儒. 中国证监会成立前后//范永进，强纪英主编. 回眸中国股市：1984—2000年. 上海：上海人民出版社，2001：5.

（non-profitable organization，NPO）性质意味着其属于公益性或互益性法人；社会团体法人性质则意味着其既不属于企业、事业单位法人，又是政府之外的社会组织，即非政府组织（non-governmental organization，NGO）。非营利性组织与非政府组织含义较为接近，经常被互换使用，但两者之间还是存在细微差异。前者乃相对于营利性组织而言，指那些不以营利为目的、主要开展各种公益性或互益性社会服务活动的民间组织，强调其非营利性，即组织本身不以营利为目的并且不将盈利分配于成员。后者则相对于政府组织而言，泛指独立于政府体系以外的非营利性社会组织，强调其自治性、草根性和竞争性。① 因此，分别从这两个角度出发，才能正确认识我国现行法律及主流学说关于证券业协会的主体地位与法律属性的界定。

中国证券业协会成立于 1991 年 8 月 28 日。在中国证券市场的起步阶段，该协会在普及证券知识、开展国际交流以及提供行业发展信息等方面做了大量服务工作。1999 年，按照《证券法》的要求，该协会进行了改组，在行业自律方面开始了有益的探索。

中国证券业协会的最高权力机构是由全体会员组成的会员大会，理事会为其执行机构。中国证券业协会实行会长负责制。截至 2018 年 10 月，该协会共有会员 440 家，其中，法定会员 131 家，普通会员 230 家，特别会员 79 家；共有观察员 779 家。

## 二、证券业协会的职责

依《证券法》第 166 条之规定，证券业协会履行下列职责：

（1）教育和组织会员及其从业人员遵守证券法律、行政法规，组织开展证券行业诚信建设，督促证券行业履行社会责任。

（2）依法维护会员的合法权益，向证券监督管理机构反映会员的建

---

① 所谓自治性，是指在决策机制上不依赖政府，在组织上独立于政府；所谓草根性，是指不存在政府般自上而下的等级体系，不存在权力运作机制，是面向受益者的社会服务机构，是一种网络式、扁平式的组织结构；所谓竞争性，是指不存在垄断性的权力控制和支配机制，特别是不存在行政垄断性的权力控制。

议和要求。

（3）督促会员开展投资者教育和保护活动，维护投资者合法权益。

（4）制定和实施证券行业自律规则，监督、检查会员及其从业人员行为，对违反法律、行政法规、自律规则或者协会章程的，按照规定给予纪律处分或者实施其他自律管理措施。

（5）制定证券行业业务规范，组织从业人员的业务培训。

（6）组织会员就证券业的发展、运作及有关内容进行研究，收集整理、发布证券相关信息，提供会员服务，组织行业交流，引导行业创新发展。

（7）对会员之间、会员与客户之间发生的证券业务纠纷进行调解。

（8）证券业协会章程规定的其他职责。

# 第十五章　证券监管制度

## 第一节　证券监管制度概述

### 一、证券监管的概念与特征

证券监管是证券监督管理的简称，它是指证券监管机构依据法律、法规和规章，对证券市场主体与证券中介机构的证券业务以及其在证券发行、上市、交易、登记、存管、结算活动中的行为进行监督管理的总称。广义上的证券监管还包括其他国家主管机关对证券市场所进行的监管（如审计监督）与自律组织进行的自律监管。一般所谓证券监管均是从狭义而言，特指证券监管机构所实施的监管。

证券监管具有以下的特征：

（1）监管机构的特定性与法定性。《证券法》第7条第1款明确规定："国务院证券监督管理机构依法对全国证券市场实行集中统一监督管理。"依此，在我国，国务院证券监管机构是依法对全国证券市场实行集中统一监督管理的法定监管机构。目前，该机构为中国证监会。

（2）监管活动的合法性。中国证监会对证券市场的监管必须依据国家颁布的证券法律、法规及中国证监会自己依法制定的有关部门规章进行，具体监管活动也必须按照法定的特定程序进行。

（3）监管范围的广泛性。中国证监会对证券市场的监管范围广泛：从主体上看，包括证券发行人、上市公司、证券交易所、证券公司、证券登记结算机构、证券投资基金管理公司、证券服务机构、证券业协会；从行为上看，包括证券发行、上市、交易、登记、存管、结算活动以及相关证券主体的证券业务活动。

（4）监管目的的确定性。依《证券法》第168条之规定，证券监管的目的在于维护证券市场公开、公平、公正，防范系统性风险，维护投资者合法权益，促进证券市场健康发展。国际证监会组织（IOSCO）发布的《证券监管的目标和原则》所确定的证券监管目标为：保护投资者；确保市场公平、有效和透明；减少系统风险。

在我国，理论界往往将证券自律监管纳入证券监管体系之中。因此，一般所谓证券监管系指国务院证券监管机构实施的证券监管，在此意义上使用时，常被称为政府监管；有时则还包括自律组织实施的自律监管。

## 二、证券监管体制

证券监管体制，是指一个国家或地区对证券市场进行监督、管理、控制与协调的职责划分和权力划分的方式和组织制度。它包括组织机构体系、目标体系、功能体系以及运行机制。从组织体系上看，既包括国家授权监管机构，也包括自律组织。[①]

按照不同标准，可对证券监管体制作不同分类。理论界通常按照政府监管与证券市场自律的关系，将证券监管体制划分为三种类型：政府主导型监管模式；自律型监管模式；中间型监管模式。

政府主导型监管模式，又称集中型监管模式，它是指在专门的证券法调整下，由政府设立专门的证券监管机构对全国证券市场进行集中统一的监管，行业自律仅在政府监管机构的指导下发挥作用。美国、日本、中国均属于该模式。由于证券市场的监管是个相当复杂而艰巨的任务，涉及面广，单靠全国性的证券监管机构而没有证券交易所和证券业协会的配合，难以实现有效监管与适度监管的平衡，因而实行政府主导型监管模式的国家已日益注重证券交易所和证券业协会的自律管理，以充分发挥证券交易所作为第一道防线的职能。

---

① 赵旭东主编．证券法教程．北京：中国政法大学出版社，2004：421．

自律型监管模式，是指政府不设立专门的证券监管机构，主要由行业协会自律组织进行证券监管。英国为该模式的典型代表。采取自律型监管模式的国家没有统一的证券立法，也没有统一的证券监管机构，政府对证券市场干预较少，而是以市场机制为基础，主要发挥自律组织的作用。该模式具有灵活、及时、准确等政府主导型所不及的优点，政府在监管过程中扮演宏观调控、创造良好市场环境的角色。

中间型监管模式，即政府主导型和自律型相结合的模式，是指介于政府监管型和自律型之间的一种证券监管模式。由于政府主导型和自律型监管模式均存在一定缺陷，因而有些国家将两者结合起来，综合运用政府主导和行业自律的各自优势并弥补其不足与缺陷，从而达到取长补短的目的。该模式以德国、法国等欧洲大陆国家为代表。中间型监管模式下，监管主体松散，不设专门的、独立的监管机构，而是由政府有关部门及多个自律组织共同管理证券市场。

以上三种监管模式都各有优缺点，国际证券监管制度安排上呈现出三种监管模式互相融合、取长补短的趋势，各自的界限日益模糊。采取政府主导型监管模式的国家和地区，已开始注重发挥自律组织的作用。这一点在我国表现得最为明显。采取自律型监管模式的国家和地区，则开始吸收政府主导型监管模式的成功经验，进行政府监管与市场自律有机结合的尝试。如英国于1997年设立了金融服务局，强调取消分散监管模式、建立统一监管体制；我国香港地区于1999年设立了香港证券及期货监察委员会，统一行使监管权，由此，英国与我国香港地区由单一的自律型监管模式发展为政府主导型与自律型相结合的监管模式。中间型监管模式也并非将前两种监管模式的优点吸收的结果，仍存在着监管主体模糊和证券法规分散、对中小投资者保护力不从心的缺点，从而人为地造成证券市场利益失衡的问题。因此，采取中间型监管模式的国家和地区也逐渐吸取政府主导型监管模式的优点。[①]

---

① 马卫华. WTO与中国金融监管法律制度研究. 北京：中国人民大学出版社，2002：251-254.

## 三、我国证券监管体制的形成与发展

我国的证券监管制度经历了一个从地方监管到中央监管、从分散监管到集中监管的过程，大致可分为三个阶段。

### （一）国务院证券委员会和中国证监会成立前的阶段

在我国证券市场发展早期，证券市场被当作金融市场的组成部分，以中国人民银行为核心的金融管理机构体系当然地被移植到证券市场监管中。1986 年《银行管理暂行条例》即将管理企业股票、债券有价证券的职能，明确地赋予了中国人民银行。1991 年 4 月，鉴于证券市场在多头管理和分散管理体制下出现黑市交易、操纵交易、内幕交易等严重社会问题，中国人民银行请示国务院批准，成立了由中国人民银行、国家计委、财政部、国家外汇管理局、国家税务总局等单位共同组成股票市场办公会议制度，代表国务院对证券市场行使日常管理职权。1992 年 6 月，在股票市场办公会议制度基础上，建立了国务院证券管理办公会议制度，其办事机构是中国人民银行的证券管理办公室。发展迅速的证券市场使国务院其他部委也依据相关的职能参与了证券市场的管理。但多头共管导致主体不明、权限不清，政出多门、步调不一，造成了监管的混乱。

### （二）集中统一监管的过渡阶段

国务院于 1992 年 10 月成立了国务院证券委员会和中国证监会。根据国务院于 1992 年 12 月 17 日发布的《关于进一步加强证券市场宏观管理的通知》，证券市场管理机构大致分为国务院证券委员会、中国证监会、其他政府机构及证券业自律机构。国务院证券委员会是国家对全国证券市场进行统一宏观管理的主管机构，实行委员会制，由国务院 14 个部委的部长或局长担任委员。中国证监会是国务院证券委员会的监管执行机构，由有证券专业知识和实践经验的专家组成，按事业单位管理。1993 年 1 月，《国务院关于进一步加强证券市场宏观管理的通知》发布，这标志着我国《证券法》实施以前的证券市场监管体制开始向集中监管过渡。这一阶段证券市场监管的无序和效率低下等弊端较好地克服了。但是，国务院证券委员会和中国证监会的实际作用不明显，多头管理的局面仍存在，证券监管机构的有效性、权威性明显不足，中央与地方的关系难以理顺。

### （三）政府集中监管与自律监管相结合的监管模式初步确立的阶段

1997 年 11 月，经国务院批准修改的《证券交易所管理办法》明确规定对证券交易所的管理由地方政府转为中国证监会。国务院自 1998 年 4 月起决定对证券监督管理体制进一步改革。1998 年 9 月 30 日，国务院办公厅发布《中国证券监督管理委员会职能配置、内设机构和人员编制规定》，将国务院证券委员会的职能及中国人民银行履行的证券业监管职能划入中国证监会，明确规定由中国证监会对全国证券期货市场实行集中统一监管。这标志着由政府实施集中统一监管的体制基本形成。1998 年通过的《证券法》明确规定，我国在证券市场上实行政府集中监管与自律管理相结合的证券监管模式。现行《证券法》继续肯定了该证券监管模式。

## 四、我国证券监管体制的特点

### （一）政府监管处于主导地位

《证券法》在法律制度上确立了国务院证券监管机构在证券监管中的主导地位。国务院证券监管机构不仅作为监管规则的执行者在监管体系中处于中心，而且拥有对自律监管机构的监管权与证券规章制定权。实践证明，这种集中监管模式是一个科学化的证券市场运作与监管系统，不仅为许多国家和地区的证券市场所采行，而且更适合于尚处于转轨与新兴市场状态的我国证券市场。政府监管法律性、强制性及全面性的特点，确保了监管的高效运行。

### （二）自律监管得到加强

与政府监管处于主导地位相适应，在我国，自律监管处于从属地位。不过，现行《证券法》已大大加强了自律监管的重要性，使自律监管机构成为承担一线监管职责的重要监管机构。

从西方国家证券监管发展的历史来看，政府监管作为对证券市场进行监管的一种手段并不是一开始就存在，而是在证券市场发展到一定阶段才产生的。政府监管和自律监管为证券监管的两种手段，各有优点和缺点，只有相互补充，才能做到优势互补。目前世界各国（地区）都在立足本国（地区）特点的基础上吸收其他监管模式的优点，从而使证券监管模式出现了相互融合的趋势。我国也大大加强了自律监管。例如，《证券法》明确规定了证券交易所和证券业协会的自律职能，证券交易所对证券交易过程进行一线监管，发现异常情况时对上市公司可以采取停牌措施，对会员可以采取纪律处分，从而维护证券交易市场的正常运转。

# 第二节　国务院证券监管机构

## 一、国务院证券监管机构的性质

1998 年《中国证券监督管理委员会职能配置、内设机构和人员编制规定》是为落实 1998 年机构改革而制定的中国证监会"定职能、定机构、定编制"的"三定方案"（该规定因此被简称为"中国证监会三定方案"）。依该"三定方案"之规定，中国证监会为国务院直属事业单位，是全国证券期货市场的主管部门。

因"中国证监会三定方案"先于《证券法》颁布，不可能明确指定中国证监会就是《证券法》规定的国务院证券监督管理机构。但从我国证券市场的实际情况来看，我国《证券法》规定的"国务院证券监督管理机构"，指的是中国证监会。因此，《证券法》虽未对国务院证券监督管理机构的性质作明确规定，但依"中国证监会三定方案"，可将中国证监会界定为国务院直属事业单位。

依《证券法》关于国务院证券监督管理机构的职权的规定，国务院证券监督管理机构不仅拥有行政监管权，而且拥有规章制定权。这就与其事业单位的法律性质相矛盾。事业单位区别于行政机关的主要地方在于其目的为提供社会服务，而非行使行政管理职能。事业单位行使行政管理职能只能基于授权，在行政法上，被称为法律、法规授权组织。中国证监会关于自我定性的表述为："中国证监会为国务院直属正部级事业单位，依照法律、法规和国务院授权，统一监督管理全国证券期货市场，维护证券期货市场秩序，保障其合法运行。"基于此，中国证监会作为监管机构的法律障碍基本上被排除。但仍有一问题有待解决，即中国证监会作为法律、法规授权组织，不享有规章制定权，而中国证监会却拥有广泛的规章制定权。我国《宪法》仅赋予国务院各部、各委员会规章制定权。《立法法》则将规章制定权主体扩大为国务院各部、委员会、中国人民银行、审计署和具有行政管理职能的直属机构。其中，"具有行政管理职能的直属机构"，是指按照国务院的规定在特定领域行使行政管理职能的国务院的直属机构，包括直属事业单位如中国地震局、中国气象局、中国证监会、中国银监会等。依此，中国证监会作为"具有行政管理职能的直属机构"即可直接作为拥有规章制定权的行政主体，而不必被解释为法律、法规授权组织。总之，中国证监会是具有行政主体地位的特殊的国务院直属事业单位，不能过于纠缠事业单位与行政管理职权之间的冲突。

我国政府之所以将中国证监会界定为国务院直属事业单位，显然受到了世界独立规制（independently regulate）立法潮流的影响。所谓"独立"（independence），是指规制机构（regulatory institute/ regulatory agency）既与被规制企业、消费者等利益相关者保持一定的距离，又与政府部门保持一定的距离。设立独立规制机构有两个出发点：一是减少外部干预，二是建立专业技能，二者互相促进。根据经济合作与发展组织（OECD）关于规制改革的报告，规制机构的独立性应包括以下六个要素：（1）法律对规制机构授权；（2）规制机构在机构设置上独立于政府部门，实行自治管理；（3）规制者由多方任命（如政府与议会共同任命）；（4）规制者实行固定任期；（5）建立职业标准和有吸引力的薪酬标准；（6）设立稳定的经费来源（如通过行业收费，而不是政府预算拨款）。发达国家的独立规制机构一般都具备了以上特点。

美国证券交易委员会即属于独立规制机构，经由历次国会立法确立和扩展职能权限，其逐渐发展成一个由技术专家组成、注重证券市场主体经验并接受司法审查的中立管制机构。英国金融监管局具有更浓厚的准政府色彩，该机构基本上按照公司治理结构架构起来，其经费不是由国家财政支持，而是来源于监管对象缴纳的监管费用；董事局是其最高权力机构，多由非行政性人员组成，全面负责各项工作。中国香港证监会也是一家依香港《证监会条例》组建的独立于政府的独立规制机构。其经费开支来源于立法会拨款与市场征费。但近年来事实上并未从政府获得任何资金支持，全部经费来源于市场征费以及投资所得。中国香港证监会由特首任命的 12 名董事组成，其中 6 名为非执行董事。根据香港《证监会条例》的规定，中国香港证监会由偶数董事组成，会议的最低法定人数为 4 人，且其中的 2 名必须是非执行董事。对于会议议题实行一员一票的投票表决制。非执行董事主要由律师、会计师、上市公司董事以及交易所执行理事会的成员组成。

我国将证券监管等若干领域的监管机构确定为国务院直属事业单位，实质上是受到了独立规制理念的影响。但我国不仅使用了我国特有的事业单位概念，而且在体制上未能真正独立于政府，而是作为国务院直属部门，在经费来源、人事管理等方面与其他政府机构无实质差异。中国证监会的经费开支主要来源于国务院财政部门的拨款与市场征费，但罚没收入全部上缴国库。因此，从经费的角度看，中国证监会不具有独立规制模式下应有的独立性。作为国务院的组成部门之一，中国证监会编制方案由国务院编制委员会确定，主席等职位由国务院任命，因而未能形成独立运作机制。从其与证券交易所之间的关系看，中国证监会还未能独立于证券交易所，证券与期货市场完全处于中国证监会的直接控制之下。因此，就目前而言，中国证监会实质上仍属于政府部门之一，远未达到独立机构的标准，只不过采用了事业单位的概念而已。但从长远上看，我国应依独立规制理念，逐渐确立中国证监会的独立规制机构地位，使其履行证券市场监管职能时能够更加独立于政府与证券市场。

## 二、国务院证券监管机构的职权

我国《证券法》关于国务院证券监督管理机构职权的规定与"中国证监会三定方案"对中国证监会职权的规定不尽相同，总体而言，前者范围更宽，但却未将后者全部包含在内。因《证券法》属于法律范畴，且中国证监会的证券监管机构的主体地位源于《证券法》的规定，故应依《证券法》的规定。依该法第169条之规定，国务院证券监督管理机构履行下列职责：（1）依法制定有关证券市场监督管理的规章、规则，并依法进行审批、核准、注册，办理备案；（2）依法对证券的发行、上市、交易、登记、存管、结算等行为，进行监督管理；（3）依法对证券发行人、证券公司、证券服务机构、证券交易场所、证券登记结算机构的证券业务活动，进行监督管理；（4）依法制定从事证券业务人员的行为准则，并监督实施；（5）依法监督检查证券发行、上市、交易的信息披露；（6）依法对证券业协会的自律管理活动进行指导和监督；（7）依法监测并防范、处置证券市场风险；（8）依法开展投资者教育；（9）依法对证券违法行为进行查处；（10）法律、行政法规规定的其他职责。

## 三、国务院证券监管机构的监管措施

依《证券法》第170条之规定，国务院证券监督管理机构依法履行职责，有权采取下列措施：（1）对证券发行人、证券公司、证券服务机构、证券交易场所、证券登记结算机构进行现场检查。（2）进入涉嫌违法行为发生场所调查取证。（3）询问当事人和与被调查事件有关的单位和个人，要求其对与被调查事件有关的事项作出说明；或者要求其按照指定的方式报送与被调查事件有关的文件和资料。（4）查阅、复制与被调查事件有关的财产权登记、通信记录等文件和资料。（5）查阅、复制当事人和与被调查事件有关的单位和个人的证券交易记录、登记过户记录、财务会计资料及其他相关文件和资料；对可能被转移、隐匿或者毁损的文件和资料，可以予以封存、扣押。（6）查询当事人和与被调查事件有关的单位和个人的资金账户、证券账户、银行账户以及其他具有支付、托管、结算等功能的账户信息，可以对有关文件和资料进行复制；对有证据证明已经或者可能转移或者隐匿违法资金、证券等涉案财产或者隐匿、伪造、毁损重要证据的，经国务院证券监督管理机构主要负责人或者其授权的其他负责人批准，可以冻结或者查封，期限为 6 个月；因特殊原因需要延长的，每次延长期限不得超过 3 个月，冻结、查封期限最长不得超过 2 年。（7）在调查操纵证券市场、内幕交易等重大证券违法行为时，经国务院证券监督管理机构主要负责人或者其授权的其他负责人批准，可以限制被调查的当事人的证券买卖，但限制的期限不得超过 3 个月；案情复杂的，可以延长 3 个月。（8）通知出境入境管理机关依法阻止涉嫌违法人员、涉嫌违法单位的主管人员和其他直接责任人员出境。

为落实上述第七项监管措施，中国证监会于 2007 年 5 月 18 日发布了《中国证券监督管理委员会限制证券买卖实施办法》，对限制证券买卖作了具体规定。依其规定，限制证券买卖的受限账户包括被调查事件当事人及其实际控制的资金账户、证券账户和与当事人有关的其他账户。与当事人有关的其他账户包括：（1）有资金往来的；（2）资金存取人为相同人员或机构的；（3）交易代理人为相同人员或机构的；（4）有转托管或交叉指定关系的；（5）有抵押关系的；（6）受同一监管协议控制的；（7）下挂同一个或多个股东账户的；（8）属同一控制人控制的；（9）调查部门通过调查认定的其他情况。限制证券买卖措施包括：（1）不得买入指定交易品种，但允许卖出；（2）不得卖出指定交易品种，但允许买入；（3）不得买入和卖出指定交易品种；（4）不得办理转托管或撤销指定交易；（5）调查部门认为应采取的其他限制措施。

限制交易属于一种行政即时强制措施。行政即时强制是指行政机关在确定行政相对人违反法定义务、作出行政处罚前，对其人身自由、财产权利等予以一定强制性约束的管理措施。即时强制是为了制止违法行为，实现某种法定状态而采取的管理措施，具有即时性特征。从我国证券市场实际来看，确有必要赋予中国证监会一定的即时强制权。以对操纵市场案的查处为例：在中国证监会稽查中，有的违法者采取迅速出货的方式，把风险全部转移到散户。在集中竞价的交易方式下，无法查明买家所对应的卖家和卖家所对应的买家，即便是查实了操纵市场的行为，受害人也难以得到相应的赔偿。在涉嫌发布虚假消息、内幕交易的案件中，若等到中国证监会查明相关的违法行为，并根据《行政处罚法》的规定进行告知、听证程序，则很可能给调查取证带来较大的困难，甚至造成对社会的不利影响和难以挽回的损失。因此《证券法》赋予了中国证监会采取限制交易这一即时行政强制措施的权力。不过，若限制证券买卖不当，会对相关当事人造成较大利益损害，因此中国证监会在实施该项监管措施时应掌握充分的证据。实践中，限制交易可与证券交易所的限制证券账户交易配合使用。

# 第三节　证券监管机构监管权的约束和保障

## 一、证券监管机构监管权的约束

### （一）监管过程中应承担的义务

1. 监管行为须符合程序要件

《证券法》第172条规定，国务院证券监督管理机构依法履行职责，进行监督检查或者调查，其监督检查、调查的人员不得少于二人，并应当出示合法证件和监督检查、调查通知书或者其他执法文书。监督检查、调查的人员少于二人或者未出示合法证件和监督检查、调查通知书或者其他执法文书的，被检查、调查的单位和个人有权拒绝。

2. 证券监管机构工作人员所负义务

《证券法》第179条第1款规定："国务院证券监督管理机构工作人员必须忠于职守、依法办事、公正廉洁，不得利用职务便利牟取不正当利益，不得泄露所知悉的有关单位和个人的商业秘密。"依此，证券监管机构工作人员负有不牟私利与保密义务。

证券市场是一个高风险的市场，这种风险对社会、经济的冲击力、破坏力都较大。证券监管机构对市场的监管直接影响着证券市场的运行，影响着社会经济的发展和社会秩序的稳定。而证券监管机构对市场的监督管理又是通过其工作人员的行为来实现的，因此，为了保证证券监管机构对证券市场实行有效、公正的监督管理，《证券法》规定，证券监管机构工作人员必须忠于职守，依法办事，公正廉洁，不得利用职务便利牟取不正当利益。也就是说，证券监管机构的工作人员必须严格根据法律授予的权限公正地履行职责，在法律的基础上，对一切证券市场参与者给予公正的待遇，不得有任何不正当的行为。

证券监管机构工作人员在依法履行职责，进行监督检查或者调查的过程中，有可能涉及、了解被监督检查或者调查的单位和个人以及有关的单位和个人的商业秘密，而商业秘密一旦被泄露，往往会给原拥有商业秘密的单位和个人的生产、经营活动带来不利的影响，造成经济损失。为了避免证券监管机构工作人员因依法履行职责而给被监督检查或者调查的单位和个人以及有关的单位和个人造成不必要的损失，《证券法》规定，证券监管机构工作人员依法履行职责时，不得泄露所知悉的有关单位和个人的商业秘密。

3. 证券监管机构工作人员兼职禁止义务

《证券法》第179条第2款规定："国务院证券监督管理机构工作人

员在任职期间，或者离职后在《中华人民共和国公务员法》规定的期限内，不得到与原工作业务直接相关的企业或者其他营利性组织任职，不得从事与原工作业务直接相关的营利性活动。"依此，证券监管机构工作人员负有兼职禁止义务。被监管的机构，包括公开发行股票的公司，股票、债券上市交易的公司，证券交易所、证券公司、证券登记结算机构、证券投资咨询机构、资信评估机构、从事证券业务的律师事务所、会计师事务所、资产评估机构，以及其他直接或者间接与证券的发行、上市、交易有关，属于证券监管机构监督管理范围内的机构。上述机构，都属于证券监管机构工作人员禁止兼职的机构。

### （二）将涉嫌犯罪案件移送司法机关的义务

《证券法》第178条规定："国务院证券监督管理机构依法履行职责，发现证券违法行为涉嫌犯罪的，应当依法将案件移送司法机关处理；发现公职人员涉嫌职务违法或者职务犯罪的，应当依法移送监察机关处理。"

证券监管机构在履行其职责的过程中，会了解证券市场的各种情况。如果证券监管机构在查处某项证券违法行为时，发现其中有涉嫌犯罪的情节，就应当将该案件移送到有关司法机关，由有关司法机关进行处理。例如，对于涉嫌证券犯罪的案件，应当移送公安机关，由公安机关进行立案侦查；对于涉嫌贪污贿赂犯罪、国家工作人员渎职犯罪的案件，应当移送监察机关，由监察机关立案侦查。

《证券法》规定证券监管机构应当依法移送涉嫌犯罪的案件，其目的在于要求证券监管机构在查处违法案件时，严格依法办案，对于涉嫌犯罪的案件，应当依法由有关的司法机关依照法律的规定来处理；构成犯罪的，由人民法院依法判处刑罚，而绝不能让证券监管机构以罚代刑，以维护国家法律的尊严。

### （三）监管公开的义务

《证券法》第174条规定："国务院证券监督管理机构制定的规章、规则和监督管理工作制度应当依法公开。"（第1款）"国务院证券监督管理机构依据调查结果，对证券违法行为作出的处罚决定，应当公开。"（第2款）依此，证券监管机构负有监管公开的义务。

### 1. 行为规则应当公开

公开、公平、公正原则是证券市场的基本原则，而公开原则是公平、公正原则的前提。公开原则既要求证券发行、证券交易的有关信息公开，也要求有关的行为规则公开。这样，才能使证券市场的所有参与者都知晓并遵照执行，也才能使证券监管机构的运行具有透明度，避免暗箱操作，防止各种违法行为的发生，保证证券市场能够健康、有效地运行。因此，《证券法》规定，国务院证券监督管理机构依法制定的规章、规则和监督管理工作制度应当公开，不得秘而不宣。

### 2. 处罚决定应当公开

证券监管机构在对证券市场实施监督管理过程中，负有依法对违反证券市场监督管理法律、行政法规的行为进行查处的职责。证券监管机构在履行其职责时，依据其调查结果，应对证券违法行为依法作出处罚决定。由于其处罚决定不仅会影响到被处罚的当事人，也可能会影响整个证券市场，使证券市场出现较大幅度的波动，因此，《证券法》规定，证券监管机构依据调查结果，对证券违法行为作出的处罚决定，应当公开。这样，既便利当事人行使其权利，对处罚决定不服的，依法申请复议，或者依法直接向人民法院提起诉讼，也可以教育其他的证券市场的参与者，并维护正常的证券交易秩序，保障证券市场健康发展。[1]

## 二、证券监管机构监管权的保障

### （一）被监管人的配合义务

《证券法》第173条规定："国务院证券监督管理机构依法履行职

---

[1] 《证券法释义》编写组编. 中华人民共和国证券法释义. 北京：中国法制出版社，2005：287 - 290.

责，被检查、调查的单位和个人应当配合，如实提供有关文件和资料，不得拒绝、阻碍和隐瞒。"该规定确立了被监管人的配合义务。为保障该义务的履行，《证券法》针对违反该义务的行为明确规定了行政责任与刑事责任。该法第 218 条规定："拒绝、阻碍证券监督管理机构及其工作人员依法行使监督检查、调查职权，由证券监督管理机构责令改正，处以十万元以上一百万元以下的罚款，并由公安机关依法给予治安管理处罚。"该法第 219 条规定："违反本法规定，构成犯罪的，依法追究刑事责任。"

### （二）信息共享机制

《证券法》第 175 条第 1 款规定："国务院证券监督管理机构应当与国务院其他金融监督管理机构建立监督管理信息共享机制。"该规定确立了信息共享机制。

### （三）有关部门配合检查或调查的义务

《证券法》第 175 条第 2 款规定："国务院证券监督管理机构依法履行职责，进行监督检查或者调查时，有关部门应当予以配合。"证券监管机构在进行监督检查或调查时，可能会牵涉到相关部门，需要得到这些部门的配合与协助，才能切实执行监管职权。

### （四）跨境监管合作机制

《证券法》第 177 条规定："国务院证券监督管理机构可以和其他国家或者地区的证券监督管理机构建立监督管理合作机制，实施跨境监督管理。"（第 1 款）"境外证券监督管理机构不得在中华人民共和国境内直接进行调查取证等活动。未经国务院证券监督管理机构和国务院有关主管部门同意，任何单位和个人不得擅自向境外提供与证券业务活动有关的文件和资料。"（第 2 款）

在证券市场日益国际化的背景下，各国普遍高度重视跨境监管合作。为此，国际证监会组织作为推行跨境监管合作的国际性组织，于 1983 年成立，其前身为始于 1974 年的证监会美洲协会。该组织总部原设在加拿大蒙特利尔市，2004 年 2 月 4 日迁至西班牙的马德里市。国际证监会组织的成员分为正式会员、联系会员和附属会员三类，现有二百多个成员机构，其中一百多个为正式会员，这些会员可申请加入《多边备忘录》。国际证监会组织的宗旨是帮助其成员：（1）加强合作，确保无论在国内范围还是国际范围内，都能更好地监管证券市场，从而维护证券市场的公平与效率；（2）交换信息，促进各成员境内证券市场的发展；（3）共同努力，制定国际证券交易的标准和有效的监管机制；（4）互相协助，通过严格执行有关标准和对违反者的有效处罚，确保证券交易的公正。中国证监会于 1995 年 7 月 11 日正式加入了国际证监会组织，成为亚太地区委员会的正式会员；上海和深圳证券交易所则于1996 年成为其附属会员。

按监管市场的发展状况划分，国际证监会组织的成员分属技术委员会和新兴市场委员会；按地理区域划分，国际证监会组织的成员分属亚太地区委员会、欧洲地区委员会、美洲地区委员会及中东/北非地区委员会。国际证监会组织的实际决策核心为执行委员会，国际证券监管标准的实际制定者则为技术委员会。自 1998 年以来，中国证监会连续当选为执行委员会的成员。但多年来，技术委员会一直保持 15 个席位，成员来自澳大利亚、加拿大、法国、德国、美国、意大利、日本、墨西哥、荷兰、西班牙、瑞士、英国和中国香港等国家或地区。2009 年 2月 15 日至 17 日，在美国华盛顿召开的国际证监会组织会议上，经技术委员会和执行委员会讨论决定，批准中国、巴西和印度等三个新兴市场国家的证券监管机构加入技术委员会。这标志着中国在国际证券监管领域的话语权得到了加强。

国际证监会组织于 2002 年 5 月审议通过的《多边备忘录》要求所有加入的成员机构（可在相关执法部门的协助下）：（1）有权获得证券、衍生产品交易相关的资金、资产记录以及实际控制人等信息；（2）有权向境外监管机构提供上述资料；（3）有权在自愿基础上获得或强制得到个人陈述；（4）就境外监管机构涉及内幕交易、市场操纵、虚假陈述和其他证券欺诈或操纵行为的请求提供协助，即使该案件不涉及违反其法律法规；（5）遵守相关的信息保存以及保密等规定。为确保《多边备忘录》的效力和影响力，2005 年 5 月，国际证监会组织要求所有正式成员必须于 2010 年 1 月 1 日前加入《多边备忘录》。2007 年 4 月 11 日，在印度孟买召开的国际证监会组织第 32 届年会上，中国证监会正式加入了《多边备忘录》，从而使中国可以通过与境外证券监管机构的合作提升监管水平，有效打击证券领域的犯罪行为。

# 第十六章　证券法律责任制度

## 第一节　证券法律责任制度概述

### 一、证券法律责任体系概述

民事责任、行政责任与刑事责任是法律责任的三种基本形式。证券法律责任也包括这三种基本责任形式。在对证券违法行为的处置中，民事责任、行政责任和刑事责任各自起着不可或缺的作用。只有这三种责任形式相互配合，构成完整、严密的证券法律责任体系，才能有效调整证券法律关系，防范证券违法行为，维护证券市场秩序，保护投资者合法权益。

在证券发行、交易、监督、管理及其他相关活动中，违反证券法律法规规范的规定，但未构成犯罪的，一般应当追究行政责任，给予行政处罚。行政责任是对违反证券市场管理秩序的行为的惩戒，重在纠正行为人的不当行为，恢复正常的交易环境。各国证券法大多对证券违法行为的行政责任作出了明确规定，且行政责任基本上覆盖了所有证券违法行为，在证券法律责任体系中处于核心地位。我国《证券法》的法律责任体系也以行政责任为中心，对各种证券违法行为的行政责任作了具体细致的规定。不过，我国现行《证券法》改变了行政责任、刑事责任一并规定的做法，大大增强了行政责任，相应增强了民事责任，同时将刑事责任统一留给《刑法》规定，在责任体系上保持了较为合理的平衡。

我国《证券法》在"法律责任"一章中对证券违法行为的行政处罚和行政处分措施作了具体细致的规定。其具体形式有：责令停止发行、退还所募资金和加算银行同期存款利息；警告；取消从业资格；取缔违法公开发行证券的合同；吊销营业执照；责令关闭；责令改正；没收违法所得；罚款；不得行使表决权；撤销任职资格；暂停或者撤销业务许可；责令依法处理非法持有的股票；限制股东权利；通知出境管理机关依法阻止违法人员出境，等等。

在证券发行、交易及其相关活动中，违反证券法律规定的行为，给社会秩序、证券市场造成严重危害，给社会公众造成严重损害，构成犯罪的，应当依法追究刑事责任。刑事责任则重在打击和遏制证券犯罪行为，剥夺行为人进一步实施犯罪的条件。对此，《证券法》第219条规定："违反本法规定，构成犯罪的，依法追究刑事责任。"《刑法》则对相关证券犯罪作了较为全面的规定，从而健全了证券市场的法律责任体系。由此，对一些社会危害性极大的违法行为，形成了事前预防、事中制约、事后制裁相结合，民事、行政、刑事责任相衔接的全方位、多层次、立体化的法律控制机制。

在证券法律责任体系中，证券民事责任是直接保护投资者利益的法律制度，因而证券法教科书往往仅就证券民事责任加以阐述。本书也仅就证券民事责任加以阐述。

## 二、证券民事责任的概念与性质

在证券发行、交易及其相关证券活动中，相关违法行为直接给他人造成损失的，行为主体应负民事责任。证券民事责任重在消除证券违法行为的损害后果，使侵害人与受害人之间已经失衡的利益关系恢复原状，使投资者的利益得到救济。证券民事责任包括证券违约责任与证券侵权责任。

合同关系是证券发行、证券交易及相关证券服务中的基本民事法律关系，主要包括证券保荐合同关系、证券承销合同关系、证券交易委托合同关系、证券上市合同关系、证券服务合同关系等。对证券合同的违背，即构成证券违约责任。我国《证券法》在相关条款中对违反证券合同的违约责任作了规定，本书也在相关章节作了阐述。鉴于一般意义上的证券民事责任系指证券欺诈民事责任，且违反证券合同（不包括存在证券合同关系的证券欺诈行为）的民事责任的法律关系较为明确，故本书以下部分对此不予展开。

在证券市场中，证券违法行为主要表现为虚假陈述、内幕交易、操纵市场、欺诈客户，这些行为被统称为证券欺诈行为。其民事责任承担方式主要为损害赔偿。关于证券欺诈民事责任的性质，法学界主要有以下三种观点。

### 1. 侵权责任说

该说认为，证券欺诈行为的民事责任为侵权损害赔偿责任。这是目前理论界与实务界的通说。[1] 在立法例上，多数国家（地区）的证券法虽未明确将证券欺诈民事责任界定为侵权责任，但显然是基于侵权责任而作规定。我国台湾地区"证券交易法"也基本上是以侵权责任作为证券欺诈责任的基础。[2] 我国《证券法》及 2002 年 1 月 15 日发布的《最高人民法院关于受理证券市场因虚假陈述引发的民事侵权纠纷案件有关问题的通知》也均以侵权责任为基础。[3] 在采取违约责任与侵权责任竞合模式的英美法系国家，也表现出明显的以侵权责任法模式替代合同法模式的趋势，因为这更能威慑侵权人，实现净化市场和保护投资者的功能。[4]

### 2. 特定情形下违约责任与侵权责任竞合说

该说认为，证券欺诈民事责任在一定条件下是侵权责任与违约责任的竞合，而大多数情况下只是一种侵权责任。我国民法关于责任竞合的规定赋予当事人选择诉由的权利。证券发行的欺诈行为，即证券发行

---

[1] 周友苏主编．新证券法论．北京：法律出版社，2007：626 - 633. 李东方主编．证券法学．北京：中国政法大学出版社，2007：402 - 407. 郭俊秀，蒋进．证券法．厦门：厦门大学出版社，2004：153. 王利明．论证券法中民事责任制度的完善．法学研究，2001（4）．赵万一主编．证券法学．北京：中国法制出版社，1999：426.

[2] 曾宛如．证券交易法原理．修订版．台北：元照出版公司，2006：236.

[3] 有学者认为，欺诈客户的法律责任属于违约责任与侵权责任的竞合．叶林．证券法．2 版．北京：中国人民大学出版社，2006：313.

[4] 陈洁．证券民事赔偿制度的法律经济分析．北京：中国法制出版社，2004：37 - 38.

人、承销人和其他中介机构基于过错违反证券发行规则，在公开披露的证券招募说明书及其他法定披露文件中作虚假陈述，或者基于内幕信息而认购证券的行为，就构成对被英美法视为"最高诚信合同"的招募说明书的违背，从而构成违约责任。[①] 该证券欺诈行为同时构成对证券法所规定义务的违反，故应构成违约责任与侵权责任的竞合。在此情形下，应可按照我国民法之规定，赋予投资者以如下诉由选择权：（1）主张发行人欺诈而撤销合同，而后主张缔约过失责任；（2）提起基于发行人不适当履行义务的违约之诉；（3）提起基于欺诈的侵权之诉。[②] 因此，对在证券发行市场中基于对合同的违反而承担的法律责任完全可以直接适用违约责任，只有在证券交易市场中的欺诈行为，因投资者与欺诈行为人不发生直接的合同关系，才应将责任性质限定于侵权责任。因此，总的来说，证券欺诈民事责任主要表现为侵权责任，但在当事人之间存在合同关系的情况下，存在侵权责任与违约责任竞合的问题。[③] 依此，可解释欺诈客户的法律责任为违约责任与侵权责任竞合的观点。

### 3. 法定责任说

除以上两种主导观点外，还有学者将美国证券法关于虚假陈述的民事责任界定为法定责任。该学者认为：从一般意义上讲，民事责任就其本质而言均为法定责任，但此处所谓法定责任具有特定含义，即通过立法的方式明确规定虚假陈述民事责任的具体制度与适用，而不再通过合同法或侵权责任法进行推导。由于合同法和侵权责任法中，民事责任的产生必须依照合同法或侵权责任法的一般责任规则进行推导，在此过程中必须证明诸如信赖关系、因果关系、主观心理状态等要素的存在，这将导致证券欺诈民事责任的适用成本极高。法定责任则可以在相当程度上超越现有救济方法的一般规定，通过减轻举证责任，在合理范围内扩张民事救济的适用。而在合同法和侵权责任法一般规则下，这种较为容

---

① 于莹. 证券法中的民事责任. 北京：中国法制出版社，2004：36.

② 陈洁. 证券民事赔偿制度的法律经济分析. 北京：中国法制出版社，2004：42.

③ 于莹. 证券法中的民事责任. 北京：中国法制出版社，2004：45. 陈洁. 证券欺诈侵权损害赔偿研究. 北京：北京大学出版社，2002：39 - 40.

易实现的救济却很难实现。可以说，法定民事责任的产生，才使信息披露民事责任制度真正具备了提供损害赔偿救济的现实基础。美国证券法的发展过程，就呈现出明显的法定责任扩张趋势。[①] 不过，从法律责任性质的划分而言，将证券欺诈民事责任称为法定责任，仅在英美法系国家具有意义。

事实上，在大陆法系国家，民事责任分为违约责任、侵权责任与缔约过失责任，所谓在归责原则与举证责任分配规则上具有特殊性的法定责任，只不过是一种违约责任与侵权责任相竞合且具有特殊规则的特殊侵权责任而已，并不能成为一种独立的法律责任。至于侵权责任说与特定情形下违约责任与侵权责任竞合说，两者之间实际上仅存在分析视角上的差异，前者是基于证券法所明确规定的模式而作分析，后者则将民法的一般规则加以运用。从司法实践来看，各国大多倾向于以侵权责任寻求证券欺诈的救济，但并不排除在存在合同的情况下，由当事人自由选择诉由。因此，在此意义上讲，侵权责任说与特定情形下违约责任与侵权责任竞合说，没有本质差异。就我国而言，《证券法》固然基本上是以侵权责任作为证券欺诈责任的基础模式，但也在欺诈客户的民事责任的规定中包含了对违约责任的认可。即使《证券法》未作此规定，也不能排除违约责任的适用问题，因为民法的一般规定理所当然地应适用于当事人之间具有合同关系的证券欺诈行为。令人遗憾的是，2002 年《最高人民法院关于受理证券市场因虚假陈述引发的民事侵权纠纷案件有关问题的通知》仅规定了侵权责任，似乎将违约责任排除了。不过，从理论上讲，这不应构成对我国证券欺诈民事责任性质认定的障碍。

## 三、证券民事责任制度的作用

证券民事责任制度在实现证券法宗旨方面，具有以下主要功能[②]：

（1）填补损害的作用。通过民事诉讼程序，使权益受损害的投资者

---

① 齐斌. 证券市场信息披露法律监管. 北京：法律出版社，2000：265-271.
② 陈甦. 民事责任制度与证券法宗旨的实现. 人民法院报，2001-12-28.

得到赔偿，这是民事责任制度保护具体投资者的直接作用，是实现证券法宗旨的必不可少的具体措施。民事责任制度的实施可以使受损害的投资者得到补偿，这是行政责任和刑事责任制度所不具有的功能。

（2）阻吓违法行为的作用，即通过追究违法行为人的民事责任，使其失去违法获取的利益，并对其他意欲实施违法行为的人起到警示作用。例如，在对内幕交易行为的受害人范围及其损失结果实行推定的情况下，适格受害人的损失总额通常会超过内幕交易者的实际获利数额，内幕交易者承担民事赔偿责任，不仅对受害人有补偿作用，同时对内幕交易者有惩罚作用。这样将使违法成本远远高于其收益，从而促使行为人违法的动机减少。在行政责任框架下，虽然违法行为同样受到制裁，但处罚力度较小，往往难以产生阻吓违法行为的效果。

（3）提高投资者参与监管的主动性。民事责任机制的动力来自投资者对自己权益的关心，投资者为维护自己利益，能够主动追究违法行为人的民事责任，可最大限度地提高投资者参与证券市场监管的主动性，并可弥补行政监管机构在人力、物力、财力上的限制，降低证券市场监管成本。

（4）发现违法行为的作用。证券市场上的违法行为（如内幕交易等）通常是很隐蔽的，不易被外界发现。投资者基于对自己利益的关心，会对相关交易给予持续关注。投资者的身份具有广泛性（有的投资者还是上市公司职员），可以对各类人员的交易活动进行广泛的监督。通过投资者向侵害自己利益的人追究民事责任，可以及早发现证券市场上的违法行为。

（5）民事责任制度的实施具有较强的公开性。如果发生了侵害投资者权益的事件，而投资者选择通过民事诉讼程序维护其权益，则在提起民事诉讼时，该事件就已经向社会公开，这会提高社会监督的效果。

（6）弥补行政责任追究机制本身的不足。在民事责任制度中，可以实行连带责任，实行过错推定和损害结果推定等，便于追究违法行为人的法律责任，有利于维护投资者权益。而行政责任不能是连带责任，追究行政责任时对违法行为的损害结果等不能推定。可见，在违法行为人承担民事责任的场合，其并不必然地承担行政责任。因此，民事责任追究机制具有更广泛的适用性。有人认为，由于证券市场活动的特殊性，在涉及虚假陈述、内幕交易和操纵市场等案件的处理实务中，只有证券监管机构对行为的违法性已作认定时，法院才能据此判定行为人承担民事责任。这实际上混淆了民事责任制度和行政责任制度在实施机制方面的区别，并且不恰当地使民事责任追究机制依附于行政责任追究机制。

## 第二节　虚假陈述的法律责任

### 一、虚假陈述的含义

我国《证券法》未对虚假陈述作集中规定，相关规定散见于不同条款之中。此外，还见于以下规定：2003 年 1 月 9 日发布的《最高人民法院关于审理证券市场因虚假陈述引发的民事赔偿案件的若干规定》（以下简称《虚假陈述规定》）、2002 年《最高人民法院关于受理证券市场因虚假陈述引发的民事侵权纠纷案件有关问题的通知》。国务院新闻办公室于 2021 年 9 月 23 日下午 3 时举行"司法审判服务保障全面建成小康社会"新闻发布会，最高人民法院审判委员会副部级专职委员、二级大法官刘贵祥在新闻发布会上表示，目前最高法正着手修改证券虚假陈述民事赔偿的司法解释，起草全国法院金融审判工作会议纪要，将进一步统一民商事案件特别是金融案件的裁判标准，增强民商事案件裁判的可预见性和确定性。

证券市场虚假陈述，也称不实陈述，是指信息披露义务人违反证券法律规定，在证券发行或者交易过程中，对重大事件作出违背事实真相的虚假记载、误导性陈述，或者在披露信息时发生重大遗漏、不正当披露信息的行为。① 对于重大事件，应当结合《证券法》相关规定的内容认定。《证券法》第 80 条、第 81 条均有关于重大事件的规定。各国立法例也采取类似模式，均以"重大信息"（或"有关信息""主要内容"等概念）作为判断虚假陈述的主要依据。其含义为理性投资者进行投资判断时有重大影响的信息或事件。重大性主要是指对证券价格影响的重大性。凡是对证券价格有重大影响的事件、事项或信息，都具有重大性。

虚假陈述的行为人为证券信息披露义务人，包括证券发行人、上市公司以及证券承销商、证券上市保荐人、会计师事务所、律师事务所、资产评估机构等专业、中介机构以及其他机构。对证券信息披露质量起关键作用的相关组织或个人，也负有确保信息披露真实、准确、完整的义务，他们虽非直接的信息披露义务人，但应对虚假陈述承担法律责任。如《证券法》第 85 条规定："信息披露义务人未按照规定披露信息，或者公告的证券发行文件、定期报告、临时报告及其他信息披露资料存在虚假记载、误导性陈述或者重大遗漏，致使投资者在证券交易中遭受损失的，信息披露义务人应当承担赔偿责任；发行人的控股股东、实际控制人、董事、监事、高级管理人员和其他直接责任人员以及保荐人、承销的证券公司及其直接责任人员，应当与发行人承担连带赔偿责任，但是能够证明自己没有过错的除外。"因此，虚假陈述责任人不仅包括信息披露义务人，而且包括对信息披露承担法律责任的其他主体。此外，虽不负有证券法上的信息披露义务，但实际作出了虚假陈述的相关机构或个人，也应作为虚假陈述行为人而承担虚假陈述法律责任。依 2003 年《虚假陈述规定》第 7 条之规定，虚假陈述证券民事赔偿案件的被告，应当是虚假陈述行为人，包括以下类型：（1）发起人、控股股东等实际控制人；（2）发行人或者上市公司；（3）证券承销商；（4）证券上市保荐人；（5）会计师事务所、律师事务所、资产评估机构等专业中介机构；（6）上述（2）（3）（4）项所涉单位中负有责任的董事、监

---

① 2003 年《虚假陈述规定》第 17 条第 1 款。

事和经理等高级管理人员，以及（5）项中的直接责任人；（7）其他作出虚假陈述的机构或者自然人。

据学者统计，在我国证券市场上，2000 年以后，虚假陈述是中国证监会处罚的主要类型，在全部公布的处罚案例中占比达 53.7%，但虚假陈述类处罚案件数总体上保持稳定。[①]

## 二、虚假陈述的类型

### （一）虚假陈述的具体形态

依 2003 年《虚假陈述规定》第 17 条第 2～5 款之规定，虚假陈述包括以下四种具体形态。

#### 1. 虚假记载

虚假记载，是指信息披露义务人在披露信息时，将不存在的事实在信息披露文件中予以记载的行为。也即在信息披露文件中，将客观上未发生或无合理基础的事项加以杜撰或未予剔除。

虚假记载是各国证券市场中经常出现的一种虚假陈述行为，在财务报表中出现得尤为普遍。虚假记载属于积极行为方式，但主观上既可能出于故意，也可能出于过失。信息披露义务人在信息披露文件中进行虚假记载的方式很多，财务报表中主要有以下四类：（1）虚增资产负债比例，虚构公司偿债能力；（2）虚构投资者权益，夸大公司实力；（3）虚报盈利，虚构资产价值；（4）虚构成本费用率，夸大公司效益。中国证监会查处的一些上市公司中出现过大量的虚假记载情形，如红光实业股份有限公司为骗取上市资格，将 1996 年度实际亏损 10 300 万元记载为盈利 5 400 万元；大庆联谊公司在上市申报中编制的财务报告比 3 年同期利润多出了 16 167 万元。

#### 2. 误导性陈述

误导性陈述，是指虚假陈述行为人在信息披露文件中或者通过媒

---

① 汤欣，高海涛. 证券市场操纵行为认定研究——行政处罚案例的视角. 当代法学，2016 (4).

体，作出使投资人对其投资行为发生错误判断并产生重大影响的陈述。

误导性陈述有以下三种类型：（1）语义模糊歧义型，即语义模糊不清，具有歧义，易使公众产生不同理解；（2）语义难以理解型，即语句艰涩难懂，虽从文义上看是准确的，但对于一般投资者而言不知所云，无法理解；（3）半真陈述型，又称部分遗漏型，即未对事实全部情况予以表述，遗漏了相关条件，误导投资者。误导性陈述既可表现为积极作为的方式，也可表现为消极不作为的方式。对是否构成误导之判断，不应仅注意文件或其构成部分之字面含义，而更应注重该文件之表示对公众所可能造成的印象。

3. 重大遗漏

重大遗漏，是指信息披露义务人在信息披露文件中，未将应当记载的事项完全或者部分予以记载。

根据信息披露制度的要求，凡对投资者判断证券投资价值有影响的信息应全部公开。公开文件中应当披露的内容不以法定表格所列举的事项为限，证券发行人尤其要注意法定表格以外的信息，因为对法定表格以外的信息投资者可能产生期待、信赖，并依此作出投资决策，而信息披露义务人往往最容易在这方面造成遗漏。

重大遗漏是一种消极的不实陈述，是以不作为的方式进行的。如某拟上市股份有限公司的行业政策即将发生变化，国家有关主管部门即将对公司所处行业进行限制，或存在对公司有重大影响的诉讼案件，但却在招股说明书中对上述情形只字不提，使投资者难以了解募集资金投向的风险，即构成重大遗漏。

4. 不正当披露

不正当披露，是指信息披露义务人未在适当期限内或者未以法定方式公开披露应当披露的信息。依此，不正当披露包括以下两种类型：（1）不及时披露，即信息披露义务人未在适当期限内公开披露应当披露的信息，包括提前披露与延迟披露；（2）方式不当的披露，即没有以法定方式进行信息披露。不正当披露，因其将导致信息不对称，也构成虚假陈述。[①]

## （二）诱多型虚假陈述与诱空型虚假陈述

根据虚假陈述对投资者判断和交易影响的不同，可以将其分为诱多型虚假陈述与诱空型虚假陈述。

### 1. 诱多型虚假陈述

诱多型虚假陈述，是指虚假陈述引导股市价格上行，表现为隐瞒利空消息，使股价应跌而未跌；或假造利好消息，使股价不应涨而涨，使投资者在股价处于相对高位时，进行"投资"追涨，在虚假陈述被揭露或被更正后股价又下跌，从而使投资者遭受损失。证券市场中常见的虚假陈述行为即为诱多型虚假陈述。从虚假陈述行为实施之时起，投资者的投资行为就可能受到其影响，就可能发生投资损失。但在虚假陈述被揭露之前，撇开其他所有因素而假设仅有这种虚假陈述影响着股价，则理论上股票价格应遵从"利多"的性质发展和变化，因而在此期间投资者不会因诱多型虚假陈述而遭受损失。现实中，在虚假陈述行为影响着某股票价格的同时，还有其他多种因素，如市场操纵和内幕交易行为、影响同类股票价格波动的市场因素、该股票投资者的投资理念和行为，甚至政策和行政行为，等等，对该股票价格波动发生作用。这些因素综合影响着股票价格，使股价往往不是遵从"利多"性质的虚假陈述影响而发展和变化，通常是由于受其他因素影响而改变走向。因此，证券市场实践中，往往是市场操纵者和内幕交易者借助虚假陈述的"利多"信息，分批卖出其在股价处于相对低位时买入的股票，从而使投资者遭受损失。当然，虚假陈述是造成投资者遭受损失的重要原因（未必是直接原因），因而仍应追究虚假陈述的法律责任。

### 2. 诱空型虚假陈述

诱空型虚假陈述，是指虚假陈述引导股市价格下行，表现为隐瞒利

---

① 李国光，贾纬编著. 证券市场虚假陈述民事赔偿制度. 北京：法律出版社，2003：171-173.

好消息，使股价应涨而未涨；或表现为假造利空消息，打压股价，使股价不应跌而跌，使投资者在股价向下运行或相对低位时卖出股票，在虚假陈述被揭露或被更正后股价又上涨，从而使投资者遭受损失。在虚假陈述发生后，投资者信赖该信息而作出错误判断，在股价下跌时应低价卖出证券所产生的损失，应由虚假陈述行为人承担。诱空型虚假陈述造成的损失是投资者在受该信息影响的低价位卖出证券与该信息披露后价格回涨之间的差额。在诱空型虚假陈述被揭露后，证券价格应恢复到未受该虚假陈述影响的状态，投资者此时卖出或者继续持有证券并不会因该诱空型虚假陈述而遭受损失。因此诱空型虚假陈述在被揭露之后，对投资者的损失不起实质性作用。

在我国，导致股价畸高的诱多型虚假陈述较为典型且最为常见，从红光股份、大庆联谊、琼民源，直到银广夏等虚假陈述案所涉大多为诱多型虚假陈述。而诱空型虚假陈述常常与内幕交易、操纵市场等其他种类的证券市场欺诈行为相联系，这类证券欺诈行为在我国的证券市场上少有被揭露的案例。而 2003 年《虚假陈述规定》以行政处罚或者刑事判决作为前置程序，因此该司法解释未将诱空型虚假陈述纳入调整范围。但不能因此排除诱空型虚假陈述行为人的法律责任。[1]

## 三、虚假陈述的归责原则与责任承担方式

我国证券法对不同的虚假陈述行为人的民事责任归责原则与责任承担方式作了不同规定。

（1）信息披露义务人承担无过错责任。依《证券法》第 85 条之规定，信息披露义务人应对虚假陈述民事赔偿责任承担无过错责任。根据《证券法》第 78 条第 1 款之规定，此处所谓信息披露义务人，指的是发行人及法律、行政法规和国务院证券监督管理机构规定的其他信息披露义务人。根据 2003 年《虚假陈述规定》第 21 条第 1 款的规定，信息披

---

① 李国光，贾纬编著. 证券市场虚假陈述民事赔偿制度. 北京：法律出版社，2003：171－173.

露义务人包括发行人的发起人。①

美国、日本，以及我国台湾地区都仅规定发行人（含上市公司）承担严格责任（无过错责任）。英国、德国则规定，发行人与其他虚假陈述行为人一样，都承担过错推定责任。② 总之，各国（地区）基本上都不将发起人的责任确定为无过错责任。

（2）发行人的控股股东、实际控制人、董事、监事、高级管理人员和其他直接责任人员，以及保荐人、承销的证券公司及其直接责任人员，承担过错推定责任下的连带责任。

## 四、虚假陈述损害赔偿因果关系的认定

### （一）虚假陈述损害赔偿因果关系概述

损害与侵权行为之间存在因果关系是侵权责任的构成要件之一，虚假陈述侵权损害赔偿也不例外。这一问题又包括两个方面：第一，因果关系是否存在；第二，证明因果关系存在与否的责任由谁承担，即举证责任的分配问题。前者是指在实体法层面通过事实认定与法律适用确定有没有因果关系，如果有，它是什么，包括什么；后者是指将证明因果关系内容和范围的责任在当事人间分配，决定由谁来证明、证明到何种程度。

在虚假陈述的民事赔偿中，信息披露义务人不能仅仅因为有虚假陈述的存在而承担责任，投资者只有在出于对虚假陈述的信赖作出投资行为而遭到损失的情况下，才可能成为虚假陈述的受害人，得以主张损害赔偿请求权。换言之，虚假陈述的因果关系原则要求虚假陈述与受害人的损失之间存在因果联系，这一联系体现为损失的产生是因信赖虚假陈述而作出投资行为的结果。对此进行解释的理论为市场欺诈理论。

---

① 2003年《虚假陈述规定》第21条第1款规定："发起人、发行人或者上市公司对其虚假陈述给投资人造成的损失承担民事赔偿责任。"

② 李国光，贾纬编著. 证券市场虚假陈述民事赔偿制度. 北京：法律出版社，2003：73-74，148.

以市场欺诈理论解释信赖关系的前提是有效资本市场假说的成立。根据该假说，在一个有效的市场上，证券的市场价格反映并包含了所有公开、可得的信息。据此，市场欺诈理论认为，所有不真实的和具有欺诈性的信息也都反映在证券的市场价格上，任何一个投资者，不管对这些信息是否知情，在其因信赖市场定价的公正性和整体性而进行交易时，事实上都是在按照包含着这些虚假信息的价格进行交易，所以虚假陈述构成对投资者的欺诈。因此，在虚假陈述的情况下，投资者以正常方式作出的投资决策是基于对市场定价的信赖，即基于对该虚假陈述的信赖，依据这样的信赖足以认定投资者的投资决策与信赖虚假陈述之间存在因果关系（可称之为交易因果关系）。由此可见，投资者对信息披露的信赖无须特别证明，即可推定其存在这种信赖，当然有证据证明投资者不存在这种信赖除外。这种信赖推定原则实质上确立了因果关系举证责任的倒置，即除非信息披露义务人能证明信赖关系不存在，否则因果关系即由此成立。

关于投资者的投资损失是否为虚假陈述所导致，法律同样引入了推定原则，即只要投资者因该虚假陈述作出投资决策并由此在价格上表现出受到损失，即可推定损失因果关系成立，无须投资者对此证明。此外与一般侵权行为不同，法律还对虚假陈述是引起投资损失的直接原因还是间接原因不作区分。当然，如果虚假陈述行为人能够证明投资者的损失确实不是虚假陈述而是其他原因导致，则应认定两者之间不存在因果关系。

## （二）我国对虚假陈述损害赔偿因果关系的认定

我国《证券法》未对虚假陈述损害赔偿因果关系的认定作出规定，但 2003 年《虚假陈述规定》对诱多型虚假陈述损害赔偿因果关系作了具体规定。

依 2003 年《虚假陈述规定》第 18 条之规定，投资人具有以下情形的，人民法院应当认定虚假陈述与损害结果之间存在因果关系：（1）投资人所投资的是与虚假陈述直接关联的证券。在证券市场上，某只证券不正常的价格波动往往会造成其他证券的价格波动，因而某只证券的虚假陈述可能会影响到其他证券的投资者。但虚假陈述行为人仅需对该证券以及与虚假陈述直接关联的证券的投资者承担赔偿责任。（2）投资人在虚假陈述实施日及以后，至揭露日或者更正日之前买入该证券。在虚假陈述实施之前进行投资而买入证券的投资者，因其投资行为是在有效、公正市场上的正常投资行为，其买入证券时的行为并未受到虚假陈述的影响，故其在虚假陈述被揭露之后所发生的损失不应被认定为与虚假陈述之间存在因果关系。（3）投资人在虚假陈述揭露日或者更正日及以后，因卖出该证券发生亏损，或者因持续持有该证券而产生亏损。尽管虚假陈述揭露日或者更正日及以后，证券价格受此影响已下降，甚至大幅下降，但投资者为避免进一步受损仍可能卖出证券。在此情形下，其卖出证券的损失就直接由虚假陈述造成。

依 2003 年《虚假陈述规定》第 19 条之规定，被告举证证明原告具有以下情形的，人民法院应当认定虚假陈述与损害结果之间不存在因果关系：（1）在虚假陈述揭露日或者更正日之前已经卖出证券。在诱多型虚假陈述情况下，揭露日或者更正日之前已经卖出证券的投资者，其损失与虚假陈述之间应被认定为不存在因果关系，故其损失不应在损害赔偿范围之内。（2）在虚假陈述揭露日或者更正日及以后进行的投资。在此情形下所进行的投资，已不受虚假陈述的影响，故其投资损失与虚假陈述无关，属于责任自负的范畴。（3）明知虚假陈述存在而进行的投资。在此情形下，投资者可能基于多种心态而作出投资决定，但并非受虚假陈述信息的误导而发生，故其投资损失与虚假陈述无关，属于责任自负的范畴。（4）损失或者部分损失是证券市场系统风险等其他因素所导致。在证券市场实践中，有时在发生虚假陈述的同时，还发生其他证券市场系统风险，并且投资者的损失主要是这些风险所造成的。因此，若虚假陈述并非导致投资者损失的原因，则其与投资者损失之间就不存在因果关系。但应注意的是，只要两者之间仍存在因果关系，虚假陈述行为人就应承担相应的法律责任。（5）属于恶意投资、操纵证券价格的。恶意投资、操纵证券价格本身属于非法行为，即使因虚假陈述遭受损失，也不能要求获得赔偿。

虚假陈述实施日，是指作出虚假陈述或者发生虚假陈述之日。虚假陈述揭露日，是指虚假陈述在全国范围发行或者播放的报刊、电台、电视台等媒体上，首次被公开揭露之日。虚假陈述更正日，是指虚假陈述行为人在中国证监会指定披露证券市场信息的媒体上，自行公告更正虚假陈述并按规定履行停牌手续之日。[①]

### （三）诱空型虚假陈述因果关系的认定

上述司法解释仅针对诱多型虚假陈述而言，对于诱多型虚假陈述与诱空型虚假陈述之间的关系，可依 2003 年《虚假陈述规定》第 18、19 条之规定，对诱空型虚假陈述中因果关系的认定作如下判断：

（1）投资人具有以下情形的，人民法院应当认定虚假陈述与损害结果之间存在因果关系：1）投资人所投资的是与虚假陈述直接关联的证券；2）投资人在虚假陈述实施日及以后，至揭露日或者更正日之前买入该证券；3）投资人在虚假陈述揭露日或者更正日及以后，因卖出该证券发生亏损，或者因持续持有该证券而产生亏损。

（2）被告举证证明原告具有以下情形的，人民法院应当认定虚假陈述与损害结果之间不存在因果关系：1）在虚假陈述揭露日或者更正日之前已经卖出证券；2）在虚假陈述揭露日或者更正日及以后进行的投资；3）明知虚假陈述存在而进行的投资；4）损失或者部分损失是证券市场系统风险等其他因素所导致；5）属于恶意投资、操纵证券价格的。

## 五、虚假陈述损害赔偿的计算方法与先行赔付制度

### （一）虚假陈述损害赔偿的范围与计算方法概述

证券市场投资者因虚假陈述所受损害，是因善意信赖虚假陈述而参加证券交易，从而遭受的财产上损失。对此种损失是否应作广义解释，使之包含惩罚性赔偿金，是值得讨论的立法政策问题。对此，有学者主

---

① 2003 年《虚假陈述规定》第 20 条。

张引入惩罚性赔偿制度，通过增强威慑力来减少虚假陈述行为。[①] 但各国大多将损失范围界定为实际损失，从而将惩罚性赔偿排除在外。[②] 这是因为，在证券市场中，既要保护投资者的利益，也要防止巨额赔偿的超量威慑，避免对社会经济发展造成负面影响。[③]

在美国司法实践中，一直没有形成一个明确的统一的确定虚假陈述赔偿责任的模式，主要有基于合同法方法与基于侵权责任法方法。基于合同法的方法又分为两种：撤销交易或支付撤销性损害赔偿金；承担违约损害赔偿。但多数案件中当事人都是依据侵权寻求损害赔偿救济，法院也依此作出判决。美国《1933 年证券法》第 11 条（e）对因虚假陈述而产生的损害赔偿范围作了详细规定，该损害赔偿额为，赔偿请求权人为取得该有价证券所支付的价金（但不能超过公开发行的价格）与下列三种价格的差额：（1）起诉前未处分该证券的，为起诉时该证券的价格；（2）起诉前已在市场上出售该证券的，为该处分价格；（3）起诉后裁决前出售该证券的价格，如果该价格差额小于投资者支付的价金与起诉时价格的差额。但是，如果虚假陈述者能证明赔偿请求权人所受损失不是该虚假陈述导致的，则虚假陈述者对此部分损失不负赔偿责任。[④]

日本《证券交易法》第 19 条第 1 款规定，因虚假陈述而产生的赔偿责任的赔偿数额为，请求权人为取得该有价证券所支付的价金与下列价格的差额：（1）请求赔偿时的市场价格，若无市场价格则为当时处分的推定价格；（2）请求赔偿前已处分该证券的，为该处分价格。如果虚假陈述者能证明赔偿请求权人所受损失不是该虚假陈述导致的，则虚假陈述者对此部分损失不负赔偿责任。但日本法未规定赔偿请求权人在起诉（请求赔偿）后裁决前出售该证券情形的赔偿标准。[⑤]

我国理论界对虚假陈述损害赔偿的范围与计算方法提出了多种模

① 陈洁. 证券民事赔偿制度的法律经济分析. 北京：中国法制出版社, 2004：115-116.
② 于莹. 证券法中的民事责任. 北京：中国法制出版社, 2004：183.
③ 李国光, 贾纬编著. 证券市场虚假陈述民事赔偿制度. 北京：法律出版社, 2003：149.
④ 美国证券交易法律. 王宏, 译. 北京：法律出版社, 1999：36-37.
⑤ 日本证券法律. 徐庆, 译. 北京：法律出版社, 1999：20-21.

式，主要有以下计算方法：（1）交易价差法；（2）系统风险法；（3）打折加折法；（4）分幅分期加权定额法；（5）均价法；（6）机会盈利替代法或买入价确定法；（7）机会亏损替代法或卖出价确定法；（8）事件研究法；（9）区分计算法。我国虚假陈述民事赔偿案件的诉状中都采取的是交易价差法，2003年《虚假陈述规定》也采取了该方法，但采用了"投资差额"概念。交易价差法，称直接损失法，是指以原告实际买卖证券的价格与该证券的真实价值之差作为损害赔偿范围。①

### （二）我国对虚假陈述损害赔偿的范围与计算方法的规定

2003年《虚假陈述规定》第29～35条对虚假陈述损害赔偿的范围与计算方法作了详细规定，其内容如下：

虚假陈述行为人在证券发行市场虚假陈述，导致投资人损失的，投资人有权要求虚假陈述行为人按证券交易市场的虚假陈述的责任范围赔偿损失；导致证券被停止发行的，投资人有权要求返还和赔偿所缴股款及银行同期活期存款利率的利息。

虚假陈述行为人在证券交易市场承担民事赔偿责任的范围，以投资人因虚假陈述而实际发生的损失为限。投资人的实际损失包括：（1）投资差额损失；（2）投资差额损失部分的佣金和印花税。所涉资金利息，自买入至卖出证券日或者基准日，按银行同期活期存款利率计算。

投资人在基准日及以前卖出证券的，其投资差额损失，以买入证券平均价格与实际卖出证券平均价格之差，乘以投资人所持证券数量计算。

投资人在基准日之后卖出或者仍持有证券的，其投资差额损失，以买入证券平均价格与虚假陈述揭露日或者更正日起至基准日期间，每个交易日收盘价的平均价格之差，乘以投资人所持证券数量计算。

投资差额损失计算的基准日，是指虚假陈述揭露或者更正后，为将投资人应获赔偿限定在虚假陈述所造成的损失范围内，确定损失计算的合理期间而规定的截止日期。基准日分别按下列情况确定：（1）揭露日

---

① 李国光，贾纬编著．证券市场虚假陈述民事赔偿制度．北京：法律出版社，2003：167－176.

或者更正日起，至被虚假陈述影响的证券累计成交量达到其可流通部分100％之日。但通过大宗交易协议转让的证券成交量不予计算。恢复交易的，也依此确定基准日。（2）按前述规定在开庭审理前尚不能确定的，则以揭露日或者更正日后第 30 个交易日为基准日。（3）已经退出证券交易市场的，以摘牌日前一交易日为基准日。（4）已经停止证券交易的，可以停牌日前一交易日为基准日。

投资人持股期间基于股东身份取得的收益，包括红利、红股、公积金转增所得的股份，以及投资人持股期间出资购买的配股、增发股和转配股，不得冲抵虚假陈述行为人的赔偿金额。

已经除权的证券，计算投资差额损失时，证券价格和证券数量应当复权计算。

## 六、虚假陈述损害赔偿诉讼程序的特别规定

2003 年《虚假陈述规定》对虚假陈述损害赔偿的诉讼程序作了特别规定。

### （一）2003 年《虚假陈述规定》的适用范围

因下列交易发生的民事诉讼，不适用该规定：（1）在国家批准设立的证券市场以外进行的交易。该证券市场，是指发行人向社会公开募集股份的发行市场、通过证券交易所报价系统进行证券交易的市场、证券公司代办股份转让市场以及国家批准设立的其他证券市场。（2）在国家批准设立的证券市场上通过协议转让方式进行的交易。

### （二）诉讼时效的计算

投资人对虚假陈述行为人提起民事赔偿的诉讼时效期间，适用《民法典》第 188 条的规定，根据下列不同情况分别起算：（1）中国证监会或其派出机构公布对虚假陈述行为人作出处罚决定之日；（2）财政部、其他行政机关以及有权作出行政处罚的机构，公布对虚假陈述行为人作出处罚决定之日；（3）虚假陈述行为人未受行政处罚，但已被人民法院认定有罪的，作出的刑事判决生效之日。

因同一虚假陈述行为，对不同虚假陈述行为人作出两个以上行政处罚。或者既有行政处罚又有刑事处罚的，以最先作出的行政处罚决定公告之日或者作出的刑事判决生效之日，为诉讼时效起算之日。

### （三）受理与管辖

投资人以自己受到虚假陈述侵害为由，依据有关机关的行政处罚决定或者人民法院的刑事裁判文书，对虚假陈述行为人提起的民事赔偿诉讼，符合《民事诉讼法》第 108 条规定的，人民法院应当受理。

投资人提起虚假陈述证券民事赔偿诉讼，除提交行政处罚决定或者公告，或者人民法院的刑事裁判文书以外，还需提交以下证据：（1）自然人、法人或者非法人组织的身份证明文件，不能提供原件的，应当提交经公证证明的复印件；（2）进行交易的凭证等投资损失证据材料。

虚假陈述证券民事赔偿案件的被告，应当是虚假陈述行为人，关于其范围已于前文阐述。

虚假陈述证券民事赔偿案件，由省、直辖市、自治区人民政府所在的市、计划单列市和经济特区中级人民法院管辖。

投资人对多个被告提起证券民事赔偿诉讼的，按下列原则确定管辖：（1）由发行人或者上市公司所在地有管辖权的中级人民法院管辖。以下情形除外：当事人不申请或者原告不同意追加，人民法院认为确有必要追加的，应当通知发行人或者上市公司作为共同被告参加诉讼，但不得移送案件。（2）对发行人或者上市公司以外的虚假陈述行为人提起的诉讼，由被告所在地有管辖权的中级人民法院管辖。（3）仅以自然人为被告提起的诉讼，由被告所在地有管辖权的中级人民法院管辖。

人民法院受理以发行人或者上市公司以外的虚假陈述行为人为被告提起的诉讼后，经当事人申请或者征得所有原告同意后，可以追加发行人或者上市公司为共同被告。人民法院追加后，应当将案件移送发行人或者上市公司所在地有管辖权的中级人民法院管辖。当事人不申请或者原告不同意追加，人民法院认为确有必要追加的，应当通知发行人或者上市公司作为共同被告参加诉讼，但不得移送案件。

人民法院受理虚假陈述证券民事赔偿案件后，受行政处罚当事人对行政处罚不服，申请行政复议或者提起行政诉讼的，可以裁定中止审理。人民法院受理虚假陈述证券民事赔偿案件后，有关行政处罚被撤销的，应当裁定终结诉讼。

### （四）诉讼方式

2003 年《虚假陈述规定》所涉证券民事赔偿案件的原告可以选择以单独诉讼或者共同诉讼方式提起诉讼。多个原告因同一虚假陈述事实对相同被告提起的诉讼中既有单独诉讼也有共同诉讼的，人民法院可以通知提起单独诉讼的原告参加共同诉讼。多个原告因同一虚假陈述事实对相同被告同时提起两个以上共同诉讼的，人民法院可以将其合并为一个共同诉讼。

共同诉讼的原告人数应当在开庭审理前确定。原告人数众多的，可以推选 2～5 名诉讼代表人，每名诉讼代表人可以委托 1～2 名诉讼代理人。

诉讼代表人应当经过其所代表的原告特别授权，代表原告参加开庭审理、变更或者放弃诉讼请求、与被告进行和解或者达成调解协议。

人民法院判决被告对人数众多的原告承担民事赔偿责任时，可以在判决主文中对赔偿总额作出判决，并将每个原告的姓名、应获得的赔偿金额等列表附于民事判决书后。

# 第三节　内幕交易的法律责任

## 一、内幕交易的概念与沿革

内幕交易（insider trading，insider dealing），又称内部人交易、知情人交易，是指证券交易内幕信息的知情人和非法获取内幕信息的人利用内幕信息从事证券交易以获取利益或减少损失的行为。[①] 各国立法与理论界均未形成较为统一的内幕交易定义。有的强调信息的对等性，从信息的不对等性出发定义内幕交易，认为其必然是信息优势者和信息劣势者之间的证券交易。有的强调接触信息的对等性，一般是以特定的证券信息为参照，看交易双方是否有先接触该信息的情况和条件。如果对于特定公司的内部信息，交易当事人一方较其交易相对人拥有优先接触的机会，并实际利用这种不对等的机会，取得相对人所不知情的信息而进行交易的行为，就是内幕交易。但这些定义都存在一定缺陷，故均未获得普遍认同。[②]

内幕交易的历史几乎可追溯到证券交易的伊始，但在证券市场发展早期并未受到法律禁止。理论界对于内幕交易也长期存在争议，对于内幕交易带来什么问题以及需要何种方式的强制管制，法律界和经济学界仍看法各异。[③] 在证券市场形成之初，各国尚未意识到内幕交易行为的危害性。直到美国《1934 年证券交易法》开了禁止包括内幕交易在内的各种证券欺诈行为的立法先河以后，规制内幕交易的价值才逐渐获得各国证券监管机构的重视。法国于 1970 年通过修改法律明确禁止内幕交易，成为欧洲最早制定禁止内幕交易法律的国家。但直到 20 世纪 60 年代后期，西欧还在争论内幕交易是否违法，人们普遍认为对内幕交易的规制应以自律为主，例如，德国对禁止内幕交易曾长期持反对态度。[④] 直到 1980 年，美国与法国仍是全球仅有的两个全面禁止内幕交易的国家。此后，禁止内幕交易逐渐成为各国立法的普遍趋势。欧盟也于 1989 年发布了《内幕交易行为指令》。一贯反对禁止内幕交易的德国也终于放弃了其立场，于 1989 年便将《内幕交易行为指令》转化为国内法，并于 1994 年 7 月 26 日通过的《有价证券交易法》对内幕交易作

① 《证券法》第 73 条。
② 于莹.证券法中的民事责任.北京：中国法制出版社，2004：203.
③ 杨亮.内幕交易论.北京：北京大学出版社，2001：16-32.
④ ［德］斯蒂芬·格伦德曼.欧盟公司法：下册.周万里，主译.北京：法律出版社，2018：99.

了专章规定，从而成为最晚禁止内幕交易的西方主要发达国家。如今，内幕交易已为各国证券法所普遍规制的重要内容。[①] 不过，有些国家严格管制内幕交易，不但扩大其含义与适用范围，更对内幕交易人施加严厉的法律责任；有些国家则采取相对宽松的态度，对内幕交易的含义及范围加以适当限定。由此，各国内幕交易制度表现出不同特点。

当今各国禁止内幕交易立法的基础理论可归纳为反欺诈理论（anti-fraud theory）和市场理论（market theory）两种。美国《1934 年证券交易法》是采用反欺诈理论的典型代表。该理论认为，知悉公司重大且未公开信息之人，在其买卖证券时，若未披露相关信息，对于不知该项信息的交易对方即构成欺诈。反欺诈理论将内幕交易视为内幕信息持有人对交易相对人的欺诈，以该理论为基础的内幕交易制度所保护的核心利益为投资者个人利益。市场理论认为，证券市场的存在与发展依赖投资者对其充满信心，而投资者的信心来源于市场诚信，因而证券法应保证每个投资者在信息获得方面均有平等的机会和来源，以实现市场公平。欧盟《禁止内幕交易和市场操纵指令》和英国 2000 年《金融服务与市场法》都采取的是市场理论。以该理论为基础的内幕交易制度所保护的核心利益为市场利益，即证券市场的诚信。[②] 欧盟的市场理论正逐步成为世界各国内幕交易规制的立法理念。不过，无论基于何种理论，构建公平的证券市场秩序，维护投资者对证券市场信心的证券法理念已成为各国证券立法与司法的共识。申言之，禁止内幕交易的根本原因在于，内幕交易对证券市场整体的信心带来了损害，损害了整个资本市场的利益，而不仅仅在于内幕交易给特定投资者个体造成了损失。[③]

我国自证券市场开放之初，就非常注重对内幕交易行为的规制。为

---

① 郑顺炎. 证券内幕交易规制的本土化研究. 北京：北京大学出版社，2002：29-37.

② 傅穹，曹理. 禁止内幕交易立法理念转换及其体系效应——从反欺诈到市场诚信. 法律科学（西北政法大学学报），2013（6）.

③ 赵旭东. 内幕交易民事责任的价值平衡与规则互补——以美国为研究范本. 比较法研究，2014（2）.

了保证证券投资者依赖同样的已公开信息进行证券投资，无论是 1993 年《股票条例》、1993 年《禁止证券欺诈行为暂行办法》，还是《证券法》，都将内幕交易作为禁止的交易行为。根据《证券法》第 1 条关于立法宗旨的规定，证券法学者普遍主张禁止内幕交易的目的应当是对个人利益与市场利益同等保护。①

## 二、内幕信息的范围

### （一）内幕信息的界定标准

内幕信息，是指证券交易活动中，涉及发行人的经营、财务或者对该发行人证券的市场价格有重大影响的尚未公开的信息。② 由于借助内幕信息进行证券交易属于法律禁止的行为，故科学、合理地界定内幕信息的范围，具有特别重要的意义。各国对内幕信息的界定标准不尽相同。美国的界定标准为两要素：非公开性与重大性。欧盟的界定标准为四要素：（1）非公开性；（2）精确性或确切性；（3）与某一证券或某一证券发行人或特定种类的证券或证券发行人有关；（4）该信息一经公开就会对有关的证券价格产生重大影响。实际上，欧盟的四要素标准可包含于美国的两要素标准之中，因为内幕信息应具有精确性或确切性并与证券或证券发行人有关均属于其题中之意。③ 基于此，可将内幕信息的界定标准确定为未公开性与重大性两大要素。

### 1. 未公开性

未公开，是指信息不为市场公众所知悉。未公开性是认定内幕交易的本质标准。各国法律大多不对未公开性的判断标准作明确规定，理论界的认识也有较大差异。许多国家都采取形式与实质综合分析的方法：一方面要求形式上的公开，即通过正式媒体或正式场合发布信息；另一

---

① 傅穹，曹理. 禁止内幕交易立法理念转换及其体系效应——从反欺诈到市场诚信. 法律科学（西北政法大学学报），2013（6）.

② 《证券法》第 50 条。

③ 于莹. 证券法中的民事责任. 北京：中国法制出版社，2004：207 - 209.

方面要求实质上的公开，即必须给予市场一定的时间消化该信息。因此，一般基于以下两个要素来衡量证券信息是否公开：

（1）是否按照规定的要求进行了公开。这主要涉及公开的方式和效力问题，它要求信息披露义务人必须按照法律规定的方式披露信息，以保证信息得到充分有效的披露。依我国《证券法》相关条款之规定，内幕信息的未公开性主要是指对于应披露信息尚未依照法定时间、方式予以公开。

（2）信息是否为市场所消化。英美国家比较重视这一标准。依该标准，即使符合信息披露的形式要求，也未必就成为公开信息，只有等到该信息融入市场，被市场吸收和消化后，才能构成法律上的公开。相反，即使没有作形式公开，只要信息已被市场消化，也构成实质上的公开。至于信息公布后需要多长时间才能为投资者所消化，各国立法及判例均无定论，大多主张应依个案情况而定。问题的关键不在于时间的长短，而在于市场消化的衡量标准应如何确定。随着现代社会信息化程度的不断提升，市场消化速度也不断提高。与此相适应，市场消化日益表现出其在证券信息披露中的独立性地位。就我国而言，相关规定及证券市场实践均强调形式意义上的公开，而对于实质意义上的公开，法律及证券监管机构均未作明确要求。理论界认为，这种不明确性，不利于对内幕交易的规制。①

## 2. 重大性

重大性，又称实质性，一般来说，它是指对证券价格产生重大影响的可能性。在证券法上，并非所有未公开信息都能构成内幕信息，只有符合重大性标准的信息才能构成内幕信息。因此，重大性的确定标准是信息披露监管的基础性制度之一。判断某项信息是否会对证券价格产生重大影响，需要中立（客观）判断，即依理性的投资者在作出投资决策时，是否会认为相关信息对证券价格产生明显的潜在影响。就尚未发生但可能发生的机会和事件，应按照其可能性与对证券价格的影响程度测

---

① 胡光志. 内幕交易及其法律控制研究. 北京：法律出版社，2002：64-71.

试标准，衡量事件发生的机会和事件发生后的影响程度之间的关系。①
重大性标准提高了发行人披露义务的标准，成为保护证券市场信誉和投
资者的重要手段。确立重大性标准的出发点应当是：一方面，不应对发
行人施加过高的信息披露义务；另一方面，不应遗漏投资者作出合理投
资决策所需要的信息。② 从世界主要国家和地区的立法例来看，对重大
性的认定，大体上可归纳为三种模式，即概括式、列举式与例示式。

（1）概括式。美国、欧盟采用这一方式。重大性是美国司法实践中
所创立的认定内幕信息的重要标准。一般而言，美国联邦法院对于涉案
事实是否重要，采用的是"理性投资者"的判断准则。如果公开被隐瞒
的事实，将有实质的可能性被一个理性投资者视为重要信息，则该项信
息具有重大性。为弥补"理性投资者"标准过于抽象的缺陷，在美国司
法实务中，法院在适用该标准时还要考虑两个具体要素：一是影响的可
能性，二是影响的"重大程度"。因此，美国司法实务中往往有不同的
确认重大性标准的适用尺度。欧盟及其成员国对重大性标准的认定与美
国十分相似，但有的成员国还在概括规定的基础上列举了一些重大信
息，从而存在个别采用例示式的现象。③

（2）列举式。日本是采用该方式的典型国家。日本《证券交易法》
未规定信息的重大性，没有概括性地确定判断准则，而是采取列举的
方式。

（3）例示式。我国台湾地区是采用该方式的典型。该模式综合了概
括式与列举式的优点并克服其缺点，是最合理的规定模式。我国台湾地
区 2006 年修订的"证券交易法"第 157 条之一在原有定义的基础上对
内幕信息作了更为完善的界定。该条第 3 款规定："第一项所称有重大
影响其股票价格之消息，指涉及公司之财务、业务或该证券之市场供
求、公开收购，对其股票价格有重大影响，或对正当投资人之投资决定

---

① ［德］斯蒂芬·格伦德曼．欧盟公司法：下册．周万里，主译．北京：法律出版社，
2018：107．

② 齐斌．证券市场信息披露法律监管．北京：法律出版社，2000：156．

③ 胡光志．内幕交易及其法律控制研究．北京：法律出版社，2002：74－79．

有重要影响之消息；其范围及公开方式等相关事项之办法，由主管机关定之。"在此基础上，我国台湾地区"证券交易法施行细则"第 7 条列举了九大类有重要影响的事项，基本上囊括了内幕信息的各种类型。

### （二）我国证券法对内幕信息范围的界定

《证券法》第 52 条第 2 款规定："本法第八十条第二款、第八十一条第二款所列重大事件属于内幕信息。"依此，内幕信息包括以下两种类型。

**1. 可能对股票的交易价格产生重大影响的内幕信息**

依《证券法》第 80 条第 2 款之规定，可能对股票的交易价格产生重大影响的内幕信息包括：（1）公司的经营方针和经营范围的重大变化；（2）公司的重大投资行为，公司在一年内购买、出售重大资产超过公司资产总额 30％，或者公司营业用主要资产的抵押、质押、出售或者报废一次超过该资产的 30％；（3）公司订立重要合同、提供重大担保或者从事关联交易，可能对公司的资产、负债、权益和经营成果产生重要影响；（4）公司发生重大债务和未能清偿到期重大债务的违约情况；（5）公司发生重大亏损或者重大损失；（6）公司生产经营的外部条件发生的重大变化；（7）公司的董事、1/3 以上监事或者经理发生变动，董事长或者经理无法履行职责；（8）持有公司 5％以上股份的股东或者实际控制人持有股份或者控制公司的情况发生较大变化，公司的实际控制人及其控制的其他企业从事与公司相同或者相似业务的情况发生较大变化；（9）公司分配股利、增资的计划，公司股权结构的重要变化，公司减资、合并、分立、解散及申请破产的决定，或者依法进入破产程序、被责令关闭；（10）涉及公司的重大诉讼、仲裁，股东大会、董事会决议被依法撤销或者宣告无效；（11）公司涉嫌犯罪被依法立案调查，公司的控股股东、实际控制人、董事、监事、高级管理人员涉嫌犯罪被依法采取强制措施；（12）国务院证券监督管理机构规定的其他事项。

**2. 可能对上市交易的公司债券的交易价格产生重大影响的内幕信息**

依《证券法》第 81 条第 2 款之规定，可能对上市交易的公司债券的交易价格产生重大影响的内幕信息包括：（1）公司股权结构或者生产经营状况发生重大变化；（2）公司债券信用评级发生变化；（3）公司重大资产抵押、质押、出售、转让、报废；（4）公司发生未能清偿到期债务的情况；（5）公司新增借款或者对外提供担保超过上年末净资产的20％；（6）公司放弃债权或者财产超过上年末净资产的10％；（7）公司发生超过上年末净资产10％的重大损失；（8）公司分配股利，作出减资、合并、分立、解散及申请破产的决定，或者依法进入破产程序、被责令关闭；（9）涉及公司的重大诉讼、仲裁；（10）公司涉嫌犯罪被依法立案调查，公司的控股股东、实际控制人、董事、监事、高级管理人员涉嫌犯罪被依法采取强制措施；（11）国务院证券监督管理机构规定的其他事项。

### 三、内幕交易民事责任主体

内幕交易民事责任主体即为内幕交易民事诉讼中的被告。各国（地区）对此有不同称谓，有的称为内幕人（insider），有的称为内部人。但在法律上，内幕交易民事责任主体并不限于狭义上的内幕人，而是包括知悉内幕信息的外部人。因此，内幕交易民事责任主体意义上的内幕人指的是广义上的内幕人。依不同标准，可对内幕人作不同分类。在美国，内幕人包括三种类型：（1）传统内幕人（traditional insider），即与公司有直接关系的公司内部人员，如公司董事、经理；（2）准内幕人（quasi-insider），即来自公司外部、和公司有一定业务关系（含服务关系）的人员，如证券中介机构工作人员；（3）"消息受领者"（tippee），即从公司内幕人或准内幕人处直接取得尚未公开的内幕信息的人。日本及我国台湾地区也对内幕人范围作了类似于美国的解释。欧盟则将内幕人分为直接内幕人与间接内幕人。[①] 直接内幕人主要是指有直接途径获悉内幕信息的人员，类似于美国证券法中的传统内幕人和推定内幕人。间接内幕人获悉内幕信息间接源自直接内幕人，类似于美国证券法中的

---

① 于莹. 证券法中的民事责任. 北京：中国法制出版社，2004：216-221.

泄露信息者和接收信息者。①

我国《证券法》采"知情人"概念。从理论上讲，知情人应当包括所有知悉内幕信息的人，而不论其身份与获取信息的途径，从而使所有内幕交易民事责任主体均可被直接纳入该概念的外延之中。依我国《证券法》第 50 条之规定，内幕交易民事责任主体包括"内幕信息的知情人和非法获取内幕信息的人"。显然，该法未将非法获取内幕信息的人纳入知情人范畴，因而知情人概念无法与内幕人概念构成对应关系。因此，在理论上与实践中，为方便起见，不妨将"内幕信息的知情人和非法获取内幕信息的人"统称为内幕人。事实上，中国证监会 2007 年印发的《证券市场内幕交易行为认定指引（试行）》② 就采用了内幕人概念。

依我国《证券法》第 51 条之规定，证券交易内幕信息的知情人包括：（1）发行人及其董事、监事、高级管理人员；（2）持有公司 5% 以上股份的股东及其董事、监事、高级管理人员，公司的实际控制人及其董事、监事、高级管理人员；（3）发行人控股或者实际控制的公司及其董事、监事、高级管理人员；（4）由于所任公司职务或者因与公司业务往来可以获取公司有关内幕信息的人员；（5）上市公司收购人或者重大资产交易方及其控股股东、实际控制人、董事、监事和高级管理人员；（6）因职务、工作可以获取内幕信息的证券交易场所、证券公司、证券登记结算机构、证券服务机构的有关人员；（7）因职责、工作可以获取内幕信息的证券监督管理机构工作人员；（8）因法定职责对证券的发行、交易或者对上市公司及其收购、重大资产交易进行管理可以获取内幕信息的有关主管部门、监管机构的工作人员；（9）国务院证券监督管理机构规定的可以获取内幕信息的其他人员。我国《证券法》第 51 条对证券交易内幕信息的知情人的列举已颇为详细，但仍存在地方党政机关相关工作人员及非法获取内幕信息的人未被涵盖的问题。在我国，地

---

① 吴昉昱．我国证券内幕交易主体之理论解读与规则构建．政治与法律，2015（7）.
② 该指引是证券行政执法的指导性文件，仅供中国证监会使用。

方政府享有地方国有控股上市公司并购重组活动的主导权，相关意向、筹划、决策、方案等内幕信息往往在上市公司外部形成，导致证券交易内幕信息的知情人的范围扩大到参与该决策的地方党政机关相关工作人员。[①] 鉴于非法获取内幕信息的人客观上也是内幕信息的知情人，有学者认为应将内幕交易主体扩张至任何内幕信息的知情人。[②]

《证券法》还对内幕人的法定义务作了明确规定。该法第 53 条第 1 款规定："证券交易内幕信息的知情人和非法获取内幕信息的人，在内幕信息公开前，不得买卖该公司的证券，或者泄露该信息，或者建议他人买卖该证券。"

## 四、内幕交易民事责任的法律适用

### (一) 内幕交易民事诉讼原告资格的认定

美国为最早设定内幕交易民事责任制度的国家，其丰富的内幕交易判例确认的原告主要包括：(1) 在内幕信息公开之前与内幕人之买卖行为相反的交易的所有投资者；(2) 只有那些与内幕人直接从事交易的投资者才可提起私人诉讼；(3) 在内幕交易期间从事了与内幕人买卖行为相反之交易的所有投资者，此即"同期交易规则"。美国国会于 1988 年制定的《内幕交易和证券欺诈执行法》正式确立了"同期交易规则"。该规则被置入《1934 年证券交易法》第 20 条之一 (a) 中。依其规定，一个同时交易者可以对内幕交易人提起损害赔偿之诉。"同期交易者"，是指在内幕交易人进行内幕交易的同时，从事相反交易的买者或者卖者。"同期交易规则"逐渐被其他国家（地区）借鉴和效仿，从而成为一项得到不少国家（地区）认可的原告资格认定规则。我国台湾地区在 1989 年修订"证券交易法"时，增加了第 157 条之一，明确禁止内幕交易行为，并将原告界定为"善意从事相反买卖之人"。

---

① 傅穹，曹理. 禁止内幕交易立法理念转换及其体系效应——从反欺诈到市场诚信. 法律科学（西北政法大学学报），2013（6）.
② 曾洋. 证券内幕交易主体识别的理论基础及逻辑展开. 中国法学，2014（2）.

我国证券法未对内幕交易原告资格作出规定，司法实践中内幕交易民事赔偿案例也极为罕见，因而只能从理论上加以分析。对此，可认为，内幕交易民事赔偿原告必须是因内幕交易而直接受到损害的投资者。为确定直接受到损害的投资者，我国应引入"同期交易规则"，并将原告确定为在内幕交易期间善意地从事相反买卖的投资者。同期交易者这一概念不仅具有较强的可操作性，更能契合内幕交易侵权因果关系的本质。因为内幕人的所有同期反向交易者都面临着被随机匹配为内幕人交易对手的现实风险，如果其知道反向交易者中存在内幕人，必然会改变原来的交易决策，而改为与内幕人同向交易，因而其均为内幕交易的可能受害者或最直接实际受害者。

在各法域的司法实践中，关于"同期"开始的时间通常并无争议，即认为应当从第一次内幕交易开始时计算，即将在内幕交易发生之前进行反向交易的投资者排除在适格原告范围之外。但在"同期"的结束时间方面，存在认识分歧。目前各国（地区）理论和司法实践通常将同期交易限定为与内幕交易发生在同一天。例如，美国多数法院都认为，原告的反向交易应当与内幕交易同日发生；我国台湾地区"证券交易法"于 2006 年修改时，对于内幕交易侵权诉讼的原告资格，在"善意从事相反买卖"之前加入了"当日"的限制要求；新加坡亦有学者主张将同期交易者解释为与内幕人同日进行反向交易的投资者。也有人主张应将同期交易的终止时间延长至内幕信息公开之时。美国法律研究院所起草的《联邦证券法典》即采此说，我国香港地区不少学者亦持该说。[1] 还有人认为"同期"应当被限定为开始利用内幕信息下达交易指令实施内幕交易的时刻到内幕交易指令在电子交易系统中撮合成交结束时刻这段时间，若将时间延长至内幕交易当日收盘或内幕信息公开披露之时，则超出了同期的合理时间范围。[2] 笔者认为，"同期"的结束时间应被界定为内幕交易当日收盘时间，既不宜延长到内幕信息公开之时，也不宜

---

[1] 王林清. 内幕交易侵权责任因果关系的司法观察. 中外法学，2015（3）.

[2] 刘敏. 论内幕交易侵权责任因果关系的认定. 法学评论，2017（5）.

限缩为内幕交易指令在电子交易系统中撮合成交结束时刻。

### （二）内幕交易民事责任因果关系的认定

在内幕交易中，受害人很难证明其损害与内幕交易之间存在因果关系。事实上，内幕交易所造成损害，实质上并非个别投资者的具体损失，而是投资者整体利益的危害，即内幕交易人通过不公平交易方式获得了利益，使外部投资者对证券市场产生不信任感，从而损害了市场诚信。因此，因果关系的证明障碍对内幕交易民事责任的合理性造成了严重冲击，为克服这一障碍，一些国家或地区确立了内幕交易民事责任因果关系推定原则，即只要投资者在内幕交易的同时作出反向投资并由此在价格上表现出受到损失，即可推定其损失与内幕交易之间存在因果关系，无须投资者对此证明。美国《1934 年证券交易法》仅推定交易因果关系的存在，原告仍需就损失因果关系承担举证责任，导致很少有投资者能够通过私人诉讼实现损害赔偿救济。[①] 美国 1988 年通过的《内幕交易和证券欺诈执行法》在《1934 年证券交易法》中设置了第 20A（a）条，赋予了与内幕交易人的同期反向交易者索赔权，从而在实证法上确立了事实因果关系推定规则。这一立场也影响了加拿大、澳大利亚、新加坡，以及我国台湾地区。但欧盟、日本仍未对内幕交易规定特殊的民事责任认定制度和实行因果关系推定。[②] 对此，我国台湾地区"证券交易法"规定，内幕交易人应当对善意从事相反买卖之人承担损害赔偿责任，原告无须证明交易因果关系和损失因果关系。

有学者认为，内幕交易的实质是通过侵害与其进行反向交易的投资者的公平交易权来获取非法收益，而这些对内幕信息不知情的投资者通常是基于对证券市场的公平性和诚信性的信赖而进行投资的，若其知悉反向交易者中存在内幕人，必然不会作出导致其受损的交易决策。基于

---

① 傅穹，曹理. 禁止内幕交易立法理念转换及其体系效应——从反欺诈到市场诚信. 法律科学（西北政法大学学报），2013（6）.

② 缪因知. 内幕交易民事责任制度的知易行难. 清华法学，2018（1）.

此,该学者认为,既然证券市场中任何与内幕人进行反向交易的投资者在事实上均有可能受到内幕交易的侵害,那么内幕交易与投资者受损交易之间的因果关系即得以证成。[①]

当然,如果内幕交易人能够证明投资者的损失确实不是内幕交易而是其他原因所导致,则应认定两者之间不存在因果关系。易言之,被告可以举证原告即使知道交易对手为内幕人仍会进行同样交易来推翻因果关系,表现在举证责任上,就是"举证责任倒置"。我国应通过司法解释的方式,对内幕交易民事责任因果关系及举证责任作类似于虚假陈述民事责任的规定。

## (三) 内幕交易损害赔偿的范围与计算方法

各国(地区)立法对内幕交易损害赔偿的范围与计算方法的规定不尽相同。对此,美国通常采用两种方法:一是计算被告内幕交易的非法所得的最高限额,二是计算原告的实际损失。若原告的实际损失过高,被告无力承担,法院就采用第一种方法来确定损害赔偿数额。例如,美国《1988年内幕交易和证券欺诈执行法》规定,内幕人对同期交易者的赔偿总额限于其通过内幕交易获得的利润或避免的损失的数额,并且,如果内幕人已被美国证券交易委员会处以罚款,则赔偿总额中应当减去该罚款数额。新加坡亦规定,内幕人对原告的赔偿数额为原告的实际损失,但应以最高可补偿金额为限,即以内幕人获利或避损的数额为限。[②] 我国台湾地区"证券交易法"第157条之一第2款规定:"违反前项规定者,应就消息未公开前其买入或卖出该股票之价格,与消息公开后十个营业日收盘平均价格之差额限度内,负损害赔偿责任;其情节重大者,法院得依善意从事相反买卖之人之请求,将责任限额提高至三倍;其情节轻微者,法院得减轻赔偿金额。"

我国《证券法》仅对内幕交易损害赔偿作了原则性规定,而未对损害赔偿的范围与计算方法作出规定。该法第53条第3款规定:"内幕交易行为给投资者造成损失的,应当依法承担赔偿责任。"关于内幕交易

---

①② 王林清. 内幕交易侵权责任因果关系的司法观察. 中外法学,2015 (3).

损害赔偿的范围与计算方法，可准用《虚假陈述规定》。内幕交易民事赔偿责任的范围，以投资者因内幕交易而实际发生的损失为限。投资者的实际损失包括：（1）投资差额损失；（2）投资差额损失部分的佣金和印花税。所涉资金利息，自买入至卖出证券日或者基准日，按银行同期活期存款利率计算。由于同期交易者模式已将并非内幕交易实际受害人的那些反向交易者纳入适格原告，因而可能出现原告的实际损失数额超过被告违法所得数额的情形，此时应由全体原告按比例分配被告的违法所得金额。①

在我国司法实践中，因 2001 年 9 月 21 发布的《最高人民法院关于涉证券民事赔偿案件暂不予受理的通知》仍未废止，内幕交易损害赔偿案件长期不被受理。最高人民法院已于 2007 年 5 月 30 日在南京举行的全国民商事审判工作会议结束后，在内部印发的 2007 年《全国民商事审判工作会议纪要》明确指出，对于投资者对侵权行为人提起的民事诉讼，法院应当参照虚假陈述司法解释前置程序的规定来确定案件的受理，并根据关于管辖的规定来确定案件的管辖。由此，内幕交易损害赔偿可诉性问题终于得以解决。此外，前引 2019 年《证券法》第 95 条采用的是"投资者提起虚假陈述等证券民事赔偿诉讼时"的提法，因而为内幕交易民事诉讼提供了法律依据。但长期以来，因缺乏明确的法律规范，且法院基本上都以中国证监会生效的行政处罚决定为前置条件，实践中内幕交易损害赔偿民事诉讼数量较少。此外，因长期不办理内幕交易案件，即使是商事审判法官也普遍对内幕交易案件的特点不够熟悉，导致内幕交易案件确定的赔偿标准还不够合理，因而需要参照境外成熟经验予以改进。②

## 五、内幕交易的行政责任

我国《证券法》第 191 条对内幕交易的行政责任作了明确规定。依

---

① 王林清.内幕交易侵权责任因果关系的司法观察.中外法学，2015（3）.
② 朱锦清.证券法学.4 版.北京：北京大学出版社，2019：265－266.

其规定，证券交易内幕信息的知情人或者非法获取内幕信息的人从事内幕交易的，责令依法处理非法持有的证券，没收违法所得，并处以违法所得 1 倍以上 10 倍以下的罚款；没有违法所得或者违法所得不足 50 万元的，处以 50 万元以上 500 万元以下的罚款。单位从事内幕交易的，还应当对直接负责的主管人员和其他直接责任人员给予警告，并处以 20 万元以上 200 万元以下的罚款。国务院证券监督管理机构工作人员从事内幕交易的，从重处罚。

内幕交易的违法所得是指行为人实施内幕交易行为获取的不正当利益，即行为人买卖证券获得的收益或规避的损失。其不正当利益，既可以表现为持有的现金，也可以表现为持有的证券。此处所称持有的证券，是指行为人实际控制的账户所持有的证券。违法所得的计算，应以内幕交易行为终止日、内幕信息公开日、行政调查终结日或其他适当时点为基准日。违法所得数额的计算，可参考下列公式或专家委员会建议的其他公式：违法所得（获得的收益）＝基准日持有证券市值＋累计卖出金额＋累计派现金额－累计买入金额－配股金额－交易费用；违法所得（规避的损失）＝累计卖出金额－卖出证券在基准日的虚拟市值－交易费用。此处所称交易费用，是指已向国家缴纳的税费，向证券公司交付的交易佣金、登记过户费及交易中其他合理的手续费等。

# 第四节 操纵市场的法律责任

## 一、操纵市场的内涵界定

### (一) 操纵市场的概念

操纵市场，是指行为人利用其资金、信息等优势或滥用职权，操纵市场，影响或试图影响证券市场价格或证券交易量，制造证券市场假象，诱导或致使投资者在不了解事实真相的情况下作出证券投资，扰乱证券市场秩序的行为。各国立法往往不对操纵市场的定义作出规定，而是在明确规定一些行为属于操纵市场的同时，又将其具体判断留给证券监管机构与法院，从而使其成为一个开放的范畴。我国《证券法》未对操纵市场作明确界定，仅 1993 年《禁止证券欺诈行为暂行办法》第 7 条作了定义。应当说，尽管该定义未能清晰地揭示出操纵市场的确切含义（客观上也难以做到），但仍基本涵括了操纵市场的内涵与外延。

操纵市场人为地扭曲了证券市场的正常价格，破坏了证券市场的公平竞争秩序。在美国《1934 年证券交易法》开启了禁止操纵市场的立法先河后，禁止操纵市场规则逐渐为世界各国证券法所确认。我国《证券法》第 55 条规定了禁止操纵市场行为。为便于对操纵市场行为的监管，中国证监会于 2007 年《证券市场操纵行为认定指引（试行）》（已废止）对操纵市场的认定标准作了具体规定。

一般认为，操纵市场具有主观上的故意，过失不构成操纵市场。关于操纵市场的主观目的，美、英、德等主要发达国家均已放弃了对操纵市场必须以谋取利益为目的的要求，我国《证券法》在 2005 年修订时也删除了旧法所规定的"获取不正当利益或者转嫁风险"。在我国证券实践中，一些在市场上造成恶劣影响的操纵市场案件就是因为行为人转移了利润，制造了账面亏损而无法认定其"以谋取不正当利益或转嫁风险为目的"，最终无法认定构成操纵市场行为。因此，在 2005 年修订过程中，许多专家认为在操纵市场认定上，不应强调主观获利目的或动机，只要行为人是故意从事操纵市场行为并对市场造成了危害性的影响，就应认定其操纵市场行为成立，追究其法律责任。因此，我国现行《证券法》删除了关于操纵市场行为的主观目的要件。但操纵市场行为作为证券欺诈行为之一种，其行为人仍应具备诱导或致使投资者在不了解事实真相的情况下作出证券投资的主观意图。

在客观方面，操纵市场行为主要通过证券交易手段实施，也直接作用于证券交易市场，但操纵市场本身并不限于证券交易行为，还包括影响证券交易外的制造与证券市场有关的虚假现象的行为。对此，我国《证券法》第55条未作明确规定，但以兜底规定"以其他手段操纵证券市场"的方式解决了这一问题。

## （二）操纵市场与安定操作

操纵市场与安定操作之间具有一定的相似性，但前者属于法律所禁止的行为，后者则被许多国家确认为合法行为。

安定操作（stabilization），是指证券承销商在不违反有关证券法规或行政命令的情况下，以固定、稳定或者安定其所承销证券的市场行情为目的，在证券市场上所实施的一连串的买卖该证券的行为。在承销商承销新发行的某项证券后，因大量新证券进入二级市场，有时会发生暂时性的供过于求现象，致使该证券价格可能下跌，从而使市场价格低于发行价格。承销商为维持证券价格的稳定，往往以特定价格买进一定数额范围内低于该价卖出的该种证券，使之止跌趋稳。安定操作机制的作用在于通过承销商的力量来防止新发证券的价格异常变动，从而维护发行人、投资者和其自身的利益，同时对股市的稳定、增强投资者的信心具有重要作用。

由于安定操作人为增加了大量证券买卖行为，影响了广大投资者对市场行情的判断，从而影响其理性交易，因而若对其监管不严将使其演变成被严格禁止的操纵市场行为。从性质上讲，安定操作属于操纵市场的例外规定。该制度并未被各国普遍采行，但受美国等确立了安定操作制度的国家影响，如今已有越来越多的国家和地区通过立法或判例，允许有限的安定操作。为防止安定操作被滥用，这些国家和地区还制定了特别规则，若行为人违反相应操作规则实施安定操作，则视为操纵市场行为。如日本证券交易委员会于1948年颁布了《安定操作有关规则》，对安定操作者的身份、安定操作的场所和时间、安定操作的交易价格等作了具体规定。凡按照法定程序和条件进行安定操作的，不视为操纵市场行为。1971年，日本废除了《安定操作有关规则》，在《证券交易施行法》中设置了安定操作的有关规定。[①]

在美国，实施安定操作时，需要向美国证券交易委员会申报安定操作报告。安定操作的一般要件包括：（1）其目的为防止或延缓证券之市场价格下跌；（2）该主承销商所承销的证券未被操纵；（3）进行安定报价买进时，必须进行信息披露；（4）非安定操作的买进具有优先性；（5）不得以市价委托来进行安定操作，而仅能以固定价格为之。对于安定操作的价格，也有如下规定：（1）当承销证券尚未进入二级市场时（如首次公开发行时），安定操作可在不高于发行价格之价位为之；（2）承销证券进入二级市场后，主要市场开市时，主承销商得以不高于该市场最后一笔独立交易之成交价之价格从事安定操作；（3）承销证券进入二级市场后，主要市场闭市时，承销商可以在店头市场，以不高于下列价格之一者之价位从事安定操作：1）在主要市场交易结束当时，得从事安定操作之价格；2）在开始安定操作时，该证券在店头市场的最后一笔独立的交易之成交价。[②]

在我国，若能引进安定操作机制，将有利于稳定证券市场价格，增强投资者信心。当然，由于我国证券市场还处于新兴加转轨的状态，必须对安定操作作非常严格的限制，防止承销商借机操纵市场，牟取不法利益。此外，鉴于我国证券公司总体实力有限，还应建立相关保险制度，防止因安定操作而给证券公司造成其无法承受的损失。

我国证券法对于安定操作未予明确禁止，但由于一般地禁止证券公司保留所承销的证券，从而阻断了证券公司进行一般意义上的安定操作的可能。不过，中国证监会确认的超额配售选择权制度，可被视为安定操作的一种特殊方法。

---

① ［日］河本一郎，大武泰南. 证券交易法概论：第 4 版. 侯水平，译. 北京：法律出版社，2001：2578.
② 习龙生，朱晓磊. 中美证券承销制度比较分析//郭锋主编. 证券法律评论：第 2 期. 北京：法律出版社，2002：361-363.

## 二、操纵市场的行为类型

按照不同标准，可以将操纵市场行为划分为不同类型。理论研究大都以客观方面即操纵手段为标准对操纵市场行为进行分类。目前国外理论界一般将操纵市场行为分为信息型（information-based）操纵、交易型（trade-based）操纵及行动型（action-based）操纵。按照理论界的普遍认识，行动型操纵行为往往是通过虚假地改变上市公司实际或者预期的资产、利润等方式间接影响证券价格，因此其实质是通过改变某证券的基本面信息来欺诈性地诱使投资者买卖证券。事实上，真实地改变公司价值的行为并不违法；虚假地改变公司价值的行为则属于虚假陈述行为。因此，不必将行动型操纵列为单独的操纵市场行为类型。[①]

依我国《证券法》第 55 条第 1 款之规定，操纵市场的行为包括以下四种类型。

### （一）连续交易操纵（manipulation by actual purchases）

连续交易操纵，又称连续买卖，是指行为人单独或者通过合谋，集中资金优势、持股优势或者利用信息优势联合或者连续买卖，操纵证券交易价格或者证券交易量的行为。连续交易操纵发生证券权利移转，属于真实买卖（actual purchases）。其构成要件如下：

#### 1. 利用优势

证券交易中的优势包括资金优势、持股优势及信息优势。利用资金优势与持股优势是连续交易的常态，利用信息优势则发生与内幕交易竞合的问题。《证券市场操纵行为认定指引（试行）》对资金优势、持股优势及信息优势的具体认定标准作了明确规定。认定“资金优势”的标准是动用的资金量能够满足下列标准之一：（1）在当期价格水平上，可以买入相关证券的数量，达到该证券总量的 5%；（2）在当期价格水平

---

① 张保华. 操纵市场行为的几个基本问题. 安徽大学学报（哲学社会科学版），2005（2）.

上，可以买入相关证券的数量，达到该证券实际流通总量的 10％；（3）买卖相关证券的数量，达到该证券当期交易量的 20％；（4）显著大于当期交易相关证券一般投资者的买卖金额。认定"持股优势"的标准是直接、间接、联合持有的股份数量符合下列标准之一：（1）持有相关证券总量的 5％；（2）持有相关证券实际流通总量的 10％；（3）持有相关证券的数量，大于当期该证券交易量的 20％；（4）显著大于相关证券一般投资者的持有水平。认定"信息优势"的标准包括，当事人能够比市场上的一般投资者更方便、更及时、更准确、更完整、更充分地了解相关证券的重要信息。从样本案例看，除渤海集团案等 5 起 1998 年之前的案件曾采用"动用资金量"指标外，中国证监会多通过买入卖出成交金额、个人成交量占市场比值等指标来认定"资金优势"，且各项指标的列举日益细致具体。①

### 2. 连续交易

对于连续交易操纵所要求的连续交易的次数，各国（地区）立法多不作明确规定，理论上与实践中均有差异。美国证券交易委员会认为有三次交易记录即构成连续交易，我国台湾地区理论上与实务中均认为有两次交易记录即可构成交易的连续。连续交易并不限于同一日进行，也不论是否有第三人之交易介入，只要在社会通常观念上认为其具有连续性即可。②

### 3. 操纵证券交易价格或者证券交易量的程度

美、日等国的证券法以连续交易造成对证券交易价格的影响或证券交易活跃的假象作为连续交易操纵的构成要件。但从美国、日本的司法实践来看，仅造成交易活跃的假象，却未引起证券交易价格变动，就被追究法律责任的案例从未发生过，因而无从考证。美国、日本对此类案件的司法认定标准。一般认为，应衡量各种情况后加以综合判断。至于

---

① 汤欣，高海涛. 证券市场操纵行为认定研究——行政处罚案例的视角. 当代法学，2016（4）.

② 陈洁. 证券欺诈侵权损害赔偿研究. 北京：北京大学出版社，2002：191.

证券交易价格波动的确认标准，较为明确，即因连续交易造成市场价格产生了变动即可，并无刚性的波动幅度要求。但在实践中，被认定为构成连续交易操纵的，其所操纵的证券价格波动幅度一般都比较大。① 我国《证券法》将其规定为"操纵证券交易价格或者证券交易量"。

从现有的行政处罚案例样本看，中国证监会认定"操纵"有两种路径。大部分案例中中国证监会都是在认定行为人具有资源优势的基础上，将特定指标具体化；并认为这些优势指标体现了连续交易操纵的实质特征。例如，（证监沪字〔2014〕2 号）吕小奇案中，行为人"在盘中多次以明显高出前一刻成交价格的委托价格大量买入天伦置业股票，推高股票价格，随即反向卖出部分持有股票"；（证监罚字〔2011〕10号）陈国生案则描述了"以比市场最后一笔成交价高几个价位的少量申报买入并成交"的高价委托操纵手法。可见，中国证监会在该类案件中，主要通过观察行为人申报价格是否明显偏离市场正常供需所反映的价格，来认定其连续大额的买卖是否并非一般投资者的合理交易行为，而是人为地拉抬或打压价格。另一路径则是不纠缠于技术指标中的操纵特征，转而判断行为人是否具有操纵的主观意图，从而认定行为具有"操纵"证券交易价格或交易量的效果。中国证监会在（证监罚字〔2014〕41 号）浙江恒逸集团案中认为，"动用 3 000 万元巨资集中买入恒逸石化的行为"目的是维持、拉抬"恒逸石化"股价，帮助实现公司拟定的定向增发计划，因而主观上操纵"恒逸石化"交易价格的意图明显。虽然本案中行为人的交易金额、持股比例、对市场价格影响的统计结果等交易指标均处于较低水平，相关交易委托均为真实委托，但仍被认定存在集中资金优势的连续交易操纵行为。比较而言，上述第一种路径侧重于从具体指标来推定行为人的操纵意图，但拘泥于若干特定指标导致违法行为的认定范围相对狭窄；第二种路径则从抽象的动机、目的来认定行为人的操纵意图，存在过于主观的缺点，但摆脱指标的束缚使违法行为的认定具有灵活性。但无论哪种路径，都需要对操纵行为的主

---

① 于莹. 证券法中的民事责任. 北京：中国法制出版社，2004：272.

观要素予以认定。对连续交易操纵的欺诈性虽然可从行为外观把握，但本质上仍需观察行为人是否具有可归责的主观意图，否则极易混淆合法投资与具有违法性质的操纵行为。[①]

## （二）相对委托（mached orders）

相对委托，又称对敲、约定交易操纵，是指行为人与他人串通，以事先约定的时间、价格和方式相互进行证券交易，影响证券交易价格或者证券交易量的行为。依此，相对委托的构成要件如下：

（1）必须存在两方以上相互串通的行为人。如果行为人之间没有相互串通的意思联络，客观上偶然形成的构成对应关系的证券买卖，不能构成相对委托。

（2）必须是同种证券的相互买卖。若证券品种不同，将无法构成对交易价格或交易数量的实质影响。

（3）必须是交易时间与交易价格具有相似性的反向交易。只有相互串通的行为人的反向交易在交易时间与交易价格上具有相似性，才可能构成使各自权利不发生实质性变动的相对委托。美国证券法力图简化客观要素，不考虑价格上的一致性，仅要求时间上相近；我国台湾地区"证券交易法"则要求具有时间与价格上的相似性。在证券监管实践中，约定的时间，是指两个以上行为人约定的进行交易的时间。买入申报和卖出申报在时间上相近，就可以构成约定交易的时间要件的充分条件。约定的价格，是指两个以上行为人约定的进行交易的申报价格。买入申报和卖出申报在价格上相近，就可以构成约定交易的价格要件的充分条件。约定的方式，是指两个以上行为人约定的进行交易的申报数量和买卖申报方向。买入申报和卖出申报在数量上相近，就可以构成约定交易的申报数量要件和买卖申报方向要件的充分条件。

## （三）冲洗买卖（wash sales）

冲洗买卖，又称洗售、自买自卖操纵，是指行为人在自己实际控制

---

① 汤欣，高海涛．证券市场操纵行为认定研究——行政处罚案例的视角．当代法学，2016（4）．

的账户之间进行证券交易，影响证券交易价格或者证券交易量的行为。自己实际控制的账户，是指行为人具有管理、使用或处分权益的账户，主要包括下列账户：（1）行为人以自己名义开设的实名账户；（2）行为人以他人名义开设的账户；（3）行为人虽然不是账户的名义持有人，但通过投资关系、协议或者其他安排，能够实际管理、使用或处分的他人账户。在实际操作上，冲洗买卖通常由同一行为人同时委托两家证券公司作同一证券的价格相同、数量相同、方向相反的买卖。由于买卖双方同属一个委托人，故在形式上发生了买卖行为，但实际上未发生证券权利的实质变动，行为人所持有的证券种类和数量均未因此改变。美国理论界将这种未引起证券权利实质性变动的冲洗买卖与相对委托统称为不引起"实质所有权"（beneficial ownership）转移的虚拟交易，与此相对应，将连续交易操纵称为现实交易（actual purchases）。但从大陆法系意义上的所有权概念而言，上述三种操纵市场行为均构成了证券权利的实际移转，均需进行证券交割。

应将冲洗买卖与操作方式相似的其他证券交易行为区别开来。证券公司将不同投资者对同一证券的买进和卖出委托同时向证券交易所申报，并使证券正常成交与交割，属于交叉委托，并不违法，当然也不属于冲洗买卖。证券公司将相反委托不经证券交易所而私自撮合成交，称为"对冲"，虽系违法行为，但不构成冲洗买卖。证券公司对投资者的委托自己作出相反交易，称为混合操作，属于欺诈客户。[①]

### （四）其他操纵市场行为

其他操纵市场行为，是证券法对操纵市场行为类型的兜底性规定，一般是指通过散布不实信息操纵市场的行为。其他操纵市场行为主要包括以下五种类型。[②]

### 1. 蛊惑交易操纵

它是指操纵市场的行为人故意编造、传播、散布虚假重大信息，误

---

① 于莹. 证券法中的民事责任. 北京：中国法制出版社，2004：260.
② 邵刚，冯勉. 证监会定义连续交易操纵等市场操纵八宗罪. 上海证券报，2007-09-07.

导投资者的投资决策，使市场出现预期中的变动而自己获利。在信息传播非常便捷的当今时代，蛊惑交易操纵的危害性和严重性值得关注。一般来说，同时满足以下要素的应认定为蛊惑交易操纵：（1）编造、传播、散布虚假信息；（2）在虚假重大信息发布前后买卖或者建议他人买卖相关证券；（3）相关证券的价格或成交量受到影响；（4）虚假重大信息是有关股票价格或成交量变动的重要原因。

2. 抢先交易操纵

它是指行为人对相关证券或其发行人、上市公司公开作出评价、预测或者投资建议，自己或建议他人抢先买卖相关证券，以便从预期的市场变动中直接或者间接获取利益的行为。公开作出评价、预测或者投资建议的情形有多种，比如，在报刊、电台、电视台等媒体，在各类电子网络媒介上，利用传真、短信、电子信箱、电话、软件等工具面对公众、会员或特定客户，对股票或其发行人、上市公司作出评价、预测或投资建议。但显然，事实上的公开评价行为并不止这些，所以监管机构执法时也不会限于这些情形。抢先交易操纵的具体认定标准应为，证券公司、证券咨询机构、专业中介机构及其工作人员对相关证券或其发行人、上市公司公开作出评价、预测或者投资建议，而在公开作出评价、预测或者投资建议前后买卖或者建议他人买卖相关证券，并且直接或者间接在此过程中获取利益。此外，除证券公司、证券咨询机构、专业中介机构及其工作人员以外的其他机构和人员，在符合下列情形时，也可以构成抢先交易操纵：（1）行为人对相关证券或者其发行人、上市公司公开作出评价预测或者投资建议；（2）行为人在公开作出评价、预测或者投资建议前后买卖或建议他人买卖相关证券；（3）相关证券的交易价格或者交易量受到了影响；（4）行为人的行为是相关证券交易价格或者交易量变动的重要原因。

3. 虚假申报操纵

它是指行为人持有或者买卖证券时，进行不以成交为目的的频繁申报和撤销申报，制造虚假买卖信息，误导其他投资者，以便从期待的交易中直接或间接获取利益的行为。行为人在同一交易日内，在同一证券的有效竞价范围内，连续或者交替进行三次以上申报和撤销申报，可认定为频繁申报和撤销申报。为了将操纵行为和正常竞价行为区分开，只有符合以下条件才能被认定为虚假申报操纵：（1）行为人频繁申报和撤销申报；（2）申报笔数或申报量，占统计时段内总申报笔数或申报量的20％；（3）行为人能够从中直接或间接获取利益。不过，有学者认为，该标准过于严苛，不符合证券交易的实际操作。其依据有二：其一，若仅将行为人在同一交易日针对同一股票进行三次以上的申报和撤销申报的行为认定为操纵市场行为，将会限制投资者在投资过程中对证券产品的自由选择；其二，单个交易日内的虚假申报行为对投资者整合信息分析影响力较小，理性投资者对证券产品的分析往往以特定的交易时期为考察周期。因此，行为人在单日针对同一股票三次以上的申报和撤销申报对证券市场的影响相对有限。据此，该学者认为，对以虚假申报操纵市场行为的认定，应考虑交易日因素，以多个交易日中行为人均具有此类行为作为判断依据。[1] 虚假申报操纵通过不以成交为目的的频繁申报，来制造虚假的市场供求信息，诱导其他投资者交易。尽管该种操纵行为对市场价格和流动性的影响较为短暂，但因其具有吸引其他投资人跟风交易的功能，故客观上可推动市场价格向预期方向波动，从而使行为人牟取非法利益。[2]

### 4. 特定价格操纵

它是指行为人通过拉抬、打压或者锁定手段，致使相关证券的价格达到一定水平的行为。特定价格，是指以相关证券某一时点或某一时期内的价格作为交易结算价格，某些资产价值的计算价格，以及证券或资产定价的参考价格。具体操作中，可依据法律、行政法规、规章、业务规则的规定或者依据发行人、上市公司、相关当事人的协议内容进行认

---

[1] 郑佳宁. 操纵证券市场行为法律认定标准的实证研究与再审视. 政法论丛，2016（5）.
[2] 汤欣，高海涛. 证券市场操纵行为认定研究——行政处罚案例的视角. 当代法学，2016（4）.

定。拉抬、打压或者锁定，是指行为人以高于市价的价格申报买入致使证券交易价格上涨，或者以低于市价的价格申报卖出致使价格下跌，或者通过买入或者卖出申报致使证券交易价格形成虚拟的价格水平。

特定价格操纵应同时满足以下三个条件：（1）以相关证券某一时点或时期的价格为参考价格、结算价格或者资产价值的计算价格；（2）行为人具有拉抬、打压或锁定证券交易价格的行为；（3）致使相关证券的价格达到一定水平。

5. 特定时段交易操纵

二级市场中股票每天的价格走势中，开盘价和收盘价最为关键，然而在以往市场，经常存在操纵开盘价和收盘价的现象，从而制造假象，干扰投资者的正常决策。特定时段交易操纵行为具体分为尾市交易操纵和开盘价格操纵。

尾市交易操纵，是指在收市阶段，通过拉抬、打压或者锁定等手段，操纵证券收市价格的行为。具有下列情形的，可以认定为尾市交易操纵：（1）交易发生在收市阶段；（2）行为人具有拉抬、打压或锁定证券交易价格的行为；（3）证券收市价格出现异常；（4）行为人的行为是证券收市价格变动的主要原因。此种操纵方式发生迅速、周期较短、难以控制，使中小投资者往往猝不及防，且往往对下一个交易日的开盘价格会造成重要影响，故具有很大危害性。[1]

开盘价格操纵，是指在集合竞价时段，通过抬高、压低或者锁定等手段，操纵开盘价的行为。具有下列情形的，可以认定为开盘交易价格操纵：（1）交易发生在集合竞价阶段，行为人具有抬高、压低或锁定证券交易价格的行为；（2）开盘价格出现异常；（3）行为人的行为是开盘价格异常的主要原因；（4）行为人能从开盘价变动中获取直接或间接的利益。

应当注意的是，操纵市场行为的行为人必须具备诱导或致使投资者在不了解事实真相的情况下作出证券投资的主观意图，因此在缺乏该主

---

[1]　郑佳宁. 操纵证券市场行为法律认定标准的实证研究与再审视. 政法论丛，2016（5）.

观意图的情况下，编造、传播虚假信息或作出信息误导的行为不能被视为"以其他手段操纵证券市场"。依此，《证券法》第56条应被理解为对"禁止的交易行为"的特别规定。① 从法律条款的安排上看，该条既未被纳入虚假陈述的范畴，也未被纳入操纵市场的范畴，而是作为一种与操纵市场较为接近的禁止行为在关于操纵市场的规范之后予以规定。该法也未对违背该规定的行为规定民事赔偿责任，显然表现出完全不同于对证券欺诈行为的立法态度。

## 三、操纵市场民事责任的法律适用

我国《证券法》仅对操纵市场民事责任作了原则性规定，而未对其具体适用规则作出规定。该法第55条第2款规定："操纵证券市场行为给投资者造成损失的，应当依法承担赔偿责任。"依此，我国证券法正式确立了操纵市场民事赔偿责任。在实践中，2007年《全国民商事审判工作会议纪要》不仅为法院对操纵市场损害赔偿案件的立案扫清了障碍，也为法院对欺诈客户损害赔偿案件的立案扫清了障碍。此外，2019年《证券法》第95条采用的是"投资者提起虚假陈述等证券民事赔偿诉讼时"的提法，因而为操纵市场民事诉讼提供了法律依据。

从中国证监会处罚案件中操纵市场行为发生的年代背景来看，2005年之前的操纵市场多为连续交易和洗售交易，这两种手段也正是当时坐庄的主要手法。在中国证监会持续多年的执法行动压力下，以"庄股"为特征的操纵市场行为在证券市场上本来已经逐渐式微，但2009年以来的"短线操纵"模式兴起之际，该类手法又有翻新抬头之势。而

---

① 该条规定："禁止任何单位和个人编造、传播虚假信息或者误导性信息，扰乱证券市场。"（第1款）"禁止证券交易所、证券公司、证券登记结算机构、证券服务机构及其从业人员，证券业协会、证券监督管理机构及其工作人员，在证券交易活动中作出虚假陈述或者信息误导。"（第2款）"各种传播媒介传播证券市场信息必须真实、客观，禁止误导。传播媒介及其从事证券市场信息报道的工作人员不得从事与其工作职责发生利益冲突的证券买卖。"（第3款）

2007 年《证券市场操纵行为认定指引（试行）》发布后，虚假申报和特定时段交易操纵等新型操纵手段开始走向前台，处罚案件数增多，总量接近于同期连续交易和洗售交易操纵案件数。[①]

我国的操纵市场行为表现出三方面的特征：第一，操纵证券市场的行为主体绝大多数为自然人；第二，行为人在主观上具有操纵市场的故意；第三，行为人对某个证券实施操纵时，一般会以多种手段发起攻击。至于在认定操纵市场行为时，行为人主观上操纵市场的故意是否为操纵市场行为的构成要件之一，学术界有不同观点。多数学者认为应将主观故意作为构成要件之一，但也有学者认为不必要求行为人具有主观故意，否则将加重投资者的举证责任。[②] 笔者认同多数说，但同时认为在投资者提起操纵市场民事赔偿责任诉讼时，应实行过错推定的归责原则，从而一方面避免将安定操作等合法证券交易行为认定为操纵市场行为，另一方面避免加重投资者的举证责任。

## 四、操纵市场的行政责任

我国《证券法》第 192 条对操纵市场的行政责任作了明确规定。依其规定，证券投资者违反《证券法》的规定，操纵证券市场的，责令依法处理其非法持有的证券，没收违法所得，并处以违法所得 1 倍以上 10 倍以下的罚款；没有违法所得或者违法所得不足 100 万元的，处以 100 万元以上 1 000 万元以下的罚款。单位操纵证券市场的，还应当对直接负责的主管人员和其他直接责任人员给予警告，并处以 50 万元以上 500 万元以下的罚款。

有学者建议中国证监会在行政处罚决定书中进一步加强对操纵市场行为的构成要件事实要素的描述，减少对交易行为细节和相关具体数据的罗列，并突出对相关行为违法性的论证，充实对行为人抗辩理由的针

---

[①] 汤欣，高海涛. 证券市场操纵行为认定研究——行政处罚案例的视角. 当代法学，2016（4）.

[②] 郑佳宁. 操纵证券市场行为法律认定标准的实证研究与再审视. 政法论丛，2016（5）.

对性分析，形成明确、清晰的违法行为认定逻辑，推动操纵市场认定规则进一步完善。①

# 第五节　欺诈客户的法律责任

## 一、欺诈客户的概念

欺诈客户，是指证券公司及其从业人员在证券交易及相关活动中违反其忠实义务与勤勉义务，采取欺诈手段损害客户利益的行为。

证券投资者因在特定之证券公司办理开户手续，与证券公司之间形成证券买卖的概括委托关系；在具体实施证券交易时，还需按照规定作出委托指令。因此，客户与证券公司之间形成委托合同关系。《证券法》还明确规定了证券公司所应履行的义务，因而证券公司不仅应履行约定义务，而且应履行法定义务。在履行义务过程中，负有忠实义务与勤勉义务的证券公司当然不能实施欺诈客户的行为。为强化对投资者权益的保护，各国证券法大多对禁止欺诈客户行为作了明确规定。鉴于证券买卖委托关系属于特殊合同关系，证券法有特别规定的，适用证券法的有关规定；证券法无特别规定的，则适用合同法规定。

## 二、欺诈客户的行为类型

《证券法》第 57 条第 1 款禁止证券公司及其从业人员从事下列损害客户利益的欺诈行为：

（1）违背客户的委托为其买卖证券。这种行为的构成要件有三个：

---

① 汤欣，高海涛．证券市场操纵行为认定研究——行政处罚案例的视角．当代法学，2016（4）．

1）客户下达了买入或卖出证券的委托指令；2）证券公司为客户买入或卖出了证券；3）证券交易结果不符合委托的内容。

（2）不在规定时间内向客户提供交易的确认文件。这主要是指买卖成交后，证券公司未在规定时间内制作买卖成交报告单并交付客户。

（3）未经客户的委托，擅自为客户买卖证券，或者假借客户的名义买卖证券。擅自为客户买卖证券，是指证券公司或其从业人员未经客户委托授权，擅自为客户买入证券或卖出证券。假借客户的名义买卖证券，是指不动用客户账户上的证券和资金，而是借用客户为自己或他人进行证券买卖。

（4）为牟取佣金收入，诱使客户进行不必要的证券买卖。不必要的交易，是指对客户的经济利益来说是不必要的交易，该交易既不能获得较大利润，也不会造成较大损失，但必然会导致客户承担交易佣金等成本。

（5）其他违背客户真实意思表示，损害客户利益的行为。该规定属于兜底性规定，但在措辞上不尽妥当，容易造成欺诈客户行为均为"违背客户真实意思表示"的行为的误解。

## 三、欺诈客户民事责任的法律适用

我国《证券法》第 57 条第 2 款规定："违反前款规定给客户造成损失的，应当依法承担赔偿责任。"依此，我国证券法正式确立了欺诈客户民事赔偿责任。但关于证券公司所应承担的赔偿责任究竟属于违约责任还是侵权责任，理论界有不同认识。对此，应认为，因欺诈客户行为客观上违反了证券公司所负有的合同义务，故应构成违约责任；但鉴于欺诈客户行为系证券法所明令禁止的行为，欺诈客户本身也应构成违反法定义务，故同样构成侵权责任。因此，应认为欺诈客户损害赔偿责任构成违约责任与侵权责任的竞合。在实践中，2007 年《全国民商事审判工作会议纪要》已为法院对欺诈客户损害赔偿案件的立案扫清了障碍。

## 四、欺诈客户的行政责任

我国《证券法》第194条对欺诈客户的行政责任作了明确规定。依其规定，证券公司及其从业人员违反《证券法》关于欺诈客户的规定，有损害客户利益的行为的，给予警告，没收违法所得，并处以违法所得1倍以上10倍以下的罚款；没有违法所得或者违法所得不足10万元的，处以10万元以上100万元以下的罚款；情节严重的，暂停或者撤销相关业务许可。

# 参考文献

1. 王建文．商法总论研究．北京：中国人民大学出版社，2021

2. 王建文．商法教程．4版．北京：中国人民大学出版社，2019

3. 王建文．中国商法的理论重构与立法构想．北京：中国人民大学出版社，2018

4. 王建文，张宇，熊敬．公司高管重大经营决策失误民事责任研究．北京：法律出版社，2012

5. 王建文．中国商法立法体系：批判与建构．北京：法律出版社，2009

6. 范健，王建文．商法学．5版．北京：法律出版社，2020

7. 范健，王建文．证券法．3版．北京：法律出版社，2020

8. 范健，王建文．商法总论．2版．北京：法律出版社，2019

9. 范健，王建文．公司法．5版．北京：法律出版社，2018

10. 范健，王建文，张莉莉．保险法．北京：法律出版社，2017

11. 范健，王建文．破产法．北京：法律出版社，2009

12. 范健，王建文．商法的价值、源流及本体．2版．北京：中国人民大学出版社，2007

13. 范健，王建文．商法基础理论专题研究．北京：高等教育出版社，2005

14. 范健，王建文．商法论．北京：高等教育出版社，2003

15. 范健主编．商法学．北京：高等教育出版社，2019

16. 范健主编．商法．4版．北京：高等教育出版社，北京大学出版社，2011

17. 范健．德国商法：传统框架与新规则．北京：法律出版社，2003

18. 王利明，等．民法学．5版．北京：法律出版社，2017

19. 王利明．我国民法典重大疑难问题之研究．2版．北京：法律出版社，2016

20. 王利明．法治：良法与善治．北京：北京大学出版社，2015

21. 王利明．民法总则研究．2版．北京：中国人民大学出版社，2012

22. 王利明．合同法研究：第3卷．北京：中国人民大学出版社，2012

23. 王利明．法学方法论．北京：中国人民大学出版社，2012

24. 王利明．法律解释学导论：以民法为视角．北京：法律出版社，2009

25. 王利明，等．我国民法典体系问题研究．北京：经济科学出版社，2009

26. 王利明．民法典体系研究．北京：中国人民大学出版社，2008

27. 王利明主编．中国民法典草案建议稿及说明．北京：中国法制出版社，2004

28. 朱锦清．证券法学．4版．北京：北京大学出版社，2019

29. 邢会强主编．证券法学．北京：北京大学出版社，2019

30. 吴宏主编．证券法教程．2版．北京：北京大学出版社，2017

31. 缪因知．中国证券法律实施机制研究．北京：北京大学出版社，2017

32. 沈朝晖．证券法的权力分配．北京：北京大学出版社，2016

33. 叶林．证券法．3版．北京：中国人民大学出版社，2008

34. 李东方主编．证券法学．北京：中国政法大学出版社，2007

35. 李东方．证券监管法律制度研究．北京：北京大学出版社，2002

36. 蒋大兴．公司法的观念与解释：全三册．北京：法律出版

社，2009

37. 蒋大兴．公司法的展开与评判——方法・判例・制度．北京：法律出版社，2001

38. 李建伟．公司法学．北京：中国人民大学出版社，2008

39. 覃有土主编．商法学．修订3版．北京：中国政法大学出版社，2007

40. 李永军主编．商法学．修订版．北京：中国政法大学出版社，2007

41. 朱慈蕴，等．公司内部监督机制．北京：法律出版社，2007

42. 李永军主编．商法学．修订版．北京：中国政法大学出版社，2007

43. 何勤华，魏琼主编．西方商法史．北京：北京大学出版社，2007

44. 张民安．现代英美董事法律地位研究．北京：法律出版社，2007

45. 张民安．公司法上的利益平衡．北京：北京大学出版社，2003

46. 董慧凝．公司章程自由及其法律限制．北京：法律出版社，2007

47. 葛伟军．公司资本制度和债权人保护的相关法律问题．北京：法律出版社，2007

48. 赵旭东主编．公司法学．2版．北京：高等教育出版社，2006

49. 赵旭东主编．商法学教程．北京：中国政法大学出版社，2004

50. 顾功耘主编．商法教程．2版．上海：上海人民出版社，北京：北京大学出版社，2006

51. 周友苏．新公司法论．北京：法律出版社，2006

52. 甘培忠．公司控制权的正当行使．北京：法律出版社，2006

53. 甘培忠．企业与公司法学．2版．北京：北京大学出版社，2001

54. 施天涛．公司法论．2版．北京：法律出版社，2006

55. 施天涛．商法学．3版．北京：法律出版社，2006

56. 雷兴虎主编. 公司法学. 北京：北京大学出版社，2006

57. 朱翌锟. 商法学——原理·图解·实例. 北京：北京大学出版社，2006

58. 高在敏，王延川，程淑娟. 商法. 北京：法律出版社，2006

59. 刘俊海. 新公司法的制度创新：立法争点与解释难点. 北京：法律出版社，2006

60. 蔡元庆. 董事的经营责任研究. 北京：法律出版社，2006

61. 汤欣. 控股股东法律规制比较研究. 北京：法律出版社，2006

62. 钱玉林. 股东大会决议瑕疵研究. 北京：法律出版社，2006

63. 周友苏主编. 新证券法论. 北京：法律出版社，2007

64. 施天涛. 商法学. 3 版. 北京：法律出版社，2006

65. 刘黎明主编. 证券法学. 北京：北京大学出版社，2006

66. 罗培新，卢文道，等. 最新证券法解读. 北京：北京大学出版社，2006

67. 《证券法释义》编写组编. 中华人民共和国证券法释义. 北京：中国法制出版社，2005

68. 曹荣湘主编. 强制披露与证券立法. 北京：社会科学文献出版社，2005

69. 王志华. 中国近代证券法. 北京：北京大学出版社，2005

70. 徐明，黄来纪主编. 新证券法解读. 上海：上海社会科学院出版社，2005

71. 徐明，李明良. 证券市场组织与行为的法律规范. 北京：商务印书馆，2002

72. 梁上上. 论股东表决权——公司控制权争夺为中心展开. 北京：法律出版社，2005

73. 罗培新. 公司法的合同解释. 北京：北京大学出版社，2004

74. 谢朝斌. 独立董事法律制度研究. 北京：法律出版社，2004

75. 于莹. 证券法中的民事责任. 北京：中国法制出版社，2004

76. 李明良. 证券市场热点法律问题研究. 北京：商务印书

馆，2004

77. 王京，滕必焱编著．证券法比较研究．北京：中国人民公安大学出版社，2004

78. 陈洁．证券民事赔偿制度的法律经济分析．北京：中国法制出版社，2004

79. 陈洁．证券欺诈侵权损害赔偿研究．北京：北京大学出版社，2002

80. 张国清．投资基金治理机构之法律分析．北京：北京大学出版社，2004

81. 郭俊秀，蒋进．证券法．厦门：厦门大学出版社，2004

82. 邵东亚．金融业的分与合：全球演进与中国实践．北京：北京大学出版社，2003

83. 吴国萍，周世中．企业并购与并购法．济南：山东人民出版社，2003

84. 王成儒，王国征．证券法概论．济南：山东人民出版社，2003

85. 石佑启．论公共行政与行政法学范式转换．北京：北京大学出版社，2003

86. 赵万一．商法基本问题研究．北京：法律出版社，2002

87. 赵万一主编．商法学．北京：法律出版社，2001

88. 胡光志．内幕交易及其法律控制研究．北京：法律出版社，2002

89. 郑顺炎．证券内幕交易规制的本土化研究．北京：北京大学出版社，2002

90. 马卫华．WTO与中国金融监管法律制度研究．北京：中国人民大学出版社，2002

91. 吴晓求主编．证券市场概论．北京：中国人民大学出版社，2001

92. 吴晓求主编．证券发行与承销．北京：中国人民大学出版社，2001

93. 吴晓求主编. 证券上市与交易. 北京：中国人民大学出版社，2001

94. 于绪刚. 交易所非互助化及其对自律的影响. 北京：北京大学出版社，2001

95. 杨亮. 内幕交易论. 北京：北京大学出版社，2001

96. 任淮秀主编. 投资银行业务与经营. 北京：中国人民大学出版社，2000

97. 金晓斌. 创业板市场的保荐人制度. 北京：经济科学出版社，2001

98. 汤欣. 公司治理与上市公司收购. 北京：中国人民大学出版社，2001

99. 曹凤岐，刘力，姚长辉编著. 证券投资学. 2 版. 北京：北京大学出版社，2000

100. 陆泽峰. 金融创新与法律变革. 北京：法律出版社，2000

101. 齐斌. 证券市场信息披露法律监管. 北京：法律出版社，2000

102. 符启林主编. 中国证券交易法律制度研究. 北京：法律出版社，2000

103. 高如星，王敏祥. 美国证券法. 北京：法律出版社，2000

104. 何美欢. 公众公司及其股权证券：中册. 北京：北京大学出版社，1999

105. 赵万一主编. 证券法学. 北京：中国法制出版社，1999

106. 顾功耘主编. 金融市场运行与法律监管. 北京：世界图书出版公司，1999

107. 王巍，李曙光，等. MBO 管理者收购——从经理到股东. 北京：中国人民大学出版社，1999

108. 吴志攀主编. 国际金融法. 北京：法律出版社，1999

109. 刘淑强. 《证券法》释解. 北京：人民法院出版社，1999

110. 全国人大办公厅研究室《中华人民共和国证券法应用指南》

编写组编．中华人民共和国证券法应用指南．北京：改革出版社，1999

111．郭琳广，区沛达．香港公司证券法．刘巍，李伟斌，等编译．北京：法律出版社，1999

112．顾肖荣主编．证券交易法教程．北京：法律出版社，1995

113．杨志华．证券法律制度研究．北京：中国政法大学出版社，1995

114．何美欢．公众公司及其股权证券：上册．北京：北京大学出版社，1999

115．德国证券法律汇编．中德文对照本．中国证券监督管理委员会，组织编译．北京：法律出版社，2016

116．德国商法典．杜景林，卢谌，译．北京：法律出版社，2010

117．德国民法典．陈卫佐，译注．北京：法律出版社，2004

118．德国商法典．杜景林，卢谌，译．北京：中国政法大学出版社，2000

119．德国股份法·德国有限责任公司法·德国公司改组法·德国参与决定法．杜景林，卢谌，译．北京：中国政法大学出版社，2000

120．德国证券交易法律．郑冲，贾红梅，译．北京：法律出版社，1999

121．法国商法典：上，中，下册．罗结珍，译．北京：北京大学出版社，2015

122．法国公司法典：上，下．罗结珍，译．北京：中国法制出版社，2007

123．法国民法典：上，下册．罗结珍，译．北京：法律出版社，2005

124．法国民法典．罗结珍，译．北京：中国法制出版社，2000

125．法国商法典．金邦贵，译．北京：中国法制出版社，2000

126．英国2006年公司法．葛伟军，译．北京：法律出版社，2008

127．最新美国标准公司法．沈四宝，编译．北京：法律出版社，2006

128. 特拉华州普通公司法．左羽，译．北京：法律出版社，2001

129. 日本公司法典．吴建斌，刘惠明，李涛，译．北京：中国法制出版社，2006

130. ［德］斯蒂芬·格伦德曼．欧盟公司法：上册．周万里，主译．北京：法律出版社，2018

131. ［德］斯蒂芬·格伦德曼．欧盟公司法：下册．周万里，主译．北京：法律出版社，2018

132. ［德］格茨·怀克，克里斯蒂娜·温德比西勒．德国公司法：第21版．殷盛，译．北京：法律出版社，2010

133. ［德］C. W. 卡纳里斯．德国商法．杨继，译．北京：法律出版社，2006

134. ［德］托马斯·莱塞尔，吕笛格·法伊尔．德国资合公司法：第3版．高旭军，等译．北京：法律出版社，2005

135. ［德］弗朗茨·维亚克尔．近代私法史：上，下．陈爱娥，黄建辉，译．上海：上海三联书店，2005

136. ［德］马克斯·韦伯．世界经济通史．姚曾廙，译．上海：上海译文出版社，1981

137. ［法］克洛德·商波．商法．刘庆余，译．北京：商务印书馆，1998

138. 美国法律研究院．公司治理原则：分析与建议：上卷，下卷．楼建波，等译．北京：法律出版社，2006

139. ［美］Lewis D. Solomon，Alan R. Palmiter. 公司法：第3版．译注本．任志毅，张焱，注．北京：中国方正出版社，2004

140. ［美］莱瑞·D. 索德奎斯特．美国证券法解读．胡轩之，张云辉，译．北京：法律出版社，2004

141. ［美］托马斯·李·哈森．证券法．张学安，等译．北京：中国政法大学出版社，2003

142. ［美］哈威尔·E. 杰克逊，小爱德华·L. 西蒙斯编．金融监管．吴志攀，等译．北京：中国政法大学出版社，2003

143. 〔美〕詹姆斯·D. 考克斯，罗伯特·W. 希尔曼，唐纳德·C. 兰格沃特. 证券管理法案例与资料. 影印本. 北京：中信出版社，2003

144. 〔美〕Alan R. Palmiter. 证券法. 注译本. 徐颖，周浩，于猛，注. 北京：中国方正出版社，2003

145. 〔美〕史蒂文·L. 伊曼纽尔. 公司法. 影印本. 北京：中信出版社，2003

146. 〔美〕艾伦·R. 帕尔米特. 公司法：案例与解析：第 4 版. 影印本. 北京：中信出版社，2003

147. 〔美〕杰西·H. 乔波，小约翰·C. 科菲，罗纳德·J. 吉尔森. 公司法：案例与资料：第 5 版. 影印本. 北京：中信出版社，2003

148. 〔美〕R. W. 汉密尔顿. 公司法. 影印注释本. 刘俊海，徐海燕，注. 北京：中国人民大学出版社，2001

149. 〔美〕罗伯特·W. 汉密尔顿. 公司法：第 4 版. 影印本. 北京：法律出版社，1999

150. 〔美〕本杰明·N. 卡多佐. 法律的成长：法律科学的悖论. 董炯，彭冰，译. 北京：中国法制出版社，2002

151. 〔美〕罗伯特·C. 克拉克. 公司法则. 胡平，等译. 北京：工商出版社，1999

152. 〔美〕罗伯特·W. 汉密尔顿. 公司法概要. 李存捧，译. 北京：中国社会科学出版社，1999

153. 〔英〕艾利斯·费伦. 公司金融法律原理. 罗培新，译. 北京：北京大学出版社，2012

154. 〔英〕保罗·戴维斯. 英国公司法精要. 樊云慧，译. 北京：法律出版社，2007

155. 〔英〕施米托夫. 国际贸易法文选. 赵秀文，译. 北京：中国大百科全书出版社，1993

156. 〔意〕卡洛·M. 奇波拉主编. 欧洲经济史：第 1 卷. 林尔蔚，等译. 北京：商务印书馆，1988

157. ［日］松波仁一郎．日本商法论．秦瑞玠，郑钊，译述．王铁雄，点校．北京：中国政法大学出版社，2005

158. ［日］河本一郎，大武泰南．证券交易法概论：第 4 版．侯水平，译．北京：法律出版社，2001

159. 赖英照．股市游戏规则：最新证券交易法解析．北京：中国政法大学出版社，2006

160. 曾宛如．证券交易法原理．修订版．台北：元照出版公司，2006

161. 郑玉波．商事法．9 版．台北，1998

162. 黄立．民法总则．北京：中国政法大学出版社，2002

163. 刘清波．商事法．台北："商务印书馆"，1995

164. 刘兴善．商事法．台北：三民书局，1984

165. 张国键．商事法论．台北：三民书局，1980

166. 王文宇．公司法论．北京：中国政法大学出版社，2004

167. 梁宇贤．商事法论．北京：中国人民大学出版社，2003

168. 林国全．证券交易法研究．北京：中国政法大学出版社，2002

169. 梁宇贤．公司法论．台北：三民书局，1980

170. 史尚宽．民法总论．北京：中国政法大学出版社，2000

171. Henry Campbell Black M. A.. Black's Law Dictionary. fifth edition. West Publishing Co. , 1979

172. Bryan A. Garner. Black's Law Dictionary. seventh edition. West Publishing Co. , 1999

173. L. C. B. Gower. Gower's Principles of Modern Company Law. 5th ed. . Sweet & Maxwell Ltd. , 1992

**图书在版编目（CIP）数据**

证券法研究/王建文著 . -- 北京：中国人民大学
出版社，2021.11
中国当代青年法学家文库 . 王建文商法学研究系列
ISBN 978-7-300-29839-9

Ⅰ. ①证…　Ⅱ. ①王…　Ⅲ. ①证券法-研究-中国
Ⅳ. ①D922.287.4

中国版本图书馆 CIP 数据核字（2021）第 182081 号

中国当代青年法学家文库·王建文商法学研究系列
**证券法研究**
王建文　著
Zhengquanfa Yanjiu

| | | | | |
|---|---|---|---|---|
| **出版发行** | 中国人民大学出版社 | | | |
| **社　　址** | 北京中关村大街 31 号 | | **邮政编码** | 100080 |
| **电　　话** | 010 - 62511242（总编室） | | 010 - 62511770（质管部） | |
| | 010 - 82501766（邮购部） | | 010 - 62514148（门市部） | |
| | 010 - 62515195（发行公司） | | 010 - 62515275（盗版举报） | |
| **网　　址** | http://www.crup.com.cn | | | |
| **经　　销** | 新华书店 | | | |
| **印　　刷** | 唐山玺诚印务有限公司 | | | |
| **规　　格** | 165 mm×238 mm　16 开本 | | **版　　次** | 2021 年 11 月第 1 版 |
| **印　　张** | 35.75 插页 2 | | **印　　次** | 2021 年 11 月第 1 次印刷 |
| **字　　数** | 510 000 | | **定　　价** | 138.00 元 |